地域振兴与实践创新

张义丰 著

气象出版社
China Meteorological Press

内容简介

本书是作者 2017 年以来应邀出席各论坛、研讨会的讲话稿以及赴全国各类典型地域的调研报告的集成之作。旨在通过地域实践案例,探讨生态文明思想引领下,各类型区域如何可持续发展,"两山理论"如何指导生态经济发展,"美丽中国、健康中国、幸福中国"思想在健康长寿经济发展实践中如何创新。在广泛实践的基础上,作者在山水城市、地学旅游、诗歌地理、中药名山等领域进行了探索性研究,具有较强的落地功能。

本书共四辑、十一编、60 篇文章。第一辑 生态文明与地域发展,从城乡发展、流域协同、区域协同、扶贫与减贫等角度论述;第二辑 "两山理论"与生态经济,涵盖实践创新、特色产业、资源保护与可持续发展、乡村振兴、长城经济带等;第三辑 "美丽中国、健康中国、幸福中国"与健康长寿经济,包括实践创新、健康长寿经济;第四辑 学术研究,在山水城市、地学旅游、长寿文化、诗歌地理、山水城市等方面深入研究。

图书在版编目(CIP)数据

地域振兴与实践创新 / 张义丰著. -- 北京 : 气象出版社, 2022.8
ISBN 978-7-5029-7794-8

Ⅰ.①地… Ⅱ.①张… Ⅲ.①区域发展－研究－中国
Ⅳ.①F127

中国版本图书馆CIP数据核字(2022)第162215号

Diyu Zhenxing yu Shijian Chuangxin

地域振兴与实践创新

张义丰　著

出版发行:气象出版社

地　　址:北京市海淀区中关村南大街 46 号　　　　邮政编码:100081
电　　话:010-68407112(总编室)　010-68408042(发行部)
网　　址:http://www.qxcbs.com　　　　E-mail:qxcbs@cma.gov.cn
责任编辑:张锐锐　吕厚荃　　　　　　　　　　终　审:吴晓鹏
责任校对:张硕杰　　　　　　　　　　　　　　　责任技编:赵相宁
封面设计:地大彩印设计中心
印　　刷:北京地大彩印有限公司
开　　本:787 mm×1092 mm　1/16　　　　　　印　张:23.5
字　　数:630 千字
版　　次:2022 年 8 月第 1 版　　　　　　　　　印　次:2022 年 8 月第 1 次印刷
定　　价:180.00 元

前　言

　　笔者身为长期在一线工作的科技工作者，一直从事流域经济、沟域经济和地域经济研究。在几十年的科研道路上探索与发现，经历了阴晴风雨，尝过酸辣苦甜，有过起伏跌宕和踏浪前行，所有这些皆倾注在地域研究之中不曾改变。笔者的体会是该领域研究应该是平和、宽广而理性的。既要理论与实践的密切结合，又要持续不断的抓典型研究，既不必妄自菲薄，更不应盲目自大。只要用心，你就会发现，如今区域欣欣向荣的发展现实，都有着诸多值得被发现，等待创新的课题。地域研究是取之不尽，用之不竭的真实存在，但是地域更是具体的、现实的，它应体现在知识积累基础上的具体行动当中。

　　地域发展不仅是所有社会经济现象产生的基本场所，也是最重要的社会联结方式之一，更是区域治理的最基本单元，具有三重建构。一是地理性建构：旨在基于自然环境，区位与地理条件自发形成了具有经济社会联系的地域空间。地理性是地域空间的最重要特征。二是社会性建构：皆在地理整体性原则形成的地域空间，又具有自我运作能力的社会整合体。三是政治性建构：地域空间地理环境，人文特质使其成为行政区划的理想单元。但是伴随着城乡一体化和区域协同的发展，地域发展已成为鲜明图景。现代意义上的地域从过去的一种地理区域，走向新的认识空间去挖掘地域理论和再构与转型，突出表现在以下几个维度。一是从自然的地域正在转向有建构性的地域。二是从封闭的地域转向网络性的地域。三是从客体的地域转向主体性的地域。四是从竞争或对立的地域转化为融合发展的地域。

　　地域研究如此奇妙，人地情怀回味绵长。地域发展不仅是所有社会经济发展的平台，更是重要的社会连接形式，也是地理学的基本研究单元。地域发展是一个整体性创新的过程，涉及系列发展范式的转型，更涵盖了地域治理、价值导向、发展目标、主体结构等诸多方面。本文集突出强调以下几个取向：一是在地域治理上，以融合的地域取代封闭的地域。二是在价值导向上，突出地域融合，协同性的地位。三是在发展目标上，创造新的空间联系，成为地域发展的重要任务。四是从发展主体上，由过去强调单一地域向多个地域的空间联盟。五是在地域结构上构建新的行动框架，逐渐形成开放动态地域结构。

　　地域研究与创新发展不是臆测，更不是巧合，而是建立在深入的地域研究之中，其理论与实践的叠加，典型案例的解剖，深入的考察研究，缜密的分析判断，从而得出一方水土的客观发展规律。因地域而思考，由发展而切入。地域研究一定以问题为切入点，从问题意识着笔，一方水土怎样养一方人？一方水土怎样出一方产品？这是地域研究的重要问题。问题意识不是凭空产生的。地域问题是从实际中来，从大量考察调研中获得，研究地域发展就是用科学方法分析和解决问题，找出一个地域的发展规律。

　　地域研究一定要有明确的观点，不能一味地满足现象罗列。既注重运用鲜活的案例，又具备鲜明的观点,更要有比较恰当的表达方式,更要注意科学性与政策性的融合。一是地域研究要吸引眼球,有独特魅力,而不是哗众取宠,也不是空洞无物,而是要有实际内容,让人眼前一亮。二是创新发展是地域研究观点形成的过程。从地域中来的过程,是把自己观点和思想传达给一方人的过程,也就是地域性的过程,其成果有没有落地性,究竟合不合用,还得交由一方水土来考验。

地域研究注重理论与实践的结合,更加突出一方水土与一方人的关系。特别解决地域发展的各种难题。对于地域的识别并非难事。同一地域,站在不同角度去看,总有横看成岭侧成峰,更何况一方水土本身就具有极其复杂的因素。因此,要看地域的全局,看地域的源流,看地域的本质。地域发展的很多问题是长期形成的结果,对其的把握与认知,离不开全面客观的把握与科学的深入分析,且不可只看局部,只看眼前,只看表象,导致只知其一,不知其二,只知其表,不知其里,这是本人多年形成的切身感受。行百里者半九十。地域研究与创新发展绝不是轻轻松松能实现的。而地域的发展又与区域战略血脉相连,这就需要研究者头脑清醒,把地域发展的未来牢牢地掌握在自己的手中。

本文集主要采集于 2017 年至 2022 年近五年的主要研究成果,其中包括各种地域研究,涵盖各种论坛、论证、讲座以及专项考察会诊,具有较强的针对性。在文集形成的过程中,得到了诸多学术界专家的指正和地方政府的积极配合,在此表示致谢!

张文中

2022 年 3 月

作者简介

张义丰　中国科学院地理科学与资源研究所研究员,毕业于北京大学地理系,长期从事区域发展与规划研究,主要研究领域:一是区域发展研究;二是生态文明建设与规划;三是沟域经济与山区发展;四是区域农业与乡村发展;五是旅游发展与规划;六是长寿之乡与长寿经济;七是生态文化与文学地理。主持国家自然科学基金和国家部委委托项目 10 余项,获得国家和省部级奖 6 项,发表学术论文 100 余篇,著作 10 部,主持各类规划 100 余部,指导各类规划 60 余部,为国家和部委撰写咨询报告 10 篇。

主要学术贡献:

  我国沟域经济理论创始人、提出者

  中国"岱崮地貌"理论创始人、提出者

  中国生态名山理论创始人、提出者

  我国长寿经济理论创始人、提出者

  中国长城经济带理论创始人、提出者

主要承担的社会责任:

  建设创新型国家战略指导委员会 专家

  中国长城学会 副秘书长

  中国长寿之乡绿色产业发展联盟专家委员会 执行主任

  中国农业与资源区划协会休闲农业专业委员会 副主任

  全国有机农业产业联盟 副理事长

  中国中医农业产业联盟 专家

  中国老年学和老年医学学会长寿发展分会 主任

  北京农研沟域经济发展促进中心 主任

  中国科学院精准扶贫评估研究中心 专家

  中国中药协会金银花专业委员会 主任委员

  北京城郊经济研究会 副理事长

  北京农村经济研究中心 专家

目　录

第四辑　学术研究

生态文明与地域发展

第一编　生态文明建设

从"人地关系"视野诠释人与自然和谐

中国式现代化：富强、民主、文明、和谐、美丽；

丽水式新和谐：一方水土，一方人；一方产品，一方个性。

一、从人地关系说起

全球化时代生产要素跨区域快速流动，人地关系由静态走向动态，由孤立化走向网络化，地理尺度被充分放大，标志着人地关系从区域性向全球性转变[1]。如何解决人地矛盾、实现人地协调发展成为生态文明时代关注的热点问题[2]。

人类对地球的影响在"人类世"时代已超出了地球自身各要素的作用，有的影响已超过地球的负荷。未来地球如何变化？如何影响世界？从人地关系诠释人与自然和谐，促进生命共同体建设，已势在必行[3]。

1. 人地关系从依附走向对立。

2. 人地关系逐渐从对立走向和谐。

3. 人地关系中人口是主因，经济是促因，资源是支撑，环境是表征，社会是调控[4]。

4."两山理论"成为人地关系的中国实践和升华。

5. 从关注未来世界与未来地球着眼，探求协调人与自然的关系，实现经济发展与生态环境保护双赢。

（一）人地关系地域系统

人地关系是人类社会及其活动与自然地理环境之间的交互作用，是与人类发展演化相伴而生的一对基本关系。在人地关系中，人具有主观能动性，可以主动认识、利用并改造地理环境。地是人类赖以生存的物质基础和空间载体，地理环境制约着人类社会经济活动的深度、广度和速度[5]。

1."人地圈"原理、结构与功能；

2. 人地系统格局、机理与效应；

3. 人地系统耦合与动态模拟；

4. 高强度人类活动环境效应及调控；

5. 人地系统协调与区域可持续发展。

（二）人与自然

人与自然共存进化范式，反映了生态文明研究的核心。生命共同体是人与自然共同构成的复合生态系统，你中有我、我中有你。人与自然相互作用形成了一个协同、自我调节和复杂的生态系统[6]。

注：本文创作于2021年。

人与自然是生命共同体理念主要是从我国的实际情况出发,为了解决转型发展困境,特别是由工业化文明转变为生态化文明而建立的理论体系,是生态自然观和传统自然观的传承和发展。

1. 以创新为核心。生命共同体实践要以创新为核心,对社会经济发展的方式进行转变,通过创新为绿色可持续发展提供动力。

2. 以协调为重点。生命共同体主要强调人和自然的协调关系,创新发展需要在协调的基础上实现均衡。

3. 以绿色为前提。生命共同体强化绿色发展要以生态文明建设为基础,实现低碳经济、循环经济、绿色生态经济[7]。

（三）生命共同体

地球是人与自然的母亲,好的自然和生态环境是人类得以生存的关键,如果自然遭到系统性破坏,就会影响人类社会的发展,因此,保护地球,就是保护生命共同体。人类要像保护眼睛一样保护自然,才能形成人与自然和谐共生新格局。

当人与自然构成一个系统时,就会表现出新的属性和功能。生命共同体作为一个地域单元,尽管具有高度人工化结构,但也离不开其他生物的支持,或逃脱不了其他生物的侵染,内部包含各种生物,这些生物会与其环境构成一个完整的生态系统。尽管水、土、气、生因子构成了人与自然的主要组分,但由于高强度的人类活动,自然的水、土、气、生性质和功能已经发生了很大变化。

1. 人类承担生产者、消费者和还原者的角色。进行能量、物质、物资和信息的传递。

2. 自然界主要依靠山、水、林、田、湖、草进行能量和物质流动,人类通过各种交通运输和通信。

3. 自然维持空气和水体质量、提供水资源和生产力、维持各种能量流动与养分循环等。

4. 人与自然同时提供产品、调节、文化等服务。既可以分别完成,也可以共同协作实现。

（四）生物多样性

生物多样性是人类社会赖以生存和发展的基石,是生态文明水平的重要标志之一。作为国家战略,生物多样性保护关系到经济社会发展全局,关系到当代及人类未来福祉,对于践行绿色发展理念、建设美丽中国具有重要意义[8]。

1. 人类活动和气候变化对生物多样性的影响;

2. 生物多样性保护及其可持续利用;

3. 重要生态或生物学意义的生物多样性研究;

4. 生物多样性和生态系统变化的观测及其评价;

5. 遗传多样性和生物多样性的地理分异规律研究[9,10]。

（五）问题与挑战

区域发展所面临的诸多资源环境问题,归根结底是人地关系问题。人和地是伴随区域发展的一对矛盾,而人与自然和谐的生命共同体实质是人地关系,人与自然和谐,发挥的是人的作用,提升的是自然承载能力。生命共同体约束的是人的行为,缓解的是自然的压力。只有优化人地关系系统,才能推动生命共同体的高质量发展[11]。

1. 人与自然和谐发展理念与生命共同体模式面临诸多挑战,社会惯性短期内难以克服,理念更新但经济发展模式仍未完全转型[12];

2. 区域环境利益认知面临诸多挑战,生物多样性保护主流化进程仍需推进,重视程度还待加强;

3. 经济与科技水平面临诸多挑战,人与自然和谐生命共同体的投入还应不断增加;

4. 区域环境治理态度面临诸多挑战,参与和驾驭生命共同体建设的能力还很有限。

二、丽水的家底和自信在哪里

丽水市作为一个独特的地域系统,人与自然和谐生命共同体建设要充分体现整体性、动态性、多样性。一是系统性。关注丽水"自然-人文"耦合和生命共同体整体协同。二是本土性。"本土性"是丽水所具有的自然特质和文化特性等客观特征,是保持自我身份和地方认同的关键所在。三是适应性。在开放、动态、多元化的人与自然互动中揭示演化规律以预测未来趋势。四是交叉性。整体协同、本土适应是生命共同体发展的重要方向,也是解决人地关系的关键所在需要多学科支撑。

1. 在丽水历史发展过程中,不同区域具有怎样的人与自然互动关系? 资源环境与人类生产生活呈现出怎样的相互作用机制?

2. 在丽水城乡发展进程中,对人与自然有哪些适应性策略和人工干预措施? 有哪些经验可供当下生命共同体发展借鉴?

3. 丽水产业化发展对地域系统产生了怎样的影响? 当前实施的美丽丽水政策效益如何?

4. 如何兼顾丽水全域和地区局部,整体统筹并实现独具丽水特色的发展模式?

5. 面对丽水市"十四五"发展的种种挑战,如何制定人地和谐的可持续发展战略,以实现人与自然再适应?

三、发展思路

我国基本建立了具有中国特色的生物多样性就地保护与管理体系,实施了各项生物多样性保护恢复措施,取得了一系列重大进展。自然保护地面积和数量均呈现上升趋势,已覆盖陆域国土面积的18%,对一些重要生态系统及重点保护物种的保护取得了一定成效。正在建设的10处国家公园体制试点提升了部分重点物种的保护连通性。自然保护区总体管理状况相对较好,保护了90%以上的哺乳动物和97%的兰科植物[13]。

生物多样性保护是一项战略性、长期性、公益性的工作。一是需要政府稳定的财政支持;二是建立一支稳定的研究队伍;三是制定一套对生物多样性保护工作者合理的评价机制;四是构建生物多样性保护的激励机制;五是营造一个全民重视生物多样性保护的良好氛围[8,14]。

1. 建立与丽水生物多样性保护相关的平台,保证各类生态系统及国家重点保护野生动植物得到有效保护。

2. 启动丽水市生物资源及生物多样性再调查与再评估。

3. 统筹推进丽水市人与自然和谐生命共同体战略规划。

4. 建立长期监测体系,为生物多样性就地保护成效评估提供数据支撑。

5. 完善生物多样性保护体系,制定更为具体的、可衡量的生物多样性就地保护目标。

6. 保障和提升生态系统服务,提升生态系统保护修复的系统性与整体性。

四、寄语丽水

1. 讲好人地关系的故事:一个是一方水土养育一方人,一个是一方水土出一方产品。

2. 考验两个功夫：一个是生物多样性，一个是生命共同体。

3. 检验两样东西：一个是顶层设计，一个是果断实施。

4. 具备两种力量：一个是充足的战略储备，一个是决策的力度。

5. 追求两个极致：一个是地域与科学的极致，一个是说到做到的极致。

6. 插上两个翅膀：一个是成事能力，一个是城市魅力。

7. 构建两大支撑：一个是资源禀赋，一个是文化之奇。

参考文献

[1]刘毅,杨宇,康蕾,等.新时代粤港澳大湾区人地关系的全球模式与区域响应[J].地理研究,2020,39(9)：1949-1957.

[2]王成新.新时代典型区域人地关系理论与实践的新思考——兼评《黄河三角洲生态脆弱型人地系统研究》[J].地理研究,2020,39(8)：1947-1948.

[3]史培军,宋长青,程昌秀.地理协同论——从理解"人—地关系"到设计"人—地协同"[J].地理科学,2019,74(1)：3-15.

[4]李小云,杨宇,等.中国人地关系的系统结构及2050年趋势模拟[J].地理科学,2021,41(2)：187-197.

[5]刘彦随.现代人地关系与人地系统科学[J].地理科学,2020,40(8)：1221-1234.

[6]王效科,苏跃波,任玉芬,等.城市生态系统：人与自然复合[J].生态学报,2020,40(15)：5093-5102.

[7]金凤姬."人与自然是生命共同体"理念的理论基础及实践路径分析[J].今古文创,2021(24)：101-102.

[8]刘春晖,杨京彪,尹仑.云南省生物多样性保护进展、成效与前瞻[J].生物多样性,2021,29(2)：200-211.

[9]刘金立,陈新军.海洋生物多样性研究进展及其热点分析[J].渔业科学进展,2021,42(1)：201-213.

[10]汪芳,安黎哲,党安荣,等.黄河流域人地耦合与可持续人居环境[J].地理研究,2020,39(8)：1707-1724.

[11]赵荣钦.黄河流域生态保护和高质量发展的关键：人地系统的优化[J].华北水利水电大学学报：自然科学版,2020,41(3)：1-6.

[12]秦天宝.中国履行《生物多样性公约》的过程及面临的挑战[J].武汉大学学报：哲学社会科学版,2021,74(1)：95-107.

[13]王伟,李俊生.中国生物多样性就地保护成效与展望[J].生物多样性,2021,29(2)：133-149.

[14]郑晓明,杨庆文.中国农业生物多样性保护进展概述[J].生物多样性,2021,29(2)：167-176.

让绿色赢得城市未来

一、绿色城市视角

1. 环境视角。绿色城市是从社会及其生态条件出发建立起来的"可承受的城市",即人类自身和自然环境可承受、不因人类盲目追求经济增长而导致生态危机的发展模式。

2. 可持续发展视角。以实现城市发展、社会进步并保护环境为方向,以城市经济低碳发展、绿色发展、循环发展为基础,以资源节约、环境友好与经济增长成正比的可持续发展为表现形式的发展模式[1]。

3. 生态视角。促成城市提高人类福祉和社会公平,同时显著降低环境风险,降低生态稀缺性的生态产业,引导人类社会形态由"工业文明"向"生态文明"的经济发展模式[2]。

二、城市发展逻辑

每座城市都有着复杂的发展逻辑,为什么有的城市快速发展而有的城市停滞不前?在城市不同的发展阶段,主导因素可能不同,但这些因素共同作用决定着城市是否发展。

1. 区位力:城市发展初期的重要因素。
2. 资源力:决定城市起步阶段的发展势头。
3. 要素力:高级要素主导城市中后期发展。
4. 制造力:城市核心竞争力的体现。
5. 文化力:城市发展高级阶段的重要驱动力。
6. 空间力:与区位力密切相关。
7. 政策力:促进城市发展的重要推手。
8. 治理力:统筹调配城市建设资源。

三、绿色城市缘起

绿色城市发展道路是在全球生态问题日益突出以及生态环境质量不断恶化的形势下提出来的,这与我国当前的国情是相适应的,表现出鲜明的时代特色。

1. 绿色城市发展道路与传统发展道路的主要区别在于前者更注重经济发展与环境保护的协调[3]。
2. 以和谐共生的自然观引领绿色城市构建,有利于实现人与自然的和谐发展。
3. 以绿色内蕴的幸福观引领绿色城市的构建,有利于实现美丽中国的宏伟愿景。
4. 以物质精简的消费观引领绿色城市的构建,有利于实现人的全面发展。

四、绿色城市要义

建设绿色城市,创造健康生活,是人类的共同梦想,需要真抓实干,谋定快动,调动各个层级积极性、创造性,蹚出一条新路来。一是加大"治"的力度,擦亮城市绿水青山的底色;二是拓

注:本文创作于2021年。

6

展"转"的广度,提升城市绿色发展的成色;三是挖掘"融"的深度,增添绿色城市的生态亮色;四是校准"管"的精度,创造绿色城市振兴的特色[4]。

1. 绿色城市是一场人类与自然的"绿色之约"[5],绿色是城市底色,宜居是城市标识。

2. 绿色城市是一场中国与世界的"文明之约",文化因交流而多彩,文明因互鉴而丰富。

3. 培育以绿色低碳发展为方向的城市新业态,打造绿色产业竞争力,绿色城市要求的产业必须是符合绿色低碳发展的业态。

4. 将绿色融入城市科学规划布局,更高能级建设美丽城市,建立城乡"共建、共生、共荣"绿色融合体,形成城乡融合的空间结构。

5. 发挥市民的主体地位和作用,让市民成为绿色城市建设主力军,人民城市人民建,人民城市为人民。

五、"绿创"——城市发展新视野

"绿创未来城"是由中国国际投资促进会绿色创新(简称"绿创")发展投资促进工作委员会规划设立的产业发展投资促进重点项目。通过与地方城市、园区携手共建的投资促进工作方式,秉承绿色、创新、发展的理念,打造将大健康产业园(多家著名医学机构)、绿创名校教育园(多所名校)、生态环保高科技配套和高端商业融合为一体的示范城市,具有重要的创新能力。完整、准确、全面理解和把握绿色城市发展思路,把生态优先、绿色发展贯穿经济社会发展全过程,用绿色赢得城市未来[6]。

1. 实施"绿创＋"发展战略,通过"行走的医院""行走的名校""甘霖环保工程"全覆盖带动区域产业融合发展和城市品质升级。

2. 实施"绿创＋"发展战略,打造先行先试示范城市,实现"一城带一城",推动城乡、园区高质量发展潜力。

（一）"绿创"模式

在绿色城市发展中,绿城的探索之路走得极不平常,围绕绿色城市建设,率先将"绿创未来城"这一概念付诸实际行动,迈出了关键的一步。该城立足于绿色城市未来的认知,坚持智慧引领,探索服务集成和创意运营,推动绿色城市创新发展,努力为各地城市和广大用户提供内容、传播、技术的服务,以超前优势赢得发展优势[7]。

1. "绿创未来城"核心是绿色,最终通过融合形成创新型平台。

2. "绿创未来城"关键是集成,把握技术、内容和用户新型关系。

3. "绿创未来城"难点是融合,助推城市回归绿色发展主阵地。

（二）"绿创"路径

绿色城市创新是经济高质量发展的关键[8],要筑牢创新发展的基石,占据创新发展的高地,必须以绿色城市创新建设作为重要抓手,多措并举推动国家创新环境的优化与制度供给。一是推动"绿创"试点有序扩散,强化创新的空间辐射效应;二是优化"绿创"试点空间布局,实现区域差异化发展;三是实现"绿创"试点梯度发展战略,发挥城市之间的协同效应[7]。

1. 突出创新引领,区域化布局绿色发展平台集群[6]。

2. 突出城市导向,加快建设示范验证和模式转化基地。

3. 突出规则对接,构建有利于绿色城市发展生态环境。

4. 突出开放合作,以更加积极的姿态推进城市转型进程。

（三）"绿创"前景

"绿创"在城市创新力建设中取得了丰富经验和成就，但还存在明显差距。从城市创新力建设的国际比较视野和理论逻辑分析，应遵循以科技创新为核心的全面创新时代范式。由此有针对性地提出绿色城市建设的基本对策与方案，以提供更多可推广、可复制的发展模式。

1. 提高绿创引领力，应用研究和前沿技术研究成果持续上台阶上水平。
2. 提高绿创核心力，城市融合发展与技术集成能力获得突破性提升。
3. 提高绿创新动力，保障资金投入、壮大人才队伍、疏通创新金融动力源泉。
4. 提高绿创新活力，支持创新创业创意蓬勃发展的综合性制度体系环境日益完善。
5. 提高绿创新颜值，发展创新和传播普及协调并进，增强公众科学素养。
6. 提高绿创新实力，用创新成果支持绿色城市发展，高质量发展城市充分涌现。
7. 提高"绿创"新福利，贯彻以人民为中心的新发展理念，成果更多造福美好生活。

六、"绿创"赢得城市未来

绿色城市创新能力是一座城市难以复制的优势，对增强城市能级有显著带动作用。一是做强创新策源引擎；二是攻克关键瓶颈；三是壮大创新主体。"绿创"基本符合上述标准，关键是将"绿创"成功经验融入我国城市发展新阶段，铸好硬实力、唱好未来城、建好示范地、当好模范生、加快建设现代化绿色城市使命，让更多人看好"绿创"有理由、选择"绿创"有未来。

1. 站在高位，当好绿色城市创新发展"参谋部"，做好路径导引。
2. 干在实处，当好绿色城市创新驱动"作战部"，打好"攻坚战""阵地战"和"持久战"。
3. 走在前列，当好绿色城市实践创新"先遣部"，锲而不舍争上游、创唯一。

其时已至，其势已成，围绕建设更高水平绿色城市，"绿创"将着力做好以下工作。

新时代我们国家高度重视绿色生活方式的构建，习近平强调，推动形成绿色发展方式和生活方式，是发展观的一场深刻革命，要充分认识形成绿色发展方式和生活方式的重要性、紧迫性、艰巨性，把推动形成绿色发展方式和生活方式摆在更加突出的位置。

"十四五"时期我国绿色发展的总目标为：加快推动绿色低碳发展，持续改善环境质量，提升生态系统质量和稳定性，全面提高资源利用效率。

实现碳达峰、碳中和是一场广泛而深刻的经济社会系统性变革，国家已把碳达峰、碳中和纳入生态文明建设整体布局，确保如期实现 2030 年前碳达峰、2060 年前碳中和的目标。实施绿色"低碳＋"战略，作为城市转型升级、打造零碳城市的重要切入口，亦是平衡发展和生态环境关系的关键举措。

实施城市"低碳＋产业"，扎实推进产业绿色化发展，将低碳理念贯彻到产业生产的各个环节，推动产业发展形态演进升级，并催生经济社会发展的新形态。

1）产品的绿色化。强化产品全生命周期绿色管理，支持企业推行绿色设计，开发绿色产品，建设绿色工厂，发展绿色工业园区，打造绿色供应链，全面推进绿色制造体系建设。

2）过程的生态化。围绕重点污染物开展清洁生产技术改造，控制温室气体排放，结合碳排放特点，制定低碳技术推广实施方案，促进先进适用低碳新技术、新工艺、新设备和新材料的推广应用。

3）产业的循环化。建立循环型工业体系，促进企业、园区、行业、区域间链接共生和协同利用，提高资源利用效率，加快推动再生资源高效利用及产业规范发展。

4）行业的智慧化。加快绿色科技创新，推动互联网与绿色制造融合发展，提升能源、资源、环境智慧化管理水平，推进生产要素资源共享，促进绿色制造数字化提升。

参考文献

[1]李迅,董珂,谭静,等.绿色城市理论与实践探索[J].城市发展研究,2018,25(7):7-17.

[2]王海荣.空间理论视阈下当代中国城市治理研究[D].长春:吉林大学,2019.

[3]张梦,李志红,黄宝荣,等.绿色城市发展理念的产生、演变及其内涵特征辨析[J].生态经济,2016,32(5):205-210.

[4]李奇,韦仕川.绿色城市规划思想的回顾及新时代展望[J].上海国土资源,2020,41(3):32-38.

[5]赵清,张珞平,陈宗团,等.生态城市理论研究述评[J].生态经济,2007(5):155-159.

[6]Steffen Lehmann,胡先福.绿色城市规划法则及中国绿色城市未来展望[J].建筑技术,2014,45(10):917-922.

[7]邬晓霞,张双悦."绿色发展"理念的形成及未来走势[J].经济问题,2017(2):30-34.

[8]俞滨洋.新时代绿色城市高质量发展建设的战略思考[J].人类居住,2018(4):28-33.

首都郊区发展的初步思考

着力推进具有首都特点的农业与农村现代化，一个至关重要的前提，就是用可持续发展观来看待和思考农业问题，并从历史的纵深厘清和把握农业发展不同阶段的思维流向，才能更好地引领和指导农业发展的政策制定、生产组织、产业形态，更好地稳住农业基本盘，守好"三农"压舱石[1]。

一、怎样理解首都

首都是一种特殊的城市类型，世界绝大多数首都属于单城多功能型首都，即首都不仅拥有对内政治功能和对外国际交往功能等核心功能，也承担着国家文化、科技、经济等叠加功能[2]。

1. 城市综合实力较强，城市建设较早步入现代化。

2. 城市文化资源丰富，文化氛围浓厚。

3. 国际高端要素聚集，国际吸引力强。

4. 科技创新能力强，科研成果产出高。

二、怎样看待首都现代化

协同发展不仅有助于自身发展，而且有助于大国首都的现代化建设。作为北京新两翼，北京城市副中心和河北雄安新区既是北京解决"大城市病"的空间战略途径，又是京津冀协同发展战略的重要组成部分。

北京城市战略定位是全国政治中心、文化中心、国际交往中心和科技创新中心，发展目标是建设国际一流的和谐宜居之都。

1. 治理能力现代化

2035年，"大城市病"治理取得显著成效；

2050年，全面实现超大城市治理体系和治理能力现代化。

2. 首都功能现代化

2035年，首都功能更加优化，成为拥有优质政务保障能力和国际交往环境的大国首都；

2050年，成为富强民主文明和谐美丽的社会主义现代化强国首都。

3. 文化建设现代化

2035年，成为彰显文化自信与多元包容魅力的世界文化名城；

2050年，成为弘扬中华文明和引领时代潮流的世界文脉标志。

4. 科技创新现代化

2035年，成为全球创新网络的中坚力量和引领世界创新的新引擎；

2050年，成为世界主要科学中心和科技创新高地。

5. 人居环境现代化

2035年，初步建成国际一流的和谐宜居之都；

2050年，全面建成更高水平的国际一流的和谐宜居之都。

注：本文创作于2021年。

6. 发展能力现代化

2035 年,城市综合竞争力进入世界前列;

2050 年,成为超大城市可持续发展的典范。

7. 空间协作现代化

2035 年,京津冀世界级城市群的构架基本形成;

2050 年,建成以首都为核心、生态环境良好、经济文化发达、社会和谐稳定的世界级城市群。

8. 全球服务现代化

2050 年,成为更加具有全球影响力的大国首都和具有重要国际影响力的全球中心城市。

三、怎样理解北京农业农村现代化

农业农村现代化是从传统农业农村向达到世界先进水平的现代农业农村的全面转变过程;是结合时代要求,推进农业农村现代化本质特征、共同趋势同国情农情、资源禀赋有机结合的过程。北京既是首都,也是超大城市,集城与乡于一体、传统与现代于一身,除了具备"大城市、小农业""大京郊、小城区"的空间特点外,还具有显著的首都城市战略定位、超大城市发展规模、疏解非首都功能等鲜明特点。

1. 疏解北京非首都功能,既对农业乡村现代化提出了挑战,也给乡村振兴带来了宝贵的发展机遇。一是紧扣疏解非首都功能这个特点,主动谋划乡村承接疏解功能的建设;二是有序规划与落实郊区承接中心城区功能疏解的重点任务与发展定位;三是顺应逆城镇化发展趋势,助推农业与乡村现代化;四是紧扣首善之区标准这个特点,着力实现首都乡村善治的目标。

2. 农业农村现代化并不是农业现代化与农村现代化内容的简单叠加,而是由二者有机耦合而成的互有联系、彼此促进、相互交融的有机整体。

(1)用温饱思维,探索品类。

(2)用小康思维,优化品种。

(3)用丰裕思维,崇尚品牌。

(4)用健康思维,强调品质。

(5)用味道思维,欣赏品味。

(6)用生态思维,追求品行。

(一)怎样思考北京农业现代化

1. 农业现代化是一个具有时代性、地域性和整体性的概念,在不同时期、不同区域和不同整体条件下,会展现出不同形态。

2. 从北京发展趋势来看,稳住首都农业基本盘、守好"三农"基础是应变局、开新局的"压舱石"。构建新发展格局,把战略基点放在扩大内需上,农村有巨大空间,可以大有作为。

3. 农业现代化是农业农村现代化之"根",农村居民生活品质的现代化是农业农村现代化之"本",农民现代化是农村现代化之"魂"[3]。

(1)实现农业高质量发展(高质高效)。

(2)实现农民高品质生活(农民富裕富足)。

(3)实现农村高效能治理(宜居宜业)。

(二)北京乡村现代化思考

新时代的农村现代化是涵盖农业、农村和农民的全面现代化,是乡村产业、生态、乡风、治理、生活全面发展的现代化[4]。

乡村是中国现代化的稳定器与蓄水池。一是厘清乡村振兴起点;二是探讨乡村振兴方向;三是辨析乡村振兴的土地制度基础;四是探索乡村振兴实践路径;五是乡村现代化牵动着农业、农民、农村三者的神经,不仅仅是乡村时空的重塑,更是城乡格局大时空的演变。特别是环北京都市圈的乡村发展具有重要的示范和引领作用[5]。

乡村面貌决定了北京的底色,乡村发展代表着首都治理的底板。一是北京乡村发展处于提质增效阶段;二是北京乡村处于优化拓展阶段;三是北京乡村处于开放共融阶段[6]。

1."大城市小农业""大京郊小城区"的特征突出。

2. 疏解非首都功能以"减量"促高质量发展的背景明晰。

3. 划定生态涵养区和生态保护的红线严明。

4. 乡村功能变化巨大,乡村形态分化显著。

5. 乡村缺乏主导产业支撑。

6. 乡村集体经济经营效益下降。

7. 乡村人才缺乏。

四、北京农业与农村现代化之我见

当前北京农业农村现代化发展面临一些问题和挑战。符合首都高质量发展要求的农业农村现代化体系有待建立,产业结构还需进一步优化;科技对农业乡村发展的驱动作用有待进一步增强,发展新动能还需大力培育;人口资源环境矛盾问题仍然突出,"未富先老"现象普遍存在;公共服务供给不平衡不充分,民生领域仍存在短板;构建更加有效的首都农业与乡村治理体系任务繁重,制度建设和治理能力建设还需要下更大功夫[7]。

1. 将落实习近平总书记对北京重要讲话精神贯穿始终,更加突出首都发展。

2. 将第二个百年奋斗目标贯穿始终,更加注重战略愿景与战术推动相结合。

3. 将高质量发展贯穿始终,更加注重创新引领。

4. 将农业农村现代化贯穿始终,更加注重保障和改善民生[8]。

(1)把握"大城市小农业""大京郊小城区"的市情和乡村发展规律,因地制宜推进分区、分类发展。根据北京村庄的不同的发展现状、区位条件、资源禀赋等,探索乡村差异化的发展路径[9]。

(2)通过建立自然保护网络系统和生态廊道,逐步进行生态修复,提升生态环境质量;提升河、湖、湿地、水库等生态涵养功能及保护动植物的生物多样性,以生态沟域建设为载体,推动山区生态环境治理和提升。

(3)启动北京市农业农村现代化指标体系研究具有十分重要的意义。一是落实国家乡村振兴战略和乡村振兴促进法的需要;二是北京市发展模式不断升级的需要;三是引领都市圈农业农村现代化发展需要;四是新形势下新旧动能转换与高质量发展的需要。

(4)保护农地并充分挖掘新的都市农业依托空间。农业现代化地域功能应充分体现高端、多元和现代特点,特别是转变首都农业食物系统,保障居民膳食营养与健康安全[10]。

(5)在北京新发展定位下,探索各区域农业功能优化提升途径。促进农业农村有机融入城市现代经济体系,激发农业地域新潜能。北京乡村现代化地域功能空间呈圈层分异,其区域功能有待优化提升。

(6)作为北京新两翼,北京城市副中心和河北雄安新区既是北京解决"大城市病"的空间战略途径,又是京津冀协同发展战略的重要组成部分。协同发展不仅有助于自身发展,而且有助于大国首都的现代化建设。

(7)发展绿色产业,实现"两山理论"向"两山经济"的转化,推出独具首都特色的农业与乡村发展模式。一是重构乡村生态,构建美丽、健康、幸福、宜居、宜业、宜游、宜养的新乡村;二是重塑城乡发展新关系,推动城乡融合发展的新典范;三是提升乡村文旅品质,促进首都健康养生新发展。

(8)城乡融合并不是简单的生产要素融合,其内涵至少应该包括三个方面:工业与农业融合(经济发展的产业融合)、城市与乡镇融合(生活品质的空间融合)、市民与农民融合(生活方式的观念融合)。以工农互促推动产业兴旺,以城乡互补优化空间布局,以协调发展实现社会善治,以共同繁荣达成现代化目标[11]。

参考文献

[1]刘奇.农业的思维流向[J].中国发展观察,2021(3-4):86-87,95.

[2]刘玉,蒋治,王浩森.北京农业地域功能空间分异及影响因素[J].自然资源学报,2020,35(10):2444-2459.

[3]姜长云,李俊茹.关于农业农村现代化内涵、外延的思考[J].学术界,2021(5):14-23.

[4]秦国伟,董玮.农村现代化的内涵、演进与建构体系[J].中国发展观察,2021(5):45-46.

[5]苏于群,唐弘建."十四五"时期北京市推进乡村振兴的思路与措施研究[J].农村经济与科技,2021,32(8):206-209.

[6]贺艳.走有首都特点的乡村振兴之路[J].前线,2021(1):82-85.

[7]北京观察报道组.以"十四五"规划引领首都高质量发展[J].北京观察,2020(12):1-3.

[8]史健.落实首都城市战略定位 推动构建新发展格局[J].北京人大,2021(2):42-45.

[9]朱洁,阳文锐,杨林.欧洲乡村可持续发展经验及对首都乡村建设启示研究[J].小城镇建设,2021,39(4):111-119.

[10]贺菁伟.国际首都城市特色功能建设经验及启示[J].中国统计,2020(3):70-72.

[11]庄晋财,鲁桑.关于推进农业农村现代化几个问题的探讨——学习十九届五中全会精神[J].江苏大学学报(社会科学版),2021(2):21-28.

永定河流域城镇群重要价值与实践方向

城镇群是城镇化的高级阶段,也是一个自然历史过程,有其内在发展规律,也有在顺应规律前提下积极作为的空间。因此,永定河城镇群的探索应运而生。

一、城镇群述要

目前我国的 658 个城市就是行政城市的概念,即由中央政府划定明确地理边界的区域。然而随着区域一体化的发展,经济、文化、社会等行为往往会超越城市的行政边界,尤其是经济行为,会将多个城市紧密联系在一起,形成新的"经济城市"。我国目前正在规划的多个城市群实际上就是"经济城市"的概念[1]。

1. 城镇群的发展目标是建构良好的分工体系和层级关系,解决大城市与中小城市、城市与农村在工业化和城市化进程中不断激化的对立和冲突,是落实我国新型城镇化和区域协调发展的核心战略。

2. 城镇群发展要尊重自然本底,对国土空间有清晰认知,城镇群在国土空间中的分布是具体的,不是空中楼阁,不是抽象概念,涉及大范围国土空间规划和建设,也必然带来大范围的自然扰动和影响。

3. 正确认识城镇化和城市群发展过程中政府的定位和作用,城镇化过程中政府的合理定位非常重要,既要在战略层面和顶层设计上发挥作用,又不能"伸手太长",压抑和扭曲市场力量。

4. 形成有利于城市群健康发展的长期机制,促进城市间的良性互动。城市群内的城市之间关系和定位对于城市群健康发展十分重要。若能从流域的角度来看待城市和区域发展,则可能形成良性循环。

5. 调整政策,保证城镇化有稳定规模的人力资源支撑。老龄化是城镇化发展难题。人口再生产周期长,一旦偏离正常趋势,短期内难以扭转,会使经济社会发展潜力受到很大影响。

6. 理想的城镇群不是城市"扎堆"在一起制造出一大堆吓人的统计数据,而是在人口、经济、社会、文化和整体上具有合理层级体系,在空间边界、资源配置、产业分工、人文交流等方面具有功能互补和良好协调机制的城市共同体。

(一)城镇群特征

1. 城镇群的城市间行政壁垒限制寻求竞合发展作为支撑城市深度参与区域竞争与提升城市个体及群体竞争力的最佳路径[2]。

2. 城市群是工业化和城镇化发展到高级阶段的产物,是构成区域经济空间格局的重要基础。

3. 城镇群是区域整合最佳方式,旨在通过城市间相互交互、统筹协作、资源共享、设施共建结合在一起,以期构筑一种区域间互动发展、差距缩小、经济关系和谐的区域关系。

4. 城镇群更深层次的思想在于淡化行政边界,破解传统的行政分割和地方保护主义。

5. 城镇群发展应重点突出整体化导向,以点带面、以线连片助推流域空间格局整合优化,最终实现城镇群的整体协同与集约发展。其路径包括空间共构、设施共建、产业共谋、环境共

注:本文创作于 2019 年。

治、旅游共荣。

二、城镇群建设前提条件是区域协同发展

随着工业化、城市化社会的快速发展,流域之间的经济联系越来越紧密,信息与技术交流越来越广泛,资源与要素的流动更顺畅,合作与竞争不断加强,协同发展已成为当今区域发展的必然趋势。协同发展是围绕同一发展目标,基于合作共赢理念、优势互补原则、产业分工要求和资源环境承载力,协调两个或两个以上行政区组成的区域,形成目标相同,交通基础设施、产业布局、要素市场、城乡基本公共服务与民生保障、生态环境保护一体化的区域发展新格局[2]。

城镇群要着力推进生态环境共建共保,着力构建开放合作新格局,着力创新协同发展体制机制,着力引导产业协同发展,着力加快基础设施互联互通,努力将永定河城镇群培育发展成为我国北方地区具有重要影响力的城市群。

(一)永定河城镇群协同发展问题

永定河城镇群协同发展具有重要意义,不仅可以增加京津冀晋蒙发展的强大动力使其成为带动流域发展的增长极,而且有助于推进区域协同发展新模式、途径的探索。在永定河城镇群协同发展中,发展是最终的目的,而协同是达到发展的方式。

1. 流域协同就是城镇群协同

(1)政府规划的管控与引导,既包括空间规划,也包括产业规划,既包括区域整体规划,也包括各地、各相关城市规划[3]。

(2)交通通信基础设施建设,打造协同发展的硬件基础条件。

(3)着力解决流域五地在发展政策、公共服务等方面的不合理配置,构建有利于资源自由流动和优化配置的环境。

(4)打造一些协同发展的平台和机制,如利益共享机制。

(5)严格统一执法,特别是在维护市场秩序、保护环境等方面。

2. 构建流域上中下、干支流、左右岸集群化多层次城镇体系

永定河城镇群要立足现有基础,优化城镇群空间布局,推进中心城市和中小城镇的协同发展。

(1)增强中下游北京、天津两个直辖市的辐射带动能力,进一步强化首府功能。带动下游河北的城镇发展。

(2)加快发展内蒙古、山西、河北的区县中心城镇和小城镇。发展特色县域经济,加强与北京、天津两大直辖市基础设施互通互联、产业融合等。

3. 着力推进流域重点节点的协同发展

(1)强化北京和天津这两个极具协同发展潜力地区的发展。

(2)注重对于重要节点城市乌兰察布、张家口、大同、朔州、门头沟、大兴、滨海新区发展力度,使其充分发挥桥梁纽带作用,助推永定河城镇群协同发展。

(3)尤其强化大同市、张家口市、乌兰察布市流域城镇群的"金三角"腹地,这是城镇群的"上游",也是城镇群协同发展的"桥头堡"。

4. 着力推进流域五省(区、市)多方合作机制

永定河城镇群协同发展涉及经济、产业、社会等众多方面,需要众多部门合作。

(1)成立推动永定河城镇群协同发展领导小组,建立联席会议制度,但是这只是限于五省(区、市)政府之间的协同合作。

（2）创新多方合作机制，在政府、非政府组织、企业之间建立协同合作伙伴关系。广泛吸收企业和非政府组织参与协同发展的项目。

5. 流域协同坚持生态保护与经济发展"两手抓"

（1）永定河城镇群应该在保护生态环境的前提下，以生态涵养和生态综合治理为主。充分考虑资源条件和环境承载力，节约和集约利用土地、水、能源等重要资源，着力调整资源节约利用方式，重点考虑保护与利用的协调。

（2）永定河城镇群具有典型的生态文化特征，包括草原文化、火山文化、历史文化和长城文化，重点发展生态经济。一是强化农牧交错带地域特征，科学定位城市发展；二是强化大同北魏国都的文化功能，为中小城镇发展定位提供支撑；三是强化长城文化的功能，为中小城镇寻找定位。

6. 利用北京、天津两大直辖市的影响力，推进对外合作，构建永定河城镇群多层次开放格局

（1）积极推进永定河城镇群对外合作，努力将永定河城镇群打造为参与"丝绸之路经济带""中俄蒙经济走廊"建设的组成区。

（2）强力推动永定河城镇群国内协作，积极承接京津冀地区通信、金融、电子商务、政府及企业大型数据中心等后台服务类的产业转移。

（3）特别加强与天津、河北在港口资源使用和内陆港方面的合作，共同打造永定河陆港群。

三、以永定河生态圈理念构建产业功能区是城镇群建设主要任务

（一）生态圈与产业功能区

永定河生态圈是一种新理念，产业功能区则是这种新理念的空间载体和表达形式。通过构建创新生态链，吸引集聚人才、技术、资金、信息、物流等要素高效配置和集聚协作，形成集生产、研发、居住、消费、服务、生态多种功能于一体的新型城镇群，让城市的主导产业集聚度更高、生命力更强。从多种维度支撑主导产业的集聚和升级，并以精进化、精细化、一体化理念提高运作效率，从而使城镇群经济发展更具稳定性和可预期性[4]。

（二）产业功能区构建

在城镇群的建设过程中，以生态圈理念来构建城市的主体产业功能区，具有十分重要的价值效用。一是精准定位产业、提升产业显示度的迫切需要，以形成"专而精"的产业竞争优势。二是活化城市产业生态，形成区域竞争新优势的重要抓手。三是重构"人""城""产"逻辑，形成破解大城市病的有效途径。

1. 以生态圈理念高等级规划产业功能区。

2. 以精进化理念高质量推进产业功能区建设。

3. 以精细化理念提升产业功能区的要素配置能力和产业聚合力。

4. 以"一盘棋"理念推动产业功能区一体化运作。

5. 以"亲""清"理念处理好政府与市场的边界问题。

四、永定河城镇群实践方向

（一）永定河城镇群发展定位[5]

1. 流域整体协同发展改革引领区；

2. 流域生态修复环境改善示范区;

3. 区域整体协同发展改革引领区;

4. 流域创新驱动经济增长新引擎。

(二)永定河城镇群发展路径

关于永定河城镇群发展问题目前仍处于探索阶段,笔者认为首先要优化空间结构,打造世界级中枢,完善"两市三地",强化区域整体竞争力,构建区域合作[6]。其次推进新型城镇化建设,优化城镇群职能体系,以"两山理论"指导乡村振兴,推进城乡一体化,建立保障机制。再次培育利益共享产业价值链,建立合作共赢产业发展格局,构建现代服务业体系,培育战略新兴产业集群,建设产业合作发展平台。最后共建流域优质生活圈,加强环境协同治理,打造绿色协同发展模式,共建城市群绿色空间,打造国际化教育高地和国家康养基地,联合拓宽就业创业空间,共同促进文化繁荣发展。

1. 提高城市间可达性水平,充分调动城市规模辐射活力。城市间地理临近是推动城市规模辐射效应空间集聚形成的重要因素,规划建设便捷的跨区域交通网络,加强交通基础设施建设,构建多元跨城市交通系统[7]。

2. 提升城市综合实力,发挥规模辐射能动性。重视城市发展实力,挖掘城市发展潜力,不仅需要提高城市经济总量,还需要加速城市经济结构升级、提升要素使用效率、完善公共服务并推进协同穿心。

3. 扩大城市功能互补效应,综合城市特点,定位城市功能发展方向及目标。立足城市的经济、政治、文化背景及地理位置,综合城市、城镇群及跨区域城市群三个层级结构的视角,规划城镇群功能区的职能及分布,做好城市功能的制度设计。

4. 立足城市的异质性,突破城市产业同构化局面。保证城市间已有的强互补产业的联系,并充分发挥各城市比较优势。

5. 推进经济网络联系通道的优化和创新,根据城市定位,结合城市群的发展目标,设置跨行政区划管理部门,积极打造"互联网＋城市群"平台,建立城市群便捷高效的统筹、管理和监督的政务机制和产业联动机制。

6. 以市场为导向,加快永定河城镇群协同创新体系建设,实现高质量发展。发挥京津创新高地辐射作用,与内蒙古、山西、河北各城市共建协同创新共同体。

7. 改造提升传统产业,鼓励和支持发展新兴产业和现代服务业,构建高质量发展产业体系。通过产业链的合理分工,发挥各自的优势,推动区域经济深度融合。

8. 推进"两山理论"在城镇群的落地,实现生态与环境共治共享。永定河城市群绿色发展水平虽不断改善,但仍需进一步提升。需要各城市平衡自身利益,通力合作,实现生态与环境的联防联控,确保流域的生态环境治理取得成效。

9. 加快促进流域中小城市发展,形成大、中、小城市群结构体系,合理优化城市群空间结构。强化京津两个核心城市在城市群的引领作用,以两个城市为枢纽和核心带动周边城市发展,促进城市的合理分工[8]。

10. 提升城市群的"文化、生态和生活质量"功能,直接决定着城市群建设目的和意义的根本性所在。建设以文化建设为生产生活方式,以市民生活满意度和幸福指数为评价尺度的文化型城市群,突出文化、生态和生活质量在城镇化中的主题和导向作用。

11. 构建资源共享的合作机制。随着城市经济规模扩大和城市产业链延伸,城市之间的协作不断加强,建立区域一体化的市场秩序和高效联动合作机制至关重要[9]。

12. 城镇群间的资源流动不仅是物质上的,也包括文化上的,城市中的各种文化不是相互排斥的而是相互融合的,并且能通过城市自身也可以把各种文化组织起来形成共同文化。

13. 建立流域城镇群文化协同机制可以拉近城市群的文化流动与传播,即配合北京的文化功能与国际交往功能,带动其他四地文化发展。通过制度设计引导城市文化企业、创意文化机构等组织为文化协同发展服务[10]。

14. 新型城镇化建设是永定河城镇群重点发展方向,在人口城镇化方面,各城市实施的人口城镇化相关政策应多从改革创新户籍机制、完善跟进城市基本服务和提供多样人口城镇化激励这3个层面着手。

15. 建设智慧城市,推动产业创新。重视新型城镇化建设并不意味着弱化创新发展,创新能力的提升是永定河城镇群重点任务之一。促进城市群城市创新能力与新型城镇化水平的协调发展[11]。

参考文献

[1]刘士林,司劲松,刘新静,等.城市群的理念转型和经验拓展(笔谈)[J].开发研究,2017(2):1-9.

[2]苏虹.呼包鄂城镇群协同发展定量评价[D].呼和浩特:内蒙古师范大学,2018.

[3]张军扩.促进京津冀协同发展,打造世界级城市群[J].中国发展观察,2015(2):13-16.

[4]童晶.以生态圈理念构建产业功能区的路径选择[J].开放导报,2019(5):52-56.

[5]曹蓉.基于同城化视角的益沅桃城镇群规划研究建设理论研究[J].城市建设理论研究,2018(7):05-07.

[6]王海蕴.积极打造国际一流湾区 国经中心发布粤港澳大湾区城市群发展规划研究成果[J].财经界,2017(19):63-64.

[7]郑蔚,许文璐,陈越.跨区域城市群经济网络的动态演化——基于海西、长三角、珠三角城市群分析[J].经济地理,2019,39(7):58-66,75.

[8]董微微.京津冀城市群各城市的区域发展结构性差异与协同发展路径[J].工业技术经济,2019,38(8):41-48.

[9]任超.世界级城市群视角下的城市文化传播与再生产[J].中国西部,2019(3):87-94.

[10]肖梦,邓宏兵.城市创新能力与新型城镇化水平的耦合协调分析——以长江中游城市群为例[J].治理现代化研究,2019(5):42-52.

[11]武文霞.粤港澳大湾区城市群协同发展路径探讨[J].江淮论坛,2019(4):29-34.

"大同蓝"资源型城市转型发展的绿色实践

霾是我国大气污染的突出问题,也是全国许多省市遇到的共性难题[1-5]。霾治理已成为国家重视、百姓关注的热点话题[6-12]。面对霾的问题,各级政府一方面要对公众负责,其环境保护压力越来越大,同时"要发展要 GDP"的政绩观在一定阶段依然存在,因此,地方政府要稳妥处理公众需求及环境保护压力和经济增长之间的关系。

2016 年在多轮不利气象条件影响下,山西省 11 个地市除大同市外,其余 10 个地市均启动霾橙色预警和红色预警。大同市作为山西省最北部的城市,环京津冀,连晋冀蒙,又地处盆地,属典型煤炭资源型城市,气象扩散条件并不占据优势,能够从霾中突围而出,全年空气质量二级以上优良天数达到 314 天,超山西省目标任务 53 天,较自加压力确定的 300 天目标超 14 天;优良率达到 86% 以上,高于山西省定目标近 15 个百分点,拥有与过去"煤都"印象完全不同的"大同蓝",空气质量位居山西之首。

大同不仅为京津冀发展提供资源和能源保障,"大同蓝"更为京津冀绿色发展夯实生态基础。中国科学院地理科学与资源研究所牵头编制《大同市生态文明建设规划》和《大同市区域发展战略研究》,为大同市从"煤都"到"绿都"的转型做出了顶层设计和实施路径,推出了最具竞争力的生态产品——"大同蓝"。2016 年 12 月以来,新华网连续刊发了三篇"大同蓝"稿件,全国媒体也聚焦于此现象[13]。资源型城市如何"华丽"转型?"大同蓝"是怎么来的?如何践行绿色发展理念及路径?这些均是本文要探讨的问题。

天蓝水清任重而道远。霾污染的形成,非一日之"功",霾污染的防治也非一番即成。大同市作为全国重要煤炭工业基地,山西转型综改的前沿阵地,主动应对资源型城市转型的严峻挑战,消除粗放式发展带来的历史欠账,在生态文明新理念的指导下和山西省委、省政府正确领导下,坚持生态立市发展战略,持之以恒改善环境质量,逐渐摸索出一些实现"大同蓝"的有效做法。

一、理念:坚持生态文明建设、践行绿色发展

党的十八大提出要树立尊重自然、顺应自然、保护自然的生态文明理念,坚持生产发展、生活富裕、生态良好的文明发展道路。习近平总书记强调,我们既要绿水青山,又要金山银山,宁要绿水青山,不要金山银山,而且绿水青山就是金山银山。十八大以来,山西省以高度的思想自觉和行动自觉,贯彻落实生态文明新理念,围绕习近平总书记提出的创新、协调、绿色、开放、共享,以全国转型综改试验区建设为契机,大力推进生态文明建设。

一是"宁要绿水青山,不要金山银山",确立"三个大同"建设目标。坚持走将生态优势转化为经济优势的道路,树立"良好的生态环境就是最公平的公共产品和最普惠的民生福祉"理念,实施"136"发展战略,将生态立市作为城市发展的主线,将建设美丽大同、富裕大同、幸福大同作为城市发展的目标。

二是"绿水青山就是金山银山",以"刮骨疗伤、壮士断腕"的决心治理污染。充分认识燃煤污染和高耗能产业发展对大气环境的影响,在科学防控不利气象条件影响的同时,重点减少形

注:本文创作于 2017 年。

成霾的人为因素。突出产煤城市的去煤炭化,逐步优化能源结构,提高清洁能源使用率,严格控制高污染、高耗能、低产出"两高一低"产业,大幅降低污染物排放强度。

三是贯彻绿色发展理念,真诚回应群众对改善空气质量的热切期盼。高度重视人民群众对改善环境质量的迫切需求,把实现"大同蓝"作为推动转型发展、文化复苏、古城复兴的首要任务,视为群众"最基本的生存需要",以"功成不必在我"的思想狠抓落实,营造了同心同力共建生态大同的良好氛围。

二、支撑:提升空气自净能力、产业错位发展

霾治理成效是一项长期、复杂的系统性工程,更离不开大同市自净能力的提升。根据大同市地形地貌、降水量和大气环流等因素,市委市政府确立生态统领、环境先行、空气优先的发展原则,始终坚持扩大城市绿化面积,恢复自然植被和森林,建设城市隔离带和城市湿地公园,有效地降低城市的温室效应,这是"大同蓝"形成的支撑条件,效果良好。

(一)提升空气自净能力

大同市以御河和口泉河治理为重点,制定"两河流域"规划,实施总投资 4.8 亿元的"两河流域"湿地项目和大同市水环境整治人工湿地及流域污水收集工程,补齐北方城市生态补水不足的短板,极大地提高生态涵养能力和空气自净能力。同时开展冬季行动暨"环古城""环文瀛湖"双环行动,总投资 690 亿元,实施 27 个重点项目,其中,环古城行动项目 12 个、总投资 113 亿元,环文瀛湖行动项目 15 个、总投资 577 亿元。这些项目涵盖了古城开发与保护、文化旅游、生态康养、会展中心、科技产业园、新能源等绿色发展领域,搭建起大同城市发展的生态骨架,以古城复兴守住发展之"心",以环文瀛湖生态建设强健呼吸之"肺",构筑了全新的城市发展生态格局,这是"大同蓝"形成的基础。

(二)完善基础设施建设

13 座城镇污水处理厂建成运营,实现各县区城镇污水处理厂全覆盖。城市生活垃圾处理厂、餐厨垃圾处理厂先后投入运营,年处理生活垃圾 36.0 万吨,餐厨垃圾 5.5 万吨。正在建设的建筑垃圾资源一体化项目总投资 7.400 亿元,一期工程预计 2017 年 6 月投产,全部建成后可年处理城市建筑垃圾 150.0 万吨,年处理道路沥青混凝土垃圾 50.0 万吨,处理后建筑垃圾生产成再生骨料、再生活性微粉、公路用无机料、干混砂浆、高性能混凝土、混凝土制品、陶粒、园林土等产品。总投资 0.689 亿元的污泥处置项目预计 2017 年 1 月静态调试,3 月投入运行,运行后可日处理污泥 200 立方米。

(三)引导产业错位发展

大同市三次产业比已由 5.3∶50.7∶44 调整为 5.8∶36.5∶57.7(2016 年数据),三产超二产 13.7 个百分点。在工业结构优化方面,非煤工业增加值占规模以上工业比重 50.9%,同比增加 13.6 个百分点;煤炭工业增加值占规模以上工业比重 49.1%,同比减少 13.6 个百分点。在打造优质产业链方面,大同市以文化旅游产业为龙头,以现代服务业为支撑,积极推进煤炭供给侧结构性改革,全面落实"三去一降一补",压减煤炭产能 2976 万吨,坚持不懈地转变发展方式,实施传统优势产业提质工程、现代服务业发展工程、战略新兴产业培育工程、能源产业创新工程、特色农业增效工程,构建起具有鲜明特点、支撑多元、布局合理、链条高端的现代产业体系。

三、核心：调整产业结构、优化能源构成、推进工业节能减排

大同市"将生态与环境质量逐年改善作为区域发展的约束性要求"，用环境保护倒逼落后行业，积极引导、推动传统行业转方式调结构。一是坚持工业园区规划环评与项目环评同步推进。在装备制造园区、医药园区、新能源园区、冶金工业园区、煤化工园区、龙泉工业园区、塔山循环工业园区等工业园区建设中突出规划环境影响评价的先行地位，在项目土建工程中加强污染配套设施的建设，努力打造集约化、多元化产业平台。二是引导优势项目与综合项目互为补充齐头并进。在园区化平台承载中，大同市综合能源基地项目同煤塔山二期 2×66 万千瓦热电机组已有一台并网发电，另一台试运行，同煤阳高 2×35 万千瓦项目已基本具备水压试验条件。新能源基地建设项目采煤沉陷区国家先进技术光伏示范基地一期 100 万千瓦项目已成功并网。全市风力发电总装机 165 万千瓦，光伏发电装总计 155 万千瓦，分别占到山西省的 23%（724 万千瓦）和 53%（292 万千瓦）。总投资 258 亿元的同煤中海油 40 立方米煤制气项目、晋北物流园区、大同通用航空制造产业园、装配式绿色建筑集成产业基地、大同熊猫电站等一批优势产业项目强力推进，与传统产业升级改造相互补充，互相促进，形成煤与非煤产业同时做强，产业结构可持续化的良性循环，这是"大同蓝"形成的背景要素，也是大同市坚持生态统领、环境先行和空气优先的结果。

四、措施：强化八项管控措施，开展铁腕治污

环境保护执行不是"棉花棒"，而是"撒手锏"，是一项项目标的硬碰硬，是一条条举措的实打实。"大棒"是必要的，"胡萝卜"也是必要的。近年来大同市切实强化控煤、治气、管车、抑尘、减排、治企、预警、取缔"土小"八项管控措施，不断加大大气污染治理力度，同时又从增绿和涵盖生态方面做出实实在在的努力。

控煤方面，大同市全面淘汰 10 吨以下燃煤锅炉，加快 20 吨以上燃煤锅炉改造工程，近年来共取缔燃煤锅炉 3000 台，减少燃煤量约 189 万吨，减排烟尘 9070 吨，二氧化硫 15120 吨，氮氧化物 6840 吨。治气方面，大同市公交车全部置换成为新能源车和纯电动车，总投资达到 5.34 亿元，其中天然气公交车达到 620 辆，投资 2.85 亿元，混合动力公交车 184 辆，投资 1.20 亿元，纯电动车 150 辆，投资 1.29 亿元。管车方面，环保、公安、商务、财政、交通五部门联合推进淘汰黄标车和老旧车工作。近两年共淘汰黄标车及老旧车 30182 辆，其中黄标车 14497 辆，老旧车 15685 辆。抑尘方面，启动全市铁腕治污"绿网行动"，要求建筑工地施工区域内裸露土方全部用绿网覆盖，全面整治建筑工地扬尘，彻底解决工地扬尘问题，共检查工地 61 个，下达整改通知书 45 份，排查整改隐患 181 条。减排方面，实施山西漳电大唐塔山发电有限公司♯1、♯2 等 5 家电力企业机组超低排放改造的提标改造减排工程，减排二氧化硫 17140 吨，氮氧化物 7100 吨；实施广灵金隅水泥有限公司等 3 家水泥企业脱硝工程，减排氮氧化物 810 吨；实施县区集中供热替代燃煤锅炉工程，减排二氧化硫 136 吨，氮氧化物 34 吨，替代原煤 8550 吨；实施清洁能源改造减排工程，减排二氧化硫 531 吨，氮氧化物 116 吨。治企方面，对全市污染源自动监控系统现场端自动监控设备安装率、验收率、比对考核率均达 100%。52 家污染源国控企业均建立纸质和电子档案，无人机执法、网格化执法和污染源在线监控综合执法手段强硬有力。预警方面，环保与气象部门联合建立重污染天气会商机制，运用气象预报与重污染天气预警双平台，积极开展多轮重污染天气会商，并依据会商结果进行空气质量潜势分析，强化重污染天气应对措施，2016 年不利气象条件下，先后出动环保执法人员 500 余人（次），全部下沉

至街道社区和污染点源,实行夜查、突查、日查、巡查、督查"五查"措施,共检查企业 300 家(次),其中排查涉水企业 84 家。下达行政处罚 699 万元,其中按日计罚 290 万元。取缔"土小"方面,深入开展全市"铁腕治污行动",取缔"土小"企业 77 家,其中,小洗煤企业 43 家,碘石窑 34 座。以上八项管控措施是"大同蓝"形成的基础,也初步实现了大同的生态发展理念。

"环境就是民生""青山就是美丽""蓝天就是幸福",2016 年,大同古城墙合拢、护城河全线贯通。其中,护城河总长 9 千米,主河道宽 20 米,如一条环古城的玉带既重现了明代城墙的历史风貌,又极大地涵养了古城生态。北城墙带状公园新增绿化面积 17.97 万平方米,西城墙带状公园新增绿化面积 22.20 万平方米,如环城而建的绿色屏障,使古城空气得到生态净化。大同市 2016 年累计完成园林绿化工程量 5.3 亿元,建成区新增绿化面积 116.78 万平方米,建成区绿化覆盖率、绿地率、人均公园绿地面积分别达到 40.96%、36.84% 和 15.27 平方米,同比分别提高了 0.87 个百分点、0.88 个百分点和 0.48 平方米/人,增绿与涵养生态方面取得显著成效。

五、抓手:污染物总量减排、多污染物协同控制

大同市委、市政府合理确定区域环境质量目标,环保局根据环境质量目标核算相应的环境容量确立大气污染物的综合治理方案。

一是通过污染物总量减排,倒逼企业使用清洁能源,开展节能减排行动,并积极参与排污权交易市场交易。制定严格的排放标准、实行在线监测、清洁生产审核等手段实现全市的总量控制。

二是充分发挥市区与各区(县)联网机制,基于区域的联合防控将产生环境治理的正外部性有助于以较低成本来实现污染控制目标。通过建立科学系统的环境监测体系展开对二氧化硫、氮氧化物、颗粒物等多种污染物的协同控制。

三是加强对燃煤电厂、水泥厂脱硫、脱硝、除尘设施的建设和管理。市区 7 个火电厂共计717 万千瓦机组达到新的国家排放标准,国电大同发电公司、漳泽电力集团同煤塔山电厂、同煤集团同达热电公司、大唐国际云冈热电公司的全部或部分机组完成了超低排放改造,水泥行业全部完成了脱硝工程设施的建设和粉尘防治设施的提标改造工程。按照《大同市重点行业挥发性有机物综合整治实施方案》,12 家制药、表面喷涂、有机化工等重点行业挥发性有机物污染综合治理全面开展。大同市 30 家重点企业清洁生产技术改造,有 29 家实施清洁生产审核中产生的 59 项中高费方案,实施率 93.2%,超额完成目标任务。

六、路径:调整能源消费结构、推广使用环保型煤

大同市委市政府为改善空气质量专门划定 89 平方公里禁燃区,区内严禁使用原煤,推广清洁能源。为此多年来拆除燃煤锅炉 3000 余台,发展热电联产集中供热 5780 万平方米,集中供热覆盖率达到 99.7%。发展天然气用户 68.4 万户,覆盖率 98.7%。新建建筑中大力推广可再生能源,可再生能源应有比例达到 81.0%。万元 GDP 综合能耗同比下降 3.2%。

大同市大力推进古城复兴的同时着力解决古城平房户燃煤污染。古城内原有平房居民40000 户,年产生二氧化硫 1280 吨,氮氧化物 290 吨,烟尘 1920 吨,面源污染非常严重。市委、市政府以政府补助、专项资金支持和相关县区配套的方式,每年冬季向古城内平房居民每户免费发放一吨环保型煤,优惠(成本价)购买 2 吨环保型煤。仅 2015 至 2016 年两年间,大同

市用于型煤补助的资金达到 2000 万元。在古城复兴过程中这项惠民政策进一步扩大至城中村和城乡接合部,有 22000 户城中村和城乡接合部平房居民从中受益。据统计,大同市古城内平房居民已由原来的 40000 户减少至 1000 户,减排二氧化硫 1250 吨,氮氧化物 282 吨,烟尘 1870 吨。大同市城中村和城乡接合部 22000 户平房居民使用型煤减排二氧化硫 246 吨,氮氧化物 80 吨,烟尘 527 吨。此外,为了有效改善用能结构和人居环境,大同市还在阳高县大泉山等村、浑源县荆庄等村,开展共计 2050 户的"煤改电"采暖电气化试点工程,项目完成后预计可年节约 0.64 万吨标煤,约折 0.91 万吨原煤,年减排二氧化硫 145.6 吨、氮氧化物 26.7 吨、烟尘 218.4 吨。

七、保障:传导压力担当尽责、落实环保主体责任

大同市市委、市政府深化生态文明体制改革,坚定不移地把生态文明制度的"四梁八柱"夯实,实现生态文明建设制度化和法治化。市委市政府高度重视环保工作,着力构建党政同责、一岗双责、权责一致、齐抓共管的工作机制。成立了大同市环境保护工作领导小组,出台《大同市环境保护工作职责规定(试行)》《大同市环境保护督察实施方案》《大同市环境保护大检查实施方案》《大同市水环境整改方案》,明确由市委书记、市长任全市环境保护工作领导小组组长对环保工作亲自抓;市委秘书长、分管公安和分管环保的副市长为领导小组副组长,对环保工作具体抓,环保局长为办公室主任负责工作协调;各部门主要负责人为领导小组成员,分别履行环保工作职责;各级党委、政府严格履行环境保护主体责任,层层传导压力,主动抓好落实,强化环保主体责任,各县区、各部门对环保工作给予高度重视,形成了纵向到底、横向到边的责任体系,这是"大同蓝"形成的组织保障。

(一)强化环境保护和绿色考核制度建设

建立和完善以经济发展和环境保护为核心目标的绿色 GDP 考核制度,牢固树立正确的政绩观,坚决不要污染环境破坏生态的 GDP,努力创造绿水青山可持续发展的 GDP,老百姓有实实在在获得感和幸福感的 GDP,坚持问题导向、底线思维,发动群众,强化监督,打一场环境保护的攻坚战,努力开创碧水蓝天新大同。

(二)建立全市污染防治的联防联控机制

坚持属地管理与区域联合相结合原则。建立环境保护工作中的协同治污、联合执法、应急联动三大机制,提高区域联控实效。对各区(县)污染防治工作的监测、监管、评估制定统一规则。针对重点企业和行业进行重点监控。目前,全市所有区(县)大气污染联防联控网基本形成,摆脱以往"单打独斗"的模式,寻求全市各主体的联防联控。

八、基础:万众一心、公众参与

"大同蓝"是大同社会各界和广大群众共同守护的绿色成果。大同市鼓励公众积极参与监督污染问题,通过媒体曝光、定期通报、畅通举报渠道等方式提高公众环保参与度。

(一)建立区域环境监管机制

注重信息的公开化,确保公开的信息准确和统一,并建立统一的监管标准,包括相关执法的规章制度和管理措施,形成一致的执法标准和尺度。大气污染防治领导组办公室定期公布燃煤锅炉处罚名单,通报秸秆火点情况、环境违法企业整治处罚等,接受社会监督。大同市出台环境污染有奖举报办法,设立 500 万元的污染举报奖励,实现 12345 政府热线、12369 环保

热线和 12369 环保微信"三平台"无缝对接,每年受理处办环境信访 2000 余件,件件有落实,案件办结率和回访率均达到 100%。

（二）推动公众参与机制

大同市以创建国家环保模范城市为目标,广泛开展公众参与和环保宣传活动。在大同日报开辟"环保大检查""蓝天行动"等专栏,及时发布环保工作最新消息。大同电视台对创模主题宣传活动进行报道,市内各大电子屏、宾馆、饭店、商店等门前小电子屏滚动播出环保口号标语,提高社会各界环保意识。全市开展生态文明"十进"活动,印发生态文明手册,向农村、学校、社区、机关等免费发放,进学校 50 人（次）、进企业 82 人（次）、进社区 98 人（次）、进商店 115 人（次）、进机关 63 人（次）、进农村 628 人（次）,组织开展小手拉大手,共建蓝天碧水的环保小卫士活动,积极创建开展绿色创建活动,创建绿色家庭 20 个,绿色企业 13 家,绿色宾馆 15 个,市级生态乡镇 3 个,市级生态村 25 个。

九、途径：加快推动生态转型、培育发展环保产业

"大同蓝"从一定程度上展现了大同市作为资源型城市践行绿色发展,大力实施生态转型,锲而不舍,久久为功的转型历程,体现的是一个阶段性的成果。大同市委、市政府对此有着深刻的认识。针对如何守护"大同蓝"成果,提升"大同蓝"品牌价值,把培育发展环保产业和控制燃煤污染有机结合起来,通过大力推广洁净煤、煤改气、煤改电等有益尝试,达到"一石二鸟"的效果,打破制约环保产业发展的"瓶颈",推动从根本上解决燃煤污染问题。市长马彦平在向市十五届人大会议所做的政府工作报告中提出,要持续加大生态环境治理力度,推进铁腕治污,深化综合整治,横向构筑产业群,纵向拉长产业链,发展多元化中高端现代产业体系,营造山清水秀的生态环境。2017 年大同市将把"生态转型"这个城市发展课题继续做深做细,推动转型升级,培育环保产业,加快可持续发展。

一是培育战略性新产业。加强与中星微、浪潮、百度等信息技术企业和投资机构合作,争取建立大数据产业基地,大力发展数字经济。积极推进通用航空产业园、高效单晶光伏组件等项目建设。支持发展煤制天然气、煤制烯烃等煤化工产品。二是创新能源产业。严格控制煤炭产能总量,推进煤炭清洁高效利用。开工建设国家光伏示范基地二期、晋北风电基地项目。积极发展高展高载能产业,主攻电动汽车产业发展。三是改造提质传统优势产业。依托中车在面公司,发展电力机车和城市轨道交通装备制造。支持中银羊毛、羊绒产业链生产基地项目建设。做强做大医药产业,重点建设山西库邦年产 80 吨医药中间体、浑源正北芪开发等项目。四是扶持绿色环保产业。根据山西省大气污染防治行动计划,加大清洁能源替代散煤力度,实施以气代煤、以电代煤工程。继续扩大清洁能源推广范围,依托中国科学院洁净炉具及洁净煤技术支持,推广节能环保炉具和洁净煤使用。推进以气代煤、以电代煤工程。推动煤矸石、粉煤灰、脱硫石膏等大宗工业固废综合利用。依托北京大学工学院粉煤灰新型墙体材料研发技术,加快北京雪迪龙公司在大同县吉家庄乡实施总投资 10187.6 万元,以粉煤灰为主要材料生产制作新型墙体,培育发展绿色环保产业。五是做强文化旅游产业。重视古堡开发,发展边塞文化、长城旅游。依托古都灯会,弘扬年俗文化,打造"大同年"品牌。推广王府升锅宴,尽显老大同绝活,推动民间工艺产业化。六是壮大特色现代农业。做精杂粮、做优果菜、做强畜牧、做好药材,推动国家级种植与加工示范园区创建工作,培育药食同源产品开发企业,增加绿色优质农产品供给。

参考文献

[1]谢元博,陈娟,李巍.雾霾重污染期间北京居民对高浓度 PM$_{2.5}$ 持续暴露的健康风险及其损害价值评估[J].环境科学,2014,35(1):1-8.

[2]马丽梅,张晓.中国雾霾污染的空间效应及经济、能源结构影响[J].中国工业经济,2014(4):19-31.

[3]赵秀娟,蒲维维,孟伟,等.北京地区秋季雾霾天 PM$_{2.5}$ 污染与气溶胶光学特征分析[J].环境科学,2013,34(2):416-423.

[4]潘本锋,汪巍,李亮,等.我国大中型城市秋冬季节雾霾天气污染特征与成因分析[J].环境与可持续发展,2013(1):33-36.

[5]潘慧峰,王鑫,张书宇.雾霾污染的持续性及空间溢出效应分析——来自京津冀地区的证据[J].中国软科学,2015(12):134-143.

[6]石庆玲,郭峰,陈诗一.雾霾治理中的"政治性蓝天"——来自中国地方"两会"的证据[J].中国工业经济,2016(5):40-56.

[7]邵帅,李欣,曹建华,等.中国雾霾污染治理的经济政策选择——基于空间溢出效应的视角[J].经济研究,2016(9):73-88.

[8]周涛,汝小龙.北京市雾霾天气成因及治理措施研究[J].华北电力大学学报(社会科学版),2012(2):12-16.

[9]蓝庆新,侯姗.我国雾霾治理存在的问题及解决途径研究[J].青海社会科学,2015(1):76-80.

[10]熊晓青,张忠民.突发雾霾事件应急预案的合法性危机与治理[J].中国人口·资源与环境,2015,25(9):160-167.

[11]张孝德,梁洁.从伦敦到北京:中英雾霾治理的比较与反思[J].人民论坛·学术前沿,2014(3):51-63,71.

[12]王咏梅,武捷,褚红瑞,等.1961—2012 年山西雾霾的时空变化特征及其影响因子[J].环境科学与技术,2014(10):1-8.

[13]"大数据"告诉你,"大同蓝"有多红?[ED]新华网,2017-4-12.

生态与发展同频共振的"右玉现象"

一座县城,因砥砺奋进而沧桑巨变,在县域经济发展史上写下耀眼篇章。

一种精神,因高瞻远瞩而历久弥新,成为区域发展创新道路上的重要路标。

一条经验,清晰勾勒出"从贫到富、由弱到强"跨越的澎湃力量。

一、右玉经验对我国生态环境治理的启示

山西省右玉县始终坚持植树造林改善生态环境的目标不放松,60年来致力于生态建设不动摇,将一个"不毛之地"变为"塞上绿洲"[1],创造了生态建设的奇迹,为我国现在生态环境治理提供了典型的范本和可供移植的宝贵经验及重要启示。

1. 正确的生态理念是生态建设的前提条件

(1)科学规划是生态建设的行动指南。

(2)因地制宜、循序渐进是生态建设的关键。

(3)领导带头、依靠群众是生态建设的力量之源。

2. 要坚定理想信念不动摇。坚持以"功成不必在我"[2]的境界,一张蓝图绘到底,一任接着一任干。

3. 要咬定目标不松劲。坚持以"舍我其谁"[3]的担当,一个困难一个困难地克服,一步一个脚印艰苦奋斗。

4. 要推动绿色发展不放手。坚持以"任尔东西南北风"[4]的静气,推动绿水青山与金山银山融合发展,实现经济生态化、生态经济化。

二、右玉精神对我国县域经济发展的启示

右玉精神体现的是全心全意为人民服务,是迎难而上、艰苦奋斗,是久久为功、利在长远,这是对右玉精神的高度凝练和深刻概括[5]。同时右玉精神蕴含着鲜明丰富的新发展理念:

1. 从无到有,勇于开拓的创新发展精神

(1)迎难而上,人进沙退,世界历史难题的右玉方案。

(2)勇于探索,不断进步,沙化治理思路的历届创新。

2. 轻重缓急,统筹谋划的协调发展精神

"一张蓝图、一个目标,换届不换方向,换人不换精神",是右玉精神代际协调理念的体现。

(1)从"先让局部绿起来"到"要让山川皆有树"的地区协调。

20世纪50年代"哪里能栽哪里栽,先让局部绿起来";

60年代"哪里有风哪里栽,要把风沙锁起来";

70年代"哪里有空哪里栽,要把窟窿补起来";

80年代"适地适树合理栽,优质三松引进来";

90年代"乔灌混交立体栽,绿色屏障建起来";

21世纪"退耕还林连片栽,右玉大地靓起来";

注:本文创作于2018年。

"十三五""绿水青山秀塞外,金山银山富起来"。

(2)从"为生存种树"到"为文明种树"的阶段协调。

(3)"换届不换方向,换人不换精神"的代际协调。

3. 保护自然,尊重规律的绿色发展精神

(1)植树造林,改造自然,执着绿化大地。

(2)树立理念,融入人心,形成绿化思维。

4. 积极主动,以外促内的开放发展精神

(1)认清自我不足,发现外部优势引进来。

(2)打破内部困境,绿色发展成果走出去。

5. 为民利民,成果普惠的共享发展精神

(1)为民利民、人民中心,科学政绩观的共享理念。

(2)全民共建,成果普惠,科学建设观的共享理念。

三、全域旅游"兵出奇谷"推出旅居养老目的地城市

旅居养老产业属于"新经济"范畴[6],作为一种新业态,是"智慧旅游"模式下旅游+养老产业的跨界融合,京津地区本身地理空间有限,随着老龄化社会到来,不仅对京津地区经济发展造成了很大压力,同时对老年人享受晚年生活也缺乏一个相对自由放松的空间和环境。

右玉独特的生态气候和山水林田湖草结合俱佳,在京津旅居养老协同发展中具有举足轻重地位,拥有与其他区域明显不同的区位优势,是一个能为京津老龄人口提供高品质的休闲养老方式的理想区域。

（一）旅居养老产业价值

1. 旅居养老产业是新常态下凸显的新兴业态属于新经济范畴[7]

实现老年服务产业和旅游产业结合,不仅有利于老年服务产业的新发展,而且体现了经济新常态的发展要求。

2. 旅居养老产业弥补现有养老不足,代表老龄化发展的方向

通过旅游+养老的生活式度假,不仅体现积极老龄化的发展要求,而且有利于带动右玉旅游产业的发展。

3. 旅居养老产业坚持以人为本理念,彰显新兴产业时代特征

以老年为中心,满足老年群体真正需求,不仅有利于提高老年群体的生活水平,而且体现了新兴产业的时代特征。

（二）旅居养老产业开发模式

1. 候鸟式旅居养老模式

候鸟式旅居养老主要分为三类。一是暖冬旅居养老;二是夏季避暑旅居养老(右玉是理想区域);三是景区旅居养老。其特点是环境优美、气候宜人,灵活性强。其缺点是季节性较强。

2. 疗养式旅居养老模式

疗养式旅居养老模式主要分为三类。一是中医养生旅居养老;二是西医护理旅居养老;三是美食养生旅居养老。其特点是符合老年群体的疗养护理需求。

3. 文艺鉴赏式旅居养老模式

文艺鉴赏式旅居养老模式主要分为三类。一是古城古镇旅居养老;二是民俗民风旅居养

老;三是宗教禅修旅居养老。其特点是符合老年群体的精神追求,但对老年群体的整体素质要求较高。

4. 田园式旅居养老模式

是以农家乐、乡村绿色田园景观、农事娱乐体验、特色乡村风情为依托,以满足老年人休闲度假为目标的旅居养老产业模式。其特点是亲近乡村,回归自然,但对于服务水平和配套措施要求较高。

5. 社区式旅居养老模式

通过构建老年住宅区、老年大学、购物中心、酒店和医院等多种业态,将"养老住宅销售＋养老地产持有经营＋综合商业租赁"结合,形成功能齐全的产业链。其特点是投资力度较大,对开发商要求较高。

(三)旅居养老产业发展前景

随着我国老年群体消费能力提升,加上近年来我国旅游业的提档升级,发展旅居养老产业是经济社会发展的必然趋势[8]。

1. 老龄化时代来临,我国老年人口数量猛增,消费市场巨大

根据预测,2014—2050 年,我国老年人口消费潜力将由 4 万亿人民币增长到 106 万亿人民币,占国家 GDP 比重将由 8％增长到 33％左右。老年消费市场包括三个方面。一是老年商品市场;二是医疗保健市场;三是老年服务市场。包括照料服务、护理服务和旅游服务等。目前老年服务市场发展较为滞后,应当着重进行开发。

2. 从国民可支配收入看,老年人消费能力日益提升

我国 GDP 总量和人均可支配收入逐年增加,GDP 总量由最初的 18.49 万亿元人民币增长到 67.67 万亿元人民币,增长约为 3.66 倍。目前老年人各类收入总和达到 4000.00 亿元,到 2020 年可能突破 1.00 万亿元。因此,老年群体市场购买力的稳步提升,为旅居养老产业的发展提供了坚实的资金保证。

3. 从旅居路径上看,我国旅游业迅速发展,提供了现实可能性

2020 年,我国将建成"四纵四横"的高速铁路框架,全国铁路营业里程将达到 12 亿千米,覆盖全国 90％以上人口。高速铁路交通体系的日益完善,将大大增加全国各地旅游的通达性,为旅居养老产业的发展提供现实可能性。

(四)旅居养老产业是右玉县域经济切入点与突破口

"十三五"右玉迫切需要一个新兴产业作为未来主导产业选项之一,旅居养老产业能充分发挥右玉的自然与文化优势,必然成为主导产业的选择对象。

1. 特色鲜明、品质卓越的生态与文化资源,是右玉县发展旅居养老产业的坚实基础和不竭动力。

2. 山西省综合改革牵引、创新转型的政策导向,为右玉发展旅居养老产业营造良好平台和发展前景。

3. 毗邻"乌、大、张"的区位优势,有利于右玉旅居养老产业的省际联动和区位协作。

4. 个性突出、异彩纷呈的生态文化旅游省级开发区,是右玉发展旅居养老产业的重要引擎和有效载体。

5. 挖掘右玉得天独厚的生态文化资源和精神标识,通过推动旅居养老产业进一步塑造右玉独特形象,打造充满活力的时代亮色。

四、地域农业借题发挥推出中医农业示范区

（一）中医农业内涵

中医农业既基于中草药配伍原理生产农药兽药、饲料肥料以及天然调理剂，又基于中医相生相克机理利用生物群落之间交互作用提升农业系统功能，将中医原理和方法应用于农业领域，实现现代农业与传统中医的跨界融合，优势互补，集成创新，可为农产品产地水、土、气立体污染综合防控和改善产地环境，促进动植物健康生长，保障农产品的有效供给和质量安全，探索一条农业可持续发展的新途径[9]。

（二）右玉中医农业发展优势

1. 气候条件：右玉自然条件具有温差大，纬度高，光照时间长，土壤、空气污染少等特点，使得作物生育期长，品质好，适合发展中医农业。

2. 地域条件：右玉地貌沟壑纵横，才使其成为全国著名的"小杂粮王国""黄金养殖带""优质粮果带"，形成了右玉生产绿色、健康、生态杂粮的天然屏障。

（三）中医农业发展路径

中医农业产品作为安全系数最高的食品，具有广大的市场需求。同时"中医农业"生产过程强调人与自然和谐相处，倡导环境保护和生态平衡，强调可持续发展，是习总书记提出的"绿色发展"理念的良好实践模式，应得到政府和民众的广泛认同、支持、推动[10]。

1. 加快制定产业发展规划，制定产业扶持政策，针对中医农业发展过程中面临的挑战和问题，落实战略方案和实施措施。

2. 加深关键领域和作用机理研究，鼓励学科联合攻关，打造"中医农业"航空母舰，推动"中医农业"科研工作的创新发展。

3. 加强产品研发，对接"中医农业"全产业链和市场需求，开发出一系列实际效果显著的产品，并提升为国内外著名品牌。

4. 对接养生保健的社会需求，拉长"中医农业"产业链，并在普遍关注的关键领域形成产业集群。

5. 注重科普、科教与科研进程的协调，形成一体化协同发展，提高"中医农业"的社会认知，营造"中医农业"的良好发展氛围。

五、初步结论

1. 建议启动右玉县"国家两山理论实践创新基地规划"，强化生态与发展同频共振。一是"塞上绿洲"生态文明建设展示区；二是生态经济创新发展先行区；三是两山文化传承弘扬示范区。

2. 建议启动右玉县"中医农业发展规划"，与学术界密切合作，积极创建中医农业国家试验区，突出典型示范和引领带动作用。以"强、优、精、特"为标准，以体现"中医农业"建设核心内容为重点，以能够引领"中医农业"的发展为方向，形成各类可复制可推广的典型。

3. 建议启动右玉县"旅居康养产业发展规划"，以避暑度假为主线，探索创立一个前所未有的、全新的、富有现代气息和风尚的旅居康养旅游目的地城市。

4. 祝福右玉县 2018 年能顺利实现贫困退出，并在此基础上提出一个重要构想，就像右玉人能把一片不毛之地建设成为"塞上绿洲"一样，再次激活右玉精神，把右玉县打造为全国贫困退出后可持续发展的"右玉样本"。

参考文献

[1]牛芳,赵丽娜.右玉生态建设的实践与启示[J].理论探索,2014(5):104-107.

[2]韩保江.论习近平新时代中国特色社会主义经济思想[J].管理世界,2018,34(1):25-38.

[3]戚如强.习近平立德树人思想的理论渊源与精神实质[J].马克思主义研究,2018(7):35-42.

[4]王怀强.论习近平政治制度理论及其时代价值[J].马克思主义研究,2018(3):133-141,160.

[5]吴秀玲.践行"两山"理论弘扬右玉精神加快建设推动绿色发展的先行示范区[J].前进,2018(3):39-40.

[6]党俊武.新时代中国老龄产业发展的形势预判与走向前瞻(上)[J].老龄科学研究,2018,6(11):3-27.

[7]汪连杰.经济新常态下对中国"新经济"的考察研究[J].求实,2017(5):34-43.

[8]刘昌平,汪连杰.新常态下的新业态:旅居养老产业及其发展路径[J].现代经济探讨,2017(1):23-27,48.

[9]章力建,王道龙,刘若帆."中医农业"推动人类命运共同体建设[J].中国畜牧兽医文摘,2017,33(12):1-3.

[10]张院萍,刘源,王芳,等.发展"中医农业"促进农业可持续发展[J].中国畜牧业,2018(7):20-21.

呼和浩特市生态出路与创新前景

呼和浩特市地处内蒙古自治区的中心,是内蒙古自治区的首府,同时也是"一带一路"沿线中,中蒙俄经济走廊的交通枢纽型节点城市。"十四五"时期是呼和浩特市综合经济实力、提高居民生活质量和改善生态环境的关键时期,更是呼和浩特市通过生态文明建设带动经济增长的关键节点。因此,生态文明建设的内容、方法和目标已经成为呼和浩特市亟须解决的重大问题。

近年来呼和浩特市的经济飞速发展,但生态环境遭到破坏的问题也日渐凸显。一是因资源能源的过度开采与利用;二是因规划的弱环导致的不合理开发;三是因人口规模持续增加,导致的城市承载压力加大;四是因缺乏独特话语权,导致"呼市方案"难以推出。

一、一个城市怎样才有活力,人气在哪,底气何来?

1. 应有超前意识。超前意识就是"防弹衣",就是"备胎",不管发生什么都能做好管控。
2. 应有自己的发展利器,这是一座城市的价值和其立足之地。
3. 真正的底气,从来不是靠虚张声势,而是靠自身的绝对实力。
4. 只有具备真正的实力,才敢在暴风雨袭来时,淡定从容地说一句:没事,可控。
5. 城市的实力是什么?某种程度说不是钱的问题,也不是城市影响力问题,而是城市的个性,这是最核心的资本。
6. 城市的核心能力,是一座城市的立世之本。打造这个能力,是城市决策者始终坚持做的事。
7. 城市没有"岁月静好",前提是备足了"干粮"。今天要想明天的事,今年要为明年做打算。
8. 城市需要境界,要多元的生态才健康,才对发展最有利。城市不要做既消耗精力,又损失利益,还影响心情的事情。
9. 城市要放下脆弱的自我,认真听取专家的意见,才会越来越强大。

二、城市"老了"怎么办?振奋精神,担当实干,走转型发展之路,向高质量发展要效益!

(一)一个转型,转出一片天

因草原得势,因草原得名,因草原建城。呼和浩特市这个国家仅有的几个民族省会城市经过几十年的发展也没有逃脱草原城市的艰难处境。

转,只有转型。全面实施转型别无选择。只能选择在草原城市和民族城市中"差异化"转型。

1. 转型,瞄准传统产业脱胎换骨;
2. 接着转型,对标一流民族城市"打擂比武";
3. 再次转型,强力推出现代"招商图谱"。针对现有骨干行业产品、产能、市场分布等上下

注:本文创作于2019年。

游分布情况,制定延链、补链和强链的"招商图谱",瞄准国内外实施精准招商。

(二)一个"绿"字,绿出一片海

昔日的"草原城市",今朝一个"绿"字了得。作为内蒙古自治区的首善之区,最难突破的瓶颈是生态与环境,而呼和浩特市最大的希望也是生态。

过去呼和浩特市是为"绿"而"绿",如今必须造出绿水青山。如何让绿水青山变成金山银山,与扶贫一样"绿"到深处都是"最难啃的骨头"。保卫大青山,守护城市母亲河。

1. 保卫大青山(父亲山),"断腕"出手。多年无序开采致使大青山千疮百孔。还我绿色大青山,守卫大青城。不让大青山"哭泣",不让母亲河"流泪"。

2. 如今,生态治理工程不仅需要"断腕"决心和"铁血"手段,更多需要科技手段的灵活运用,生态环境大数据平台在呼和浩特市的落地让呼和浩特市(简称呼市)人充满自信。终于找到了由"绿"变"美",再由"美"变"富"发展之路。

(三)一个"改"字,改出一活水

多年来呼市苦苦奔波在提质增容与生态建设两个"战场",大兴改革之风,碰到发展瓶颈要"改",没有固定模式要"改",运行中出现羁绊要"改"。呼和浩特市人没有懈怠,没有彷徨,坚持生态发展,咬定提质增效不放松。奋斗者终于见彩虹,呼和浩特市这个"老"了的城市终于实现了惊艳的转身[1]。

"云"落青城带来希望。呼和浩特市抢抓内蒙古获批国家大数据基础设施统筹发展类综合试验区的机遇,坚持把培育发展大数据云计算产业作为发展高端高新产业的主攻方向,强化华为生态环境大数据平台建设,作为转变经济结构的重要举措和现实途径。

三、"两山理论"的实践价值与呼市生态构建

"两山理论"是我国在生态文明建设的实践中总结形成,并引领着我国的绿色发展之路。其根本目的是实现人与自然和谐共生,其核心价值是经济生态化和生态经济化;其突破口是实现山水林田湖草的系统治理[2]。

(一)"两山理论"的实践价值

1. "两山理论"阐述了人的自然存在与社会存在之间的辩证关系。

2. "两山理论"指明了生态发展与环境保护之间的辩证关系。

3. "两山理论"指明了人的精神生活与物质生活之间的辩证关系。

4. "两山理论"实现城乡绿色发展与惠民的巧妙结合。

5. "两山理论"指引生态扶贫与可持续发展再创佳绩。

6. "两山理论"对推动乡村振兴具有指导意义。

7. 以优美生态集聚生产要素,努力将生态优势转为经济优势。

8. 将良好的生态环境积极转化为直接的生产要素,将生态优势转化为经济优势。

9. 实现生态经济化需要将绿水青山的价值资产化。

10. 针对传统经济发展模式形成的产业,积极转变经济发展方式,实现经济生态化。

11. 既要绿水青山,也要金山银山确立了生态文明建设发展目标。

12. 宁要绿水青山,不要金山银山明确了生态文明建设基本准则。

13. 坚持以人民为中心的政治立场,充分肯定了生态环境对于人民群众生活质量的重要性。

（二）呼和浩特市生态构建

全力打好蓝天、碧水、净土三大保卫战。

1. 开展治气、治水、治土、治山工程。

2. 持续加大污水治理力度。

3. 清理关停采探矿企业 93 家，生态修复治理成效显著。

4. 全市森林覆盖率提高到 21.40％，建成区绿化覆盖率达到 39.87％。

5. 空气优良天数达到 272 天，比上年增加 17 天。

6. 推进全市 80％行政村的人居环境整治工作。

7. 开展农村污水治理行动，推动城镇污水管网向周边村镇延伸。加强农村生活垃圾转运处置，动员村民做好环境卫生管护，保护乡村自然景观风貌。

8. 加强城市生活垃圾、餐厨垃圾处理，垃圾回收利用率达到 20％。扩大准物业管理，提升物业服务水平。

四、呼和浩特市生态突围与文化突破

阴山山脉位于我国北疆，东西绵延 1200 千米，从东到西阴山山脉基带从典型草原区经荒漠草原区一直到草原化荒漠区，地处内蒙古自治区中部，是我国北方地区重要的生态屏障区，是我国暖温带与温带的分界线，更是重要的自然地理分界线。南坡受夏季东南季风湿润气流的影响，水分相对充足，孕育了类型丰富的山地植被垂直景观；北坡受来自蒙古高原干冷气流影响，形成了多样的山地草原类型。

大青山山地是阴山中段的主体组成部分，东起乌兰察布市集宁区三岔口，西至包头市昆都仑河，东西绵延 270 千米，南北宽约 50 千米。沟壑纵横，有 18 道半大沟，平均海拔 1800～2000 米，最高峰九峰山海拔 2338 米。

（一）生态名山大青山

我国名山众多，类型丰富，可分为地质、气候、历史、文化、政治、军事、览胜、探险、科考、健身等 17 个主要类型，在众多名山定位过程中，对生态名山的命名研究还相对薄弱。已有的研究分析和探讨了中国名山的现状、问题和发展，但这些研究多集中于从旅游的角度入手，而缺少从生态的角度对名山进行鉴定。大青山作为我国北疆重要生态屏障，内化人文，外化自然，是我国生态名山的理想选择地，它和其他名山一样经历了数千年的利用和保护过程。

生态名山建设不仅是一种发展战略，更是一种发展理念，它主张以尊重自然规律和人类社会发展规律为前提，超越和扬弃粗放型的发展方式及不合理的消费模式，全面提升山地的文明理念和素养。笔者是生态名山提出者和践行者，现已完成山东蒙山生态名山发展规划和学术界命名。

生态名山是指以生态规律为行为准则，综合运用政治、经济、文化、社会和自然的方法，依照生态系统管理的原理，建设以资源环境承载力为基础，以增强可持续发展能力和维护生态正义为根本目标的资源节约型、环境友好型和生态健康型景区。

1. 具有高附加值的特点，生态旅游是利用完整生态系统价值确定其市场地位的产业，优美生态环境的享受与其内在文化的体验，为其高附加值的支撑点；

2. 具有知识经济的特点，生态名山从产品构思、设计、开发保护到旅游全过程均需要众多领域的知识创新与创意集成；

3. 具有生态保育的特点,生态名山保护了珍稀野生动植物资源、典型自然生态系统、特殊自然景观和具有重大科研意义的地质地貌等特殊景观及区域特色文化,要求人与自然的相互理解和支持,共同建立和谐的生态环境系统。

大青山基本具备了生态名山的基础条件,完全可以纳入"两山理论"实践创新范围。也是呼和浩特市从生态突围(大青山)和文化突破(敕勒川)最佳选项。

1. 从宏观角度对生态名山的含义和体系进行全面梳理和总结;

2. 从地理学和生态学的角度分析大青山的地质、地貌演化、自然环境变迁、生态与环境发育和变化、生态涵养与环境保护;

3. 阐述大青山生态文化,包括自然文化、历史文化、宗教文化与红色文化,从人文地理学的角度分析生态文化对大青山的影响;

4. 从生态文明建设规划的角度分析大青山的利用与保护及其开发价值;

5. 通过大青山的典型研究,提出生态名山的学术界命名。

（二）敕勒川

边塞诗作为唐诗的重要组成部分,有着极高的艺术价值。唐诗在中国文学史上的地位不言而喻,唐诗中的"阴山"诗的文学价值主要体现鲜明的人物形象、真挚的情感表达和壮美开阔的境界三个方面。

敕勒川文化是中华民族多元一体格局的生动体现。

敕勒川文化形成的地域基础和民族交融因素。

敕勒川诗歌的艺术魅力。

五、初步结论

1. 牢固树立"绿水青山就是金山银山"的理念,尽快实现"两山理论"呼和浩特市落地版,尽快启动呼和浩特生态文明建设规划及"三线一单"专项研究,全力创建国家生态文明示范城市。

2. 积极与华为生态创新中心密切合作,建议启动对大数据管理平台进行科学研判,准确利用大数据资源。建议呼市启动生态环境大数据管理平台(不要笼统称为生态文明大数据),利用卫星大数据,重点对水、土、气进行数据整理,进而研判人口、资源、环境承载能力和可持续发展水平。

3. 大青山是呼市的生态名片、文化名片和绿色屏障,是名副其实的呼市地理标志,基本具备了中国生态名山基本条件。为了尽快促进大青山增容提质,建议启动"大青山生态名山发展规划"。笔者是我国生态名山提出者,具有该领域知识储备和规划与研究实例。

4. 城市是国家文明的聚集高地,美丽中国必然先有美丽山水城市。有山有水,是中国城市的经典样式;乐山乐水,是中华传统文化所表达的情操和审美。美丽山水城市是山、水、城的关系,"山得水而活""水得山而壮""城得水而灵"来阐述山水城市的发展模式。呼和浩特市是我国民族地区,特别是草原城市的突出代表,建议呼市启动"美丽山水城市"发展规划,争创国家美丽山水城市。

5. 两山论是我国在生态文明建设的实践中总结形成,并引领着我国的绿色发展之路。其根本目的是实现人与自然和谐共生,其核心价值是经济生态化和生态经济化;其突破口是实现山水林田湖草的系统治理。建议呼市启动"两山理论与乡村振兴"发展规划,努力争创国家"两山理论实践创新基地"。

6.精准脱贫可持续发展示范区是笔者及其团队的最新研究成果,旨在解决精准脱贫以后(脱贫与返贫的预警)可持续发展问题,针对呼市精准扶贫和精准脱贫取得的成绩和典型的地域特征,建议启动"呼市精准脱贫可持续发展示范区"建设规划,形成精准脱贫可持续发展的"呼市经验"。

7.呼和浩特市是中国草原历史文化的核心区域,具有发展全域旅游,打造壮美内蒙古亮丽风景线条件。针对呼和浩特市尚无5A级景区,全域旅游缺乏强有力的引领地、增长极和扩散点,呼市的外地游客停留时间短、旅游消费少,呼市的旅游形象被其他草原城市掩盖,缺少世界级、国家级的旅游产品与品牌的困扰。建议启动"国家全域旅游示范市"发展规划[3]。一是把大青山打造为5A景区;二是把敕勒川打造为国家级旅游度假区。

8.呼和浩特市是内蒙古自治区的首府,具有2400多年建城历史,从建城以来,就被认为是游牧文明与农耕文明的交汇之城,是当之无愧的"中国草原第一城",是草原丝绸之路的起点。建议成立"呼市智库"(充分发挥中国科学院、中国社会科学院、中国工程院专家的优势,与国家各部委密切合作)。用全球化思维和一体化视角,在呼包鄂(呼和浩特、包头、鄂尔多斯)一体化、京津冀晋蒙协同发展、"一带一路"建设中,找准呼和浩特市定位、发挥呼和浩特市优势、体现呼和浩特市价值、做出呼和浩特市贡献。

参考文献

[1]冯燕平.呼和浩特 今日首府更亮丽[J].实践(党的教育版),2018(12):14.

[2]乔庆智,贾祎."一带一路"建设中呼和浩特市发展定位与对策研究[J].大陆桥视野,2018(9):81-83.

[3]申一方.内蒙古呼和浩特市全域旅游发展探讨[J].中国商论,2019(3):86-88.

呼和浩特市生态希望与文化出路

习近平总书记 2014 年、2019 年先后两次到内蒙古考察，寓意深远。习近平总书记指出："把内蒙古建成我国北方重要生态安全屏障，是立足全国发展大局确立的战略定位，也是内蒙古必须自觉担负起的重大责任。"

内蒙古地处中国北疆，自然和生态资源十分丰富，民族文化多姿多彩，发展潜力巨大，战略地位重要。内蒙古的生态状况，不仅关系全区各族群众的生存和发展，而且关系到华北、东北、西北乃至全国生态安全。

作为内蒙古自治区的首府，呼和浩特市如何发挥好在内蒙古生态文明建设中的引领作用，协调好生态与经济发展的关系，是摆在呼和浩特市委、市政府面前必须解决的迫切而现实的任务，更是释放呼和浩特市独特话语权和"呼和浩特市方案"的最佳时期[1]。笔者认为，呼和浩特市必须在生态上"突围"、在文化上"突破"。主要观点和建议简述如下。

一、生态上如何"突围"

作为内蒙古自治区的首善之区，呼和浩特市最难突破的问题是生态与环境，而最大的希望也在生态与环境。

生态突围的核心是实施全面转型战略。呼和浩特市作为我国仅有的几个民族省会城市之一，经过几十年的发展，遭遇了城市现代化过程中的普遍问题——转型，且必须选择在草原城市和民族城市中的"差异化"转型[2]，是呼和浩特市实现可持续发展的必由之路。

转型，要分阶段、分层次进行。第一层次的转型，要瞄准传统产业脱胎换骨；第二层次的转型，要对标一流民族城市"打擂比武"；第三层次的转型，要强力推出现代"招商图谱"。针对现有骨干行业产品、产能、市场分布等上下游分布情况，制定延链、补链和强链的"招商图谱"，瞄准国内外实施精准招商。

找到由"绿"变"美"，再由"美"变"富"的发展之路，是呼和浩特实现生态突围的关键。与扶贫攻坚战一样，"绿"到深处都是"最难啃的骨头"。生态治理攻坚需要"壮士断腕"的决心和手段，更需要科技手段的支撑和运用。具体来说，一是全面完成对大青山的生态治理；二是全面落实呼和浩特市生态环境大数据平台的应用。

自 2012 年以来，呼和浩特市按照党的十八大提出的"五位一体"总体布局和"四个全面"战略布局的要求，举全市之力，把大青山前坡生态保护综合治理工程作为重中之重，大力实施生态绿化和环境综合整治，将大青山前坡建成"绿树掩映、白墙蓝瓦、曲径通幽、田园风光、草原风情、自然和谐"的首府后花园，终于实现了惊艳的转身[3]。

二、文化怎样突破？

横亘于内蒙古中部地区的阴山，曾是草原民族活动、建立政权的重要地区（如头曼单于城、赵王城），是统治者防备、抵御外患的军事重地（如秦长城、赵长城、北魏的安北六镇），同时也是古代草原丝绸之路进行商业贸易的重要通道。这里不仅有阴山岩画、五当召、美岱召等文物古

注：本文创作于 2020 年。

迹,还产生了诸如赵武灵王等众多历史人物。北朝最具代表性的著名民歌之一"敕勒川,阴山下,天似苍穹,笼盖四野。天苍苍,野茫茫,风吹草低见牛羊";唐代诗人王昌龄的"但使龙城飞将在,不教胡马度阴山"等名句,都如实描写了历史上阴山的风光和人类活动。

大青山位于阴山山脉中段,其生态区位和生态价值极为重要,在我国生物多样性保护方面占有重要地位。鉴于大青山地区的生态重要性,国务院 2008 年 1 月批准其晋升为国家级自然保护区。

呼和浩特也称为青城,城市基于大青山,文化突破口也基于此。

(一)推出生态名山——大青山

我国名山众多,类型丰富,可分为地质、气候、历史、文化、政治、军事、览胜、探险、科考、健身等 17 个主要类型,在众多名山定位过程中,对生态名山的命名研究还相对薄弱。已有的研究分析和探讨了中国名山的现状、问题和发展,但这些研究多集中于从旅游的角度入手,而缺少从生态的角度对名山进行鉴定。大青山作为我国北疆重要生态屏障,内化人文,外化自然,是我国生态名山的理想选择地,它和其他名山一样经历了数千年的利用和保护过程[4,5]。

生态名山建设不仅是一种发展战略,更是一种发展理念,它主张以尊重自然规律和人类社会发展规律为前提,超越和扬弃粗放型的发展方式及不合理的消费模式,全面提升山地的文明理念和素养。笔者是"生态名山"的提出者和践行者,现已完成山东蒙山生态名山发展规划和学术界命名。生态名山具有以下特点:生态名山具有高附加值的特点。生态旅游是利用完整生态系统价值确定其市场地位的产业,优美生态环境的享受与其内在文化的体验,为其高附加值的支撑点;生态名山具有知识经济的特点。生态名山从产品构思、设计、开发保护到旅游全过程均需要众多领域的知识创新与创意集成;生态名山具有生态保育的特点。生态名山保护了珍稀野生动植物资源、典型自然生态系统、特殊自然景观和具有重大科研意义的地质地貌等特殊景观及区域特色文化,要求人与自然的相互理解和支持,共同建立和谐的生态环境系统。

据此,内蒙古大青山已基本具备了生态名山的基础条件,可以纳入"两山理论"实践创新范围,也是呼和浩特市从生态突围(大青山)和文化突破(敕勒川)最佳选项。为此,推出生态名山——大青山,需要开展以下工作:

1. 从宏观角度对生态名山的含义和体系进行全面梳理和总结;

2. 从地理学和生态学的角度分析大青山的地质、地貌演化、自然环境变迁、生态与环境发育和变化、生态涵养与环境保护;

3. 阐述大青山生态文化,包括自然文化、历史文化、宗教文化与红色文化,从人文地理学的角度分析生态文化对大青山的影响;

4. 从生态文明建设规划的角度分析大青山的利用与保护及其开发价值;

5. 通过大青山的典型研究,提出生态名山的学术界命名。

(二)挖潜"天地人和"——敕勒川

敕勒川位于内蒙古高原中部,阴山、黄河中间冲积而形成的平原地带是敕勒川地区最典型的地理标志。从地理位置来看,阴山与黄河在该区域相互映衬,形成了敕勒川地区典型的地貌特征。肥沃的土地既是农耕民族赖以牛存的粮仓,也是游牧民族发展畜牧业所依托的草场。这种得天独厚的自然环境,为各民族融合提供了极大的便利,也找到了适宜经济社会发展的路径,更形成了敕勒川特有的地域文化[6]。

一种文化一旦形成,对社会经济也具有巨大作用,敕勒川就是典型代表。在当今社会,生态文化已成为经济发展的推动因素,探寻城市发展脉络,凝练提升敕勒川文化形成和发展规律,培育新型业态,对于推动呼和浩特市经济社会发展,都具有重要的现实意义。

1. 敕勒川文化是中原农耕文化与草原游牧文化长期交融形成的历史产物,是中华民族多元一体格局的生动体现,创造了主体的多元性和生产方式的独特性,形成了"你中有我、我中有你"的紧密联系。

2. 游牧与农耕相结合的生产方式是敕勒川文化形成的核心要素。畜牧业曾是敕勒川地区主要的生产方式,但是单纯的畜牧业有着无法克服的弱点:一是对自然环境过度依赖;二是畜牧业产品比较单一,无法满足需要。

3. 敕勒川有其独特的文化结构,文化认同必然使人们在思维方式、价值观念等方面形成较多的共同属性:既融入了不畏艰难、战胜困难的民族气质,也有细致机灵、开放开拓、重视商业的地域心理;既有改革开放发展带来的机遇,又有其深厚而独特的文化根源。

(三)打造美丽山水城市——青城

山水城市理论的主要研究要素是山、水、城的关系,用"山得水而活""水得山而壮""城得水而灵"来阐述山水城市的发展模式,呼和浩特市是典型的美丽山水城市形态[7]。

1. 大青山是美丽山水城市的根基

(1)山地是地球生命支撑系统的有机组成部分,是实现现代化的强大后劲之所在,它又重要又脆弱,既蕴藏着巨大的潜力与财富,又充满着各种矛盾与问题,需要谨慎地开发与保护。

(2)城市与山地的空间关系从最早的"城依山而建",到"城跨山发展",到目前形成"山城交融",实践着近山、依山、抱山、融山的过程。

2. 敕勒川是美丽山水城市的灵魂

水是"山水城市"建设的灵魂,城市景观、生态、休憩和文化四大功能都蕴含着水。

(1)城市景观的功能是将城市与山水、绿地、自然系统融为一体,营造出"天人合一"的自然景象;

(2)城市生态功能是利用自然山水的组团作用,营造城市的生态之美;

(3)城市休憩功能是打造滨水空间满足人对于自然山水的审美需求;

(4)城市文化传承功能是发挥水文化遗产文化功能,满足人们对精神文化需求。

3. 创建美丽山水城市—青城

美丽山水城市就是要把生态建设融入经济建设、政治建设、文化建设、社会建设各方面和全程,全面彰显"生态自然美、人文特色美、经济活力美、社会和谐美、政治清明美、生活幸福美",具有城市自身特色,能够满足人的全面发展需求的城市。能充分体现人与自然、人与社会、人与人三重关系的美丽和谐城市。

(1)创建美丽山水城市是城市发展规律和人类需求相结合的自然产物,也是"美丽中国、健康中国、幸福中国"建设的重要组成部分。

(2)创建美丽山水城市,既可以丰富和完善城市发展理论,推进理论创新;又能促进区域经济学、城市管理、技术创新等相关学科和理论知识的融合。

(3)创建美丽山水城市,有助于推进城市新型城镇化建设,提高城市居民的生活质量,促进城市社会生产生活方式进一步优化。有利于增强城市的竞争力,提高城市的知名度和美誉度,提升人民群众的幸福感和获得感。

(4)创建美丽山水城市,有助于城市坚定不移地贯彻创新、协调、绿色、开放、共享的发展理念,加快决胜全面小康、建设山水城市,具有重要的意义和作用。

三、几点思考

1. 启动"呼和浩特市创建国家生态文明建设示范市规划"。

2. 启动"生态名山——大青山发展规划"。

3. 启动"敕勒川发展战略规划",打造我国仅有的"天地人"和生态文化体验区。

4. 启动"美丽山水城市"发展规划,争创国家美丽山水城市。

5. 启动"国家两山理论实践创新基地"发展战略研究,努力争创国家"两山理论实践创新基地"。

6. 启动"呼和浩特市精准脱贫可持续发展示范区"建设规划,形成精准脱贫可持续发展的"呼和浩特市经验""呼和浩特市方案"。

7. 建议成立"青城智库"。找准定位、发挥优势、体现价值、做出贡献。

参考文献

[1]冯燕平.呼和浩特 今日首府更亮丽[J].实践(党的教育版),2018(12):14.

[2]贾祎.改革开放40年呼和浩特市经济发展历程回顾[J].经济师,2018(12):158-159.

[3]吴素婷.以法治精神引领大青山前坡生态保护——《呼和浩特市大青山虎婆生态保护条例》[J].内蒙古人大,2019(9):10-11.

[4]王光文.呼和浩特市全域旅游发展研究[J].四川旅游学院学报,2019(2):54-58.

[5]申一方.内蒙古呼和浩特市全域旅游发展探讨[J].中国商论,2019(3):86-88.

[6]乔庆智,贾祎."一带一路"建设中呼和浩特市发展定位与对策研究[J].大陆桥视野,2018(9):81-83.

[7]吴梦彦.生态文明建设视阈下呼和浩特市政府生态经济责任研究[D].2020,呼和浩特:内蒙古师范大学.

云南省玉溪市跨越发展的出路与思考

院地合作的成功典范

1. 理论研究与实践应用结合，技术集成与城市经济重叠。
2. 顶层设计与城市发展接轨，战略统领与战术协调一体。
3. 科学进步引领产业振兴，技术创新推动城市发展。

一、玉溪——市域发展的视野研判

（一）"第三只眼睛"看玉溪

人类对未来的渴望和探索从未停止过，"第三只眼"就是其中之一。而如今换个角度看问题也被称作"第三只眼"，目的是以更客观、全面、透彻的眼光研究玉溪的发展问题。

1. "第三只眼睛"就是思考，它与智慧相通，与创造思维相连，它比两只眼睛看到的东西更多、更远、更深刻。

2. "第三只眼睛"还能把一个人思考研究的问题，形成专一视角。这种高度统一的专一视角，能看到被别人所忽略的事物和现象。

3. "第三只眼睛"还能开阔我们的视野，克服思维定式，不会被事物与理论所束缚[1]。

（二）玉溪"巧发展"战略

"巧发展"战略是笔者在长期从事区域发展中产生的一种想法，旨在强调在区域城市日益竞争条件下实现有效合作。同时在区域共同发展的领域实现联合，建立区域城市合作联盟，遵循大家制定的准则，在可能出现问题的领域，寻求友好的解决方案。

1. 玉溪要强调地域识别功能，突出"一方水土一方人，一方水土一方产品，一方水土一方文化"的个性展示。

2. 玉溪应当避免"唯我独尊"、排他性的宣传，强调与周边城市的地缘、生态和文化的相关性。

3. 玉溪在区域城市合作联盟中避免同质化现象产生，实现差异化发展。

4. 玉溪作为昆（昆明）—玉（玉溪）—红（红河）旅游文化产业经济带节点城市，应重点寻求区域生态与环境协同，区域生态经济示范，区域长寿与健康养生布局优化，区域品牌打造得协调。

（三）玉溪跨越发展的全域视野

1. 推动玉溪市生态文明建设全地域统筹的"发展观"；
2. 确立玉溪市区域发展全要素保护的"资源观"；
3. 确立玉溪市文旅融合全内涵挖掘的"文化观"；
4. 确立玉溪市健康养生全需求兼顾的"价值观"；
5. 确立玉溪市生态经济全产业创新的"发展观"；
6. 确立玉溪市区域发展全管理运行的"保障观"。

注：本文创作于 2019 年。

二、长寿时代呼唤大健康产业发展

（一）中国已经进入长寿时代

中国改革开放 40 年,发生了翻天覆地的变化,从经济濒临崩溃到经济总量跃升世界第二位,成为国际舞台举足轻重的经济大国,创造了中国奇迹。在人民生活水平发生历史性变化的同时,中国人口也进入了长寿时代具有的六个显著标志[2]。

标志之一:人口老龄化、平均预期生命和百岁老人都快速增长。

1. 中国的人口结构在 2000 年完成了从成年型社会向老年型社会的转变,老年人口占总人口的比例达到 10%,2018 年年底老龄人口总数突破 2.49 亿,老龄化水平突破 17.9%,成为中度老龄化国家[3];

2. 人口平均预期寿命从 1981 年的 67.9 岁,上升到 2015 年的 76.3 岁,增长 9 岁,超过世界平均水平(71.7 岁)约 5 岁;

3. 百岁老人大量涌现,2015 年中国百岁老人是 5.1 万人,占总人口的比例是 3.65/10 万。上海百岁老人 2015 年增长到 1751 人,占总人口比例是 12.1/10 万,2017 年 9 月 30 日百岁老人已达 2035 人,占总人口比例是 13.5/10 万,已经上升到全国第二位(第一位是海南省)。

标志之二:全民重视健康长寿。

1. 中国人经过 40 年的快速发展,财富增长,生活富裕,但健康和寿命却遇到了严重挑战,环境和资源遭破坏,水污染、空气污染、土地污染,以及农药、激素和抗生素的过度使用等,还有人生追求和社会心态的扭曲,让相当多的人失去内心安宁和幸福,陷入各种焦虑。

2. 痛定思痛,现在中国社会开始回归,越来越多的人认识到财富不是唯一,健康最重要,"没有健康,一切归零""健康中国"深入人心,《健康中国 2030 规划》正在有力提升着国民的健康素质。

标志之三:确立了以"五大发展理念"为核心新的国家发展观。

1. 人口健康长寿,不仅仅是个人养生,涉及环境、经济、社会、文化、制度、法律、政策、人才,以及社会心态等多方面的国家发展问题,是一个全局性的系统工程;

2. 坚持"创新、协调、绿色、开放、共享"五大发展理念,开启了从整体发展方式上促进健康长寿的时代新进程。

标志之四:确立了新时代美好生活的新标准。

1. 党的十九大召开后不久,《人民日报》发表了《物质幸福时代已经结束》的重要文章,对新时代美好生活提出新标准[4];

2. 在一个"万物具备、什么都不缺"的年代,占有物质很难让人们获得长久的满足。在新的时代,比起金钱和物质,更重要的是精神层面的充实感,精神生活的优劣将在更大程度上决定着人们生活质量。

标志之五:健康发展是人口长寿的基础。

没有健康发展就没有长寿,富裕国家或地区更有条件改善,能够投入大量资金来改善环境、医疗、福利、提高居民健康素养等。反之,越是贫困落后的国家和地区,医疗条件也越简陋,往往不大的病会因抢救不及时而死亡,人均寿命也就越低。因此,没有健康发展就没有长寿。

1. 现在人口预期寿命高的都是发达城市。据 2015 年统计,香港人均预期寿命 83.74 岁,上海 82.75 岁,北京 81.35 岁,而广西巴马县的人口预期寿命 76.5 岁,西藏只有 68 岁[5];

2. 城镇人均预期寿命明显高于农村。2000 年,城镇人口预期寿命是 75.2 岁,农村却是

69.6岁,城乡相差5.6岁;

3. 百岁老人将越来越多地涌现在发达的大城市。香港2017年百岁及以上老人已达1510人,占总人口比例高达21.1/10万,上海已经达到13.5/10万。

标志之六:长寿的根本原因是"三个好"。

1. 生态环境好——绿水青山;

2. 发展方式好——绿色发展;

3. 生活方式好——绿色生活。

(二)时代呼唤大健康产业

人口老龄化带来的老年人消费结构升级和更多的健康需求是我国经济发展的巨大动力之一,而大健康产业的发展是积极应对老龄化的有效途径。

1. 大健康产业内涵

大健康产业兼具市场和公益两种属性,内容广泛,既有以市场需求为导向和以市场机制发挥主导作用的产业,如健康、养老等;也有诸如公共健康、医疗卫生和福利等以公共服务为导向、政府发挥主导作用的事业[6]。

(1)加强健康医疗大数据的应用,构建远程医疗应用体系;开放共享、深度挖掘和广泛应用基于区域人口健康信息平台的医疗健康大数据。

(2)培育健康医疗大数据应用新业态。鼓励企业自主创新,支持企业建立创新研发中心和基地。

(3)把大健康产业做成创新产业,使技术、产品、管理、服务不断创新。

2. 玉溪与大健康产业

玉溪,是人与自然和谐相处的玉溪,是风物人文多姿多彩的玉溪,更是绿色生态颐养身心的玉溪,是世人高质量生活的理想之地。打造"健康生活目的地",既是玉溪人追求美好生活的需求,更是为满足日益增长的来玉溪生活、养老的人们追求美好生活的需要。

(1)借自然天赋,打造一流康养之地;

(2)借道地药材,做强生物医药研发;

(3)借资本之力,壮大健康产业链。

(三)玉溪的机遇与出路

国家在推动共建丝绸之路经济带和21世纪"海上丝绸之路"的愿景与行动中将云南省定位为面向南亚、东南亚的辐射中心。云南省做出了"一区、两带、四城、多点"滇中经济圈产业发展布局的重大举措,明确提出了建设"昆—玉—红"旅游文化产业经济带,将昆明、玉溪、红河建设成"国内一流、国际知名旅游目的地"的战略目标。

1. 优化产业布局

玉溪市在现有"一体两翼"的总体布局下,进一步优化产业布局,打造"一核、三湖、四城、三大精品旅游线、五山一河特色旅游产品、十大精品旅游项目、一个生态自然民族风情旅游带"。

2. 优化空间功能布局

建设集"生态宜居、休闲度假、康体度假、商务会展、节庆展示、生态观光"业态多元的旅游目的地;中国"最适宜人居的宜居型知名全景式生态休闲宜居旅游城市和康体休闲度假"自然厚爱-天人和谐的旅游目的地;面向"东南亚-南亚的国际都市旅游、国际有影响力的商务会展"辐射广域的旅游目的地。

3. 实施产业融合发展

(1)要与城镇建设融合发展；

(2)要与文化建设融合发展；

(3)要与产业建设融合发展；

(4)要与乡村建设融合发展；

(5)要与生态建设融合发展；

(6)要与长寿建设融合发展。

三、玉溪地域识别的把控与"玉溪方案"

(一)玉溪地域识别

1. 从区位上看,玉溪地位于滇中腹地,是连接省外和南亚、东南亚的重要交通枢纽,是融入"一带一路"国家战略和云南建设面向南亚东南亚辐射中心的重要枢纽的重要节点,既是发达地区产业转移的理想终端,又是国内向东南亚、南亚拓展市场的理想起点。

2. 从地形气候看,玉溪地形复杂,山地、峡谷、高原、盆地、湖泊交错分布,海拔为 328～3137 米,具有热带、亚热带、温带三种气候类型。

3. 从生产条件看,玉溪市也形成粮、果、菜、烟、花、药、渔、畜禽协调发展的产业体系。

4. 从资源禀赋看,名山、名江、名湖、名泉汇集一地；美德、正气、乐善、敢为辉耀一方,山水玉溪,底蕴深厚。

5. 从市域经济社会发展看,实施生态立市、产业富市、创新强市、开放兴市、共享和市"五大战略",发展壮大生物医药及大健康、文化旅游、信息、现代物流四大新兴产业,实现跨越发展,定位准确。

6. 从院地合作看,玉溪市与中国科学院绿色城市产业联盟签署战略合作,既对实现市域经济跨越发展的战略研究,又能促进发展方式转变的技术集成创新。

(二)玉溪发展初步结论

1. 建议玉溪市与中国绿色城市产业联盟精诚合作,举办中国首届"两山理论"创新与长寿健康产业论坛。

2. 建议玉溪市全力创建"国家生态文明示范区"和"国家两山理论实践创新基地",启动"国家生态文明示范区"和"国家两山理论实践创新基地"规划。

3. 建议玉溪市全力创建"中国山水城市",启动"中国山水城市建设"规划。

4. 建议玉溪市启动"旅居养老与全家型度假"发展规划。

5. 建议玉溪市启动"长寿经济与大健康产业"发展规划。

参考文献

[1]文显堂.用第三只眼睛看中国经济[J].中国经济周刊,2016(35):85.

[2]党俊武.新时代中国老龄产业发展的形势预判与走向前瞻(上)[J].老龄科学研究,2018,6(11):3-27.

[3]陆杰华,刘芹.改革开放 40 年来中国老龄研究的进展、创新及展望[J].中共福建省委党校学报,2018(12):76-85.

[4]俞光华,黄瑞雄.论新时代人民幸福思想的内在逻辑[J].中国特色社会主义研究,2018(3):95-102.

[5]聂莹."一带一路"沿线国家社会发展[J].经济研究参考,2017(15):120-148.

[6]张车伟,赵文,程杰.中国大健康产业:属性、范围与规模测算[J].中国人口科学,2018(5):17-29,126.

践行"两山理论"促进乡村振兴发展

乡村振兴是实现城市化进程的必由之路,是城市化进程的里程碑,它牵动数亿农民对美好生活向往的关切,是改革成败的标志,是脱贫攻坚、城乡一体化的大会战。"两山理论"在国家政治经济层面已经提到了前所未有的高度,用其指导乡村振兴发展是国家关注的重点和难点,也是可持续发展是否成功的关键[1]。

1. 往深里走,就是要从方法论高度进行转型。只有从全局性、根本性和关键性高度来认识乡村振兴使命与担当、主要矛盾和着力点,才能站在"两山理论"实践新的历史高度、方法论的高度框定立场、观点和方法。

2. 往心里走,就是从民本价值观做到知信行合一。需要以某种组织形态依靠农民,广泛发动农民,以农民为主体,引导并满足他们的需要。需要走群众路线,实事求是做民众事业,志在福民。

3. 往实里走,就是"三农"问题研究的本土化问题。进行深度调研,掌握乡村最真实、最充分的第一手材料;尊重乡村本土的宝贵经验和首创精神,重视乡村资源的充分整合和有效利用。

一、两山论的现代价值与乡村振兴

"两山理论"是我国在生态文明建设的实践中总结形成,并引领着我国的绿色发展之路。其根本目的是实现人与自然和谐共生,其核心价值是经济生态化和生态经济化;其突破口是实现山水林田湖草的系统治理[2]。

(一)"两山理论"现代价值

1. "两山理论"阐述了人的自然存在与社会存在之间的辩证关系[3]。

2. "两山理论"指明了生态发展与环境保护之间的辩证关系。

3. "两山理论"指明了人的精神生活与物质生活之间的辩证关系。

4. "两山理论"实现乡村绿色发展与惠民的巧妙结合。

5. "两山理论"指引生态扶贫与可持续发展再创佳绩。

6. "两山理论"对推动乡村振兴具有指导意义。

7. "两山理论"推动乡村生态文化建设的新高度。

8. 以优美生态集聚生产要素,努力将生态优势转为经济优势。

9. 将良好的生态环境积极转化为直接的生产要素,将生态优势转化为经济优势。

10. 实现生态经济化需要将绿水青山的价值资产化。

11. 针对传统经济发展模式形成的产业,积极转变经济发展方式,实现经济生态化。

12. "既要绿水青山,也要金山银山"确立了生态文明建设发展目标。

13. "宁要绿水青山,不要金山银山"明确了生态文明建设基本准则。

14. 坚持以人民为中心的政治立场,充分肯定了生态环境对于人民群众生活质量的重要性。

注:本文创作于 2019 年。

（二）"两山理论"与乡村振兴

1. 乡村振兴作为"两山理论"的重要组成部分,是中华儿女的精神家园,需要良好的生态环境。

2. 良好的生态环境是最普惠的民生福祉,指明了生态环境具有普适性、普惠性,追求的是人类命运共同体的合作共赢式发展。

3. 一张蓝图绘到底,点线面统筹推进,构建联动互补的乡村发展格局。

4. 坚持"两山理论"为统领,统筹保护与开发,全面改善农村整体环境。

5. 坚持特色产业为核心,多元化经营谋发展,不断增强农村内生动力。

6. 坚持生态文化为灵魂,传承与创新相结合,全面彰显乡村文化气质。

7. 坚持乡村治理为根本,夯实基础设施和公共服务,增强农村发展活力。

二、站在"两山理论"的新高度重新审视新型城乡关系

党的十九大首次做出"实施乡村振兴战略"的重大部署,把乡村发展置于新的历史高度,改变过去单一的被动的"输入性"发展模式,形成主动的"内生性"的乡村建设力量,乡村成为与城市平等的异质主体,这种异质性需要先进理念引领,生产生活支撑,公共服务均等,优美生态坚守和乡村文化积淀。

城乡关系是人类社会发展过程中一对基本关系。城市与乡村有着密不可分的渊源,是互相影响、互相关联的命运共同体。纵观城乡发展史,城乡关系基本经历了城乡同一、城乡分离、城乡对立、城乡融合四个阶段[4]。

1. 城市是文化的摇篮,是人类文化的容器,是社会财富的集中地,人类思想文化的创新地,城市意味着集中、开放和效率。

2. 乡村具有社会文化、政治经济和地理空间多重属性,包含生产、生活、生态、文化等多功能;又具有要素分散性和发展自组织性、空间异质性和类型多样性。

三、乡村是独特地理单元,乡村发展要有特殊认知

我国约有 69.15 万个行政村、1.47 万个乡、1.95 万个镇。受复杂的自然地理条件以及经济社会发展水平影响,不同地区乡村发展的差异化特征显著。中国有近 2.8 亿"城乡双漂"的农民工,他们仍然是农民,但依附于城市经济,其 70％以上收入来源于城市非农务工收入。乡村振兴发展遵循其自身的演变与发展规律。把握乡村发展的特殊认知,有利于理清乡村振兴的基本思路和实现路径。

（一）特殊认知,特在哪里

1. 乡村要素分散性和发展自组织性

（1）乡村居民点分布分散,居民分散居住,服务于居民的公共服务设施难以集中布局。

（2）农村土地呈现分散细碎化特征和分散、小规模的生产格局。

（3）以小农户经营为主的经营模式,使得农业生产及相关产业呈现分散小规模特征。

2. 乡村空间异质性和类型多样性

宏观层面,城市近郊区、平原农区、山地丘陵区乡村发展差异显著,不同类型区的乡村发展的阶段和动力机制不同,实施乡村振兴的路径也不尽相同。

微观层面,即使同一地域类型区,由于区位条件和经济基础的差异,不同乡村的发展路径

和振兴模式也不同。

3. 乡村发展对区域和城市依赖性

(1)农业因其自然经济的综合性特征,自然风险、市场竞争力差,具有天然的弱质性,及其对城市的依赖。

(2)农民的弱势性及其对非农就业的依赖性。

(3)村庄建设与发展水平依赖于其周边城镇公共服务和基础设施完备程度。

4. 乡村产业发展常受自然因素胁迫

农业生产是自然再生产和经济再生产的过程,受气候和时间的限制,其不确定性大、生产周期固定,自然灾害风险高。

(二)乡村振兴的规划问题浅议

为促进乡村发展和村庄建设,国家和地方政府针对不同区域不同部门对乡村发展实际需求开展乡村规划实践,包括乡村建设规划、乡村产业发展规划、农村居民点规划和乡村旅游规划,唯一缺乏的是乡村生态与环境规划[5]。

1. 乡村规划种类多,源自不同部门,难形成有序的乡村规划体系。

2. 乡村振兴规划尚未有法律基础,也不是法定规划。

3. 乡村振兴规划边界与深度不清晰。一是对乡村振兴规划的范围界定不明确;二是将乡村振兴规划看作对上级政策方案落实;三是将乡村振兴规划看作乡村产业发展规划进行编制。

4. 乡村规划技术理论发展较滞后,缺乏对农村自然、经济、社会和文化的综合凝练。

5. 规划实施保障机制不健全。

四、从"两山理论"切入,绿色发展是乡村振兴路径选择

"两山理论"是生产方式、生活方式和思维方式的深刻变革,是生态文明建设的行动指南。绿色发展是"两山理论"的核心要素之一,强调要正确处理经济发展和生态资源环境之间的关系,形成人与自然的和谐共生关系。必须树立绿色发展理念;形成绿色发展方式;实施绿色保护制度[6]。

1. 从乡村生态与环境美化转向绿色生态低碳节能方式转化[7]。

2. 从过去传统的粗犷式产业发展向产业园区化、生态化的绿色发展模式转化。

3. 从以往盲目移植国内外文化向尊重传统及场所记忆的乡愁文化转化。

4. 从政府主导向发动民意和社会参与的长效管理机制方式转化。

五、"两山理论"助推乡村振兴实证分析

实施乡村振兴战略,必须留住绿水青山,以发展绿色经济为主线,探索出一条生态保护和适度利用有机统一、产业发展和富民强村全面推进、乡土文化和现代文明相互融合、基层建设和治理创新同步提升的乡村之路[8]。现有实证研究发现,"两山理论"对乡村振兴具有明显的成效[9]。

(一)浙江省安吉县余村实证分析

1. "两山理论"对扶贫发展具有导向作用,促使村民对乡村振兴产生明显的感知。

2. "两山理论"对乡村产业发展有显著影响,村民认知度较高。

3. "两山理论"对乡村风貌与环境有重要影响,其中乡村风貌与乡村环境的改善对村民的

认知有很大的影响。

4."两山理论"对乡村振兴具有明显的成效。一是对于响应政策发展特色产业的乡村而言,主导产业明确比乡村环境改善有更大的影响;二是对于没有跟随政策发展特色产业的乡村而言,乡村环境改善的影响更大。

（二）浙江省丽水市实践经验

1.依托绿水青山,强化乡村基层基础工作,推动乡村振兴[10]。

2.依托绿水青山,发展农村电商＋特色产业,打造富强乡村。

3.依托绿水青山,培养技能型乡村干部队伍,实施乡村振兴。

4.依托绿水青山,促进农村与城市有机联合,全面振兴乡村。

六、践行"两山理论"发展理念,指导乡村绿色发展

"两山理论"是对经济规律、社会规律和自然规律认识的升华,必然带来发展思路和发展方式的深刻转变。践行"两山理论":贯彻"两山理论"发展理念,以绿色发展助推乡村振兴;加强农村环境综合整治,建设生态宜居家园;探索乡村特色产业融合发展模式,促进产业兴旺和移风易俗;构建"两山理论"良性互动的体制机制,实现富民强村[11]。

1.在乡村发展过程中,必须保护和改善乡村生态环境。

2.把乡村生态环境优势转化成经济社会发展的优势,正确处理乡村发展与生态保护的关系。

3.统筹乡村山水林田湖草系统治理,强化农业面源污染防治。

4.强化基础设施建设和人居环境改善,带动乡村人居环境综合提升。

5.通过理念宣传、意识引导影响村民意识,建立村民主动参与环境治理与环境保护的奖惩机制和激励机制。

6.探索建立乡村资源环境账户和编制乡村资源资产负债表,实行资源资产离任审计。

7.推进乡村旅游与农业农村融合发展。

8.推进乡村旅游与康养产业融合发展。

9.推进乡村旅游与文化产业融合发展。

10.推进乡村旅游与乡村电商融合发展。

七、发展思路

1.乡村振兴在我国具有举足轻重的影响,用"两山理论"指导乡村振兴意义重大,研促会乃至生态环境部对此应以高度的重视,在现有市县为单元的"两山理论"实践创新基地基础上,推出以村镇为单元"乡村振兴'两山理论'实践创新基地"。

2.以现有的"'两山理论'实践创新基地"为基础,制定乡村振兴"'两山理论'实践创新基地"标准与指标体系。

3.当前阶段,多规合一的乡村振兴规划是一种规划改革方向,其要求乡村管理部门必须统筹安排各项规划内容,找到多项规划内容的融合点,以融合点为基础对多项规划体系、内容进行统筹性、全面性、集成性的合理规划安排。建议在乡村规划中增设乡村生态安全与环境友好规划。

4.实施乡村振兴战略是解决中国新时代社会主要矛盾的必然要求,关系着国家现代化的

成败。落实乡村振兴战略需要建立"'两山理论'实践创新基地"规划,建议研促会乃至生态环境部遴选典型村镇,启动"乡村振兴'两山理论'实践创新基地"规划。

参考文献

[1]张颖智,张俊杰.脱贫攻坚 乡村振兴规划设计先行[J].中华建设,2019(8):104-105.

[2]刘海霞,胡晓燕."两山论"的理论内涵及当代价值[J].中南林业科技大学学报(社会科学版),2019,13(3):6-10,16.

[3]姜韦,杨宪苓.浅析习近平"两山论"的理论内涵和实践意义——以江西省为例[J].东华理工大学学报(社会科学版),2018,37(3):201-206.

[4]傅歆,孙米莉.乡村振兴战略重塑中国城乡关系——兼论浙江实施乡村振兴战略、构建新型城乡关系的探索与实践[J].观察与思考,2019(7):106-112.

[5]王介勇,周墨竹,王祥峰.乡村振兴规划的性质及其体系构建探讨[J].地理科学进展,2019,38(9):1361-1369.

[6]丁雅雪."两山"理论的哲学基础及践行路径[J].沈阳农业大学学报(社会科学版),2019,21(1):110-113.

[7]孙辰.乡村振兴背景下的绿色发展路径探讨[J].建设科技,2019(14):24-26.

[8]吴国玖,于珺建,彭雷."两山"理论裂变出巨大能量[J].唯实,2019(3):43-45.

[9]李光勤,徐晶,侯苏哲."两山"理论如何促进乡村振兴?——来自浙江安吉县余村140名村民的调查分析[J].中国西部,2019(2):36-43.

[10]戴雪梅."两山"理论到乡村振兴的思考——以丽水发展为例[J].农村经济与科技,2018,29(19):241-242.

[11]何仁伟.基于"两山"理论的乡村振兴战略研究[J].西昌学院学报(社会科学版),2018,30(3):82-84.

江苏丰县创建"中国长寿之乡"的前景分析

长寿的形成不仅仅是单纯的人口现象,还与自然地理环境和社会经济环境背景息息相关。研究丰县长寿水平的时空演变,有助于揭示影响寿命的因子,对解决老龄化过程中出现的种种问题与发展长寿经济具有重要的理论和现实意义。新长寿时代已经到来,标志着一场全面深刻持久的新经济革命,将带来新的经济目标、新的经济结构和新的经济发展方式,蕴含着巨大的新经济潜能。

健康是金,长寿是福。健康长寿是人类共同追求的永恒目标。丰县自古多寿星。2019年末,徐州市百岁老人759人,其中男性130人、女性629人,分别占比17.12%、82.88%。百岁老人数量前三位的是丰县140人、邳州市140人、沛县115人;每10万人中百岁老人数前三位的是丰县11.57人、沛县8.91人、徐州市鼓楼区7.51人,丰县百岁老人指标已经达到中国长寿之乡标准。

一、缘起背景

丰县长寿资源禀赋丰富,自然资源生态景观秀美,历史人文典故源远流长。自古以来便有"丰沛收,养九州"之说,具有发展长寿产业得天独厚的条件。拥有流域、湿地、农果和田园等于一体生态资源,在徐州乃至淮海经济区长寿资源分布格局中具有鲜明的特色。

1. 日出而作,日落而息,动静相宜,尊老孝亲,睿智通透……,世世代代的丰县人遵循着古老而又自然的生存法则与环境和谐共生的理念,也造就了良好家风。

2. 受儒家思想影响,丰县人践行"孝为德之本""百善孝为先"的先贤古训,孝悌文化如春风化雨,渗透到了社会生活的方方面面,成为每个人的自觉行动。

3. 勤劳朴实、智慧豁达,家庭和睦、敬老爱老的优良传统在丰县世代相传,蔚然成风,这就是健康长寿"养生真经"。

二、长寿之乡价值

中国长寿之乡是绿水青山的标志和代表,代表着核心指标体系。一是百岁老人多;二是80岁以上老人比例高;三是人均预期寿命长。中国长寿之乡是含金量极高的社会品牌,是自然、经济、社会、文化全面向好的综合反映,也是"两山理论"转化的实践者和受益者,得到国家和社会的重视和关注,其重要的支撑是绿色生态水平大大高于全国平均水平,所以中国长寿之乡是绿水青山的典型标志,是"两山理论"发展集中体现[1]。

三、长寿之乡创建

从长远角度看,中国老龄化人口比重不断加大,人口结构的不断转变使得健康长寿产业必将成为区域经济发展的金矿,这为丰县长寿经济发展带来了一个巨大的机遇。通过重新整合与配置健康长寿资源,优化长寿产业布局,调整产业结构,全力创建中国长寿之乡以缓解和克服自然要素资源及生态坏境压力对县域经济发展的影响,营造优美舒适的人居环境,为长寿发展提供良好的生态保障,奠定未来产业可持续发展保障。以此深化地域功能定位、强化丰县独有特色。

注:本文创作于2021年。

1. 发展长寿产业,要延伸链条、三产融合,让业态新起来

打破传统产业界限,顺应"互联网＋"趋势,推动长寿产业集群集聚,积极融入长寿文化元素,发展长寿农业和长寿旅游业,拓展内涵、体现特色;延伸产业链条,发展长寿制造业,拓展价值链、提高附加值[2]。让业态创新的叠加效应,实现产业增效溢出效应。

2. 发展长寿产业,要深化改革、创新机制,让资源活起来

让城乡资产活起来,深化农村集体产权制度改革,加快资源性资产确权、经营性资产折股量化[3],集体经济发展长寿产业;让金融活起来,围绕长寿产业,落实好金融扶持新型主体发展各项政策,加快要素向乡村集聚,让农民获得更多红利。

3. 发展长寿产业,要培育农民、强化服务,让主体强起来

发展长寿产业核心在人,需要建设一批知识型、技能型、创新型的劳动者大军。鼓励扶持他们发展长寿产业,加快小农户和现代长寿产业发展有机衔接。运用现代信息技术手段,为广大农民提供政策、技术、市场等各项信息服务。

4. 发展长寿产业,要倡导绿色、生态优先,让城乡美起来

发展长寿产业既要产业兴旺,更要生态宜居,不能以牺牲生态为代价。要牢固树立绿色理念,匹配资源环境承载力发展长寿产业,大力推行绿色生产方式,加强长寿资源保护,普及节本降耗、循环利用等技术模式,让长寿产业既能"养胃""养生",也能"养眼""养肺"。

四、长寿之乡发展

长寿经济以长寿资源为基础,以长寿特色产品为核心,以长寿产业为依托,在经济结构、组织、体制和运行上均具有强烈的时代特色,让资源、科技和市场要素相互联系、相互吸引,使优势要素得到放大和扩大,并进而体现长寿特色的经济。

长寿经济是一个新型经济体系,在这个体系之内,长寿产业的各个组成部分相互联系、相互促进,缺一不可[4]。长寿体系一旦形成,就能带动区域经济向着高质、优化的方向发展。一是以长寿产品为前提;二是以长寿产业聚集开发为核心;三是以特有长寿资源转化为基础;四是以长寿技术集成为支撑;五是以长寿之乡为载体。

(一)长寿农业

长寿农业是现代农业转型发展的一个新方向,是在农业生产前期、中期、后期全过程中始终遵循以自然之道养健康之身的理念,融合现代农业科学技术,形成农业研发、生产、贮藏、运输、销售、消费全过程健康链,实现经济效应、社会效应、生态环境效应和创新效应相统一,提供安全、放心、营养、健康的长寿产品和休闲、旅游、观光、体验、康健、养生等服务的多元化综合性新型产业。

(二)长寿工业

长寿工业是以长寿资源(自然资源、农业资源)为基础,以特色加工技术为支撑,以地域性、规模性、区别性与弱替代性为特征,制造或提供长寿产品与长寿服务的部门或行业。

(三)长寿服务业(旅游)

长寿服务业(旅游)是以长寿养生自然生态环境与长寿养生人文环境为依托,以绿色健康、舒缓情绪、修身养性、康复强身、延年益寿为目的,以旅游为纽带,在一定地域空间范围内提供"吃、住、行、游、购、娱、健、闲、体"相关产品和服务的产业集合

五、长寿之乡创建任务与目标

根据对丰县生态系统中最重要、自然与人文景观最独特、自然遗产与特色产业最精华、人

地关系最和谐、生物多样性最富集的健康长寿资源的深入研究,笔者提出了丰县创建中国长寿之乡发展理念。

1. 建设江苏省内有地位、国内有影响力的中国长寿之乡。

2. 建设多功能、多元化的长寿经济产业体系。

3. 以健康长寿资源为取向,提升经济发展内涵。

4. 以长寿乡模式打造为取向,培育长寿农业、长寿工业和长寿服务业精品项目。

5. 强化县域生态安全格局,优化生态绿色一体化空间格局。

6. 高起点发展健康长寿数字经济。

7. 打造宜居、宜业、宜游、宜养的全系列健康长寿城乡。

8. 构建淮海经济区长寿发展示范区。

六、未来展望

"十四五"大幕已经开启。我们应当以怎样的战略眼光把握丰县"十四五"发展大势,如何理解新发展阶段、新发展格局、新发展理念的辩证统一,如何找准丰县发展定位、关键环节和布局落子,从而在新一轮的县域经济发展中展现丰县,这些问题至关重要。笔者认为:一是以前瞻见未见,要有持之以恒的历史耐心;二是以地缘辨全局,争创中国长寿之乡;三是以创新求担当,构建淮海经济区长寿发展新版本。

七、初步结论

1. 长寿之乡是全景化、全覆盖,是资源优化、空间有序、产品丰富、产业发达的科学系统经济。把争创中国长寿之乡作为丰县重大项目纳入"十四五"规划,同时启动"丰县长寿经济发展规划"编制。

2. 大力发展长寿产业,以现有和潜在的长寿区域为载体,以大健康产业为引擎,以长寿经济为主线,精准出台引导与支持政策,构建健康长寿农业、工业、服务业及长寿文化等,使之成为丰县经济发展的一个新突破口。

3. 强化长寿产业与农业、工业、旅游业深度融合,全力打造长寿经济示范区、长寿产业集聚区和长寿文化示范基地,建设一批融产、学、研于一体的长寿产业示范基地和现代康养服务业集聚区。

4. 叫响丰县长寿之乡文化品牌,深入探索丰县长寿文化历史特点、发展规律、主要经验和科学方法,形成系列成果,为长寿产业发展提供科学支撑。

5. 全力推进长寿之乡创建同时,启动丰县长寿农业"中国气候好产品""中国康养地""中国天然氧吧"等重大项目储备和前期研究。

参考文献

[1]陈超."中国长寿文化之乡"品牌转化利用的思考[J].西部大开发,2019(11):88-91.

[2]李天雪,蓝振兴."医养结合"背景下桂林康养旅游发展路径研究[J].桂林师范高等专科学校学报,2018,32(4):38-42.

[3]高鸣,芦千文.中国农村集体经济:70年发展历程与启示[J].中国农村经济,2019(10):19-39.

[4]汪伟,刘玉飞,王文鹏.长寿的宏观经济效应研究进展[J].经济学动态,2018(9):128-143.

安徽省怀远县淝河湿地与双桥镇的乡村振兴

双桥集镇为农业乡镇，现代农业科学技术得到运用和普及。种植业、养殖业和劳务产业三大支柱。农业种植以小麦、油菜、玉米、大豆、花生、棉花、水稻为主导产业，畜牧养殖业以猪、羊、牛、鸡、鸭、鹅、兔和水面鱼、蟹类为主。全镇总面积 133.7 平方千米。辖 18 个行政村，12853 户，总人口 55112 人，其中农业人口 51806 人，占总人口的 94.5%，耕地面积 10.8 万亩。

据赵万军提供资料，双桥镇现有百岁老人 7 人，1 位男性，6 位女性，如果这些数据可靠，双桥镇就基本具备了中国长寿之乡标准，令人惊喜，希望双桥镇党委、政府认真研究，寻找突破。

一、淝河湿地开发前景

（一）河流湿地的功能

河流湿地是人类最重要的资源之一，其经济价值主要包括：提供水资源，提供能源和交通通道，提供丰富的动植物产品，如鱼类、莲藕、芦苇等，其社会价值主要有：提供观光旅游、教育科研的场所等，美化生存环境等[1]。

1. 调蓄洪水、调节河川径流。湿地在蓄水、补给地下水和维持区域水平衡中发挥着重要作用，是蓄水防洪的天然"海绵"。

2. 净化水体、截留、降解污染物。河流湿地的物理、化学和生物学过程可使河流污染物得到截留、降解和转化，从而改善河流水质。

3. 维持生物多样性。河流湿地介于水生生态系统和陆地生态系统之间，具有明显的"边缘效应"。

4. 调节水循环、改善区域小气候。河流湿地水分充足，通过水分蒸发，调节空气湿度和温度变化，形成良好的区域小气候。

（二）河流湿地利用与保护

采取"经济与生态并重，突出生态价值"的发展战略，充分利用丰富的湿地资源和区位优势，发展"湿地经济"。以湿地为依托发展水产养殖业、生态旅游业，形成以湿地为特色的产业群[2]。

（三）稻鱼共生系统

稻鱼共生系统就是稻田养鱼。在此系统中，稻鱼共生互补，即水稻为鱼遮阴和提供有机食物，而鱼则发挥耕田除草、吃虫、粪便肥田的功能，使水稻生产过程中少施甚至不施农药、化肥，养鱼不用抗生素、生长激素，可减少环境污染，具有明显的生态效益[3]。

1. 鱼种选择

引进青田田鱼、实施稻鱼共生系统，选择水源条件好、无工业污染、土壤肥沃的地方，在稻田中开挖"井"字形鱼沟和在稻田中心开挖一米以上深的鱼凼，保证水稻能获得良好的通风采光，田鱼随时可以回鱼凼休息或躲避外来侵袭，并加强日常管理即可，农民容易学习掌握，也容易推广。

注：本文创作于 2019 年。

2. 青田田鱼特点

青田田鱼品质优良,学名瓯江彩鲤,体色鲜艳、形态优美,虽然出自稻田而无泥腥味,肉质细嫩、味道鲜美、鱼刺少、鳞片柔软可食,营养丰富,越来越受到人们的青睐;同时还表现出生长快、适应性强等优势。

3. 稻种选择

稻鱼共生系统要选择优良的稻种,稻鱼共生系统中的秧苗,在不施用农药的情况下,也不轻易发生水稻病虫害。鱼的粪便回田,增加了土壤有机质的含量,起到了肥田的作用,稻田基本上没有施用化肥,而稻谷籽粒更加饱满,增加了稻穗的籽粒重量,质量有较大的提高。稻鱼共生系统所生产的水稻是真正的绿色健康食品,销路很好,受到了消费者的欢迎。

(四)开发价值与前景

1. 供游客观赏、垂钓、品尝,带动乡村旅游发展。青田田鱼体色鲜艳、味道鲜美,具有较高的观赏价值和食用价值,因地制宜发展较高品位的休闲观光渔业和乡村酒店,增加双桥镇一道亮丽的乡村旅游风景线。

2. 现代高效稻鱼共生系统已经取得成功。可以肯定,利用稻鱼共生的生态学原理,减少或者不使用农药和化肥,并利用稻田内的天然饵料,达到稻、鱼双赢的良性循环,既能增加农民收入,又符合无公害农产品生产的要求,是典型的绿色无公害、生态农业,这一特色养殖必将在双桥镇形成新的特色产业,成为新的经济增长点,是农民增收致富的好路子。

(五)双桥镇沱河湿地开发思路

沱河湿地作为一种主要的湿地类型,对人类的生产、生活具有十分重要的意义。沱河在双桥镇全长 8 千米,湿地发育良好,现有芦苇荡 1000 亩[①],水稻 400 亩,属于双桥镇特殊的自然资源,具有重要的开发前景。笔者建议推出"沱河养生湿地旅游区",添补双桥镇生态旅游的空白[4]。

1. 启动"双桥镇沱河养生湿地旅游区"发展规划,争取县、市、省的政策支持。

2. 利用现有的 400 亩稻田,发展稻鱼共生系统,鱼种选择浙江青田田鱼,稻种选择本地优质粳稻,先行示范,再行推广。

3. 利用 100 亩的精准稻鱼共养基地,开辟"稻田逮鱼"项目,以满足青少年的寻奇与田园旅游体验。

4. 引入社会资本,建设"湿地田园渔家乐"和乡村酒店。

二、双桥镇中药材发展潜力

(一)淮北中药材种植的地域优势

亳州是中医药文化的发祥地,自古就有"药都"之称,历史种植中药材有 241 多种,主要品种有板蓝根、菊花、紫丹参、紫菀、薄荷、黑豆、薏苡仁、荆芥、知母、芦巴子、金银花、红花、决明子、夏枯球、瓜蒌、玄参、留兰香、射干、生地等,其中,亳芍、亳菊、亳花粉、亳桑皮是在《中国药典》中冠以"亳"字的道地药材[5]。

(二)双桥镇中药材种植的可行性分析

亳州是全国知名的"药都",中药材产业一直是其支柱产业。双桥镇与亳州市同属于淮北

---

① 1 亩等于 1/15 公顷。

地区,应该具有发展中药材种植的基本条件,需要研究的是双桥镇发展中药材能否与亳州市"药都"接轨,选择什么品种最为适宜。对此建议双桥镇党委、政府认真研究,启动前期调研。

1. 建议选择白芍、牡丹、白术、桔梗、板蓝根、白芷等大宗地产药材种类和四大道地药材(亳芍、亳菊花、亳花粉、亳桑皮),研究移种栽培技术。

2. 因地制宜将中药材种植向优势区域相对集中,实行连片种植,形成主导方向明确、专业化水平较高的中药材种植区和种植带。建议选择原赵集示范区作为中药材种植技术试验和示范基地,着力解决中药材种植过程中的技术难题,重点开展高产栽培等技术研究。

3. 坚持试验和推广无污染、无公害栽培技术,确保中药材产品符合"安全、稳定、可控、有效"的要求。

三、双桥镇长寿发展与健康养生

中国改革开放 40 年,发生了翻天覆地的变化,从经济濒临崩溃到经济总量跃升世界第二位,成为国际舞台举足轻重的经济大国,创造了中国奇迹。在人民生活水平发生历史性变化的同时,中国人口也进入了长寿时代具有六个显著标志[6]。

1. 人口老龄化、平均预期生命和百岁老人都快速增长。

(1)中国的人口结构在 2000 年完成了从成年型社会向老年型社会的转变,老年人口占总人口的比例达到 10.0%,2018 年年底老龄人口总数突破 2.49 亿,老龄化水平突破 17.9%,成为中度老龄化国家;

(2)人口平均预期寿命从 1981 年的 67.9 岁,上升到 2015 年的 76.3 岁,增长 9 岁,超过世界平均水平(71.7 岁)约 5 岁;

(3)百岁老人大量涌现,2015 年中国百岁老人是 5.1 万人,占总人口的比例是 3.65/10万。上海百岁老人 2015 年增长到 1751 人,占总人口比例是 12.10/10 万,2017 年 9 月 30 日百岁老人已达 2035 人,占总人口比例是 13.50/10 万,已经上升到全国第二位(第一位是海南省)。

2. 全民重视健康长寿。

(1)中国人经过 40 年的快速发展,财富增长,生活富裕,但健康和寿命却遇到了严重挑战,环境和资源遭破坏,水污染、空气污染、土地污染,以及农药、激素和抗生素的过度使用等,还有人生追求和社会心态的扭曲,让相当多的人失去内心安宁和幸福,陷入各种焦虑。

(2)痛定思痛,现在中国社会开始回归,越来越多的人认识到,财富不是唯一,健康最重要,"没有健康,一切归零""健康中国"深入人心,《健康中国 2030 规划》正在有力提升着国民的健康素质。

3. 确立了"五大发展理念"为核心新的国家发展观。

(1)人口健康长寿,不仅仅是个人养生,涉及环境、经济、社会、文化、制度、法律、政策、人才,以及社会心态等多方面的国家发展问题,是全局性的一个系统工程。

(2)坚持"创新、协调、绿色、开放、共享"五大发展理念,开启了从整体发展方式上促进健康长寿的时代新进程。

4. 确立了新时代美好生活的新标准。

(1)党的十九大召开后不久,《人民日报》发表了《物质幸福时代已经结束》的重要文章,对新时代美好生活提出新标准。

(2)在一个"万物具备、什么都不缺"的年代,占有物质很难让我们获得长久的满足。在新的时代,比起金钱和物质,更重要的是精神层面的充实感,精神生活的优劣将在更大程度上决定着人们生活质量。

5. 健康发展是人口长寿的基础。

没有健康发展就没有长寿,富裕国家或地区更有条件改善,能够投入大量资金来治改善环境、医疗、福利、提高居民健康素养等。反之,越是贫困落后的国家和地区,医疗条件也越简陋,往往不大的病会因抢救不及时而死亡,人均寿命也就越低。因此,没有健康发展就没有长寿。

(1)现在人口预期寿命高的,都是发达城市。根据 2015 年统计,香港人均预期寿命 83.74 岁,上海是 82.75 岁,北京是 81.35 岁,而广西巴马县的人口预期寿命是 76.50 岁,西藏只有 68.00 岁。

(2)城镇人均预期寿命明显高于农村,2000 年,城镇人口预期寿命是 75.2 岁,农村却是 69.6 岁,城乡相差 5.6 岁。

(3)百岁老人将越来越多地涌现在发达的大城市。香港 2017 年百岁及以上老人已达 1510 人,占总人口比例高达 21.1/10 万,上海已经达到 13.5/10 万。

6. 长寿的根本原因是"三个好"
(1)生态环境好——绿水青山。
(2)发展方式好——绿色发展。
(3)生活方式好——绿色生活。

参考文献

[1]朱江,周学江,林小莉,等.河流湿地生态修复规划:以鹤壁淇河湿地为例[J].湿地科学与管理,2019,15(3):8-11.

[2]宋思远,张帆,张海飞,等.安徽湿地生态系统服务价值评估及生态经济分析[J].湿地科学与管理,2017,13(3):21-26.

[3]郭海松,徐冠洪,刘其根.青田稻-鱼共生系统水稻密度对水稻生长及产量构成的影响[J].上海海洋大学学报,2019,28(6):890-901.

[4]罗亚培.基于湿地保护的低碳经济发展模式[J].中国林业经济,2017(5):75-76.

[5]孙清伟,周茸.安徽亳州中药材专业市场的调查研究[J].中国中医药现代远程教育,2019,17(21):141-144.

[6]李晶.老龄社会背景下的老龄社会学研究[J].老龄科学研究,2019,7(4):3-10.

第二编　水生态文明建设

淮河、永定河文化的源头与活水

1. 在中国版图的中心,有一座雄伟无比的山脉,被称作中国的脊梁——秦岭。秦岭与淮河的连接又共同构成了中国的南北分界线。

2. 从地理的角度看,永定河无疑是海河的支流;但从文化的角度而言,永定河是主流,是正源。

一、江河文明缘起

江河文化是人类的母体文化,江河文化的建设,更是维系中华民族风骨传承的灵魂。江河是中国生态安全、粮食安全的生命线,是中国经济持续前进的航道,必须思考保护、利用与发展。

自古以来江河又是重要自然灾害之源,无论是洪水泛滥,还是干旱缺水,江河之水的调剂不顺,往往又会引发大量的连锁效应,也使历朝历代和黎民百姓不得不对之加以关注。

中华民族自来就是一个极为重视"江河"的民族,江河对中华民族孕育成长起到举足轻重的作用,为我国提供了生存所需、粮食给养、运输之载,为历来统治者和人民所重视[1]。

（一）江河文明产生

主要是由江河而兴政权、兴经济、兴城市、兴精神,从而形成带有江河水文化特质的政权文明、经济文明、城市文明和精神文明。

（二）江河功能价值

1. 资源宝库。江河提供宝贵的资源。

2. 运输通道。江河形成了重要的运输通道。

3. 军事屏障。江河担负重要军事防御作用。

二、江河文化演进

（一）江河文化内涵

江河文化是指由人而产生的,一切涉及江河内涵与外延包括物质和精神两个方面的人的认知,即包括客观存在及主观形成的万象。江河的主体是水,客体是水载体及涉水其他物;江河文化的主体是人,客体是江河[2]。

1. 要创新和发展江河文化,更要接受和传承历史的江河文明。没有传承的创新,是无根之木、无源之水;只有在传承基础上的创新,才是真正发展。

2. 江河文化的发展在于创新,没有创新就没有发展。江河文化的发展,主要靠江河的理论创新、制度创新和实践创新等几个方面来实现。

（二）江河发展战略

随着现代性的推展,江河的重要地位逐渐下降,江河文明被遗忘,被遮蔽,甚至被摧残,被解构。

注:本文创作于 2019 年。

而这种江河虚置的做法，目前正引发越来越多的负面效应，影响着中华民族的全面伟大复兴。新时期，随着对资源环境的重新认识，随着对全面发展规律性的把握，我们应当重塑江河发展战略。

江河战略旨在面向新形势下江河复兴的伟大工程，国家应针对当前江河客观实际，因地制宜，因情制宜，在保护江河水脉、文脉基础上充分开发江河、利用江河，发挥江河的比较优势，逐步提升江河的位势，形成江河景色宜人，产业兴起，诗意栖居的局面[3]。

1. 江河战略应立足于江河的整体复兴。管好水，用好水，开发好水，做足水的文章。

2. 江河战略应当循照"保护—利用—开发"的原则主线。保护在前，利用在后，开发跟进。

(三)江河文化神韵

1. 得江河湖海之神韵，写诗词歌赋之绝唱

水在中国人的词典里，不仅仅是维系生命的三大要素之一，它在几千年辉煌灿烂的中国文化长河中，始终扮演着一个独特而无可替代的角色。它柔弱而又狂躁、含蓄而又奔放，坚韧而又散漫，博大而又渺小、浑厚而又轻巧、深沉而又张扬的矛盾品格，像长江、黄河、淮河和永定河一样流淌在世世代代中华儿女的血管里，历经时代沉淀，构成中国人独特的品格与个性，创造了中华民族独特的水文化与独特的文艺作品[4]。

2. 因水造境两相思——爱情、友情和亲情

自古以来，青青绿绿、晶莹明丽、渺渺蒙蒙的自然之水，与女人从春流到夏、从秋流到冬的泪水有着奇妙的相似之处，因此水也就自然成了爱情的媒介与载体。

3. 逝水年华付水流—流逝、漂泊和孤苦

在东方文化里，"水无形，时光亦无形，水一去不复返，时光亦一逝而不再""山常在，水长流，可叹青春不长有"，这几乎成了水与年华之关系的永恒主题。

4. "壮士一去兮不复还"——豪情、豪气和豪放

"滚滚长江东逝水，浪花淘尽英雄，是非成败转头空""青山依旧在，几度夕阳红……"。历史上不少以水为题的诗词，就荡漾着忧国忧民的激情，澎湃着顶天立地的气概。

5. 千古江河孕人文——哲思、人文和环境

一方水土养育一方人，一方人创造一方文化。一条江河的自然环境决定或影响着一个地区的经济、政治和文化。我国几大文化系列的孕育与发展，文化个性与流域水系密不可分。

三、淮河的个性与创新

(一)淮河的地域识别与底蕴积淀

自古以来，淮河流域就是一个集代表性、特殊性、过渡性、融合性等多重特性于一体的独特地理单元。淮河是中国的第三条文明之河，孕育着灿烂的中华文明。她不仅是地理上的南北分界线，也是政治军事上的对抗区、经济上的过渡地带和民族上的融合区。正是在多种因素的影响下，才形成了包容并蓄、南北交杂、东西融合的淮河文化[5]。

1. 中国地理环境下的南北过渡区域

淮河流域既是南北地理、交通的过渡带，又在中华地域文明中扮演着融合体和缓冲区的角色，将中国南北方紧密地融为一体，是我国两种主要农作物方式旱作和水作的分界线，二者叫以同时兼容。

2. 中国历史条件下的南北政治军事对抗区域

淮河是中国历史上最重要、最稳定的南北政治分界线，在整个中国政治地理结构中发挥着

重要的作用,承载着中国政治碰撞的创痕地带,充当着政治大融合背景下牺牲者角色,具有举足轻重的作用。

3. 中国经济条件下的南北过渡区域

淮河流域经济发展与中国历代王朝的兴衰相辅相成,也是中国经济重心从北向南逐步转移的见证者,是中国经济分水岭型的重要标识。从春秋战国的农业初步开发,秦汉时期经济的快速发展,隋唐的繁荣,北宋的全国京畿之地,南宋颓势的出现,明清的一蹶不振,呈现出驼峰形曲线型的发展脉络。

4. 中国民族环境下的南北节点区域

淮河流域是中华文明的主要发祥地之一,是连接黄河、长江两大传统文化地域的纽带和桥梁,是华夏、东夷、苗蛮三大集团相互碰撞、交叉与融合的主战场,在中华文明的起源、形成与发展的历史进程中具有十分重要的地位。

(二)淮河的前世与今生

淮河属于我国七大水系之一,属于我国传统的农耕区域,经济发展水平相对落后。是中国重要的粮棉油生产基地和能源基地,也是京沪、京九、陇海、京福、连霍等重要铁路、公路纵横交汇地区。千余年来,淮河流域灾害频发,给流域内民众生命财产和经济社会发展造成巨大破坏,淮河也被称为"中国最难治理河流"[6]。

1. 淮河发源于河南桐柏山主峰太白顶,流经河南、湖北、安徽、山东、江苏 5 省,181 个县(市),全长 1000 千米,流域面积 27 万平方千米,1.67 亿人口。

2. 淮河是占据独特地理位置的一条大河。淮河位于我国的中部,处在黄河和长江两大水系之间,人们习惯于把淮河以北称之为"北方",把淮河以南称之为"南方",而南北气候物产民俗差异很大,"橘生淮南则为橘,生于淮北则为枳""南米北面、南茶北酒、南船北马、南蛮北侉",则是民众比较下的南北不同。

3. 秦岭—淮河是我国南北重要的分界线,北纬 30 度上下波动 5 度所覆盖的范围,这是贯穿四大文明古国的一条神秘而又奇特的纬线。"临淮自古多名士",涌现出管仲、老子、庄子、孔子、孟子、刘邦、项羽、韩信、曹操、蔡文姬、诸葛亮、朱元璋、施耐庵、吴承恩、孔尚任、韦丛芜等一批思想家、政治家、军事家和艺术家。

4. 淮河是一条古老的文化河流,是古"四渎"之一。作为中华文明起源的核心地域之一,其流域已发现多处古人类遗址和几百处新、旧石器时代的文化遗存,又有一大批独具特色的"国家级非物质文化遗产"。

5. 淮河流域地处南北文化交汇地带,以其流域划分为上、中、下游三个区域和三个阶段[7]。

第一阶段:"距今 9000～7000 年间",上游有裴李岗文化、中游和下游有小山口——顺山集类型文化;

第二阶段:"距今 7000～5000 年间",上游有仰韶文化大河村类型、中游有双墩——侯家寨类型文化,下游依次为北辛文化和大汶口文化;

第三阶段:"距今 5000～4000 年间",上游有相对于庙底沟二期文化的遗存,中游、下游基本为大汶口晚期文化类型分布范围。其后过渡到龙山文化时期,上游有王湾三期文化、中游有王油坊类型文化、下游主要是山东龙山文化分布区。

6. 淮河是一条多灾多难的河流,也是一条令人伤心的河流。公元 1194 年,黄河南堤决口入淮,两河的下游合流入海,从此,淮河遭受厄运。到明代,黄河水全部侵入淮河,袭夺了淮河的中下游,泥沙堆积,河床增高,河水泛滥,淮河成了一条多灾多难的河流。淮河流域土壤多砂浆黑土,容易大雨大灾,小雨小灾,无雨旱灾。地形上西北高东南低,中游地势低洼,下游地势比中游高,落差大,上游来水汇集于中游,容易形成"肠梗阻",这种地理形势也是淮河污染难以治理的特殊因素[8]。

7. 淮河流域具有自然和社会的多重过渡性特征,是我国传统农业区,人口密度居全国各大河流域之首。淮河流域又是欠发达而又人口密集的相对落后区域,人口和耕地均占全国的八分之一,平均人口密度是全国的4.8倍,是我国人口最为密集的地域。其社会经济发展水平被喻为我国中东部地区的谷地,"三农"问题严重。自宋以后直至近现代,经济社会和文化发展相对衰落,由"走千走万,不如淮河两岸"变为"穷山恶水地瘠民贫"之地。

8. 淮河文化地处我国古代南北两大代表性文化带——黄河文化与江汉文化之间,蕴藏着丰富的民俗资源。历史上楚汉文化、老庄文化与中原文化、齐鲁文化、吴越文化在淮河流域碰撞、交流,其所具有的南北文化的兼容性、边缘性和过渡性,决定了它是一种历史悠久、底蕴丰富、特色鲜明的地域文化。

9. 淮河流域的民风习俗文化是在长期的历史发展过程中逐渐形成的,它是淮河流域政治、经济、军事、民族和地理环境等各种要素共同作用的结果。同时,淮河流域独特的文化形态也反映了当时的政治、经济、军事、文化等,是研究当地民风习俗和文化的活化石。

10. 淮河文化的形成源自史前时期,农业、手工业、家畜饲养以及建筑是其物质文化的重要基础,文字、音乐、宗教等则是当地精神方面的典型表现,这些文化因素不仅起源早,且发展程度高,为中华文明起源做出了重要贡献。

11. 淮河精神凝聚着淮河流域人民的思想、感情、智慧、意志和力量,是淮河流域发展的内在依据与巨大动力。深化淮河文化与精神研究,打造淮河文化品牌,发展淮河文化产业,建设淮河生态经济带,对于推动淮河流域经济社会的发展,具有重要的现实意义。

12. 淮河之所以成为新中国第一条全面治理的大河,是其在我国政治、经济上的重要战略地位和特定环境决定的。一是从政治上讲,淮河流域的安危直接影响国家政权的稳定;二是从经济和重要的战略地位上讲,淮河流域地处我国中原地带,一旦发生水旱灾害,极易引起社会动荡;三是从特定环境讲,最直接的原因是1949年、1950年淮河流域连续发生了严重水灾[9]。

13. 淮河流域过去作为中国农业核心区和"中国文化的中原"等情况,以及淮河人喜欢干,也能干好的社会实践,发展高科技支撑的农业生态文明与文化基地、文化休闲、文化产业等以文化为主的现代产业与事业,可能是淮河流域未来发展所应走的道路。

14. 一个流域的发展路径不仅在于研究者的思考与实践中,更存在于流域文化价值的指向中,外部设计一定要考虑内在的需求。过去以及现在一些国家与地方政府考虑淮河流域发展的规划、方案,找到适合自己走的路,走起来才不会步履维艰。

15. "淮河文化论坛"旨在整理传播淮河文化资料,发掘淮河文化精神内涵,推动淮河文化传承与创新,提升淮河文化影响力,促进淮河流域经济、社会、文化的和谐发展,提供精神动力、思想保证和智力支持。

16. 中国文化精神根源发祥于淮河流域,中国文化要复兴,首先要对淮河流域的历史与文化进行深入研究,这是认识中国文化精神特质必由之路。在此基础上将淮河文化研究提升到国家文化发展战略高度来考虑。

(三)淮河治河思想(干流一河一策战略)对永定河发展启示

淮河是全国七大江河之一和国务院确定的"三河三湖"水污染综合治理重点河流之一。淮河因其特殊的地理位置、复杂的河流特性以及突出的水资源、水污染、水生态问题,安徽省委、省政府提出实施"一河一策"发展战略。根据淮河干流管理与保护存在问题,按照"问题导向、干支统筹、行业统筹、区域统筹"的总体要求,确定重点管护措施。一是坚持问题导向;二是坚持干支流统筹;三是坚持行业统筹;四是坚持区域统筹[10]。

1. 水资源管理体制机制不完善形成的供需矛盾问题。

2. 点源面源污染处理能力不足导致的水环境问题。

3. 监管机制不健全导致的违法、违规开发利用问题。

4. 重开发、轻保护导致的河湖水生态问题。

(四)淮河后发优势与异军突起对永定河发展启示

1. 淮河生态经济带缘起

淮河是我国第三大河,作为连接中东部的走廊,是不可替代的中原枢纽和战略要塞。

(1)2011年,淮安市提出以淮河干流为先导区,建设淮河生态经济带,把淮河变成一条造福两岸经济与社会发展的黄金水道、产业大道和生态廊道的总体构想。

(2)2012年,淮安主持"淮河生态经济带先导区"课题研究,之后提升为"淮河生态经济带发展规划"。

(3)建设全国生态文明示范区。淮河流域南北方特质并存,人口密集,在全国具有典型性和代表性,是我国实现"两个一百年"奋斗目标、建设美丽中国的难点与重点区域。要把生态文明建设融入淮河发展,探索一条产业发展与生态环境相协调的新型现代产业化之路,建设全国生态文明与"美丽中国"建设示范区。

2. 国务院批复淮河建生态经济带

国务院批复《淮河生态经济带发展规划》和《汉江生态经济带发展规划》,要求着力改善淮河和汉江流域生态环境,共抓大保护,不搞大开发,着力推进绿色发展,改善淮河流域生态环境,实施创新驱动发展战略,深化体制机制改革,构建全方位开放格局,促进区域协调发展,推动经济发展质量变革、效率变革、动力变革,增进民生福祉,加快建成美丽宜居、充满活力、和谐有序的生态经济带[11]。

3. 淮河生态经济带实践路径

随着"中华人民共和国国民经济和社会发展第十三个五年计划"(2016—2020)的颁布(简称"十三五"规划),将淮河生态经济带建设上升成为国家战略纳入"十三五"规划:加强水环境保护治理,推进鄱阳湖、洞庭湖生态经济区和汉江、淮河生态经济带建设。这既是实现我国中部地区经济融合发展的重要举措,也是响应国家"一带一路"倡议、填补淮河流域区域发展战略空白。淮河生态经济带旨在注重生态与经济的和谐发展,在生态可持续发展的基础上追求经济发展,最终实现自然生态和人类文明和谐统一[12]。

(1)走生态农业产业化发展之路

淮河生态经济带要突出生态农业,由传统的农业产业化向生态农业产业化战略转型升级,最终实现美好乡村的建设目标,实现农民经济富强、农村环境优美。

(2)走生态工业发展之路

淮河生态经济带建设,要认清工业发展和环境保护之间的关系,开展绿色化技术改革,大力倡导低碳经济、循环经济,重新构建生态工业发展体系。

(3)走绿色服务业发展之路

淮河生态经济带应该因地制宜地发展服务业,结合自身独特的地域优势和资源优势,在商业、物流、旅游、餐饮、住宿等领域加大发展力度,走大众化、绿色化、可循环发展之路,构建绿色、循环、低碳、高效、经济的服务业体系。

4. 淮河生态经济带发展瓶颈

(1)淮河流域的生态本底,并不乐观,长期存在水资源承载能力与人口、耕地分布不相适应的问题。近年来,随着沿淮城市的规模扩张,缺水问题日益加剧。

(2)淮河流域还存在严峻的水污染问题。流域内高耗水、重污染企业居多,污水处理工程运行滞后,农业面源污染,地下水开采过度,无一不制约着当地经济社会的发展。

(3)淮河流域是不可替代的中原枢纽和战略要冲,但流域内防洪、灌溉与航运之间,农业、工业与交通之间,没有统筹考虑;产业发展和交通运输也自成体系,人为割裂了上中下游之间的经济内在联系。

5. 淮河生态经济带创新路径及对永定河发展的启示

目前,国家已明确以"一带一路"建设、京津冀协同发展、长江经济带发展、粤港澳大湾区建设等发展战略为引领,以西部、东北、中部、东部四大板块为基础,促进区域间相互融通补充。系统推进淮河生态经济带规划实施对于建立有效区域协调发展新机制具有重要意义。淮河生态经济带建设将是建立有效区域协调发展新机制的具体实践[13]。

(1)着眼未来建立流域生态文明示范带

建立跨区域生态建设和环境保护的联动机制,统筹上中下游开发建设与生态环境保护,落实最严格的水资源管理制度和环境保护制度,保护水资源、水环境和森林湿地保护修复,形成绿色发展方式和生活方式。

(2)着眼长远建立特色产业创新发展带

加强分工协作,联手推进科技创新,着力培育新技术、新产业、新业态、新模式,推动产业跨界融合发展和军民融合发展,加快传统产业转型升级,壮大提升战略性新兴产业。

(3)着眼城乡建立新型城镇化示范带

促进大中小城市、特色小镇和美丽乡村协调发展,实现产、城、人、文融合发展,完善城镇基础设施,增强公共服务供给能力,提高城镇化水平和质量,探索宜居宜业、城乡统筹发展新模式、新路径。

(4)统筹建立中东部合作发展先行区

立足上中下游区域比较优势,发挥淮河水道和新亚欧大陆桥经济走廊纽带作用,促进基础设施对接、合作平台共建、基本公共服务共享,全面深化区域合作交流。

四、永定河源头与活水

永定河是海河五大支流之一,流经山西、内蒙古、河北、北京、天津5省(市),43个县(市),河道全长747千米,总流域面积4.7万平方千米,人口6500万人。永定河贯穿整个京津冀核心区域,是京津冀的水源涵养区和生态廊道,对京津冀的可持续发展有重要作用。作为北京的母亲河,被称为"京西绿色生态走廊与城市西南的生态屏障"[14]。

永定河从远古流到今,不仅滋润了两岸肥沃的土地,哺育了包括京、津在内的城市群落和乡村聚落,更孕育了悠久而独特的历史文化,形成一道跨越京津冀晋蒙的文化风景线[15]。

(一)永定河整体凝练

1. 永定河跨越了晋北高原与华北平原两大地理单元,途经游牧与农耕两大经济区域,河谷地带自然成为南北民族交往的通道、各种文化交汇融合的走廊。

2. 距今200万年前,人类的祖先就出现在永定河上游,泥河湾的考古发现,改写了关于人类起源和人类文明发展的历史,昭示了永定河流域是人类最早的文明发源地之一。

(1)200多万年到1万年前的旧石器时代早、中、晚期,人类活动在永定河留下了内容丰富的遗迹,这在世界上是独一无二。

(2)距今70万年前的旧石器时代早期,永定河中游出现了北京周口店的北京猿人。

(3)距今约20万~10万年前的旧石器时代中期,永定河流域的居民代表是北京的新洞人、山西阳高县的许家窑人。

(4)进入距今10万年至1万年左右的旧石器时代晚期,则有北京的山顶洞人、山西朔州的峙峪人。

(5)新石器时代,又有了北京门头沟的东胡林人等。

3. 永定河孕育了古都北京,造就了古都大同(北魏的首都,辽、金的陪都)等古都、古城、古堡、古村落,反映了五千年华夏民族融合的发展历程,数量众多,类型齐全,构成了一个区域性的古都群落。

4. 永定河流域宗教文化遗产异彩纷呈,展现出永定河文化的兼收并蓄、包容大气,具有数量多、种类全、名气大、年代久、保存好等特点。

5. 永定河流域的民间文艺和民俗文化既具流域共性又有各地特色,呈现多种形式时空交织、相互辉映的状态,呈现出不同历史时期各民族文化元素流布和途经的影响与痕迹,这正是永定河这个文化走廊所具有的独特气象。

6. 地缘相接、文脉相通,自古以来商贸与文化通道的优势,使永定河成为联系京、津、冀、晋、蒙五省(区、市)协同发展的天然纽带。

7. 以生态涵养和文化驱动为主题的永定河流域综合治理,不仅将为北京的上风上水带来极大改观,还必将为其他四省(区)的长足发展提供广阔而纵深的环境背景和人文支撑。

8. 北京市将运河、长城、西山三大文化带将列入文化战略工程予以规划实施。其实,从文化的丰富性、原发性以及影响力等方面看,永定河文化带的内涵要更高一层,外延也更加广阔,至少要像淮河生态经济带一样上升为国家战略。

9. 永定河为人类生存提供滋养,为文化的孕育与传播带来便利,但她同时又是人类社会在发展过程中时刻需要面对的挑战。这是来自自然之力本身,也是来自人类与自然相共处时自我的价值实践方式。永定河历史时期频频改道、桀骜不驯,古人深受水患之苦,历史上又名浑河、无定河。康熙皇帝改"无定"为"永定",是希望其永远安定、造福百姓[16]。

10. 作为有三千年建城史、八百年建都史的北京,其因水而建、因水而兴。水文化遗产是北京城市发展的重要见证,永定河等成为北京水文化遗产的主体。北京的水文化核心特点是"为民兴利,泽润生民",同时又具有自然之美、和谐之美和文明之美的个性。保护、利用、传承水文化遗产,不仅是保持北京城市个性和特色的需要,而且是延续北京文化的需要[17]。

(二)永定河生态考量

1. 河流生态系统是河流生物与环境相互作用统一体,具有动态、开放、连续等特点。在水流和生物-物理-化学的相互作用下促进流域的物质循环和能量流动。

2. 河流生态系统提供着供水、输沙、防洪、涵养水源等多种生态服务功能。作为地球的动脉,河流能及时对周围环境变化做出响应,越是大型河流对整个流域生态系统的影响越大。

3. 永定河治河思想

(1)坚持近期、中期、远期相结合[18]。

(2)坚持治理、恢复、涵养、提升相结合。

（3）坚持节水优先、空间均衡与系统治理、两手发力相结合。

（4）统筹保护与修复，统筹林和水两个生态要素，着力破解外调水、节约用水、涵养水、治污等难题。

（5）统筹保护与修复，统筹林和水两个生态要素，着力破解外调水、节约用水、涵养水、治污等难题。

（6）集中用5～10年时间，恢复永定河生态功能，将永定河打造为贯穿京津冀地区的生态廊道，再现河道清水长流、湖泊荡漾涟漪、沿岸绿树连绵的自然山水风貌。

（7）实现"安全之河、文化之河、人地和谐之河"。

五、结论与探讨

1. 根据淮河后发优势与异军突起经验，建议把永定河文化带提升为国家生态文化带，围绕这个主题开展前期研究和调研。

2. 根据淮河生态经济带的定位和苏、鲁、豫、皖、鄂区域合作的经验，建议把永定河文化带提升为"国家'两山理论'的实践创新基地"和"生态文学与诗歌地理示范基地"。

参考文献

[1]杨邦杰.江河与中国发展[J].中国发展,2016,16(6):1-3.

[2]董文虎.江河文化的创新与发展——兼谈江河与水工程[J].中国水利,2017(7):60-64.

[3]童潇.江河文明的历史演进与民族复兴的"水战略"抉择[J].江西社会科学,2017,37(4):27-34.

[4]王合成.得江河湖海之神韵　写诗词歌赋之绝唱——论水文化与中国文学艺术的关系[J].中国三峡,2014(10):11-24,4.

[5]穆可才,张宝英,李福明.千里淮河的地理标识及其文化积淀[J].蚌埠学院学报,2012,1(6):125-128.

[6]梁家贵.一部淮河流域史研究的力作——吴海涛等著《淮河流域环境变迁史》评介[J].淮阴师范学院学报,2019,41(2):207-209.

[7]陆勤毅,朱华东.淮河文化对中华文明起源的贡献[J].学术界,2015(9):194-206,327.

[8]陈立柱.探索淮河流域发展的新战略[J].学术界,2017(11):141-149.

[9]宋大春.淮河为什么会成为新中国第一条全面治理的大河[J].河南水利与南水北调 2018,47(2):10.

[10]赵以国.安徽省淮河干流"一河一策"实践与探索[J].中国水利,2018(2):11-14,10.

[11]颜彭莉.国务院批复淮河汉江建生态经济带[J].环境经济,2018(Z3):80-82.

[12]尹建设.淮河生态经济带绿色发展对策研究[J].安徽广播电视大学学报,2019(3):1-3.

[13]史修松.探索建立淮河生态经济带协调发展新机制[J].群众,2019(2):33-34.

[14]冯兆忠,刘硕,李品.永定河流域生态环境研究进展及修复对策[J].中国科学院大学学报,2019,36(4):510-520.

[15]吴文涛.永定河:从水脉到文脉[J].前线,2017(6):101-103.

[16]张晓玥,骆江瑜.探寻文化与生态的源头活水——评纪录片《永定河》[J].中国广播电视学刊,2019(7):79-82.

[17]万金红,宫辉力,杜梅.用千年水文化助力文化中心建设[J].前线,2018(1):78-81.

[18]张晓妍,李纪宏,刘学婧.京津冀协同发展背景下永定河生态治理的思路[J].中国工程咨询,2017(12):51-52.

北京永定河文化的理性思考与路径建构

大凡一座名城，
必有一脉名山依托装点，
更有一条名水滋润修饰，
北京就是这样一座城市；
山与水不仅融入了首都的自然天成，
又浸润了中华民族的博大精深，
山是首都的魂魄，
水是北京的血脉，
北京的山更加深沉，
北京的河最具凝重。

一、永定河与北京的新感悟

永定河文化是首都的血脉，是北京人的精神家园，是城市发展进步的灵魂，作为有三千年建城史、八百年建都史的北京，其因河而建、因水而兴，永定河文化是北京城市发展的重要见证，也是北京城市生命历程中不可切断的链接，她将今天的生活与历史、未来紧密联系在一起，成为我们在座的各位对我们生活城市感情的依托。

（一）永定河文化与首都全国文化中心建设

新时期赋予北京市创新发展的新契机。永定河文化必将成为推动北京建设全国文化中心的重要手段。永定河文化是水文化重要的物质载体，保护好、传承好、利用好永定河文化是北京市文化建设重要抓手。永定河文化为代表的北京水文化是中华文明源远流长的伟大见证，是北京建设世界文化名城的重要根基，必须精心保护好这张名片，凸显北京历史文化的整体价值[1]。

（二）永定河文化生态文明价值取向

永定河文化是城市文化的重要组成部分，保护、利用、传承水文化遗产，不仅仅是保持北京城市个性和特色的需要，而且是延续北京文化的需要。永定河文化是以生态与环境而生成和承载的文化，只有让永定河更加清澈，环境才能清秀，文化才能优秀，自信才能坚定。只有敬畏自然、保护自然、天人合一、多元一体的观念，才能形成自觉保护生态、实现和睦共荣理念，构建永定河文化的理论体系[2]。

（三）永定河文化发展走势与学理建设

永定河文化是一个禀赋特别、内涵深邃、形态多彩的文化，需要组织专家，全面系统地思考永定河文化涉及的所有问题，进行体系化梳理，需要从生态学、文化学和生态文明观等理论来凝练升华，形成一批具有一定高度和深度的理论成果，科学地建构永定河文化。

1. 全面系统梳理，建构永定河文化的理论体系。一是站在首都角度看永定河文化，站在

注：本文创作于2018年。

国际大都市的角度看永定河文化;二是更需要从生态学、地理学、经济学、文化学和新的生态文明观等理论来凝练升华,科学地建构永定河文化的理论构架。

2. 启动重大专项研究,为构建永定河文化寻找突破口。

(1)对永定河重大或重要的历史文化问题进行专门的挖掘研究。

(2)对永定河流域经济的重要的现实问题进行综合科学考察。

(3)对永定河京津冀晋蒙协同发展区跨区域合作进行综合调研。

(4)对永定河流域生态文明建设进行综合考察,五省联合打造国家生态文明示范区。

(5)对永定河流域康养产业进行综合调研,打造国家康养基地。

(6)对永定河流域乡村振兴发展进行综合考察。

二、推出独具北京特色的江河发展战略

中华民族一直以来就被认为是一个极为重视"江河"的民族。国家应重塑江河发展战略,将江河发展战略与海洋发展战略一并作为新时期"水战略"的两翼。北京市也应该与国家江河发展战略同步。

(一)海洋发展战略

海洋战略是指一个国家或者地区为求长期生存和发展,在外部环境和内部条件分析的基础上对今后一个比较长时期内海洋发展的战略目标、战略重点、战略步骤、战略措施等做出长远和全面的规划,是正确处理陆地与海洋发展关系的指导性战略。

(二)江河发展战略

国家面对当前江河治理的实际,因地制宜,因情制宜,在保护江河水脉、文脉基础上充分开发江河、利用江河,发挥江河的比较优势,逐步提升江河的位势,形成江河景色宜人,产业兴起,诗意栖居局面。

1. 江河对中华民族孕育成长起到举足轻重的作用,江河文明呈现,主要在于由江河而兴政、兴经济、兴城市、兴精神,从而形成了带有江河水文化特质的政权文明、经济文明、城市文明、精神文明。

2. 江河发展战略应遵循保护与利用协调的原则。一是应当把保护中开发排在首位;二是在开发中保护。在造福人类的同时,造福自然界;三是挖掘江河潜能,能够通过创新驱动,提升江河相关品质,进而提升其经济效应和社会效应[3]。

3. 江河往往又是重要自然灾害之源,无论是洪水泛滥,还是干旱缺水,江河之水的调剂不顺,往往又会引发大量的连锁效应,也使国家和人民不得不对之加以关注。

4. 随着现代性的推展,江河的重要地位逐渐下降,江河文明被遗忘,被遮蔽,被解构。而这种江河虚置的做法,目前正引发越来越多的负面效应,影响着中华民族的全面伟大复兴。

5. 江河发展战略立足于江河流域的整体复兴。这种复兴是一个完整的地理单元,包括上、中、下游和左岸、右岸。具体来说,就是四句话"管好水,用好水,开发好水,做足水的文章"。

三、推出永定河文化发展的精神理念

永定河文化以自然环境和人文基础为语境,以独特的地域传统文化和现代文化为内容,以地域文化自信与生态文明建设为路径,以文化自信和生态文明为价值取向的综合性文化。永定河文化在历史和现实中是如此博深和辉煌,但由于种种原因,迄今还没有进行精准的系统挖

掘研究与深度利用。未来的首都发展离不开永定河文化的助益。因此，对于热爱永定河文化的专家系统、决策系统和经营系统来讲，都需要以"七个一"的理念进行认真的理论学习和实践探索。

1. 一种缘分

能走进永定河就是一种缘分，就能点燃一腔激情，仿佛立刻要与这片神奇的土地"拥抱、亲吻"，为做一名永定河文化的使者而自豪。

2. 一种情怀

永定河是北京的母亲河。我们在永定河的怀抱里创造历史。永定河是一部鲜活的历史，一个动人的故事，我们伴随她一路走过并结成难以割舍的情怀，是我们生命的动力和力量的源泉。

3. 一种守望

一个人有一个人的坚守的阵地，一个人有一个人瞭望的星空。我们守望的是永定河的家园、永定河的土地、我们的母亲河，瞭望的是连绵不断的永定河文化和在这片地域上发展的变化。

4. 一种思想

我们无论从事学术研究，文学创作还是流域管理，都要以思想作为动力，为永定河立传，只有具备了思想才能悟透永定河的内心世界和她比金子还重的一种品格。

5. 一种毅力

我们要有一种毅力，那就是百折不挠、锲而不舍去研究永定河，与永定河对话，探索她的"喜怒哀乐"，并坚持亲力亲为，获得大量的第一手资料，才能让永定河的形象灵活现、有声有色。

6. 一种阅读

读万卷书，行万里路是理论和实践的结合。没有读万卷书的基础，行万里路也不会有大的收获。阅读使我们的眼界大开，从单要素研究到自然、经济、社会、文化的综合才能为永定河立传、为首都增色。

7. 一种协作

我们要怀着"究天人之际，通古今之变，成一家之言"的理想，为永定河"立言"的信念，及我们的永定河情怀，同时要具备一种与决策系统、专家系统和企业家系统的协作精神[4]。

四、推出永定河文化发展的主体思路

永定河文化博大精深、内涵丰富，是首都以江河为载体的物质与精神遗产。本着"人水和谐，富民强本"价值体系，以永定河文化保护为前提，充分挖掘永定河与首都的文化特质。立足全域谋划，树立全方位的资源观、文化观、价值观、保障观和发展观，通过生态系统修复、人文系统重构、价值系统重塑、产业系统创新、管理系统再造，实现多元路径的突破发展和差异发展。

1. 全域统筹永定河文化创新的"理念观"

永定河文化具有遗产性、文化性、工程性、生态性等多重特征，应树立全要素保护的"资源观"、全内涵彰显的"文化观"、全需求兼顾的"价值观"、全产业创新的"发展观"和全管理支撑的"保障观"，通过五大理念构建永定河文化保护与利用全域模式。

2. 确立永定河文化全要素保护的"资源观"

重塑永定河文化的生态系统。一是全面发掘、普查永定河流域水文化遗产资源，对其进行重点保护;二是从全流域整体生态格局的视角,对永定河文化遗产进行体系性保护。

3. 确立永定河文化全内涵挖掘的"文化观"

重塑永定河文化的人文系统。一是立足"人水和谐",追求"水精神"的重塑和发扬,融入"五个"发展的时代内涵;二是采用静态展示、动态演绎和深度互动的方式彰显永定河文化遗产内涵。

4. 确立永定河文化全需求兼顾的"价值观"

拓展永定河文化的功能系统,全面拓展永定河文化的生态功能、遗产功能和工程功能,在确保延续历史、传承文脉的同时,持续促进区域经济社会发展和生态文明建设。

5. 确立永定河文化全产业创新的"发展观"

创新永定河文化的产业系统。提炼永定河文化的文化符号,推进"永定河文化＋"战略,形成永定河文化＋旅游、＋农业、＋康养、＋林业、＋创意等产业聚变,为北京市永定河文化传承发展提供不竭动力。

6. 确立永定河文化全管理运行的"保障观"

构建永定河文化的管理系统。永定河文化的保护利用需要专管部门、专项基金和专业人才支撑。创新协同管理机制、创新经费保障机制、设立永定河文化专项发展基金和创新人才培养机制[5]。

五、国际江河文化与水文化研究启示录

水文化之所以受到越来越多的关注,在于它是一种人类和水之间关系的表达,更是一种人类如何理解水、关爱水、使用水、保护水,实现水资源可持续利用,构建人水和谐社会的重要基础。包括精神层面、行为层面和制度层面。

1. 从江河与水文化科学研究层面来看,江河与水文化研究在当代的发展离不开水科学研究的推动,同时水科学研究也是江河文化与水文化领域内最活跃的一个方向。

2. 从江河文化和水文化遗产的继承和保护层面来看,在人类生存的千万年历史过程中形成了丰富的江河文化和水文化,它们不仅是人类生活的重要构成部分,同时也是一笔世界重要的文化遗产。

3. 从江河文化和水文化的应用层面看,主要体现在对传统江河文化和水文化的继承和发挥其文化的教育作用。

4. 从江河文化和水文化的关注焦点层面来看,一是水伦理的研究和应用问题;二是把江河文化和水文化作为应对全球水危机和气候变化的手段分析;三是江河文化和水文化遗产保护路径;四是如何构建江河文化和水文化当代价值。

参考文献

[1]万金红,宫辉力,杜梅.用千年水文化助力文化中心建设[J].前线,2018(1):78-81.
[2]赵宗福.青海江河文化的梳理思考与学理建构[J].青海社会科学 2018(4):1-6,221.
[3]童潇.江河文明的历史演进与民族复兴的"水战略"抉择[J].江西社会科学,2017,37(4):27-34.
[4]柳成栋.江河文化的守护者——记当代作家、历史文化学者范震威先生[J].黑龙江史志,2013(10):30-33.
[5]隋丽娜,程圩.陕西省水文化遗产保护与利用[J].水利经济,2018,36(2):68-72,77.

山西省广灵县水生态文明城市建设的科学价值与实现路径

和谐的水城关系决定着广灵城市的生存与发展,如何科学认知水城关系、如何评价什么是良性的水城关系和如何营造可持续的水城关系等一系列问题做出科学解答,是笔者研究的思考基点与关注重点。

现代水城的概念多集中于城市形象建设,对于生态考虑较少。笔者认为,水系应作为城市重要的生态基础设施,能够满足水城的生态要求,将生态需求作为现代水城的根本前提和要求[1]。

一、水城发展与广灵水城的提出

按照生态学理念建设水资源可持续利用、水生态系统完整、水生态环境优美、水文化底蕴深厚的水韵城市。就广灵的县城自然禀赋、历史脉络和发展阶段而言,打造生态水城主要有四方面突出优势:一是得天独厚的地源优势,("两山夹一川"、盆地);二是悠久深厚的人文底蕴(水神堂);三是干旱半干旱地区可资借鉴的现实样板(水生态修复—水环境改善—水景观提升—水文化弘扬);四是久久为功的绿色探索实践(水少可补、水多可排、水脏可换的会呼吸的河道)。

1. 从城市自身资源出发

(1)资源属性:城市有用于建设的水资源,如城市地表水、地下水、雨水径流、城市湿地等资源以及城市引水工程构成系统等,构成城市水网体系,形成城市特色肌理,这种肌理可以是纵横的河道水网也可以是离散的河湖,依照城市现状水资源的特点不同而不同。

(2)文化属性:城市的发展过程中,城市水系与城市发展密不可分,城市水系在城市发展中扮演着重要的角色,是城市文脉的象征和延续。

2. 从规划目标体系出发

(1)满足城市生态要求:通过对水资源合理高效的配置,能够满足水系自身的水量补给和调蓄,适应城市发展;并能有效促进雨洪利用与管理体系建设,防治雨涝灾害;同时还是城市调节微气候,改善生态环境的主要手段。

(2)特色形象提升:依托水系建构城市空间骨架,布局各功能空间,着重打造特色滨水空间,提升城市形象。

(3)水系对城市建设推动作用:发挥生态基础设施的引导和支撑城市开发的作用,推动滨水产业建设,促进水城特色交通体系建设,提升经济效益等。

(一)国内外水城发展研究动态

1. 国外水城研究动态

从国外水城建设的相关进展来看,国外水城基本都是依托原有地形从治理水环境、整治河道、开拓滨水区、构建城市水系统最后到建设水城这些步骤发展而来的,并重视水资源的生态保护,在对水资源整治开发的过程中注重与城市建设方法相结合,使人居环境与自然环境尽可能地融合[2]。

注:本文创作于 2018 年。

2. 国内水城研究动态

人们在利用现有水资源的基础上,越来越注重水资源的循环利用和自然生态环境的保护,将水资源的开发与城市建设相结合。引水入城与借助现有水系建造城市两种水城建设的形式同时进行着,从军事需求到经济交往再到利用水资源改善生活环境,我国一直力求将人居环境与自然环境最大程度上地进行融合,创造城市发展、经济发展与自然生态环境和谐并进的美好局面。

3. 国内外水城研究创新视角

(1)哲学视角:水与城市起源、河湖城市选址与水的关系、河湖城市的形态结构、给水排涝防洪、城市水系与城市(流域)演变历程等;

(2)科学视角:引入城市空间形态、空间结构相关理论,探究城市区域水系的安全利用;

(3)工程视角:解析国内外滨水规划建设正反案例,开展城市水系空间规划,分析水城关系现实特征,河湖城市发展的开发建设模式等;

(4)生态视角:引入系统论、协同论、城市生态学、城市发展动力理论等相关理论研究,进行机制分析、发展趋势研究,探索滨水城市规划理论与方法。

(二)水城共生理论

水城共生是共生单元之间物质、信息和能量传导的媒介、通道和载体,也是共生关系形成和发展的基础。一是水体与城市的生存关系;二是水体与城市的安全关系;三是水体与城市的经济关系;四是水体与城市的社会公平关系;五是水体与城市的舒适与愉悦关系[3]。

1. 水体对城市的功能价值可以从"形态要素"和"功能要素"两个方面进行分析。就形态要素而言,水体使用价值是通过"水量""水质"与"水景观"来体现。就功能要素而言,水体使用价值表现为物质功能、生态与环境功能、人文功能三种。

2. 城市对水体的功能价值更多在于城市对水体的依赖及其对生存必要性的认识,而倍加尊重。尤其是地球气候条件变化下,对水体胁迫进一步加强,只有高度文明的城市才能真正成为地球上最重视水体养护的区域。

(三)水城发展前景

城市也因绿而永恒,因水而灵动,因文化而底蕴深厚,因此水环境是形成良好生态环境的重要基础[4]。创造城市与河流及其湿地和谐,人与自然和谐,生态与现代和谐,强化人、自然和文化之间的联系,连接人与自然,连接人与人,连接城市与水。以河道的水势、河势、地势、区位、功能为基本背景,结合景区、景观、景点的设计和布局,体现河道与湿地碧波清影为主导,融合水系生态、环境生态、人文生态的理念,同时赋予其水生态文明城市功能,为居民和受众提供一个身心放松、亲近自然,让人信赖的"城市绿肺"。

(四)广灵水城价值与功能

广灵县具备良好的经济发展基础、优越的自然禀赋和深厚的文化底蕴。通过水生态文明城市建设,将有效促进广灵水城建设,探索出一条北方山区水城发展的新路。

充分发掘"太行山环抱、壶流河穿绕、沟域湿地密布"河谷盆地的地貌特征,满足广灵发展新的战略需要,引导城市空间发展新的方向和模式,实现水清、岸绿、景美、畅游、宜居的建设目标;凸显水资源的特性、水生态环境的质量和城市水景观的品质,重塑城市总体空间,营造山、水、绿、城、人和谐共处的城市人居环境,创造独具中国北方干旱和半干旱特色的广灵水城[5]。

1."留形",塑造广灵城市形态

坚持以"生态优先、文化为魂、产城景融合"的发展模式,着力保护广灵县城历史的真实性、环境的完整性、文化的延续性、生活的多样性。

2."留人",更新广灵城市业态

(1)坚持"高端化的城市业态,优美化的城市生态,特色化的城市文态,现代化的城市形态"相互融合与协同,以南北山为伴,以壶流河为线,形成依山就势、依河而生的山水形态。

(2)以"产城景结合、文产相融"为理念构建新业态。利用水城区位佳、人气旺、生态好、底蕴厚等优势,围绕旅游六要素布局业态,完善生态、文化、休闲、旅游、商贸、居住六大功能,打造现代服务业聚集区。

3."留绿",再构广灵城市生态

(1)依托壶流河湿地,实施水城河湖治理项目,通过"截污、清淤、换水、绿化"的方式修复生态,完善排污管网建设,将壶流河变成景观河、生态河和人文河。

(2)通过综合整治与保护开发,发展新型业态,促进沿河土地增值,实现投入到产出,再投入、再产出的良性互动,真正还河于民、还清于民、还绿于民、造福于民。

4."留神",传承广灵城市文态

(1)挖掘"水神堂"文化,提升"旅游价值"。贯穿"闲、慢、乐、听、赏"等生活元素,建设范蠡纪念馆、百工坊一条街和民俗客栈。

(2)发展饮食文化,留住"舌尖记忆"。利用广灵多元饮食文化,丰富特色美食,在水城的基础上叠加广灵美食文化名城。

(五)广灵水城特征分析

壶流河的水是流动的且极易蒸发的液体,水与广灵,水与广灵人,如何能并且长期融为一体,这便是"广灵水城"概念的首要内涵[6]。

1.壶流河与广灵城共生,是母亲河。水是城市之基,城市有河道不难,难的是水质清长又长;城市有水域不难,难的是环境雅多又多,广灵水城,县城区的河道长度和水域面积应该是水城硬指标壶流河是桑干河的一支流,在广灵境内全长 66 千米,流域面积 1303 平方千米,在县城区长度 7.5 千米,这既是一个具体化的数字,更是一种视觉上的观感。

2.广灵城市气候环境足以涵养壶流河水域。一个城市要成为水城,其机缘说到底还是"天人合一",人定胜不了天,只能顺应自然。只有广阔的水域才能蓄纳丰沛的雨量,从而保证城民同安,城市水域比绿地更有其特殊性,更难涵养,因而也更珍贵。

3.广灵城市三维空间与水紧密相融。壶流河与广灵县城的"天人合一",体现在三维空间上,则必然以河与湿地为中心。水城形态即是"水在城边,城在水边",又是"水在城中,城在水中"。壶流河流淌出的河道与湿地,那么贴切自然地交融在一起;其肌理特征是"一河、一湿地及一水神堂"的城河布局。

4.广灵城市与水文化紧密相通

水的特性之一是容纳,"有容乃大,善利万物而不争",水城文化也是同理,必然体现出水的深刻特性,如水神堂在文化上的吸纳包融,造就了广灵人文城市内涵。正是因为如水般的包容,汇聚涓涓细流,孕育造就了广灵特有的城市文化,也成了广灵的文化自尊与文化自信。

5.广灵城市物产与水紧密相关

城市的特性必定体现在城市生产的物产中,如道地北芪、道地北柴胡、广灵豆腐、广灵豆腐干和广灵东方亮小米等。从水神堂建堂开始,良守百姓识水而用水之利,敬水而防水之患,人水和谐而成广灵水城,物华天宝乃而美味迭出。丰沛的水,聚集的水域和悠长的河道。

6. 广灵城市生活与水紧密相连

城市说到底是人居住、生活和生产的地方,在水城吃住行作,必定与水有着密切的关联,水疏理着广灵的怡然自得和由此散发出来的文化芳香。广灵人只有敬畏天地,才会珍惜目前拥有的河湖和湿地资源,水城才能长此以往,全民一心建好广灵水城,推出一个让人信服的绿色名片。

(六)以"水"设城的基本理念

1. 以水为源,全面保护"城绿水碧"的环境

水生态文明城市建设的源头在于健康的水生态系统。一是全面落实最严格水资源管理制度,确立"三条红线",实施"四项制度",切实保护水资源;二是加快完善水利基础设施,实施城乡饮用水、农业用水、工业用水、生态用水四大安全保障工程;三是全面开展水环境综合整治,推进壶流河的污染治理、污水处理厂及配套管网建设;四是加大水生态保护与修复力度,实施造林绿化,增加水生生物群落多样性,改善水生境。

2. 以河为脉,精心打造"城水相依"景观

广灵县突出水的核心要素,塑造有序的城市景观体系,建设特色鲜明的广灵水城。一是水域景观化:将水与安全、生态、文化、艺术、经济、环境有机融合,把河道、湖泊、湿地、温泉、水库等各类水域打造成"可见、可游、可留、可亲"的水利风景区。二是水景特色化:以壶流河为主体,构建亲水观光走廊,形成动态一体的"水网蓝脉"。

3. 以水聚业,加快发展生态经济

广灵水城建设要坚持保护与开发并重,重点挖掘水生态经济效益的发挥,科学开发特色聚水产业,发展湿地生态旅游、健康养生旅游、休闲度假旅游;提升水生态旅游品质,打造健康养生旅游目的地城市;在保护生态安全的前提下,推进新兴水产业的全面发展,既能创造经济价值,又能激发社会的水保护意识,自觉保护水环境,还能吸引民间资金的参与,使水生态文明建设能够良性循环,为加快广灵城市产业结构的转型与升级助力。

4. 坚持以湿地为魂,大力弘扬"人水和谐"文化

一是挖掘和传承水文化,将传统的水生态认知实践提升为现代水生态文化理念;二是在全县开展水资源县情和水生态文明教育;三是加强水文化认知载体建设,以壶流河湿地为重点,建设水生态文化宣传教育基地,培养人们的亲水、护水、节水意识。

二、广灵水城与水生态文明城市建设

城市河流是城市的命脉,是人们赖以生存的基础。开发和治理城市河流关系到沿岸人民生活质量的提高和城市经济的发展,如何正确开发利用城市河流,一直是建设者们关注的焦点。

1. 坚持节约优先、保护优先、自然恢复为主的方针,要求大力保护和修复自然生态系统,探索环境保护新路。清洁怡人的城市水系是构建城市生态系统的血脉,是城市调节气候、净化空气的呼吸系统,是城市文明健康的保证。城市水系对改善和保护城市生态环境都具有不可替代的作用,是现代城市文明的标志。

2. 遵循人水和谐理念,坚持水资源不可过量开发使用和污染的原则,以实现水资源可持续利用、支撑城市经济社会和谐发展、保障生态系统良性循环,是生态文明建设的核心内容和重要保障。

(一)广灵水生态文明城市建设

广灵全域将以广灵水城建设为宗旨,以落实最严格水资源管理制度、修复水生态、优化配置水资源等工作为重点,积极打造"山水相依、水城一体、水安城兴、广山灵水"的水生态文明典范城市,在构建永定河上游生态屏障的同时加快健康养生目的地城市建设。

1. 广灵水生态文明城市建设背景

壶流河是永定河支流源头,水量充沛,生物资源丰富,是广灵县水生态本底条件较为优越的区域之一。其水生态类型多样,湖泊、水库、湿地、岸坡等景观单元交错分布,不同尺度生态栖息地景观类型完整,水生生物结构完整,水生植物、浮游动物、鱼类及滨水生活的鸟类均具有较大的种群规模,生态系统结构相对稳定,是大同市水生态优势区域之一。

2. 广灵水生态文明城市建设指导思想

坚持以人为本、生态持续,坚持整体规划、分期建设,突出地域特色、因地制宜的治水思路,统筹城市经济社会与水资源、水生态协调发展,强化水资源、水环境刚性约束,全面落实最严格水资源管理制度,山区建设生态文明沟域,川区修复受损水生态系统,塑造现代新型人水和谐关系,进一步提升城市品质,把广灵县建设成"水资源节约、水环境友好、水文化浓郁、水功能丰富、水管理有效、水服务优质"的水生态文明城市。

3. 广灵水生态文明城市建设原则

必须坚持"人水和谐、科学发展、保护为主、防治结合、统筹兼顾、合理安排、因地制宜、以点带面"基本原则[7]。

(1)坚持因地制宜,重点推进和特色发展。切实统筹好自然与人工、城市与农村、流域与区域之间的关系的原则;

(2)坚持生态优先,传承文化和文明发展。引领城市健康和谐发展,实现城市品质与品位的战略升级的原则;

(3)坚持突出特点,积累经验和创新发展。立足实际和水生态格局,针对水城特点提出适应性建设任务和措施的原则;

(4)坚持地方自筹,国家扶持和协同发展。建立政府引导,市场推动、多元投入、社会参与的投入机制的原则;

(5)坚持深化改革,健全制度和全面发展。建立以政府为主导,各部门分工协作,全社会共同参与的工作机制的原则。

4. 广灵水生态文明城市建设目标

实施以水设城战略,引水调水,构建河湖、河库、库库水域连通体系,实现对水的综合调控,加强水体湿地建设,打造近水亲水、娱水工程,构建"水清、水畅、岸绿、景美"的生态之城,实现山与水、水与城、城与人的和谐共生,最终达到以水的灵气彰显城市的"神气",促进区域加快发展的目的。

通过3~5年的努力,力争实现水资源高效利用可持续、水生态健康状态明显改善、涉水基础设施完善安全、水环境景观更加优美、水管理能力显著提高,为广灵县社会、经济、环境的协调发展提供支撑。按照水生态文明城市建设标准即"达到水系完整、水体流动、水质良好、生物多样、安全保障、文化传承等方面目标要求,实现人水和谐的城市",构建广灵县水生态文明城市建设目标体系。紧紧围绕水安全、水生态、水环境、水节约、水监管、水文化诸方面,提出构建具有广灵特色稳固的水安全体系、健康的水生态体系、洁净的水环境体系、高效的水节约体系、严格的水监管体系和创意的水文化体系的水生态文明城市建设目标体系[8]。

（1）水资源高效地持续利用

广灵县水生态文明城市建设是全面贯彻党的十八大关于生态文明建设战略部署，把生态文明建设，完善水生态保护格局，实现水资源可持续利用，提高广灵县水生态文明水平；优化水资源配置，保障水城供水安全，供水保证率≥95％；节水型社会基本建成，用水总量得到有效控制，用水效率和效益显著提高。

（2）水生态健康状态明显改善

通过水生态文明城市建设，初步形成集"防洪、供水、生态、环境"安全于一体的和谐水域系统，可为广灵县经济社会发展提供良好的环境，加强截污、治污，水城污水集中处理率达到90％以上，跨界考核断面水质全部达标，水功能区水质显著提高，区域水生态系统健康明显改善，县城区水系连通格局得到优化，山区水源涵养能力得到提高，基本满足公众宜居、宜业、宜养和宜游需求。

（3）涉水基础设施完善

通过水生态文明城市建设，广灵县水生态环境得到改善和保护，生态景观资源得以充分展现。安全城乡水安全保障能力显著增强，新城自来水供水率达到90％，县城区雨水管网覆盖率达到70％，城市主要河道达到20～50年一遇的防洪标准。

（4）水环境景观更加优美

依托两山夹一川的自然山水优势和水神堂的文化特色，在保护水资源、修复水生态、维护水工程、弘扬水文化的基础上，建设广灵水城各具特色的景区（点），实现水利工程生态化、景观化，提升水城的品位和形象。

5. 广灵水生态文明城市建设的主要任务

自然环境是城市河流的物质基础，是城市河流发展的源泉和先天条件，倡导人与自然和谐相处为核心，以水安全保障、水环境治理、水生态修复、水经济发展、水资源管理及水文化培育为主要框架，构建人水和谐可持续发展的资源节约型和环境友好型社会。实现城市河流的自然化、生态化、人文化、景观化为目标，提升河流感知价值[9]。

以壶流河、湿地、水神堂建设为基本架构，东西延展，南北扩充；以水的"五动"为主线，实现水体与水体的连通联动、水体与生物的生命脉动、水体与用地的功能互动、水体与道路的穿梭流动、水体与人群的生活灵动。

（1）水安全体系建设

针对广灵水城水安全存在的问题，一是实施东水西调以解决城市居民饮用水源；二是通过调水缓解县城区现有水源地的长期开采对水神堂水位的胁迫，提高水城供水保障能力[10]。

（2）水资源体系建设

一是调水工程。广灵县内水资源总量不足，需要区域调水，实现水系连通；二是封井保泉。通过调水逐步减少地下水位的降低，同时尽快在水城周边地区营造水土保持林和水源涵养林；三是水系连通。提高水城生态系统整体性，实现壶流河的河道与湿地连通。

（3）水环境体系建设

加大广灵县城区污水处理力度，推行清洁生产。一是培育一批符合水城建设需求的环境友好型企业；二是以壶流河为主线，形成南北两岸各一千米的生态缓冲带，以保障水环境的安全；三是推进南北两岸的农业面源污染控制工程，调整农业结构，培育有机养生农业，形成绿色覆被、花海似锦的水城环境。

（4）水生态体系建设

一是实施壶流河生态廊道修复和湿地的上下外延工程；二是实施对壶流河河道治理，包括沟域入河的区域；三是强化壶流河南北两岸水土流失治理和生态保护；四是实施壶流河上下水库的连接工程。

（5）水管理体系建设

制定《广灵水城蓝线划定办法》。建立广灵县水生态补偿机制和河长制河道管理制度。加强依法治水管水，实行最严格的水资源管理制度，实施地下水保护行动计划，健全水资源监控体系，增加饮用水水源地监测和入河排污口监测。

（6）水景观体系建设

一是水生态文明城市建设就是水利风景区建设的延伸与优化。形成广灵水城的健康养生度假中心；二是县城区景观河道建设。包括滨水慢行系统，喷泉瀑布建设和亲水设施等；三是打造壶流河南岸直峪和墨峪峪口生态农业景观建设，培育独具峪口特色的农副产品。

三、水生态文明城市与海绵城市关系

广灵是水城，水是广灵的灵魂，水生态文明城市建设和海绵城市建设都是围绕"水"做文章，都是保护和恢复广灵水城特色的极好机遇。水生态文明城市建设与海绵城市建设一脉相承，水灾害防治、水资源利用、水环境治理和水生态保护既是水生态文明建设的重要内容，也与海绵城市建设密切相关[11]。

1. 水生态文明城市

水生态文明要求将生态文明理念融入兴水利、除水害的各项治水活动中，按照人与自然和谐相处的原则、采取多种措施和形式对自然界的水进行调节、控制、开发、治理和保护，从而达到支撑经济社会可持续发展的目标[12]。

2. 海绵城市

海绵城市建设通过提升城市"渗、滞、蓄、净、用、排"功能，充分发挥城市绿地、道路、水系等对雨水的吸纳、蓄渗和缓释作用，变"以排为主"为"综合治理"，有效缓解水资源时空不均和城市内涝、削减城市径流污染负荷，实现雨洪资源的合理利用。这与水生态文明的理念相一致。

3. 水生态文明城市建设目标

广灵水生态文明城市建设主要是构建完善的水生态体系、水资源体系、水管理体系和水文化体系，确立和落实最严格水资源管理制度，健康优美的水生态与环境系统、安全集约的水供用与防灾体系、先进特色的水神堂文化体系得到建立，形成"河湖连通惠民生，山水五水统筹润广灵"的水资源配置格局，基本形成水生态文明建设的长效机制。

4. 海绵城市试点建设目标

广灵海绵城市建设通过壶流河及其湿地系列工程建设，科学规划与实施城市水系统、园林绿地、道路交通等五大系统建设，构建城市水循环系统，通过"渗、滞、蓄、净、用、排"等多种技术，减弱城市硬化影响，恢复城市绿化及渗漏带功能，增加地下水补给量，实现地表水、地下水和自然降水的系统性治理，实现促渗保泉、洪涝控制、资源回用、污染控制等目标。

四、广灵水城水生态文明城市建设发展对策

1. 坚持顶层设计，整体融合与综合布局

树立"与水共生、依水发展"的理念，在广灵全县上下要形成对水高度重视的良好氛围。特

别是要对中水回用、河道治理、水资源调配、水生态建设进行深入研究与布置;采取"河外截污、河内清淤、外域调水、生态修复"的模式对壶流河进行综合治理。实施调水、区域内部水源调水入城工程,缓解城区用水压力;组织专家论坛方式对广灵水生态文明城市建设进行深入探讨,并编制符合广灵实际的水生态文明城市建设规划与实施方案[13]。

2. 坚持针对问题,破解难题

主打壶流河湿地与生态水利牌,优化水资源空间布局,大做治水、兴水文章。一是解决水源问题,包括饮用水、景观用水和产业用水;二是解决水质问题,强化湿地功能,中水回用通过初次净化,流入壶流河,再注入水库,形成循环利用;三是解决水美问题,坚持湿地与河岸建设到哪,绿化就配套到哪;四是解决水畅问题,实施河道、湿地、水库连通工程建设,通过设施、自动调节,确保水源的可调可控。

3. 坚持多措并举,写好"水文章"

广灵县委、县政府高度重视水生态文明建设工作,把水生态文明建设融入城市建设、环境整治、文化建设和经济社会建设的各个领域,着力打造人水和谐、人水相依的现代水城,城乡环境将得到大幅提升,水生态文明城市建设将取得显著成效,一是实施流水畅通工程,综合治理河道;二是实施水质提升工程,狠抓污水处理;三是实施饮水安全工程,发展东水西调;四是实施雨洪利用工程,构建水城大水网[14]。

4. 打造水城特色,做美"水景观"

紧紧围绕广灵县健康养生旅游目的地城市的总体定位,突出打造水城特色,做美水景观,严格落实水资源管理制度,优化水资源配置,构建江、河、湖、库水系联通体系,加强节水型社会建设,严格水资源保护与水污染防治,推进水生态系统保护与修复,深化体制机制改革。一是围绕城区建设,做美河道景观;二是围绕旅游开发,做美水域景观;三是围绕水系建设,做美生态景观。

5. 深化城市节水,构建节水型社会

水是生命之源、生产之要、生态之基,水生态文明是生态文明的重要组成和基础保障。一是转变用水方式,建立与水资源承载能力相协调的经济结构体系;二是因地制宜、完善水资源配置工程体系建设;三是大力推广节约用水技术,建设节水工程技术体系;四是加强宣传教育,提高节水意识;五是理顺湖泊湿地管理体制,进一步明确管理主体和责任,探索建立以湖养湖、以湖养人的保护管理机制;六是研究探索湖泊湿地补水机制,处理好与农业用水、生态用水的关系[15]。

6. 水城建设涵盖部门多,重在统筹协调

水生态文明城市建设涵盖多个专业,工作任务重、协调难度大,要建立健全政府负责、各有关部门参与的水生态文明建设领导小组,明确各部门的职责分工,及时协调解决水生态文明建设过程中的突出问题。充分整合各方资源和力量,将水生态文明建设纳入经济社会发展总体规划中统筹考虑,合理布局城市规模和产业,防止因片面追求经济发展而超出水资源承载能力,从源头上抓好水生态文明建设[16]。

7. 推行河长制,推进水生态治理

广灵县委、县政府高度重视水生态环境治理,坚持源头治污、生态治河、以水带城,不断加大河湖治理和管护力度,以全面推行河长制为契机,切实增强大局意识、责任意识,以更加严格的标准、更加有力的举措、更加严实的作风,在抓好污染治理、强化治水能力、加强资源保护上狠下功夫,坚决打好管水治水攻坚战,使广灵的水更清、岸更绿、景更美,努力建设生态宜居的广灵水城[17]。

8. 坚持源头防控一抓到底

(1)按照"控新治旧,削减存量"的治理思路,调整产业结构,淘汰落后产能,严格环境准入条件,深入开展污染源废水治理;推进壶流河清洁生产,努力实现废水循环和深度综合利用。

(2)按照"两山夹一川"的城市地理格局,严格实施农业面源污染防控,尤其是壶流河两岸要进行高标准生态缓冲带建设和入湖沟道衬砌技术,着力发展高标准管道节水灌溉;推广测土配方施肥和病虫害绿色防控技术;开展畜禽养殖污染综合防治。

(3)完善广灵城市污水集中处理系统和升级改造,包括管网建设、除磷脱氮、污泥处理和中水回用设施建设,提高城市污水集中收集处理率;合理收集和处理雨水利用,提高污水集中处理排放标准。

9. 坚持过程监管始终如一

(1)严格水资源管理。健全取水许可管理台账,建立重点监控用水单位名单,实行计划用水管理;开展入河排污口信息核查登记与监察与检测;强化水功能区的监督管理,完善水环境质量监测体系,建立水环境承载能力监测评价和预警体系;提高水资源计量监控能力,严格水资源有偿使用。

(2)增强水资源配置能力。科学管理,充分发挥下河湾水库和枕头河水库的调蓄能力,完善水量调度方案,同时合理处置东水西调工程,以解决城市饮用水源和减缓水神堂水位连年下降问题,保证壶流河及壶流河湿地基本生态用水需求。

(3)提升用水效率。开展节水诊断、用水效率评估,严格用水定额管理,推行低影响开发建设模式,尤其是壶流河南岸加快发展农业节水,积极推进节水配套与节水改造,实现现代高效节水与推广综合节水种植技术;使其与广灵水城建设同步。

五、广灵水城建设路径

广灵县城区地形地貌复杂,水问题被归纳为"水少、水脏"两大难题。在破解两大难题的过程中,广灵县因水制宜,探索出了符合广灵实际的水城建设途径,一是把县城区功能建设与河湖发展"揉"起来;二是把县城区污水处理厂中水与湿地增容循环起来;三是让县城区建设与水神堂文化"活"起来;四是让污水"净"起来;五是让水景"靓"起来;六是让水文化"扬"起来。

1. 把县城区功能建设与河湖发展"揉"起来

通过合理组织城市主干道、基础设施管线的走向以及规划新的城市功能,引导城区向水资源和湿地相对集中的壶流河拓展,实现以水设城;同时利用地势高差,结合人工措施,适当引水入城,既有益于城市供水安全,又能改善城市水环境,提升城市品位。

2. 把县城区污水处理厂中水与湿地增容循环起来

广灵县城区受地形影响,南北高、中间低,坡降较大,可以实现三个起来:一是把河水"拦"起来,通过中水和雨洪利用,扩大壶流河及其湿地水域面积,增加水深,营造广灵水城整体景观,并以涵养水分,改善水生态环境;二是把降水"蓄"起来,既减轻行洪压力,又能补充水城生态用水;三是把水系"串"起来,打通壶流河及其湿地的贯通通道,形成多源相济、蓄泄得当、可调可控、生态健康广灵水城。既能促进水体的流动和水量交换,提高河湖水环境承载能力和水生态自我修复能力,又为水资源的时空调配提供了基础条件。

3. 让县城区建设与水神堂文化"活"起来

水神堂始建于明代嘉靖年间,其碧水清澈见底,甘甜的天然矿泉水冲泄而出,水草袅袅、游鱼悠悠,妙趣横生。水神堂温泉属于低温泉,在京西北地区实属少见,水神堂同时作为广灵县的地标,已经和县城区融为一体。其水神堂文化就是广灵县文化缩影,通过引进战略投资者和专业策划运营团队,合理利用温泉资源和广灵县健康养生旅游目的地城市定位,让县城区建设与水神堂文化"活"起来,打造广灵水城的特色化发展模式,形成集健康养生、休闲度假、文化创意旅游为一体的旅游产业链,并着力开创广灵水城品牌。

4.让城市景观和水景观"靓"起来

全方位、多形式、立体化培育广灵水城,弘扬水文化,引导全社会树立水生态文明理念。包括举办广灵湿地文化节和组织开展广灵水生态文明城市论坛等活动,以"发挥水优势,做好城文章"为主题的思想解放大讨论,开辟"水城之路"报道专栏,进行水生态文明重点工程和重点区域水环境保护系列报道,努力营造全社会共建、共享水生态的浓厚氛围。着力构建广灵县一城百景的水生态景观系统,呈现出"城美、水清、岸绿、流畅"的崭新面貌,初步形成"串珠式"水生态景观[18]。

六、"两山理论"与扶贫攻坚

(一)"两山理论"内涵

"两山理论"是习近平总书记的重要论断,高度重视脱贫攻坚和生态建设结合的问题。要通过改革创新,让贫困地区的土地、劳动力、资产、自然风光等要素活起来,让资源变资产、资金变股金、农民变股东,让绿水青山变金山银山,带动贫困人口增收。

1.增进人民福祉。"既要金山银山",以不断满足人民群众对丰富多样的物质文化生活的需求;"又要绿水青山",以不断满足人民群众对"天蓝、地绿、水净"等人类赖以生存繁衍的良好生态环境和生态产品的需求。

2.发展是为了让人民过得更好一些。如果付出了高昂的生态环境代价,把最基本的生存需要都给破坏了,最后还要用获得的财富来修复和获取最基本的生存环境,这就是得不偿失的逻辑怪圈。

3.良好的生态环境是最公平的公共产品,是最普惠的民生福祉。"小康全面不全面,生态环境质量是关键"。这就是说,我们党和国家要追求的是最广大人民群众的幸福,这种幸福又是和全面建成小康社会的奋斗目标紧密联系在一起的。

4."决不能以牺牲后代人的幸福为代价换取当代人的所谓'富足'"。不仅要为当代全体中国人民谋福祉,还要为子孙后代的全体中国人民谋福祉,决不能为了当代中国人的所谓"富足"而牺牲后代中国人的幸福,不能"吃了祖宗饭、断了子孙路"。

(二)"两山理论"的核心是坚持三个根本

1.保护好绿水青山是根本前提

绿水青山,不仅关系到某个省的生态环境,更关系到美丽中国的整体生态安全。绿水青山蕴含宝贵的生态价值,是顺民心、得民意的善举、壮举。必须坚持生态环境质量稳中有升,坚持区域重要生态屏障地位不动摇[18]。

2.培育好"金山银山"是根本目标

人民幸福生活的获得与提高必须重视物质的积累。这是实现民生幸福物质维度的基础和保障。"金山银山"不仅关系到一地一隅的发展,更关系到全国如期全面小康目标的实现。不仅是物质富裕,更是精神富有;不仅使政府的财政更充足,更使老百姓的口袋更殷实。必须坚持老百姓的生活水平稳中有升,坚持欠发达地区脱贫致富,确保如期全面建成小康社会的发展目标不动摇。

3. 从绿水青山里面要"金山银山"是根本路径

从绿水青山里面要"金山银山"是根本路径,不仅是局部的改革举措,更是关系到改革开放全局的关键环节。要充分认识到绿水青山不仅有"金山银山",更可通过生态文明制度的建立产生"金山银山"。必须坚持改革创新步伐稳中求进,坚持绿色发展、科学跨越的决心不动摇。

(三)"两山理论"的精髓是生态文明建设

1. "绿水青山就是金山银山",反映了当代人对绿水青山生态价值的认识过程。习近平总书记以通俗形象的语言提出"绿水青山就是金山银山"的三段论述:"既要绿水青山也要金山银山""宁要绿水青山不要金山银山""绿水青山就是金山银山"[9]。

2. "既要绿水青山也要金山银山",强调了经济发展与环境保护的协调。这是"两山理论"的出发点和落脚点,体现了绿水青山和"金山银山"两者的统一性和兼容性,指明了生态文明建设和美丽中国建设的两大基本目标,即既要保护好生态环境、维护好生态平衡,又要发展好经济、让人民过上富裕的生活。

3. "宁要绿水青山不要金山银山",强调的是宁愿不发展也不能破坏生态环境。这是"两山理论"的抉择逻辑,也就是在"鱼和熊掌不可兼得"时必须做出的"宁舍金山银山,也要保住绿水青山"的科学抉择。

4. "绿水青山就是金山银山",反映了人对自然生态价值的认识回归。这是"两山理论"的精髓,体现了矛盾双方在一定条件下可以相互转化的客观规律,指明了将生态优势转化为经济优势的努力方向。

(四)"两山理论"与广灵县绿色减贫

如何实现绿色减贫,其根本的方法就是要走可持续发展的道路,坚守"绿水青山就是金山银山"理念,守住发展和生态的两条底线,具体如下。

一是不仅要帮助广大贫困群体形成"造血"机制,而且是要形成好的"造血"机制,形成良性可持续的"造血"机制;二是要勇于、善于、专于、精于资源向资本和财富的转换,打造切实可行的自然资源向资本和财富的绿色转化机制,因地制宜地将青山绿水转化为绿色的金山银山,实现可持续减贫和绿色发展的共赢;三是暂时缓解收入上的贫困并不能称为真正意义上的减贫,必须关注人类的长期发展问题,以防止贫困人口脱贫后重新返贫,同时尽量减小非贫困人口陷入贫困的风险;四是消除贫困的目标不是孤立的,而应当有机融合于我国社会经济发展的总体目标之中,与保护资源和生态环境、促进社会稳定发展、加速经济增长等目标紧密联系,形成一种相互促进的良性循环机制,这样才有助于每个目标的最终实现。

1. 广灵县如何用"两山理论"指导脱贫

(1)"两山理论"指导脱贫的原则

1)理论研究与实践探索相结合;

2)生态优先与合理利用相结合;

3)政府引导与市场主导相结合;

4)点上突破与面上推进相结合;

5)规范管理与创新发展相结合。

(2)"两山理论"指导脱贫的目标

1)用生态工程推动;

2）用生态产业带动；

3）用特色产品拉动；

4）用机制创新驱动。

2. 广灵县精准扶贫的切入点与突破口

（1）实施生态扶贫工程

运用生态工程建设推动县域增绿，通过构建特色生态经济型防护屏障，形成以通道绿化为骨架、城镇村庄绿化为节点、荒山荒地绿化为板块的整体格局[9]。

1）构建多部门共同实施的生态综合治理工程；

2）构建山清水秀的森林生态体；

3）构建稳定高效的经济林产业体系；

4）构建环境友好的人居绿化体系；

5）构建现代畜牧业发展体系。

（2）实施生态文明沟域扶贫工程

生态文明沟域是精准扶贫的关键和难点。充分利用沟域的资源优势和国家生态建设的政策优势，大力发展生态产业，促进农民增收，提高贫困地区自我发展能力，是实现生态保护脱贫、产业特色脱贫的有效途径。生态文明沟域建设要与产业系统整合，整沟域推进。防护林建设要与绿化工程经济林果相结合。大力推进整沟域、规模化治理，按山系、按沟域整体实施。

（3）实施移民搬迁扶贫工程

从移民的目的来看，移民搬迁扶贫工程通过将生活在恶劣环境条件下的贫困群体搬迁到生存条件更好的地区，一是可以减轻人类对原本脆弱的生态环境的继续破坏，使生态系统得以恢复和重建；二是可以通过异地开发，逐步改善贫困人口的生存状态。

（4）实施旅游扶贫工程

通过开发贫困地区丰富的旅游资源，兴办旅游经济实体，使旅游业形成区域支柱产业，实现贫困地区居民和地方财政双脱贫致富。这是一种全新扶贫模式，即在旅游资源条件较好的贫困地区，通过扶持旅游发展带动地区经济发展，进而脱贫致富的一种区域经济发展模式。

（5）实施特殊地域的特色产业扶贫工程

广灵县具有三大特殊地域：一是沟域上缘道地北芪的原产地区域；二是沟域出山口形成的冲积扇特色农业区域；三是壶流河湿地与城市共生形成的特殊康养区域。

1）通过发展道地北芪的生产、加工及营销拉动村镇优势产业发展。充分利用现有近10万亩黄芪产业基地，强化黄芪产业扶贫功能，推动扶贫攻坚。

2）通过白羊峪、长江峪、黄龙峪、唐山峪、直峪、墨峪的近15万亩冲积扇特色产业开发（小米、高粱等），形成独具特色的广灵峪口品牌。引入社会资本，强化生产基地建设和产品深加工，以此带动贫困村镇脱贫。

3）打造"广灵水城"的城市定位和特色品牌，通过政府引导与市场主导相结合，培育中医药健康养生产业，以此带动脱贫。

参考文献

[1]刘芳．基于生态基础设施视角的北方地区水城规划研究[D].重庆：重庆大学,2015.

[2]覃雨露.广西来宾市"桂中水城"湿地景观建设研究[D].南宁：广西大学,2015.

[3]刘海涛,吴志强.生态文明视阈下水城共生理论框架与评价体系构建及实证[J].城市规划学刊,2014(4):

52-56.

[4]查曼丽.第二牤牛河建平县城区段生态治理模式分析[J].吉林水利,2017(4):28-31.

[5]魏薇,蒋涛.打造"水城古镇"探索旧城改造新模式[J].当代贵州,2017(17):54-55.

[6]徐智麟."水城"概念浅析[J].浙江水利水电学院学报,2014,26(2):1-4.

[7]郑志平.加强水生态文明建设 着力打造美丽乐山[J].中共乐山市委党校学报,2015,17(6):59-62.

[8]孔猛.柳州市水生态文明城市建设方案研究[J].广西水利水电,2017(4):82-85.

[9]胡滨滨.以水生态文明理念引领城市河流景观规划设计[J].水利规划与设计,2017(8):29-31.

[10]陈战军,杨静,宋庆华.鲁中山区城市水生态文明建设模式探讨[J].中国水利,2017(16):34-36.

[11]赵延勇.济南海绵城市建设目标及构建途径[J].山东水利,2015(11):12-13.

[12]张宇,刘意,郑永华.济南水生态文明建设与海绵城市建设分析[J].山东水利,2015(11):16-17.

[13]王继超.重庆璧山区多方融合 扎实推进水生态文明试点城市建设[J].中国水利,2016(23):73-75.

[14]唐顺田,王延彬,杨磊.莒南县水生态文明建设催化经济社会发展[J].山东水利,2016(12):42-43.

[15]刘凤琴.宁夏石嘴山市水生态文明试点城市建设对策探讨[J].中国防汛抗旱,2016,26(6):89-91.

[16]骆进军.对做好水生态文明建设的几点思考[J].中国水利,2017(2):21-23.

[17]王东峰.全面推行河长制管理 加快建设美丽天津[J].中国水利,2017(4):3-4,2.

[18]武芸,王辉,吴凤平,等.南方山丘区水生态文明城市建设的郴州模式探索[J].华北水利水电大学学报:自然科学版,2017,38(1):26-29.

"广灵水城"与夜游经济之探索

初秋的风,拂过夜色朦胧的壶流河湿地。广灵城尚未入梦,夜空下的壶流河悦动着。连成一条串珠状的灯光秀,无声释放着迷醉双眼的魅力,令夜幕下水神堂的底色更加梦幻,欢笑声随着河风飘飘荡荡而来,让眼前光影林立的夜色更加灵动,并真情勾勒出令人沉醉的生态感和文化韵。这样的壶流河湿地,只有在夜色中才能最美。群贤毕至壶流河,淡妆浓抹写大千。

(一)壶流河湿地地域识别与个性分析

1. 壶流河湿地地处干旱半干旱地区,常年降水量不足 300 毫米,蒸发量远超过了降水量。在这样的地理环境中,能形成这样的湿地景观,实属难得。

2. 我国北方农牧交错带大致 400 毫米等降水量为界,范围北起大兴安岭西麓的呼伦贝尔,经内蒙古东南、冀北、晋北直至鄂尔多斯、陕北,总面积约 25 万平方千米。壶流河湿地位于农牧交错地区,能形成这样的景观,极其珍贵。

3. 广灵县城与壶流河具有"水城一体"发展格局,尤以"国保单位"水神堂的立足让壶流河湿地更具文化价值,自然天成。

4. 广灵县城发展与壶流河湿地定位相吻合,具有建设水生态文明城市的基本条件,水到渠成。

5. 大同市属于典型的冷凉地区,是晋北杂粮优势产区,大同市"三黄"(黄芪、黄花、小米)产业有两个(黄芪、小米)均产自广灵,而且都与太行山、壶流河支流相关,特色独具。

6. 广灵县位于京津冀生态旅游协同发展区域,中医、中药材资源十分丰富,尤以道地黄芪的生态原产地而著称,具有发展健康养生度假的天然优势,实属难得。

7. 广灵县是太行山、燕山片区的深度贫困县,也是生态扶贫的重点区域,以壶流河湿地为载体,探索精准脱贫可持续发展示范区,在山西省具有典型意义,意义重大。

8. 壶流河湿地是华北地区湿地物种的"基因库",是首都上游、晋冀大地重要的生态屏障,可谓是晋冀之"肺"、平城之"肾"、物种之库,个性鲜明,前景广阔。

(二)夜间旅游与壶流河湿地创新发展

国内对夜间旅游的研究从 21 世纪初起步,但有关夜间旅游的概念至今仍未统一,究其原因主要是对"夜间时段"的界定存在分歧。多数学者认为,"夜间旅游"是指在日落到深夜这一时段,本地居民和外地游客在旅游目的地进行的各种活动,包括欣赏夜间景色、参加夜间游乐项目及在夜间的各种社交活动等内容[1]。

1. 夜间旅游解析

夜间旅游是伴随着我国经济快速发展、城市居民生活水平的提高推动生活方式转变而产生的一种经济与文化相互交融的社会经济现象,它既反映着城市的经济发展水平,又反映着城市的居民消费水平,还反映着城市的文化积淀,更反映着城市的丰富多彩与繁荣程度。

(1)夜间旅游不是简单化的"灯光经济"。

(2)夜间旅游是城市经济发展和城市生活方式转变的产物。

(3)夜间旅游要注重其经济与文化内涵的培养。

注:本文创作于 2018 年。

(4)夜间旅游是舒缓白天工作与生活压力的休闲性消费方式。

(5)夜间旅游是了解目的地城市,丰富旅游活动内涵体验消费方式。

(6)夜间旅游更具休闲性、体验性和文化性,是物质消费与精神消费的多重叠加。

2. 加快发展壶流河湿地旅游的可行性

(1)壶流河湿地具有丰富的夜间旅游资源[2]。

(2)完善广灵城市旅游功能,弘扬城市文化。

(3)内外兼顾,培育城市夜间旅游的消费主体。

(4)规划为本,引导城市夜间旅游的开发。

(5)聚焦文化,打造城市夜间旅游的演艺品牌。

(6)政府主导,营造城市夜间旅游的良好空间。

(7)突出特色,加强壶流河湿地夜间旅游的营销宣传。

3. 壶流河湿地发展夜间旅游路径创新

(1)科学规划,打造广灵县壶流河湿地夜间旅游的特色品牌。

(2)专家思想、政府主导、社会主体,为夜间旅游发展创造条件。

(3)整合城市公共服务资源,为市民与受众提供夜间旅游便利。

(4)加强宣传引导,培养市民的夜生活意识。

(三)水生态文明城市建设与"广灵水城"的提出

按照生态学理念建设水资源可持续利用、水生态系统完整、水生态环境优美、水文化底蕴深厚的水韵城市。就广灵的县城自然禀赋、历史脉络和发展阶段而言,打造生态水城主要有四方面突出优势:

(1)得天独厚的地缘优势("两山夹一川"、盆地);

(2)悠久深厚的人文底蕴(水神堂);

(3)干旱半干旱地区可资借鉴的现实样板(水生态修复—水环境改善—水景观提升—水文化弘扬);

(4)久久为功的绿色探索实践(水少可补、水多可排、水脏可换的"会呼吸的河道")。

1. 壶流河湿地是水城发展的根基

城市也因绿而永恒,因水而灵动,因文化而底蕴深厚,因此水环境是形成良好生态环境的重要基础。创造城市与河流及其湿地和谐,人与自然和谐,生态与现代和谐,强化人、自然和文化之间的联系,连接人与自然,连接人与人,连接城市与水。

以河道的水势、河势、地势、区位、功能为基本背景,结合景区、景观、景点的设计和布局,体现河道与湿地碧波清影为主导,融合水系生态、环境生态、人文生态的理念,同时赋予其水生态文明城市功能,为居民和受众提供一个身心放松、亲近自然,让人信赖的"城市绿肺"。

2. 广灵水城价值与功能

充分发掘"太行山环抱、壶流河穿绕、沟域湿地密布"河谷盆地的地貌特征,满足广灵发展新的战略需要,引导城市空间发展新的方向和模式,实现水清、岸绿、景美、畅游、宜居的建设目标;凸显水资源的特性、水生态环境的质量和城市水景观的品质,重塑城市总体空间,营造山、水、绿、城、人和谐共处的城市人居环境,创造独具中国北方干旱和半干旱特色的广灵水城。

(1)"留形",塑造广灵城市形态

坚持以"生态优先、文化为魂、产城景融合"的发展模式,着力保护广灵县城历史的真实性、环境的完整性、文化的延续性、生活的多样性。

（2）"留人"，更新广灵城市业态

1）坚持"高端化的城市业态，优美化的城市生态，特色化的城市文态，现代化的城市形态"相互融合与协同，以南北山为伴，以壶流河为线，形成依山就势、依河而生的山水形态。

2）以"产城景结合、文产相融"为理念构建新业态。利用水城区位佳、人气旺、生态好、底蕴厚等优势，围绕旅游六要素布局业态，完善生态、文化、休闲、旅游、商贸、居住六大功能，打造现代服务业聚集区。

（3）"留绿"，再构广灵城市生态

1）依托壶流河湿地，实施水城河湖治理项目，通过"截污、清淤、换水、绿化"的方式修复生态，完善排污管网建设，将壶流河变成景观河、生态河和人文河。

2）通过综合整治与保护开发，发展新型业态，促进沿河土地增值，实现投入到产出，再投入、再产出的良性互动，真正还河于民、还清于民、还绿于民、造福于民。

（4）"留神"，传承广灵城市文态

1）挖掘"水神堂"文化，提升"旅游价值"。贯穿"闲、慢、乐、听、赏"等生活元素，建设"范蠡纪念馆"、百工坊一条街和民俗客栈。

2）发展饮食文化，留住"舌尖记忆"。利用广灵多元饮食文化，丰富特色美食，在水城的基础上叠加广灵美食文化名城。

（四）基本研究结论梳理

一座城市，它是缺少人气的钢筋水泥丛林，还是热闹、温暖、让人神往之地？中间隔着的，就包括在夜幕降临、华灯初上后亟待撬动的"夜经济"。

1. 将湿地旅游作为城市旅游区发展战略，以夜游经济提升为突破口，积极拓展壶流河湿地旅游产业链，构建"品牌化、水城一体化、特色化"广灵夜游经济。一是实现"互联网＋夜经济"，激发消费新活力；二是"夜经济"释放潜能，成为城市旅游新亮点。

2. 夜间生活是城市的灵魂。夜生活的丰富程度，直观反映出一座城市活力、魅力与竞争力[3]。广灵县应积极利用"夜经济"激发新一轮的壶流河湿地升级潜力。打造"壶流"，再引入各种文旅项目丰富夜间湿地体验，让社会看到一个充满时尚和活力的广灵。

参考文献

[1]粟维斌,粟琳婷,张海琳.浅谈加快发展桂林夜间旅游的问题与对策[J].现代商业,2019(17):62-64.

[2]于萍.夜间旅游与夜经济:城市发展的新动力[J].改革与战略,2010,26(10):32-22.

[3]张育频.张家口"夜经济"发展的现状与对策[J].张家口职业技术学院学报,2010,23(4):8-9,17.

第三编　区域协同发展

京津冀协同发展的评述与展望

问题缘起

1. 中国经济发展到今天,地方在促进经济增长方面已经发挥到极致,政策红利的潜力得到深入挖掘,未来中国经济的发展和对遗留问题的解决需要通过区域整合来实现。

2. 我国正由行政区经济向区域经济转变,区域经济一体化将迅猛发展。大量的跨区域、跨流域发展战略的实施是促进经济发展成果全民共享和区域经济协调发展的关键,但也由此导致了中国区域经济增长格局的深刻变革。

3. 京津冀协同发展背景下,山区发展与沟域经济能否适应社会经济发展需求和地方产业转型升级需求,不仅关系着京津冀三地农村工作委员会(以下简称农委)自身的健康发展,而且在更大程度上影响着京津冀区域的产业优化升级进程和质量,关系到京津冀乃至整个华北地区经济社会可持续发展的后劲和动力。

4. 在和平与发展的时代背景下,共同建设跨境合作区成为主权国家谋求次区域合作中的重要一环和理想场地。从区域合作看,共建"一带一路"正是我国顺应世界多极化、经济全球化、文化多样化、社会信息化的潮流,秉持开放的区域合作精神,致力于维护全球自由贸易体系和开放型世界经济的重大举措。

5. 陆大道院士提出了指导我国区域开发格局的点轴理论,我国区域经济发展呈现"T"字、"开"字、"井"字等空间开发格局图[1]。然而,随着东、中、西三级阶梯的经济发展梯度加剧,缩小区域经济差距,促进东、中、西均衡发展成为学术界和政策制定者关注的焦点。基于这一背景,依托长江黄金水道,促进长江沿线节点城市的产业分工与区域协作,长江经济带战略得以上升到国家层面。

一、跨区域合作内涵与京津冀合作背景

(一)跨区域合作内涵

跨区域是指跨越行政区域,具体来讲,一是跨越同一层级行政区划的关系;二是跨越不同层级行政区划的交叉关系。

纵向来说,跨区域地方政府间关系包括跨越不同层级的地方政府(中央政府与地方政府)。合作主体地位、层级具有非对等性,合作内容"更多地体现了中央政府(上级政府)对利益协调的意见和态度,而地方政府往往只能被动地接收,或者最多也只能表达自己的看法。"

横向来说,跨区域主要包括同级地方政府间的合作。与纵向跨区域不同,横向的跨区域合作中合作主体具有对等性,双方或者多方之间不具有行政上的隶属关系,在合作的达成上也更

注:本文创作于2018年。

为自主化,受行政命令干预的程度较轻。

本文主要研究横向的跨区域地方政府间的关系,包括横向的跨省、市、县三个等级。

(二)京津冀跨区域合作背景

地方政府之间的跨区域合作是生产力社会化发展和社会分工的必然结果,是区域经济一体化的要求和当代社会主义市场经济发展的客观趋势。任何一个区域内或者不同区域的地方政府跨区域合作都是在中央政府的政策指导下根据一定的原则、经过充分的协商讨论后并最终达成一致而建立起来的一种行政区间的横向联系的方式。

1. 客观基础

在京津冀协同发展区,各种资源在区域的自然分布状况导致了生产要素及商品在不同沟域的流动,使沟域间竞争与互补的关系并存,这种沟域经济的差异与专业化分工会直接影响到地方政府之间的跨区域协作内容和方式。

2. 前提动力

地方政府跨区域合作是两个或者两个以上的行政区相互协调的一种经济行为,在协同发展过程中,北京市对协同发展区在经济和其他各个方面产生重要影响,能够发挥北京市辐射带动作用,能够展示京津冀之间的协作能力,能够实现生产要素集聚,促进区域良性发展。

3. 制度环境

地方政府间跨区域经济合作实质上是一种行政机制的表现,是一种政府跨区域管理的模式。随着市场经济体制的不断完善,过去单纯为了拥有独立经济利益而不惜相互竞争甚至是恶性竞争的现状已逐步消解,紧密合作、互利双赢成为区域政府的必然选择。

二、跨区域合作面临的问题与困难

(一)跨区域合作面临的问题

1. 从区域发展的角度看,跨区域合作的规划都是经过相关部门和专家的大量调研和讨论,明确了区域基础条件、发展目标定位、重点任务和保障措施,但实施主体和责任不明确,也没有明确的考核指标,虽是跨区域合作,但还没能改变三地各行其是的状况。

2. 从区域合作的情况看,不论是跨省区的合作,还是三地内部形成的跨区县合作,大多是在生态文明建设、基础设施建设、旅游合作方面取得了实质性的进展,跨区域合作的领域还待进一步拓展,合作积极性还待进一步提升与激活。

3. 从区域合作共识情况看,跨区域合作大多只是框架性共识与协议,实质性的合作协议并不多见,且合作进程仍然缓慢。尽管京津冀三地已经日渐接受协同发展与跨区域合作理念,也深刻意识到跨区域合作重要性,但三地农委作为行政区划的代表,以我为主仍然客观存在,仍然未能合理平衡跨区域竞争与合作的关系。

4. 跨区域合作规划评审后缺乏相应的跟踪监督、实效评估和改进完善。跨区域规划的作用是通过规划指导合作区内各行政主体协调一致行动,现实中大多依然是各自为政,甚至是相互竞争。

5. 京津冀三地现行政绩考核主要以行政区划为范围进行考核,没有从跨区域发展全局角度对合作进行评价。三地各自为能够在众多被考核者中完成上级下达的任务与指标,必然注定会看重本地经济增长而忽视甚至回避跨区域合作。

6. 京津冀三地缺乏有效的跨行政区协调机制,一是缺乏有权威性的协调组织机构;二是缺乏跨区域协同治理的意识和方法创新。尽管京津冀协同发展区生态文明沟域建设取得了重要进展，但是跨行政区协调机制有没有可复制性，在没有上级权威机构的条件下，三地主体之间如何有效地协调，还需要进行大胆的探索。

（二）跨区域合作面临的困难

1. 跨区域合作政府响应滞后

跨区域合作是地方政府实现各自利益最大化的最佳途径，是区域经济发展的重要支柱。然而在跨区域合作治理中，有些地方政府受自身利益的驱使，存在着"一方之主""独闯天下"等意识，有些地方政府惧怕风险、缺乏信用，导致区域合作难以形成，这些思维方式已经不适应新时代的要求。

（1）发展理念的不一致

京津冀协同发展区跨区域合作思想观念有待更新，其自身合作意识相对于长三角、珠三角来说还相对较弱。在发展思路和发展具体实践中，跨区域之间缺乏协同机制，导致其存在很多隔阂。跨区域合作除了生态与环境等方面存在着共同诉求，但由于GDP考核指标的单一化，使跨区域合作遇到了不可避免的困境。

（2）切块管理方式的限制

行政区划是刚性规定和硬性约束，导致各城市之间竞争激烈，浪费了大量资源。具体表现在合作化程度不高、区域之间存在戒备心理，行政壁垒尤为严重，各政府之间相互制约，很难形成相互合作、统一发展的思想认识。长期以来在技术、资源、人力、资金、市场等方面缺乏紧密的经济联系和产业分工，城市之间互相割据、各自为政。

2. 跨区域合作政府体制不完善

京津冀的良性发展得益于三地跨区域合作，实现资源共享，获得双赢。就目前的实际情况来看，跨区域合作在体制上还不健全，这在很大程度上阻碍了跨区域合作的顺利进行。

（1）政府合作机构层次较单一

目前京津冀协同发展区跨区域合作刚刚开始，虽然京津冀三地签订了协调发展的协议，但是合作意识有待加强，合作机制有待健全，合作内容有待规划。虽然具有召开联席会的传统，但是协调形式单一，不具备权威性和强制性。

（2）政府合作协调机制不健全

建立合理的区域合作协调机制是跨区域合作规范化、有序化、科学化的重要保障，一是制度性的协调组织机制；二是非制度性的协调组织机制。跨区域合作是协调京津冀三地以达成共识为基础，而共识达成却又是非常困难，在达成必要的信任关系和共识之前，协调三地之间的竞争与冲突要远远多于信任与协作。

3. 区域间分工不合理

（1）产业结构趋同现象明显

区域利益诱导下的产业盲目布局造成京津冀协同发展区生态文明沟域建设在产业结构方面导致了三地产业结构趋同的现象。协作机制的缺乏、行政体制的分割以及地方保护主义的存在，又导致三地各自为政的倾向依然存在，严重限制了要素和资源在沟域间顺畅流动和优化配置，阻碍了山区经济的发展。

（2）北京市、天津市对周边的辐射带动作用还不够强

京津冀协同发展区跨区域合作北京、天津核心城市辐射带动作用还不够强，其余城市经济发展水平低，经济落差大，城镇体系不完善，尤其是小城镇不发达。三地政府在区域中的角色

定位不够明确,造成不能充分利用各自的条件,也不能发挥自己的特色,这也是导致跨区域合作城市间联系松散的原因之一。

4.跨区域合作的支持体系不健全

跨区域合作协调是推进京津冀协同发展的明智选择,需要努力的是怎样进一步完善与其相关的宪法和法律制度框架。政府之间所签订的合作协议在数量上要多,但内容具有很强的政策性和宣言性,而且缺乏法律上的权利及义务规定以及专门执法机构和协调机构,削弱了所签订协议的法律约束力和执行力,阻碍了跨区域合作的进一步深化。

三、跨区域合作与行政区划的矛盾及其原因

(一)跨区域合作与行政区划之间的矛盾

跨区域合作与政策单元之间是矛盾的统一体。跨区域合作是站在全国乃至全球视角,一是突出系统性和全局性;二是实施思路和推进路线;三是对跨区域合作的具体发展问题给予的关注程度不够,往往缺乏有针对性的详细指导,导致发展思路的盲目性和各自为政的分割局面,造成效率低下,区域发展目标难以实现。

1.跨区域合作与地区分割矛盾

长期以来,京津冀三地习惯于行政区域的地理划分,这种区划因素导致三地政府在行使政府职能和经济调控时均着眼于自我利益,而忽视彼此间的合作,从跨区域的角度来看,存在恶性竞争、重复建设、资源配置不合理等现象。

2.跨区域合作与体制之间的矛盾

京津冀三地由于受体制因素,客观环境因素,配套产业等因素影响,难以形成跨区域合作的规划和联动发展,导致区内沟域资源浪费严重,阻碍区内产业集群的形成,妨碍了企业竞争力的提升。

3.跨区域合作与财政资源的矛盾

财政问题既是导致行政区划之间矛盾冲突的表现,也是跨区域合作矛盾的主要根源。三地政府满足其居民需求的能力,主要依赖沟域资源含量,需要政府拥有大量的财政资金来提供公共服务和基础设施。当跨区域合作形成的时候,三地之间也将会产生争端,各说各的事情。

4.跨区域合作与要素流动的障碍

跨区域合作是促进经济要素在更大范围、更高层次、更广空间顺畅流动与合理配置,构建以沟域经济为支撑的功能清晰、分工合理、各具特色、协调联动的网络化发展格局。受三地财税体制和政绩考核机制影响,劳动力、人才、资本和技术在三地间的自由流动存在障碍。

(二)跨区域合作与行政区划之间矛盾的成因

1.经济的非连续性

行政区划具有屏蔽效应,极易形成区域保护,致使跨区域合作很难实现真正的一体化。行政区划既有开放性的一面,又有封闭性的一面。沟域经济在此呈现为明显的阻隔性和非连续性,在空间上很难构成畅通。

2.建设体系的分裂性

跨区域合作往往成为纵横关系比较复杂的沟域经济地带,特别是地处经济发达的中心城市与经济发展相对滞后的行政区划边缘的交接地带,理性政治的有序和沟域整体性的无序形成鲜明反差,有限的地方治理能力无法满足区域整合发展的跨界管理需求。

（三）跨区域合作与行政区划协调的模式

京津冀协同发展区要打开跨区域合作与行政区划之间形成协调发展的局面,需要实现跨区域山区发展政策的战略精准与生态文明沟域微观精准的结合。只有精准发力,上下贯通,才能达到预期目的。在京津冀三地跨区域层面,要往大做,充分体现战略性,实现资源的整合;而在京津冀三地区县层面,要往小做,体现出精准性和区域的匹配性。

1. 宏观层面,主要是跨区域发展的总体战略性规划,体现的是高度和视野。

2. 中观层面,主要是基于次区域进行政策的细化和对接,要遵从跨区域的指导思想和适合次区域的实际情况,编制多规合一的空间规划,避免规划之间的脱节和冲突,增强规划的科学性和权威性。

3. 微观层面,落实到具体行业发展和空间发展上,新的政策与举措细化到产业项目的设置,体现微观政策精准制定的特点,形成促进区域发展的支撑点和极化点。

（四）跨区域合作与行政区划协调的机制

1. 统筹规划

京津冀三地跨区域合作能否有效进行,取决于三地农委是否很好地认清自己的职能并将其运用到适当之处,同时还要有相应的配套措施作为保障。三地农委应根据实际情况制定适当的跨区域合作政策和必要的投资倾斜和政策倾斜,加大生态文明沟域建设力度,扶持低收入乡村的沟域经济发展。

2. 分工合作

京津冀三地农委应本着"互惠互利、优势互补、效益优先"的原则联合起来,推动跨区域合作的规划联动、市场联动和政策法规联动,通过整合沟域资源,调整山区产业结构。三地农委必须形成合作共识,扫除观念上的障碍,形成共赢和协同两大思维体系。

3. 健全区域合作互动机制

跨区域合作要进一步打破条块分割,鼓励成立各类区域性社会组织,明确区域性社会组织的法律地位,对区域性社会组织的产生、职责、权限、运行机制等予以规范和指导。建立区域合作的服务体系,搭建各类合作平台,促进区域信息资源、创新资源、人才资源共建共享。完善上、中、下段对口支援制度和措施。

4. 发挥非政府组织的作用

在跨区域合作中,非政府组织具有重要功能。它可以提供各类服务,如公用事业的建设、交通网络的建立、生态环境的维护、基础设施的完善。而三地农业主管部门可以通过政府间协议、合同外包等形式,向这些非政府组织购买服务,以推动跨区域合作进程。

四、京津冀协同发展区跨区域合作的路径选择

通过对京津冀协同发展区生态文明沟域建设的规划和研究,可以看出北京市农委在跨区域合作中发挥推动作用,处于主导地位。并开始着手研究在跨区域内构建科学合理的合作协调机制,调节三地生态文明沟域资源配置,统筹安排区内生态文明沟域建设规划,缩小区内沟域经济差距,实现区域共同发展[2]。

（一）提高协同发展程度,强化京津冀三地合作意识

1. 编制协同发展区生态文明沟域建设规划,完善沟域经济与山区发展政策

北京市农委对京津冀协同发展区生态文明沟域建设规划非常重视,先后启动了"京冀协同

发展—天河川生态文明沟域建设规划"和"京津冀协同发展—金海湖生态文明沟域建设规划"（简称《规划》）。这是对跨区域合作的战略部署。《规划》作为纲领性文件,把京津冀协同发展提升到新的高度,极大促进了跨区域政府的合作与沟域经济的发展。在规划的编制过程中坚持"自上而下"与"自下而上"相结合,在加快生态与环境建设基础设上,统筹区域产业布局,促使产业结构优化和更新换代,建立科学规范的合作机制。

2. 建立跨区域合作一体化的市场体系

行政区划,切块管理导致市场分割,区域内资金、技术、资源、信息等要素的自由流通受到限制,制约着跨区域合作,这就需要发挥政府、企业等不同市场主体的联动作用。

（1）明确自己的定位,政府在市场中只是起调控的作用,而不应该直接进行行政干预,分配区域内资源;也不应该建立行政壁垒,实行地方保护主义。

（2）成立一个协调机构,协调区内市场规则的制定、经济政策的实施以及基础设施的建设,保证区域内各项政策措施有效的实施,从而降低可能因政府间摩擦而产生的成本,促进区域共同利益的最大实现。

（3）共享市场信息,共建协同标准,构建良好合作机制,实现跨区域生态文明沟域建设一体化。

3. 培养京津冀三地农委的合作意识

京津冀协同发展区生态文明沟域建设作为一个整体,开拓了一个更全面、立体的发展舞台。而这也成为了解决当下京津冀三地农委跨区域合作发展计划的基层管理人才匮乏的最快速的方法。而跨区域合作的有效执行,不仅有实质上的帮助,而且有非常大的政策性意义。

4. 建立"一区多特色,沟域大协同"的多元化模式

京津冀协同发展区生态文明沟域建设资源丰富,如果区内沟域经济产品出现同质化,则会引起低效益竞争,造成资源的浪费,使京津冀三地山区发展面临吸引力低、市场缩小等现实问题。为此,京津冀三地应融入不同的特色元素,增强区内生态文明沟域的差异性和独特性,最终把京津冀协同发展区打造成一个"多特色大协同之区"[3]。

5. 建立"资源共享、设施共建、品牌共用、市场共拓"的生态文明沟域开发模式

跨区域生态文明沟域建设合作的基础是地域的整体性、地缘的相邻性、文化的相似性和社会关系的亲缘性,鼓励区内联动,以"资源共享、设施共建、品牌共用、市场共拓"为目标,通过协调与平衡三地沟域资源,改善发展软环境,提升发展软实力。依托生态经济为载体和平台,推动区内沟域经济走向繁荣。

6. 建立具有可行性合作激励机制,加强沟域经济人文交流制度

京津冀三地政府意求拉动沟域经济发展,在政策和资金、人员调配、技术等方面多鼓励企业进行跨区域合作,提高沟域经济合作的认可度,连续举办协同发展区生态文明沟域建设研讨会、跨区域合作沟域经济发展论坛等,力求借人文交流的机会,不断推进和完善京津冀协同发展区合作机制,推进跨区域沟域经济合作[3]。

7. 优势互补、合作共赢,构筑利益共享机制

科学合理的利益共享机制是跨区域合作的前提。在推进跨区域合作中,要注重发挥京津冀三地农委优势,充分借助区内空间资源丰富基础,强化三地合作优势互补,探索建立有利于发挥各自优势,有利于满足各自利益诉求,有利于推动三地共赢发展的利益共享机制[4]。

8. 需求对接、分类引导为导向,创新共建合作模式

需求是跨区域合作基本出发点。京津冀三地的合作需求有所差异,有的区域基于园区产

业招商的需要,有些区域基于生态文明建设能力的需要,有些区域基于沟域品牌提升和服务提升的需要。根据三地不同的需求,加强分类引导,探索创新适宜不同需求的合作模式,有针对性地进行需求对接,最大限度地满足三地合作的多元诉求。

9. 政府引导、市场化运作,构建高效运营机制

充分发挥三地农委协调引导作用,以实体机构、市场化运作的方式具体推进,是推动跨区域合作快速启动、高效运营、持续发展的重要途径。强化三地农委的组织、协调与引导服务能力,运用市场经济手段,积极采取公司化实体运作方式,推动一批科技成果在对接地转化,努力形成现实生产力[4]。

(1)针对三地生态文明沟域建设中普遍存在的行政分割和区域壁垒,考虑制定一体化制度,并明确时间表和路线图,提出一体化发展或协同发展的任务清单。

(2)完善协同发展的政绩考核体系,将协同发展的事项如协同发展规划执行情况、合作的积极等纳入到政绩考核中,形成区域一体化发展或协同发展的考核体系。

(3)建立健全跨区域协调机制,京津冀三地农委友好协商设立一个有权威的区域协调委员会,并重视发挥政府、协会与企业的不同作用,促进跨区域主体参与多元化。

(4)加强跨区域规划的实施监督监管,京津冀三地农委应更多关注跨省区和地带间的区域问题,加强协同发展与一体化数据统计与评估,逐步实现区内一体化协调和监督的常态化。

(5)京津冀三地形成统一的市场体系,在生态文明沟域建设培植市场主体的过程中,尽量减少行政干预,更多地创建多方协同为企业全程服务的"绿色通道"。

(二)构建科学合理的跨区域合作协调机制

1. 建立跨省市的利益协调管理机构

建立跨省市利益协调管理机构,能够有效地提升京津冀协同发展区的经济发展质量与发展效率。在跨区域合作过程中,北京市农委具有举足轻重的影响。跨省、市利益协调管理机构的建立,对京津冀三地沟域经济与山区发展意义重大。

2. 建立三地农委高层对话机制

加快生态文明沟域跨区域合作。需要京津冀三地农业管理部门建立高层对话机制,这种机制如果运行得当,就能够建立三地政府与三地民众之间的和谐关系,为进一步推动生态文明沟域建设,推动整体性、特色化发展,把沟域经济发展目标与生态文明建设相结合。

3. 共建三地合作公约和监督约束机制

建立跨区域合作公约和监督约束机制是京津冀协同发展区重要议程之一。通过对三地内部经营和管理功能优化,建立符合市场发展需求的合作公约和监督约束机制。

(三)加强区域合作与分工

京津冀协同发展区生态文明沟域建设作为三地农委创新发展战略,就必须要求三地政府自身拥有的沟域经济资源进行区内的产业分工,形成一套整体的、完善的生态文明沟域建设体系。

1. 产业培育统一规划

(1)打破区内的行政壁垒和地方保护主义的控制,实现沟域资源、资金、技术、信息要素的自由流通。

(2)跨区域合作的重点沟域生态文明建设要统筹规划,合理分工,尤其要突出首都的核心功能。

2. 增强北京市、天津市中心城市的辐射带动作用

北京、天津作为京津冀协同发展区的中心城市,其强大的辐射带动功能并没有真正发挥出来。在跨区域合作中,要突破行政区划的限制,促进京津冀三地的联合,带动中心城市向周边地区释放物流、资金流等,加快升级周边地区的山区经济[5]。

3. 京津冀三地农委加大专项投入,加强对生态文明沟域跨区域合作项目的支持

根据生态文明沟域建设跨区域合作的需求,加大合作项目专项资金投入力度,鼓励北京沟域经济联合会针对不同区域、不同层次沟域经济发展需求开发项目,并完善生态文明沟域建设的专项培训,鼓励山区发展与沟域经济方面的专家按照协同发展跨区域合作的需求,进行生态文明沟域建设的先行先试和园区建设,并给予项目扶持。

五、京津冀协同发展区跨区域合作模式

跨区域治理模式要以跨行政区经济一体化为导向,通过三地农委、社团机构、企业和居民的共同参与,采取区域规划、区域协作组织、行政区划调整等手段,处理多方面的问题与摩擦,力求实现产业分工协作、基础设施互联互通、生态环境协防共治、要素流动市场配置等治理目标[6]。

1. 政府主导型模式

政府主导模式可以分为两种,一是上级政府主导的区域合作;二是同级政府共同主导。主要体现在政府制度安排和重大工程建设,包括区域发展战略、基础设施共建共享、区域合作试验区建设、产业园区共建、旅游开发合作、社会领域合作等,其中很多跨区域合作本身就是政府安排的区域发展战略的体现。

2. 企业主导型模式

企业主导模式以企业作为行为主体,以利益驱动为合作基础,市场在资源配置中发挥决定作用。通过跨区域合作的企业以战略联盟的方式实现联合协作,形成产业专业化分工体系,防止恶性竞争,避免重复建设,优化区域产业布局;企业内部通过总部＋分公司(机构)实现跨区域布局。

3. "政府＋行业组织＋企业"模式

现在国内跨区域合作是通过政府间协议、规划、政策、体制机制等制度安排和重大工程,引导和组织区域合作,行业组织发挥政府与企业的沟通桥梁作用(有时也发挥组织作用,甚至参与政府区域政策制定),而企业在具体合作领域起主体作用。

六、跨区域合作层次及成功案例启示

(一)跨区域合作的层次

1. 国家主导的或相关省区市组织的跨省区合作

长江经济带、泛珠三角、长三角、京津冀等涉及多省区、大规模城市群组成的跨省的区域合作。

2. 省级组织的市州间区域合作

江苏沿海经济带、黔中经济区、北部湾经济区的区域合作。

3. 市级组织的内部区域合作

京津冀协同发展区—天河川生态文明沟域建设(涉及北京怀柔区、河北丰宁县)、贵州毕节市金海湖生态文明沟域建设等。

（二）跨区域合作的成功案例与启示

长三角、珠三角、成渝经济区、长株潭经济区等区域合作成为国内跨区域合作的成功典范，在区域重大基础设施一体化、产业发展、重点合作专题等方面取得了显著成就。

1. 规划先行

区域规划是指导区域协调发展的纲领性文件，也是有序推进跨区域合作的最重要基础支撑，体现着合作方的共同诉求、合作方向、合作重点、主要抓手，从根本上解决区域一体化过程中因跨行政区域造成的发展规划不协调、发展目标不一致等诸多问题。

2. 梳理共同诉求

跨区域合作是以经济利益为基础，共同的利益诉求是跨区域合作重要驱动力，加强合作方战略对接，共同梳理合作诉求，寻求共识和抓手。

3、完善区域合作机制

建立跨区域合作协调机构是实现区域合作的重要保障。长三角形成了"三级运作、统分结合、务实高效"的区域合作机制，其中决策层决定长三角合作的原则、方向、目标与重点等重大问题；协调层主要是落实主要领导座谈会部署，协调推进区域重大合作事项；执行层具体推动长三角区域合作工作。

4. 加快基础设施一体化

区域间的交通、通信等基础设施的完善程度和一体化推进建设是实现跨区域合作的重要路径，也是快速推进区域合作的重要硬件保障。长三角、珠三角、长株潭在交通、信息、社会保障等公共服务领域一体化进程不断加快，不仅充实了相应区域合作内容，也为更广泛的更深层次的合作奠定了重要基础。

5. 以专题形式加快推进区域产业合作

长三角和珠三角都采取了加快形成产业转移协调推进机制、加强政策引导和支持、积极推进沪苏园区共建等措施。其中长三角地区三省、一市将推行重点合作专题作为合作与发展的核心内容和主要抓手，也是重要经验。他们按照"先易后难、与时俱进"原理，已形成交通、能源、信息、科技、环保等专题合作组。

6. 以区域性合作基金促进区域投融资

长三角设立国内首个区域性合作基金"长三角合作与发展共同促进进基金"，支持有利于整合资源、改善民生、提升效率、促进区域一体化发展的事项。珠三角优化发展战略实施，重点投资于珠三角世界级城市群、重大平台建设和产业转型升级发展，现已在珠三角对接了综合管廊、港口航运等一批重大基础设施投资项目。

参考文献

[1]陆大道.关于"点-轴"空间结构系统的形成机理分析[J].地理科学,2002,22(1):1-1.

[2]郭岚,刘潇,张祥征.破解行政协调之困,推动跨区域发展[J].科学发展,2018(4):41-49.

[3]李婳.长吉图区域旅游合作问题与机制研究[J].东北亚经济研究,2018,2(1):71-78.

[4]李学杰.跨区域合作共建创新示范园区的思考[J].合作经济与科技,2014(1):21-22.

[5]罗源引.环渤海经济圈地方政府跨区域合作研究[D].成都:电子科技大学,2016.

[6]张璞,梁义光.融入"一带一路":内蒙古跨区域合作与中蒙俄经济走廊建设[J].大陆桥视野,2018(6):70-75.

二连浩特—苏尼特边境旅游合作示范区研究

随着我国开放型经济体系与新型城镇化建设的深入推进,口岸已成为沿边境地区经济发展的强大引擎,并在"大平台、大通道、大通关、大集群"的"多合一"协同建设过程中,从物流节点向多元化节点转变,其经济也从国道经济向综合体经济转变,以口岸城市为动力,以毗邻城市为支撑,口岸城市与毗邻城市由分离向融合发展的趋势越发明显。口岸边境区域协同发展诉求高涨,且基础条件基本具备,边境区域同城化和一体化发展已成为大势所趋。

中国科学院地理科学与资源研究所专家组基于内蒙古自治区二连浩特口岸与苏尼特(右旗、左旗)地域的相邻性、生态的一体性、文化的相关性和社会关系的亲缘性进行了深入的综合考察和比较分析,就二连浩特与苏尼特同城化和一体化发展进行了细致的研究,提出了二连浩特—苏尼特边境旅游合作示范区的构想[1]。专家组认为其边境旅游资源、边境口岸资源、草原生态旅游资源、地质旅游资源、民族民俗文化旅游资源、历史文化遗迹旅游资源、自然风光、民族和民俗文化、历史文化遗迹等丰富多彩,特色鲜明,在全国均具有很高的唯一性和稀缺性,具备了建设边境旅游合作示范区的独特资源优势。

一、新形势下我国区域旅游发展走势分析

旅游业是边疆经济发展的重要引擎,边境旅游是传统涉"边"旅游研究的主体,是展示国家形象、稳边富边、体现睦邻友好、建设和谐世界的最佳载体。

(一)生态文化功能成为区域旅游发展的重点

随着国家主体功能区规划的全面落实与推进,生态文化功能成为区域旅游发展的重点,为区域旅游业的发展提供了坚实的经济与市场保障,同时以建设大规模的休闲游憩设施为中心,以重要景区点为吸引,以人文与自然环境为基础,建立区域城市群的游憩空间,并发展相关产业,形成了相互促进相互发展的集群集聚[2]。

(二)国家区域经济战略成为旅游发展的强大动力

全面推进旅游业的发展是重要环节,尤其是"一带一路"国家倡议、中蒙俄经济长廊建设,对旅游一体化发展、融合发展、对接发展以及全面发展都有着重要意义,是促进二连浩特—苏尼特边境旅游合作示范区域旅游业发展的战略指导和动力源泉。

(三)发展跨区域合作成为边境旅游发展创新方向

发挥生态文化功能是跨区域旅游合作的基础,国家正在加大对生态文化聚集地旅游资源的开发扶持力度。跨区域旅游地的建设不仅利于发展旅游行业,带动相关行业的发展,还益于区域城市群与生态功能区的建设。协调生态功能区与边境城市群之间的关系,对接城市群发展,重新整合配置城市群之间的区域旅游系统要素,打造游憩空间与生态功能区,形成品牌更高、结构更好、规模更大的旅游目的地。

(四)以改革开放为突破口,推动边境旅游联动发展

开放使资源互通,使旅游市场不断扩大。这就需要决策系统和专家系统全面探索边境旅

注:本文创作于2018年。

游开放开发模式,建设边境旅游合作示范区,强化边境旅游开放政策。重点支持有条件的企业开展边境旅游业务经营,全面推进改革区域旅游合作机制,以生态文化功能区和跨区域旅游培育为突破口,构建互惠互利、高效务实的区域旅游合作体,建立互通互联的旅游基础设施网络,以公共服务、市场开拓与产品开发为核心,创新边境旅游合作模式。

二、边境旅游同城化、一体化发展成为口岸城市新的焦点

边境旅游作为旅游产业的重要旅游形式,边境地区也日益成为富有吸引力的旅游目的地。在国内,边境旅游研究内容集中于边境旅游概念及发展历程、边境旅游作用和意义、边境旅游存在的问题和对策、边境旅游产品开发、边境旅游案例研究、边境旅游可持续发展研究、边境旅游区域合作研究等。多数是依托边境口岸开展的边境跨境旅游活动,边境旅游研究虽取得了很多成果,但许多新领域待深化[3]。

(一)边境旅游发展影响因素

边境旅游是指在双方政府商定下,旅游者通过边境口岸在指定区域和时限内所进行的跨境旅游活动或在边境地区进行的旅游活动。边境旅游作为边疆地区经济发展、对外交流的一种方式,越来越受到国家重视[4]。

1. 旅游资源禀赋是边境旅游发展的物质基础

中蒙边境旅游资源具有连续性和互补性,为二连浩特—苏尼特边境地区旅游要素的有效流动提供了巨大潜力,边境开放使得边境两侧的地理势能得以释放,空间邻近效应发挥作用,有力地促进了边境旅游的形成和发展。

2. 政府主导是边境旅游发展的重要推手

政府有效引领会促进边境旅游的超前发展,在社会公共资源开发利用、市场调控、环境保护的监督等方面发挥着重要作用,边境旅游资源的整合开发、基础设施建设、品牌塑造、信息网络构建、政策环境的营造等需要政府引领,以保障边境安全及旅游市场健康有序发展。

3. 企业是边境旅游发展的市场主体

旅游企业是旅游产品和服务的生产和供给者,有力推动边境旅游合作区整体旅游发展。边境地区经济发展水平滞后,旅游企业可以有效解决因政府资金不足难以开发的问题,又能发挥市场优化配置资源功能,最大限度激发投资者的主观能动性,实现经济与社会效益统一。

4. 口岸贸易与区域旅游产业集聚促进边境旅游合作发展

口岸贸易与边境旅游相互依赖、相互促进,一是旅游产品在区域空间上的集聚,能够实现规模效应,有利于差异化竞争优势形成,并发挥资源共享效应,形成边境旅游品牌;二是边境旅游在空间上的扩散又可为边境旅游发展开拓新的空间,提供新的利润来源。

5. 草原文化是边境旅游发展之魂

草原文化是边境旅游发展的精髓与灵魂,是满足游客高层次的文化享受和精神需求。随着示范区的建立,旅游竞争已经从过去单纯的价格与质量竞争向现在文化竞争转化,草原文化价值将更加深刻地影响着示范区旅游产品的生产和消费,是边境旅游合作发展的无形力量。

(二)边境旅游特点

1. 综合开放性

边境旅游整体效应大于各个因素的简单叠加,片面强调或忽视任何一个要素都会对边境旅游的整体功能和结构产生影响。边境旅游系统与其他旅游地之间持续不断的、双向或多向

的旅游人流、信息流、资金流等的高效互动。这种互动强度在一定程度上反映了旅游地之间的旅游联系的大小与强弱。

2. 多样性

(1)边贸带动型。边境旅游与边贸和边民交往相联系,边境贸易发展对边境旅游发展具有促进作用。

(2)旅游资源推动型。独特的旅游资源构成了边境地区的比较优势,进而形成景区(点)及其服务设施均具有较强的竞争力。

(3)需求拉动型。国内外游客对边境地区的向往,巨大的旅游市场需求将成为拉动边境旅游发展的动力。

(4)政府主导型。国际关系友好的边境地区,政府主导为边境旅游开发提供了强大的资金和环境支持,有效保证了基础设施和景点景区的建设。

3. 动态性

边境旅游的形成是一个动态过程,在边境旅游发展的不同阶段,不同影响因素的组合方式和作用程度不同。

(1)边境旅游发展初期。其驱动因素主要是地缘驱动,包括地域邻近性、社会文化相似性、交通便捷性、旅游资源空间互补与差异性等。依赖于资源与边境贸易优势,对自然、人文、区位等资源及口岸活力要素要求高。

(2)边境旅游发展中期。边境贸易促进了边境地区相关行业发展,为边境旅游提供了保障。边境旅游活动和市场不断扩大,依赖资源的产品化、深度化和差异化开发,对资金、技术等要素要求高,进而又推动了旅游发展方面的合作。

(3)边境旅游发展后期。边境旅游以口岸城市及边境旅游合作示范区为中心,边境旅游资源及旅游产品为依托,边境旅游线路为骨架,并依赖于旅游产品持续优化与更新,形成边境跨国旅游协作体系,参与全球旅游一体化发展。

(三)边境口岸建设与旅游融合发展条件

口岸建设能够促进毗邻国之间贸易发展、为两国之间的往来提供条件,加快口岸物流、人员、信息、资金的双向流动,能够推动旅游的发展,扩大旅游消费市场;同时,人们日益增长的需求带动观光游、度假游、养生游、跨国游等发展,使口岸形象得到提升,进而吸引越来越多的国外游客和国内游客,为口岸地区增加旅游收入,同时提高了边境口岸的发展能力,在政策和投资方面赢得了更多的机遇[5]。

1. 融合发展条件

口岸建设与旅游融合发展,不仅需要边境地区有完善的供水、供电、医疗卫生等公共基础设施,而且需要与旅游住宿、餐饮、咨询等与旅游发展相关的配套服务。依托口岸自然资源、文化资源和开发条件,最大限度地增强口岸地区的公共服务能力。只有旅游资源与公共设施等基本条件得以满足,才能为促进边境口岸建设与旅游融合发展提供坚实基础。

2. 融合发展保障

口岸作为毗邻国之间往来的门户以及国际货物运输、人流、物流等相互流通的重要枢纽,其通达便捷性对于两国间的口岸建设、旅游发展以及经济水平提高具有至关重要的作用。构建海、陆、空全方位的对外便捷通达的格局,为口岸建设与旅游深度融合发展提供保障。

三、二连浩特在边境旅游合作发展中的地位

二连浩特口岸同蒙古国扎门乌德市隔界相望,是我国对蒙古国开放的最大陆路口岸,是"一带一路"发展规划中的重要建设地带,也是国家重点开发开放试验区。

(一)二连浩特边境旅游定位

1. 二连浩特是中蒙俄经济与贸易的传统驿站

万里茶道从福建武夷山地区出发,经二连浩特贯穿内蒙古,经西伯利亚通往欧亚大陆腹地的"茶叶之路",历史上很多城镇的兴盛发展都与这条古茶道有关联,它在很长时间内对我国和周边国家的商贸往来起到重要作用。

2. 我国向北开放发展的关键支点之一

二连浩特是我国对蒙古国最大的铁路、公路口岸,也是我国推行向北开放战略的重要支点,同时,至乌兰巴托的铁路、公路沿线地区是蒙古国人口、经济和资源的集聚区。其面朝俄蒙及东欧等国际市场,背靠环渤海经济圈和呼包银榆经济区,有进出口两种资源,依托特有地缘优势为中外客商开展经贸活动提供了良好的活动空间。

3. 中蒙俄文化与经贸人才合作的集聚区

二连浩特具有良好的地缘、商缘和人文关系,先后同蒙古国的 12 个地区和城市建立友好合作关系。乌兰巴托市和蒙古国工商会均在二连浩特设立了办事处和代表处,蒙古国还在二连浩特设立了领事馆,中蒙毗邻地区友好交往常态化工作机制已初步形成。

4. 边境旅游合作发展核心区

整合经济社会资源要素,对于拓展二连浩特口岸的辐射范围,以点带线,连线成面,由其形成与苏尼特右旗的地域联动,打造以二连浩特口岸为中心的旅游目的地城市,形成二连浩特口岸城市与锡林郭勒草原旅游一体化发展格局,加以沿边乡镇、开发区为多点的沿边开发开放旅游经济带,打开我国向北开发开放新格局。

5. 稳疆富疆,促进对外友好往来

二连浩特口岸是中蒙最大的公路、铁路口岸,也是距离首都北京最近的边境陆路口岸,对内大力发展二连浩特口岸旅游目的地城市建设,提升口岸各项基础设施建设,进一步提升其战略影响力,将起到稳疆富疆的作用;对外依托良好人文基础,加大同蒙古国、俄罗斯等地的友好往来,将起到促进民族交往、文化交流、经济发展的作用。

6. 沿边口岸对外开放的示范样板

二连浩特是国家重点开发开放试验区,拥有"先行先试"的政策。一是中蒙、中俄之间具有经济、资源等多方面互补性。二是蒙古国、俄罗斯也在轻工业、日用品和食品工业方面对我国有很大的需求。以二连浩特口岸为试点,在法律、制度层面推进中蒙、中俄投资贸易便利化,并积累总结经验,为其他沿边口岸提供样板[6]。

(二)二连浩特边境旅游发展优势

1. 区位优势

二连浩特口岸具有得天独厚的区位优势,形成了较为完备的铁路、公路及航空交通运输网络,是我国向北开放的最前沿和重要窗口。二连浩特北与蒙古国口岸城市扎门乌德隔界相望,是我国对蒙古国开放的最大陆路口岸,也是我国唯一的对蒙古国铁路口岸,形成由二连浩特至乌兰巴托联通俄罗斯西伯利亚铁路的国际铁路通道。

2. 地理条件

二连浩特地处中蒙边界,自古以来就是我国内陆通往北亚、东欧的咽喉要道,以北京为起点经二连浩特到莫斯科,特别是通过京包线与天津港相连,是日本、东南亚以及其他邻国开展对蒙古国、俄罗斯及东欧各国转口贸易的理想通道,更是蒙古国走向出海口的唯一通道。自北京—乌兰巴托—莫斯科国际联运列车正式开通后,二连浩特成为第二条亚欧大陆桥的桥头堡,同时背靠环渤海经济圈和呼包鄂经济带,是内蒙古自治区乃至全国重要的进出口货物集散地。

3. 经济优势

二连浩特口岸城市背靠我国东北三省一区腹地,是我国重要的农牧业和工业基地,对口岸经济发展起着极其重要的辐射支撑作用。近年来,二连浩特口岸经济发展迅速,呈现出前所未有的发展潜力。2015年,城市经济增长10.5%。随着我国内陆沿边开放的不断提速,二连浩特市边境经济合作区基础设施日臻完善,跨境电子商务集散中心逐步形成,国际贸易物流业稳步发展,进出口加工业规模不断壮大,绿色清洁能源业加快发展,文化旅游业活力持续释放。

4. 人文优势

二连浩特口岸城市是多民族聚居区,拥有多样的民族文化和历史人文,与俄、蒙多个城市缔结为友好城市,教育科技、文化体育、卫生防疫等领域的交流合作初具规模,从而为口岸经济发展奠定了深厚的人文基础。近年来,二连浩特与蒙古国立大学、俄罗斯图瓦共和国国立大学等蒙俄高等院校开展"2+2"联合办学,常态化举办中蒙那达慕、"茶叶之路"文化节、中蒙汽车拉力赛、中蒙足球邀请赛等系列文体活动等。

5. 生态优势

二连浩特口岸地处我国北部边疆,蕴涵多种生态资源,对生态改善和环境保护起着重要的作用。该区域内有锡林郭勒草原,区域内还有多个国家地质公园。这种天然独特的生态优势将有助于发展农牧林业和跨境生态旅游业。

6. 平台优势

二连浩特口岸已建立起多个机制平台,是国家重点开发开放试验区,拥有的常规化机制平台还包括边民互市贸易区、边境经济合作区、综合保税区及跨境贸易电子商务试点等,同时还正在争取设立跨境经济合作区、自由贸易试验区。此外,新创立的金砖国家开发银行、亚投行和丝路基金等区域金融机构也将为口岸经济发展提供融资支持。

四、二连浩特—苏尼特边境旅游合作示范区建设意义

内蒙古是中蒙俄经济走廊重要节点,是我国向北开放的前沿阵地,构建二连浩特—苏尼特边境旅游合作示范区具有现实意义,既丰富了中蒙俄经济走廊内涵,又强化中蒙的战略对接与务实合作。在中蒙俄经济走廊大背景下构建二连浩特—苏尼特边境旅游合作示范区,必须立足二连浩特良好的区位优势、地理状况、交通条件、产业基础等,建议成立边境旅游合作示范区的合作组织,设立中蒙边境旅游特区,鼓励创新多形态旅游,把边境旅游和我国的固边、扶贫工作深度融合。一是构建二连浩特—苏尼特边境旅游合作示范区是区域地缘近邻的必然选择;二是构建二连浩特—苏尼特边境旅游合作示范区跨区域合作发展的内在需要;三是构建二连浩特—苏尼特边境旅游合作示范区区域深度发展的重要载体。

(一)二连浩特—苏尼特边境旅游合作示范区发展思路

以重点开发开放为主线,以区位、资源、产业、人文等资源特色优势和现有发展条件为依托,以现有规划政策和机制平台为依托,更加注重推动口岸经济结构调整和产业转型升级,更

加注重推动口岸通道经济向口岸复合型经济转变,更加注重发挥小沿边、中沿边和大沿边(县级、地级、省级)协同开放、联动发展的重要支撑作用,加快形成分工合理、优势互补、协调发展、利益共享的开放新格局。

1. 指导思想

以边境风情、绿色生态、健康养生、精彩购物为依托,逐步发展旅居养老、全家行度假、体育休闲、研学旅游等新业态旅游活动及项目,打造中国边疆开发开放的内陆前沿和新兴边境旅游胜地,形成一批集民族文化展示、生态环境保护以及经济辐射带动复合功能于一体的新兴旅游区、草原民族风情深度体验区、绿色生态旅游示范区以及边(跨)境旅游辐射中心和集散地。

2. 发展定位

根据二连浩特—苏尼特边境旅游合作示范区现有的基础与条件,建议把合作示范区定位为内蒙古自治区边境旅游合作示范区,在此基础上力争创建为国家边境旅游合作示范区。边境旅游合作示范区重在依法合规、开拓创新要求之下的敢为人先和先行先试。要打造内蒙古自治区以及沿边开发开放的试验性区域,同时塑造二连浩特—苏尼特新兴旅游目的地。进一步以边境旅游合作示范区为中心,形成自治区沿边开发开放的边境旅游产业经济高地。积极建设稳边、安边、兴边的旅游产业要素、区域融合带动性较强的旅游扶贫示范区域、边境旅游新政与机制体制改革创新的先行区域,探索边境旅游业态及产品创新的示范区域,形成以旅游产业为引领的边疆沿边开发开放的旅游热点。

(1)全国沿边重点地区边境旅游合作开发开放新高地;

(2)国家深化中、蒙、俄经济合作的窗口区域;

(3)中、蒙、俄走廊旅游目的地城市;

(4)内蒙古口岸城市与沿边境城市(苏尼特右旗)旅游协同与一体化发展的先导区和区域经济的新增长极;

(5)内蒙古创新绿色协调发展体制机制的试验区;

(6)国家沿边境地区睦邻安邻富邻的生态示范区。

3. 发展目标

二连浩特—苏尼特边境旅游示范区发展目标是基础设施基本完善,让旅游成为边境地区经济发展的新兴生力军,培育健全的旅游产业体系,让边境旅游成为兴边富民的有力推进器。综合经济实力再上新台阶、经济平稳较快发展、特色产业体系基本形成、开放型经济水平显著提高、人民生活水平不断提高的新格局。

(1)在战略布局上,应坚持"做优做精、先行先试"的发展理念,通过边境旅游的辐射带动作用,全面提升边境地区经济发展水平,改善边境地区人民旅居条件与生活条件,保护与展示边境地区民族文化风情、自然生态与社会生活,优化边境地区社会管理,实施贯彻以旅游产业引领下的"安邻、睦邻、富邻"和兴边富民,探索边境旅游发展模式及有效路径。

(2)在转型升级上,进一步推进支撑性项目和便捷化服务,加快优质项目建设、推动优化边境旅游服务升级,力争形成旅游产业的集群式、园区式以及全域式及跨境带动式发展。

(二)二连浩特在边境旅游合作示范区建设中地位

二连浩特口岸旅游业得到了快速发展,旅游市场规模持续扩大,旅游业已经成为口岸经济快速增长的要素之一。二连浩特已经形成集国门景点参观、购物旅游、娱乐旅游发展态势。从旅游目的地系统构成上来说,二连浩特口岸旅游吸引物丰富,旅游基础设施逐步完善,旅游业管理能力大大增强。二连浩特旅游市场未来前景广阔,已经具备旅游目的地的基本条件。

1. 口岸城市奠定了二连浩特边境旅游业发展基础

二连浩特是中蒙贸易的重要节点,也是中蒙旅游贸易的重要突破口之一,最大限度地发挥中转站的地位依托口岸资源是发展二连浩特旅游业的必由之路,与此同时,旅游业也为新时期二连浩特的发展提供了重要平台,二者良性互动,相辅相成。

2. 自然环境决定了二连浩特边境旅游业发展方式

二连浩特城市深厚的文化底蕴和完善的服务体系,使得城市最有条件成为旅游活动的目的地和集散中心。如何将二连浩特城市与旅游业融合得最为恰当,必须从城市自身特征和区域文化的结合点寻找答案。二连浩特草原属于荒漠草原,这里有蓝天、白云、羊群,也有无边无际碧绿的草原,要在边字上做文章突出自身的特点,必须把旅游业放在突出位置大力发展边境文化旅游区,已成为二连浩特旅游业发展的重点。

3. 边贸市场决定了二连浩特旅游发展模式

二连浩特对蒙古国公民具有较强的吸引力,在二连浩特长期定居的蒙古国公民有600多人,平均每天有3000多名蒙古国公民前来二连浩特购物消费、观光旅游,高峰期可达万人左右。依托口岸资源是发展边境旅游合作示范区和发展购物旅游的保证。边境旅游合作和购物旅游不仅辐射周边游客,可以辐射到整个内蒙古自治区甚至全国。通过对购物旅游市场的完善能够带动边境旅游产品的开发和升级,同时促进二连浩特口岸城市的升级。

4. 不断完善二连浩特—苏尼特边境旅游基础设施

旅游基础设施与服务设施质量的高低,直接影响着旅游景点的舒适性、便利性,也会对旅游产品能否转化为经济效益产生较大的影响,对于促进二连浩特—苏尼特边境旅游合作示范区极为重要。提升服务设施的质量,增强跨境旅游景区的可进入性具有关键作用[7]。

5. 积极探索边境旅游合作新模式

中蒙两国应积极开发边境旅游合作新模式,促进旅游经济的循环发展,建立"荒漠草原生态旅游功能区",在严格保护规定的基础上保障生态功能区的完整性。依据二连浩特—苏尼特旅游环境建立生态旅游景区,并推进"景区""牧区""园区"的联动发展。实现传统旅游目的地的升级转型。

6. 合理规划旅游路线及相关产品开发

中国与蒙古国应依据游客的不同需求,精心设计旅游路线并搭配组合旅游产品。一是双方共同合作开发旅游景区;二是共同研发设计旅游线路与关联产品。二连浩特—苏尼特边境旅游合作示范区应充分整合自身旅游资源优势,合理规划旅游路线、设计旅游产品,适应不同类型、不同层次游客的跨境旅游需求。

(三)边境旅游合作示范区协同发展战略

国务院出台了国发[2015]72号文《关于支持沿边重点地区开发开放若干政策措施的意见》,提出研究发展跨境旅游合作区和探索建设边境旅游试验区。把跨境旅游合作区打造成为"游客往来便利、优良服务、管理协调、吸引力强的重要国际旅游目的地"。这一政策的提出为发展跨境旅游合作区提供了政策支持。"一带一路"倡议的实施,中蒙俄经济走廊的深入实施,二连浩特发展已经进入了战略机遇期、黄金期和关键期。

1. 二连浩特是重点,苏尼特是腹地,应腹地联动,错位发展

借助合作示范区流动空间,强化对边境腹地苏尼特的整体纳入。打破现有行政区划限制,结合二连浩特、苏尼特右旗、左旗旅游发展的差异性,推动产业错位布局与分工合作,加快推进旅游产业链一体化、基础设施一体化和公共服务一体化,实现旅游产业整合与需求互动效应。

2. 边境旅游合作示范区共建,触媒共建,协同共享

边境旅游合作示范区是一种新兴的区域性经济合作模式,它依托地缘一体、需求互补和文化同源等边境优势,在边境线及其腹地共同划出旅游开发与合作区域,以服务双边贸易为基础,进而拓展到旅游、物流、进出口加工和金融等多领域,享受独特的优惠政策,推动资源优化配置,推动形成集资源自由流动效应、技术转移效应和资本货币无障碍流通效应等综合效应系统,促使二连口岸以发展贸易为主转型为发展旅游等综合产业,最终构建新型边境开放型产业体系。

3. 从二连口岸的金鸡独立到与苏尼特抱团取暖,推进六大协同发展

(1)"旅游蓝图同绘",建议内蒙古自治区启动二连浩特—苏尼特边境旅游合作示范区建设规划,强化与合作区"三地"的协调对接;

(2)"旅游产业同兴",共同融入面向中蒙俄旅游产业链条和市场体系,形成资源共享、产业共兴、市场共育的内外旅游合作的格局;

(3)"旅游空间同构",发挥边境合作示范区资源整合优势,积极优化合作区"三地"城市、城镇(苏木)、乡村(嘎查)的功能布局,构建合理的生产、生活、生态空间体系,共同促进全域旅游发展;

(4)"旅游交通同建",以交通体系的先导建设带动边境旅游合作示范区的快速推进,实现"三地"交通的高效快捷和无缝对接,共同打造内外大通道;

(5)"旅游设施同推",实现"三地"基础设施的优势互补和强强整合,提高旅游设施使用效率,避免重复建设同质化发展;

(6)"旅游服务同享",大力推进边境旅游合作示范区城市管理、公共服务和社会保障等领域的同城化发展。

4. 行政区划的"分离"与"合一",需要实现两个耦合

(1)以打造二连浩特门户城市(枢纽口岸)为目标,推进口岸旅游综合体建设。依托苏尼特右旗、左旗城市、城镇、乡村(嘎查)可开发利用空间,布局建设集吃、住、行、游、娱、商、学、闲等功能于一体的产业布局,并对现有的旅游产品进行存量改造,强化二连浩特门户城市、苏尼特旅游城市和城镇、乡村(嘎查)的整体自然风貌。

(2)以打造苏尼特(右旗、左旗)旅游城市为目标,推动口岸—产业—城镇融合发展。按照旅游城市和旅游特色镇的标准,形成苏尼特旅游城市增容提质建设,加快组织新一轮城市、小城镇总体规划修编,合理布局旅游功能,增加与旅游产业形成配套的公共服务设施。

(3)以打造二连浩特—苏尼特边境旅游目的地城市为目标,推动口岸—产业—城市与城镇融合发展。按照旅游目的地城市的标准,在二连浩特、苏尼特右旗和左旗建设专门的商务区、娱乐区及旅游休闲区。着力打造旅游综合体,配套建设跨境旅游、金融和电子商务等高标准服务设施,以支撑目的地城市的旅游发展。

5. 建立二连浩特—苏尼特边境旅游合作示范区,跨地区跨国界谋大局、促纵深,实现边境旅游循环发展,推动中蒙区域旅游合作。

(1)成立边境旅游合作示范区指导委员会,结合二连浩特与苏尼特的旅游发展阶段和旅游发展特点,指引发展定位、战略安排、旅游规划、区域合作等,依托二连浩特区位优势,加强与苏尼特互联互通建设,加快中、蒙、俄经济长廊战略对接。

(2)成立二连浩特—苏尼特边境旅游国际城市联盟,促进国际旅游伙伴城市建设,支持旅游行业组织、旅游企业参与国际旅游交流。比如苏尼特右旗的骆驼文化节、草原珍珠节等活

动,推动中蒙友好城市的合作与交流。

（3）加快二连浩特—苏尼特边境旅游合作示范区建设,编制边境旅游合作示范区规划,推出以二连浩特—苏尼特为主导的旅游线、时间表与路线图。设立边境旅游开发机构、区域合作平台、大数据共享中心、开发投资基金及中蒙边境合作旅游论坛等常态化对话机制。

6. 设立二连浩特—苏尼特边境旅游特区,运用"点—轴"开发模式,遵循旅游空间发展的规律,以二连浩特—苏尼特示范和引领带动,形成独具特色、开放包容的旅游发展新生态。

制定特区发展战略和市场开发策略,策划和推广区域精品旅游线路。以二连浩特的铁路线、航空线和苏尼特公路线为轴,将该区域丰富的旅游资源和景区景点串联起来,对重要的节点城镇(苏木)进行重点开发,形成全域旅游大格局,带动合作示范区的整体开发。

7. 鼓励创新边境旅游多形态,多形态是二连浩特—苏尼特旅游基本特征,无论旅游产业的供给,还是旅游消费的方式,都应鼓励创新。

打造"旅游＋"产业,推动旅游与经济、文化、社会等方面有机融合,产生"1＋1＞2"的经济裂变效应。把旅游规划与城乡规划、交通规划等相融合。主动寻求跨界融合创新,全面加快一二三产业融合发展,打造系列"旅游＋"精品项目。

8. 把二连浩特—苏尼特边境旅游合作示范区与内蒙古自治区固边、扶贫工作深度融合。把其作为边境地区发展的重要载体,促进边境地区脱贫攻坚,加快边境地区三次产业融合发展。

充分发挥草原和乡村(嘎查)资源优势,推进旅游产业和脱贫攻坚有机结合,切实将苏木、嘎查旅游打造成能脱贫、可致富的优质产业,遵循"生态休闲、风情体验、边境巡礼、健康养生"旅游发展思路,绘就富民、稳边、固边的美丽画卷。

（四）边境旅游合作示范区发展路径

二连浩特—苏尼特边境旅游合作示范区建设要抓住国家推进沿边开发开放、"一带一路"等战略机遇,发挥对外开发开放的旅游开放前沿、边疆民族文化风情展示窗口等优势,加快把旅游作为区域重点支柱产业进行建设。优化空间布局,通过"旅游＋"助力产业融合,推进兴边富民工程,建设和谐边疆,促进中蒙俄经济带的交往与合作、精神文明建设及外向型经济的发展。

"旅游＋"产业融合发展能够进一步为全域旅游发展和兴边富民效能的释放打下基础;合理的空间布局以及边境旅游城镇、特色乡村体系的建设是整个边境旅游试验区建设的统领目标;业态、产品、项目及企业是整个边境旅游产业体系建设的基本要素;深化国际合作,强化旅游监管,是边境旅游长远发展的必要保障[8]。

1. 创新边境旅游管理体制、产业引导机制

（1）充分发挥政府的主导作用。成立二连浩特—苏尼特右旗边境旅游合作区合作委员会、理事会及日常管理机构,联合商讨、管理边(跨)境旅游事务。

（2）加大政府投入和招商引资力度。加强政府对旅游产业的引导。中央及地方政府从财政补贴、减税免税、用地优先、审批简化、生态补偿等政策方面对边境旅游试验区内的景区建设、旅游交通、旅游基础设施、旅游安全等旅游公共服务设施方面的项目建设予以扶持。

（3）建立多元化投融资平台,设立边境旅游合作区发展引导基金,探索边境旅游发展的众筹模式。

2. 健全合作区全域旅游公共服务体系,全面提升服务质量

依托合作区立体式交通网络建设,突出旅游综合服务功能,积极构建边境旅游游览网络和

线路;积极发展沿线自驾车营地、露营基地、旅游综合服务区等建设。发展二连浩特至苏尼特左旗、右旗景城相连、景景相通。全面构建景区＋社会、旅行体验＋生活体验、旅游产业要素＋全体验要素,建设全域旅游公共服务体系与智慧旅游体系。

3. 深化"旅游＋"产业融合,激发沿边旅游经济活力

注重旅游业与其他产业融合发展,形成以旅游核心产业体系与相关产业体系互相支撑与融合的全业态体系和全产品系统,构建健全的边境旅游产业体系。结合沿边地区生物多样性廊道和生态功能区保护建设,发展边境绿色生态旅游。建设旅游物资物流节点、配送中心和物流园区,完善旅游购物功能,建设区域性旅游物流集散中心与特色商品购物中心。将跨境旅游与国际教育、国际医疗和康体养生相结合。

4. 优化协调边境旅游空间结构,奠定合作示范区建设总体基础

根据我国"十三五"沿边地区开发开放等相关规划及指示精神与要求,优化协调边境旅游空间结构,遴选优势区域积极推动边境旅游合作示范区建设。示范区整体建设可按照"一地(二连浩特—苏尼特边境旅游目的地城市)、一心(二连浩特市)、两区(苏尼特右旗、左旗旅游区)多组团(二连浩特组团、苏尼特右旗、左旗组团)"布局。

5. 建设苏尼特右旗、左旗草原民族风情的边境旅游城市与民族特色村镇

积极推进边城苏尼特右旗、苏尼特左旗境重点旅游城市建设,完善旅游城市公共服务体系并优化升级餐饮服务、住宿服务、交通出行、信息咨询及导览服务、一站式购物以及休闲娱乐等旅游综合服务,全面提升沿边地区城镇的旅游承载力,提高对周边地区的辐射力和带动力。建设个性突出的边境旅游民族特色村镇,诸如朱日和镇、额仁淖尔苏木①、赛汉塔拉镇、赛汉乌力吉苏木,寻求差异化发展路径,力求"一镇(苏木)一特",从自然生产、幸福生活、体验生命的角度构筑边境宜业宜居宜游宜养的边境旅游乡村。

6. 发展二连浩特—苏尼特边境旅游新业态,开发新产品

对二连浩特,苏尼特右旗、左旗现有边境观光、风情体验、购物娱乐等旅游产品进行优化升级,启动边境旅游合作区规划要兼具本土特色、边疆风情和国际品位。要规划有特色有差异的旅游产品,实施二连浩特—苏尼特大旅游区发展战略,二连浩特市作为大旅游区的服务区,苏尼特右旗、苏尼特左旗作为大旅游区的景区组合发展。推出草原绿色生态体验、草原地质文化博览、旅居养老与全家行度假、研学旅游、温泉养生度假、国际购物游、国际商务游、国际会展游等新兴业态。

7. 打造一批边境旅游精品项目,培育一批边境旅游企业

推进边境旅游景区景点和乌兰牧骑精品演艺活动建设,以合作区边境风情和草原民族文化元素为依托,打造乌兰牧骑精品演艺活动与"三地"(二连浩特、苏尼特右旗、苏尼特左旗)节庆活动以及商品交易会、展览会等边境跨境节事活动。打造跨境跨区域整体环线、自驾游线、综合考虑陆路游览、航空旅游、陆路自驾等不同交通游览形式,全面设计合作区精品旅游线路。发挥经典线路的本土品牌优势,诸如草原丝绸之路、乌兰牧骑、朱日和军演基地等。

8. 深化中蒙合作,推进边境旅游点线面的结合

以二连浩特—苏尼特边境旅游合作区为基础,推动中蒙两国联合的国际旅游合作项目,在基础设施建设、交通通行方面通力合作。建设边境旅游经济走廊,打造跨境旅游精品线路。从宏观上推进国际旅游圈与边境旅游合作区建设,进一步加强在资源共享、旅游产品开发、产品

---

① 苏木为蒙语,内蒙古特有的介于县和村之间的行政单位。

互补、旅游线路组织、客源互送、旅游宣传促销等方面的国际合作,通过内联外拓,促进边境旅游和边境贸易共同发展。

加快构建二连浩特—苏尼特边境旅游合作示范区,要充分利用中蒙边境区域旅游资源禀赋,遵循边境地区经济活动和人口流动特点,结合二连浩特—苏尼特自然和人文等旅游资源及消费人群的特征,细分市场、分阶段、有步骤、系统有序地构建二连浩特—苏尼特边境旅游合作示范区[9]。

结　论

二连浩特—苏尼特边境旅游合作示范区是以二连浩特,苏尼特右旗、苏尼特左旗为主要建设空间,边境旅游为主要产业支撑,全方位、全角度、跨产业建设的重大改革举措,是实现内蒙古自治区边境旅游的新飞跃、搭建对外交流合作的新平台,也是展示蒙古民族风情的新舞台,对实现沿边地区兴边富民、对外睦邻友好、和平外交有着重要的战略意义。

参考文献

[1]秦军,钟源,熊耀平,等.边境区域协同发展规划策略与实践[J].规划师,2018,34(7):59-64.

[2]刘相卿,苏明.基于新常态的我国区域旅游发展分析[J].旅游纵览:下半月,2018(12):24.

[3]吴菊平,高大帅,李宏.云南边境旅游发展研究[J].旅游纵览:下半月,2018(10):148-149.

[4]时雨晴,虞虎.我国边境旅游发展的影响因素、机理及现状特征研究[J].宁波大学学报:人文科学版,2018,31(2):114-120.

[5]杨利元,明庆忠,杨龙龙.边境口岸建设与旅游融合发展研究[J].湖北文理学院学报,2018,39(5):77-82.

[6]肖文辉,赵明.对二连浩特口岸助推中蒙俄经济走廊建设情况的调查[J].北方金融,2016(1):71-72.

[7]贺静.中国与东盟跨境旅游合作的现状与推进新途径[J].对外经贸实务,2018(4):84-87.

[8]刘宏芳,明庆忠.边境旅游试验区建设的战略思维[J].云南社会科学,2017(6):135-140.

[9]朱颖华,马利彪,刘香凝.关于构建东北亚边境旅游走廊的几点设想[J].吉林省经济管理干部学院学报,2018,2(1):25-33.

北京山区农业"十四五"规划取向与创新思考

理念是实践的先导,需要冷静、客观、审慎。

战略是发展的规划,需要准确、全面、辩证。

一、北京山区农业地位

(一)科学认知

保护北京绿水青山、让人民吃得放心成为落实"以人民为中心"发展理念的目标要求,山区农村成为绿色发展的主战场。农业发展目标从"增产、增收"双目标向"稳产、增收、可持续"的目标转变,绿色发展成为农业农村发展的主流,也是农业农村现代化基本要义[1]。

1. 北京山区经济不仅是一项综合性、长远性的领域,也是一个事关新世纪农业农村融入社会经济发展的战略问题。

2. 北京山区经济包含与经济有关联的全部农业内容,强化合理有效地配置和利用水土气生资源。

3. 北京山区经济不仅包含自然属性,更是注重社会生产和再生产中的经济问题[2]。

4. 社会生产中农业条件的经济利用与特色产品培育。

5. 北京山区经济具有综合性,交叉性、社会性和应用性。

6. 北京山区经济具有实证研究与规范研究相结合条件。

7. 北京山区经济具有微观、中观与宏观三观结合条件。

(二)问题导向

"十四五"期间北京山区农业农村发展面临一些问题和挑战,一要对产业结构做出战略性调整;二要着力构建地域性特色化产业结构;三要站在京津冀全局谋划北京发展,在更大的空间布局上施展拳脚,为北京高质量发展提供广阔腹地支撑[3]。

1. 山区功能定位和京津冀协同发展有待深入推进。

2. 山区生产,生态和生活功能需要进一步提升。

3. 符合首都农业高质量发展现代化体系有待建立。

4. 首都地域功能与特色农产品还需进一步优化。

5. 科技对农业发展的驱动作用有待进一步增强。

6. 农业发展新动能还需大力培育。

7. 竞争力换农民收入是山区农业政策关注重点。

(三)任务与目标

全力抓好"米袋子""菜篮子"重要农产品稳产保供,到 2025 年,全市粮食产量稳定在 30 万吨左右,蔬菜自给率提升至 20%,猪肉自给率达 10%,每年发展 20 万亩林下经济,这是北京市委、市政府对农业农村工作提出的要求[4]。

1. 坚守 150 万亩基本农田。

注:本文创作于 2020 年。

2. 坚守 160 万亩耕地规模底线。

3. 保住百万亩绿色粮菜。

4. 发展百万亩优质果品。

5. 建设百万亩林下经济。

6. 确保百万头生猪出栏和建设百万亩外埠基地。

（四）发展基础

努力打造北京山区农业升级版，主要体现在以下方面：一是产业结构再优化；二是要素品质再提升；三是科学技术再集成；四是产业增量再拓展；五是服务价值再提升。在笔者看来，北京山区农业升级版至少还应具备以下条件：

1. 农业产业链条完整各个环节具有良好协同性；

2. 基础生产要素供给充足且稳定持续；

3. 农业主体多元、竞争态势明显；

4. 资本投入意愿强烈，实现路径清晰；

5. 农业技术创新稳定，可实现关键技术突破；

6. 农业新型业态时有涌现，市场匹配度较高势头良好；

7. 农业重点领域发展保障有力，可形成特色效益；

8. 农业领军企业快速成长，行业引领能力较强；

9. 北京山区农业品牌具有广泛社会影响力。

二、"十四五"北京山区农业与乡村规划编制取向

"十四五"规划是 2020 年后国民经济高质量发展的第一个规划，是对今后五年发展目标和任务进行准确定位、认真求证和科学决策的过程，对形成规划思路、明确规划重点、确保规划的科学性具有重要意义。

1. 谋定而后动，做足规划编制的基础理论前期研究

重视规划前期精细化的研究，是规划编制的基础，也是编制前期准备的重中之重。以问题为导向，立足现实，捕捉新时代农业与乡村振兴发展中遇到的重大问题，做到有的放矢[5]。

（1）结合北京市委、市政府提出的新要求、新战略、新任务，勤于抒困，着眼长远，用新视野、新思维认真分析"十四五"面临的重大战略性问题。

（2）深入调研，开展分阶段、分批次重大问题研究，全面聚焦深化改革、转型升级、创新驱动、结构调整、跨越发展，增加基础研究供给，为规划发力。

2. 聚焦重点，准确研判发展中的热点与难点问题

科学判断形势是编制规划、描绘蓝图的基础和依据，规划是政府管理社会和经济的公共政策手段，这也是农业与乡村发展的一项基础性工作，让规划更加精细化、科学化，体现出新时代新征程的新特点和新举措。

3. 把握关键，以规划引领山区高质量发展

未雨绸缪，开好局、起好步，关键是在做好规划，建立以空间规划为基础、以用途管制为重要手段的空间开发保护制度。积极探索和构建全新的农业与乡村振兴规划衔接、协调、均衡的契合点，统领高质量发展的山区经济格局。

三、北京山区农业发展出路在哪？

北京特色农业发展成绩斐然，势头强劲，主要表现在以下 5 个方面：一是发展比较成熟的区域特色产业；二是各区域稀有的特色优势产业；三是具有较高市场占有率，但开发尚不完善的产业；四是尚未形成规模化生产，但具有较大发展潜力的产业；五是特色品牌深入人心。

（一）从特色农业切入

特色农业不仅是推动农业快速发展的有效途径，也是促进农民增收和加快农村振兴的重要举措。以新型工业和现代服务业带动传统农业的转型升级，将三产整合成一个综合性的新型产业。

1. 特色农业发展模式的选择不能照搬照抄其他地区产业的发展模式，而是要更多地依托其产业特性，扬长避短，以产业的独特性吸引市场。

2. 特色农业的发展代表地区产品的竞争力，是拉动地区经济发展的主要动力，也是区域产业发展的最终导向。

3. 特色农业是以特定的资源为前提，以区域特色生产技术和工艺水平为基础，是对区域内的特色资源或特色产品进行产业化开发而形成。

4. 特色农业的特点主要体现在"特"上，就是要以自己的"特色"取得产业和发展的优势。

（二）从特色农产品优势区突围

特色农产品优势区为特色农业的发展提供了有效途径，有力地推动了区域特色产业的发展。特色产业发展不仅可以增强区域产业优势、提高竞争力和拉动区域经济，而且可以提高产业发展所带来的生态和社会效益，弥补传统产业的缺陷[6]。

特色农产品优势区构建有利于推动农业规模化经营，提高农业生产效率，推动农业供给侧结构改革。一是农产品优势区建设为特色产业发展带来机遇；二是延长产业链，推动特色产业融合发展；三是鼓励发展特色种植、养殖加工业，获取综合效益。

1. 随着收入增长和城市化的发展，城乡居民食物消费结构将进一步发生显著变化，消费者对高价值食品的需求将显著增加，对食品质量和食品安全的要求也将显著提高。

2. 从国家与社会需求来看，农业的多功能需求也将逐渐增长，激励区域特色产业发展和推动三产融合模式就显得至关重要。优化农产品区域布局，建设产业带和发展特色产品是今后一个时期农业结构调整的战略突破口。

（三）创建北京山区国家中医农业示范区

"中医农业"是当前现代农业在理论创新和技术创新上的前沿领域，对深化农业供给侧结构性改革，推动农业、中医药及相关产业融合发展具有十分重要的示范意义。一是北京山区中医农业发展和乡村振兴战略有机衔接，加快建立生态农业产业体系、生产体系、经营体系，把其作为山区产业振兴的平台载体和重要抓手。二是坚持市场主导、政府扶持的原则，按照全产业链开发、全价值链提升的思路，支持选择山区基础好、有特色、比较优势显著的"中医农业"相关主导产业。

1. 构建有中国特色的高效生态农业模式；
2. 生产食药同源、功能性农产品；
3. 恢复、提升道地中药材、中草药药性；
4. 基于中草药配伍原理生产农药、兽药、饲料肥料及天然调理剂；

5. 基于中医健康循环理论集成生态循环种养技术模式；

6. 基于中医相生相克机理,利用生物群落之间交互作用提升农业系统功能。

(四)推出北京山区全域美丽之乡

乡村振兴是乡村生产、生活以及社会环境的演变与重构,依托多样化的演变态势,形成以生活富裕为最终标志的不同地域发展形态。农业生产正在逐步从供给型向需求型农业转变,产业富民的路径也逐步从产品供给向优质产品保障方面转化。

坚定不移创新实践绿水青山就是金山银山理念发展道路,始终坚持以人民为中心的发展思想,深入推进北京山区全域美丽之乡建设,协同推进高质量发展、高水平保护、高品质生活、高效能治理,努力把北京山区打造为全面展示北京高水平生态经济建设、高质量绿色发展成果和经验的重要窗口。

1. 北京山区全域美丽之乡建设是深化生态文明建设、迈向农业农村现代化新征程的必然要求。

2. 高水平推进北京山区全域美丽之乡建设,是践行绿色发展新理念的时代要求。

3. 高水平推进北京山区全域美丽之乡建设,是北京市向世界展示生态经济的政治责任。

4. 高水平推进北京山区全域美丽之乡建设,是激发北京山区发展优势的现实需求。

(五)培育北京气候好产品(中国气候好产品)

农业高质量发展是我国经济社会发展到新阶段对农业经济发展提出的更高要求。一是新一轮科技革命是以绿色、低碳、健康为主题;二是新一轮科技革命将引发农业,尤其是特色产业深刻变革;三是新一轮科技革命与中国气候好产品评估必将促进产业结构调整和区域经济格局的深刻变化。

北京山区农业高质量发展的实质是农业产业总体素质和效率达到较高水平的发展,是农村、农业、农民协调发展,生产、生态、生活融合发展,经济效益、社会效益、生态效益全面发展的综合体现,是发展动力强、增长快、效率高、效果好的发展状态。对此笔者提出在中国气候好产品基础上,推出独具北京特色的北京气候好产品。

1. 北京气候好产品主要体现为高品质和高安全性。

2. 北京气候好产品突出区域农业特色化和差异化发展。

3. 北京气候好产品注重挖掘农业的生态价值、休闲价值和文化价值。

4. 北京气候好产品有助于打造高效完备的农业生产经营体系,主要是集约化、专业化、组织化和社会化。

5. 北京气候好产品需要良好的生态环境和洁净的资源来支撑。一是要做好"减法";二是做好"加法"。

(六)打造北京山区农业新型品牌化

农业品牌化已经驶入"高铁时代",可以说,"地不分南北、时不分四季"。至今已初步构建起农业品牌政策体系,建立中国农业品牌目录制度。累计创建认定绿色有机和地理标识农产品 4.3 万个,形成了一批特色地域名片。品牌化带动了农业生产标准化,农产品质量安全例行监测合格率连续 5 年保持在 96% 以上。

新业态、新模式、新理念、新技术引领的产业升级,使农业成为中国最大机遇。北京气候好产品是引领农业产业升级,提升产业价值的必由之路,蕴含着地域农耕文化的精髓,用简约、大写意的方式表现农业审美思想,塑造出独特的文化情感。

1. 北京山区地域的多样性和农业生产的分散性决定了众多优质农业产品必须依靠地脉下的区域公共品牌来标识其品质。

2. 强化北京山区特色农产品优势区因地制宜建设一批特色化品牌,让品牌成为优质农产品和区域特色产业的代表性符号。

3. 北京气候好产品是农业品牌化的生力军,倡导"区位＋地域功能＋农业气候创意性评价"是农业品牌发展不可或缺的力量。

(七)推出北京山区接续减贫示范区

进入小康和后扶贫时代,我国贫困治理将呈现诸多新特征、新走势。把握这些新特征、新走势,把接续减贫平稳导入乡村振兴的主航道,是首都山区两大战略有机衔接面临的新任务。培育北京山区接续减贫示范区,是立足北京市情,着眼长远做出重大考量,选择山区作为接续减贫示范区,在国内外均具有重要影响。

1. 从实际状态来看,扶贫对象由绝对贫困转为相对贫困。接续减贫内涵和外延将不断扩展,这是首都贫困治理的现实问题。

2. 从贫困人群构成来看,将由多状况交织转为老弱病残为主。失能、半失能群体和老弱病残人群没有发展能力,他们将成为接续减贫的主要构成。

3. 从空间分布规律来看,将由集中连片逐步转为零散点状分布。地域分布的细碎化给接续减贫带来了新的难度和挑战,需要统筹规划,全域联动。

4. 从贫困治理需求层次来看,将由现在生存型转为生活发展型。生存和温饱已经不是衡量是否贫困的绝对标准,持续发展成为衡量贫困与否的重要准则。

5. 从贫困生成机理来看,将由原发型贫困转化为次生型贫困。单纯从收入上并不能完全衡量次生贫困的程度,需要结合多元维度来综合判断,才能找准成因,制定相应的措施,从根源上解决问题。

6. 从贫困治理保障角度来看,将由收入型逐步转化为消费型。在解决绝对贫困问题后,识别相对贫困人口时需要从收入和消费两个方面入手,建立科学、多维的贫困测度和识别体系。

7. 从贫困治理方法来看,将由普惠型减贫逐步转为个性化减贫。在解决绝对贫困共性问题的基础上,满足相对贫困个性需求,应避免出现资金项目"平均主义"的现象。

8. 从贫困治理覆盖范围来看,将由关注乡村逐步转为城乡一体。构建城乡融合的贫困治理体系,改变贫困的城乡分治,把当前解决农村贫困的政策举措、工作机制等运用到解决城市贫困问题中。

9. 产业富民是链接精准扶贫与乡村振兴的纽带,同时也是打通城乡要素自由流动的关键。

10. 从贫困治理组织形式看,将由山区的片区化转为零散化和常规性。通过建立常态化常规性的组织体系和工作机制,保持贫困治理的连续性,推动扶贫工作从运动式、突击性治理向常规化、制度化治理转型。

四、北京山区农业发展定位之我见

山区农业定位是北京发展的"顶层设计",是谋划北京市新时期发展必须解答的重大课题。明确山区农业定位,制定清晰的发展思路和发展战略。站在"十四五"新起点,全面分析北京山区形势变化和机遇挑战,深刻领会新发展理念核心要义和根本遵循,牢牢把握新发展格局战略导向和着力点,立足北京实际找准新定位。

1."两山经济"新高地。

2.中国健康养生地。

3."中医农业"示范区。

4.全域美丽之乡(山区)。

5.北京气候好产品(中国)。

6.接续减贫示范区。

参考文献

[1]洪银兴,刘伟,高培勇,等."习近平新时代中国特色社会主义经济思想"笔谈[J].中国社会科学,2018(9):4－73,204-205.

[2]张义丰,贾大猛,谭杰,等.北京山区沟域经济发展的空间组织模式[J].地理学报,2009,64(10):1231-1242.

[3]蒋宁,程明洋,刘彦随,等.京津冀地区农业农村发展及城镇化影响研究[J].地域研究与开发,2019,38(4):137-141.

[4]中共北京市委北京市人民政府印发《关于落实农业农村优先发展扎实推进乡村振兴战略实施的工作方案》的通知[J].北京市人民政府公报,2019(22):35-45.

[5]张义丰,秦伟山,祝采朋,等.北京山区农业与农村经济可持续发展的路径与对策[J].科技促进发展,2012(1):40-47.

[6]姜明伦,何安华,楼栋,等.我国农业农村发展的阶段性特征、发展趋势及对策研究[J].经济学家,2012(9):81-90.

山东省蒙阴县生态发展的出路研究

一、寻找蒙阴"十四五"的新坐标、新方位

"十四五"规划是党的十九大作出现代化重大部署之后第一个五年规划,也是 2020 年全面建成小康社会、开启现代化新征程的第一个五年规划,更是一个长期问题与短期问题碰头、发展与保护问题交杂、传统模式与未来模式转换的关键五年规划[1]。蒙阴县站位越来越高,视野越来越广,"十四五"蒙阴县新坐标和新方位构建。一是充分考虑变化、变量、不确定性以及资源环境的约束条件下的创新和转变,在全国首次推出生态创新;二是要把沂蒙山区生态协同发展示范区和长寿经济示范区推向纵深。

（一）如何描绘蒙阴县发展蓝图？

如何立足全局做好国家生态文明示范县创建、国家"两山理论"实践创新基地的新愿景和新要求。紧密结合起来,基于对"新方位、新飞跃、新变化、新理念、新方略、新境界、新方案"等新内涵和新特征的深刻把握,紧扣国家重大战略,注重从时间、空间两个维度打开思路。对蒙阴县发展潜力和未来发展进行再分析、再审视、再谋划,探索出一条切实符合战略定位、体现蒙阴特色,以生态优先、绿色发展为导向的高质量发展新路子具有重要意义。

（二）发展路径选择

"十四五"是蒙阴县百年未有之大变局和重要战略机遇期,在这个"重要战略机遇期"中,蒙阴的战略定位和发展定位是什么？中国科学院专家组给出明确的方向和思路,即把蒙阴县建设成为我国北方重要的生态创新示范区,这是立足蒙阴"两创"的战略定位,是算大账、算长远账、算整体账、算综合账的战略定位。围绕这个战略定位,蒙阴的发展定位,即沂蒙山区生态协同发展核心区、沂蒙山区长寿经济发展桥头堡、沟域一体化、种养一体化创新高地,这些都将成为"十四五"蒙阴的发力点和"突破口"。

1. 聚焦在生态优先和生态兴衰决定文明兴衰的共同价值取向上,全力做好生态创新和国家生态文明示范县创建及国家"两山理论"实践创新基地的新样板。

2. 聚焦在绿色发展和人地和谐共生的"绿色化"鲜明导向上,构建以生态与经济、社会协同发展为根本目标的新的经济形态,坚守以效率、和谐、持续为目标的经济增长和社会发展方式。

3. 聚焦在走实、走深、走好生态优先绿色发展新路子上,实施沟域一体化和种养一体化发展战略。把生态环境优势转化提升到生态农业、生态工业、生态旅游等生态经济优势、生态社会优势的更高境界上来。

4. 聚焦在强化工业产业动力、提高产品科技含量和附加值,出台具有更多功能性、结构性的有效政策上。要在培育产业凝聚力、提升产业园区发展软实力,发挥园区集中集约集聚效应,提高园区和区域供给体系质量和水平上有所突破。

5. 聚焦在推动生态产业发展向优质高效转移,在种养一体化基础上,不断优化种植业、养殖业区域布局和生产结构,建设若干特色种养一体化产业带,在增加优质绿色农畜产品供给等

注:本文创作于 2019 年。

方面要有突破。

6. 超前谋划自然资源数量不足与生产生活简单需求之间的矛盾转向自然资源质量不高与人民美好生活水平不断提高之间的矛盾[2]。

7. 由自然资源开发利用的"有水快流"转向自然资源开发利用的"细水长流"。由资源供给保障的一切为了经济发展转向兼顾经济发展与资源可持续利用。

（三）蒙阴县应该在我国北方大格局中被赋予特殊地位

毫无疑问，"十四五"期间，蒙阴县要成为几个不可替代的前沿。一是生态创新前沿；二是国家生态文明示范县和国家"两山理论"实践创新前沿；三是沂蒙山区生态协同发展前沿；四是山东省长寿经济发展前沿。

要实现高站位规划、高水平统筹、高质量发展，探索出一条符合战略定位、体现蒙阴特色，以生态优先、绿色发展为导向的高质量发展新路子。生态优先、绿色发展是发展理念、发展路径、发展方式、发展目标的全方位变化，指向还是高质量发展[3]。

（四）抓项目就是抓发展，没有项目，就没有县域发展

引进一个大项目，带来一条产业链，造就一个新产业，催生一个新基地，是不少地方进位争先的经验之谈。项目，成为"兵家必争之地"。

高——招引更专业，引进的项目科技含量更高。

快——推进流程再造，项目落地速度更快。

强——围绕新旧动能转换，让区域实力更强。

（五）如何看待蒙阴"十四五"的"变"与"不变"

"十四五"最重要的任务是深入研判、清醒把握沂蒙山区发展的变与不变，在变与不变中站在新高度、寻找新定位、拓展新内涵。在变与不变之间，做好"十四五"谋划，既要认清新时期经济社会发展的新变化，厘清发展新变化的脉络，更要增强"不变"的战略定力，保持历史耐力，不超越现实、超越阶段而急于求成，高瞻远瞩对未来做出科学谋划[4]。

1. 沂蒙山区历史方位变了，但蒙阴县基本县情不变。

2. 蒙阴县战略目标变了，但"发展理念"不变。

3. 蒙阴县社会主要矛盾变了，但以人民为中心的思想不变。

4. 沂蒙山区外部环境变了，但蒙阴县重要战略机遇期不变。

二、寻找蒙阴县县域经济发展的新动能

加快推进县域经济发展，不断壮大县域经济实力和竞争力，对蒙阴实现追赶超越目标具有重大战略意义，应聚焦高质量发展，坚持新发展理念，聚精会神转方式、调结构、促升级，加快质量变革、效率变革、动力变革，最大限度释放县域经济追赶超越新动能。

郡县治，天下安。县域经济是国民经济的基本组成单元、区域经济的重要组成部分，是最广大农村地区富民安民的"生存与发展"经济。思路决定出路，没有发展思路的创新，就不可能有县域经济发展的突破。振兴县域经济，应充分和深刻认识国内外宏观环境，厘清发展的主要障碍与问题，破除发展的传统路径依赖，充实发展的内涵，才能提高发展的水平和质量[5]。

（一）清醒认识蒙阴县发展的障碍与问题

1. 发展区位短板。蒙阴县对县域自身经济区位条件、自然资源禀赋等有较强的依赖性，但其本质上依然是农村区域经济、农业区域经济、农民为主的经济，是典型的"三农区域"为主的经济,存在着明显的"发展区位短板"。

2.基础设施短板。县域公共基础设施特别是乡村公共基础设施供给欠账较多。基础设施建设的落后在一定程度上阻碍人才等要素集聚,而要素集聚程度不高又导致各种基础设施投资成本更高、使用效率更低,更加降低了国家对县域基础设施的投资力度。

3.经济结构短板。县域产业主要集中在种植业和养殖业等传统产业上,呈现出一产过重、二产脆弱、三产滞后的局面,农业"腿长"、工业"腿短"的格局仍然没有改变,整体上讲,县域经济体量小,经济弹性弱,经济韧性低,经济互补性差、回旋空间小,存在明显的单调性"经济结构短板"。

4.人力与人才资源短板。县域面临人才"留不住""引不进""留不下"的"三重困境"严峻态势。靠谁来振兴乡村可能是实施乡村振兴战略面临的最突出的现实问题。

5.体制机制短板。县域得到改革发展的政策、资金等红利很少,乡村治理能力和治理体系明显落后,有关"县域经济"政策不多,政策数量少、政策含金量低、政策更新慢、政策创新少、配套政策不够、政策落实不到位的状况依然未明显转变,因而存在"体制机制短板"。

(二)蒙阴县县域经济发展的经验总结

1.立足资源禀赋和突出比较优势,是县域经济发展基本前提[6]。

2.推动思想解放和制度创新,是县域经济发展壮大的动力源泉。

3.围绕特色产业和培育产业集群,是县域经济发展的物质基础。

4.协调城乡关系和促进区域发展一体化,是县域经济崛起的重要途径。

5.激活要素活力和促进市场化水平提升,是县域经济发展的基本支撑。

6.构建全方位对外开放格局,是县域经济发展的关键保障。

(三)蒙阴县县域经济发展短板

蒙阴县县域经济规模总量较小、发展质量不高,工业化程度不高,存在着诸多短板问题,制约着经济发展进程[7]。

1.投资引进难。首先是物流成本高、配套产业不集中、基础建设不完善;其次是招商选资创新不足,专业性、靶向性不强。

2.基层人才缺。缺乏高级管理人才、新兴产业人才和高科技人才,懂经济运行、电商运营、PPP模式融资、项目咨询、项目管理等方面人才明显不足。尤其在推进重大项目上效率低、推进慢。

3.财力支持弱。县域结构性、体制性、周期性问题相互交织,实体经济困难较多,财政压力大,经济稳增长基础不牢固。

4.品牌营销差。缺乏高科技和高端制造业等企业,企业缺少品牌打造和营销理念,既不会宣传,也舍不得投入,造成农副产品上行难销路窄效益低,生态优势和品质优势没有全部发挥出来。

5.科技转化低。地方企业产业链普遍不长,产品科技含量相对较低,合作共建成果还不是很多。

6.企业联结松。县域里较大企业间相互联系少,中小企业以及一些新兴市场主体相互联结也不够紧密。

(四)蒙阴县如何激发内生动力

全力推进项目建设,激发全民创业热情,充分发挥人才作用,全面打造特色品牌,发挥内外商会作用,开拓融资渠道。

1. 坚持外引与内扶并重,全力推进项目建设。

2. 坚持抓大与扶小均不放松,积极推进全民创业。

3. 坚持专业人才培养与一般人员激励吸引相结合,为县域经济发展提供关键支撑。

4. 坚持品牌打造与电商扶持同步推进,解决农副产品上行难和附加值不高问题。

5. 坚持本地商会和外地商会两个作用的发挥,充分激发经济界人士的积极性。

6. 坚持政府抓财源建设与扶持企业融资两不误,努力扭转县域财政运行严重依赖上级转移支付局面。

(五)蒙阴县域经济发展新动能

1."规划图"变"施工图",依据资源禀赋、产业基础谋篇布局、加力加劲,蒙阴县处处洋溢着竞相发展的激情,涌动着特色差异化建设的热潮[8]。

2. 聚焦重点精准发力,产业是县域经济发展的龙头,培育支柱产业、特色产业是促进县域经济发展的首要选择。优先发展工业,以蒙阴县开发区为载体,大力实施"十百亿工程",壮大特色产业集群,支持县域培育 1～2 个主导产业,构建先进工业产业体系,让"老树"发"新芽"、开"新花"、结"新果"。

(1)实施产业培育提速行动,全面提升联动发展水平。

(2)实施城乡建设攻坚行动,全面提升融合发展水平。

(3)实施改革开放突破行动,全面提升区域协同发展水平。

(4)实施民营经济提振行动,全面提升民营企业发展水平。

(5)实施生态环境优化行动,全面提升绿色发展水平。

(6)实施社会民生促进行动,全面提升均衡发展水平。

(六)县域决策能力的新思考

决策能力是指决策者面对问题时,能够依据已有知识和经验提出多种解决方案,并运用科学方法和科学手段选择出最佳方案的能力,是寻求解决和决定方案的过程。它不同于单纯的选择,也不同于单纯的问题解决方案,它是二者精华的结合体,包括发现与认识问题能力、信息收集与整合的能力、决策形成的能力、决策评价与优化的能力[9]。

1. 发现与认知问题的能力。决策者要善于发现问题、对问题形成清晰的认知是决策进行的基础。

2. 信息收集与整合的能力。信息收集与整合能力是指决策者搜集信息、组织信息、利用信息形成方案的能力。

3. 决策形成能力。决策形成能力是指决策者能够根据收集到的信息形成多种解决方案的能力。

4. 决策评价与优化的能力。决策优化能力是指决策者能够从一系列不同的方案中辨明优劣,根据不同需要,做出正确的决策,并避免决策偏颇。

就蒙阴治县兴县而言,要通过学"两山理论"、用"两山理论",努力提高审时度势、战略谋划、抓好落实二种关键能力,确保县域治理目标定位的"靶向精准"、战略谋划的"路径清晰"、实践执行的"方法得当",从而推进县域治理现代化和高质量跨越式发展。

1. 以县域发展的难点与困境为"切入点",提高审时度势能力,确保"十四五"的"靶向精准"

(1)既向上看看,又向下看看,搞清楚普遍性的重大问题是什么和重大问题的具体表现有什么？

（2）坚持一切工作都在新思想中找方位、找定位、找思路、找方法、找遵循、找依据。

（3）在工作谋划上对标对表，以更高的政治站位、更高的战略思维、更高的全局高度，紧跟新时代、对标新要求。

（4）从思想、机制、政策、资源等层面聚集聚力，扬长补短、攻坚克难，写好"创新篇"、下好"改革棋"、走好"开放路"、打好"绿色牌"，争当"担当实干家"，交出"兴县富民卷"。

（5）树立实践思维，既注重察实情，更强调重实干。

2. 以"双创"（国家生态文明示范县、国家"两山理论"实践创新基地）战略为"关键点"，提高战略谋划能力，确保"路径清晰"。

面对改革、稳定、环保多重任务叠加压力、面对优势尚未发挥的现状、面对各种短板制约倒逼的局面，做到重点突破、以点带面。

（1）善于攻坚，把改革创新作为制胜法宝。以开放的眼光、一流的标准，集中资源力量，在项目政策争取、招大引强、招贤引才上求突破，攻克制约经济社会发展重点领域的堵点痛点，以重点突破带动全局快速发展。

（2）善于扬优，充分发挥产业基础优势。生态质量优势、资源环境优势，培育和发展新动能，推动产业高质量转型升级。

（3）善于补短，围绕区位短板、人才短板、要素短板、基础设施短板、公共服务短板精准发力，持续增强经济社会发展后劲和动能。

（4）善于强基，不断加强基层组织建设，持续深入改进作风，全力营造担当实干、风清气正的干事创业环境。

（5）统筹县域发展与环境保护关系，全面落实"两创"建设任务，着力打好污染防治、环境整治、制度完善攻坚战，铁心硬手治脏治污治乱，动真碰硬净空净水净土。

（6）统筹县域发展与民生福祉关系，坚持民生优先，从民生工程最大的短板着手，加大资源资金投入，做到尽力而为、量力而行。

（7）统筹县域发展与社会稳定关系，健全县、乡、村综合治理平台，聚焦重点问题综合施策、集中攻坚，确保县域发展社会稳定。

3. 以落实"两创"为着力点，提升落实能力，确保"方法得当"

精于操作落实，一分部署，九分落实。清楚"两创"工作的依靠力量和关键力量，确保县域"两创"建设"方法得当"。

（1）一级带着一级干，一级做给一级看，以担当带动担当、以作为促进作为，让敢于担当、善于作为在全县蔚然成风。

（2）聚焦重点工作、重点行业、重点领域，狠抓典型、敢于批评，树立干部队伍整体作风。抓住重点带动面上工作，不断提高驾驭复杂局面、处理复杂问题的本领。

（七）县域组织能力新视野

组织能力是组织存续、发展、强大的基础和保障，决策者应注重提升组织定位能力、组织规范能力、组织整合能力、组织决策能力、组织执行能力、组织改进能力等六大能力[10]。

1. 组织定位能力。组织定位能力是决策者在分析组织内外部环境、自身优劣势的前提下，对组织未来发展做出战略规划的能力。

2. 组织规范能力。组织规范能力是决策者规范其各项管理活动并实现组织管理制度化、标准化、流程化的能力。

3. 组织整合能力。组织整合能力是决策者组织整合人、财、物各项资源,实现组织资源价值最大化的能力。

4. 组织决策能力。组织决策能力是决策者在一定的定位能力、规范能力、整合能力基础上,保证组织决策质量、决策效率和决策认可度的能力。

5. 组织执行能力。组织执行能力是决策者依据组织决策,确保工作高质量、高效率、高认可度地落到实处,实现组织战略目标能力。

6. 组织改进能力。组织改进能力是决策者通过学习、实践、总结、批评与自我批评所形成的自我净化、自我完善、自我改进、自我提升能力。

(八)县域决策者必须提升四个基本能力

1. 提升阅读能力,这是决策者准确领会的基础;

2. 提升倾听能力,这是决策者准确分析的基础;

3. 提升表达能力,这是决策者准确沟通的基础;

4. 提升专注与坚持能力,这是决策者准确实现目标的基础。

三、在全国率先推出生态振兴的国家实践新坐标

通过多年的生态文明和蒙阴的发展实践,笔者认为蒙阴县应在创建国家生态文明示范县和国家"两山理论"实践创新基地基础上,在国家,尤其是我国北方地区率先推出生态振兴,以生态振兴推进乡村振兴,包括产业振兴、人才振兴、文化振兴和组织振兴。以绿色发展为引领,严守生态保护红线,推进农业农村绿色发展,加快农村人居环境整治,让生态振兴真正成为乡村振兴支点[11]。培育独具特色的"蒙阴角色",使之成为生态振兴的国家实践。

(一)蒙阴如何发力

蒙阴县是一个人口基数较大、经济增速较快但发展质量和效益偏低的县域,探索生态振兴发展模式,就是要从以往强调的要速度、要规模、要经济总量转化为要生态、要质量、要创新、要协调、要可持续发展。

生态是当今时代的核心资源,良好的生态环境是实现乡村振兴战略发展的最大优势,也是广大人民群众的宝贵财富。生态振兴是乡村振兴的核心要义,绿色发展是乡村振兴的主要途径。推动乡村振兴,必须以良好的生态环境来吸引人才、积聚人气、整合资源、聚集财富,以保护"绿水青山"的"颜值",来兑现"金山银山"的"价值",从而不断提高经济发展的"绿色含量"[12]。

绿色是生命的象征,是大自然的底色。推动绿色发展,关乎人类福祉,关乎未来发展。以"生态优先、绿色发展"的理念统领经济社会发展。绿色是蒙阴县发展的必然要求,蒙阴拥有绿色发展的资源基础、产业基础、环境基础和政策基础,但是也面临着缺乏绿色意识、绿色农产品供给结构矛盾、资源环境压力日益加大、农业生态系统退化、绿色科技短腿等方面的突出问题。

(二)生态振兴是蒙阴县奋斗的新目标

国家"两山理论"实践创新基地在蒙阴县已全面铺开,基地如何发挥引领、示范作用,特别是在聚焦"一体化、高质量"发展中,如何以习近平生态文明思想引领沟域一体化、种养一体化生态绿色发展,并贯穿于全过程、覆盖于全地域,是基地建设的必然命题[13]。坚持目标、问题导向,当好国家两山理论实践创新基地探路者。

蒙阴基地发展要实现环境和经济高度协调和一体化发展,积极探索生态文明与经济社会

发展相得益彰的路径;生态优势转化新样板、绿色发展新高地、一体化发展的新试验、人地和谐的新典范。

1. 让村镇行政分割不再是沟域一体化发展的障碍。积极探索打破"一亩三分地"和乡村保护主义,减少要素流动的壁垒,建立统一高效的沟域市场,推动基础设施互联互通、公共服务共建共享,使传统行政区域和沟域逐步走向现代功能之区[14]。

2. 让生态保护与创新经济发展不再是动、植物的一对矛盾。坚持生态绿色是国家对两山理论实践创新基地的更高要求,也是蒙阴县高质量发展的具体体现。打破"绿色就不发展"或"发展就不绿色"的矛盾。把握好高质量发展和一体化培育的辩证关系。率先探索生态优势的转化途径,让种养一体化孕育出创新经济,让绿色始终成为基地最厚重的底色、最鲜明的特质和最持久的优势。

3. 攥指成拳、有效促进国家生态文明示范县的创建与国家"两山理论"实践创新基地(简称"两创")的分工合作。蒙阴县扬其所长,"两创"既有分工又有整体合作,发挥一体两翼的"长板",构筑更大的"木桶",以提升县域经济竞争力和整体优势,为全国山区生态发展探索新路径、总结新经验。

4. 制度创新与系统改革成为"十四五"发展主要动力。蒙阴基地要集中落实、率先突破和系统集成,努力探索新发展动力模式,从要素投入为主转向必要的要素投入基础上制度创新为主,通过聚焦全面深化改革开放,形成制度新供给,注入发展新功能,努力成为蒙阴县"两创"中的"高地中的高地",为探索改革创新促进高质量发展提供蒙阴方案。

5. 坚持蓝图作战、开局决战,尽快提升蒙阴"两创"建设显示度。

(1)2020 年按照立足实际、突出重点、软硬结合、精准发力的原则,着重推进沟域一体化建设开局之年应当完成的重点任务。

(2)按照工作计划、任务分工,倒排时间,挂图作战,以实打实的工作举措,有重点、有节奏地推进种养一体化发展、着重落实生态环境、基础设施、技术创新等重大项目落地,力争布局更优、落地更快、建设更好。

6. 强化完善"两创"建设工作机制。"两创"基地建设要攻坚拔寨,需要举全县之力攻坚克难,要上接"天线",加强与省生态环境厅及国家部委沟通对接,积极争取国家层面支持;要下接"地气",真正了解基层所思所想所需;要左右逢源,协调好各级各方利益;要练好内功,提高自身战斗力、凝聚力、执行力。

(三)沟域一体化、种养一体化是生态振兴的"两翼齐飞"

从理论上看,一体化发展的目标与意义在于消除地区间市场分割,建立要素和商品自由流动的统一市场,促进经济在更广空间中的蔓延式发展。中国科学院专家组提出"沟域一体化、种养一体化",这就意味着蒙阴县拥有了实施一体化发展国家战略的县域重要实践平台,基本具备了"集中落实、率先突破、系统集成"的主要试行空间。一体化不是一样化,而是多样化和专业化的协同协调发展[15]。

(1)争创新发展理念的新标杆,通过构建现代化经济体系,推进沂蒙山区形成更高起点与更高层次改革开放格局,为"两创"建设提供实践空间,创新发展模式和动力,体现高质量发展要求。

(2)探索"两创"体制机制新试验,推动要素自由有序流动,资源要素的优化配置,推动县域产业的联动与整合,生态环境的协同与共治,形成沂蒙山区区域协调发展的新格局。率先实现区域体制机制新突破,为国家山区发展提供新样本。

（3）争做"两创"高质量发展新引擎，通过"两创"建设形成新的增长点，引领沂蒙山区实现跨越式发展；通过提升县域发展能级和核心竞争力，使之成为中国县域经济增长新旧动能转换的发生地，进而促进经济持续高效地发展。

（4）在开发理念与空间规划上实现再创新。一是不再以过去县域发展方式进行"两创"建设；二是沟域一体化、种养一体化实现基础设施的互联互通；三是对产业发展实施"一盘棋"的方式进行创新。

1. 沟域一体化是生态振兴的切入点

全面推进沟域一体化、种养一体化，这既符合蒙阴山区的实际，又能落实山水林田湖草是生命共同体的重要论述，更是有别于江浙等地区起步于美丽乡村建设等，是典型的实践创新。

中国科学院专家组从蒙阴县县域经济与山区发展实际情况出发，从宏观、中观和微观角度对流域经济，特别是沟域一体化进行了深入研究。在充分掌握流域的上、中、下、干支流和左右岸发展的基础上，提出了沟域一体化，其目的就是把作为流域次一级单元的沟域进行整体设计。并把山、水、林、田、湖、草，生命共同体贯彻到沟域一体化的全过程。同时打破村镇行政区划和观念限制，通过基础设施一体化建设、生产要素一体化流动、产业活动一体化布局和生态环境一体化保护，实现流域干支流的协调和沟域单元的经济差距[16]。

微观层面的沟域一体化是当前我国山区可持续发展的战略选择，也是流域发展政策制定和实施的基本遵循。是现代市场经济发展的客观需要，是产业升级的迫切需要，是现代网络信息技术高度发展的时代要求。积极借鉴国内沟域经济发展经验，探讨山区发展突出问题，找到完善对策具有重要的现实意义。

（1）根据流域地理条件、资源禀赋、村庄建设、传统文化等因素，每个乡镇确定1条面积不低于2万亩、至少涵盖4个行政村的流域进行综合整治。

（2）推进流域山水林田路综合治理，全面实施山体水体保护与修复；实施"绿满蒙阴"行动，推进林长制流域全覆盖，重点加快荒山、荒坡、荒地、荒滩植树绿化；明确各乡镇在沟域一体化发展中的具体职责，统筹各方利益，本着共赢、平等、公平原则兼顾各方利益，寻求沟域经济均衡协调最大化的职能动力发挥。

（3）发展流域特色经济，按照"一流域一主业、一流域一特色"的发展思路，在保护中合理开发利用流域资源，引进培育新型农业经营主体，注重市场作用和政府政策作用的协调配合。

（4）建设生态宜居家园，按照"一村一韵"的思路，保护好村庄特色风貌和历史文脉，提升村容村貌建设水平，全面推进农村人居环境综合整治，以乡村特色为抓手，充分发挥产业集聚效应作用，扶持村域经济和相关企业发展，为实践创新推进创造必要的市场环境。

2. 种养一体化是生态振兴的突破口

"种养脱节、农牧分离"日趋严峻，种植业为了追求产量，盲目地增加化肥使用量，缺乏对蒙阴县畜禽粪便的利用，危及生态环境，严重制约农业和乡村可持续发展。推行种养一体化，实现畜禽粪便和农作物秸秆的资源化利用，从根本上解决农业污染问题，对促进资源节约型和环境友好型社会建设具有重要现实意义[17]。

种养一体化是指通过种植业为养殖业提供食源，养殖业又为种植业提供肥源，让物质和能量在动植物之间进行转换循环，形成物质能量互补的生态农业系统的生产组织方式。其主要特点是优质高产、高效低耗，形成密切衔接的产业链条，能最大限度实现生态平衡，完成多环节、多层次、多领域的增值增收。全面推进蒙阴县畜禽养殖废弃物资源化利用，不断提升种养结合水平，构建农牧循环的可持续发展新格局是"国家两山理论实践创新基地"建设的切入点与突破口[18]。

(1)引进培育新型农业经营主体、农业龙头企业,流转土地、规模经营,集中力量打造"泉水农业""河谷农业""麦饭石丹参""蒙阴山羊(岱崮)"和生态渔业等一批标准化生产样板示范园,做好"农业＋"文章,延伸农业产业链条和价值链条,打造各具特色的流域生态农业发展新模式,建设农产品绿色优质安全示范区,打响蒙阴生态原产地产品品牌。

(2)遴选集饲料加工、种畜繁育、商品畜养殖、牲畜屠宰加工、冷链配送、清洁能源和高效设施农业于一体的大型农牧结合企业,实施化肥农药双减,推进农业生产标准化、品牌化,建设农超基地。

(3)建设一批设施完备、功能多样的农事体验园、休闲观光园、康养基地,打造各具特色的生态农业、旅游休闲、健康服务、文化娱乐融合发展的产业品牌。集餐饮、旅游、休闲和养生于一体的生态农业园区。

(4)全面推进农村人居环境综合整治,深入实施农村饮水安全两年攻坚行动,开展路域环境、城乡环卫一体化综合整治,全面提升村域环境。积极稳妥推进清洁取暖、"厕所革命""美在农家",不断提高乡村治理能力和水平,建设美丽宜居乡村。

(四)"两创"是生态振兴的先手棋、试验田和前提条件

1. 蒙阴县创建国家生态文明建设示范县的重要意义

国家生态文明建设示范市县是加快构建生态文明体系的重要载体。生态环境部最新印发修订后的《国家生态文明建设示范市县管理规程》《国家生态文明建设示范市县建设指标》,进一步规范了示范建设,提升了建设标准,为深化示范市县建设提供了新坐标、新方位,也为加快建设美丽中国提供了新动力。

(1)蒙阴县创建示范县要深入贯彻习近平生态文明思想、统筹推进"五位一体"总体布局

在指标设置上,把习近平生态文明思想的生态文明建设体系具体细化为目标责任和生态制度、生态经济、生态安全、生态空间、生态人居、生态文化六个方面,同时把党委政府对生态文明研究部署情况作为重要指标。

(2)蒙阴县创建要加快构建生态文明体系建设

1)国家生态文明建设示范县围绕构建生态文明体系提出了六个方面的 40 个建设指标,基本涵盖了党中央、国务院关于生态环境保护、绿色发展、生态文明体制机制建设等生态文明建设的各项部署要求。同时,考虑不同行政级别事权划分和建设实际,区分了针对市县的共性和个性指标,形成了市县分级的建设指标体系。

2)国家生态文明建设示范县创建,将编制生态文明建设规划作为基本条件,强调加强顶层设计,有计划、有步骤地推进生态文明体系建设,在生态文明体系指标化的基础上,推进相关措施的任务化、责任化、项目化、时限化和整体推进。

(3)蒙阴县创建要强化高标准示范引领功能,强化个性

国家生态文明建设示范县创建,是为全国探索区域生态文明建设的有效路径与模式,更重要的是通过树立先进典型,以先进带动后进,筑牢美丽中国的基础,必须坚持高标准严要求。

1)结合全国的工作现状、阶段目标、区域差异,提出了较高的考核标准值,具体指标要求均不低于国家相关规划、方案的目标要求。

2)要求创建地区在落实生态文明重大部署等工作方面走在全国前列,设置包括建设用地、土壤污染风险管控和修复名录制度、自然岸线保有率、河湖岸线保护率、碳排放强度等指标。

3)突出示范探索,设置了生活废弃物综合利用、绿色产品市场占有率、政府绿色采购比例

等指标。此外,示范建设还把生态环境质量只能变好不能变坏作为内在要求,切实把控创建质量。

(4)蒙阴县创建要切实落实示范县责任,要对标、对表

1)建设指标涉及生态环境、自然资源、农业、水利、住建、林草、统计、卫生、交通等各个部门,要加强统筹协调,按照"五位一体"的要求建立各部门协同推进的体制机制,形成各负其责、共同发力的建设格局。

2)蒙阴县要把社会公众满意度、参与度等作为重要指标。尤其是参与度是这次新增加的指标,强调了示范建设要求全社会共建共享的初衷。

(5)蒙阴县创建要强化深入的、持久的发力条件

为持续发挥示范建设的引领带动作用,管理规程明确要求对命名授牌市(县)进行抽查、复核,对于出现问题的进行警告,问题严重的将撤销称号。

2. 蒙阴县"国家'两山理论'实践创新基地"的引领价值

生态环境部近期发布了《"绿水青山就是金山银山"实践创新基地建设管理规程(试行)》,基本形成了"两山理论"基地建设的顶层设计、总体部署和工作推进格局。

(1)"蒙阴基地"要明确实践创新的重要职责,强调地方党委、政府开展生态文明建设的政治责任,将责任转化为具象的目标,可追求、可实现。蒙阴县应因地制宜地开展"两山理论"转化路径探索,创新制度实践,总结凝练形成具有地方特色的"两山理论"转化模式。

(2)蒙阴县要以管理规程为重要纲领,进一步规范和加强"两山理论"基地建设,将推进的思路落实为规划和方案,可操作、可执行。

(3)蒙阴县要明确生态文明建设的目标任务,将思想体系表达为指标数据,可量化、可考核,以"两山理论"转化为重点任务,进一步总结和凝练蒙阴转化路径模式和构建新型宣传与交流平台。

(五)生态振兴国家实践的蒙阴新角色

生态创新的蒙阴实践是全面深化改革、激发县域生态经济活力的"领路者",是实现高质量发展、加快新旧动能转换的"导航者",是加快区域协同、融入长寿经济网络的"探路者",是创建新时代国家生态文明示范县和国家两山理论实践创新的"先行者"[19],推出生态创新的蒙阴实践——沂蒙角色。

1. 生态创新为蒙阴县构筑美丽之桥

"崇尚创新、注重协调、倡导绿色、厚植开放、推进共享"在蒙阴县蔚然成风,相信蒙阴必然会成为一个更好、更健康,也更有活力的蒙阴。一个更具活力实力、更富特色魅力、更有吸引力竞争力的蒙阴正一步一步向我们走来[20]。

2. 一湖碧水永远长存,一种精神响彻蒙阴

云蒙湖功在当代,利在千秋。其不仅有水源水质的优化、城市景观的提升、区域环境的改善、产业发展的升级,还有蒙阴人民书写的堪与愚公移山精神、红旗渠精神相媲美的蒙阴精神。有汗水、有奉献、有坚守,所有的这些凝聚在一起,铸就了"忠诚担当、顽强拼搏、团结协作、无私奉献"的蒙阴精神。

3. 美丽、健康、幸福是奋斗出来的

新时代是幸福的时代,只有奋斗的人生才称得上幸福的人生,奋斗是通往成功的阶梯,奋斗是推动时代前进的动力,奋斗让蒙阴实现了美丽嬗变。一是久困于穷,冀以小康。人们盼小康、奔小康的梦想从未停止;二是蓝图正绘,未来可期。经过努力,蒙阴县必然是焕然一新;三

是执着奋斗,久久为功。

4. 以人为本,以水为魂,沟域一体化留住乡愁

蒙阴因山而生,因水而兴。蒙阴县委、县政府向蒙阴人民许下庄严承诺,要把人民群众对生态环境改善的强烈期盼作为工作的重中之重。把沟域一体化与生态文明、文化旅游、城市发展统筹考虑。让人们真正感受到良好的生态是条"金扁担",一头挑着"绿水青山",一头挑着"金山银山",沟域一体化,"挑"出的是一条生态振兴的现实路径。

5. 种养一体化奏响新时代乡村振兴之歌

贫穷,软肋在思路,硬肋在种养。产业振兴是乡村振兴的基础,而种养一体化是产业振兴的保障。梦在前方,路在脚下,在通往收获的道路上,蒙阴脚踏实地、步履铿锵,实现乡村振兴。蒙阴县始终如一,坚持种养一体化,解决我国长期没有解决的动植物关系问题,在希望的田野上,谱写出一曲壮丽的乡村振兴之歌。

6. 打破污水垃圾围困村镇,共享发展成果

生态创新正在逐步成为美丽蒙阴的最佳底色。县委、县政府更是将改善农村人居环境作为重大政治任务和重要民生工程进行重点安排部署,重点推进垃圾与污水处理和乡村户厕改造,提出了量化的乡村污水处理和垃圾处理指标及乡村户厕改造方案。一件事情接着一件事情办,一年接着一年干,正在按照"一眼净、全域净"的标准,建设生态人居的美丽乡村。

7. 坚持饮水安全,水润山阳,情暖人心

人民对美好生活的向往,就是我们的奋斗目标。而吃上好水,正是人民对美好生活向往的重要组成部分。面对水资源紧缺、水污染严重、水生态退化等问题,县委、县政府向市民许下庄严承诺,要把人民群众对生态环境改善的强烈期盼作为工作的重中之重,要把农村饮用水源与生态文明、文化旅游、城市发展统筹考虑。

8. 敢为人先,勇于"蹚水过河"

"蹚水过河"并不是"蹚浑水",而是要找准镌刻符合生态创新的发展方向,符合"两山理论"创新的合理追求文字的"水"。

9. 重视蒙阴精神,激发文化内生动力

蒙阴精神作为区域经济发展的一种内生动力,对县域经济发展具有重要作用,重视蒙阴精神发展(这是笔者对蒙阴文化的一种概括),是蒙阴角色的有益启示。

10. "双手"并用,合理发挥政府作用

政府"有形之手"和市场"无形之手"是推动县域经济发展的重要手段。建设具有创新惯性和质量持续改进的政府,优化营商环境,加快机制体制创新,十分必要而且有益。

(六)蒙阴智库是生态振兴的新支撑

建议与生态环境部、中国生态文明研究与促进会密切合作,接受指导;以中国科学院专家团队为主体,建立蒙阴新型智库,服务蒙阴发展。

中国科学院专家团队作为新型智库平台,是一个知识密集型组织,是社会精英和专业人士的集聚之地,承载着知识创新、服务蒙阴决策的功能诉求,与公共决策有着内在的契合关系,在蒙阴"两创"中有着不可替代的重要现实意义[21]。

1. 智库功能

(1)咨政参谋。智库作为专门的思想高地,具备以智慧引领和参谋县域发展的条件,通过深入地研究和广泛听取社会各界意见,为蒙阴发展提供决策思路和问题解决方案,并对行动计划与实施方案进行论证和评估,为县域发展决策制订与实施打好科学基础。

（2）启迪民智。新型智库是县域发展创新的重要平台,依靠专家学者和专业团队,运用科学合理的研究方法,开展独立自主的调查研究,得出客观公正的研究结论,以不同形式向社会推广。

（3）问题预警。新型智库能够基于公正的立场,通过开展独立调查,得出客观结论,承担民生福祉的使命。同时智库可以讲好蒙阴故事、传播蒙阴声音、塑造蒙阴形象,推介新时代蒙阴价值理念,拓展蒙阴发展所需的空间,提升蒙阴的国家影响力和发展话语权。

（4）聚贤荐才。新型智库具有天然地促进人才旋转的机能。一是通过长期的深入研究,形成了对蒙阴发展的深刻洞见,具有深厚的决策服务能力;二是能为政府培养和推荐优秀的基层人才和外来人才。

2.智库使命

（1）改革人才激励与经费管理制度,做好智库人才储备工作。

（2）完善智库质量管理和综合治理机制,督促智库生产出高质量和有影响力的研究成果。

（3）以智库文化作为发展底蕴,强化自身的智慧服务能力。一是智库要明确自身的战略定位;二是智库要形成特色与专业优势;三是开发良好的服务方式与影响渠道;四是夯实智库的资源与能力,提升智库的社会影响力。

（4）营造智库研究所需的政治经济条件,打通智库服务政府决策通道。

（5）培育智库成长所需的环境氛围,解决智库发展出路问题。

3.智库作用

（1）在新型智库支持下,构建蒙阴高质量发展的指导机制

按照"增强创新能力、挖掘市场能力、提升文化能力"等基本思路,坚持稳中求进的工作总基调,坚持新发展理念,坚持高质量发展战略。把市场化和法治化理念融入"十四五"规划,智库专家有责任指导提高规划质量,为蒙阴县域经济发展提供可靠的规划保障、科学的政策指引[22]。

（2）新型智库要推行建设问题前移的研究机制

蒙阴县在"十四五"发展过程中要秉持底线思维,注重问题前移、充分调研,专注重点、开展分类研究,强化前期准备工作的针对性,着力防范化解重大风险。

（3）新型智库要创新实事求是的测算机制

新型智库要紧紧围绕生态创新这条主线,准确把握发展阶段特征。遵循自然规律、经济规律和社会发展规律,助力蒙阴县"十四五"经济社会发展的主要目标指标和"两创"的达标测算。既要兼顾连续性和阶段性,也要确保经过艰苦努力可以实现的目标。

（4）新型智库要注重完善社会参与的沟通机制

新型智库要激发社会活力、凝聚广泛共识、汇聚各方合力,打造政府职能部门、市场主体、社会公众广泛参与生态创新,进一步创新公众参与的方式与渠道,增强公众参与体验,充分掌握、及时吸收公众对"十四五"发展的合理化建议。

（5）新型智库要强化统筹协调的衔接机制

新型智库要与县委、县政府密切配合,指导各级各类规划之间的衔接和协调,推动多规合一、承上启下。要通过依托新型智库这一平台实现多规信息的集成和运用,通过完善一套机制调整,从而保障一张蓝图绘到底。策划一批影响深远、辐射带动力强的重大工程和重点项目,为增后劲、促发展提供可靠支撑。

（6）新型智库要夯实落地评估的执行机制

新型智库应协助蒙阴县建立规划实施动态监测机制,强化实施过程评估,持续推进规划监

测与中期评估工作。在规划实施中期阶段,应组织开展全面评估,形成评估报告提交职能部门审议,在规划实施完成阶段,应及时总结经验和不足,以利于未来工作。

四、2020 生态振兴攻坚计划

新的一年,蒙阴县生态振兴攻坚计划主要围绕确定问题导向和体制机制突破,以及具体操作的点、线、片空间优化配置。对此,中国科学院专家组提出了"四个一工程"。

(一)沟域一体化生态振兴创新工程

2020 年选择一条具有典型点、线、片空间优化配置的沟域,按照山水林田湖草治理"宜林则林、宜耕则耕、宜工则工、宜水则水"的科学思路,立足源头防范、过程严管,建立健全符合蒙阴实际的生态文明制度体系[23]。

1. 坚持保护优先、自然恢复的原则。把生态环境保护放在首要位置,切实减轻人类活动对山、水、林、田、湖、草自然生态系统的破坏与影响,绝不以破坏生态环境换取短期经济效益。一是选择典型乡村启动乡村资产评估,确保生态振兴的科技支撑;二是选择沟域上源乡村,实施 45°坡以上的经济林淡化退出示范,以确保生态空间与生产空间的整体协调。

2. 改变生态建设由人工建设为主转向自然恢复为主,对生态脆弱地区加大修复力度,倡导近自然经营生态资源,稳步提高生态系统功能,重点选择典型乡村进行可视范围内生态修复。

3. 统筹沟域一体化保护、矿山治理、土地整治、生态与生产空间优化,启动沟域"山、水、林、田、湖、草、路、景、村"九位一体化推进建设。

4. 实现沟域一体化全域性治理。一是山上山下同治;二是地上地下同治;三是沟域上下同治。在沟域上、中、下段选择重要节点乡村,启动乡村污水治理工程。

5. 坚持沟域一体化项目"精准识别"。坚持问题导向、精准对标。下决心把沟域一体化打造成全国山水林田湖草综合治理与生态创新的示范样板,让"痛点"真正变成"亮点"。

6. 坚持沟域一体化"抱团攻坚"治理。一是项目"抱团";二是资金"抱团";三是村镇"抱团"。实现治理空间覆盖、治理时间同步、治理目标一致的全覆盖治理。选择重点片区实现沟域一体化全要素保障,包括项目用地优先保障、项目配套资金优先保障、人员力量优先保障,确保项目推进"加速度"。

7. 坚持沟域一体化"创新拓展",正确处理发展与保护的关系,坚持项目谋划和经济发展控制在资源环境承载能力范围之内,启动特色产业培育工程。坚持"生态+"理念,因地制宜大力推进生态产业发展,推动生态产品价值实现,推进源头上全要素、全方位同抓共治,实现污染问题在源头治理。

(二)种养一体化产业循环示范工程

蒙阴县动、植物关系基本协调,但"种养脱节、农牧分离"现象也比较突出,特色种植业为了追求产量,盲目地增加农药化肥使用量,整体上缺乏对蒙阴县畜禽粪便的综合利用,危及生态与环境的友好。中国科学院专家组提出种养一体化发展,在现阶段本身就是一种创新,而蒙阴县又是最佳的选择。

1. 引进培育新型农业经营主体、农业龙头企业,流转土地、规模经营,集中力量打造一批标准化生产样板示范园,形成各具特色的流域生态农业发展新模式,建设农产品绿色优质安全示范区,打响蒙阴生态原产地产品品牌。

2. 遴选集饲料加工、种畜繁育、商品畜养殖、牲畜屠宰加工、冷链配送、清洁能源和高效设施农业于一体的大型农牧结合企业,实施化肥农药双减,推进农业生产标准化、品牌化,建设农超基地。

3. 建设一批设施完备、功能多样的农事体验园、休闲观光园、康养基地,打造各具特色的生态农业、旅游休闲、健康服务、文化娱乐融合发展的产业品牌。集餐饮、旅游、休闲和养生于一体的生态农业园区。

4. 全面推进农村人居环境综合整治,深入实施农村饮水安全两年攻坚行动,开展路域环境、城乡环卫一体化综合整治,全面提升村域环境。积极稳妥推进清洁取暖、"厕所革命""美在农家",不断提高乡村治理能力和水平,建设美丽宜居乡村。

5. 种养一体化主要难点与突破措施。一是以肥料化或能源化为主,但面临技术标准的缺失,需要破解;二是以承包或租赁沟域土地方式实现种养直接结合;三是政府支持以土地流转为主,但存在制度瓶颈,需要协调;四是实现收益提高或成本降低,但盈利程度受市场影响较大;五是种养一体化发展前景广阔。

(三)生态振兴科学推进工程

1. 充分利用中国科学院专家组的综合优势和研究基础,启动蒙阴县生态振兴发展规划的编制。

2. 以蒙阴县生态振兴发展报告为基础,举办全国首届生态振兴学术研讨会,积极创办"国家生态振兴交流基地"。

(四)新型智库智慧推进工程

1. 建设蒙阴特色新型智库,是蒙阴县委县、县政府站在时代发展的高度,着眼于建立健全决策咨询制度,推进县域治理现代化做出的重大举措。

2. 蒙阴智库围绕重大事件,以独立、独家、独到的观点予以理性评析和前瞻研判。同时还肩负着咨政、启智、创富、聚才等重要功能,使之成为"决策显微镜、战略风向标",树立立足蒙阴,面向全国,突出服务县委、县政府的使命,以思想性、创新性、前瞻性和权威性为定位,致力于打造临沂市乃至全国一流的县域发展智库。

3. 根据国内外现有的智库建设的经验,蒙阴智库由智库领导小组,智库专家委员会,智库顾问指导小组,智库政策研究小组构成。

参考文献

[1]潘毅刚.浙江"十四五"猜想[J].浙江经济,2019(11):15.

[2]张兴.新方位中自然资源"十四五"规划思考与建议[J].中国国土资源经济,2018,31(12):31-34.

[3]杨臣华."十四五"规划研究的新坐标新方位[J].北方经济,2019(8):18-20.

[4]章奇勇."十四五"时期的"变"与"不变"[J].浙江经济,2019(18):62.

[5]张志强,熊永兰,张宸嘉.中国县域经济发展:环境、障碍与对策[J].中国西部,2019(3):17-24.

[6]李泉.中国县域经济发展40年:经验与启示[J].石河子大学学报(哲学社会科学版),2019,33(1):74-84.

[7]李春光.破解制约县域经济的七大短板[N].黑龙江日报,2019-12-25(12).

[8]黄小芹.县域经济咋提升?看看这份"施工图"[N].绵阳日报,2020-01-02(3).

[9]王国红.决策能力:内涵、价值、发展路径及培养策略[J].基础教育研究,2019(11):17-19.

[10]雷鸿聚.组织能力的构成要素及其提升要点[J].领导科学,2019(6):81-83.

[11]张忠跃.让良好生态成为乡村振兴支撑点[N].吉林日报,2019-12-23(1).

[12]杨中柱.乡村振兴与生态文明建设的理论与实践探索——"第四届绿色发展论坛"观点综述[J].高校社科动态,2019(2):5.

[13]赵宏林.示范区应成为生态文明制度创新的试验田[N].中国环境报,2019-12-12.

[14]马春雷.下好长三角一体化发展国家战略先手棋[N].中国经济导报 2019-12-13(1).

[15]陈建军,黄洁.长三角一体化发展示范区:国际经验、发展模式与实现路径[J].学术月刊,2019,51(10):46-53.

[16]罗睿.区域经济一体化发展现状及完善策略探究[J].中国商论,2020(1):190-191.

[17]崔艺凡.种养结合模式及影响因素分析[D].北京:中国农业科学院,2017.

[18]舒畅,乔娟.我国种养一体化模式治理畜禽粪污的发展问题研究[J].中国畜牧杂志,2019(8):146-150.

[19]张战仁,张润强,占正云.新时代温州模式的本质内涵、合理启示与转型路径研究[J].温州大学学报(社会科学版),2019,32(6):36-42.

[20]本报记者.五大发展理念的焦作实践[N].焦作日报,2019-11-20(3).

[21]蔡蓉英.新型智库服务政府决策能力的提升策略研究[J].智库理论与实践,2019,4(4):29-37.

[22]邓子纲.创新六大机制 精准编制湖南"十四五"规划[N].湖南日报 2019-12-02.

[23]林佛招."山水林田湖草"系统治理的寻乌示范[J].当代江西,2019(8):31-32.

第四编　接续减贫探索

后扶贫时代黄河流域精准脱贫可持续发展的趋势与出路

从古以来,黄河问题都是安民兴邦的一件大事。只有黄河安澜,才有国泰民安。诗曰:

几字天上来,黄河心里流。

横刻千万仞,纵雕于九州。

国策而引航,和谐而护佑。

生态唱大风,绿色立潮头。

1. 2020 年是极不平凡的一年。作为脱贫攻坚的收官之年,中国将消除绝对贫困、全面建成小康社会。

2. 黄河流域是多民族聚居区,也是贫困人口相对集中区域。生态敏感区常与贫困如影随形。

3. 贫有百样,困有千种,扶贫脱困就要有千百种方案、付出千百倍努力。统筹推进扶贫开发与生态保护,既要下苦功,还要使巧劲。

4. 中国减贫成功的奥秘,最主要是中国探索出了中国特色的减贫道路,在世界反贫困史上取得了举世瞩目的成就。

5. 黄河流域贫困人口众多,贫困程度颇深,是中国贫困研究的典型区域。

一、后扶贫时代与“十四五”应变

“十四五”新格局是应对大变局的战略选择,我国的脱贫既是地区性的,又具有全国性的,对此需要识变、应变和主动求变。

1. 识变的重点在于考虑百年未有之大变局和影响。

2. 应变的关键要从加快精准脱贫可持续发展示范区建设入手,重点解决后脱贫时代返贫原因、扶贫产业选择、地域识别与重大项目集成和可持续发展试验示范等问题。

3. 求变的核心是黄河流域脱贫与可持续发展路径选择。

二、黄河流域贫困问题

黄河流域是中国重要的生态屏障和重要的经济地带,是打赢脱贫攻坚战的重要区域,在中国经济社会发展和生态安全方面具有十分重要的地位,并将黄河流域生态保护和高质量发展提升为重大国家战略,这为黄河上游地区生态保护和高质量发展指明了根本遵循[1]。

1. 黄河流域上、中、下游 393 个地理空间单元中,有 123 个国家扶贫开发工作重点县(贫困县)。贫困发生率分别为 18.64%、15.19%、6.56%,在空间上呈现“西中高东部低”的特征。整体来看,黄河流域贫困发生率的连贯性强,且覆盖面积广[2]。

(1)甘肃、陕西和宁夏三省交界地带地处黄河上中游,海拔较高、环境承载力较差、水土流

注:本文创作于 2020 年。

失严重,贫困人口众多且贫困程度较深。

(2)果洛藏族自治州属"三江源自然保护区",地理位置特殊,生态环境承载力差,贫困突出。

(3)山西的西北荒漠地带和吕梁集中连片特困区,水资源匮乏,水土要素耦合欠佳。

(4)河南省西部的伏牛山区,包含洛阳的卢氏县、栾川县、嵩县和汝阳县等,地质条件比较复杂,贫困严重。

(5)河南省开封市与山东省菏泽市受黄河变迁影响是流域精准脱贫可持续发展重点区域,也是返贫高风险区。

2. 黄河流域是中国重要的生态屏障和经济地带,是精准脱贫可持续发展的重要区域。分析黄河流域贫困发生因素,对于实现流域高质量发展具有重要意义。

(1)自然因素是贫困发生的基础性因素。

(2)经济因素是贫困发展的主导性因素。

(3)社会因素是解决贫困的关键因素。

(4)黄河流域贫困发生机制复杂。

三、黄河流域精准脱贫可持续发展示范区

2020 年是全面建成小康社会的收官之年,我国现行标准下农村贫困人口全部脱贫的目标即将实现。但是,绝对贫困在统计意义上的消失并不意味着中国反贫困事业的终结,相对贫困现象则将长期存在[3]。贫困地区全面脱贫后,返贫的风险依然存在。防止返贫和继续攻坚同样重要。返贫问题已经成为贫困地区实现长期稳定致富的严重阻碍,如何防止贫困人口返贫以及实现可持续稳定脱贫,成为当今国家亟须研究解决的重大课题[4]。

精准脱贫可持续发展示范区是笔者及其团队在深入研究区域发展与精准脱贫的过程中提出的一种针对后扶贫时代发展构想。这种发展理念在山东临沂市落地,并得到学术界和有关部门高度认可。

(一)示范区建设的必要性与重大意义

黄河是全国精准扶贫、精准脱贫的主战场,又是脱贫与返贫交织的重点区。如果说脱贫是一场攻坚的硬仗,那么巩固脱贫成果,防止返贫更是一场持久战[5]。目前,返贫问题已成为国家和沿黄 9 省社会高度关注的全新课题。2020 年之前,扶贫工作由全面推进向深度贫困攻坚转变,从注重减贫速度向提高质量转变,而不返贫则是检验脱贫质量的关键所在。因此,应紧紧抓住"十四五"黄河大保护、大治理的历史机遇,对黄河贫困风险进行科学预判,对防止返贫工作应尽早提出精准策略,精心部署,有序进行。

黄河流域在精准脱贫基础上,推出建设"黄河流域精准脱贫可持续发展示范区",对破解沿黄九省当前扶贫发展中的主要矛盾,打造美丽中国"黄河方案""黄河经验"具有重要意义。

(二)示范区建设目标

突出示范区建设的前瞻性。一是支持沿黄 9 省进一步加大区域合作,突出示范区建设的开放性;二是重点支持上游四省进一步进行风险防控,突出示范区建设的创新性;三是支持突出省份进一步加大对返贫问题的破解,突出示范区建设的示范性。

1. 建议国家制定黄河流域精准脱贫可持续发展示范区规划

根据黄河流域自然、经济、社会、文化特征,确立精准脱贫可持续发展的重点领域,结合上、

中、下游现实需求制定精准脱贫可持续发展规划,加强该规划与沿黄九省国民经济与社会发展规划的有效衔接,并把该规划作为"十四五"规划重要任务,形成同一蓝图、同一目标。

2. 推出黄河大保护与大治理精准脱贫可持续发展黄河经验

在精准脱贫可持续发展示范区建设取得成效基础上,向国内外贫困地区推广黄河实践经验和系统解决方案,搭建精准脱贫为主题的交流合作平台,向国内外提供可持续发展的黄河方案。

3. 推出中国黄河发展创新论坛

该论坛要高起点、新视野,本着先举办全国性论坛,争取把黄河示范区建成贫困人口返贫的创新治理平台。论坛通过汇聚国际组织、政府、商界、学界、媒体、民间等,共商脱贫可持续发展大计,共享脱贫可持续发展最佳实践,共促脱贫可持续发展领域先进科技成果转移转化。

(三)示范区建设主要任务

打造培育黄河流域乃至全国精准脱贫可持续发展示范区是笔者及其团队立足域情、沿黄九省省情、着眼长远做出的重要思考。创造全国精准脱贫的"流域样板"乃至"全国样板"需要先行先试、大胆创新,以更明确的思路、更精准的举措攻坚克难,如期实现黄河脱贫致富持续目标。

选择黄河流域作为国家精准脱贫可持续发展示范区,是因为黄河流域贫困问题的典型性而提出的,一是黄河流域生态敏感性与脆弱性问题突出;二是沿黄9省发展进程不同,区域差异较大,历史欠账较多;三是选择黄河作为示范区在全国七大水系中具有典型性和代表性。

1. 明确提出"黄河流域精准脱贫可持续发展示范区"要求和目标

以"率先实现整体脱贫致富"为目标,以"突出重点、攻克难点、打造亮点、示范带动、整体推进"为原则,以强基础、扶产业、提素质、创机制为着力点,集中各种资源,实现区域综合推进。

2. 实施脱贫与转型发展、生态统领与乡村振兴融合示范带动

(1)紧紧抓住黄河在国家精准脱贫实践中呈现的新特点、新亮点,通过试点示范带动,建机制,增强产业造血能力,为新时期全国精准脱贫可持续发展积累经验、做出示范。

(2)黄河上游地区是中国重要的生态脆弱区和贫困易发高风险区,如何高质量实现该地区的可持续发展是政府和学术界普遍关注的热点问题。一是西部青海—四川高原地带;二是中部甘肃—陕西—宁夏三省交界地带;三是山西西北荒漠—吕梁特困区干旱地带。选择这三个区域作为精准脱贫可持续发展示范基地具有重要意义。

(3)黄河流域是多民族聚居地区,也是贫困人口相对集中的区域。黄河流经内蒙古7个盟市,共有9个国家级贫困旗县、12个区级贫困旗县,是自治区打赢脱贫攻坚战的重要区域。截至2018年年底,这些地区累计减贫15.8万户、35万人,脱贫攻坚取得巨大成效。打赢黄河流域脱贫攻坚战,对于维护社会稳定、促进民族团结具有重要意义。选择该区作为精准脱贫可持续发展示范基地具有重要现实意义。

3. 构建黄河流域精准脱贫可持续发展综合试验平台

着力将黄河上中下游三大示范基地打造成"精准脱贫可持续发展示范区",构建具有黄河特色的脱贫可持续发展体系,形成可持续发展的综合试验平台,形成若干可操作的精准脱贫可持续发展攻坚成果。

(四)示范区建设模式

黄河精准脱贫可持续发展示范区以产业扶贫为依托,以市场为导向,以脱贫可持续发展为目标,谋划扶贫发展,开启"专家思想＋政府推动＋社会主体"的黄河流域精准脱贫创新模式。

1. 构建"顶层设计＋两山理论＋精准脱贫"实践创新新模式。
2. 构建"生态文明＋地域识别＋特色产业＋精准项目"新模式。
3. 构建"黄河田园＋健康养生＋特色产品＋精准识别"新模式。
4. 构建"专家智慧＋行业协同＋社会扶贫＋医教结合"新模式。

（五）示范区创新发展路径

从国内外脱贫又返贫的实际情况来看，返贫具有普遍性，无论是发展中国家还是发达国家，都存在返贫问题。精准脱贫后必将进入巩固脱贫成果阶段，而实际上巩固脱贫成果重中之重就是要预防返贫。准确把握贫困类型及成因，是对返贫风险进行精准预判的基础，是制定科学的返贫预防之策的基本依据[6]。

1. 强化生态脱贫，实现精准脱贫与生态文明建设"双赢"

生态脱贫是指在绿色发展理念指导下，将精准扶贫与生态保护有机结合起来，统筹经济效益、社会效益、生态效益，以实现贫困地区可持续发展为导向的一种绿色扶贫理念和方式。

2. 继续强化生态工程脱贫与可持续发展

生态工程脱贫是政府为保障国家生态安全，通过财政转移支付等方式对退耕还林还草、风沙治理、水土保持、环境综合整治等工程、自然保护区和国家公园建设等生态脱贫方式[7]。

3. 坚守生态产业脱贫与可持续发展

生态产业脱贫是通过产业结构调整、升级的方式重新整合贫困地区的自然资源、物质资源和人力资源，将传统高消耗、低效率产业转化为以生态环境为基础、以市场为导向的生态产业，以此带动贫困人口脱贫致富的生态脱贫方式。

（六）示范区重大项目选择

紧紧围绕精准脱贫可持续发展示范区建设战略目标，学习借鉴国际流域治理先进经验，综合系统治理大气和水环境的突出问题，创新驱动、绿色发展，提供可复制、推广、分享的黄河方案。

1. 山、水、林、田、湖、草生态系统保护与精准脱贫可持续发展示范建设项目。
2. 黄河上中下游精准脱贫可持续发展示范基地建设示范项目。
3. 黄河特色农业与特色农业优势区及扶贫产业示范建设项目。
4. 黄河流域文旅一体化发展建设项目。
5. 沿黄城市贫困可持续发展优先发展示范项目。
6. 黄河流域生态脱贫可持续发展项目。
7. 黄河流域农游一体化示范项目。
8. 智慧扶贫与科技创新综合集成示范建设项目。

参考文献

[1]任洁.生态扶贫：实现生态保护和脱贫攻坚双赢的精准方略[J].科学经济社会,2020,38(3):1-6.

[2]乔家君,朱乾坤,辛向阳.黄河流域农区贫困特征及其影响因素[J].资源科学,2020,42(1):184-196.

[3]邢中先,张平.新中国70年来的反贫困实践：历程、经验和启示[J].财经科学,2019(9):53-62.

[4]王春光.中国农村贫困问题的设置与反贫实践的延续性[J].社会发展研究,2020,7(3):15-27.

[5]深入推进"黄河国家战略"[J].中国发展观察,2020(Z8):7.

[6]焦婷.国外反贫困经验对我国精准扶贫的启示[J].边疆经济与文化,2017(2):21-22.

[7]任洁.生态扶贫：实现生态保护和脱贫攻坚双赢的精准方略[J].科学经济社会,2020,38(3):1-6.

"大同精准脱贫可持续发展示范区"建设的初步设想

按照党中央的战略部署,2020年,我国脱贫攻坚战将取得阶段性胜利。贫困地区全面脱贫后,返贫的风险依然存在。防止返贫和继续攻坚同样重要。返贫问题已经成为贫困地区实现长期稳定致富的严重阻碍,如何防止贫困人口返贫以及实现可持续稳定脱贫,成为当今国家亟须研究解决的重大课题[1]。2015年受大同市市委、市政府委托,中国科学院地理科学与资源研究所与大同市签订了战略合作协议,围绕大同市转型发展、生态文明建设和精准脱贫进行了系统研究,取得了重要成果。根据对大同市精准脱贫发展的系统研究,中国科学院专家团队建议,在山西省建立"大同精准脱贫可持续发展示范区",集中力量解决精准脱贫中的重大问题[2],有效地提高扶贫质量,防止发生新的返贫,以期在山西乃至全国形成典型示范效应。

一、示范区建设的必要性与重大意义

山西省是全国精准扶贫、精准脱贫的主战场,又是脱贫与返贫交织的重点区。如果说脱贫是一场攻坚的硬仗,那么巩固脱贫成果,防止返贫更是一场持久战。目前,返贫问题已成为省委、省政府和社会高度关注的全新课题。2020年之前,扶贫工作由全面推进向深度贫困攻坚转变,从注重减贫速度向提高质量转变,而不返贫则是检验脱贫质量的关键所在。因此,应紧紧抓住美丽中国建设、乡村振兴战略的历史机遇,实施转型发展,对返贫风险进行科学预判,对防止返贫工作应尽早提出精准策略,精心部署,有序进行[3]。

山西省在精准脱贫基础上,推出建设"大同精准脱贫可持续发展示范区",对破解山西当前扶贫发展中的主要矛盾,打造美丽中国("山西方案")"大同经验"具有重要的意义。通过选择对山西贫困可持续发展具有普遍性和代表性的大同市,从制约山西精准脱贫可持续发展的瓶颈问题入手开展创新探索,对于贫困可持续发展问题,打好精准扶贫攻坚战,通过科技创新和技术集成、服务完善政策机制等一系列措施,找到系统性的解决方案,为解决山西返贫预警问题提供示范与实施途径,乃至为国家提供有益经验。

(一)大同市脱贫工作基本现状

大同市作为燕山—太行山连片特困地区,生存发展条件异常恶劣,是困中之困、贫中之贫。目前,大同市脱贫攻坚进程蹄疾步稳,截至2019年11月底,共有264个贫困村退出,10.40万人稳定脱贫,贫困发生率降至1.78%。农村居民人均可支配收入增速全省第一,50%来源于工资性收入。阳高、灵丘、云州三个县区已圆满完成脱贫摘帽各项任务,正在向全省脱贫攻坚"大考"作最后冲刺。三地在力度、广度、深度和精准度上下功夫,取得扎实成效。一是扶贫产业做得实;二是住房安全覆盖广;三是乡村环境提升快;四是驻村帮扶力量足;五是基础工作落得细;六是光伏扶贫收益高;七是金融扶贫效果好;八是基层组织服务优;九是品牌带动潜力大。

(二)目前大同市脱贫工作面临的主要问题及攻坚方向

(1)产业扶贫规模还比较小,难以形成对贫困户的规模化、集体化、持续性带动。下一步要继续完善带贫益贫机制,补齐产业扶贫短板。积极对接科教大院、大所,提升产业科技含量,提高产业市场占有率和竞争力。

注:本文创作于2019年。

（2）受自然条件限制,一些地方脱贫质量还不够高,脱贫底子还不够厚实,巩固脱贫成果难度较大。下一步要持续做好与乡村振兴战略的有机衔接,解决剩余贫困人口绝对贫困问题,巩固已有脱贫成果,总结推广脱贫经验,打造贫困乡村发展的升级版。

（3）帮扶措施还有不实不细不到位的地方,帮扶中大多采取资助类项目为主的"输血式"扶贫,"造血式"扶贫办法不多。下一步要进一步融洽帮扶队伍与群众的"鱼水关系",做好贫困群众的暖心人、善谋发展的有心人、乡村振兴的领路人,增强"造血"功能。

（三）示范区建设将破解精准脱贫面临的短板与问题

1. 地域环境识别

（1）大同市整体上是山区盆地城市,又是我国重要的煤炭基地,由于长期的煤炭开采,形成了1600平方千米煤矿塌陷区,生态环境遭到了严重破坏,整个山区发展受此影响较大。

（2）大同市流经河流众多,主要有桑干河、御河、南洋河、壶流河、唐河和苍头河,河流治理任务突出,其中汇入河流的沟域发育良好,具有较好的"三生"空间与协调发展格局,但目前仍处于起步阶段。

（3）大同市是一个严重缺水的区域,本土水资源总量为1.42亿平方米,人均可利用水资源量仅为110立方米/年,为全国人均占有量的9%左右,水资源十分贫乏,整个农业发展还基本上处于雨养农业状态。

（4）大同市地处干旱与半干旱地区,属于典型的农牧交错地区,加之多年的煤炭资源开采,生态环境破坏与水土流失严重,国土绿化与农村环境整治问题突出。

（5）大同市既有景观又有奇观,由于受区域基础设施条件和地形地貌的限制,至今难以形成全域旅游的整体开发。

（6）大同市乡村发展面临多方困扰,空壳村和老龄化问题突出,连带的土地产出功能明显衰减,"三农"发展与脱贫交织。

2. 贫困特点与脱贫难点

（1）贫困特点

1）地域条件所致对自然条件、自然资源的高度依赖。地域条件差是造成贫困集中连片的重要原因,也是导致脱贫攻坚困难的重要原因,同样这也将是容易产生返贫的重要原因。自然条件差导致群众增收困难,更降低了群众脱贫的能力,扶贫优惠政策一旦撤离极易导致返贫。

2）产业扶贫面临多重可持续性发展挑战和问题。一是产业扶贫存在着重项目落实、轻服务的问题;二是产业发展的组织化与精准脱贫可持续发展不协调。需做好产业扶贫的生产性和市场性公共服务,为产业发展提供良好的技术培训、市场网络、市场规制、质量保证、风险防范等服务。

3）贫困户收入以农业经营性收入为主,占比接近50%,但由于部分地区农业基础设施落后,自然条件恶劣,靠天吃饭现象严重,造成农业经营收入较少,农村发展后劲不足,贫困户劳动力缺乏脱贫难度大。贫困原因主要为:一是贫困人口健康水平较差,二是贫困人口老龄化现象严重;三是贫困户文化水平低,外出务工渠道狭窄。

（2）脱贫难点

1）内生动力薄弱？自然条件差、基础设施落后、文化教育滞后、大量青壮年外出务工等,使得脱贫攻坚缺少了坚实的自然、社会、经济、公共设施服务基础。

2）三方面关系处理。需要处理好贫困对象与非贫困者之间关系、贫困个体与村庄关系、贫困村与地区之间的关系。

3)脱贫长效机制建立。精准脱贫可持续发展与城市转型创新并举,创新精准脱贫可持续发展方法和机制。

二、示范区建设的目标及主要任务

(一)示范区建设目标

突出示范区建设的前瞻性。一是支持地方进一步加大区域合作,突出示范区建设的开放性;二是支持地方进一步进行风险防控,突出示范区建设的创新性;三是支持地方进一步加大对典型问题的凝练,突出示范区建设的示范性。

1. 制定山西省精准脱贫可持续发展示范区规划

根据大同市高寒冷凉区的特征,确立精准脱贫可持续发展的重点领域,结合燕山、太行山现实需求制定精准脱贫可持续发展规划,加强该规划与省市国民经济与社会发展规划的有效衔接,并把该规划作为"十三五"规划重要任务,形成同一蓝图、同一目标。

2. 推广与共享精准脱贫可持续发展"大同经验"

精准脱贫可持续发展示范区建设取得成效基础上,积极向国内外贫困地区推广山西实践经验和系统解决方案,通过搭建精准脱贫为主题的交流合作平台,向省内外提供可持续发展的山西方案。

3. 率先推出中国山西精准脱贫可持续发展创新论坛

该论坛要高起点、新视野,本着先举办全省性论坛,条件成熟后提升为国家性论坛,争取把大同示范区建成贫困人口返贫的创新治理平台。论坛通过汇聚国际组织、政府、商界、学界、媒体、民间等,共商脱贫可持续发展大计,共享脱贫可持续发展最佳实践,共促脱贫可持续发展领域先进科技成果转移转化。

(二)示范区建设主要任务

打造培育山西省乃至全国精准脱贫可持续发展示范区,是专家团队立足市情、省情、着眼长远做出的重大考量。创造全国精准脱贫的"省级样板"乃至"全国样板",需要先行、先试、大胆创新,以更明确的思路、更精准的举措攻坚克难,如期实现大同脱贫致富目标。

选择大同市作为山西省精准脱贫可持续发展示范区,是因为大同市高寒冷凉区能体现区域问题的典型性,加之大同作为资源转型城市,一是生态发展问题突出;二是非矿山区域历史欠账较多;三是大同精准脱贫具有较好的工作基础,市委、市政府高度重视脱贫人口返贫问题。

1. 明确提出"山西省大同精准脱贫可持续发展示范区"要求和目标

以"率先实现整体脱贫致富"为目标,以"突出重点、攻克难点、打造亮点、示范带动、整体推进"为原则,以强基础、扶产业、提素质、创机制为着力点,集中各种资源,实现区域综合推进。

2. 实施脱贫与转型发展、生态统领与乡村振兴融合示范带动

紧紧抓住大同在精准脱贫实践中呈现的新特点、新亮点,通过试点示范带动,建机制,增强产业造血能力,为新时期全国精准脱贫可持续发展积累经验、做出示范。

(1)加快大同"三黄产业"(黄芪、黄花、小米)可持续发展试验基地,在"三农"发展上做示范。

(2)着力培育精准脱贫可持续发展的"大同沟域经济发展模式",以生态文明沟域建设为主线,在山区发展上做示范。

（3）着力推动中国社会扶贫可持续发展示范基地，在深化"行走的医院"基础上，实现医疗扶贫协作上做示范。

（4）着力建设"全国生态文明扶贫可持续发展示范基地"，在绿色发展上做示范。

（5）着力建设"社会服务业扶贫可持续发展示范基地"，在"天镇保姆"品牌基础上的深度挖掘上做示范。

3. 构建山西省精准脱贫可持续发展综合试验平台

着力将大同市五大示范基地打造成"精准脱贫可持续发展示范区"，构建具有大同特点的扶贫可持续发展体系，形成可持续发展的综合试验平台，形成若干可操作的精准脱贫可持续发展攻坚成果。

三、示范区建设重点模式和重大项目建议

（一）示范区建设重点模式

专家团队坚持以转型发展与精准脱贫统揽经济社会发展全局，以产业为依托，以市场为导向，以脱贫为目标，谋划扶贫产业，开创了"专家思想、政府推动、社会参与"的独具大同特色的精准脱贫创新模式。

1. 构建"顶层设计＋'两山理论'＋精准脱贫"实践创新新模式

大同市属于典型的资源型城市，转型发展与精准扶贫相结合势在必行，依托生态资源发展生态经济，培育产业扶贫，推动绿色发展具有重要意义，"两山理论"与精准脱贫实践互促共进成效明显，在区域发展层面具有典型性和代表性。

2. 构建"生态文明＋沟域经济＋黄芪产业＋精准扶贫"新模式

根据广灵县地质地貌特征和山水结合程度，专家团队提出了生态文明沟域建设是山区发展、精准扶贫的有效途径。并在广灵县编制了"沟域经济规划"，以沟域为主线，上中下段联动，左右岸协同，结合特色产业道地黄芪进行整体开发和精准脱贫，取得明显成效。

3. 构建"火山田园＋健康养生＋黄花产业＋精准扶贫"新模式

云州区是大同火山群和火山田园的核心区，也是"火山黄花"的原产地，中国科学院地理科学与资源研究所张义丰研究员首次提出黄花产业概念，并主持了2018年"中国·首届黄花产业论坛"，成立了"全国黄花产业联盟"。同时，启动"国际健康养生基地规划"，该成果得到国际地理联合会认可，并把大同云州区作为我国第一个"国际健康养生基地"。这些成果对于推动产业扶贫和精准脱贫产生了重要影响。

4. 构建"专家智慧＋行业协同＋社会扶贫＋行走的医院"新模式

张义丰研究员作为社会扶贫专家组的专家，参与了全国社会扶贫，尤其是医疗扶贫、教育扶贫和农村应用水源安全等方面的研究工作，并积极与中国初级卫生保健基金会中西部扶贫工作办公室密切合作，并在云州区和天镇县组织实施了"行走的医院"项目，该项目为精准脱贫解决村医缺设备、村医缺技术、村医缺动力问题，推动优质医疗资源下沉，打通分级诊疗的最后一公里，取得重要成果。

（二）重大项目建议

紧紧围绕精准脱贫可持续发展示范区建设的战略目标，学习借鉴全球资源型城市转型发展的先进经验，综合系统治理大气和水环境的突出问题，创新驱动、绿色发展，提供可复制、可推广、可分享的大同方案。

1. 山、水、林、田、湖、草生态系统保护与精准脱贫可持续发展示范建设项目。

2. 高寒冷凉区精准脱贫可持续发展示范园区建设示范项目。

3. 干旱、半干旱地区精准脱贫与绿色发展示范建设项目(左云县)。

4. 高寒冷凉区水生态文明城市建设项目(广灵县)。

5. 国际健康养生基地与脱贫可持续发展示范建设项目(云州区)。

6. 天镇县社会服务学院示范建设工程项目(天镇县)。

7. 沟域经济脱贫可持续发展示范建设项目(广灵县、左云县、天镇县、云州区)。

8. 高寒冷凉区特色产业脱贫示范园区建设项目(黄芪、黄花、小米)。

9. 社会扶贫、医疗扶贫与"行走的医院"示范与推广建设项目(云州区、天镇县)。

10. 智慧扶贫与科技创新综合集成示范建设项目。

四、实验示范区建设的主要措施

从国内外脱贫又返贫的实际情况来看,返贫具有普遍性,无论是发展中国家还是发达国家,都存在返贫问题。精准脱贫后必将进入巩固脱贫成果阶段,而实际上巩固脱贫成果重中之重就是要预防返贫。准确把握贫困类型及成因,是对返贫风险进行精准预判的基础,是制定科学的返贫预防之策的基本依据。

1. 加强产业扶贫,建立利益联结机制

贫困户致贫的因素主要是经济贫困,确保贫困户有稳定的收入来源,是防止返贫的关键。要建立新型农业经营主体带动贫困户的利益联结机制。通过政策引导,将产业扶持与扶贫相挂钩,鼓励龙头企业、农民专业合作社、家庭农场等新型农业经营主体[4]。

2. 建立、健全、完善返贫预警机制是可持续脱贫的重要措施

为防范脱贫户因重大变故返贫,建立健全返贫预警机制,一是对脱贫人口实施脱贫后继续扶持的优化政策,规定贫困人口脱贫后,在脱贫攻坚期内原有的各项扶贫政策保持支持力度不减。二是坚持定期走访,扶贫开发工作人员定期在贫困地区县、乡、村进行贫困访问工作,及时发现返贫隐患并进行治理[5]。

3. 坚持扶贫与扶智、扶技、扶业"四位一体"是精准脱贫可持续发展的重要途径

(1)坚持把教育当作防范返贫的根本性原则。扶贫先扶教,教育是阻止贫困代际之间传递的根本之策,是推进全面建成小康社会的重要举措[6]。

(2)坚持把科技作为可持续脱贫的重要手段。科学与技术是推动经济与社会发展的根本途径,脱贫攻坚的进程离不开科学与技术的支持[7]。

(3)坚持把产业扶贫当作阻止返贫的基础。产业扶贫是在贫困地区进行开发式建设,集中优势,优先建设发展当地特色产业,逐渐提升贫困地区居民的自我发展能力[8]。

参考文献

[1]邢中先,张平.新中国70年来的反贫困实践:历程、经验和启示[J].财经科学,2019(9):53-62.

[2]张义丰,张吉福,马彦平,等.资源型城市转型发展的绿色实践——以山西省"大同蓝"为例[J].中国科学院院刊,2017,32(8):896-904.

[3]山西省科学技术厅.山西聚力深度脱贫攻坚驱动乡村振兴发展[J].中国农村科技,2019(11):40-41.

[4]张欣.深化供给侧结构性改革推进产业扶贫机制创新——以中央企业贫困地区产业投资基金为例[J].对外经贸,2019(4):84-86.

[5]范和生.返贫预警机制构建探究[J].中国特色社会主义研究,2018(1):57-63.

[6]魏有兴,杨佳惠.后扶贫时期教育扶贫的目标转向与实践进路[J].南京农业大学学报(社会科学版),2020,20(6):97-104,114.

[7]夏勇,田弋夫,余德顺,等.科技助推"三变"改革建立科技扶贫长效机制——中国科学院贵州省水城县定点科技扶贫实践与探讨[J].中国科学院院刊,2018,33(12):1374-1380,1271.

[8]李冬慧,乔陆印.从产业扶贫到产业兴旺:贫困地区产业发展困境与创新趋向[J].求实,2019(6):81-91,109-110.

山东省"精准脱贫可持续发展示范区"建设的意义

2020 年是全面建成小康社会的收官之年,我国现行标准下农村贫困人口全部脱贫的目标即将实现。但是,绝对贫困在统计意义上的消失并不意味着中国反贫困事业的终结,相对贫困现象将长期存在。贫困地区全面脱贫后,返贫的风险依然存在,防止返贫和继续攻坚同样重要[1]。如何防止贫困人口返贫以及实现可持续稳定脱贫,成为当今亟须研究解决的重大课题。

临沂市是革命老区,是山东省脱贫攻坚重点市,脱贫攻坚任务艰巨。市委、市政府高度重视脱贫质量和稳定性,及早考虑脱贫后的可持续发展问题。2019 年,他们先行、先试,委托中国科学院地理科学与资源研究所在全国率先启动了精准脱贫可持续发展示范区规划编制工作。经过一年来的实地考察论证,形成规划文本,并于同年 10 月 22 日在北京通过评审验收,规划得到了与会专家的高度评价,认为临沂市的做法既在山东省堪称样本,又在全国值得借鉴推广。

一、山东省脱贫攻坚回顾与展望

脱贫攻坚以来,山东省紧盯"黄河滩",聚焦"沂蒙山",锁定"老病残",把菏泽和临沂 2 个市、20 个脱贫任务比较重的县(市、区)、200 个重点扶持乡镇(街道)、2000 个省扶贫工作重点村作为全省深度贫困地区,统筹调配全省资源予以倾斜,专项资金优先支持、扶贫项目优先安排、干部帮扶优先选派,保证政策供给。坚持精准扶贫精准脱贫基本方略,坚持省负总责、市抓推进、县乡抓落实工作机制,加大资金投入,强化政策落实,采取超常规举措推进脱贫攻坚,到 2018 年年底,全省累计减少省标以下贫困人口 251.6 万人,8654 个省扶贫工作重点村全部退出,基本完成脱贫攻坚任务;到 2019 年年底,全省有脱贫享受政策人口 197.9 万人。

打赢脱贫攻坚战,历史性解决绝对贫困问题,是中华民族的千年梦想,也是山东省践行以人民为中心发展思想的重大行动。"十三五"时期,山东省以前所未有的力度和规模推进脱贫攻坚,从牢牢兜住"两不愁三保障"目标底线,到"摘帽不摘责任、摘帽不摘政策、摘帽不摘帮扶、摘帽不摘监管"的长远谋划,一系列理念、行动,说到底,就是为了让每个困难群众都过上好日子。

如果说脱贫是一场攻坚的硬仗,那么巩固脱贫成果,防止返贫更是一场持久战。目前,返贫问题已成为国家和各省高度关注的全新课题。2020 年之前,扶贫工作由全面推进向深度贫困攻坚转变,从注重减贫速度向提高质量转变,而不返贫则是检验脱贫质量的关键所在[2]。因此,山东省应抓住"两个一百年"奋斗目标和"十四五"重大变局的历史机遇,对接续减贫进行科学预判,对防止返贫工作应尽早提出精准策略,精心部署,有序进行。

精准脱贫可持续发展示范区的提出,是中国科学院张义丰研究员在深入研究区域发展与精准脱贫的过程中提出的一种针对后扶贫时代发展构想,事关山东省全面小康的质量和成色,也是关系到山东省在"十四五"时期国民经济和社会发展开好局、起好步,重大战略考量,是破解山东省当前扶贫发展中的主要矛盾,对打造"美丽中国"的"山东方案"和"山东经验"具有重要意义。

注:本文创作于 2020 年。

二、临沂是山东省精准脱贫可持续发展引领者和践行者

临沂市是山东省脱贫攻坚两个重点市之一,按照"2018年基本完成、2019年巩固提升、2020年全面完成"的总体布局,坚持摘穷帽、拔穷根并举、村增收、户脱贫并重,实现措施多重覆盖、政策多层叠加、群众多方受益。截至2019年年底,全市共有脱贫享受政策人口19.6万户、32.3万人,占全省六分之一,贫困发生率由2015年年底的4.85%到2018年年底基本"归零",并基本完成脱贫任务。

脱贫攻坚以来,临沂市创新"四权分置"(所有权归村集体,经营权归新型经营主体,监管权归乡镇,收益权归贫困户)扶贫资产管理机制,率先实施医疗补充保险、爱心众筹等措施,并在全省全国宣传推广。"四权分置"等工作得到了中央领导及有关省领导的批示肯定,人民日报、中央电视台、新华社等多次报道临沂市经验做法[3]。涌现出了兰陵县代村党委书记王传喜、"沂蒙扶贫六姐妹""孤贫儿童志愿者服务团"等一批先进人物和典型案例,王传喜、刘加芹获得"全国脱贫攻坚奋进奖"。临沂市扶贫办获得"全国脱贫攻坚组织创新奖"。消除绝对贫困的"临沂答卷",彰显了临沂市委、市政府意志与决心,特别是在"两个一百年"之际,率先在全国推出"山东省临沂市精准脱贫可持续发展示范区"规划,以总结形成"临沂经验"和"临沂方案",该规划是我国后扶贫时代的第一部具有深远影响和重要意义的开创性规划,得到学术界高度评价。

三、后扶贫时代我国贫困治理新趋势

进入小康和后扶贫时代,我国贫困治理将呈现诸多新特征、新走势。把握这些新特征、新走势,把接续减贫平稳导入乡村振兴的主航道,是山东省两大战略有机衔接面临的新任务[4]。

1.从实际状态来看,扶贫对象由绝对贫困转为相对贫困。接续减贫内涵和外延将不断扩展,这是山东省贫困治理的现实问题。

2.从贫困人群构成来看,将由多状况交织转为老弱病残为主。失能、半失能群体和老弱病残人群没有发展能力,他们将成为接续减贫的主要构成。

3.从空间分布规律来看,将由集中连片逐步转为零散点状分布。地域分布的细碎化给接续减贫带来了新的难度和挑战,需要统筹规划,全域联动。

4.从贫困治理需求层次来看,将由现在生存型转为生活发展型。生存和温饱已经不是衡量是否贫困的绝对标准,持续发展成为衡量贫困与否的重要准则。

5.从贫困生成机理来看,将由原发型贫困转化为次生型贫困。单纯从收入上并不能完全衡量次生贫困的程度,需要结合多元维度来综合判断,才能找准成因,制定相应的措施,从根源上解决问题。

6.从贫困治理保障角度来看,将由收入型逐步转化为消费型。在解决绝对贫困问题后,识别相对贫困人口时需要从收入和消费两个方面入手,建立科学、多维的贫困测度和识别体系。

7.从贫困治理方法来看,将由普惠型减贫逐步转为个性化减贫。在解决绝对贫困共性问题的基础上,满足相对贫困个性需求,应避免出现资金项目"平均主义"的现象。

8.从贫困治理覆盖范围来看,将由关注乡村逐步转为城乡一体。构建城乡融合的贫困治理体系,改变贫困的城乡分治,把当前解决农村贫困的政策举措、工作机制等运用到解决城市贫困问题中。

9. 从贫困治理体制机制来看,将由"多龙治水"逐步转为一家专管。将现有多个部门的扶贫职能优化整合,把保障与发展的职能分开,设立相应的专管机构。

10. 从贫困治理组织形式看,将由片区化转为零散化和常规性。通过建立常态化常规性的组织体系和工作机制,保持贫困治理的连续性,推动扶贫工作从运动式、突击性治理向常规化、制度化治理转型[5]。

四、后扶贫时代山东省贫困治理新选择

打造培育山东省乃至全国精准脱贫可持续发展示范区,是中国科学院专家团队立足国情、省情、着眼长远做出重大考量。选择山东省作为精准脱贫可持续发展示范区,是因为山东省能体现区域发展的典型性和地域识别多样性,加之山东省精准脱贫具有较好的工作基础,省委、省政府高度重视脱贫人口返贫问题。创造全国精准脱贫的"省级样板"乃至"全国样板",需要先行、先试。一是明确"山东省精准脱贫可持续发展示范区"要求和目标;二是实施脱贫与转型发展、生态统领与乡村振兴融合示范带动;三是构建山东省精准脱贫可持续发展综合试验平台。

五、山东建立"精准脱贫可持续发展示范区"总体框架

李干杰省长到山东工作以来,多次对脱贫攻坚做出批示,到联系点进行调研。笔者曾有幸聆听省长在"黄河流域生态保护和高质量发展国际论坛"讲话,备受鼓舞。他提出山东省要坚持生态优先,绿色发展深入人心。对此我们对山东省精准脱贫可持续发展示范区建设提出以下建议方案。

1. 建议省委、省政府立足"两个一百年"目标和"十四五"的重大变局,主动向国家乡村振兴局承担后扶贫时代精准脱贫可持续发展(接续减贫)的任务,争取把山东省作为国家精准脱贫可持续发展综合实验区,并启动编制山东省精准脱贫可持续发展综合实验区发展规划。

2. 黄河、淮河流域是我国重要的生态屏障和重要的经济地带,是打赢脱贫攻坚战的重要区域,在中国经济社会发展和生态安全方面具有十分重要的地位,并将黄河流域生态保护和高质量发展、淮河生态经济带提升为重大国家战略。建议省委、省政府积极向国家有关部门争取把山东省列为流域精准脱贫优先发展区,并启动规划。

3. 充分考虑临沂市在山东省乃至全国精准脱贫可持续发展中的地位、作用和目前取得的成就,建议省委、省政府把临沂市和菏泽市作为省级精准脱贫可持续发展示范区,并作为省域重大项目纳入山东省"十四五"规划。形成"一心"(山东省精准脱贫可持续发展示范区),"两区"(临沂市核心区,菏泽市重点区),"多基地"(全省 20 个扶贫重点县作为示范基地)的发展格局。

参考文献

[1]邢中先,张平.新中国 70 年来的反贫困实践:历程、经验和启示[J].财经科学,2019(9):53-62.

[2]王春光.中国农村贫困问题的设置与反贫实践的延续性[J].社会发展研究,2020,7(3):15-27.

[3]叶兴庆,殷浩栋.从消除绝对贫困到缓解相对贫困:中国减贫历程与 2020 年后的减贫战略[J].改革,2019(12):5-15.

[4]李棉管,岳经纶.相对贫困与治理的长效机制:从理论到政策[J].社会学研究,2020,35(6):67-90,243.

[5]曹玉华,夏永祥,毛广雄,等.淮河生态经济带区域发展差异及协同发展策略[J].经济地理,2019,39(9):213-221.

贵州省"接续减贫实验区"建设的基本框架研究

贵州坚持以脱贫攻坚统揽经济社会发展全局,推动脱贫攻坚取得全面胜利。贫困村全部"出列",贫困人口全部脱贫,贫困县全部"摘帽",在贵州大地书写了中国减贫奇迹的精彩篇章。在后扶贫时代,贵州如何在前期治理经验基础上,针对贫困地区的特点和现实,建立具有针对性、系统性、可行性的接续减贫长效机制是值得深入研究的问题。作为全国脱贫人数、搬迁人数最多的贵州,在巩固拓展脱贫攻坚成果上决不能出任何问题,要有新动作,更要有新预案。

一、后扶贫时代贵州发展新视野

"十四五"贵州发展仍然处于重要战略机遇期、脱贫攻坚成果巩固拓展期、新发展格局加速构建期、区域发展战略叠加带动期。一是发展核心由绝对贫困向相对贫困转化;二是发展主体由单主体主导向全主体协同嬗变;三是发展格局由治贫向防贫持续延伸;四是发展路径由阶段性向可持续性拓展。为了更好地从全局谋一域、以一域融全局,把贵州良好的发展势头保持下去,为全国发展大局做出更大贡献[1]。

巩固和拓展脱贫攻坚成果,全面推进乡村振兴,加快农业农村现代化,是关系贵州发展大局的重大问题,需要新型产业的全面支撑,其中农业现代化是最基本支撑。没有农业现代化、没有新发展阶段"三农"工作的全面进步,就没有脱贫攻坚成果的真正巩固拓展[2]。

1. 准确把握贵州在国家新格局中的交通枢纽优势、新需求中的生态环境优势、新挑战中的战略安全优势、新理念中的特色产业优势、新征程中的政治生态优势,在推动高质量发展中发挥优势带动、争取率先突破,全力培基固本、提质增效。

2. 胸怀"两个大局",准确识变、科学应变、主动求变,把握机遇的战略性、全局性,用好优势的可塑性、竞争性,把谋事与谋势、谋当下与谋未来统一起来,在危机中育先机、于变局中开新局,向着高质量发展的目标迈进。

二、后扶贫时代贵州面临的新挑战

贵州仍是贫困大省,贫困人口多、区域面积大,并且情况复杂,客观上增加了贵州省接续减贫的难度。特别是在众多山区、革命老区和少数民族地区,贫困问题依旧很严重,恶劣的自然地理环境、历史因素和文化差异成为制约接续减贫的主要原因[3]。

1. 贵州省地处内陆欠发达地区,基础设施建设相对薄弱,医疗和教育条件也远比不上东部发达地区,这种差距还有进一步拉大趋势。

2. 贵州的生态环境现状决定贵州必须把生态环境建设摆在与经济发展同等重要的位置。贵州多山地地形,且土壤易石漠化,植被一遭到破坏就很难恢复,生态环境脆弱,开发与保护的难题需要贵州省去解决,接续减贫发展与生态文明建设的矛盾依旧突出。

三、后扶贫时代贵州发展要义

真正做到解决贫困问题,必须探索创新性的治理路径,着力构建接续减贫的长效机制。一

注:本文创作于 2020 年。

是转变绝对贫困治理理念,形成相对贫困长效治理;二是实现接续减贫与乡村振兴契合,挖掘特色产业开发;三是实现接续减贫对接内外发展环境,实现区域融合发展;四是调动区域协同各方力量,创新接续减贫产业发展模式;五是把握贵州的"数字红利",构建独特高效接续减贫体系;六是培育接续减贫产业体系,全面构建乡村经济振兴;七是强化大数据产业支撑优势,争创接续减贫的贵州特色[4]。

四、接续减贫贵州再定位

接续减贫体现了贫困治理的本质要求,为后扶贫时代贵州提供了契机。笔者及专家组在深入研究贵州地域功能识别和扶贫攻坚的成果后,提出了贵州省接续减贫实验区科学构想。

贵州属于"不沿边、不沿海、不沿江"的省份,经济发展程度和开放程度相对较低,且后发优势空间巨大。建立接续减贫实验区,提升返贫治理水平,促进体制机制创新,营造优越发展环境,为贵州实现后发赶超、弯道取直、同步小康提供强大的推动力。

1. 接续减贫作为贵州特色的反贫困方式,应坚持生态脱贫与经济脱贫的有机结合、相互促进,致力于挖掘贫困地区内在潜力,增强贫困地区自我发展能力和造血功能,提高扶贫实效,消除贫困、改善民生,实现贵州自身的持续健康发展。既要长期坚持,又要与时俱进,以真正实现贵州内源性扶贫方式走向常态化,巩固扶贫成果,防止返贫风险,进而逐步迈向共同富裕。

2. 接续减贫是为了内陆地区在经济新常态下开放发展,相对贫困地区如期完成接续减贫任务,生态地区实现生态与经济融合发展,现代产业发展、内陆开放式扶贫探索与体制机制创新。

五、接续减贫实验区科学蕴含

总结贵州扶贫成功经验,在全国率先推出接续减贫实验区,建立防范返贫和新生贫困、解决次生贫困和相对贫困的巩固拓展脱贫成果长效工作机制,丰富和完善接续减贫与乡村振兴体制机制。从实际出发,对接续减贫特惠性政策实行分类处置,使其向常规性、普惠性、长期性政策转变,巩固提升扶贫成果,持续激发乡村内生发展能力,为贵州乃至全国乡村振兴再立新功。

贵州作为全国贫困面最广、贫困程度最深的省级行政区,后扶贫时代接续减贫面临巨大的压力和挑战。深入推进贫困治理与乡村振兴融合发展,要求贵州的接续减贫在严守发展和生态两条底线的前提下,走出一条既有别于东部、又不同于西部其他省份的发展新路。

六、接续减贫主要任务与目标

清醒认识"十四五"时期贵州发展面临的形势,坚持辩证思维、系统观念,审时度势、顺势而为,把机遇牢牢抓住,把优势用好用足,把差距迅速缩小,向着高质量发展的目标大步迈进。推进新型工业化、新型城镇化、农业现代化和旅游产业化,构建高质量发展工业产业体系、城镇体系、乡村建设体系和现代服务业体系。

1. 强化新型工业化接续减贫功能,推动产业高端化、绿色化、集约化发展,构建高质量发展工业产业体系。

2. 强化新型城镇化接续减贫功能,推进特色新型城镇化发展,做大做强城镇经济,全面提升城镇品质和格局优化,构建高质量发展城镇体系。

3. 强化农业现代化接续减贫功能,巩固拓展脱贫攻坚成果,持续发展壮大扶贫产业,增强脱贫地区内生发展能力,构建高质量发展乡村建设体系。

4. 强化旅游产业化接续减贫功能,加快形成全域旅游发展新格局,提升旅游扶贫产业发展质量和效益,推动"减贫＋多产业"深度融合发展,构建高质量发展现代服务业体系。

5. 选准接续减贫产业,发展地域优势特色产品。一是继续深度引导贫困区域发展蔬菜、茶叶、食用菌、水果和中药材等特色产业;二是发展生态旅游产业,将农业、生态、民俗、文化与旅游有效结合;三是加大发展高山避暑、休闲度假、康体疗养等健康旅游新业态。

6. 培育新型农业经营主体,增强接续减贫能力。一是招引龙头企业持续参与农业产业化经营;二是继续发展专业合作社;三是重点培育农业产业化联合体。

7. 坚持基础设施先行,强化补短、成网、联动、配套、共享,构建系统完备、高效实用、智能绿色、安全可靠的现代化基础设施运行体系。

8. 打造高质量发展基础支撑,坚持新时代贵州精神,坚定文化自信,打造高质量发展文化支撑。

9. 破除深层次体制机制障碍,最大限度激发市场活力和创造力,打造高质量发展动力支撑。

七、接续减贫未来展望

贵州书写了中国减贫史上的精彩篇章,形成了一系列可复制推广的典型经验。一是从全国贫困人口最多的省份成为全国减贫人数最多的省份;二是为助力脱贫增收致富,特色优势产业风生水起;三是开创思维,抢占先机,贵州成为中国首个大数据综合试验区;四是坚守生态底线,用绿色迎接未来;五是走出一条经济与生态共同发展的新路。眺望远方,贵州未来可期。

站在新起点,开启新征程,贵州已积累了独特的显著优势。面对第二个百年奋斗目标,贵州面临新的挑战,也迎来更多机遇。接续减贫征途漫漫,贫困治理奋斗不止,只有准确把握贵州地域功能,就能在下一阶段找准正确的前进方向,朝着实现"十四五"规划和2035年远景目标持续奋进,再创新辉煌,勇夺新胜利。

八、接续减贫发展思路

1. 建议省委、省政府立足"两个一百年"目标和"十四五"的重大变局,主动承担后扶贫时代接续减贫的责任与担当,在各地探索后扶贫时代减贫发展问题之际,独创贵州接续减贫实验区,并启动贵州省接续减贫实验区发展规划。

2. 充分考虑贵州省在全国精准脱贫可持续发展中的地位、作用和目前取得的成就,建议省委、省政府把接续减贫示范区纳入贵州省"十四五"规划,以接续减贫产业为引擎,以生态与经济协调为主线,精准出台引导与支持政策,构建产业扶贫新格局,特别是中医药产业、特色农业、大数据产业、新型制造业和文化旅游业等,使之成为贵州省经济发展的一个新突破口。

3. 深入探索贵州省贫困发展历史特点、发展规律、主要经验和科学方法,形成系列成果,为接续减贫实验区建设提供科学支撑。强化接续减贫实验区生态与经济深度融合,全力打造优先发展区,扶贫产业聚集区和接续减贫发展示范基地[5]。

参考文献

[1]杨毅.乡村振兴战略背景下贵州脱贫攻坚的困境与对策[J].理论与当代,2019(9):30-32.

[2]杨爱君,刘玄玄.精准扶贫理念下贵州省生态脱贫的实践[J].经营与管理,2019(5):151-153.

[3]书写减贫奇迹的贵州篇章——我省2019年脱贫攻坚工作综述[J].理论与当代,2020(3):2-4,65-67.

[4]于乐荣,李小云.中国益贫经济增长的时期特征及减贫机制[J].贵州社会科学,2019(8):100-107.

[5]本报评论员.贵州减贫实践当为世界提供有益借鉴[N].贵州日报,2019-10-17(001).

"两山理论"与生态经济

第五编 "两山理论"实践创新

"两山理论"科学意涵研究

"两山理论"的科学论断,从 2005 年 8 月提出至今,经过十一年的理论发展和实践检验,已上升为国家层面生态文明领域改革的顶层设计。在生态文明建设深入发展的今天,各地紧跟时代步伐,坚决关闭关停污染严重、资源消耗大、产能落后的企业,大力推进新兴科技,在迎来绿水青山的同时,也顺利调整了产业结构,大大促进了区域经济发展。

一、"两山理论"内涵

"两山理论"是习近平总书记的重要论断,这一科学理论不仅以其折射的真理之光为加快推进我国生态文明建设提供了重要的指导思想,也以其蕴涵的绿色新观念为我国牢固树立尊重自然、顺应自然、保护自然的生态文明理念提供了重要的理论依据和实践指南[1]。

1.增进人民福祉,"既要金山银山",以不断满足人民群众对丰富多样的物质文化生活的需求;"又要绿水青山",以不断满足人民群众对天蓝、地绿、水静等人类赖以生存繁衍的良好生态环境和生态产品的需求[2]。

2."发展是为了让人民过得更好一些,如果付出了高昂的生态环境代价,把最基本的生存需要都给破坏了,最后还要用获得的财富来修复和获取最基本的生存环境,这就是得不偿失的逻辑怪圈"。良好的生态环境是人民群众"最基本的生存需要"和"最基本的生存环境",因而也是增进人民福祉的最基本的要素,是在任何情况下都必须切实加以保护的最基本的前提和基础[3]。

3."良好的生态环境是最公平的公共产品,是最普惠的民生福祉""小康全面不全面,生态环境质量是关键"。这就是说,我们党和国家要追求的是最广大人民群众的幸福,这种幸福又是和全面建成小康社会的奋斗目标紧密联系在一起的。良好的生态环境既是增进人民福祉的最基本的要素,又具有人人均等共享的"最公平的公共产品"和"最普惠的民生福祉"的品格[4]。

4."决不能以牺牲后代人的幸福为代价换取当代人的所谓'富足'"。不仅要为当代全体中国人民谋福祉,还要为子孙后代的全体中国人民谋福祉,决不能为了当代中国人的所谓"富足"而牺牲后代中国人的幸福,不能"吃了祖宗饭、断了子孙路"[5]。

二、"两山理论"的提出与实践过程

(一)第一阶段:"两山理论"的提出阶段

1.2005 年 8 月 15 日,时任浙江省委书记的习近平在浙江省安吉县余村考察时,听取了余村关停矿山、发展生态旅游做法的汇报后提出,"我们过去讲既要绿水青山,又要金山银山,其实绿水青山就是金山银山"。这是习近平首次明确提出"绿水青山就是金山银山"的重要论断。

注:本文创作于 2017 年。

2.2005 年 8 月 24 日,习近平以"哲欣"为笔名在《浙江日报》"之江新语"专栏发表《绿水青山也是金山银山》的专题评论,提出如果把生态环境优势转化为生态农业、生态工业、生态旅游等生态经济的优势,那么绿水青山也就变成了金山银山[6]。

在这个阶段,习近平在对经济快速发展中经济增长与环境保护关系深刻思考的基础上,提出"绿水青山就是金山银山"的重要论断。

(二)第二阶段:"两山理论"的实践提升阶段

1.2006 年 3 月 23 日,习近平在《浙江日报》又以"哲欣"为笔名发表题为《从"两座山"看生态环境》的专栏文章[7],进一步阐述"两山"之间的关系及其实践认识的三个阶段:

第一个阶段是用绿水青山去换金山银山,不考虑或者很少考虑环境的承载能力,一味索取资源;

第二个阶段是既要金山银山,但也要保住绿水青山,这时经济发展与资源匮乏、环境恶化之间的矛盾开始凸显,人们意识到环境是我们生存发展的根本,要"留得青山在,才能有柴烧";

第三个阶段是认识到绿水青山可以源源不断地带来金山银山,绿水青山本身就是金山银山,我们种的常青树就是摇钱树,生态优势变成经济优势,形成了浑然一体、和谐统一的关系。

2.2013 年 9 月 7 日,习近平在哈萨克斯坦纳扎尔巴耶夫大学发表演讲并回答提问时,再次强调了绿水青山与金山银山之间的辩证关系:"我们既要绿水青山,也要金山银山。宁要绿水青山,不要金山银山,而且绿水青山就是金山银山"[8]。

在这个阶段,习近平对绿水青山与金山银山之间的辩证关系进行了系统阐述。

(三)第三阶段:"两山理论"的增容提质阶段

1.2015 年 3 月 24 日,中共中央政治局会议正式把坚持绿水青山就是金山银山的理念写进《关于加快推进生态文明建设的意见》,使其成为指导中国生态文明建设的重要思想;

2.2016 年 3 月 7 日全国"两会"期间,习近平参加黑龙江省代表团审议时再次明确,"绿水青山是金山银山,黑龙江的冰天雪地也是金山银山";

3.2016 年 5 月 23 日,习近平在黑龙江省伊春市考察调研期间强调,守着绿水青山一定能收获金山银山;

4.2016 年 12 月 2 日,全国生态文明建设工作推进会议在浙江省湖州市召开,习近平对生态文明建设做出重要指示,再次强调要树立"绿水青山就是金山银山"的强烈意识[9]。

在这个阶段,习近平关于"两山"的重要论断升华为中国推进生态文明建设的指导思想,并在战略制定、政策出台、发展实践中得到深入贯彻实施。

三、解读"两山理论",坚持三个根本

(一)保护好绿水青山是根本前提

绿水青山,不仅关系到某个省的生态环境,更关系到中国的整体生态安全。绿水青山蕴含宝贵的生态价值,是顺民心、得民意的善举、壮举。必须坚持生态环境质量稳中有升,坚持区域重要生态屏障地位不动摇[10]。

(二)培育好金山银山是根本目标

人民幸福生活的获得与提高必须重视物质的积累。这是实现民生幸福物质维度的基础和保障。"金山银山"不仅关系到一地一隅的发展,更关系到全国如期全面小康目标的实现。不仅是物质富裕,更是精神富有;不仅使政府的财政更充足,更使老百姓的口袋更殷实。必须坚

持老百姓的生活水平稳中有升,坚持欠发达地区脱贫致富、确保如期全面建成小康社会的发展目标不动摇。

（三）从绿水青山里面要金山银山是根本路径

从绿水青山里面要金山银山是根本路径,不仅是局部的改革举措,更是关系到改革开放全局的关键环节。要充分认识到绿水青山不仅有金山银山,更可通过生态文明制度的建立产生金山银山。必须坚持改革创新步伐稳中求进,坚持绿色发展、科学跨越的决心不动摇。

四、认识"两山理论",生态文明理论升华

（一）绿水青山就是金山银山,反映了当代人对绿水青山生态价值的认识过程

习近平总书记以通俗形象的语言指出绿水青山就是金山银山的三段论:既要绿水青山也要金山银山、宁要绿水青山不要金山银山、绿水青山就是金山银山[11]。

（二）既要绿水青山也要金山银山,强调了经济发展与环境保护的协调

这是"两山理论"的出发点和落脚点,体现了绿水青山和金山银山两者的统一性和兼容性,指明了生态文明建设和美丽中国建设的两大基本目标,即既要保护好生态环境、维护好生态平衡,又要发展好经济、让人民过上富裕的生活。简言之,就是既要生态美,又要百姓富。

（三）宁要绿水青山不要金山银山,强调的是宁愿不发展也不能破坏生态环境

这是"两山理论"的抉择逻辑,也就是在"鱼和熊掌不可兼得"时必须做出的"宁舍金山银山,也要保住绿水青山"的科学抉择,体现了两者的对立性和矛盾性,明确了在特定条件下绿水青山在两山矛盾中处于矛盾的主要方面,发挥着主导作用。

五、实践"两山理论",坚守生态底线,保护生态屏障

像保护眼睛一样保护生态环境,像对待生命一样对待生态环境。要把生态底线化为山青、天蓝、水清、地洁的工作指标,确保青山常在、绿水长流、空气常优。

（一）理念为先,树立尊重自然、顺应自然、保护自然的生态文明理念

主动适应生态文明建设新要求和人民对美好生活的新期待,切实增强保护生态环境、发展生态环境的责任意识和担当意识。

（二）思想引领,科学划定生产、生活、生态空间管制界限

构建宜居宜业城市、发展特色乡镇、建设美丽乡村为目标,推动生态规划与其他规划等相互衔接、协调推进,实现"多规合一",促进生产空间集约高效、生活空间宜居适度、生态空间山清水秀。

（三）"绿量"提升,以生态"底线"守住发展"绿线"

科学划定并严守"林地和森林"红线,加大造林绿化、水土流失治理、湿地保护等投入,保护生物多样性,让生态系统休养生息,扩大环境容量,提高生态自我修复能力,提高森林覆盖率。

六、"两山理论"创新与贡献

"两山理论"是治理区域发展中"成长的烦恼"和"制约的疼痛"的理论钥匙,其更深远的意义是要为地方加快全面小康社会建设、提前基本实现现代化指明科学道路。

（一）"两山理论"是绿色发展思想的核心理论，是被实践证明的具有重大创新与突破的新理论、新战略

绿色发展思想，是一个以实践为依据，以尊重人民群众伟大创造为出发点，以马克思主义辩证思维为指导的思维创新与理论创新[7]。

（二）"两山理论"是从根源上化解能源环境危机的新思路、新突破，是对世界环境治理的新贡献

习近平总书记提出的"两山理论"，是中国生态文明建设和绿色发展的内生之路，并坚定不移地走绿色发展之路，是一条创新之路，是一条不同于西方工业化的新文明之路。中国绿色发展创新之路，受到了联合国环境署的高度认可，不仅为指导中国绿色发展做出了贡献，也对世界生态文明建设做出了重大贡献。

（三）"两山理论"是生态经济理论的创新，破解了许多在工业经济学框架下无法破解的难题

习近平总书记的绿色发展思想，为中国迈向生态文明时代新经济之路打开了思路，破解了许多在工业经济学框架下无法解决的难题。

七、"两山理论"形成过程

（一）辩证关系与理论框架

绿水青山就是金山银山是习近平生态文明思想的核心内容。2005年习近平提出：如果把生态环境优势转化为生态农业、生态工业、生态旅游等生态经济优势，那么绿水青山也就变成了金山银山[10]，这是对绿水青山和金山银山的辩证关系的阐述，进而形成了"两山理论"雏形。"两座山"是和谐统一的关系，是经济增长方式转变的过程，以及发展观念和人与自然关系不断调整、趋向和谐的过程。

（二）思想定位与发展原则

习近平总书记就绿水青山就是金山银山关系做出了重要界定：我们既要绿水青山，也要金山银山。宁要绿水青山，不要金山银山，而且绿水青山就是金山银山，这一论述成为国家生态文明建设的指导性原则，核心在于绿水青山和金山银山绝不是对立的，关键在人，关键在思路。

（三）顶层设计与指导实践

随着"两山理论"更加具体化和充实化，逐步融入国家顶层设计加以贯彻落实，成为成熟的中国生态文明建设的指导思想，逐步走向指导地方实践的发展阶段。

1.2015年，"坚持绿水青山就是金山银山"写入《关于推进生态文明建设的意见》，成为生态文明建设的基本原则。

2.2017年，党的十九大报告提出必须树立和践行绿水青山就是金山银山的理念。同时"增强绿水青山就是金山银山的意识"写入党章。

3.2018年，全国生态环境保护大会，国家发展改革委和生态环境部分别推动开展生态产品机制实现机制试点和"两山"实践创新基地建设，有力推动"两山理论"落地生根[11]。

八、"两山理论"本质与辩证关系

"两山理论"本质是经济发展和生态环境保护的关系，明确兼顾绿水青山和金山银山的目

标要求,要求探索绿色可持续的发展方式。

1. 只讲金山银山不顾绿水青山,甚至牺牲绿水青山换取金山银山是一种不可持续的发展方式。

2. 只要绿水青山不要金山银山,就容易陷入环境与贫困的恶性循环,最终也难保住绿水青山。

3. 绿水青山本身具有很高的经济价值,同时也具有很高的机会成本,一旦破坏就很难恢复,或者恢复的成本非常高。

4. 绿水青山已经成为民生需求的重要组成部分,既提高人民生活水平,又让人民健康幸福。

九、"两山理论"经济内涵

绿水青山体现的是发展中的生态环境,金山银山体现的是发展中的经济与社会。

1. 以山水林田湖草的整体性为代表的生态服务系统。

2. 是纯粹的各类自然生态资源。

3. 以清洁的水、空气为代表的优质生态环境质量。

4. 生态资源作为一种要素投入具有生产性功能。

5. 生态环境作为一种精神感受、美学体验,具有休闲娱乐功能。

6. 生态系统作为一种机会成本,具有经济价值功能。

(一)"两山经济"蓬勃欲出

两山经济既具有维护陆地生态系统平衡、扩大生态空间的生态性,又具有集基础性、战略性、资源性、生态性、经济性、社会性、多样性于一体,可融合第一产业、第二产业、第三产业,是可持续发展的重要条件,能满足社会发展、人民生活所需要的生产、生态与生活。

自然和生态是一种资本,环境资源及自然资本都是财富生产的重要因素,可以创造出一个比自身价值更大的价值。一是在经济发达而资源约束大的地方要通过产业生态化来保护生态生产力,厚植发展后劲;二是要在自然禀赋好但经济欠发达地区发展生态生产力,把生态优势转化为发展优势。

"两山经济"是在"两山理论"经济和环境协调发展思想指导下,运用现代科技创新成果,转变发展方式,实现经济、社会、资源、环境协调发展的现代经济体系。生态经济是拉动经济发展的重要引擎,是经由高速增长转向高质量发展的重要抓手,谁抓住了生态契机谁就掌握住发展先机。一是有利于破除经济发展与生态保护失衡困境,走向人地和谐;二是有利于促进生态优势转化为经济优势,促进高质量发展。

1. 生态产业化

生态产业化就是在保护好生态环境的基础上,通过生态资源开发与建设、提供生态产品和服务等方式,实现生态要素向生产要素、生态财富向物质财富转变,促进生态与经济良性循环发展。

(1)发展生态农业。推进一二三产业深度融合,建立"龙头企业＋专业经济组织＋基地＋农户"的产业化经营体系,加快推进特色农产品深加工,延长农业生产产业链,增加农产品附加值。

(2)发展生态旅游业。利用生态优势打造生态旅游业,让绿水青山源源不断带来金山银山。发展生态旅游要避免同质化问题,在准确定位市场的基础上,充分挖掘当地特有的风土人情和文化,打造自身独特的旅游品牌和气质,实现生活富裕、生态良好地可持续发展。

(3)发展生态服务业。一是发展生产性服务业,推动产业链向两端延伸,向上中游完善技术研发、工业设计、成果转化、现代物流仓储等服务业,向下游发展检验检测认证、营销推广、售后服务、产品回收利用等行业,做长做强全产业链。二是发展生活性服务业。推进供给侧结构改革,打造新的消费增长点,有效推动国内国际双循环。

2. 产业生态化

产业生态化就是通过技术创新、制度保障、产业布局等方式实现产业绿色、低碳、循环发展[3]。

(1)淘汰低端落后产业,减少无效供给,提高有效供给,压减低端供给,拓展中高端供给。

(2)运用绿色技术、人工智能、互联网技术对传统工艺流程进行改造,培育新的生产方式。加快促进生产效能提高、产品品质优化、服务模式创新。

(3)依托生态园区载体,完善生态产业链。建立工业园、金融街、产业新城等生态园载体,并根据循环经济的减排、回收、再利用原则进行产业布局,推进关联产业的融合发展,形成生态产业链。

(4)发展新兴产业,按照绿色、循环、低碳发展要求,利用先进生态技术,培育发展资源利用高、能耗排放少、生态效益好的战略新兴产业。

(二)"两山经济"内涵

"两山经济"是指在一定的地域功能区内,以经济与生态环境友好为前提,以地域产业聚集为核心,以特有资源转化为基础,以特色技术为支撑,具有市场适应性、效益性、开放性、稀缺性和可持续性的比较优势经济[9]。"两山经济"是以特定的地理区域为基础,独特的自然、人文条件是两山经济产生和发展的基础,特色是"两山经济"的选择、继承、演化和发展,甚至是重组和改造。

"两山经济"的内涵主要是从"绿水青山就是金山银山"角度来界定的,生态就是生产力是"两山经济"的主要内涵体现。对于两山经济内涵认识,不能仅仅局限于对"两山理论"的理解,而应该从经济的层面和其目标进行深刻的分析。发展"两山经济"就是为了寻求切入点和突破口。

1. 在自然层面。"两山经济"就是要在"两山理论"实践过程中,通过人与自然和谐共生,追求人地关系平衡,实现经济和社会可持续发展。

2. 在经济层面。"两山经济"是一种新的制度安排和经济运行机制,最终目标是实现经济增长、就业增加、资源供给与生态环境多方共赢。

3. 在社会层面。"两山经济"作为一种保护与利用工程,涵盖产业和消费等各类社会活动。可以消解长期在保护与利用之间的矛盾冲突。

4. 在文化层面。"两山经济"是和谐文化,能够提高人们对"两山理论"实践的认识与关注,有利于保护生态环境,促进经济发展,造福于子孙。

参考文献

[1]郇庆治.习近平生态文明思想研究(2012—2018年)述评[J].宁夏党校学报,2019,21(2):19-30.

[2]习近平.在庆祝改革开放40周年大会上的讲话[N].人民日报,2018-12-19(2).DOI:10.28655/n.cnki.nrmrb.2018.010963.

[3]于德.习近平精准扶贫思想研究[D].北京:中共中央党校,2019.DOI:10.27479/d.cnki.gzgcd.

2019.000105.

[4]段蕾,康沛竹.走向社会主义生态文明新时代——论习近平生态文明思想的背景、内涵与意义[J].科学社会主义,2016(2):127-132.

[5]胡长生,胡宇喆.习近平新时代生态文明观的理论贡献[J].求实,2018(6):4-20,107.

[6]刘磊.习近平新时代生态文明建设思想研究[J].上海经济研究,2018(3):14-22,71.

[7]王会,姜雪梅,陈建成,等."绿水青山"与"金山银山"关系的经济理论解析[J].中国农村经济,2017(4):2-12.

[8]秦书生,杨硕.习近平的绿色发展思想探析[J].理论学刊,2015(6):4-11.

[9]李孝纯.习近平生态文明思想的深刻内涵与理论渊源[J].江淮论坛,2019(1):94-100,135.

[10]李雪松,孙博文,吴萍.习近平生态文明建设思想研究[J].湖南社会科学,2016(3):14-18.

[11]王季潇,吴宏洛.习近平关于乡村生态文明重要论述的内生逻辑、理论意蕴与实践向度[J].广西社会科学,2019(8):7-12.

"两山经济"基本理论框架

"两山理论"已经成为国家及各级地方政府共同关注的话题和实践的热点,在实践过程中如何实现"两山理论"向"两山经济"的转化,只有个别的理论探讨,而对于"两山经济"的内涵、特征及其体系至今还未见到。因此面对"两个一百年"收官和"十四五"开局,对两山经济的内涵特征、目标做出科学的界定,用以指导实践,已经显得十分必要。

一、"两山经济"架构

"两山经济"是一个系统体系建设,在这个体系当中,经济与环境相互联系、相互促进,缺一不可。这个体系一旦形成,它就能够带动区域经济向着高质量方向发展[1]。

1. "两山经济"以地域产品功能为前提。其表现形态就是"名、特、优、新",这些产品随着市场的变化而不断更新。因此,"两山经济"是靠地域特色来体现,既要检验其综合效益,更要看市场竞争能力。

2. "两山经济"以特色产业集群为核心。"两山经济"必须以产业集聚为基础,以实现产业化为前提,依托产业生态化开发,以市场需求为导向,实行区域化整体布局、专业化生产、一体化经营和社会化服务。

3. "两山经济"以特有地域资源为基础。"两山经济"必须立足本地实际,抓住特有资源巧做特色文章。可以避免区域产业结构和产品结构的同质性以及由此引发的过度竞争,并减少其发展内耗。

4. "两山经济"以特色技术集成为支撑。"两山经济"要以先进技术集成为基础,它是决定区域特色的主要因素,不仅决定了区域优势的专业化领域,也决定了特色产业生命周期。既是必经之路,也是主攻方向。

二、"两山经济"路径

"两山理论"因生态发展而生、因经济发展而兴、因社会发展而盛,成为全党全社会的共识和行动,带来了深刻变化,取得了丰硕成果,既具理论指导性,又具实践操作性。理论和实践结合,再一次证明了保护生态环境就是保护生产力,改善生态环境就是发展生产力,践行"两山理论"就是发展"两山经济"[2]。

1. "两山经济"贵在全面统筹。"两山经济"就是全面统筹山水林田湖草,一个相互关联、相互依存、相互影响的完整生态系统。只有统筹做到了保护、转化和发展,才能走出一条生态美、产业兴、百姓富的可持续发展之路。

2. "两山经济"贵在精准施策。精准选定路线,从资源禀赋出发谋发展,靠山要发挥山的优势,靠水要挖掘水的潜能,做到因地因时而异,向绿色转型要出路、向生态产业要动力,于变局中开新局。

3. "两山经济"贵在共建共享。"一方绿水青山养一方人、一方金山银山富一方人",让社会大众成为参与者,在各领域、全过程、多环节发挥功用,自觉地推行绿色生产方式,主动培育绿

注:本文创作于2021年。

色生活习惯。夯实共享机制,让群众成为主要的受益者。

三、"两山经济"特点

从"两山理论"角度出发,"两山经济"通过科技创新、资源整合、地域功能、产业升级、制度创新等多种手段,达到高质量发展与高水平保护一种经济发展形态[3]。

"两山经济"作为一种新的经济发展模式,具有先进性、创新性和整体性等主要特征。

1. 先进性。通过经济与环境的协调,实现新的发展模式,与可持续发展完全吻合,具有明显的先进性。

2. 创新性。通过科技创新来实现绿色发展的目标,势必带动并形成社会各个行业的新技术研发应用的创新潮流。

3. 整体性。通过地域识别实现地域功能价值,势必产生更高的经济效益和人地和谐目标。

4. 适应性。"两山经济"必须遵循发展规律和市场规律,特别是以市场为立足点,了解市场,根据市场需求和开拓市场的需要,确定发展哪些产业,哪些项目,使其产品和产品结构适应市场需求及其结构的变动趋势。

5. 效益性。"两山经济"是产生经济效益和社会效益和生态效益的综合经济,必须以高水平保护和高质量发展为前提,以增强区域综合经济实力和优化系统整体效益为目标,同时可以实现跨越式发展。

6. 开放性。"两山经济"是一种优势经济,要在彼此竞争、相互对比中得以体现,并时刻关注外界市场变化、需求变化,以特色介入开放与交流过程,在开放与交流中体现两山特色。

7. 稀缺性。"两山经济"必须具有某种或某些稀缺性特质,如独特的资源、独特的技术、独特的生产工艺、独特的产品甚至是稍纵即逝的发展机遇,使其供给存在特定的约束条件,难以被类同。

8. 优势性。"两山经济"在开放的市场竞争中具有比较优势,资源配置能够体现资源要素的所有专享,并能够在经济与生态相得益彰条件下得到更加充分合理的利用,能在市场竞争中赢得市场。

9. 可持续性。"两山经济"不仅注重眼前的利益和当代人的利益,还要注重长远利益和后代人的利益,既要注重经济发展,又要注重社会发展和保持良好的生态环境,实现眼前利益与长远利益、局部利益与全局利益有机地统一。

四、"两山农业"内涵

"两山农业"强调人与自然的和谐共生、低碳循环发展、生态环保、资源节约、产能高效的发展方式,助推农业现代化和破解农业发展难题,引领农业生产与市场消费需求绿色化,带动传统农业经营方式转型升级,探索和构建产出高效、产品安全、资源节约、环境友好的农业现代化可持续发展之路,对我国农业面临的难题具有强烈的针对性和指导性,为农业现代化提供了新的发展思路和方向[4]。

"两山农业"是拓展农民增收的重要渠道,也是当前我国构建现代农业产业体系、生产体系和经营体系的重要举措,同时也是探索中国特色农业现代化道路的必然要求。在多种因素的共同促进下,"两山农业"将达到新的高度。

(1)工业化加快发展为"两山农业"奠定了基础。其一,工业化促进农业结构优化和农村剩余劳动力从低效的农业生产部门中转移出去;其二,工业化为农产品的生产和加工提供了先进生产设备和生产技术。

(2)信息化建设为"两山农业"发展带来了契机。随着农村网络普及率的逐步提高,涉农信息资源将得到进一步整合,"两山农业"信息服务体系将逐步完善,信息化逐步成为我国农业生产方式。

(3)城镇化水平提高推动"两山农业"持续发展。城镇化发展促进居民消费结构的变化,拉动"两山农业"特别是农产品多样化消费需求,进一步带动农产品多样化开发,对农业内部生产结构起到优化作用。

1."两山农业"发展面临的挑战

"两山农业"成为带动农业发展的主导力量,并为农村二三产业向城镇集聚发展提供契机,农产品市场个性化、体验化、高端化需求将呈现爆发式增长的局面。伴随着工业化的推进,关键性农产品加工转化技术将得到突破,农产品加工技术创新、精深加工等将带动我国整个农业产业的发展[5]。

(1)消费结构快速升级,质量要求逐步提高

1)农产品消费结构急剧变化。个性化、体验化和高端化将成为农产品消费需求增长的重点,以满足市场日益呈现的功能化、多样化和差异化的变化趋势。而优质化、多样化和专用化农产品逐渐被淡化。

2)农产品质量走向高标准化。为了适应农产品消费结构不断升级,迫切需要把增加绿色优质农产品供给放在更加突出的位置,高质量农产品供给,使农产品供给品种和质量更加契合消费者需要。

(2)"两山农业"需要融合,新型业态亟待激活

1)三次产业的发展亟待融合。做强一产、做优二产、做活三产,实现农村一二三产业之间的相互有效衔接,增强农业的产前、产中和产后各个环节中的联结机制,全面实现农产品的价值增值。

2)新产业、新业态还待激活。随着居民对绿色生态的服务需求将逐渐彰显,将促进农化、农游、农教、农养等诸多领域的发展。新产业、新业态涌现将成为带动农民增收致富的新亮点。

(3)"两山农业"生产方式转变,服务功能提升

1)农业生产经营方式转变。资源条件不足必然影响"两山农业"推进亟待解决。而原有的专业大户、家庭农场、合作社和龙头企业等新型农业经营主体仍将是我国农业生产的主力军。

2)农业服务功能有待提高。"两山农业"专业化和多样化应通过合理制度安排,发挥资源优势,形成专业化分工,是未来面临的一项重要问题。其中产前、产中、产后的多元化和社会化服务体系建设,也亟待解决。

(4)"两山农业"创新水平与人才结构有待优化

1)科技利用水平亟待提高。建立起以消费为导向的两山农业生产方式已成为必然趋势,科技创新水平将有效的链接农产品的买方与卖方,建立起以消费为导向的现代农业生产方式。

2)人才队伍建设水平亟须提升。为了推进农业科技跨越发展,提升农业生产过程中的农业科技含量,亟须培养农业领军人才和农业创新团队,培育农业科技推广体系和壮大农业科技推广队伍。

2."两山农业"架构

(1)"两山理论"要求以绿色发展引领"两山农业"现代化。以绿色发展理念引领农业供给

侧结构性改革,调整农产品向高附加值农产品方向发展,引导农产品类型向绿色农产品、无公害农产品和有机农产品等转移。

(2)乡村振兴要求以绿色发展引领"两山农业"现代化。建设美丽乡村就要以绿色发展理念为引领,树立绿色的农业种养观念和绿色消费观念,走上绿色的农业现代化之路。

(3)"两山经济"要求以绿色发展引领"两山农业"现代化。"两山经济"要求加快转变农业生产方式和进行产业升级,提供给农产品消费者所需求的绿色的农产品。

(4)区域发展要求以绿色理念引领"两山农业"现代化。建立和完善"两山农业"发展的制度保障,全方位构建"两山农业"发展体系,加强农业科技创新与推广力度,培育"两山农业"发展多种模式和经营主体。

(5)"互联网+"依托绿色理念引领"两山农业"现代化。依托"互联网+"发展现代农业需要构建电商平台,电商平台的作用不仅仅是在网络上销售农产品,更重要的是进行产业链的创新。

(6)数字技术要求以绿色理念促进"两山农业"现代化。数据技术促进农业科技创新转化,形成农业服务体系和物流配送体系,由传统农业向可持续、高效、绿色、生态的现代农业转变。

五、"两山工业"(绿色制造业)

"两山理论"的落地生根对"两山工业"提出了新期待。"两山工业"既不同于一般意义上的广义工业,也不同于一般意义上的狭义的工业,而是一种新型工业(绿色制造业),是一种高质量的、体现新发展理念的工业,其特点是,一二三产业协同发展、传统经济与新经济融合发展、资源环境友好、技术进步和创新贡献不断提高,是一种包容性工业。

展望"十四五"发展,"两山工业"之路虽然面临制造业与服务业协调发展、传统经济与新经济深度融合发展以及国际竞争格局面临深刻变革的诸多挑战等。但是可以预期的是,"两山工业"必定是一条三次产业更加协同发展,新旧经济更加融合发展,更具绿色化、包容性和创新驱动作用更强工业。

(1)"两山工业"是一个结构优化型产业,必须是第一、第二、第三产业协同推动,而不能是一条牺牲农业,主要靠工业或主要靠服务业推动的工业。

(2)"两山工业"是一个创新驱动型产业,工业增长主要靠资本和劳动以及其他要素的大规模投入拉动,需要大力提升社会的创新能力,提升创新,特别是自主创新对经济增长的贡献。

(3)"两山工业"是一个新旧融合型产业,工业发展不能完全抛弃传统产业仅依靠新产业推动,而是要走一条传统产业改造不断升级、新产业不断扩张、新旧产业不断融合发展的工业。

(4)"两山工业"是一个生态绿色型产业,工业发展必须是体现生态绿色一体化理念、强化降低资源消耗和保护环境的工业,这既是满足人民对美好生活向往的需要,也是保证工业可持续性需要。

(5)"两山工业"是一种地域功能型产业,工业发展要根据地区差异,包括人力资源、自然资源和发展阶段的不同,极大地增强了工业发展的韧性和回旋余地。一是工业产业体系可更加多样化;二是利用地区差异可实现产业梯度化转移和承接;三是地区差异提高了工业抗风险能力。

1."两山工业"内涵

"两山工业"是"两山经济"发展的引擎,将培育新技术、新产品、新业态、新模式作为绿色制造业主要方向,这既是新时代的发展要求,也是新时代的发展机遇所在。其发展本质就是以高技术、高效益、低能耗、低污染的模式来发展工业,这与创新、协调、绿色、开放、共享发展理念内涵相一致。

(1)培育绿色制造业,推动"两山工业"产业技术创新。绿色制造业需要在现有工业条件的基础上,重点提升创新驱动能力,培育新型工业企业,推陈出新,培育"第二增长曲线",依靠改革和创新,突破体制机制障碍,引导生产要素更多流向科技型工业企业。

(2)强化三次产业协同发展,实现绿色的产城融合。提高农业、工业、服务业间的内在联动性。一是依托当地资源,加强工业对农林牧渔业的反哺,培养特色农副产品加工业。二是加强工业企业发展环境配套,促进产城融合发展。

2."两山工业"架构

从当前发展态势看,实现经济高质量发展的关键在工业、希望在工业,全面振兴工业才能加快发展,实现经济持续向好。"两山经济"要用新产业融入新格局展现新作为[5]。把握科技创新和产业变革机遇,大力培育发展绿色制造业,打造"两山经济"最硬"底牌"。新理念引领新方向,新起点开启新征程,全力开创"两山经济"发展新局面。

(1)触发新时代改革动能,推动新产业融合发展,探讨科技赋能、产业升级、园区转型的创新模式,以超常规、大力度、突破性举措,把绿色制造产业打造为竞争新优势和技术新高地。

(2)全面振兴绿色制造业,按照"强龙头、补链条、聚集群"要求,突出抓好龙头企业培育和重大项目带动,实现培育一个"龙头",带动一个行业,发展一片区域。

(3)全面振兴绿色制造业,必须坚持以产业为引领,全力加快产业转型升级,构建现代化产业体系,提升产业核心竞争力。振兴工业,要有项目支撑、企业支撑、产业支撑;更要有具体目标任务、具体考评指标。

(4)突出绿色制造创新发展,提升产业核心竞争力。一是向上提质,做大做强产业;二是中游强链,培育和引进龙头和骨干企业,形成多元化发展企业集聚效应;三是向下延链,立足资源禀赋、产业基础和品牌优势,开发转化新兴项目。

(5)突出绿色制造科技攻关,集中力量攻克新技术,打造绿色企业聚集,推出"两山工业"高质量发展人才支撑行动计划,用科技创新赋能,积极培育新产业新业态新模式。形成配置要素资源、促进高质量发展的有效机制。

(6)突出生态理念,构筑产业绿色发展新优势。认真践行习近平总书记"绿水青山就是金山银山"的生态文明建设理念,将环境保护和产业发展同抓共管。通过不断优化绿色制造产业结构,做好环保与产业融合的有效衔接。

3.绿色制造园区

绿色制造业是"两山经济"发展的必然产物,是传统单一型工业区向综合型工业区转型升级的特色园区。现有工业园区初始模式为传统工业园区,存在资源过度浪费、环境污染严重、配套设施匮乏等问题,已无法适应时代的发展需要。提高现有工业园区工业化的集约强度,突出产业特色,优化功能布局,使之成为适应"两山工业"市场竞争和产业升级的现代化产业分工协作生产区域。随着"两山经济"的推进和创新技术发展,及绿色制造园区的建设,以满足城乡发展需求势在必行。

(1)强调绿色制造发展,提升"两山工业"园区品位。立足园区现状,以问题为导向,强调有机缝合、产城一体、生态园区等,通过区域统筹、产城融合及多规合一等措施,提高绿色制造综合竞争力,提升园区品位。

(2)强化区域统筹协调,彰显绿色制造园区特色。结合园区周边区域情况及自身现状特点,注重与周边区域的统筹协调发展,强化功能结构、产业空间、设施配套及综合交通的统筹衔接,彰显园区特色。

(3)创新绿色制造动力,凸显产业规划支撑能力。为创新企业提供稳定的发展环境,可使更多企业获得更高的生产效率以及新的产品。在培育两山工业过程中,政府要制定合理的产业规划,以获得更为有效支持。

(4)培养创新产业路径,培育绿色制造企业要素。建立绿色制造研发基地形成创新企业聚集,促进产业对接帮助企业积累资金;加强知识产权保护,吸引创新型人才;建立绿色制造文创基地,打造电子商务中心,培育新型金融企业。

六、"两山服务业"

全球经济进入服务时代,"两山服务业"在提升城市能级、带动区域发展、推动城市创新三个层面,成为重要引擎。推动"两山服务业"发展,是经济高质量发展的重要举措,对于实现"两山理论"高起点上的新发展,具有重要意义。一是"两山服务业"是城乡建设重要引擎,是城乡能级提高重要支撑;二是"两山服务业"是中心城市发挥区域发展引擎作用的重要依托;三是"两山服务业"改变区域竞争格局。

(1)"两山服务业"推动生产性服务业专业化发展;

(2)"两山服务业"推动生活性服务业品质化发展;

(3)"两山服务业"推动服务业与制造业融合发展;

(4)建设"两山经济"科技创新中心是"两山服务业"核心;

(5)提升金融服务能力是"两山服务业"关键;

(6)智力保障是"两山服务业"要义。

1."两山服务业"内涵

以现代科学技术为主要支撑,依托互联网、大数据、云计算等信息技术,拓展和集成新的服务领域,本质上具备现代化的经营理念、组织形式与管理手段,形成全新的运营模式和服务方式,是集技术、知识和信息功能于一体的高技术含量和高增值的产业。

"两山服务业"是随着科技发展而产生的新兴服务业态,是现代技术对传统服务业的改造和提升,具有高附加值、高层次和知识型的生产服务和生活服务业。从根本上加快经济发展方式转变,提升国民经济素质和运行质量。

(1)强化智能化、大数据、互联网、云计算等为代表的信息技术在"两山服务业"融合中的应用。

(2)推动制造业向服务业方向延伸,促进企业间的流程重组和管理创新,延长产业价值链。

(3)依托现有产业集群和各级开发区,提高集群制造业与服务业的相互协同、配套服务水平,构建高效协调、模式创新的集技术服务、金融支持、质量管理等功能于一体的产业融合发展综合平台。

(4)发挥各级试点单位的示范引领带动作用,通过抓试点促示范,发挥示范辐射效应,在制造业与服务业进行全方位、多领域、深层次融合,使其相融相长、耦合共生。

(5)引育并举,建立适应融合发展的人才供给体系,以重大产业、重点项目、重要课题为导向,完善柔性引才引智机制,敢于打破区域限制、身份限制,以新理念新机制吸纳天下英才。

(6)运用新技术或技术升级的现代生产性服务业。涉及生产和市场服务部门的金融、物流、批发、电子商务、农业支撑服务部门以及公共管理服务等。

(7)经现代技术改造后的现代生活服务业。涉及个人消费服务部门的教育、医养保健、住宿、餐饮、文化娱乐、旅游、房地产、商品零售部门和"适应居民生活水平提高所产生的高端消费服务业",以及公共卫生、医疗公共服务部门。

(8)伴随信息网络技术发展而产生的以高科技为主的科技创新服务业。涉及通信服务和信息服务,研发、设计、知识、技术咨询业及创意产业,以及中介专业服务等。

2."两山服务业"发展架构

(1)"两山服务业"升级优化,彰显知识经济的巨大潜力和优势

1)经济全球化加速产业细化分工,带动了对全球性流动的现代服务业的中间需求,促使现代服务内嵌于商品生产体系内而蓬勃发展,特征是与商品生产、流通和消费密切关联的信息搜集、识别、处理、加工、分析等需求带动服务业务的迅猛发展。

2)随着产业结构变革和企业组织创新发展,推动了专业分工基础上的一批新兴服务业的独立化发展,诸如业务管理、咨询、广告、研发、会计等,形成了现代服务业发展的"知识化"和"信息化",在释放对自然资源需求的基础上极大地带动了社会财富的增长。

(2)"两山服务业"与制造业融合发展,加速技术进步与效率提升

现代服务业与制造业不是简单的供应商和需求者的关系,二者逐步进入高度相关和互动发展的阶段,形成了复杂的产业互动和融合发展的创新趋势。

1)制造业部门的产品是为了提供某种服务而生产的。

2)随产品一同售出的有知识和技术服务。

(3)"两山服务业"是新技术集成或新科学发现应用的重要促进者

1)现代服务业是新科学发现成果或新技术最主要的直接或间接使用者。

2)现代服务业是新技术最主要的直接推广者。

3)新技术创新需要现代服务为其导入市场需求的发展方向。

4)现代服务业促进了多项技术及新技术相关方之间相互沟通和互动发展,形成了新技术后续研发完善及改进优化的创新合作平台。

(4)"两山服务业"是创新集群模式与产业结构调整和升级推动者

"两山服务业"集群发展,有助于完善区域整体竞争力集合体,进而实现经济水平的快速发展和提升,激活产业链条的发展。根据现代服务业集群发展现状和存在的问题进行产业结构调整和升级。编制"两山服务业"集群发展总体规划,制定与之相对应的空间分布、功能定位、发展目标等,对集群区进行引导。

七、"两山经济"与区域发展

推进"两山经济",聚焦特色产业,聚集资源要素,优化一产、深化二产、强化三产,培育特色产品、特色品牌、新型业态,特色经济产业。从目前现状来看,仍存在统筹不够、合力不足、链条不长、集聚不快、品牌不强、融合不深、质量不高、发展不平衡等诸多问题。

培育"两山经济"是推动区域产业兴旺重要抓手,也是促进就业和农民增收重要途径,对于激发城乡活力,增强乡村振兴新动能具有重要作用。以聚焦特色产业、特色资源要素为抓手,强化科技创新和品牌引领,促进产业集群化发展,拉伸扩展产业链,培育发展新动能,着力打造新业态。

1."两山经济"与城镇化和乡村振兴发展规划相结合。将城镇化发展和乡村振兴发展规划相结合。优化产业空间布局及主导产业布局作为重要内容,明确特色产业发展思路、目标任

务、重点产品、区域布局、保障措施,引导更多的资源、技术向特色倾斜,向特色集中。

2."两山经济"注重科技创新和特色品牌建设相结合。推动科技创新与特色产业有机结合,出台支撑特色产业发展的生产技术推广网络。围绕特色产业发展主题,建设特色产业科技试验示范园区、基地等载体。创响独具地域特色的"独一份""特别特""好中优"产品。

3."两山经济"强化产业强镇与地域特色发展相结合。产业强镇是乡村振兴重要举措,是构建现代产业、生产、经营体系的重要基础,以发展特色优势产业为突破口,以延长产业链条为主攻方向,突出串珠成线、块状成带、集群成链,建设绿色化、标准化、规模化、产业化的特色产业。

4."两山经济"促进产业融合与乡村振兴发展相结合。乡村特色产业发展推进要素跨界配置、产业跨界重组、主体跨界联合,促进产业深度交叉融合,形成多主体参与、多要素聚集、多业态发展、多模式推进的融合格局。促进特色产业前延后伸、横向配套、上承市场、下接要素,构建紧密关联、高度依存的全产业链。

5."两山经济"注重培育新型农民与生态文化相结合。围绕乡村振兴,注重培育新型农民与生态文化相结合,推进新型农民和新型产业经营主体"两新"融合。推动特色产业联合体与新型农民合作社共建共享的联结机制。

6."两山经济"推动现代农业与农村服务业发展相结合。培育现代农业的生产性服务业,打造特色农业社会化和专业化,推进特色农业产业专用物品维修业、批发零售业、电子商务、金融保险等生活性服务业发展。

7."两山经济"促进健康养生与生态文化旅游相结合。充分利用特色资源禀赋,促进健康养生与生态文化旅游相结合,因地制宜发展生态观光、休闲体验、健康养生业态,让两山经济插上金色翅膀。

8."两山经济"强化生态文明建设与绿色发展相结合。强化绿色生态质量管控和品牌宣传,提升生态文明建设与绿色发展相结合,提高绿色发展的生态质量,大力推进山水林田湖草,生命共同体协同发展,创建具有地域特色的产业生态化和生态产业化。

参考文献

[1]张月梅.当代"两山理论"与生态经济发展关系研究[J].西部林业科学,2020,49(2):165-168.

[2]常纪文.从生态、经济和社会三方面科学理解和实践"两山"理论[J].农村工作通讯,2020(2):38.

[3]戴圣鹏.论"两山"理念所蕴含的经济文明思想[J].人文杂志,2021(5):33-38.

[4]张车伟,邓仲良.探索"两山理念"推动经济转型升级的产业路径——关于发展我国"生态+大健康"产业的思考[J].东岳论丛,2019,40(6):34-41,191.

[5]薄海.习近平"两山论"与经济欠发达地区的绿色发展[J].当代经济,2017(8):150-151.

建立首都"国家'两山理论'实践创新基地"的若干思考

"两山理论"是习近平总书记的重要论断,这一科学理论不仅以其折射的真理之光为加快推进我国生态文明建设提供了重要的指导思想,也以其蕴涵的绿色新观念为我国牢固树立尊重自然、顺应自然、保护自然的生态文明理念提供了重要的理论依据和实践指南[1]。"两山理论"在治理区域发展中的深远的意义是要为地方加快全面小康社会建设、提前基本实现现代化指明科学道路。

习近平总书记提出的"两山理论"是中国生态文明建设和绿色发展的内生之路,为指导中国绿色发展做出了贡献。习近平总书记的绿色发展思想,为中国迈向生态文明时代新经济之路打开了思路,破解了许多在工业经济学框架下无法解决的难题。

1. "两山理论"为中国供给侧结构性改革开拓了新空间,提供了新思路,生态经济发展将是中国经济转型发展的重要内容与目标,也是中国供给侧改革关键。

2. "两山理论"为中国迈向生态市场经济提供了理论支持。将市场机制导入生态经济发展,健全自然资源资产产权制度的重要决策,自然资源产权制度改革是让自然资源成为经济增长要素,并进入市场调节的一项具有革命性的改革。

3. "两山理论"的发展之路,为实现城乡二元文明共生、城乡均衡发展的中国特色城镇化模式提供了新的解决方案。在"互联网+"、绿色消费、文化消费等的作用下,乡村的绿色经济迎来了发展的新契机,乡村的绿色发展将从根本上破解工业化经济框架内城乡两元独立的难题[2]。

一、建设首都"国家'两山理论'实践创新基地"战略思考

建设首都"两山理论"实践创新基地,有利于推进发展方式转变、经济结构优化,增长动力转换,更好地解决北京山区发展不平衡不充分问题;有利于提供更多优质生态产品,满足人民日益增长的优美生态环境需求,不断推进生态文明沟域模式创新、机制创新、管理创新,构建系统完备、科学规范、运行有效的生态文明制度体系。

1. 建设首都"国家'两山理论'实践创新基地"是为全国提供生态优化、绿色发展现实路径的有益探索

建设首都"国家'两山理论'实践创新基地",是重要生态功能区发展和富民的新探索,有利于牢固树立绿水青山就是金山银山的理念,将生态优势转化为经济发展优势,实现自然财富和经济财富的共同增长,打通绿水青山向金山银山转化的思想通道、路径通道,为全国"两山理论"实践创新积累经验、提供示范。

2. 建设首都"国家'两山理论'实践创新基地"是助推山区生态经济建设的重要举措

推进首都"国家'两山理论'实践创新基地"建设,有利于贯彻落实打造北京生态经济示范区的重要部署,有利于更好地推动山区实施生态文明发展战略,按不同功能区在导向思路、发展重点、产业选择、政策举措等方面统筹安排,在更高层次上推进生态文明沟域建设,建设"强富美高"新山区。

注:本文创作于2017年。

二、建设首都"国家'两山理论'实践创新引领区"总体思路

以弘扬"两山理论"为引领,以呵护绿水青山为前提,以铸就金山银山为重点,以健全两山制度为突破口,以共享两山理论为落脚点,探索和实践具有首都特色的绿水青山就是金山银山现实路径,形成绿色发展方式和生活方式,不断满足人民日益增长的美好生活需求和优美生态环境需求。

三、建设首都"国家'两山理论'实践创新引领区"发展定位

"两山理论"不断深入人心,空间开发模式、经济发展方式、居民生活方式加快转变,绿水青山得到有效保护,金山银山转化路径不断实践创新、规模不断壮大,生产发展、生活富裕、生态良好的生态文明发展道路逐步成型,生态文明建设。生态经济发展、体制机制改革等方面走在全国前列,使之成为全国"两山理论"实践创新引领区[3]。

1. 生态文明沟域建设展示区

生态文明沟域是沟域经济的升级版,是京津冀协同发展的切入点,是"三农"转型的依托点,是富民就业的支撑点,2017年北京市怀柔区率先启动跨京津冀沟域经济带——天河生态文明沟域建设规划,取得了重要成果,使之成为全国生态文明沟域建设展示区。

2. 生态经济创新发展先行区

坚持绿色低碳。创新发展,充分发挥生态优势,大力发展生态农业。全域旅游、健康养生等具有北京特色的生态产业,为京津冀协同发展乃至全国发展生态经济积累经验、提供首都示范[4]。

3. 绿色宜居幸福家园样板区

坚持发展中保障和改善民生,全面提升城镇绿色宜居水平,加快乡村振兴,不断提高基础设施和公共服务水平,加快富民增收步伐,将首都建设成为活力并发、宜居宜业、幸福和谐的美好家园全国样板。

4."两山"文化传承弘扬示范区

保护和传承首都历史文化,发扬激情首都精神,繁荣新时代先进文化,塑造提升首都生态文化品牌,广泛开展各类生态文明创建,建设成为全国知名的两山文化展示高地和教育基地。

5. 绿色发展体制机制创新区

不断健全导向明确、激励约束并重、系统完整的绿水青山保护机制,以市场化为路径建立健全生态资源转化成生态资本的体制机制,在生态文明制度体系建设上走在全国先列[5]。

参考文献

[1]张修玉."两山理论"将引领生态文明建设走入新时代[J].中国生态文明,2017(5):37-39.

[2]周宏春."两山理论"与福建生态文明试验区建设[J].发展研究,2017(6):6-12.

[3]徐冠华.关于建设创新型国家的几个重要问题[J].中国新技术新产品精选,2007(1):4-6.

[4]王业强,郭叶波,赵勇,等.科技创新驱动区域协调发展:理论基础与中国实践[J].中国软科学,2017(11):86-100.

[5]王昌森,董文静.创新驱动发展运行机制及能力提升路径——以"多元主体协同互动"为视角[J].企业经济,2021,40(3):151-160.

"两山理论"与"美丽中国、健康中国、幸福中国" 建设的蒙阴示范

一、"两山理论"

"两山理论"的科学论断,从 2005 年 8 月提出至今,经过十一年的理论发展和实践检验,已上升为国家层面生态文明领域改革的顶层设计。在生态文明建设深入发展的今天,各地紧跟时代步伐,坚决关闭关停污染严重、资源消耗大、产能落后的企业,大力推进新兴科技,在迎来绿水青山的同时,也顺利调整了产业结构,大大促进了区域经济发展[1]。

二、"美丽中国、健康中国、幸福中国"建设

第一部分:美丽中国

"美丽中国"是在对新世情、新国情和新域情的新变化和新形势进行深刻分析和科学判断的基础上提出来的。其包含了自然之美、发展之美和百姓之美,把生态文明建设与其他各项建设相融合,并将人的幸福生活作为最终的归宿,能成就大同世界,天下太平,人人和睦相处,丰衣足食,安居乐业[2]。

（一）"美丽中国"内涵

"美丽中国"战略具有重要的理论价值和实践价值。"美丽中国"需要通过树立绿色发展理念,完善生态文明制度体系,全面补齐生态文明短板,全民共建并参与国际合作等途径来实现。

坚持人与自然和谐共生。建设美丽中国是永续发展的千年大计。必须树立和践行绿水青山就是金山银山的理念,坚持节约资源和保护环境的基本国策,像对待生命一样对待生态环境,统筹山水林田湖草系统治理,为人民创造良好生产生活环境,为全球生态安全做出贡献[3]。

1. 人与自然和谐是"美丽中国"建设的基本特征。人与自然和谐是对马克思主义生态观中国化的深化与发展,也是对人类社会最新文明形态的正确反映。

2. 融入生态文明理念的科学发展是"美丽中国"建设的基础条件。保护环境就是保护生产力,改善环境就是发展生产力,绿水青山就是金山银山是实现可持续发展的内在要求,是推进美丽中国建设的重大原则。

3. 人民生产生活的健康与幸福是"美丽中国"建设的落脚点和归宿。坚持以人民为中心,既要创造更多物质财富和精神财富以满足人民日益增长的美好生活需要,也要提供更多优质生态产品以满足人民日益增长的优美生态环境需要。

4. 可持续协调的绿色发展是"美丽中国"建设的理念指引。"美丽中国"是一种境界追求,是我们将要达到的一个目标,实现这一目标必须建立绿色发展理念。必须达到以效率、和谐、持续为目标的经济增长和社会发展方式。

（二）"美丽中国"定位

"美丽中国"是中国特色社会主义生态文明建设的重要内容[4]。其战略定位、基本内容和

注:本文创作于 2018 年。

重大意义在生态文明建设和实现中国梦的框架中得以彰显。其中,生产发展是美丽中国建设的物质基础,生态良好是美丽中国建设的基本要求,人民幸福是美丽中国建设的本质目标。

1."美丽中国"缘起于党中央首次提出的"建设美丽中国,实现中华民族永续发展",是对"全面、协调、可持续"的科学发展观的继承和升华。

2."美丽中国"可以理解为努力建设生态文明基础上的中国特色社会主义,既强调人与自然和谐相处的生态文明建设,又重视将生态文明建设全面融入经济建设、政治建设、文化建设、社会建设的各方面和全过程。

3."美丽中国"战略内部具有结合紧密的辩证统一关系;从美学层面,它全方位地体现了"和谐之美";从伦理层面,它体现的是道德创化之美;从价值维度层面,它体现了对生态文明认识的价值跃迁。

4."美丽中国"的实质就是注重生态文明建设与政治、经济、文化和社会建设的相互联系与融合,重建人与自然的和谐,实现人与自然的共同发展。

5."美丽中国"战略焦点是生态文明建设,并放在突出位置,充满人道主义关怀、生态平衡有序、文化繁荣昌盛、经济高度发展、政治清正廉明,社会和谐稳定的"河清海晏,时和岁丰"。

6."美丽中国"是对人类社会最新文明形态的正确反应:就是以生态文明建设为突出特征,努力实现中国人民对美丽生活环境以及美好物质生活、精神生活、政治生活、社会生活等的追求和向往。

7."美丽中国"是中国面临第三次战略选择做出的科学判断:是对第三次战略选择做出的科学判断,是总揽国内外大局、贯彻落实科学发展观的一个新的战略部署。

8."美丽中国"彰显了中国文化的思想精髓和中华民族对美好生活的追求向往:与中国传统文化精髓相契合,与中华民族对美好生活的向往相适应。

9.中国已经具备了建设"美丽中国"的基础和条件:

(1)作为"美丽中国"最显著特征的生态文明已经被列为中国发展的总体布局之中。

(2)经济总量的持续增长及其增长方式转型为"美丽中国"建设奠定了坚实的物质基础。

(3)社会主义民主法制建设迈出新步伐,中国特色社会主义法律体系已经形成,为"美丽中国"建设提供了制度和法制保障。

(4)社会主义文化建设取得新成就,人民精神文化生活更加丰富多彩,为"美丽中国"建设提供了精神动力、智力支持和思想保证。

(5)社会主义和谐社会建设取得了新进步,为"美丽中国"建设提供了良好的社会条件和社会环境。

(三)美丽中国建设的理论与实践价值

美丽中国思想的提出丰富和拓展了新时代中国特色发展的总任务、总体布局、战略布局、发展方式、发展动力等基本内容,对指导我国特色发展的新实践具有重要的理论意义和实践意义[5]。

1.实现了三个发展观的转换。从以发展生产力为重点的传统发展观到全面协调可持续的科学发展观,再到以人与自然和谐的绿色发展观,对树立理论自信,推动我国理论走向世界,成为全球美丽国家建设的引领者具有重要意义。

2.拓展了中国特色发展的内涵。美丽中国建设的目标是以实现人与自然的和谐,实现真正意义上的可持续发展,既满足当代人的需要,又不对后代需要构成危害,体现了以人民为中心的发展思想,彰显了民生情怀。

3. 指明了中国特色发展的新动力。从解决社会主要矛盾的高度来解决环境污染、生态破坏和资源紧缺等问题,提升发展的质量和效益,更好满足人民群众在生态等方面日益增长的需要,更好推动人的全面发展、社会全面进步。

4. 实现了与"五位一体"总体布局和现代化目标的对接。现代化奋斗目标从"富强民主文明和谐"进一步拓展为"富强民主文明和谐美丽",增加了美丽,"五位一体"总体布局与现代化建设目标有了更好的对接,开启了"美丽中国"建设新时代。

5. 构建了人类命运共同体提出新目标。我国要成为全球生态文明建设的重要参与者、贡献者、引领者,为全球生态安全做出贡献,将其摆在构建命运共同体更加突出的位置,不仅对建设美丽中国具有重要意义,也彰显了一个负责任的大国应有的担当。

（四）"美丽中国"建设主要内容

"美丽中国"建设是实现中国梦的重要内容。中国梦的基本内涵是实现国家富强、民族振兴、人民幸福。其中,每一个方面都与"美丽中国"息息相关[6]。

1. 从国家富强来看,建设"美丽中国"是坚持绿色富国、建设现代化经济体系、提高绿色GDP 的必然要求。

2. 从民族振兴看,建设生态文明是中华民族永续发展的千年大计,绿色发展是实现中华民族永续发展的必要条件。

3. 从人民幸福来看,建设"美丽中国"是落实绿色惠民理念、为人民创造良好生产生活环境的重要举措。

4. "美丽中国"建设需要美丽经济支撑,绿色发展就是美丽经济,绿色是美丽经济发展与生俱来的"本色"。

5. 绿色是美丽经济发展充满生机的"本源",把绿色的基因注入美丽经济,美丽中国建设的肌体才会健康,才能充满生机活力。

6. 绿色是美丽经济发展越来越贵的"本钱",绿色生态是美丽经济最大财富、最大优势、最大品牌。

（五）"美丽中国"建设与五大发展理念

"创新、协调、绿色、开放、共享"五大发展理念着眼于当前的社会主要矛盾、体现了未来国家发展的价值诉求,作为行动指南引领着中国经济的走向。五大发展理念彰显了独特的理论魅力和理论品质,以及中国特色社会主义实践的宏伟新局面和卓越新境界,构成治国理政新理念新思想新战略的思想原点[7]。

1. 五大发展理念紧扣"发展"这一主题和目标,将发展作为目标所在。丰富了发展内涵,充实了发展内容,指明了发展方向,强调了发展重点,明确了发展目的,强化了发展动力,是美丽中国建设的重要内容。其定位与基本内容及深刻意义明显。

2. 五大发展理念提出坚持问题导向,聚焦发展过程中突出问题和短板,有力地回应人民的诉求。创新是解决经济发展过程中动力不足的问题,"协调"是解决社会发展不平衡问题,"绿色"是解决人与自然和谐相处问题,"开放"是解决社会发展内外联动问题,"共享"是解决社会公平问题。

3. 五大发展理念提升了发展理论的新境界。它是中国特色发展的最新成果,更是特色发展理论的一次升华,具有典型的"中国味道",深化了中国特色的发展理论,对于美丽中国的建成、小康社会的全面建成及中国梦的实现具有重要的意义。

4. 五大发展理念为美丽中国奠定了科学新基础。

（1）创新是美丽中国建设核心内涵，是一切事物发展原动力，也是永葆国家生命力的源泉，它贯穿在经济、文化、科技、民生等各个方面。加快建设创新型国家，要实现前瞻性的研究，建设创新体系，实现文化创新。"创新发展"是调动全民投身社会主义建设的动力。

（2）协调是美丽中国建设的内在要求，侧重解决发展过程中的短板问题，优化发展结构，统筹城乡发展。"协调发展"维护全体人民利益的平衡。

（3）绿色是美丽中国建设全新的价值观和发展理念，其价值追求不再是物质层面速度与总量的积累，而是更加注重生态建设和环境保护，向资源节约型和环境友好型的发展模式转化。"绿色发展"推进全民共建绿色家园。

（4）开放是美丽中国建设在经济全球化背景下不断吸收借鉴他国的文明成果，更加注重全球发展和承担国际责任，共同构建人类命运共同体。"开放发展"是开阔人民视野，促进人民为世界服务的良好机遇。

（5）共享发展理念彰显了人民为主体的思想，创新、协调、绿色、开放的最终目的和归宿点就是为了共享，实现发展为了人民、发展成果由人民共享的愿望。"共享发展"集中体现了发展为了人民，发展成果由人民共享的价值追求。

（六）美丽中国建设路径选择

美丽中国建设是功在当代、利在千秋的事业，是站在对全人类生存环境高度负责的制高点上，是实现"两个一百年"奋斗目标和中华民族永续发展的诠释。

1. 贯彻执行绿色发展理念

坚持节约优先、保护优先、自然恢复为主的方针，形成节约资源和保护环境的空间格局、产业结构、生产方式、生活方式，还自然以宁静、和谐、美丽。

2. 坚持完善生态文明制度体系

建立绿色生产和消费的法律制度和政策导向；建立绿色低碳循环发展的经济体系；建立清洁高效的能源体系；健全山水田林湖草休养生息制度；建立市场化、多元化生态补偿机制和生态环境监管体系。

3. 全面补齐生态文明建设短板

坚持全民共治、源头防治，持续实施大气污染防治行动，打赢蓝天保卫战；实施重要生态系统保护和修复重大工程，优化生态安全屏障体系，提升生态系统质量和稳定性；加快水污染防治，实施流域环境治理和土壤污染管控和修复。

第二部分：健康中国

党的十九大报告提出："人民健康是民族昌盛和国家富强的重要标志。""健康"理念将从理论付诸实践、医疗卫生体制改革将全面破解"世界难题"、从田野到餐桌的食品安全防线将实现全面构建，这是党的十九大报告为全体国民描绘的"健康中国"总体路线图。未来，中国将沿着党的十九大画出的健康中国路线图扎实前行[8]。

（一）"健康中国"内涵

"健康中国"以将健康融入所有政策为指导思想，以普及健康生活、优化健康服务、完善健康保障、建设健康环境、发展健康产业为重点，全方位、全周期保障人民健康，大幅提高健康水平。而健康城市（村镇）是现阶段把健康融入所有政策的有力抓手和平台，是实现健康中国的具体形式。

（二）"健康中国"建设主要内容

"健康中国"建设是一项全局性、整体性、跨领域、跨部门的系统工程。蓝图已经绘就，接下来重在落实，将"设计图"转化成"施工图"。一是建立协调推进机制；二是制定任务分解和实施监测与考核评价机制；三是推进健康城市和健康村镇建设；四是全面建立健康影响评价评估制度。

1. 践行"全面健康"理念，审视城市健康问题。以健康为统领，强化健康城市理论和实践研究，调研健康城市实际，开展健康城市建设的专业培训。

2. 制定健康城市发展规划和实施方案。将健康城市融入现代化城市发展战略，将健康指标纳入城市战略指标体系，以普及健康生活、优化健康服务、完善健康保障、建设健康环境、发展健康产业为重点，制订健康城市发展规划和实施方案。

3. 强化健康城市的源头管控。以国土资源管理和城市规划为龙头，强化事前管理，发挥规制效力。在居民住宅区严格限制建筑高度和容积率，保障居民阳光权。清理闲置土地和不当开发土地。对影响居民健康的建设内容进行控制，严格审批管理。

4. 发展健康产业。从源头上减少资源能源消耗和污染生成，加大医疗产品器械、保健养生用品、健身产品以及健康管理需求供给，打造健康疗养、健康养老、健康旅游、医养结合、健康管理、健康保险等新型产业。制定健康产业扶持奖励政策，鼓励社会资本参与。

5. 营造健康人居环境。保障居民生命健康，实施更严格的环境标准，确保企业达标排放。推广新能源汽车，普及节能型建筑材料设施和太阳能、地热能设备。推广垃圾分类处理，改进输运环节，推进新型环保处理方式，加强绿化美化，保护水体、绿地、山林。

6. 打造健康友善交通格局。以节能减排和人本化为导向，发展健康交通，提升公交智能化水平，便利出行。凸显大众交通工具综合优势，使其成为市民首选出行方式。

7. 完善居住区健康生活服务配套。保障公共活动空间用地，开辟居民健康锻炼专属路径，推进全民健身运动，维护山林水体的公共属性，共享资源；提高城市社区软硬件水平，保障公共用房和活动空间，建立从产地到终端的食品安全全程监管机制。

8. 提高医疗综合服务水平。探索医联体建设与康复护理体系建设结合，健全多层次医疗服务体系，推进分级诊疗，均衡配置医疗资源；加强传染病防控，加快慢病监测报告信息化建设，健全综合防治体系，关注职业健康和特定群体心理健康，建立精神卫生防治网络。

9. 加强智慧医疗保健服务。依托移动互联网、物联网技术和可穿戴设备，打通疾病预防、治疗、康复、保健等环节，向智慧保健、智慧康复和智慧预防升级，强化健康分析、健康预测、健康指导、健康干预，构建以"互联网＋健康管理"为中心的新型全面健康服务体系和健康管理系统。

10. 建立健康保障体系。建立推进机构，整合卫生、规划、城市建设管理、环境保护、社会保障、民政、教育体育等多部门有关健康职能，形成高效力系统化的大部门健康工作体制。强化人才技术保障，制定培养、引进健康事业急需的专业技术人才和健康综合管理人才。

（三）健康产业培育

健康产业是指与人的身心健康相关的产业体系，以健康长寿为终极目标，包含对健康人群的创造和维持健康，对亚健康人群的恢复健康，以及对患病人群的修复健康，覆盖全人群、全生命周期的产业链。包括药品、医疗器械、中药材、医用材料、保健食品、保健产品（健康用品）、健康器械等在内的健康制造业，以及包含医疗服务、健康管理、健康养老、调理康复、科学健身、营养保健、健康检测、健康咨询、健康信息、健康保险、健康理财等在内的健康服务业[9]。

1. 人口老龄化为健康产业提供了巨大的内在需求

巨大的养老压力引发养老红利,创造了一个庞大的消费市场,老龄化人口在对社会形成压力的同时,也为健康产业提供了巨大的养老需求。

2. 健康科技的驱动为健康产业注入新活力

医药技术创新是健康产业的重要推动力,2016 年医药制造业实现主营业务收入 2.8063 万亿元,同比增长 9.92%,高于全国工业整体增速,位居工业全行业前列,健康产业的增长正在从过去充分覆盖拉动越来越明显地变为创新力的驱动。

3. 健康服务业成为健康产业的新增长点

健康服务业是在国家经济发展和健康需求增长的背景下日益发展起来的。2013 年 10 月 14 日,《国务院关于促进健康服务业发展的若干意见》正式发布,明确提出了发展目标,到 2020 年,健康服务业总规模达到 8 万亿元以上。

4. 并购促使我国健康产业集中度进一步提升

我国的并购市场涉及了 IT、互联网、生物技术、医疗健康、金融、机械制造等 23 个一级行业。在并购数量方面,健康产业是近几年资本追逐的热点,投资的热潮带动了行业整合的加剧。

（四）健康城市

健康城市建设是推进健康中国建设的重要载体,其意义已超越"田园城市""生态城市"和"卫生城市",带给我们的是一种全新的、综合的、多维的视角。健康城市建设,能够帮助我们实现以健康促进为主的健康实现方式,能够帮助我们有效形成政府主导、社会协助、人人参与的良好治理模式,进一步实现环境、教育、人口、卫生等城市各领域的融合发展[10]。

1. "卫生城市"创建为健康城市奠定了坚实的基础

"卫生城市"创建为健康城市奠定了组织管理、环境卫生、卫生服务和群众参与基础。二者在目的、评价指标、创建、实施过程和结局上均有所区别。而健康城市涵盖所有和健康相关的领域,内涵更丰富,评估目标更关注城市的健康文化氛围、健康软实力,以及民众的健康素养和健康水平等。

2. 健康城市与"健康中国"重点关注内容的高度契合

我国从营造健康环境、构建健康社会、优化健康服务、发展健康文化、培育健康人群 5 个维度开展健康城市建设工作。

(1)持续完善城乡环境卫生基础设施,深入开展城乡环境卫生整洁行动,加强饮用水安全管理,改善大气、水、土壤等环境质量等营造健康环境。

(2)广泛开展健康"细胞"工程建设,提高教育、住房、就业、社会保障等城乡基本公共服务水平,完善交通安全、职业安全与健康、食品药品安全等公共安全保障体系,健全社会救助体系、保障特殊群体权益。

(3)建立全民健康管理体系,健全城乡基层医疗卫生服务体系,提高疾病预防控制和卫生应急能力,扶持发展中医药健康服务,促进养老服务发展等优化健康服务。

(4)鼓励和支持健康文化产业发展,健全市民公约、村规民约等社会规范、改变陈规陋习以发展健康文化。

(5)强化妇幼保健和计划生育,建设健康支持性环境,加强健康教育和健康促进倡导的健康生活方式,开展全民健身活动,全面提升居民健康素养,培育健康人群。

3. 健康城市规划的需求评估

健康城市建设规划应基于对当地健康问题、居民健康需求以及相关资源等现状的深入分析,明确健康城市建设重点任务,确定有针对性干预策略和阶段性目标,最大限度地利用现有组织和资源,确保规划符合城市经济发展水平和地域、人文特点,并力求有所创新。

4. 制定健康城市评价指标体系

健康城市建设评价指标体系应遵从科学性原则、整体性原则、简明性原则、可得性原则、区域性原则。其指标体系的确立、评估信息系统的构建,对城市的现状进行评估、分析,为制定健康城市建设的发展战略提供依据,并能进行周边地区发展程度评估与比较。

5. 健康城市建设评价与督导

健康城市通过动态从"评价—计划—行动—评价"的循环和往复,推动促进建设。健康城市评估初期侧重健康城市计划的实施和完成情况评估;中期重点评估健康相关的环境卫生和行为方式变化;远期则关注特定人群或公共卫生项目实施的社会经济状况和健康结果。

(五)健康城市建设路径

1. 将"全面健康"理念落实在政府治理全程。把全面健康原则和要求置于规划和政策制定环节。各部门对其职能活动的健康影响事先评价,并承担健康责任。

2. 因地制宜做好指标设计。在对接世界卫生组织(WHO)国际标准基础上,结合地方特色,针对地方突出的健康问题,补充地方性指标,形成适用性高的指标体系。

3. 发动社会力量并提高专业化水平。广泛吸纳政府体系外的各种力量,特别是各种专业化组织,提高成效。

4. 扎根社区共建共享。立足社区社会单元,使健康城市建设从身边见效,促进居民认同参与。

5. 积极推行健康交通方式。积极倡导健康出行方式,发展大众交通,在城市规划建设和管理上,保障公交车、自行车、行人的路权,完善配套设施。

第三部分:幸福中国

(一)"幸福中国"内涵

"幸福中国"是全国各族人民的共同愿望,是实现中华民族伟大复兴中国梦的应有之义。以国家富强、民族振兴、人民幸福为基本内涵的中国梦,归根到底是人民的梦,必须紧紧依靠人民来实现,必须不断为人民造福。人民幸福是实现中华民族伟大复兴中国梦的根本价值取向,也是建设"幸福中国"的本质要求[11]。

1. 立足理论和实践前沿,探解构建"幸福中国"的时代"密码"。构建幸福中国是一个历史命题,追求实现"国家富强、民族振兴、人民幸福"的中国梦。坚持以特色社会主义的道路、理论、制度的坚定和自信结合起来;与科学的历史观结合起来;与增进人民福祉的"原点"和"原动力"始终结合起来。

2. 紧贴时代脉搏和民众期待,探解构建幸福中国的全息"密码"。建设幸福中国是一项浩大的事业,幸福中国要靠共同创造,人世间的一切幸福都是要靠辛勤的劳动来创造的,再美好的蓝图、再实在的承诺,也要通过扎实奋斗才能变成现实。

3. 以清新自然和群众关切的语言,探解构建幸福中国的情感交流"密码",幸福是当下中国老百姓最关心的问题,可谓从大处着眼、小处着手。

(二)"幸福中国"的科学价值

党的十九大提出的一系列重要思想、重要观点、重大判断、重大举措,不仅将影响党的建设新的伟大工程创新发展,也揭示了人民向往美好生活的需求变化,回应了时代的呼唤。

1. 社会主要矛盾转化回应了新时代人民对美好生活的向往需要

党的十九大适时地将我国社会主要矛盾修改为"人民日益增长的美好生活需要和不平衡不充分的发展之间的矛盾",充分体现了我们党实事求是的精神,既标志着我国发展进入新的历史方位,又回应了中国特色社会主义新时代人民对美好生活的向往需要。

2. 获得感、幸福感和安全感的提出体现了新时代党执政的使命自觉

人民希望过上的好日子是高质量的美好生活。老百姓不仅要求更高水准的物质文化生活,而且要求美好生活包含民主、法治、公平、正义、安全、环境等方面的内容。人民向往美好生活需要的结构性变化,决定了党治国理政必须着眼满足人民愿望的整体性。

3. 获得感、幸福感、安全感并列提出体现了满足人民向往美好生活需要的整体性揭示

党的十九大将获得感、幸福感、安全感并列提出,是中国特色社会主义进入新时代和中华民族向强起来飞跃的必然要求。我国日益富裕,繁荣昌盛的状况甚至可以用日新月异来形容,这就为实现社会主义现代化强国奠定了厚实基础。

(三)幸福经济学

幸福经济学是研究人类幸福与实现幸福的资源配置关系的科学。除了收入和财富之外,影响幸福的因素还涉及个人及人口特征、社会关系及社会结构、政治经济和制度环境、自然及周围环境等[12]。

1. 从研究内容来看,近年幸福经济学研究继续围绕幸福测量以及幸福影响因素而展开,但研究的范围有所扩展。

2. 从研究方法来看,幸福经济学属于经验导向的研究领域,即理论研究与应用研究相结合,通过心理实验以及基于调查问卷的自我报告法测量手段获取相关数据,并进行统计处理和计量分析,以便于更好地了解个人的幸福期望。

3. 从研究特点来看,幸福经济学的研究表现为多学科交叉与多层次结合,涉及学科包括经济学、哲学、心理学、社会学以及管理学等,研究层次包括国内与国际、微观与宏观。

4. 从理论价值来看,幸福经济学关注的是人的幸福和快乐,是一门新兴的经济学分支学科。一是加快了经济学研究的伦理复归;二是丰富了经济与社会发展观的内涵;三是帮助学界和政府重新审视社会发展理念;四是丰富了幸福的变量研究,扩展了幸福经济学的研究范围。

5. 从政策意义来看,幸福经济学研究的最终目的是使经济学更好地造福于人类幸福。

(1)公共政策目标从以往的追求 GDP 增长向追求国民幸福总值最大化转变;

(2)政府应该着眼于长远利益,对消费理念的选择应建立在保障国民幸福感和安全感之上;

(3)加强对国民幸福观的教育,让人们增加享受文化艺术的繁荣所带来的愉悦和快乐;

(4)公共政策应当更加关注公平,特别是关注和幸福密切相关的民生福祉的公平;

(5)公共政策应该更加关注环境保护,制定出符合民情民意的环保政策和环保措施,改善生态环境,保护国民的生态福利权;

(6)提供更好的财政保障性福祉,诸如减少社会失业,提供更好的医疗保健服务,改善教育条件,提供更多的健康服务和基础设施等。

(四)"幸福中国"建设路径

按照幸福的本质要求对现有的发展模式进行改革,既是由量到质的一场巨变,也是一个历

史过程。幸福发展模式转型将改变中国经济、社会、文化的面貌,使我国的经济、社会得以健康、持续地发展[13]。

1. 发展目的幸福化

发展目的决定发展模式的性质。发展目的幸福化,要求发展以幸福为直接目的,这包括创建以员工和利益相关者的幸福为目标的幸福企业,制定以广大群众幸福指数的提高为发展目的的国家和地方政府短期与长期规划,建设幸福城市、幸福乡村等。

2. 发展方式幸福化

根据幸福的本质要求,选择和实行相应发展方式。一是增长方式幸福化。选择和采用有利于幸福感提升及其保持的增长方式;二是生产劳动方式幸福化。突出从事生产劳动过程中能够获得幸福快乐,以提高人们从事生产劳动和管理经营的积极性;三是调控方式幸福化。强调所选择和采用的调控方式符合幸福要求,有利于幸福感的提升和保持。

3. 发展途径幸福化

幸福中国要求发展原则与途径实行幸福转型。一是实行需求均衡原则,开辟新的精神文化途径获取幸福快乐。实行需求均衡,这是发展模式幸福转型必须遵循的重要原则之一;二是实行和谐原则,开辟回归自然这一新的幸福途径。和谐原则是幸福的基本原则、本质要求。

三、"两山理论"与"美丽中国、健康中国、幸福中国"建设的蒙阴示范

蒙阴县具有得天独厚的资源禀赋,建设"两山理论"实践创新基地符合区域自身定位,对于探索生态文明建设新模式、开辟生态文明体制改革新道路、开启国家生态文明建设新篇章,具有特殊而重要的意义。

(一)蒙阴县"两山理论"的实践与创新

蒙阴县是典型的老区县、山区县、库区县,却走上了一条让人惊叹不已的绿起来、富起来、美起来、健康起来、幸福起来的生态文明发展道路。蒙阴县县委、县政府坚持生态立县,把自然生态、经济生态、社会生态、政治生态融入经济社会发展各方面和全过程,提出建设"绿富美"新蒙阴,打造"崮秀天下,世外桃源""江北最美乡村"生态品牌,在这样一个传统山区农业县,能实现生态文明建设由萌动、自发到自信、自觉的升华谈何容易。

按照"市内率先、省内领先、全国争先"的目标要求,本着"因地制宜、长短结合、彰显特色、大见成效"的战略思路,打造在全国有影响、有特色、有标准、符合中央要求的生态文明示范县建设样板。一是开创生态安全与环境友好的示范;二是建立生态经济发展与生态产业培育的示范;三是提升生态价值内涵与外延的示范;四是增容绿色城乡建设与推广的示范;五是开创生态制度建设的特色示范。

1. 按照"生态、生产、生活"优化原则,坚持"山顶松柏戴帽,林果缠腰,山脚乡村基础配套"。

2. 按照"山净、水净、土净、气净"四净要求,坚持源头严防、过程严管、后果严惩。

3. 按照生态城乡、生态水系综合治理需求,坚持城镇、乡村、水域、路域环境整治。

4. 坚持生态经济、特色产业发展,构建"兔—沼—果"循环农业链条。

5. 坚持山区立体开发模式,构建"果—菌—肥"循环产业链条。

6. 坚持龙头产业带动模式,构建"农—工—贸"循环产业链条。

7. 坚持生态、经济、社会效益有效统一,保护原汁原味的自然生态。

8. 坚持生态制度建设,建立生态公益林管护、古树名木管护、野生动植物资源保护制度。

9. 坚持空间组织优化统筹,推动优势资源向优势区域集中。

10. 坚持农商文旅深度融合,以"长寿＋""旅游＋"理念提升农业品质。

11. 坚持自然、经济、社会、文化协同发展,以全域视角发展旅游。

12. 坚持山是魂魄、水是血脉的融合发展,推动特色小镇、美丽乡村、田园综合体建设。

13. 坚持"诚信沂蒙""仗义蒙阴"的生态形象价值,推动现代商贸产业活跃城乡经济。

14. 坚持主体功能定位,落实主体功能格局,优化国土空间,推进绿色发展。

(二)蒙阴县"美丽中国、健康中国、幸福中国"建设的落地版

1. 沂蒙山区的绿心,华北平原的生态屏障,蒙阴为此付出了艰苦的代价,也做出了重要贡献,这样的生态环境优势与经济欠发达的现实高度重叠,在蒙阴保护与利用同等重要,"两山理论"实践创新价值就在于此。

2. 蒙阴县是山东省生态文明建设核心区,又是山东省改革示范县,在蒙阴县建立"两山理论实践创新基地"对开辟生态文明体制改革新路径具有独特优势,更有实践价值和样本典范。

3. 蒙阴县地处东部区域,却享受中部欠发达地区的政策,这种强烈对比是"两山理论实践创新基地"寻找的突破口和切入点,对树立东部欠发达地区生态文明建设新标杆,践行国家生态文明发展战略具有重要示范价值。

4. "美丽中国、健康中国、幸福中国"建设能成就大同世界,天下太平,人人和睦相处,丰衣足食,安居乐业,这才是真正的"美丽中国、健康中国、幸福中国"。蒙阴县是"美丽中国、健康中国、幸福中国"建设的落地版。笔者提出蒙阴县要建设"美丽蒙阴""健康蒙阴"和"幸福蒙阴",其中"美丽蒙阴"是发展基础,"健康蒙阴"是创新方向,"幸福蒙阴"是实现目标。"美丽蒙阴、幸福蒙阴、健康蒙阴"建设正是"两山理论"实践创新的核心点。

参考文献

[1]黎祖交."两山理论"蕴涵的绿色新观念[J].绿色中国,2016(5):64-67.

[2]李建华,蔡尚伟."美丽中国"的科学内涵及其战略意义[J].四川大学学报(哲学社会科学版),2013(5):135-140.

[3]刘希刚,王永贵.习近平生态文明建设思想初探[J].河海大学学报(哲学社会科学版),2014,16(4):27-31,90.

[4]习近平.决胜全面建成小康社会夺取新时代中国特色社会主义伟大胜利[N].人民日报,2017-10-28(001).

[5]刘须宽.新时代中国社会主要矛盾转化的原因及其应对[J].马克思主义研究,2017(11):83-91.

[6]习近平.在文艺工作座谈会上的讲话[N].人民日报,2015-10-15(002).

[7]吕普生.论新时代中国社会主要矛盾历史性转化的理论与实践依据[J].新疆师范大学学报(哲学社会科学版),2018,39(4):18-31.

[8]习近平.决胜全面建成小康社会夺取新时代中国特色社会主义伟大胜利——在中国共产党第十九次全国代表大会上的报告[J].党建,2017(11):15-34.

[9]范月蕾,毛开云,陈大明,等.我国大健康产业的发展现状及推进建议[J].竞争情报,2017,13(3):4-12.

[10]陈柳钦.健康城市建设及其发展趋势[J].中国市场,2010(33):50-63.

[11]习近平.在文艺工作座谈会上的讲话[N].人民日报,2015-10-15(002).

[12]王艳萍.幸福经济学研究新进展[J].经济学动态,2017(10):128-144.

[13]李琳,孙豪泽,董学成,等.消费与幸福——幸福经济学视角下的中国城镇居民消费结构问题[J].时代金融,2013(15):118-120,140.

"两山理论"与内蒙古自治区转型实践创新

2020年是我国实现"两个一百年"和开启现代化新征程之年,更是一个长期问题与短期问题碰头、发展与保护问题交杂、传统模式与未来模式转换的关键时期。习近平总书记两次到内蒙古自治区考察,寓意深远[1,2]。把内蒙古自治区建成我国北方重要生态安全屏障[3],是立足全国发展大局确立的战略定位,也是内蒙古自治区必须自觉担负起的重大责任。

一、"两山理论"实践创新的"呼市方案"

1. 唱响首善最强音,凝聚呼市新动能

呼和浩特(简称呼市)市委、市政府未雨绸缪、谋定而后动,始终不忘生态希望与文化出路选择,充分释放呼市独特话语权和"呼市方案"。市委强力倡导弘扬"蒙古马"精神,坚持把为民造福作为最重要的政绩,始终不渝、担当作为,努力建设美丽、健康、幸福首府[4]。

(1)市委领导提出坚守高质量"生态优先、绿色发展"之路,佑护这片碧绿、这方蔚蓝、这份纯净。再次实现"天苍苍、野茫茫、风吹草低见牛羊"的壮美景观。

(2)市委领导强调在民族省会城市发展过程中,呼市要建设一个什么样的首府,始终是市委的优先选项,只有打造美丽山水城市,才能让青城更加美好,更有魅力,更有品质。

(3)市委领导坚持推进生态治理、经济发展和民生改善协调发展,让生态和绿色更加惠民。推进高水平保护与高质量发展,使首府真正成为代表内蒙古自治区发展水平的第一窗口、第一形象。

2. 呼和浩特市生态希望与文化突围

基于对呼和浩特市"新方位、新飞跃、新变化、新理念、新方略、新境界、新方案"等新内涵和新特征的深刻把握,紧扣国家重大战略,注重从时间、空间两个维度打开思路。对呼市发展潜力和未来发展进行再分析、再审视、再谋划,探索出一条切实符合战略定位、体现呼市特色,坚持生态优先、绿色发展为导向的高质量发展之路。特别提出以下建议方案。推出一山、一川、一城、多组团。

(1)推出生态名山—大青山

生态名山建设不仅是一种发展战略,更是一种发展理念,它主张以尊重自然规律和人类社会发展规律为前提,超越和扬弃粗放型的发展方式及不合理的消费模式,全面提升山地的文明理念和素养。笔者是生态名山提出者和践行者,现已完成山东蒙山生态名山发展规划和学术界命名。

大青山作为我国北疆重要生态屏障,内化人文,外化自然,是我国生态名山的理想选择地,它和其他名山一样经历了数千年的利用和保护过程。通过大青山的典型研究,提出生态名山的学术界命名。

1)具有高附加值的特点,生态旅游是利用完整生态系统价值确定其市场地位的产业,优美生态环境的享受与其内在文化的体验,为其高附加值的支撑点。

2)具有知识经济的特点,生态名山从产品构思、设计、开发保护到旅游全过程均需要众多

注:本文创作于2021年。

领域的知识创新与创意集成。

3)具有生态保育的特点,生态名山保护了珍稀野生动植物资源、典型自然生态系统、特殊自然景观和具有重大科研意义的地质地貌等特殊景观及区域特色文化,要求人与自然的相互理解和支持,共同建立和谐的生态环境系统。

4)从地理学和生态学的角度分析大青山的地质、地貌演化、自然环境变迁、生态与环境发育和变化、生态涵养与环境保护。

5)从生态文明建设规划的角度分析大青山的利用与保护及其开发价值。

(2)推出天地人和——敕勒川

一种文化一旦形成,对社会经济也具有巨大作用,敕勒川就是典型代表。在当今社会,生态文化已成为经济发展的推动因素,探寻城市发展脉络,凝练提升敕勒川文化形成和发展规律,培育新型业态,对于推动呼市经济社会发展,都具有重要的现实意义。

敕勒川位于大青山、黄河中间冲积而成的平原地带。从区位来看,大青山与黄河在此相互映衬,形成了独具特色的地貌形态。肥沃的土地既是农耕民族赖以生存的粮仓,也是游牧民族发展畜牧业所依托的草场。这种得天独厚的自然环境,为呼市各民族融合提供了极大的便利,也找到了适宜经济社会发展的路径,更形成了敕勒川特有的地域文化,尤其是形成了阴山唐诗之路。

1)敕勒川文化是中原农耕文化与草原游牧文化长期交融形成的历史产物,是中华民族多元一体格局的生动体现,创造了主体的多元性和生产方式的独特性。

2)敕勒川有其独特的文化结构,文化认同必然使人们在思维方式、价值观念等方面形成较多的共同属性,既融入了不畏艰难、战胜困难的民族气质,也有细致机灵、开放开拓、重视商业的地域心理,既有改革开放发展带来的机遇,又有其深厚而独特的文化根源。

(3)培育美丽山水城市—青城

山水城市理论的主要研究要素是山、水、城的关系,"山得水而活""水得山而壮""城得水而灵"来阐述山水城市的发展模式。呼和浩特市是典型的美丽山水城市形态。

1)山地是地球生命支撑系统的有机组成部分,是实现现代化的强大后劲之所在,它重要又脆弱,既蕴藏着巨大的潜力与财富,又充满着各种矛盾与问题,需要谨慎地开发与保护。

2)城市与山地的空间关系从最早的"城依山而建",至"城跨山发展",到目前形成"山城交融",实践着近山、依山、抱山、融山的过程。

3)城市休憩功能是打造滨水空间满足人对于自然山水的审美需求。

4)城市文化传承功能是发挥水文化遗产文化功能,满足人们对精神文化需求。

3.几点建议方案

(1)启动"呼市创建国家生态文明建设示范市规划"。

(2)启动"生态名山—大青山发展规划"。

(3)启动"敕勒川发展战略规划",打造我国仅有的天地人和生态文化体验区。

(4)启动"美丽山水城市"发展规划,争创国家美丽山水城市。

(5)启动"国家'两山理论'实践创新基地"发展战略研究,努力争创"国家'两山理论'实践创新基地"。

(6)启动"呼市精准脱贫可持续发展示范区"建设规划,形成精准脱贫可持续发展的"呼市经验""呼市方案"。

(7)建议成立"青城智库"。找准呼市定位、发挥呼市优势、体现呼市价值、做出呼市贡献。

（8）挖掘一山、一川、一城文化，推出阴山唐诗之路。

4. 几点期待

"两山理念"改变了中国，也必将影响着呼市。在人地和谐上有利于形成人与自然和谐共生的城市共识，在处理人与人关系上有利于推进人类命运共同体的机制构建，在处理生态与经济关系上有利于促进全市共同走向绿色发展之路。生态文明建设功在当代、利在千秋，体现了高度的历史自觉性、现实紧迫性、时代前瞻性，将引领呼市生态文明建设取得更大成就。

（1）强化组织领导。市委、市政府把生态发展作为全局性工作、战略性任务、基础性事业、生命线工程来谋划，以强有力的组织领导推动首府城市各项工作。

（2）注重顶层设计。制定"一山、一川、一城"发展规划，争创国家生态文明示范市、"国家'两山理论'实践创新基地"和美丽山水城市，以及生态名山、精准脱贫可持续发展示范、天地人和敕勒川和北疆唐诗之路等，并列出时间表，定出路线图，实现精细化、规范化、常态化。

（3）凝聚发展合力。号召呼和浩特市各旗区县、各部门主动扛起责任，紧扣生态和绿色发展目标，第一时间召开动员大会，成立工作机构，全面部署安排，形成一级抓一级，层层抓落实的工作格局。

二、"两山理论"实践创新的二连浩特方案

中国科学院地理科学与资源研究所专家组基于内蒙古自治区二连浩特口岸与苏尼特（右旗、左旗）地域的相邻性、生态的一体性、文化的相关性和社会关系的亲缘性进行了深入的综合考察和比较分析，就二连浩特与苏尼特同城化和一体化发展进行了细致的研究，提出了二连浩特—苏尼特边境旅游合作示范区的构想。

1. 新形势下我国区域旅游发展走势分析

旅游业是边疆经济发展的重要引擎，边境旅游是传统涉"边"旅游研究的主体，是展示国家形象、稳边富边、体现睦邻友好、建设和谐世界的最佳载体。

（1）发展跨区域合作成为边境旅游发展创新方向

发挥生态文化功能是跨区域旅游合作的基础，国家正在加大对生态文化聚集地旅游资源的开发扶持力度。跨区域旅游地的建设不仅利于发展旅游行业，带动相关行业的发展，还益于区域城市群与生态功能区的建设。协调生态功能区与边境城市群之间的关系，对接城市群发展，重新整合配置城市群之间的区域旅游系统要素，打造游憩空间与生态功能区，形成品牌更高、结构更好、规模更大的旅游目的地。

（2）以改革开放为突破口，推动边境旅游联动发展

建设边境旅游合作示范区，强化边境旅游开放政策。重点支持有条件的企业开展边境旅游业务经营，全面推进改革区域旅游合作机制，以生态文化功能区和跨区域旅游培育为突破口，构建互惠互利、高效务实的区域旅游合作体。

2. 边境旅游同城化、一体化发展成为口岸城市新的焦点

边境旅游作为旅游产业的重要旅游形式，边境地区也日益成为富有吸引力的旅游目的地。多数是依托边境口岸开展的边境跨境旅游活动，边境旅游研究虽取得了很多成果，但许多新领域待深化。

（1）边境旅游发展影响因素

1）旅游资源禀赋是边境旅游发展的物质基础

中蒙边境旅游资源具有连续性和互补性，为二连浩特—苏尼特边境地区旅游要素的有效

流动提供了巨大潜力,边境开放使得边境两侧的地理势能得以释放,空间邻近效应发挥作用,有力地促进了边境旅游的形成和发展。

2)政府主导是边境旅游发展的重要推手

政府有效引领会促进边境旅游的超前发展,在社会公共资源开发利用、市场调控、环境保护的监督等方面发挥着重要作用,边境旅游资源的整合开发、基础设施建设、品牌塑造、信息网络构建、政策环境的营造等需要政府引领,以保障边境安全及旅游市场健康有序发展。

3)企业是边境旅游发展的市场主体

旅游企业是旅游产品和服务的生产和供给者,有力推动边境旅游合作区整体旅游发展。边境地区经济发展水平滞后,旅游企业可以有效解决因政府资金不足难以开发的问题,又能发挥市场优化配置资源功能,最大限度激发投资者的主观能动性,实现经济与社会效益统一。

4)口岸贸易与区域旅游产业集聚促进边境旅游合作发展

口岸贸易与边境旅游相互依赖、相互促进,一是旅游产品在区域空间上的集聚,能够实现规模效应,有利于差异化竞争优势形成,并发挥资源共享效应,形成边境旅游品牌;二是边境旅游在空间上的扩散又可为边境旅游发展开拓新的空间,提供新的利润来源。

5)草原文化是边境旅游发展之魂

草原文化是边境旅游发展的精髓与灵魂,是满足游客高层次的文化享受和精神需求。随着示范区的建立,旅游竞争已经从过去单纯的价格与质量竞争向现在文化竞争转化,草原文化价值将更加深刻地影响着示范区旅游产品的生产和消费,是边境旅游合作发展的无形力量。

(2)边境旅游特点

1)综合开放性

边境旅游整体效应大于各个因素的简单叠加,片面强调或忽视任何一个要素都会对边境旅游的整体功能和结构产生影响。边境旅游系统与其他旅游地之间持续不断的、双向或多向的旅游人流、信息流、资金流等的高效互动。这种互动强度在一定程度上反映了旅游地之间的旅游联系的大小与强弱。

2)多样性

边贸带动型。边境旅游与边贸和边民交往相联系,边境贸易发展对边境旅游发展具有促进作用;

旅游资源推动型。独特的旅游资源构成了边境地区的比较优势,进而形成景区(点)及其服务设施均具有较强的竞争力;

需求拉动型。国内外游客对边境地区的向往,巨大的旅游市场需求将成为拉动边境旅游发展的动力;

政府主导型。国际关系友好的边境地区,政府主导为边境旅游开发提供了强大的资金和环境支持,有效保证了基础设施和景点景区的建设。

3)动态性

边境旅游的形成是一个动态过程,在边境旅游发展的不同阶段,不同影响因素的组合方式和作用程度不同。

边境旅游发展初期。其驱动因素主要是地缘驱动,包括地域邻近性、社会文化相似性、交通便捷性、旅游资源空间互补与差异性等。依赖于资源与边境贸易优势,对自然、人文、区位等资源及口岸活力要素要求高。

边境旅游发展中期。边境贸易促进了边境地区相关行业发展,为边境旅游提供了保障。

边境旅游活动和市场不断扩大,依赖资源的产品化、深度化和差异化开发,对资金、技术等要素要求高,进而又推动了旅游发展方面的合作。

边境旅游发展后期。边境旅游以口岸城市及边境旅游合作示范区为中心,边境旅游资源及旅游产品为依托,边境旅游线路为骨架,并依赖于旅游产品持续优化与更新,形成边境跨国旅游协作体系,参与全球旅游一体化发展。

(3)边境口岸建设与旅游融合发展条件

口岸建设能够促进毗邻国之间贸易发展、为两国之间的往来提供条件,加快口岸物流、人员、信息、资金的双向流动,能够推动旅游的发展,扩大旅游消费市场。

1)融合发展条件

口岸建设与旅游融合发展,不仅需要边境地区有完善的供水、供电、医疗卫生等公共基础设施,而且需要与旅游住宿、餐饮、咨询等与旅游发展相关的配套服务。依托口岸自然资源、文化资源和开发条件,最大限度地增强口岸地区的公共服务能力。

2)融合发展保障

口岸作为毗邻国之间往来的门户以及国际货物运输、人流、物流等相互流通的重要枢纽,其通达便捷性对于两国间的口岸建设、旅游发展以及经济水平提高具有至关重要的作用。构建海、陆、空全方位的对外便捷通达的格局,为口岸建设与旅游深度融合发展提供保障。

3. 二连浩特在边境旅游合作发展中的地位

二连浩特口岸同蒙古国扎门乌德市隔界相望,是我国对蒙古国开放的最大陆路口岸,是"一带一路"发展规划中的重要建设地带,也是国家重点开发开放试验区[5]。

(1)二连浩特边境旅游定位

1)二连浩特是中蒙俄经济与贸易的传统驿站

万里茶道从福建武夷山地区出发,经二连浩特贯穿内蒙古自治区,经西伯利亚通往欧亚大陆腹地的"茶叶之路",历史上很多城镇的兴盛发展都与这条古茶道有关联,它在很长时间内对我国和周边国家的商贸往来起到重要作用。

2)我国向北开放发展的关键支点之一

二连浩特是我国对蒙古国最大的铁路、公路口岸,也是我国推行向北开放战略的重要支点,同时,至乌兰巴托的铁路、公路沿线地区是蒙古国人口、经济和资源的集聚区[6]。其面朝俄蒙及东欧等国际市场,背靠环渤海经济圈和呼包银榆经济区。

3)中蒙俄文化与经贸人才合作的集聚区

二连浩特具有良好的地缘、商缘和人文关系,先后同蒙古国的12个地区和城市建立友好合作关系。乌兰巴托市和蒙古国工商会均在二连浩特设立了办事处和代表处,蒙古国还在二连浩特设立了领事馆,中蒙毗邻地区友好交往常态化工作机制已初步形成[7]。

4)边境旅游合作发展核心区

整合经济社会资源要素,以点带线,连线成面,由其形成与苏尼特右旗的地域联动,打造以二连浩特口岸为中心的旅游目的地城市,形成二连浩特口岸城市与锡林郭勒草原旅游一体化发展格局。

5)稳疆富疆,促进对外友好往来

二连浩特口岸是中蒙最大的公路、铁路口岸,也是距离首都北京最近的边境陆路口岸,对内大力发展二连浩特口岸旅游目的地城市建设,提升口岸各项基础设施建设,进一步提升其战略影响力,将起到稳疆、富疆的作用。

6)沿边口岸对外开放的示范样板

二连浩特是国家重点开发开放试验区,拥有"先行先试"的政策。一是中蒙、中俄之间具有经济、资源等多方面互补性。二是蒙古国、俄罗斯也在轻工业、日用品和食品工业方面对我国有极大的依赖[8]。

(2)二连浩特边境旅游发展优势

1)区位优势

二连浩特北与蒙古国口岸城市扎门乌德隔界相望,是我国对蒙古国开放的最大陆路口岸,也是我国唯一的对蒙古国铁路口岸,形成由二连浩特至乌兰巴托联通俄罗斯西伯利亚铁路的国际铁路通道。

2)地理条件

二连浩特地处中蒙边界,自古以来就是我国内陆通往北亚、东欧的咽喉要道,以北京为起点经二连浩特到莫斯科,特别是通过京包线与天津港相连,是日本、东南亚以及其他邻国开展对蒙古国、俄罗斯及东欧各国转口贸易的理想通道,更是蒙古国走向出海口的唯一通道[9]。

3)经济优势

二连浩特口岸城市背靠我国东北三省一区腹地,是我国重要的农牧业和工业基地,对口岸经济发展起着极其重要的辐射支撑作用。近年来,二连浩特口岸经济发展迅速,呈现出前所未有的发展潜力。

4)人文优势

二连浩特口岸城市是多民族聚居区,拥有多样的民族文化和历史人文,与俄蒙多个城市缔结为友好城市,教育科技、文化体育、卫生防疫等领域的交流合作初具规模,从而为口岸经济发展奠定了深厚的人文基础。

5)生态优势

二连浩特口岸地处我国北部边疆,蕴涵多种生态资源,对生态改善和环境保护起着重要的作用。该区域内有锡林郭勒草原,区域内还有多个国家地质公园。这种天然独特的生态优势将有助于发展农牧林业和跨境生态旅游业。

6)平台优势

二连浩特口岸已建立起多个机制平台,是国家重点开发开放试验区,拥有的常规化机制平台还包括边民互市贸易区、边境经济合作区、综合保税区及跨境贸易电子商务试点等,同时还正在争取设立跨境经济合作区、自由贸易试验区。

4. 边境旅游合作示范区建设意义

构建二连浩特—苏尼特边境旅游合作示范区具有现实意义,既丰富了中蒙俄经济走廊内涵,又强化中蒙的战略对接与务实合作。一是构建边境旅游合作示范区是区域地缘近邻的必然选择;二是构建边境旅游合作示范区跨区域合作发展的内在需要;三是构建边境旅游合作示范区区域深度发展的重要载体。

(1)边境旅游合作示范区发展思路

以重点开发开放为主线,以区位、资源、产业、人文等资源特色优势和现有发展条件为依托,以现有规划政策和机制平台为依托,更加注重推动口岸经济结构调整和产业转型升级,更加注重推动口岸通道经济向口岸复合型经济转变,更加注重发挥小沿边、中沿边和大沿边(县级、地级、省级)协同开放、联动发展的重要支撑作用。

1)指导思想

以边境风情、绿色生态、健康养生、精彩购物为依托,逐步发展旅居养老、全家行度假、体育休闲、研学旅游等新业态旅游活动及项目,打造中国边疆开发开放的内陆前沿和新兴边境旅游胜地,形成一批集民族文化展示、生态环境保护以及经济辐射带动复合功能于一体的新兴旅游区、草原民族风情深度体验区、绿色生态旅游示范区以及边(跨)境旅游辐射中心和集散地。

2)发展定位

根据边境旅游合作示范区现有的基础与条件,建议把合作示范区定位为内蒙古自治区边境旅游合作示范区,打造内蒙古自治区以及沿边开发开放的试验性区域,塑造新兴旅游目的地。

①全国沿边重点地区边境旅游合作开发开放新高地;

②国家深化中蒙俄经济合作的窗口区域;

③中蒙俄走廊旅游目的地城市;

④内蒙古自治区口岸城市与沿边城市(苏尼特右旗)旅游协同与一体化发展的先导区和区域经济的新增长极;

⑤内蒙古自治区创新绿色协调发展体制机制的试验区;

⑥国家沿边地区睦邻安邻富邻的生态示范区。

3)发展目标

边境旅游示范区发展目标是基础设施基本完善,让旅游成为边境地区经济发展的新兴生力军,培育健全的旅游产业体系,让边境旅游成为兴边富民的有力推进器。

①在战略布局上,应坚持"做优做精、先行先试"的发展理念,通过边境旅游的辐射带动作用,全面提升边境地区经济发展水平,改善边境地区人民旅居条件与生活条件,保护与展示边境地区民族文化风情、自然生态与社会生活。

②在转型升级上,进一步推进支撑性项目和便捷化服务,加快优质项目建设、推动优化边境旅游服务升级,力争形成旅游产业的集群式、园区式以及全域式及跨境带动式发展。

(2)二连浩特在边境旅游合作示范区建设中地位

二连浩特口岸旅游吸引物丰富,旅游基础设施逐步完善,旅游业管理能力大大增强。二连浩特旅游市场未来前景广阔,已经具备旅游目的地的基本条件。

1)口岸城市奠定了二连浩特边境旅游业发展基础

二连浩特是中蒙贸易的重要节点,也是中蒙旅游贸易的重要突破口之一。最大限度地发挥中转站的作用依托口岸资源是发展二连浩特旅游业的必由之路。

2)自然环境决定了二连浩特边境旅游业发展方式

二连浩特草原属于荒漠草原,这里有蓝天、白云、羊群,也有无边无际碧绿的草原,要在边字上做文章突出自身的特点,必须把旅游业放在突出位置大力发展边境文化旅游区,已成为二连浩特旅游业发展的重点。

3)边贸市场决定了二连浩特旅游发展模式

依托口岸资源是发展边境旅游合作示范区和发展购物旅游的保证。边境旅游合作和购物旅游不仅辐射周边游客,可以辐射到整个内蒙古自治区甚至全国。通过对购物旅游市场的完善能够带动边境旅游产品的开发和升级,同时促进二连浩特口岸城市的升级。

4)不断完善边境旅游基础设施

旅游基础设施与服务设施质量的高低,直接影响着旅游景点的舒适性、便利性,也会对旅游产品能否转化为经济效益产生较大的影响,对于促进二连浩特—苏尼特边境旅游合作示范区极为重要。提升服务设施的质量,增强跨境旅游景区的可进入性具有关键作用。

5)积极探索边境旅游合作新模式

中蒙两国应积极开发边境旅游合作新模式,促进旅游经济的循环发展,建立"荒漠草原生态旅游功能区",在严格保护规定的基础上保障生态功能区的完整性。依据二连浩特—苏尼特旅游环境建立生态旅游景区,并推进"景区""牧区""园区"的联动发展。实现传统旅游目的地的升级转型。

6)合理规划旅游路线及相关产品开发

边境旅游合作示范区应充分整合自身旅游资源优势,合理规划旅游路线、设计旅游产品,适应不同类型、不同层次游客的跨境旅游需求。一是双方共同合作开发旅游景区;二是双方共同研发设计旅游线路与关联产品。

(3)边境旅游合作示范区协同发展战略

国务院在《关于支持沿边重点地区开发开放若干政策措施的意见》中提出研究发展跨境旅游合作区和探索建设边境旅游试验区。把跨境旅游合作区打造成为"游客往来便利、优良服务、管理协调、吸引力强的重要国际旅游目的地"。这一政策的提出为发展跨境旅游合作区提供了政策支持。"一带一路"倡议的实施,中蒙俄经济走廊的深入实施,二连浩特发展已经进入了战略机遇期、黄金期和关键期。

1)二连浩特是重点,苏尼特是腹地,采取腹地联动,错位发展

2)从二连口岸的金鸡独立到与苏尼特抱团取暖,推进六大协同发展

"旅游蓝图同绘",建议内蒙古自治区启动二连浩特—苏尼特边境旅游合作示范区建设规划。强化与合作区"三地"协调对接力度;

"旅游产业同兴",共同融入面向中蒙俄旅游产业链和市场体系,形成资源共享、产业共兴、市场共育的内外旅游合作格局;

"旅游空间同构",发挥边境合作示范区资源整合优势,积极优化合作区"三地"城市、城镇(苏木)、乡村(嘎查)的功能布局,构建合理的生产、生活、生态空间体系,共同促进全域旅游发展;

"旅游交通同建",以交通体系的先导建设带动边境旅游合作示范区的快速推进,实现三地交通的高效快捷和无缝对接,共同打造内外大通道;

"旅游设施同推",实现三地基础设施的优势互补和强强整合,提高旅游设施使用效率,避免重复建设同质化发展;

"旅游服务同享",大力推进边境旅游合作示范区城市管理、公共服务和社会保障等领域的同城化发展。

3)行政区划的"分离"与"合一",需要实现两个耦合

以打造二连浩特门户城市(枢纽口岸)为目标,推进口岸旅游综合体建设。依托苏尼特右旗、左旗城市、城镇、乡村(嘎查)可开发利用空间,布局建设集吃、住、行、游、娱、商、学、闲等功能于一体的产业布局,并对现有的旅游产品进行存量改造,强化二连浩特门户城市、苏尼特旅游城市和城镇、乡村(嘎查)的整体自然风貌。

以打造苏尼特(右旗、左旗)旅游城市为目标,推动口岸—产业—城镇融合发展。按照旅游城市和旅游特色镇的标准,形成苏尼特旅游城市增容提质建设,加快组织新一轮城市、小城镇总体规划修编,合理布局旅游功能,增加与旅游产业形成配套的公共服务设施。

以打造二连浩特—苏尼特边境旅游目的地城市为目标,推动口岸—产业—城市与城镇融合发展。按照旅游目的地城市的标准,在二连浩特、苏尼特右旗、左旗建设专门的商务区、娱乐区及旅游休闲区。着力打造旅游综合体,配套建设跨境旅游、金融和电子商务等高标准服务设施,以支撑目的地城市的旅游发展。

4)建立二连浩特—苏尼特边境旅游合作示范区,跨地区跨国界谋大局、促纵深,实现边境旅游循环发展,推动中蒙区域旅游合作。

成立边境旅游合作示范区指导委员会,结合二连浩特与苏尼特的旅游发展阶段和旅游发展特点,指引发展定位、战略安排、旅游规划、区域合作等,依托二连浩特区位优势,加强与苏尼特互联互通建设,加快中蒙俄经济长廊战略对接。

成立二连浩特—苏尼特边境旅游国际城市联盟,促进国际旅游伙伴城市建设,支持旅游行业组织、旅游企业参与国际旅游交流。比如苏尼特右旗的骆驼文化节、草原珍珠节等活动,推动中蒙友好城市的合作与交流。

加快二连浩特—苏尼特边境旅游合作示范区建设,编制边境旅游合作示范区规划,推出以二连浩特—苏尼特为主导的旅游线、时间表与路线图。设立边境旅游开发机构、区域合作平台、大数据共享中心、开发投资基金及中蒙边境合作旅游论坛等常态化对话机制。

5)设立二连浩特—苏尼特边境旅游特区,运用"点—轴"开发模式,遵循旅游空间发展的规律,以二连浩特—苏尼特示范和引领带动,形成独具特色、开放包容的旅游发展新生态。

6)鼓励创新边境旅游多形态,多形态是二连浩特—苏尼特旅游基本特征,无论旅游产业的供给,还是旅游消费的方式,都应鼓励创新。

7)把二连浩特—苏尼特边境旅游合作示范区与内蒙古自治区固边、扶贫工作深度融合。把其作为边境地区发展的重要载体,促进边境地区脱贫攻坚,加快边境地区三次产业融合发展。

(4)边境旅游合作示范区发展路径

"旅游+"产业融合发展能够进一步为全域旅游发展和兴边富民效能的释放打下基础;合理的空间布局以及边境旅游城镇、特色乡村体系的建设是整个边境旅游试验区建设的统领目标;业态、产品、项目及企业是整个边境旅游产业体系建设的基本要素;深化国际合作,强化旅游监管,是边境旅游长远发展的必要保障。

1)创新边境旅游管理体制、产业引导机制

充分发挥政府的主导作用。成立二连浩特—苏尼特右旗边境旅游合作区合作委员会、理事会及日常管理机构,联合商讨、管理边(跨)境旅游事务。

加大政府投入和招商引资力度。加强政府对旅游产业的引导。中央及地方政府从财政补贴、减税免税、用地优先、审批简化、生态补偿等政策方面对边境旅游试验区内的景区建设、旅游交通、旅游基础设施、旅游安全等旅游公共服务设施方面的项目建设予以扶持。

建立多元化投融资平台,设立边境旅游合作区发展引导基金,探索边境旅游发展的众筹模式。

2)健全合作区全域旅游公共服务体系,全面提升服务质量

全面构建景区+社会、旅行体验+生活体验、旅游产业要素+全体验要素,建设全域旅游公共服务体系与智慧旅游体系。

3)深化"旅游+"产业融合,激发沿边旅游经济活力

结合沿边地区生物多样性廊道和生态功能区保护建设,发展边境绿色生态旅游。建设旅

游物资物流节点、配送中心和物流园区,完善旅游购物功能,建设区域性旅游物流集散中心与特色商品购物中心。将跨境旅游与国际教育、国际医疗和康体养生相结合。

4)优化协调边境旅游空间结构,奠定合作示范区建设总体基础

示范区整体建设可按照"一地(二连浩特—苏尼特边境旅游目的地城市)一心(二连浩特市)两区(苏尼特右旗、左旗旅游区)多组团(二连浩特组团、苏尼特右旗、左旗组团)"布局。

5)建设苏尼特右旗、左旗草原民族风情的边境旅游城市与民族特色村镇

建设个性突出的边境旅游民族特色村镇,诸如朱日和镇、额仁淖尔苏木、赛汉塔拉镇、赛汉乌力吉苏木,寻求差异化发展路径,力求"一镇(苏木)一特",从自然生产、幸福生活、体验生命的角度构筑边境宜业宜居宜游宜养的边境旅游乡村。

6)发展二连浩特—苏尼特边境旅游新业态,开发新产品

二连浩特市作为大旅游区的服务区,苏尼特右旗、左旗作为大旅游区的景区组合发展。推出草原绿色生态体验、草原地质文化博览、旅居养老与全家行度假、研学旅游、温泉养生度假、国际购物游、国际商务游、国际会展游等新兴业态。

7)打造一批边境旅游精品项目,培育一批边境旅游企业

推进边境旅游景区景点和乌兰牧骑精品演艺活动建设,打造乌兰牧骑精品演艺活动与三地(二连浩特、苏尼特右旗、左旗)节庆活动以及商品交易会、展览会等边境跨境节事活动。

8)深化中蒙合作,推进边境旅游点线面的结合

加快构建二连浩特—苏尼特边境旅游合作示范区,要充分利用中蒙边境区域旅游资源禀赋,遵循边境地区经济活动和人口流动特点,结合二连浩特—苏尼特自然和人文等旅游资源及消费人群的特征,细分市场、分阶段、有步骤、系统有序地构建二连浩特—苏尼特边境旅游合作示范区。

结论:

二连浩特—苏尼特边境旅游合作示范区是以二连浩特,苏尼特右旗、左旗为主要建设空间,边境旅游为主要产业支撑,全方位、全角度、跨产业建设的重大改革举措,是实现内蒙古自治区边境旅游的新飞跃、搭建对外交流合作的新平台,也是展示蒙古民族风情的新舞台。对实现沿边地区兴边富民、对外睦邻友好、和平外交有着重要的战略意义。

三、科创内蒙古自治区之要义

现在,内蒙古自治区迎来了世界新一轮科技革命和产业变革同我国转变发展方式的历史性交汇期,既面临着千载难逢的历史机遇,又面临着差距拉大的严峻挑战。内蒙古自治区要强盛、要复兴,就一定要大力发展科学技术,努力成为重要的科学中心和创新高地。

(一)新形势

1. 进入"十四五",内蒙古自治区科技创新进入空前密集活跃的时期,新一轮科技革命和产业变革正在重构自治区创新版图、重塑经济结构。

2. 科学技术从来没有像今天这样深刻影响着内蒙古自治区前途命运,从来没有像今天这样深刻影响着人民生活福祉。

3. 内蒙古自治区比历史上任何时期都更接近于伟大复兴目标,比历史上任何时期都更需要建设科技强区。

4. 内蒙古自治区科技人必须清醒认识到,有的历史性交汇期可能产生同频共振,有的历史性交汇期也可能擦肩而过,贵在科学把握。

（二）新问题

1. 内蒙古自治区基础科学研究短板依然突出，企业对基础研究重视不够，重大原创性成果缺乏，底层基础技术、基础工艺能力、基础软硬件、开发平台不足等瓶颈仍然突出。

2. 内蒙古自治区技术研发聚焦产业发展瓶颈和需求不够，以全球视野谋划科技开放合作还不够，科技成果转化能力不强。

3. 内蒙古自治区人才发展体制机制还不完善，激发人才创新创造活力的激励机制还不健全，顶尖人才和团队比较缺乏。

4. 内蒙古自治区科技管理体制还不能完全适应建设重要科技强区的需要，科技体制改革许多重大决策落实还没有形成合力，科技创新政策与经济、产业政策的统筹衔接还不够，全社会鼓励创新，包容创新的机制和环境有待优化。

四、新方向

1. 创新永远是第一动力，全力提供高质量科技供给，着力支撑现代化经济体系建设

（1）内蒙古自治区要以提高发展质量和效益为中心，以支撑供给侧结构性改革为主线，把提高供给体系质量作为主攻方向，推动经济发展质量变革、效率变革和动力变革。

（2）内蒙古自治区要通过补短板、挖潜力、增优势，促进资源要素高效流动和资源优化配置。

（3）内蒙古自治区要把握数字化、网络化、智能化融合发展的契机，突出先导性和支柱性，优先培育和大力发展批战略性新兴产业集群。

（4）内蒙古自治区要推进互联网、大数据、人工智能同实体经济深度融合，以智能制造为主攻方向推动产业技术变革和优化升级。

2. 矢志不移走科技创新之路，坚定创新信心，着力增强自主创新，内蒙古自治区科技人要有这种自信和决心

（1）以影响内蒙古自治区发展的关键共性技术、前沿引领技术、现代工程技术等为突破口，敢于走前人没走过的路，努力实现关键核心技术自主可控。

（2）强化科技创新战略导向和目标引领，加快构筑支撑科技引领的后发优势，始终把满足人民对美好生活的向往作为科技创新的落脚点，始终不忘把惠民、利民、富民、改善民生作为科技创新的重要方向。

（3）前瞻性瞄准科技前沿，抓住大趋势，"下好先手棋"，打好基础、储备长远，逐步加大应用基础研究力度，倡导工匠精神和团结精神。

3. 全面深化内蒙古自治区科技体制改革，提升创新体系效能，着力激发新活力

（1）敢于啃硬骨头，敢于涉险滩、闯难关，破除一切制约科技创新的思想障碍和制度藩篱。

（2）坚持科技创新和制度创新"双轮驱动"，优化科技创新的顶层设计。

（3）转变科技管理职能，推动企业成为技术创新决策、研发投入、科研组织和成果转化的主体。

（4）发挥市场对技术研发方向、路线选择、要素价格、各类创新要素配置的导向作用。

（5）完善政策支持、要素投入、激励保障、服务监管等长效机制。

（6）加快创新成果转化应用，高标准建设自治区科学中心和创新高地。

（7）建立科技咨询支撑行政决策的科技决策机制，构建民族地区军民融合发展体系。

五、科技创新之路

创新多极化、全球化和集群化的趋势日益凸显，创新活动的新版图渐趋形成。未来内蒙古自治区发展格局的变化在很大程度上，取决于科技创新能力的区域分布，区域协调发展的状态取决于自治区科技创新能力在区域上相对均衡程度。科技创新将成为自治区新时期影响区域发展的长期、稳定因素[10]。

内蒙古自治区应把握科技创新战略机遇，发挥优势、直面挑战、弥补短板，紧抓源头创新、产业创新、制度创新三大战略方向。一是创新要素走向集聚；二是市场红利催生创新需求；三是制造业基础支撑产业创新；四是软硬件要素构筑创新生态[11]。

1. 加快实现特色优势资源向经济优势转变，是科技创新推动内蒙古自治区发展的长远战略，也是现实需求。助推形成具有战略制高点的现代服务业类型，是区域竞争能力的核心内容。

2. 激活已有创新资源的潜力，以国家主导与内蒙古自治区结合择优发展高新技术产业和产品，促使重点城市、重点区域和重要行业部门成为科技创新驱动的先行和引领地，促进实体经济的新一轮繁荣与重塑。

3. 优化区域科技创新环境、打造创新链条。重点打造科技创新的政策环境，在科技创新驱动发展领域营造优惠的竞争市场环境，进而形成最具竞争力的区域。

六、对内蒙古自治区未来产业基本研判

未来产业是以满足未来人类和社会发展新需求为目标，以新兴技术创新为驱动力，旨在扩展人类认识空间、提升人类自身能力、推动社会可持续发展的产业。

（1）未来产业是诞生于新科技突破带来的应用。

（2）未来产业是不断拓展人类生存和发展新边界。

（3）未来产业是不断满足人类和社会发展的新需求。

（4）未来产业是创造新型载体。

1. 未来产业态势

（1）信息技术领域。

（2）生物科技领域。

（3）高端制造领域。

2. 未来产业机遇

未来产业是当今内蒙古自治区能够和国际创新保持同步的、为数不多的重大创新机会之一。

（1）内蒙古自治区基础研究和应用基础研究已孕育出一定的成果，逐步进入产业化阶段。

（2）内蒙古自治区具有良好的制造业基础优势和未来产业应用场景。

（3）内蒙古自治区战略性新兴产业发展积累了组织和政策经验。

3. 内蒙古自治区未来产业发展建议

（1）提升"从 0 到 1"的自主创新能力，筑牢未来产业发展基础。

（2）助力形成从"基础研究＋技术攻关＋成果产业化＋科技金融"的未来产业培育链。

（3）打造未来技术应用场景，加速形成若干未来产业。

（4）加强未来产业人才培养和引进，完善科研院所与高校培养计划。

(5)发挥专业智库优势,加强对未来产业战略规划、预见预测与发展模式研究。

4. 内蒙古自治区要坚持科技自立自强

(1)科技创新成为区域发展竞争的主战场,抢占制高点至关重要。

(2)一切真正的原始创新,都需要冲破现有的知识体系。

(3)科技攻关要坚持问题导向,奔着最紧急、最紧迫的问题去。

(4)要深度进行科技治理,塑造科技向善的文化理念。

(5)培养创新型人才是自治区长远发展的大计。

参考文献

[1]内蒙古自治区党委常委会召开扩大会议 传达贯彻习近平总书记在内蒙古自治区考察时的重要讲话重要指示精神[J].内蒙古统战理论研究,2019(4):1.

[2]自治区党委召开九届十一次全委(扩大)会议 深入学习贯彻习近平总书记考察内蒙古重要讲话精神 努力把祖国北疆这道风景线打造得更加亮丽[J].实践(思想理论版),2014(5):6.

[3]李峥,唐忠宝.习近平生态文明思想对民族自治区发展的重要意义[J].内蒙古民族大学学报(社会科学版),2019,45(5):120-124.

[4]着力建设生态文明 全面打造绿色家园——呼和浩特市生态文明建设成果展示[J].实践(思想理论版),2018(1):58.

[5]秦泊良.二连浩特口岸志[J].西部蒙古论坛,2018(4):42-49,127.

[6]肖文辉,赵明.对二连浩特口岸助推中蒙俄经济走廊建设情况的调查[J].北方金融,2016(1):71-72.

[7]王玉莲.中蒙俄经济走廊建设中内蒙古节点城市的战略定位[J].财经理论研究,2019(6):32-41.

[8]何茂春,田斌."一带一路"的先行先试:加快中蒙俄经济走廊建设[J].国际贸易,2016(12):59-63.

[9]葛全胜,席建超,王首琨.中国边境旅游:阶段、格局与若干关键战略问题及对策[J].资源科学,2014,36(6):1099-1106.

[10]王业强,郭叶波,赵勇,等.科技创新驱动区域协调发展:理论基础与中国实践[J].中国软科学,2017(11):86-100.

[11]陈凯华.科技创新研究:回顾、现状与展望[J].今日科苑,2019(2):3.

第六编 "两山经济"与地域特色

广灵县创建"道地黄芪生态原产地实验区"的科学构想

山西作为优质道地黄芪的传统产区[1]，曾经占我国黄芪产业的"半壁江山"，经历了资源格局的重大变化，目前只是传统黄芪商品的最大产地，面对多样性的市场需求，特别是对优质高端黄芪的强劲需求，山西黄芪产业的战略地位将更加突出，对经济和社会发展的拉动作用将更加明显。黄芪产业涉及一二三产业诸多领域同步发展，在中药材产业发展中具有典型性和代表性，其产业化开发将在我国大健康产业发展中具有重要作用。

2015年，中国科学院地理科学与资源研究所与大同市人民政府签订了"院地合作"战略协议，科研人员围绕资源型城市转型发展、生态文明建设、精准脱贫、特色产业进行了系统研究。通过对大同市"三黄"产业（黄芪、黄花、小米）栽培历史、资源现状、科研基础以及发展中所存在的问题进行综合研究分析，提出把大同作为"山西省道地黄芪生态原产地实验区"的科学构想，旨在通过创新驱动，快速促进产业发展，为山西省道地黄芪产业提供示范与经验。

一、生态原产地实验区的科学价值与现实意义

生态原产地实验区是原产地一种新型形式，是中国科学院地理科学与资源研究所张义丰研究员及其团队对大同市"三黄"产业进行深入研究之后，针对道地黄芪提出的新型区域发展理念，旨在将黄芪的"生态性"来展示黄芪产品魅力，以黄芪产地的生态性来保证产品品质，重在强调黄芪产品生长、生产、加工、制造以及产品来源地的自然、地理、人文、历史等属性，包括地形地貌、土壤状况、水文资料、气象条件、历史渊源、人文背景、生产工艺和工序、配方等[2]。

建设省域道地黄芪生态原产地实验区，这是全国首次提出在"全省域"范围内对道地黄芪进行整体的保护与利用，是一项探索性、创新性工作，也是一项长期的、艰巨的、富有挑战的工作。率先建设省域道地黄芪生态原产地实验区。以大同道地黄芪生态原产地为着力点，大胆实践，先行先试，改革创新，进一步提升黄芪产业规模化、集约化、专业化发展水平，为全国道地药材创新发展探索路径、做出示范。

二、实验区建设基本条件与可行性分析

中国是商品黄芪唯一的产地和出口国，黄芪既是中药也是保健品原料，含黄芪的中成药多达200余种，以黄芪为原料的上市保健品达160余种，民间也将黄芪作为重要的滋补食材。此外，中兽药、饲料添加剂、化妆品中黄芪的应用数量也在不断增长。据近年中药材天地网统计，黄芪出口、药用、食用和其他用途的年需求量在3.5万吨以上，位列40种大宗中药材品种的前10名[3]。

（一）大同市道地黄芪发展基本现状

山西大同生产中药历史悠久，已经形成较为成熟的中药产业，尤其以黄芪生产驰名。浑

注：本文创作于2019年。

源县生产黄芪是国内一流,与其自然地理地貌有关,该地区属于山区,地域广阔,气温适中、光线充裕、昼夜温差变化明显,营养成分可以最大限度地得到保持;周边水资源良好、空气质量较高,对于中草药的生产有利;土壤质量适合中药生长,土层深厚,富含微量元素硒,为中药提供了丰富的营养元素,尤其对于黄芪的生长是有益的,因此,浑源县被誉为黄芪之乡。

(二)大同市地理环境条件与道地黄芪面临的问题

1. 地理环境条件

在山西的黄芪生产区域,地域广阔,土层肥沃,为花岗、片麻岩母质风化成的粗骨性沙壤土,土质松软,具有良好的透气性,蓄水能力较强,土壤中含有丰富的矿物质元素,以钾、硒等元素为主,气温适中、光线充裕、昼夜温差变化明显,非常适宜黄芪的生长发育。所产黄芪条长、条顺,上下粗细均匀,质地坚实,粉性足,品质好,单株质量大[4]。

2. 黄芪产业发展现状与存在问题

(1)中药材有其固有的严格的生长环境,不能违背植物生长规律。道地药材不能"移植",道地药材是我国传统优质中药材的代名词,民间素有"非道地药材不处方,非道地药材不经营"的说法。常言道:"好土生好苗"。每味道地药材根据其性味不同,都有道地产区。中药药性形成是气候、土壤、生物、地形等综合作用的结果。不同地方出产的药材,质量会有差异。建议以"有序、有效、安全"为方针,优化山西省中药材生产布局,鼓励在道地产区和主产区优先发展道地优质药材,限制中药材盲目引种。

(2)种苗基原纯正、遗传性状优良是生产高品质药材的根本保障。加大对中药材新品种选育和推广的支持力度,制定中药材种子种苗行业标准,构建全国一体化的中药材种子种苗供应保障平台,确保优质种源持续稳定供应,将是未来中药材种业的重要任务。

(3)山西省长期以来形成的产业格局和资源禀赋,对医药工业重视支持程度不够,扶持政策不突出,与发达省市相比政策支持明显偏弱;加之企业融资成本不断提高、产品研发投入高、周期长,企业普遍存在生产经营成本偏高,资源要素供给偏紧等问题。一是产业规模较小;二是科研投入偏低;三是缺乏高附加值品种;四是管理机制滞后;五是发展环境欠佳,山西医药产业的发展仍有差距与不足。

三、实验区建设的目标及主要任务

(一)指导思想

高举习近平新时代中国特色社会主义伟大旗帜,以加快转变经济发展方式为主线,以"地域识别、区域协同、品质发展"为主线,着力加强道地黄芪生态原产地实验区健康发展的基础建设、产业培育、能力建设、平台建设,推动道地黄芪产业技术升级,打造道地黄芪产业的名优品牌。依托道地黄芪生态原产地品质优势,提高道地黄芪产业经济效益,加快道地黄芪生态原产地为核心的中医药新业态发展。

(二)基本原则

1. 坚持道地黄芪产业发展与地域识别相结合

道地黄芪因其独特的生态原产地自然环境和行业内的品质认同,受到国际市场的青睐,以及科技界的支持,使得道地黄芪的优良种质资源得以保留并逐步扩大,成为传统黄芪商品的主要供应区[5]。

2. 坚持道地黄芪产业开发与生态文明建设相结合

以生态原产地资源环境承载力为前提，以生态文明建设为统领，有序开发利用黄芪资源。推进黄芪种植与水土流失综合治理，推进黄芪种植与生态修复统筹进行，保护道地黄芪种质资源和野生资源。

3. 坚持道地黄芪产业发展与新旧功能转换相结合

把解放思想、转变观念、开拓创新作为推动黄芪生态原产地产业发展强大动力，破除制约道地黄芪发展的体制机制障碍，深化黄芪产业重点领域和关键环节的新旧功能转换，抓住道地黄芪在我国大健康产业中的重要战略机遇，激发市场活力，加快产业的发展步伐。

4. 坚持专家思想、政府推动、社会主体相结合

加强规划引导，强化政府推动功能，支持社会主体建设为基础，加大生态原产地实验区生态文明建设、基础设施建设、基地产业融合建设等支持力度，坚持高起点、高品质、高效率。重点打造一批科技含量高、经济影响力大的建设项目。

（三）发展定位

中药材作为山西特色农业的七大产业之一，不断加大政策扶持、财政支持、科技支撑、市场开拓的力度，全力将其打造成全省战略性新兴产业。努力把大同道地黄芪生态原产地实验区建成全国黄芪产业发展创新的探索区、中医药经济政策的先行区和建设区域协同与融合发展示范区。

（1）建设全国黄芪产业发展创新的探索区。加大黄芪产业保护与利用力度，构建和培育黄芪生态原产地统一有序的生产加工体系，探索具有示范意义和推广价值的栽培制度和统筹加工机制。

（2）建设中医药经济政策的先行区。积极争取国家中医药产业相关政策率先落地，逐步建立和完善激励黄芪产业生态原产地的发展创新和区域组织架构，重点推进黄芪产业重大项目的凝练与储备。

（3）建设区域协同与融合发展示范区。推动黄芪产业与相关产业融合发展。一是促进黄芪产业与山区生态文明建设的结合；二是促进黄芪产业与沟域经济的结合；三是促进黄芪产业与乡村振兴的结合；四是促进黄芪产业与文化旅游和健康养生的融合。

（四）建设目标

到 2020 年，道地黄芪生态原产地实验区制度框架和政策体系基本形成。一是大同市道地黄芪生态原产地实验区规划得以确立；二是推进中药材标准化种植，提升中药材质量安全水平，切实发挥中药材促进农民增收的作用；三是加快建设一批标准高、规模大、质量优的道地药材生产基地，提高道地药材供应能力；四是推进技术集成创新，推广绿色标准化生产技术模式，加强质量规范管理，提升产品质量；五是突出产地特色和产品特性，加强生态原产地管理和品牌创建。

到 2025 年，道地黄芪生态原产地实验区制度框架和政策体系初步健全。一是以中国中药协会颁布广灵县"道地药材黄芪保护及生产（野生抚育）基地"为核心，构建广灵县、浑源县和天镇县区域的黄芪产业布局；二是形成以恒山地域系统整合培育"生态文明沟域＋道地黄芪＋乡村振兴＋全域旅游"的大同道地黄芪生态原产地保护与利用模式；三是形成以"三线一单"为抓手严格执行道地黄芪环境准入制度，进一步强化黄芪产区生态协同发展整体管控；四是形成以推进"造血"脱贫为根本发展绿色产业，实施黄芪产区山地的生态修复与生态缓冲带建设，探索

黄芪产业生态原产地就是"金山银山"模式。

（五）空间组织

大同道地黄芪生态原产地实验区要在省委、省政府的指导和支持下，采取系统设计、整体规划、协同推进、分步实施的建设模式。

1. 广灵县生态原产地核心基地

道地黄芪生态原产地实验区以中国中药协会颁布的"道地药材黄芪保护及生产（野生抚育）基地"为核心承载空间。该区域地处广灵县白羊峪沟域、长江峪沟域和圣眷峪沟域的上段，海拔高度 1500～1800 米，适宜发展面积 10 万亩，野生黄芪 1 万亩，野生抚育 3 万亩。

2. 浑源县重点发展承载基地

浑源县作为黄芪的主要生产基地，是我国黄芪产品的龙头和名片，已经得到国内外的关注与认可。适宜发展面积 30 万亩，现有种植面积 20 万亩，还有 10 万亩的拓展空间。该区是黄芪产业重点发展区，也是种植、加工及品牌培育的重点区域。

3. 天镇县协同发展示范基地

天镇县作为黄芪产业协同发展示范区，与广灵县、浑源县"山为一脉、地为一体"，是黄芪产业不可或缺的组成部分，适宜发展面积 5 万亩，现有种植面积 1 万亩。该区所产黄芪经中国科学院测试，其矿质元素含量较高，其中锰、钴分别是报道的参考值的两倍以上，钙、镁、铝、硒、锶等含量值均超过了参考值 20%，需要限制的铅、镉、砷元素含量均符合"药用植物及制剂外经贸绿色行业标准"的要求。

（六）主要任务

作为山西七大非煤产业之一，机遇与挑战并存，而"晋药"发展需要更务实、科学、审慎的决策。山西是中医药的重要发祥地之一，中药材的种类、储量、种植面积和产量均处于全国前列，是国内中成药生产企业的重要原料基地，中医药历史文化底蕴深厚，发展中药产业具有得天独厚的优势。这些都是"十三五"期间山西省大力发展医药工业的良好机遇。打造培育山西省乃至全国道地黄芪生态原产地实验范区，创造全国道地黄芪发展的"省级样板"乃至"全国典范"，需要先行先试、大胆创新，以更明确的思路、更精准的举措攻坚克难。

1. 道地黄芪生态原产地的振兴，成为山西中药材产业的"支柱"

中药材产业要发展、要振兴，基地建设是源头，是根本。道地黄芪是中药材中的精品，它的价值不仅在于品质佳、疗效好，更因为它是特定的自然条件和生态环境的产物，具有唯一性和稀缺性，因而它是发展中药材产业的首选对象。

2. 道地黄芪生态原产地实验区建设作为振兴整个产业重要抓手

以生态原产地道地黄芪为基原的产品开发与转化研究，推动了资源优势向经济优势的有效转化，促进山西省传统黄芪的产业发展。系列药膳、药茶、礼品芪的开发，与大同市全域旅游和健康养生相结合，提升了传统芪的国内影响力。通过加工能力的增强和加工水平的提档升级，为整个产业腾飞打造引擎，以改变长期以来只能卖原料很少卖成药，产业链条短，市场空间小，始终处在产业链、价值链低端的被动局面。

3. 龙头企业不断扩大规模，行业拉动和引领作用凸显

黄芪产业得到了山西省乃至国家的高度重视，才使得道地黄芪这一优质资源的基因库、种植及加工技术等得以保存，在国际市场的占有率也稳步提升，为"十三五"的大健康产业提供了物质基础，为山西省的产业结构调整提供了方向。随着科技部积极推进中药大健康产业发展，

发改委推进中成药大宗原料基地建设,国内中药大企业陆续进入黄芪产业,目前已初步形成了大型企业引领示范中小企业逐渐规范化的良好发展势头。

4.构建山西省道地黄芪生态原产地实验区试验平台

着力建设以大同市广灵县、浑源县和天镇县三大实验基地为基础"道地黄芪生态原产地实验区",构建具有大同特点的道地黄芪可持续发展体系,打造可持续发展的综合试验平台,形成若干可操作的黄芪发展攻坚成果。

三、实验区建设重点模式和重大项目建议

(一)实验区建设重点模式

坚持以广灵县道地药材黄芪保护及生产(野生抚育)基地为核心,统揽黄芪产业发展全局,以道地黄芪产业为依托,以市场为导向,以生态发展为目标,谋划道地黄芪品牌发展,开创"专家思想、政府推动、社会参与"的独具大同特色的道地黄芪生态原产地实验区。

1.构建"两山理论+顶层设计+生态原产地"黄芪发展新模式

大同市属于典型的资源型城市,道地黄芪生态原产地实验区产业发展与精准脱贫可持续发展示范区相结合势在必行,依托山地生态资源发展道地黄芪生态经济,培育道地黄芪品牌,推动绿色发展具有重要意义,"两山理论"与生态原产地实践互促共进,在区域发展层面具有典型性和代表性。

2.构建"生态文明+沟域经济+黄芪产业+全域旅游"发展新模式

根据大同市地质地貌特征和生态结合程度,将生态文明沟域建设作为道地黄芪生态原产地发展的有效途径。以黄芪产地"三生"空间优化为基础,以沟域为主线,上中下段联动,左右岸协同,结合道地黄芪进行整体优化和推生态原产地建设。

3.构建"地域识别+健康养生+道地黄芪+乡村振兴"发展新模式

山西省把中药材产业列入政府的产业振兴工程,已形成太行山中药材基地;太岳山中药材基地;恒山中药材基地;晋南丘陵中药材基地等四大基地,为山西中药材产业的振兴奠定了坚实的基础。恒山是道地黄芪的地域识别,是黄芪的生态原产地,构建"地域识别+健康养生+道地黄芪+乡村振兴"发展新模式,对于推动道地黄芪产业发展具有重要影响。

(二)重大项目建设

1.道地黄芪生态原产地种源保护与利用工程

良种是道地黄芪药材、药品生产的源头[6]。一是建立黄芪种质资源圃,开展生态原产地黄芪良种遴选实验;二是建立生态原产地黄芪品种选育机制,开展品种提纯复壮;三是建立生态原产地黄芪品种培育机制,开展新品种培育;四是建立生态原产地黄芪种子种繁育基地;五是建立生态原产地黄芪种子生产体系与管理机制。

2.道地黄芪生态原产地科技创新与技术集成工程

科技创新是道地黄芪内在质量和优良品质的支撑,是树立品牌效应、支撑和助推黄芪产业可持续发展的动力和源泉。一是种植、加工技术规范应用研究;二是道地黄芪的道地性研究;三是道地黄芪等级规格研究;四是道地黄芪质量标准研究;五是道地黄芪产品开发与技术集成研究[7]。

3.广灵野生黄芪抚育基地生态文明建设工程

广灵野生黄芪是一个优秀物种,主要分布在长江峪、白羊峪和圣眷峪沟域的上源,是非常

理想的野生黄芪抚育基地,是千百年自然进化形成,是支持生态原产地黄芪品质的保障,对道地黄芪种源认证、道地黄芪品种纯化,道地黄芪新品种培育、品质提高与品牌提升具有战略意义。一是生态原产地生物多样性保护工程;二是生态原产地生态修复与水土流失治理工程;三是生态原产地生态缓冲带建设工程。四是广灵县生态原产地核心基地、浑源县重点发展承载基地与天镇县协同发展示范基地建设工程。

4. 恒山山地道地黄芪生态原产地水土资源健康与环境监测工程

恒山山地道地黄芪生态体系是千百年自然进化形成的,均处于沟域的上源,既是生态敏感区,又是水土流失的脆弱区,更是支持恒山黄芪品质的保障区。一旦沟域的生态体系遭到破坏,道地黄芪将受到严重胁迫。一是广灵县、浑源县和天镇县沟域经济建设工程;二是生态原产地实验区健康与环境监测工程;三是道地黄芪生态原产地与其他区域黄芪有效成分对比研究。

5. 道地黄芪生态原产地品牌建设工程

广灵县道地药材黄芪(野生抚育)基地在品牌建设的道路上已经迈出了可喜的一步。如何继续在生态原产地实验区基础上铸就道地黄芪名牌,扩大其影响力,使道地黄芪生态原产地成为国内外消费者家喻户晓认可的品牌,是道地黄芪提升附加值,走向成功关键一步。一是道地黄芪原产地品牌策划研究;二是道地黄芪生态原产地发展论坛;三是道地黄芪文化节;四是建立道地黄芪专家智库。

6. 道地黄芪生态原产地产业融合建设工程

道地黄芪生态原产地可以把山地旅游、中草药种植加工、乡村旅游、休闲度假、养生保健旅游、药材科普、中医养生体验、中医保健产品开发、中医文化宣传等于一体的产业融合展示区。一是推出道地黄芪生态原产地最佳旅游路线;二是道地黄芪生态原产地村镇建设;三是大同道地黄芪生态原产地展示馆建设工程;四是道地黄芪生态原产地观光休闲、养生体验基地建设工程。

四、实验区建设的主要措施

1. 明确机构职责,强化组织领导

成立由山西省人民政府分管省长任组长,大同市市委、市政府有关领导任副组长,省、市有关部门主要领导为成员,国内知名专家参与的黄芪产业发展领导小组,决策部署黄芪产业发展重大事项。

2. 启动山西省"道地黄芪生态原产地实验区"发展规划

按照职能分工,明确职责,抓紧研究黄芪产业健康发展的各项配套措施和发展规划;大同市要以规划为基础,制定促进黄芪产业化发展的具体措施和配套办法,切实推进山西省黄芪产业又好又快、更好更快发展。

3. 强化公共财政与规划之间的衔接配合,实施项目推进

根据规划确定的发展重点调整财政支出结构,加强对重点领域、重点区域和重大项目的支持。树立"抓项目就是抓发展,抓项目就是抓落实"的理念,按照国家产业政策,立足当前,放眼未来,切实加强黄芪产业重大项目的前期工作。

4. 推进黄芪产业生产技术支撑体系与信息服务平台建设

一是建设黄芪生产技术服务平台,为黄芪生产和基地建设提供成熟共性技术,推动黄芪规范化生产和产业化经营;二是建设黄芪生产信息服务平台,建设高效黄芪生产信息加工处理系

统,加快构建黄芪药材生产信息服务网络平台,为黄芪药材生产提供权威性的信息服务,为政府宏观调控提供数据支持。

　　5.建立道地黄芪生态原产地实验区发展"智库"

　　大同市道地黄芪生态原产地实验区发展"智库",必须立足山西省情,充分体现大同特色。一是充分利用战略谋划和综合研判能力,围绕山西省委、省政府关于道地黄芪发展的重大课题,开展前瞻性、针对性、储备性政策研究;二是持续产生高质量的黄芪研究成果;三是接轨山西省和国家道地药材黄芪发展政策,积极参与区域性发展战略和交流合作,把握山西省道地黄芪的有效传播。

参考文献

[1]秦雪梅,李爱平,李科,等.山西黄芪产业发展思考[J].中国中药杂志,2016,41(24):4670-4674.

[2]吴平.中国生态原产地产品标准体系构建的研究[J].中国标准化,2019(1):92-99.

[3]袁红,张淑芳,贾绍辉,等.黄芪生物活性及其在保健食品中的应用研究进展[J].食品科学,2014,35(15):330-334.

[4]臧荣.恒山黄芪种植技术[J].农业技术与装备,2017(7):64-65.

[5]黄林芳,张翔,陈士林.道地药材品质生态学研究进展[J].世界科学技术－中医药现代化,2019,21(5):844-853.

[6]侯美利.恒山黄芪种质资源探析[J].农业工程技术,2019,39(14):92-93.

[7]杜国军.恒山黄芪道地药材质量标准研究[D].太原:山西大学,2013.

广灵县建立"白羊芪山"的建议报告

道地药材以其深厚的历史底蕴和广泛的民间基础,有着极为广泛的发展前景和巨大的市场潜力。发挥道地药材资源优势,加强战略谋划,推动中医药在健康产业发展中发挥更大作用,积极利用现代科技做大做强中医药健康产业。中国科学院地理科学与资源研究所与大同市人民政府签订了"院地合作"战略协议,专家对大同市经济社会发展进行系统研究,特别是通过对大同市"三黄"产业(黄芪、黄花、小米)栽培历史、资源现状、发展基础以及发展中所存在的问题进行综合研究分析,提出了"白羊芪山"和创建"中医药健康旅游示范基地"的发展构想,旨在通过创新驱动,快速促进产业发展,为国家中医药产业发展提供示范与经验。

一、道地黄芪地域甄别

道地黄芪又叫"北芪",主产北方(华北、东北)。以山西大同浑源、广灵、天镇一带产量较大,品质优,闻名国内外,是我国传统优质药材代表。

二、"白羊芪山"填补我国药山的空白

我国是山地大国,又是人口大国,更是多民族大国,山区占国土面积的70%,居住着全国近1/3的人口,大约3/4的县位于山区和半山区,绝大多数少数民族生活在山区,国家级贫困县中山区占80%。山区作为天然的生态屏障、生态建设的重要空间载体,是生态服务价值的最大源泉。山区是国家自然资源的储备库,尤其是珍稀动植物、中药材资源等"战略物资"在国际、国内的全球化竞争中具有举足轻重的作用,在国际竞争力中扮演着非常重要的角色,某种程度上说,这与国家的"货币储备"具有同等重要的作用。

(一)名山的传统分类

在我国山地发展中,名山的分类是山地资源研究的重要理论之一,它对于确定名山的性质、特点、规模及保护与利用都有重要理论意义。一是按成因分类主要有:地质名山、地理名山、气候名山、生物名山;二是按属性分类主要有:历史名山、文化名山、宗教名山、政治名山、军事名山;三是按功能分类主要有:旅游名山、探险名山、科考名山、朝圣名山、康养名山。在目前的名山分类中还没有把药山纳入其中。这一领域是亟待提升的弱环。

(二)"白羊芪山"的提出

广灵县是典型的干旱半干旱区山地生态系统,该系统是我国北方地区重要的生物栖息地与生物多样性中心,具有水源涵养、防风固沙、土壤保持、科学研究等多种生态服务功能。但是,由于山地生态系统内生的易损性和不稳定性,在全球气候变化与人类活动的影响下,表现出明显的生态脆弱性特征。因此,如何提高干旱半干旱区山地生态系统的稳定性是保护干旱半干旱区生态资源环境的关键所在,这对于大同黄芪资源保护与利用尤为重要[1]。对此,中国科学院专家组就广灵县长江峪、白羊峪、圣眷峪三条沟域野生黄芪种质资源和空间分布规律进行了多次考察研究,提出了广灵县打造中国药山的初步设想,确立了"白羊芪山"的发展定位。一是专家组在中国名山分类基础上,审时度势,首创药山研究,有利于野生黄芪资源的保护与

注:本文创作于2021年。

利用;二是为大同黄芪整体发展,探索道地药材道地性及地域价值规律;三是探讨大同黄芪产区人地和谐性,深化"白羊芪山"作为我国中药名山的合理性。

(三)"白羊芪山"地理环境

1. 独特的海拔。野生黄芪具有典型的海拔识别特征,主要集中分布于海拔 1200～2100 米的白羊峪、长江峪和圣眷峪的芪坡,该区域基本保持了道地产地的特定地域。经过专家组多次考察,白羊芪山自上而下分成三个板块。一是野生黄芪原生区,海拔 1800～2100 米,该区面积 3300 亩;二是野生黄芪抚育区,海拔 1600～1800 米,面积 7500 亩,该区域长期处于野生状态,整体生态状态良好;三是野生黄芪繁育区,海拔 1200～1600 米,面积 90000 亩,包括白羊峪、长江峪和圣眷峪,该区域长期处于半野生和仿野生状态,是野生黄芪重点繁育区。

2. 独特的种质。野生黄芪遍布白羊芪山(海拔 1200～2100 米),长期处于野生、半野生状态,经过千年来自然选择、自然进化,自然杂交、变异形成了独特的种群,终生与山地植物草木樨、白莲蒿、蓝花棘豆、委陵菜、牡蒿、黄毛鬃豆、地八角、桂竹香等,杂草和灌木伴生,竞争力、抗病、抗旱等抗逆能力特别强,非常适应当地的气候环境条件,适宜当地仿野生种植[2]。

3. 独特的气候和土壤。"白羊芪山"独特的气候非常适宜黄芪生长,是道地中药材大同黄芪主要产地之一。土壤以沙质壤土为主,富含钾和微量元素硒,有机质含量高,通风透光好,无环境污染。一是芪坡土层深厚、土质疏松、通透性好,熟土层深达一米之多,由花岗片麻岩分化形成的粗粒沙质壤土构成,其土壤富含磷、钾营养元素,有利于黄芪根向下生长,不打叉,形成鞭杆芪;二是渗水保湿能力比较强,降雨时雨水渗入地下,保存水分,不会造成水土流失,地表不会积水造成黄芪根部腐烂;三是芪坡的土壤长期处于冷凉状态,加之干旱少雨的气候,病虫害很轻,属于典型的原产地特征[3]。

4. 独特的生产技术和加工方法。大同黄芪的生产一直是野生、半野生模式。目前普遍采用的种植方法仍然是半野生或称作"仿野生种植""生态种植""野生抚育",人种天养,没有丝毫人工催生的成分。一是芪坡不翻耕,靠原有黄芪植株自然落籽或人工撒播种子,植株完全靠自然生长;二是坡上芪草灌共生,老少黄芪同长,每年将大黄芪刨出,小的继续生长;三是从播种到采刨生长期长达 10 年左右,期间不施任何肥料,不使用农药,更不会使用任何生长激素;四是大同黄芪长期保持仿野生的生产模式,属于纯自然生长,基本保持了生物多样性的生态环境;五是黄芪生长区域山高坡陡,常靠枯草落叶化地为泥,其土壤肥沃、有机质含量较高,基本无须施肥;六是长期保持传统独特的生产技术和加工方法,自然干燥,不水洗,不烘烤,不用硫黄烟熏,传承了传统"道地"的独特特征。

5. 独特的品质和疗效。一是大同黄芪主根粗长、均匀顺直、皮嫩无叉、色泽黄亮,有浓郁的豆腥气味和香甜味,外观光亮,精致美观,粉性足、韧性坚的特点;二是大同黄芪其有效成分特别是微量元素硒的含量,远高于其他产地的黄芪,特色突出;三是大同黄芪传承了传统的加工技艺,没有人为地改变其生态环境,保持了优良品质[4]。

(四)"白羊芪山"总体发展思路

坚持以"白羊芪山"野生黄芪生态原产地为核心,统揽原生区,抚育区和繁育区发展全局,以野生黄芪原生区保护和抚育区、繁育区生态发展为依托,以国内外市场为导向,以生态文明建设为目标,谋划野生黄芪品牌发展,开创"专家思想、政府推动、社会主体"的独具特色的中国首座药山建设。一是构建"白羊芪山＋生态原产地＋两山理论＋接续减贫"新发展模式;二是构建"生态文明＋沟域经济＋黄芪产业＋全域旅游"新发展模式;三是构建"地域功能＋健康养生＋黄芪产业＋乡村振兴"新发展模式。

（五）"白羊芪山"空间组织

"白羊芪山"既是提供中药材商品的重要基地，也为药材生产和品种改良提供了优质种质资源。其优良的生物效应和药用品质，常常是人工栽培芪难以比拟的。而野生黄芪具有较好的抗病性和环境适应性，因而能为中药材人工培育的品种的复壮和改良提供种质资源。野生黄芪生长除了较适宜的自然地理气候条件外还需要独特的生态条件。因此，保护野生黄芪品种及其赖以生存的生态环境，是保证我国中药材生产可持续发展的一项长期的重要的任务。白羊芪山的发展要采取系统设计、整体规划、协同推进、分步实施的建设模式。打造一山（"白羊芪山"）、一基地（中医药健康旅游示范基地）、三区（野生黄芪原生区、野生黄芪抚育区、野生黄芪繁育区）、三谷（白羊峪黄芪仙谷、长江峪黄芪仙谷、圣眷峪黄芪仙谷）、多组团（药山＋三谷＋乡村振兴、沟域经济＋黄芪产业＋接续减贫）整体架构。

三、广灵县创建国家中医药健康旅游示范基地

（一）创建背景

创建中医药健康旅游示范基地是"白羊芪山"可持续发展的重要保障。把"白羊芪山"的白羊峪、圣眷峪和长江峪作为原产地保育和高质量发展的示范平台，以此落实国家生态文明建设的需求，更是保护和改善生态环境、保护和发展生产力，让国之瑰宝大同黄芪充分发挥经济社会效益的有效途径。一是通过示范基地建设，引导和促进大同黄芪产业向质量效益型、生态集约型方向发展，促进黄芪生态产业与健康产业融合，培育原产地产业集群；二是创建示范基地，符合当前转换经济发展方式，加快产业结构调整，提升大同黄芪产业国际竞争力，实现优质生态安全产品从出口保障转向国民共享的客观实际；三是创建示范基地以黄芪产业保护为核心，黄芪产品加工为支撑，中医药健康旅游为特色的循环经济样本，有效地将生态优势、特色优势、经济发展融为一体；四是通过示范基地创建的"扩散效应"不断积累资源，提升区域产业核心竞争力，夯实生态产业基础，确立示范区生态产业增长极的地位，最终实现生态优势区在保护中发展、在发展中兴省、富民。

（二）创建条件

"白羊芪山"基本具备了国家旅游局和国家中医药管理局关于开展国家中医药健康旅游示范基地创建要求。通过国家中医药健康旅游示范基地建设，探索"白羊芪山"和中医药健康旅游发展的新理念和新模式，创新发展体制机制，在产业化改革创新等方面先行先试，推动旅游业与养老相结合，与中医药健康服务业深度融合，成为特点鲜明、优势明显、综合实力强、具有示范辐射作用和一定影响力的国家中医药健康旅游示范基地，全面推动广灵县中医药健康旅游快速发展。

（三）已有基础

山西恒广北芪生物科技股份有限公司是以大同黄芪为主要开发品种，集科研、种植、加工、销售、旅游为一体的市级中药材龙头企业。公司成立于2004年9月，注册资金550万元，现有职工33人。野生黄芪抚育种植基地3.9万余亩，分布于白羊芪山白羊峪、长江峪和圣眷峪。具有与中医药健康旅游服务相匹配的生态环境、场地和一些基础设施，具有相应的接待条件。

1. 山西恒广北芪生物科技股份有限公司是"白羊芪山"的坚守者和践行者，加之白羊峪、长江峪和圣眷峪均是广灵县重要旅游资源分布区，具有中医药健康旅游条件，实现黄芪产业与

健康旅游的融合，既特色鲜明，又易形成规模，无论在大同还是京西北，均具有一定的吸引力。

2. 山西恒广北芪生物科技股份有限公司具有明确的中医药健康旅游发展目标、规划措施以及相关保障措施。

3. 山西恒广北芪生物科技股份有限公司有相对稳定的业务渠道和需求市场，并具有良好的服务品质、社会信誉及经济效益。

四、"白羊芪山"重大项目集成

打造全国独具特色的"白羊芪山"，创造全国道地黄芪发展的"山地样板"乃至"生态典范"，需要先行先试、大胆创新，以更明确的思路、更精准的举措攻坚克难。一是建设全国山地野生黄芪创新的探索区；二是建设中医药经济政策的先行区；三是建设黄芪接续减贫产业与乡村振兴融合平台。

1. "白羊芪山"野生黄芪生态原产地种源保护与利用工程。

2. "白羊芪山"野生黄芪生态原产地生态修复与水土资源优化工程。

3. "白羊芪山"野生黄芪生态原产地保护与沟域经济建设工程。

4. "白羊芪山"野生黄芪生态原产地水土资源健康与环境监测工程。

5. "白羊芪山"野生黄芪生态原产地与乡村振兴工程。

6. "白羊芪山"野生黄芪生态原产地与精准脱贫可持续发展工程。

7. "白羊芪山"野生黄芪生态原产地中医药健康旅游示范基地工程。

8. 道地药材基地建设工程。

参考文献

[1]吴亮,杜少佳,王毅真.恒山黄芪优质高产的农业气象条件分析[J].科技风,2015(15):115.

[2]侯美利.恒山黄芪种质资源探析[J].农业工程技术,2019,39(14):92-93.

[3]臧荣.恒山黄芪种植技术[J].农业技术与装备,2017(7):64-65.

[4]高四云,李科,熊一峰,等.恒山仿野生黄芪绝对生长年限鉴别及黄酮和皂苷积累规律研究[J].药学学报,2018,53(1):147-154.

山东省平邑县县域经济高质量发展的路径选择

在"十四五"新发展格局背景下,如何推动平邑县县域经济实现高质量发展?如何准确把握时代脉搏,抓住机遇直面挑战,顺应规律主动有为,找到平邑县发展的有效之路?笔者及研究团队在多年沂蒙山区、岱崮地貌、生态名山、接续减贫和生态文明研究的基础上,针对山东省平邑县地域功能、资源禀赋、产业基础、个性打造,提出了争创国家生态文明示范县、国家"两山理论"实践创新基地的科学构想,同时推动平邑国家生态经济示范区、平邑国家中药农业试验区的发展思路,旨在推动平邑县县域经济高质量发展,形成独具平邑特色的生态经济发展高地。

一、县域经济之变局

县域是中国生态文明建设的重要场域,也是决定中国特色生态文明建设成效的重要因素。一旦县域生态环境治理取得重大突破,将对中国生态环境治理做出巨大贡献。县域蕴含着生态文明建设需要的自然资源和文化资源,蕴含着发扬生态文明新文化、新思想、新哲学的潜力。

1. 县域是生态环境治理的主阵地,对中国的碳中和具有独特功能和贡献,是落地"两山理论"、转化生态经济发展的主阵地。

2. 县域蕴含着生态文明建设需要的文化优势和文化资源,将会成为生态文明时代的新文化、新思想、新哲学的发源地。重建城市与乡村的新文化联系。

3. 重建人地循环、城乡新关系的中国特色县域生态文明建设。实现城乡生活与生产互补。

4. 县域生态文明建设是推进乡村振兴的应有之义,是实现高质量发展的必由之路。

5. 县域生态治理是实现"碳达峰"和"碳中和"目标的客观需要,是构建绿色供应链体系破解县域经济绿色发展难题[1]。

二、平邑实践之前瞻

平邑县县域经济发展有着与以往任何时候不同的时代背景,即"四新"加持,就是新时代、新发展阶段、新发展理念和新发展格局。这决定了平邑发展方向、目标、着力点和基调。基于对当前平邑县域经济发展面临的"四新"时代背景认知,县域经济发展的总体思路应当是:立足中国特色社会主新时代,科学把握开启全面建设新发展阶段,以创新、协调、绿色、开放、共享为主要内容的新发展理念,统筹发展与安全,构建具有更高质量、更有效率、更可持续、更为安全的"双循环"新发展格局,体现平邑的时代责任、角色、担当与作为[2]。

结合当前平邑县县域经济发展的新需求,应基于对县域地域识别与演变规律的科学认知,立足于县域地域功能类型和产业发展基础,遵循因地制宜、统筹规划、分类指导、分区推进的指导原则。围绕县域经济发展目标,构建不同功能类型区域的资源整合方式,促进乡村重构。

1. 尊重平邑县县域经济发展的客观规律,主动严控县域发展过程中的风险。

2. 尊重平邑县地域功能客观规律,主动优化发展空间进行城镇和产业布局。

注:本文创作于2022年。

3. 尊重人民美好生活需要和幸福生活需求的客观规律,高品质发展县域经济。

4. 尊重平邑县产业发展客观规律,主动提升特色优势产业的竞争能力。

三、生态创新之视野

深入学习贯彻习近平生态文明思想,坚持人与自然和谐共生,以问题为导向,以创建国家生态文明示范县和国家两山理论实践创新基地为总抓手,以生态产业化和产业生态化为核心,坚持不懈推动平邑县高质量发展。加强示范创建,助推绿色转型。以建设国家生态经济示范区为引领,抓好国家"两山理论"实践创新基地的前期工作。践行"两山理论"转化的根本要求,持续深耕生态经济,培育具有平邑特色的"生态经济",使之成为我国金银花主产区的关键抓手,走深、走实"两山理论"实践创新的平邑路径,推动金银花产业生态化"增动能",为县域发展生态产业化"添活力",保障平邑县生态经济发展行稳致远[3]。

生态发展是平邑县完整、准确、全面贯彻新发展理念,积极融入城乡融合和乡村振兴,推动产业生态化、生态产业化,引领县域经济更高质量、更有效率、更可持续发展,力争在我国金银花主产区生态经济建设中争当"领跑生"。提升平邑县治理效能,筑牢地域生态本底。坚持山水林田湖花一体化保护和系统治理,为沂蒙山区筑牢蒙山生态屏障和山东绿心建设做出平邑贡献[4]。

紧盯国家生态文明示范县和国家两山理论实践创新基地创建目标为"起点",吹响"冲锋号"。并把此作为重大政治任务,通过原原本本学、带头示范干、融会贯通做,迅速掀起"生态经济"新热潮,切实将"两山理论"转化为生态经济动力,确保有关决策部署在平邑落地落实。

紧跟新焦点,答好民生卷,既注重"当下"又结合"长久",紧扣县域经济绿色转型的"热点",争做"排头兵"。聚焦碳达峰碳中和目标,紧扣减污降碳、建设国家生态经济示范区(道地生态农业示范区),围绕平邑未来五年发展思路,绘好"时间表"、制定"任务书",在推动高质量发展中开创新局。

1. 落实国家生态文明示范县和国家两山理论实践创新基地的落地路径,确保实施的持续性。

2. 从县域层面完善工作机制,加强组织动员和推进实施,加快形成全域生态文明建设与高质量发展的良好局面。

3. 积极对接国家战略,制定好国家生态文明示范县和国家两山理论实践创新基地创建的顶层设计,细化工作方案,逐项抓好落实,推动实施[5]。

四、平邑发展之谋略

经过全县上下的艰苦努力,平邑经济社会面貌发生了历史性变化,取得了比较显著的成效。如何满足全县人民之期盼,秉承沂蒙之重托,重新明晰生态发展目标、坚定创建信念,确保一个声音响到底、一个目标干到底、一张蓝图绘到底。实施"生态立县、产业强县、文化兴县"战略,是实现平邑县中长期目标的具体举措,也是挖掘平邑优势、推动高质量发展的长远之策。构筑"产业振兴新天地、沂蒙开放新高地、和谐美丽新福地"三大目标。

(一)县域典范

平邑县有责任、有基础、更有优势,打造高质量发展的五个县域典范:

1. 争创生态经济创新驱动高质量发展的县域典范;

2. 争创中药生态农业碳达峰碳中和的县域典范;

3. 争创两山经济创新发展的县域典范；

4. 争创乡村振兴构建新发展格局的县域典范；

5. 争创健康养生优质共享的县域典范。

(二)升级之版

打造"五个平邑"升级版：

1. 建设产业科技联动发展先行区，打造创新平邑升级版；

2. 建设城乡融合发展先行区，打造品质平邑升级版；

3. 建设县域高水平开发先行区，打造活力平邑升级版；

4. 建设生态优势转化先行区，打造美丽平邑升级版；

5. 建设健康养生新高地，打造康养平邑升级版。

五、平邑高质量发展之选择

把生态创建摆上核心位置，全面优化工作推进机制。坚持生态导向，推动体制机制创新。聚焦生态产业和产业生态创新，促进新旧动能转换。突出创新产业，提升主体创新。强化全域识别，夯实生态发展基础。

1. 以国家生态文明示范县，国家两山理论实践创新基地规划为实施路径。

2. 以平邑国家生态经济示范区、平邑国家中药农业试验区为培育路径。

3. 以平邑县现有产业园区和特色优势产业集群为抓手的产业融合路径。

4. 以县域"三生空间"共生和城乡空间融合为载体的空间整合路径。

5. 以现代科学技术、生态修复技术和现代数字技术为支撑的技术路径[6]。

(一)"产业—生态"协同

伴随我国走向以生态文明为主导的高质量发展阶段，如何实现平邑县高质量发展已成为当务之急。坚持以绿色化、生态化为导向的发展取向，构建新发展格局下以城乡融合高质量发展引领乡村振兴为"主体"、以产业振兴和生态振兴为"两翼"驱动县域"产业—生态"协同。一是坚持县域发展自主性和开放性相统一；二是坚持"产业—生态"兴县强县和富民相统一；三是坚持战略性谋划、前瞻性规划和差异化推进相统一；四是坚持深化农村改革与推进县域治理现代化相统一。实施县域发展布局向纵深推进，既要在创建国家生态文明示范县、国家两山理论实践创新基地上重点突破，也要整体推进生态经济示范区，尤其是中药农业试验区的建设，打好县域发展攻坚战和整体战，实现县域经济的突破性发展。

(二)生态经济示范

生态经济的内涵主要是从"绿水青山就是金山银山"角度来界定的，生态就是生产力是生态经济的主要内涵体现。对于生态经济内涵认识，不能仅局限于对"两山理论"的理解，而应该从经济的层面和其目标进行深刻的分析。发展生态经济就是为了寻求切入点和突破口。一是生态经济以地域产品功能为前提；二是生态经济以特色产业集群为核心；三是生态经济以特有地域资源为基础；四是生态经济以特色技术集成为支撑。

(三)中医生态农业试验

中医生态农业强调人与自然的和谐共生、低碳循环发展、生态环保、资源节约、产能高效的发展方式，助推金银花产业现代化和破解金银花产业发展难题，引领金银花生产与市场消费需求绿色化，带动传统农业经营方式转型升级，探索和构建产出高效、产品安全、资源节约、环境友好的中医生态农业现代化可持续发展之路,对我国金银花主产区面临的难题具有强烈的针对性和指导性,为平邑县县域经济发展提供了新的发展思路和方向。

中药生态农业是应用生态学原理和生态经济规律,以确保中药材质量和安全为目标,以社会、经济、生态综合效益为指标,结合系统工程方法和现代科学技术,因地制宜地设计、布局、生产和管理中药农业生产的发展模式。中药生态农业是生态文明思想指导下的环境友好型农业,具有低碳特征,在实现"双碳"目标过程中,具有不可替代的优势。平邑金银花生态农业就属于典型的低碳源和高碳汇农业,具备构建中医生态农业试验区的基本条件。

（四）生态碳汇试点

生态碳汇交易是"两山理论"转换、生态产品价值实现的重要途径。平邑县地域生态系统是重要的碳汇农业在提供农产品和工业原料的同时,还发挥着供应生态产品的重要功能。正确评价地域生态系统碳汇强度,制订合理的减排策略对提高地域生态系统的碳中和能力具有重要意义。一是低碳发展是中药生态农业的显著特征。二是中药生态农业在碳中和中具有巨大的潜力。

平邑县要积极打造市场交易环境,筹备碳汇市场,在森林碳汇基础上,探索"多彩碳券"等证券化的碳汇交易形式,全力做好碳汇交易的各项准备[7]。

1. 加强中药生态农业及"双碳"理论和方法研究,为低碳高效发展指明方向。

2. 全面推进中药生产由化学农业向生态农业模式转变,提升碳中和贡献率的综合收益。

3. 探索建立中药生态农业碳汇补偿机制,为中药生态农业持续健康发展提供保障。

4. 加强中药生态农业及"双碳"理论和技术培训,持续提升中药生态农业可持续发展能力[8]。

六、发展思路与建议方案

我们在深入研究生态文明与地域发展的基础上认为,平邑县更有条件打造我国独具特色的、以道地药材金银花为主体的国家生态经济示范区,更具有生态发展的现代特征,代表性更强。对此平邑县要继续干在实处、走在前列、勇立潮头。全力打造国家生态经济示范区,以展示中药生态农业为新目标、新定位和实践范例。平邑县发展生态经济是大势所趋,符合发展实际,完全有资源禀赋,完全有产业优势,一定能走出独具特色的发展道路。

1. 谋定而后动,举全县之力启动《平邑县国家生态文明建设示范县创建规划》与《平邑县国家两山理论实践创新基地创建规划》。

2. 平邑生态经济示范区是全景化、全覆盖,资源优化、空间有序、产品丰富、产业发达的科学系统工程,也是我国首个由学术界提出的特色示范区,具有重要的开创意义和发展前景。为节约经费,把生态经济示范区和中药生态农业试验区纳入创建规划。

3. 全力打造生态经济示范区和中药生态农业试验区。深入挖掘中医药康养文化内涵,利用其得天独厚的资源和产业优势调动投资者的积极性和创造性,建设一批融产、学、研于一体的长寿经济示范基地和现代康养服务聚集区。建议启动专家综合会诊和学术研讨。

参考文献

[1]赵建军.县域生态振兴新路径探索[J].国家治理,2022(4):36-43.

[2]张成明."双循环"新格局下县域经济发展的突围之路[J].当代县域经济,2022(1):12-16.

[3]祁从峰.奋力打造现代化生态经济强县样板[J].群众,2022(1):18-19.

[4]张清.加强生态文明建设 打造绿水青山新名片[N].乐山日报,2022-01-03(001).

[5]杨文学.黄河流域县域高质量发展建议[J].当代县域经济,2022(3):14-17.

[6]翟坤周.新发展格局下乡村"产业—生态"协同振兴进路——基于县域治理分析框架[J].理论与改革,2021(3):40-55.

[7]李双成.生态碳汇市场刍议[J].当代贵州,2022(1):79.

[8]郭兰萍,蒋靖怡,张小波,等.中药生态农业服务碳达峰和碳中和的贡献及策略[J].中国中药杂志,2022,47(1):1-6.

大同市云州区黄花产业发展的创新路径研究

（一）云州

1. 建立了黄花产业联盟的区域合作平台。
2. 确认了黄花由蔬菜向黄花产业的提升。
3. 确认了云州黄花的"火山黄花"定位。
4. 云州火山黄花作为优势农产品和优势农业产区，得到了山西省的确认。
5. 云州黄花作为大同市"三黄"产业的"领头羊"取得成功。
6. 云州黄花产业为云州区精准脱贫做出了重要贡献。
7. 云州区"国际健康养生基地"品牌和"火山黄花"品牌正在走向融合之中。
8. 黄花产业与农业、文化、旅游融合的态势日趋明显。
9. "黄花产业＋国际健康养生基地"形成的健康城市和健康产业指日可待。

（二）展望与期待

1. 充分利用黄花产业联盟的优势，让区域合作由务虚走向务实，进一步地探讨区域合作的体制与机制，共商黄花产业发展大计，并通过各种争取方式，得到国家的认可和支持。
2. 进一步探索黄花产区、黄花产业的地域识别，包括种植，加工、市场营销和品牌培育。
3. 明确各黄花主要产区与国家大健康产业的深入融合途径。
4. 深入探讨黄花产业与文化、旅游融合发展的路径。
5. 深入探讨黄花产业与健康城市、健康产业的协调发展。

（三）从五个维度探讨黄花产业发展问题

黄花产业发展动力如何转变、发展模式如何创新、发展水平如何提升是本次论坛探讨的核心。

1. 在创新维度上，要释放黄花产业要素活力
（1）加快黄花种植、加工技术创新。
（2）激活黄花产业文化创新活力。
（3）增强黄花产业科技创新动能，推动主产区高质量发展。

2. 在区域维度上，加强主产区功能建设
（1）着眼增强黄花产业联盟发展整体性。
（2）推动主产区功能和空间布局同步优化。
（3）主产区文化软实力和经济硬实力相得益彰。

3. 在绿色维度上，优化生产与生活环境
（1）牢固树立人与自然和谐相处的生态观。
（2）完善黄花产业生态制度、维护生态安全、优化生态环境。
（3）黄花产业与中医药农业融合发展，实施绿色循环模式。

4. 在开放维度上，提升国内外竞争优势
（1）抓住精准脱贫发展契机，以合作共赢为原则，提升主产区发展水平。

注：本文创作于 2019 年。

（2）打造黄花产业新品牌，建设主产区形象新窗口。

（3）提高黄花产业的地域识别性，提升国内外竞争优势。

5. 在共享维度上，促进主产区协同发展

（1）共同培育中国黄花品牌。

（2）全力打造各主产区特色功能。

（3）共筑黄花产业联盟，努力把黄花产业纳入国家优势农产品和优势农业产区。

一、推出"健康养生·云州造"

什么叫大健康？大健康是围绕人的衣食住行和生老病死的全生命过程，追求的不是个体的"小健康"，而是精神、心理、生理、社会、环境、道德方面的"大健康"。一是与健康管理融合；二是与医学护理融合；三是与康复智能融合；四是与养老养生融合[1]。

（一）谁抓住大健康产业，谁就抓住了未来

借助"第二届黄花产业论坛"的主场之利，依托云州区"资源禀赋、区位优势、产业基础、政策配套"等四大支撑发展大健康产业，对标全市一流，科学编制大健康产业发展规划，量身定制大健康扶持政策，携手企业设立大健康产业基金，为云州区的大健康发展扬优成势、全面起势[2]。

大健康是指根据时代发展要求、人类疾病谱改变和人类社会需求而提出的一种健康管理理念。它主要倡导人们在日常生活、工作和学习中注意各种影响人类健康的因素，并从生理、心理、社会、道德等多方面追求一种更加健康的生活方式[3]。

1. 人口老龄化是大健康产业产生的内因。

2. 市场需求和政策扶持是大健康产业产生的外因。

3. 健康中国发展战略为大健康产业发展指明了方向。

4. 充分发挥黄花产业独特优势，强力打造大健康特色产业。

5. 以创新服务为重点，构建大健康产业体系。

6. 深化黄花产业引智模式，转变以黄花产业为主体的中医药成果转化方式。

7. 搭建黄花产业传播平台，启动国内外黄花产业拓展工程。

8. 借力大健康产业建设，发展健康养生旅游产业。

（二）"健康养生·云州造"解析

随着健康中国成为国家战略，云州应充分认识到自身发展大健康产业的优势、劣势、机遇和挑战，扬长避短，走融合发展、特色发展、创新驱动的发展路径，"医、药、养、食、游"均衡发展，在大健康产业竞争中脱颖而出。

1. "药医养食游"五大产业融合

推进医疗服务业、养生产业、旅游产业相互融合。发挥云州生态优势，探索养生旅游发展新模式。将中医保健与养生养老文化融合对接，发展康复疗养等新兴产业。

（1）把健康养生产业培育成云州区国民经济的重要支柱产业。

（2）建立互联互通的服务网络，形成"健康养生＋"产业链条。

（3）依托黄花产业，促进长寿与健康养生等产业融合发展。

（4）将中医药和传统养生文化融入云州区康养项目引资之中。

（5）合理开发利用黄花产业和保护火山田园资源[4]。

2. 健康产业与健康城市深度融合

健康产业和健康城市是有机整体，不可分割，"产""城"协同发展，产业依附于城市，城市服务于产业。云州区应进一步培育商业和商务中心，构筑宜业宜居的发展格局。

（1）有计划分阶段推进，构建政用产学研协同创新体系。

（2）适度集聚大健康产业，打造云州区大健康城。

二、推出"长寿云品 健康共享"

围绕大健康产业发展，立足多样化、多层次的市场需求，首先围绕黄花、蔬菜、畜禽等特色产品，进一步优化"云品"结构，加大"长寿云品"宣传力度，提升云州品牌形象；其次借助黄花产品的深度加工，注重从原料生产向维生素类、矿物质类和多维类营养保健品制剂延伸；再次围绕健康保健、食疗养生，充分挖掘云州特产资源和饮食文化特色，挖掘具有健康、养生"食疗"产品。

1. 发挥"长寿云品"资源组合、特色产业基础两种优势，加快构建云州区大健康全产业链

以加快构建"医、养、健、管、游、食、＋N"大健康全产业链为抓手，合理配置资源，做强健康养生产业、做精黄花产业、做优健康养老产业、做亮健康休闲产业、做特健康旅游产业、做大健康药食产业，提升大健康产业盈利和抗风险能力。

2. 实施黄花与康养产业联动、融合发展两大路径，推动形成融合型健康产业新体系

推动大健康产业与大扶贫、大数据、大生态、大旅游融合发展，推动云州大健康产业尽快形成融合型产业新体系。构建大扶贫与大健康产业联动新模式，推进黄花种植和农旅结合、药旅结合型产业扶贫，完善中药材、农产品种植。

3. 立足"集聚黄花态势、火山特色"两大基础，引导实现区域质量水平整体跃升

根据云州区黄花产业的集聚态势和火山特色，推动黄花产业核心区统领、产业带集聚、功能区支撑的空间发展形态。高起点建设以黄花产业种植加工、健康养生养老、科技示范等于一体的大健康产业，促进黄花产业带集聚发展。

（四）培育"长寿云品"，地域特色两大优势，实施健康共享

未来云州区要围绕打造一流"长寿云品"要求，统筹谋划黄花产业发展，着力打造大平台、新载体、大产业，以科技进步和全产业链整合创新为引擎[5]。

1. 通过集中有限的资金、成熟技术集成转化、要素集中聚合及模式创新，实现生产稳定发展，产销衔接顺畅，质量安全可靠，促进黄花产业发展方式转变和产业升级，加快黄花产业发展进程。

2. 根据云州黄花产业优势特征、技术水平、市场需求，指导、推动黄花企业制定、修订产品和服务执行标准，加快黄花标准转化运用，提升国内外标准一致性程度，促进云州黄花优势特色产业迈向国内外价值链中高端。

3. 可赏、可食、可养的黄花产业是展现云州形象的一张亮丽名片，也是云州打造国际一流"长寿食品牌"的重要组成部分。

（1）以现代黄花主要种植区为重点，从分散转为集约化、规模化种植；

（2）引进顺丰、京东等大型企业集团进驻，破解冷链物流瓶颈，以完善的"云品"物流冷链体系实现全产业链效益的整体提升；

（3）以建立健康长寿养生高效示范区为重点，加快产业的绿色有机化进程；

（4）以打造黄花产业的知名品牌和展会品牌为核心，不断提升"云品"的市场影响力，推动

云州黄花产业品牌化发展；

（5）加大黄花新优产品的研发和知识产权保护力度，以科技创新增加产业的核心竞争力；

（6）培养龙头企业、黄花合作社，以及种植大户、中小型企业，让禹亩黄花产业更上一个台阶；

（7）让火山黄花惊艳世界、特色"云花"自然之味、优良"云花"臻享有机。

三、推出健康云州"大讲堂"

没有全民健康，就是没有全面小康。悠悠万事，健康为大。于民，健康是立身之本；于国，健康是立国之基；于民族，健康是复兴之要。党的十八大以来，以习近平同志为核心的党中央以国家长远发展为基点，以民族复兴为目标，吹响了建设"健康中国"的时代强音[6]。

健康云州"大讲堂"以融合推进"大健康"发展为宗旨，旨在打造大同市最具权威性和影响力的健康养生交流平台，以增强健康发展氛围，提升养生水平，为健康云州建设夯实基础。"大讲堂"不仅能提升云州区在大健康领域的影响力，也为黄花产业发展与大健康产业搭建了一条沟通的桥梁。

1. 顺应时代、定位准确，契合国家政策和趋势

"健康云州"的提出，不仅要靠药医养食游的"小处方"，更要靠社会各界共建共享"大联动"。利用全媒体传播渠道，不断创新发展内容，全方位、多形态满足健康发展需求。"大讲堂"是大同市首个由智库发起的大健康领域融合项目，在全市乃至全省范围都属开创先河之作。

2. 高起点、高水准，引领健康风向标

"大讲堂"要吸引专家学者的加盟，让"大讲堂"呈现出绝对的高规格、高层次与权威性。打造大同市最具权威性和影响力的健康养生交流平台，高水准地构建"大讲堂"，使"大讲堂"成为真正的品牌，其影响力要远远超出大健康领域的范畴。

3. 新价值、新内涵，新外延的新展望

笔者提出"健康云州大讲堂"旨在全社会建立起牢固、持久的合作关系，并建立大健康产业数据库。对于提高在新形势下的健康竞争力，推动云州大健康产业更快更好发展，有着重要的意义。

四、推出"中国（云州）黄花诗歌节"

诗歌是中国文学历史上一颗穿越千年的恒星，在漫长的历史中熠熠发光，它们跨越时空，陶冶了一代又一代中国人的情操，这是我们的瑰宝，也是我们的根脉。涉及一首首的诗词歌赋，让人们感受到作为中华儿女的自豪与自信[7]。

（一）"黄花诗歌节"文化价值

古人云：杜康能解闷，萱草（黄花）可忘忧。为宣传火山黄花，弘扬云州黄花诗歌文化，传承诗歌家国情怀，文人志士在云州聚集，以文会友，以诗传情。笔者建议云州区推出"中国黄花诗词大会"，向国内外展示古今黄花诗歌生生不息的文化魅力和人文精神，让诗歌成为云州区最独特的气质。用黄花节庆活动、论坛、诗词大会一直与人们相伴，让文化传承有筋骨、有诗意、有温度，焕发全新生命力。

（二）"黄花诗歌节"传播功能

"黄花诗歌节"的打造，是云州区打造特色文化品牌、推动文旅融合发展的创新之举，更是

大同市涵养大同文化、发展大同文化，推动乡村文化振兴生动实践的现实缩影。未来，云州区将以黄花诗歌文化为代表的本土特色文化的物化、活化和品牌化为重点，着力打造云州文化的核心展示基地[8]。

（三）"黄花诗歌节"发展内涵

云州是一座有诗意的城市，让诗走进民间，有了烟火气，如花开一般，都可以绽放出诗来。一是继承与发展，文人志士塑造黄花诗歌情怀；二是繁荣与蜕变，云州也是花州，云州黄花文化，是文化、农业与旅游产业融合的"结晶"，推动着旅游和特色效益农业的发展；三是创新与实践，黄花诗歌成为云州区城市基因，真正让诗与云州一起走向远方。

参考文献

[1]刘志峰.以大健康理念带动养老地产发展[J].城市开发，2018(22)：46-48.

[2]龙阳湖论"健"助推高质量"健康生活·汉阳造"[J].中国产经，2019(4)：88.

[3]马勤阁，魏荣锐.新时代下中医药大健康产业创新发展模式探析[J].科技广场，2018(1)：37-42.

[4]湖北省政协月度专题协商会主题：发挥生态资源优势 发展健康养生产业[J].湖北政协，2019(2)：18-19.

[5]钱超.全域旅游视野下的健康养生旅游产业发展策略分析[J].旅游纵览(下半月)，2019(10)：20，22.

[6]马琨.贵州大健康产业发展路径研究[J].贵州商学院学报，2018，31(3)：1-7.

[7]程前昌.大健康产业的发展与优化——以贵州省为例[J].西部经济管理论坛，2019，30(3)：12-18.

[8]中共都江堰市委宣传部.创新发展天府文化 打响田园诗歌品牌[J].先锋，2018(6)：66-67.

大同火山群与黄花产业构建的地域识别

（一）参天之木，必有其根；怀山之水，必有其源

云州区已经与黄花融为一体，看到了火山群，就想起了黄花，看到了黄花，就想起了云州区。

1. 我希望云州区是一株萱草，像母亲那样具有博大宽广的胸怀；

2. 我希望云州区是一株忘忧草，让那里的人们没有忧愁，永远处在欢乐之中；

3. 我希望云州区是一朵金灿灿的黄花，奉献着自己，美化着人类家园。

（二）黄花丰收节既要"国际范"，也要"云州味"

在云州人看来，这是充满创意和建设性的"混搭"：实现黄花菜传统一产、二产、三产转型升级、互融互通和功能互补，达到"1＋1＋1＞3"的效果。这就是今天论坛主题。

1. 一座县城，因砥砺奋进而沧桑巨变，在大同转型发展史上写下耀眼篇章。

2. 一种理念，因高瞻远瞩而历久弥新，成为区域发展创新道路上的重要路标。

3. 一条路线，清晰可见改革开放的天时，凭山临水的地利，汇聚起云州"由县到区、从贫到富、由弱到强"跨越的澎湃力量。

一、丰收节里说黄花

1. 我国是世界上唯一黄花菜原产地，享有"四大素山珍"之一的美称。

2. 黄花产业国际市场需求旺盛，被欧洲人称为21世纪生活的新潮食品。

3. 我国黄花菜主要产区（山西大同市云州区、宁夏盐池县、甘肃庆城县、湖南祁东县、四川渠县、河南淮阳县），可谓是"百花齐放，百家争鸣"。

4. 我国黄花主产区，唯有云州区黄花菜产自大同火山群的火山田园，是名副其实的"火山黄花"。

5. 云州区黄花种植已有600年历史。从清朝开始就享有"黄花之乡"的盛名，历史上一直是进贡皇家御用的滋补贡品[1]。

二、火山黄花话云州

1. 云州区刚刚完成撤县设区，是大同市同城发展和产城一体化发展的核心区。

2. 云州区是我国唯一获得国际权威机构（国际地理联合会健康与环境专业委员会）命名的"国际健康养生基地"。

3. 黄花是云州区"一县一业"的主导产业，种植规模已达15万亩。

4. "大同黄花"通过国家商标局的原产地商标认证。

5. "大同黄花"通过农业部"三品一标"认证。

6. "大同黄花"通过国家标准化管理委员会认证，纳入"黄花种植和加工农业标准化示范创建区"和"国家黄花出口质量安全示范区"。

7. "大同黄花"2017年被评为"中国百强农产品区域公用品牌"。

注：本文创作于2017年。

三、黄花从蔬菜种植业提升为黄花产业

通过分析黄花菜一二三产业现状和发展方向,从产品特性、消费者、产业者层面探讨黄花菜,实现一二三产业融合发展均具有可行性和可操作性。

黄花菜具有串联一二三产业的优良属性,通过发展黄花菜种植、旅游、休闲、加工、贸易、服务等产业,构建新型黄花产业形态,促进农业经营主体发展,推进农业供给侧结构性改革,实现黄花菜产业升级,搭建产业创新平台,推进火山黄花品牌建设,加快建立现代黄花产业体系,将促进黄花产业发展和农业、农民、企业实现双赢,构建起黄花大产业[2]。

1. 黄花产业实现一二三产业融合发展的可行性

一二三产业融合发展旨在以黄花为基本依托,通过产业联动、产业集聚、技术渗透、体制创新等方式,将资本、技术以及资源要素进行跨界集约化配置,使农业生产、农产品加工和销售、餐饮、休闲以及其他服务业有机地整合在一起,使得一二三产业之间紧密相连、协同发展,最终实现农业产业链延伸、产业范围扩展和农民增加收入[3]。

2. 黄花产业规模种植大多围绕加工业而切入与突破

黄花产业规模化种植必须依托于加工企业的生产能力,实行订单式种植,并且设计切实可行的错期种植,以避开采收高峰导致的企业加工能力瓶颈。因此黄花产业种植业本身就具备串联第二产业,发展产业链条的能力。

3. 黄花产业产品个性与企业市场操作能力逐渐增强

黄花产业产品个性与企业的市场操作能力表现在对于种植、加工、销售、服务等产业链条的衔接,规范化的生产能够增进消费者的选择欲望。企业服务宣传意识增强,将与消费者建立良好的接触、服务关系,对稳定消费群体和关注群体和进一步深度拓展业务内容奠定基础。

四、黄花产业发展创新路径

通过黄花产业融合发展,细分产业格局,强化产业利益联结,从根本上提高黄花产业融合水平,实现黄花产业跨越式发展。

1. 龙头企业是黄花一二三次产业融合主体

龙头企业经营理念新,生产经营能力强,是推进黄花一二三产业融合发展的主力军。龙头企业应该强化产业融合的顶层设计,联合新型农业合作组织、产业链企业,培育火山田园特色的黄花产业园区或黄花产业化集群,形成主导产业、衍生产业、配套产业层次有序、分工协作、网络链接新格局。

2. 配套财政资金引导社会资金参与

(1)发挥财政资金引导作用,广泛吸收社会资金,建立以财政、信贷、企业、农户共同投入的多元化投入机制,并进行惠农政策和农村相关基础设施建设资金的有效对接和整合,支持产业间联结的重要环节,对产业融合中相对薄弱环节和弱势群体给予政策支持。

(2)对现行专项资金进行梳理分类,减少资金重复交叉现象,将不同层面、不同渠道的涉农资金捆绑起来,统筹使用。

(3)采取以奖代投、以奖代补、以物代资、先建后补、贷款贴息等方式,支持农民以土地、资金入股,采取合资、合作、合伙等多种形式直接投资创办农产品加工企业,并带动社会资金投入。

3. 黄花种植业在供应优质原料于第二产业的同时,注重发展健康养生农业

黄花种植业已经摆脱了传统产业类型的束缚,兼具了"接二连三"形态。对于种植业来说

必须以黄花的生长、产品属性为立足点,开展黄花产业采摘游、休闲游、品尝游,培育消费者对于产品的认知和体验,增强消费者的品牌忠诚度[4]。

4. 第二产业应深化产品布局,建设开放型生产模式

与黄花种植业相似,第二产业(加工业)应注重发展开放型生产模式,专门设置产品加工参观走廊,方便消费者了解产品的生产流程,增强对产品质量安全的信心。同时也要与休闲农业相衔接,导引消费者自觉进入"一朵黄花的旅程"话题,促进消费者形成从播种、管理、采收、加工、销售、餐桌的产品链概念[5]。

5. 第三产业以康养体验和"互联网＋"联结种植与加工

黄花产业融合,服务业(康养体验)并不是完全独立于一二产业而存在,而是既贯穿于一二产业过程中,同时又应该形成自己的独特地位。一二产业的休闲游和认知游中发生的吃、住、行、游、购、娱都是第三产业的重要形式,是一二产业的延伸、强化和联结,并为其创造新的价值和利益,赋予产业全新的多元化发展形象。

五、黄花产业发展对策

1. 完善黄花产业形象,提升黄花文化内涵

参与国内、国际各类展会、全球范围内征集广告语、航班免费赠黄花,增加品牌美誉度和影响力。充分调动企业、合作社等经营主体黄花品牌化的积极性,环绕文化建设,开展义卖助学和捐赠等公益活动,并面向全国征集包装箱设计,发展黄花产业独具地域特色的节庆活动和发展论坛。

2. 加强政府引导功能,营造社会发展氛围

将黄花作为富民强民工程,增强支持引导,促进标准化示范基地的建设和先进实用技术的应用。施展财政资金的杠杆作用,激发社会资金投入和经营主体打造品牌的积极性。建立火山黄花地域特色农业的社会组织,参与制定本地区特色农业品牌发展各项规章制度,推动地域农业品牌化进程。

3. 立足云州自身优势,提升黄花产品品质

品质是品牌的核心和基础。保护火山黄花地域特色农产品的传统优势,与国内科研院所和高校联合开展科技攻关,攻克农产品技术难题,选育优良品种,为地域特色农产品更新换代提供充足的品种储备,力求在高产的同时保持较高的产品品质。

4. 加大黄花产业联盟市场宣传,推广地域品牌文化

黄花产业品牌化进程包括品牌宣传、市场推广和消费引导等内容,黄花产业联盟是将黄花产品优势转变为市场优势的有效措施。利用联盟所在区域的媒体宣传黄花品牌,并积极向互联网等新媒体宣传方式靠拢。

5. 健全黄花产业联盟监管机制,护卫黄花品牌权益

注册、认定的品牌是相应主体独立拥有的重要资产,应该受到法律的护卫。健全黄花品牌监管机制,指导农业品牌商标所有权人对自身商标实行自我保护;建立动态跟踪管理机制,防止商标和域名的恶意抢注。

6. 创新黄花产业业态,促进一二三产业融合

随着电子商务的不断成长,品牌化、网络化相对传统商业模式将具有绝对性优势,网络化销售的便捷性弥补了黄花品牌传统销售渠道单一和营销过程复杂的不足。云州区作为火山黄花大区也将不可避免地迈出这时代性的一步。建设具有现代化特色的火山黄花地域农业品

牌,发挥集散型农业优势,利用现有农产品的影响力带动当地特色农业发展。

六、黄花产业文化创意

1. 定位黄花产业文化主题

黄花产业是一种表达地域文化的媒介,充分挖掘火山黄花的历史人文、传统手工艺、特色服饰、生活习俗以及建筑元素等文化资源,这些主题包括生态、民俗、艺术、饮食、科技等不同的文化主题。

2. 提炼人文景观符号

提炼火山黄花人文景观符号是将颜色、质感、形体等景观要素的属性抽象或简化成艺术化的符号。这种通过表达对象的特征将复杂的事物变得更加简单生动,有利于人们理解黄花的内涵,也更能丰富人们的精神世界。

(1)提取火山田园地域文化元素

地域文化元素比自然环境元素更抽象,所以应该从人文关怀的角度提取文化元素,总结其文化特点,为黄花产业发展提供文化依据,有利于在黄花产业发展中更好地融入地域文化,让黄花景观与区域环境相协调。

(2)提高火山田园地域识别度

地域文化表现与众不同的形态空间,火山黄花应借鉴本地的传统民俗、历史典故、建筑风格、自然风貌、历史遗迹等,在满足功能的基础上准确把握地域文化特征,形成协调的地域形态空间。

3. 表达火山田园地域文化特色

(1)利用与保留

利用与保留是把火山黄花以最自然的状态展现给人们,同时对火山田园的地形地貌进行原汁原味的保留,增添时间感和人文气息,让游客置身其中,感受浓厚文化气息。

(2)再现与抽象

通过抽象的方式将火山黄花的文化形式更形象具体地表达出来。既体现了原有乡村文化景观的特征,也增强了黄花景观的表现力,更好地表达地域文化。

(3)隐喻与象征

隐喻就是通过景观语言表达来间接传达场所的深层内涵和意义,从而使人们将其作为媒介达到对隐喻主题的认知,将火山黄花文化内涵赋予景观中,以表达真挚的感情和深刻的寓意;或者运用某种具体的事物委婉地将精神文化表达出来。

七、黄花产业联盟定位

以国际化的视野、国家级的标准、开放包容的心态,坚持绿色发展,进一步做精、做美黄花产业,全力推进黄花产业标准化、精细化、信息化和国际化,力争率先建成国家足具特色的黄花产业联盟和山西云州区、宁夏盐池县、甘肃庆城县、湖南祁东县、四川渠县、河南淮阳县六省区域联动的畅达、健康、养生、生态、智慧、文明的国际精品忘忧旅游线路。

八、云州底气何来,前景怎样?

一锤定音,全局盘活。大同黄花丰收节的背后,是黄花产业联盟的宏伟构想,更是跨省区域协调发展视角下的云州大棋局;坚持以富民强民为中心,不断增强人民群众的获得感、幸福感,把人民对美好生活的向往作为奋斗目标。

1. 撤县设区的改革文章越做越活,动力与信心不断迸发。

2. 黄花产业联盟发展文章越做越大,格局与气度不断彰显。

3. 国际健康养生基地创新文章越来越多,动能与引擎不断点燃。

4. 云州智库智慧驱动发展,创新引领未来。

(一)云州始终不忘六个坚持

1. 始终坚持以地域识别与个性打造为改革和发展的根本方向。

2. 始终坚持以市场为导向的特色经济。

3. 始终坚持以生态为统领的绿色发展道路。

4. 始终坚持以唯一性和稀缺性促进市场经济的健康发展。

5. 始终坚持精准扶贫与符合自身条件的最佳方式加快区域发展。

6. 始终坚持专家思想、政府主导、社会主体的引导和服务。

(二)云州科学处理五个关系

1. 处理好有形通道和无形通道的关系。

2. 处理好发展中小企业和大企业之间的关系。

3. 处理好发展高新技术产业和传统产业的关系。

4. 处理好工业化和城市化的关系。

5. 处理好发展市场经济与建设新型服务型政府之间的关系。

(三)祝福云州

建好一座新城,美化一片山群;提升一地黄花,培育一套体系;形成一批龙头,树立一个品牌;带动一项产业,致富一方百姓。

1. 建议云州区委、区政府积极向中国老年学与老年医学学会长寿发展研究院申报和创建长寿发展研究基地。

2. 建议黄花产业联盟推出我国首条"联盟六省忘忧旅游黄金路线"。

参考文献

[1]郭淑宏.大同县黄花菜种质资源与传统栽培技术[J].山西农经,2017(1):50,58..

[2]王艳,张海丽,许腾,等.黄花菜不同品种及不同部位营养与功能成分差异性研究[J].食品科技,2017,42(6):68-71.

[3]朱旭,孙静,张传瑜.山西省大同县黄花菜产业现状存在问题及对策[J].农业与技术,2016,36(15):146-148.

[4]康华.大同黄花菜高产栽培技术[J].农业技术与装备,2017(3):53-55.

[5]焦东.大同黄花菜的栽培与采摘加工技术[J].农业技术与装备,2013(16):39-40,42.

广灵县峪口小米的地域特色价值与生态高质量发展典型研究

一、从我国四大名米说起

中国四大名米,指的是山西沁州的黄小米、山东金乡县的金米、章丘县的龙山米、河北蔚县的桃花米。这些小米之所以出名,既与他们的品质和生产地域有关,更与皇家的赞赏相连。

(一)山西省沁县"沁州黄"小米

沁县,古称沁州,地处山西省晋东南,位于太行山和太岳两山之间,位于东经112°28′—112°54′,北纬36°26′—36°59′,平均海拔1000米,年平均气温8.9℃,全年无霜期167天,年平均降雨量为606毫米,属于暖温带大陆性气候,素有"一疙瘩好土"之称,土壤以褐土和草甸土为主。

清康熙年间,"沁州黄"小米定为贡米。1919年(民国八年)首次参加印度国际博览会荣获金奖。1986年在石家庄中国作物学会谷子专业委员会成立大会上荣获"全国最佳小米",同时确定"沁州黄"小米为衡量全国各种小米优劣的标准[1]。

1. 沁县地处太行山深处,万峰环列,气候早寒,特别适宜于谷子的生长发育,也正是源于这特殊的地理、气候和土质,"沁州黄"小米才谷香味浓,植物脂肪、可溶性糖类、粗纤维、蛋白质含量均高于普通小米、大米。

2. "沁州黄"小米是一个特殊品种,主要产于沁县次村乡檀山、王朝、石料、钞沟、东庄等十多个自然村,核心区面积约2万亩,目前扩展到10万亩。

3. "沁州黄"小米味美甜香,营养价值高。其中脂肪含量高达4.22%,比一般小米高出1.0%~2.5%;可溶性糖类的含量为1.6%;蛋白质、脂肪含量均高于一般大米,面粉;其粗纤维含量则低于其他粮食品种。

4. 2004年,国家市场监督管理总局发布了GB 19503—2004《原产地域产品 沁州黄小米》国家标准,次标准的制定出台,使"沁州黄"小米从引种、栽种、管理、病虫害防治、收割、加工、储藏等每个环节都有了规范化的标准[2]。

(二)山东金乡县"马庙金谷"

马庙镇是全国著名的金谷之乡,自古便被称为"中国四大名米"之一的"马庙金谷"小米(金乡小米)是马庙镇的特产,又称"齐头占金谷",清朝康熙年间被定为贡品御米,为皇家享用。

1. "马庙金谷"小米原产地位于鲁西南黄泛冲积平原,地势平坦,土壤肥沃,适宜谷子生长,地理坐标为东经116°15′—116°22′,北纬35°05′—35°09′,面积2万亩,后拓展到10万亩。

2. "马庙金谷"小米色泽金黄,质黏味香,储存数年米质不变。米汤粘凝透亮,米粒悬而不浮、油而不腻、入口爽滑,具有能多次凝结米油层的特点,俗称"能挑七层皮",史上被称为"十三怪"之一,素有"代参汤"之美称,位居"中国四大名米"之首。

3. "马庙金谷"小米原产地是典型的弱碱性土壤,土层深厚,土质为沙壤,质地较肥沃。据测定,其土壤养分含量为:有机质1.32%、全氮0.075%、全磷0.082%、碱解氮67 ppm[*]、速效

注:本文创作于2020年。

[*] 1ppm=10^{-6}。

磷4 ppm、速效钾 93 ppm,土壤代换量为 18.2 毫克/100 克。土壤物理性状较好,总孔隙度为 60.7%,毛管孔隙度 37.1%,通气孔隙度为 23.1%,田间最大持水量为 8.8%。

4."马庙金谷"小米的气候环境日照充足,夏秋多雨,年平均气温 12~14℃,7 月份最高温平均 23~27℃,年降水量在 600~850 毫米。这些独特的水土品质及优良的气候环境十分适宜谷子的生长发育,是形成"马庙金谷"优良品质得天独厚的自然条件。

5."马庙金谷"小米淀粉含量 66.85%~69.76%,蛋白质含量达 11.2%~13.4%,脂肪含量 4.5%~5.85%,比普通小米高 1%~3%。所含蛋白质、脂肪均高于大米、面粉。人体必需的 8 种氨基酸含量丰富而比例协调,为产妇、幼儿及老人的滋补佳品。

6."马庙金谷"小米具有壮骨、生津、明目、长智、润肠、清热、健脾、养胃、滋阴补肾等医疗功能,为世间补人之物。此小米对高血压、皮肤病、炎症均有一定预防和抑制作用。同时米糠还含有一种抗肿瘤物质,系多糖类化合物,是防治癌症,尤其是消化道癌症的有益食物。

7.2010 年,"马庙金谷"小米通过农业部农产品质量安全中心农产品地理标志登记审查和专家评审,被确认为国家农产品地理标志产品,成为金乡县首批获此称号的特色农产品[3]。

(三)山东章丘市"龙山小米"

"龙山小米"原产地种植历史悠久,距今已有 2000 多年的种植历史。因谷味随生长期长短而增减,故在种植方法上,均为旱田春播。耕前施足农家肥,耙平耱细,谷雨前后下种。

1."龙山小米"原产地地处山前平原,南高北低,地势平坦,土地肥沃,水源充足,物产丰饶,既是中国龙山文化的发祥地,也是中国四大名小米之一。地理坐标为东经 117°10′—117°35′,北纬 36°25′—37°09′,面积 3 万亩。

2."龙山小米"以其香味浓郁、色泽金黄、籽大粒圆、性黏味香的绝佳特点蜚声华夏,自清朝乾隆年间就作为上佳贡品走进宫廷红墙。乾隆帝口谕:"龙山小米"乃上乘佳品,后岁岁朝贡。并赐予"天开寿域"四个大字。

3."龙山小米"色味绝美,是产妇、老人的佳补食品。其蛋白质含量 12.3%、脂肪为 5.6%、粗淀粉为 74.95%、赖氨酸 0.26%,并含有丰富的维生素及多种微量元素。

4."龙山小米"优良品质的形成,与它所处的地理环境和土壤条件是分不开的。其产地龙山一带的土壤为山前洪冲积扇土,土层深厚,土质为黄壤,质地较肥沃,其地理环境和气候条件适宜谷子的生长和发育。

5."龙山小米"土壤养分含量为:有机质 1.32%、全氮 0.075%、全磷 0.082%、碱解氮 67 ppm、速效磷 24 ppm、速效钾 93 ppm,土壤代换量为 18.2 毫克/100 克。土壤物理性状较好,总孔隙度为 60.7%、毛管孔隙度 37.1%、通气孔隙度为 23.1%、田间最大持水量为 28.8%。这也是形成"龙山小米"优良品质和种性的重要条件。

6.2018 年山东省为了实施乡村振兴战略和品牌强省战略,积极推进地理标志产业高质量发展,实现农业新旧动能转换。按照国家和省开展国家标准化工作的部署要求,山东省地理标志产业协会组织召开了"龙山小米"地标产品团体标准评审会,"龙山小米"获批为地理标志产品[4]。

(四)河北蔚县花小米"蔚州贡米"

蔚县古称蔚州,历史上是"燕云十六州"之一,有"京西第一州"之称。其地处太行山,南部为深山、中部为河谷平原、北部为丘陵区,长期以来就是京西著名的"米粮川",地理坐标位于北纬 39°33′—40°12′,东经 114°12′—115°03′[5]。

1."蔚州贡米"原产地位于恒山余脉,由晋入蔚,分南北两支环峙四周,壶流河横贯西东。

气候条件属于东亚大陆性季风气候,中温带亚干旱区,年平均气温 7.0℃,年平均降水量 410 毫米,年平均无霜期 90～137 天,年平均日照时数 2800～2950 小时。光照充足,降雨量少,昼夜温差大,海拔高低悬殊,气候特殊多变,适宜谷物生长。

2. 蔚县最有名的当属桃花小米。桃花小米,又称"九根齐",也叫"蔚州黄",为我国"四大名米"之一,因原产于蔚县桃花镇而得名,已有千余年的栽培历史。清乾隆年间,蔚县桃花小米就用来进贡皇帝,称作"贡米",还被列为四大贡米之一。

3. "蔚州贡米"颗粒大、色黄、味香、黏性大,含糖量高,营养丰富。用它烹制的米饭,黄灿灿、油津津,吃着光滑喷香、黏甜可口、香气浓郁;熬出来的粥色泽金黄,透明发亮,香味扑鼻。

4. "蔚州贡米"蛋白质含量 13.1%、赖氨酸 0.25%、粗脂肪 4.27%,钙、磷、铁、胡萝卜素和维生素 A、A1、B1、B2 等含量也都很丰富,而粗纤维的含量又是几种主要粮食作物中最低的。是产妇、幼儿及老人的营养佳品。

5. 1998 年,"蔚州贡米"原产地被中国绿色食品发展中心认定为"绿色食品";2002 年被认定为"名优农产品"[6]。

二、我国小米产业的黄金时代已经来临

谷子起源于我国,作为五谷之首,在我国农业生产史上发挥了重要的作用,被誉为中华民族的哺育作物。作为我国的特色杂粮作物,谷子具有抗干旱、耐贫瘠、水分利用率高的特点,因此被认为是应对未来水资源短缺的重要战略储备作物。

目前我国谷子年种植面积约 2000 万亩,年总产 150 万吨,主要分布在中国北方 10 个省(区、市),其中河北、山西、内蒙古 3 省(区)占到全国份额的 66.3%。近年来,随着小米等杂粮的营养保健价值的不断发现和南北方人口流动加快,南方市场消费也开始逐步增多。特别是随着消费升级和对主食多样化、保健性需求的提升,杂粮市场越来越受到市场的关注,小米也越来越受到关注。

随着人们生活水平的提高,膳食结构多样性的需求,对食品营养、健康和安全的逐步重视,社会和市场对谷子的需求逐步增大,以谷子为主的杂粮越来越成为人们餐桌的必备食品,使得谷子产业又一次面临难得的发展机遇。

1. 小米资源丰富,谷子种植面积和产量均居全球第一位。中国的谷子种植集中在北方干旱及半干旱地区,主要分布在河北、山西、内蒙古、辽宁、吉林、黑龙江、山东、河南等省份。

2. 小米富含多种营养素,不亚于大宗粮食。小米营养非常丰富,富含碳水化合物、蛋白质、脂肪三大营养素和多维生素、矿物质等微量营养物质。

三、山西小米的前世与今生

山西省是较早种植谷子的地区之一,据考古发现,最少已有 5000～6000 年的种植历史。直到今天,山西仍然是我国谷子主产区,拥有和保存品种资源 5000 余份,其中不乏流传广泛的名品,如"沁州黄""东方亮"等品种,这些品种传播过程本身就是一种谷子文化传承。

1. 山西省地处黄土高原,山地和丘陵较多,昼夜温差大,光照充足而且海拔较高,气候生态环境独特,非常适宜谷子的生长,发展优势明显。山西谷子种植面积在 450 万亩左右,是我国春谷区面积最大的省份。作为全国优质小米生产基地,山西省的小米加工业也发展迅速,产品多次荣获各项农博会金奖和名牌产品称号。随着近几年山西省杂粮优势产区战略的实施,谷子种植面积进一步增加,产量不断提高,种植效益逐年提升,市场前景非常看好。

2. 山西省属于半干旱半湿润的温带大陆性气候,由于受内蒙古冬季冷气团的袭击,形成了山西的小气候,一年四季降水较少,主要集中在 6 月至 8 月,年平均降水量为 400～650 毫米。春季播种时,昼夜温差大,有利于谷子蹲苗;夏季短而炎热,有利于谷子的营养生长;秋季短暂,秋高气爽,早晚温差大,有利于谷子灌浆结实及后期成熟。

3. 山西谷子全产业链研发、食品加工工艺,功能农业研究等方面一直走在全国前列。小米主食化品种培育、传统主食的恢复、主食化食品的研发、其他消费途径的拓展迫在眉睫。创造小米新产品,引领市场新发展。以小米深加工产品为主导方向,集良种繁育、基地种植、科研开发、产品加工、市场营销、健康养生于一体的生态原产地产业实验区。

山西小米名扬华夏,素有"杂粮王国的国王"之称。享有如此美誉,主要是因为山西省发展谷子产业具有得天独厚的优势[1]。"山西小米"成为山西省最具影响力的农业区域公用品牌之一。目前山西明确提出要做精杂粮,以开发功能性食品、发展功能农业为主攻方向,给小米产业发展带来新机遇。

1. 地理环境优势。山西省地处黄土高原,属温带气候,南北横跨 6 个纬度,独特的气候、生态类型,成就了山西小米的上佳品质,也决定了山西省谷子从南到北广泛种植的特点。

2. 种质资源优势。山西省谷子种质资源丰富,可达 5000 余份,占到全国的 1/5,其数量之多,全国罕见。

3. 生态品质优势。山西小米营养价值较高,富含蛋白质、脂肪和维生素,包括不饱和脂肪酸及富含镁、铜、锌、硒等多种微量元素,具有清热、清渴、滋阴、补脾肾和肠胃,利小便、治水泻等功效。

4. 特色品种优势。山西谷子品种以其独特的品质而著称,并成为全国各地优质品牌小米加工采用的主要品种,具有广泛影响力。

5. 个性品牌优势。山西小米个性品牌突出,形成了"沁州黄""汾州香""东方亮"诸多品牌,紧随其后"檀山皇""汾珍香""德御""天下谷""河峪""神山""隆化""鲁村""析城山"小米等也是你追我赶,风生水起。

6. 技术集成优势。山西省是我国谷子科学与技术集成的优势区域,其中渗水地膜覆盖技术、谷子全程机械化集成技术的推广,解决了谷子间苗难、除草难、收获难的问题,增产效益显著。

四、大同好粮的"有容乃大"

山西盛产杂粮,是全国优质杂粮"黄金产区",杂粮面积长期稳定在 1500 万亩左右。谷子是山西省的优势杂粮作物,也是我国原产的粮饲兼用作物和营养保健作物,在保持作物多样性、稳定粮食生产和膳食结构改善等方面有着不可或缺的作用。谷子是山西省种植历史最为悠久、分布最为广泛、最具代表性的杂粮,也是山西杂粮的第一大作物。谷子种植面积和产量双双雄居全国之首,2018 年山西省谷子种植面积预计突破 400 万亩[7]。

大同市小杂粮区域多分布边远地区或山区,这些地区环境污染很少,农民很少使用农药、化肥,使其小杂粮品质优良。全市现有耕地 525 万亩,半坡地和山地几乎全部种植有小杂粮,种植面积在 180 万亩,约占耕地的 1/3。

大同市地处黄土高原北部,我国北方农牧交错带,平均海拔 1000 多米,属于温带大陆性季风气候区,年平均温度 3.6～7.5℃,无霜期 120 天左右,年降水 400 毫米左右。由于气候冷凉,昼夜温差大,日照时数长等独特的地理气候条件,非常适宜春播早熟区谷子的种植。

大同地区气候高寒冷凉,以丘陵旱坡地为主,旱地占 70% 以上,四季分明、光照充足、雨热同期、昼夜温差大；尤其地处雁门关农牧交错带，发展有机旱作农业具有独特的地理条件和资源优势。

五、洪冲积扇峪口小米推出及其科学价值

干旱半干旱地区的沟域有两大特性，一是暴涨暴落的水文特性，二是在暴涨时以侵蚀搬运泥沙为主、而在暴落时则以堆积泥沙为主的特性，因而利于在山前洪冲积扇基础上叠加冲积扇，往往形成以扇顶为轴呈辐射状滚动状态[8]。

（一）广灵洪冲积扇

广灵洪冲积扇是一种沉积地貌，其作用是储存上游山区流域内被搬运出流域范围的沉积物，是侵蚀与沉积等地表过程对地貌塑造的产物。洪冲积扇作为区域环境演变的敏感记录器，是多种因素相互控制下的产物：一是沟域基岩性质影响出山口洪冲积扇规模和沉积物组成；二是地质构造活动提供山前区域沉积空间，也影响洪冲积扇形态特征；三是气候变化决定着洪冲积扇沉积层序发育[8]。

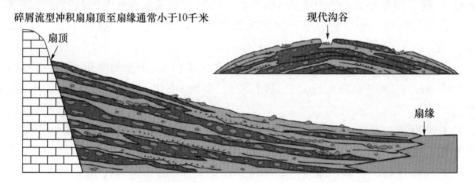

图1 现代沟谷剖面及碎屑流型冲积扇剖面图[8]

（二）沟域物源性质对冲积扇的影响

沟域上游中游基岩的岩性被认为是造成冲积扇规模和沉积层序的关键因素，可直接影响冲积扇的发育过程。

1. 沟域对冲积扇规模的影响。冲积扇源区基岩的岩性被认为是造成冲积扇规模和沉积相的关键因素，可直接影响冲积扇的沉积过程。洪冲积扇的形态大小和沉积过程受水量、泥沙含量和沉积空间等许多因素影响，这些因素最终受上游流域基岩的岩性、构造运动和气候变化控制。

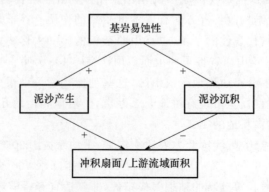

图2 沟域对冲积扇洪规模影响示意图[8]

2. 沟域对冲积扇沉积物组成的影响。沟域不同岩性的基岩对风化的响应有所区别,产生不同的侵蚀和输沙模式。沉积物和水的混合物往往以碎屑流的形式到达冲积扇面,而不是松散的水流,这不仅影响了扇沉积的基本结构,而且会影响冲积扇系统的整体几何结构及其自生动力学。

（三）沟域构造活动对冲积扇发育的影响

构造运动影响山地沟域的风化作用、地形起伏,控制着下游冲积扇的位置、环境和总体几何形状,被认为是冲积扇序列变化的主要控制因素。

构造活动形成了冲积扇沉积的空间。沟域构造活动形成并维持着地形的起伏,山前的沉降有利于冲积扇沉积空间的形成,决定着冲积扇形态和体积,并影响着冲积扇系统的长期迁移速率。

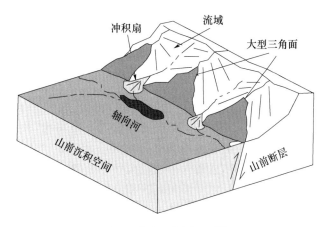

图 3 洪冲积扇剖面图[8]

（四）沟域气候因素对冲积扇发育的影响

沟域气候变化改变了长期降水和沉积物的供应,冲积扇会通过侵蚀或沉积状态的变化来响应,从而导致沉积环境的变化。

沟域降水、温度和植被影响。降水、温度和植被变化影响冲积扇的发育。年平均降雨量会影响地表植被发育、流域水分入渗能力等。单个降水事件的强度和频率对于洪水的发生尤为重要,高强度的雷暴事件在干旱气候中强烈影响着冲积扇的发育。

冲积扇是沟域出山冲积而成,由于沟域出山坡降骤减,导致流速变小和搬运能力的减弱,促使沟域从上中段带来的大量物质在此沉积下来,形成以出山口为顶点向外扩展的三角地带内,统称为冲积扇。

广灵县典型的地貌特征是两山夹一川（南山、北山与壶流河）,其中白羊峪、长江峪、黄龙峪、直峪和墨峪是其主要五条沟域,这五条沟域在出山口形成了五个洪冲积扇（在洪积扇基础上）。这些冲积扇是第四纪以来多期沉积建造的冲积扇复合体,它既是来自沟域上中段泥沙强烈堆积的地貌单元,又是广灵小米的生态原产地。

广灵县洪冲积扇区域地理与气候条件独特,地貌和土壤条件突出,具备多种农牧业产品生产条件,适宜谷物栽培。冲积扇在调节小气候、净化环境、固土保肥和积累营养物质等方面还提供了生态及社会等多种服务功能。因此,洪冲积扇区域不仅可以收获极高的地域经济效益,还可以兼顾社会和生态效益,实现可持续发展,对促进大同小米经济发展具有重要意义。

（五）广灵洪冲积扇地域价值识别

地域价值识别是基于自然本底条件和水土关系状况对地域单元所生产产品的科学认知，只有在对地域价值充分理解的基础上，才能客观、科学地识别地域产品，为地域发展服务。一是地域价值的内涵；二是地域价值的功能；三是地域价值的发生学原理；四是地域价值如何形成，其演化遵循的规律是什么；五是地域价值功能的外延。

地域价值是指一方水土与一方产品关系，确切地讲，是自然地理条件，尤其是水土关系的天然配置。这种条件提供给地域的自然本底功能与人类因生活生产活动需要而赋予的开发利用功能的复合体。因此，地域价值是地域系统独特的属性，是具有强烈的稀缺性特征。

地域价值功能具有随着时空转化而不断变化的基本特征。其类型与空间尺度相关，尺度越小，地域分异规律越明显；同时也与时间尺度相关，随着人类社会的进步，新的地域价值被不断挖掘。

地域价值的具体功能更多地依托自然单元的分异规律展开，如洪冲积扇、自然沟域、特色产业等。

（六）洪冲积扇特色农业与峪口小米

乡村振兴战略将"产业兴旺"放在首位，而发展特色农业是实现"产业兴旺"的重要途径。特色农业协同创新是提升特色农业竞争力的关键。大同小米从品种选择、产业结构和空间布局三大维度考量，发挥区域比较优势，在省内形成最大优势地域特色农业区，对农民增收、精准脱贫可持续发展、农业产业结构升级、农产品市场开拓及区域抗风险能力提升均具有较大的促进作用。

1. 小米兴、产业兴，则县域兴。县域经济的持续健康发展，对提升区域整体经济水平并实现高质量发展具有重要意义，成为推动乡村产业振兴、促进农民增收的有力抓手。

2. 突出区域特色，加强顶层设计，积极探索新模式、新业态，促进县域经济特色化、特色经济产业化、产业经济集群化，做优做强做大特色产业。

3. 要把峪口小米顶层设计落实到县乡和企业及项目，加强组织领导，做到一个特色产业、一套规划、一位县级领导牵头、一班人马、一抓到底，加快特色产业集群跨越提升。

4. 以峪口小米先行示范区和精准脱贫可持续发展示范区与乡村振兴结合为契机，加快构筑地域功能识别的特色农产品优势区的发展基础。

5. 拓宽资金来源渠道，完善农业农村基础设施。强化农业机械化、智能化创新与推广应用，提高小米生产效率。围绕农业农村服务功能的创新拓展，谋划集产品生产、生活休闲和旅游开发为一体的"田园综合体"建设，从农业农村内部积累建设资金。

（1）加快土地流转，使峪口小米经营向规模化、专业化和组织化方向发展；

（2）利用农业智能化，推动峪口小米生产向工厂化、环境可控化方向发展，满足特色农产品生产标准化的要求；

（3）推动峪口小米智能化操作技术与现代物流技术的对接，建立供产销一体化经营模式，完成特色农产品质量追溯体系建设。

6. 围绕峪口小米特色产业链发展，加快农村一二三产业融合。通过先行示范区建设打造数字化特色农业、"峪口小米＋加工业""峪口小米＋康养业"等新业态，形成"接二连三"的特色产业集群。

六、峪口小米农业地域功能与特色农业优势区建设 SWOT[①] 分析

(一)农业地域功能

农业地域功能是农业地理学的重点理论问题之一,也是关乎粮食安全和区域农业可持续发展的重要实践课题[9]。

1. 广灵县沟域洪冲积扇生态保育功能的空间集中度较高,为典型的生态原产地。

2. 洪冲积扇区域特色农业产品供给功能独特,主要分布区域由沟域出山口向河谷壶流河倾斜,形成了一个水土气高度结合特殊区域。

3. 峪口小米供给功能主要集中于冲积扇从扇顶到扇源区域。白羊峪、长江峪、黄龙峪、直峪、墨峪五条沟域共形成五个冲积扇,每个冲积扇面积在1万~2万亩,此乃峪口小米的主产区。

(二)特色农产品优势区

特色农产品优势区是深入推进农业供给侧结构性改革、兴旺乡村优势特色产业、实现农业高质量发展、实施乡村振兴战略等的重要创新举措。

特色农产品优势区是指具有资源禀赋和比较优势,产出品质优良且特色鲜明的农产品,拥有较好产业基础和相对完善的产业链条,带动农民增收能力强的特色农产品产业聚集区。广灵县洪冲积扇区域是典型的广灵小米优势区。

1. 农产品优势区建设为峪口小米特色产业发展带来机遇,更为建立优先发展示范区提供条件。一是可以为峪口小米打造品牌效应,增强市场竞争力;二是可以通过产业集聚获取规模效应;三是有利促进区域特色产业创新,避免区域产业同质化。

2. 农产品优势区建设对于延长峪口小米产业链,推动特色产业融合发展创造条件。实现三个生态原产地有机统一。一是实现峪口小米与野生黄芪的结合;二是实现峪口小米与长寿山泉的结合。

3. 农产品优势区建设对于激励峪口小米产业发展具有重要引领作用和较好的综合效益。一是从大同好粮的地位和发展现状阐述了大同市鼓励特色产业发展的重要性;二是推出了峪口小米,提出了优先发展示范区的科学构想。

(三)特色农业优势区建设 SWOT 分析

近年来,大同市紧紧围绕建设高效生态农业强市和特色精品农业大市主题,坚持"优质、生态、高产、高效、安全"的目标定位,走"小而精、小而美、小而特"的精致农产品发展之路,实施农业"三黄"产业,加快推进主导产业区域化布局及全产业链建设步伐。

1. 优势分析

(1)大同市具有丰富的特色农产品资源优势和生态多样性的地域功能优势。拥有河谷发育的自然环境特点,独特的地理环境和土壤、气候条件,丰富的物种资源,为特色农产品的生产种植提供了独特的环境,孕育了众多极具大同特色的名、特、优产品和具有地方特色的小宗土特产品,成就了市内不同的特色农产品产区。

---

① SWOT(strengths,weaknesses,opportunities,threats)分析:基于内外部竞争环境和竞争条件下的态势分析,将与研究对象密切相关的各种主要内部优势、劣势和外部的机会和威胁等通过调查列举出来,并依照矩阵形式排列,然后用系统分析的思想,把各种因素相互匹配起来加以分析,从中得出一系列相应的结论,而结论通常带有一定的决策性。

（2）大同市具有明显的产业集聚优势。特色农产品区域化发展日趋明显,初步形成了"三黄"(黄芪、黄花、小米)产业的发展格局,形成了各具特点的特色农产品产业区、产业带和产业群。

（3）大同市具有较强的科技服务优势。初步形成了以"三黄"产业为载体,专家团队、示范基地、生产主体(农户)相联结的农业科技推广模式,做到农业信息服务基本实现全覆盖。

（4）大同市特色农产品电商具有先发优势。按照市、县、镇、村"点面结合、多级联动"发展思路,推进农村电子商务建设,搭建市、县两级农村电子商务平台,"互联网＋农业"已逐步走向全域覆盖。

（5）大同市具有高效的体制机制优势。采取政府引导、市场主导、资本运作的办法,积极引导工商资本、民间资本和信贷资金投资"三黄"产业,多元化的农业投入机制正在加快形成。

2. 劣势分析

大同市"三黄"产业仍处于起步阶段,整体发展水平不高,农户分散经营比重依然较高,多数新型经营主体带动能力不强、合作方式较为松散,产业链条较短,农产品交易、仓储、物流等基础设施建设配套滞后于生产发展,采后商品化处理、全程冷链物流水平仍显不足。

（1）大同市"三黄"产业区域发展不均衡较为明显。由于地理位置、自然条件、历史文化背景以及经济基础的差异,不同县域村镇之间发展的差距日趋拉大。发展特色鲜明、拥有众多品牌的区域生产稳定快速发展,带动能力显著。而起步较晚、品牌意识不强的区域差异明显。

（2）大同市品牌建设依然相对滞后。品牌发展缺少统一、系统的规划组织和引导,同类农产品品牌存在相互模仿、恶性竞争现象,缺乏市场定位及品牌所特有的文化内涵,没有自身的品牌特性。

（3）大同市"三黄"产业建设投入相对不足,特色农产品优势区支撑体系建设不足。

1）特色农产品基地建设不强,农田基础设施仍较薄弱;

2）高标准、规模化的特色农产品基地建设不足,集约化、机械化程度不高;

3）防灾减灾能力较弱;

4）农产品交易、仓储、物流等基础设施配套滞后于生产发展;

5）名特优品种研究滞后、新技术储备不足;

6）有的县域小品种多沿用传统的种植方式,一些名特优产品因品种混杂退化、质量下降而面临失去特色和优势的危险;

7）种质资源收集保存亟待加强。

3. 机遇分析

国家"十四五"宏观政策环境持续优化。随着农业农村改革的全面深化、国家粮食安全新战略的全面实施、国家特色农产品优势区的大力创建,为深入推进大同市农业结构调整提供更为宽松的政策环境和资源空间,将有力破解现代农业发展中遇到的各类深层次矛盾和问题,为大同市"三黄"产业发展带来了新的发展机遇。

（1）大同市"三黄"产业发展格局加速形成。发展地域识别功能农业和特色农产品的地缘区位更加凸显,为大同市"三黄"产业特色农产品"走出去"和先进农业要素"引进来"提供更加广阔的空间。

（2）随着特色农产品消费结构持续升级,社会对优质、营养、生态农产品等新业态的消费需求快速增长,特色农产品逐渐从区域性消费向全国性消费转变,从少数群体消费向全民消费转变,"三黄"产业产品市场需求将持续加大,为大同市带来强大拉力。

（3）随着信息技术加速向特色农产品优势发展区渗透，物联网、云计算、大数据、移动互联等现代信息技术加快渗透到"三黄"产业的各个领域，进一步为大同好粮发展注入新的动力。

（4）随着社会资本投资"三黄"产业积极性高涨，工商企业、民间资本对"三黄"产业投入数量日益增多、领域日益广泛，呈现出爆发式增长态势。

1）工商资本开始进入农产品的生产、加工、仓储、物流营销等各个环节，拓展了由传统农业向特色农业转变的全新途径。

2）通过政府有力引导和高起点开发及高技术嫁接，致力发展高品位"三黄"产品，为大同市特色农产品优势区建设及发展注入新生力量。

4. 挑战分析

独特的冷凉条件促使资源环境约束持续加剧，致使大同市的"三黄"产业以地域性的片区发展为主，从水土气的结合条件来看，大区域规模化生产难以成立，某些区域过度地开发利用，耕地质量持续下滑，水资源区域性、结构性缺乏问题依然突出，农业环境污染短期内难以整治消除，农产品安全隐患仍然存在。

（1）农业农村劳动力素质整体下降，大量农村青壮年劳动力、受教育程度相对较高的劳动力向非农产业转移，老、弱、妇、幼成为农村留守的主要人口构成，导致综合素质相对较高的劳动力以及农忙季节、区域性用工短缺问题日趋突出，农业劳动力呈现结构失衡的特征。

（2）"三黄"产业产品价格调控难度加大，随着土地租金、劳动力成本快速增长，农业生产要素价格也不断上升，土地流转难度加大，农业投入成本呈现持续走高态势。

（3）"三黄"产业产品市场竞争日益激烈，既面临周边地区和其他省份同质产品竞争，市场风险加大；又面临特色农产品价格容易波动的影响，农业生产的经济效益不够稳定，将对大同市"三黄"产品发展造成极大威胁。

5. 对策措施

特色农产品优势区建设是一项系统性工程，需要政府、市场和农户等主体共同参与，对优势区实行政策倾斜，加快科技创新，培育经营主体，开拓国内外市场，提高质量和标准。

（1）启动大同小米（峪口）发展规划，建立大同"好粮优先发展示范区"。科学编制大同小米（峪口）发展规划和大同"好粮优先发展示范区"，是推进特色农产品优势区建设的前提基础。营造大农业、大食物氛围，坚持生态优先、绿色发展，充分利用大同市不同县域的资源禀赋和独特的人文底蕴，加快推动与市场需求相适应、与资源禀赋相匹配的现代农业特色产业发展和区域布局。

（2）依托大同"好粮优先发展示范区"财政支持和政策扶持，营造良好发展环境。加大对优先发展示范区政策扶持力度，完善特色农产品优势区用地政策和用地供应保障，以及示范区的生产设施、附属设施和配套设施用地，特别是特色主导产品的加工、仓储、物流等建设，并优先审批，农业用水用电实行优惠政策等。

（3）大同"好粮优先发展示范区"要依托新型经营主体，提高市场竞争力。

1）注重加强新型经营主体培育，抢抓产业关联度大、带动能力强的高能级农业龙头企业的培育，引导和鼓励龙头企业向优势区，特别是示范区聚集，建设大同小米农产品生产、加工、出口基地。

2）注重提高组织化程度，政府创新土地流转引导和服务机制，鼓励、扶持和引导新型经营主体带动农户发展，提供专业服务和生产托管等全程化服务，促进示范区专业化、规模化生产。

3）注重构建市场营销体系，鼓励发展大同小米物流运输、快递配送，探索农批、农超、农社、农校、直销等产销对接服务模式,以委托生产、订单农业等形式形成长期稳定的产销关系。

(4)强化引智功能,推进大同小米科技创新与高质量发展。

1)着力加强技术研发和推广。坚持产学研、农科教紧密结合,重点解决特色种养技术、专用农资、专用机械、病虫害防治、疫病防控、储藏保鲜等关键问题,开展精深加工技术和信息化、智能化、工程化装备研发。

2)着力完善大同小米质量标准体系建设,加快制定和完善大同小米的质量标准、安全生产技术规程、产地环境标准、农产品加工贮运、包装质量标准等一批与优先发展示范区相关的标准。

七、大同好粮(峪口小米)优先发展示范区建设方案

大同市立足资源禀赋和产业基础,充分发挥比较优势,把杂粮产业确立为全市农业的 4 大主导产业之一,全市谷子产业也迎来了难得的发展机遇,龙头企业不断壮大,品牌创建和有机认证方面成效显著。

"广灵小米"多次被选为国家"两会"专供产品,2007 年成为"国家地理标志保护产品"并作为 2008 年北京奥运会专供产品;山西东方物华公司的"东方亮"小米曾获第七届、第九届中国国际农产品交易会金奖,2012 年被国家工商行政管理总局商标局授予"中国驰名商标"。

大同市委市政府以"大同好粮"区域公用品牌为引擎,集中力量做优做强做大杂粮、畜牧、蔬菜、药果四大主导产业,引领农业高质量发展,聚力打造农产品精深加工十大产业集群,加强有机旱作农业和功能农业等技术领域开发研究并取得了显著经济、社会和生态效益。

大同市共有农产品商标品牌 232 个,共有 277 个产品通过"三品一标"认证。为进一步提高功能食品农业的附加值,助力产业脱贫和实施乡村振兴战略,打造了山西省首个市级全品类区域公用品牌"大同好粮",为把本市打造成晋北地区优质杂粮主产区、乌大张区域合作集散地、京津冀优质杂粮供给地奠定了坚实的基础。

1. 专家理念,政府推动,社会主体

市委市政府高度重视科技强农、品牌兴农,及早谋划,本着"政府主导、市场运作、企业参与、协调联动"的原则,秉着做优、做强、做大的理念,突出品牌谋划、政策扶持、示范带动。

2. 地域识别,空间优化,突出特色

充分发挥区域特色及功能农业的示范引领作用,全市划分三大区域:一是大同盆地区域;二是恒山区域;三是西北丘陵区域。

3. 科技先行,名品引领,示范带动

特色产业引领,以"老字号""驰名商标"等为重点,保护老品牌、创建新品牌,开发名优农产品,将优质农产品转化为品牌商品。筹建优势农特产品品牌协会,指导区域公用品牌运营管理。

(一)峪口小米推出意义

1. 指导思想

以"峪口小米"特色产业振兴为根本任务,以生态原产地质量和效益为中心,立足洪冲积扇和沟域资源禀赋和小米产业生产基础,强化创新驱动,完善产业链条,推出独具特色的峪口小米品牌,加速产业聚集和转型升级,培育和发展规模体量大、专业化程度高、延伸配套性好、支撑带动力强的龙头企业,成为广灵县峪口小米高质量发展的主引擎,为新时期全面建设大同"三黄"产业和"大同好粮"提供有力支撑。

以市场对地域农业发展的需求为动力,以政府宏观政策为指导,以知识增值、技术和非技术创新、产业优化升级为目标,在广灵小米自然资源、物质基础、技术条件、市场环境、制度体制和社会文化的共同作用下,发挥其优势。

2. 发展原则

(1)坚持高质量发展与落实地域价值功能新发展理念相结合原则。实现白羊峪、长江峪、黄龙峪、直峪、墨峪五条沟域小米产业布局、产村融合、生态建设等有机结合,推动龙头带动和政策聚焦,各种要素和服务聚集,形成土地节约、资源集约、产业聚集的大同"好粮优先发展示范区"。

(2)坚持突出地域功能特色与广灵小米产业基础相结合原则。突出峪口地域功能识别,明确创建方向、因地制宜、合理布局、协同发展,统一峪口品牌,避免同质化无序竞争。

(3)坚持扶优扶强与精准脱贫可持续发展相结合原则。突出培植主导特色产业和龙头骨干企业,重点培育五条沟域洪冲积扇核心发展区,打造峪口优势产品,推出峪口区域品牌,示范区建设与乡村振兴扶贫可持续发展密切结合,形成优势产业链条,实行项目、基地、扇区、产业整体推进。

(4)坚持协调联动与龙头引领相结合原则。实行市级指导、县级统筹、县级主体的工作机制,推动构建责任协同、上下贯通、落实有力的责任体系,因地制宜、积极作为、分类指导、精准施策,创造性地推动峪口小米产业发展。同时,强化龙头企业带动作用,提升产业配套协作能力,提高中小企业融通发展水平。

3. 发展目标

通过市场引导、政府推进,创新杂粮规模生产经营机制与模式,把千家万户的小生产与千变万化的大市场有效对接起来,让农民共享产业发展增值收益[9]。

(1)先行示范区区域化、规模化发展水平明显提升;

(2)先行示范区种植技术集成化、标准化水平明显提升;

(3)先行示范区绿色有机发展水平明显提升;

(4)先行示范区组织化、产业化经营水平明显提升;

(5)先行示范区品牌化运营水平明显提升;

(6)先行示范区一二三产融合发展水平显著提升。

4. 空间组织

大同好粮优先发展示范区要在大同市委、市政府的指导和支持下,采取系统设计、整体规划、协同推进、分步实施的建设模式。其空间组织为一心、三区、五峪、多组团。

一心:创建大同好粮(峪口小米)优先发展示范区。

三区:峪口小米核心区、峪口小米缓冲区、峪口小米拓展区。

五峪:白羊峪、长江峪、黄龙峪、直峪、墨峪。

多组团:

(1)峪口小米生态原产地与沟域生态文明建设组团;

(2)峪口小米生态原产地与南村镇、加斗乡、作疃乡乡村振兴组团;

(3)峪口小米生态原产地与精准脱贫可持续发展组团;

(4)峪口小米生态原产地与生态旅游及养生组团。

5. 主要任务

培育大同市乃至山西省"大同好粮"(峪口小米)高质量发展先行示范,突出洪冲积扇地域价值特色,强化顶层设计,积极探索小米产业发展新模式、新业态,促进广灵县地域经济特色化、特色经济地域化、产业经济集群化。打造以地域功能识别为主体的峪口小米,并在广灵小米、东方亮小米等基础上统一推出峪口小米品牌,实现中国小米由地名向地域功能的转化,形成特殊水土特殊产品"省级样板"乃至"全国典范"。

(1)实施规划引领,树立规划引导发展理念。启动广灵县洪冲积扇峪口小米地域价值与生态发展规划,树立规划即生产力的发展理念,突出规划对特色产业发展的引领作用,根据区域功能定位和特色产业发展基础,按照布局合理、产业协同、资源节约、生态环保的原则,高端站位,高起点谋划,每个特色产业编制一个发展规划,明确发展目标,理清发展思路,突出工作重点,完善配套措施,为特色产业高质量发展提供指引。抓住新一轮规划修编机遇,推进"多规合一",加强特色产业发展规划与全市经济社会发展规划、土地利用规划、城镇发展规划、环境保护规划等相互衔接,构建有机统一的规划体系。

(2)推动入园聚集。把各类园区作为特色产业发展的主要载体,完善能源供应、给排水、排污综合治理等基础设施,优化营商环境,引导产业向园区聚集,吸引人才、资金、技术等要素向园区流动,实现生产力集中布局、资源要素集约利用、污染物和废弃物集中治理和综合利用、企业经营成本降低的目的,打造特色产业发展新优势。鼓励有条件的园区建设多层标准厂房,支持建设企业孵化器,设立小微企业创业创新基地等,为入园企业提供低成本、一站式、全方位、专业化服务,不断提升特色产业发展承载能力。

(3)实施创新驱动。强化与高等学校、科研机构合作,采取多种形式建立企业技术中心、工业设计中心、技术创新中心等创新平台,引导创新资源向特色产业聚集。实施新一轮技术改造,推进"两化融合""智能制造",加快新产品、新技术开发,全面提升传统产业科技含量和附加值。突出标准引领,推动有条件的特色产业制定团体标准,支持企业主持和参与标准制修订,鼓励企业公开标准严于国家标准、行业标准,推行标准化生产。大力开展工业设计,开发特色产品,以服装、箱包、家具、自行车、灰铸铁炊具、康复辅助器具等为突破口,深入实施"三品"专项行动,提升中高端产品有效供给能力,提高优势产品市场占有率。强化品牌文化建设,举办或对接全国性展会,建设统一产品展示窗口,通过多种形式的展览展示、品牌发布等活动,提升区域品牌影响力,打造地域名片。

(4)扶持龙头骨干企业。每个特色产业选择2~3家产业关联度高、行业优势明显、辐射带动作用大、创新能力强的龙头企业,予以重点支持。鼓励龙头企业通过联合、兼并、股权收购和推进上下游一体化经营等方式提高产业集中度和竞争力,打造行业领军企业。支持有条件的企业开展产业关键共性技术、装备和标准的研发攻关,牵头成立技术创新或产业发展联盟。支持骨干企业开展产品、技术、管理和商业模式等全方位创新,向专业化、精细化、特色化、新颖化方向发展,培育一批"专精特新"中小企业,打造"小巨人"企业。引导龙头骨干企业进行股份制改造,建立现代企业制度,分类对接境内外多层次资本市场,每个县(市)至少培育挂牌上市公司2家,推动直接融资。

(5)推动产业链协同。围绕产业链配置创新链,围绕创新链提升价值链,推进协同研发、协同制造、协同发展。加快建链、延链、补链、强链,大规模开展专业招商、精准招商、产业链招商,每个县(市)力争引进一个世界500强或中国500强企业项目落地,加快培育一批关联性大、带动性强的产业链优势企业,推动传统产业向微笑曲线两端延伸、向中高端跃升、向精深加工迈进、向整机等终端产品进军,推动新兴产业做强做大、跨越发展。围绕供应链整合、创新能力共享、数据应用等关键环节,推广资源开放、能力共享等协同机制,推进专业化协作,提高产品本地化配套率,构建大中小企业融通发展的产业生态。围绕主导产业,推广订单生产,壮大专业市场,加强产供销对接,形成种养殖、加工、销售、物流及其他服务业一体化的产业链体系,打造一二三产业融合发展新格局。

(6)做强服务平台。整合社会资源,重点建设技术研发、工业设计、标准制定、检验检测、信息服务、融资担保、人才培训、商贸流通等专业公共服务平台。推动建设一批技术水平高、服务能力强、辐射带动作用大的综合公共服务平台,引进一批"工业大夫"、组建一批"企业诊所"、对标一批知名企业,满足企业共性技术和服务需求。对规模大、基础好的特色产业,加快建设国家级公共服务示范平台,强化带动作用;对具备一定规模和基础的特色产业,加快建设省级公共服务平台,提升服务水平;对规模小、基础弱的特色产业,加快建设市级公共服务平台,完善服务功能。

6. 保障措施

(1)加强组织领导。成立市级县域特色产业振兴工作领导小组,市长任组长,主管副市长任副组长,市政府分管副秘书长和市工业和信息化、市发展改革委员会、科技、财政、人力资源社会保障、农业农村、商务、市场监督管理、地方金融监管等单位主要负责同志为成员,统一领导和统筹协调全市特色产业振兴工作。领导小组成立工作专班,负责整体情况的协调推动和组织落实。各成员单位按职责分工抓好各项任务落实。

(2)实行领导包联。建立县域特色产业振兴工作市政府领导包联制度,市政府领导包联县域全覆盖。聚焦产业谋划、项目建设和龙头骨干企业发展中的关键问题,出实招、办实事、增信心、解难题,督导协调、精准施策,力促特色产业做优、做强、做大。县域特色产业振兴工作领导小组办公室负责领导包联工作的总协调,明确专人具体负责,整体协调推进包联工作,及时汇总、通报包联工作进展情况。

(3)强化政策扶持。深入贯彻落实国家和山西省已出台的支持县域经济、产业发展等系列政策,用足用好财税、金融、土地等措施。切实加强县域特色产业政策研究,对省级重点支持加快振兴的特色产业,深入一线指导服务,不断完善支持措施,集中发挥政策综合效力。鼓励各市县进行政策创新,聚焦发展壮大特色产业,出台含金量高的政策措施,形成政策配套扶持体系,努力打造更优的营商环境。

(4)开展工作督导。充分利用重点工作大督查机制,实施实地督查、跟踪督查、明察暗访等,对工作开展情况进行督促检查。建立督查考核问责机制,督促工作进度,确保工作效果。

(5)营造舆论氛围。各地要充分利用电视、报刊、网站等各类媒体,全方位、多角度对县域特色产业振兴工作进行宣传报道。及时挖掘一批先进典型,推广一批经验做法,选树一批发展标杆,增强发展信心、展现工作成效,营造特色产业大发展、大振兴的浓厚氛围。对不担当、不作为、慢作为的负面典型予以公开曝光。

7. 重大项目集成

(1)创建"大同好粮"(峪口小米)高质量发展先行示范区项目;

(2)洪冲积扇区域五条沟域生态与环境综合治理项目;

(3)核心区、缓冲区、拓展区水土资源优化配置项目;

(4)峪口小米种质资源的提纯复壮与新品种试验示范项目;

(5)峪口小米种养结合与生态循环建设项目;

(6)峪口小米加工园区建设项目;

(7)峪口小米健康养生体验项目;

（8）峪口小米统一品牌建设项目；

（9）峪口小米与乡村振兴建设项目；

（10）峪口小米与精准脱贫可持续发展基地建设项目；

（11）峪口小米发展论坛项目；

（12）中国小米产业联盟项目。

参考文献

[1]侯向娟,李晋陵,申潞玲.山西省大同市小杂粮的发展现状、问题与对策[J].中国食物与营养,2016,22(8):24-27.

[2]冯永平.山西兴县有机谷子发展优势与高产种植技术要点[J].农业工程技术,2020,40(11):63-64.

[3]娄燕宏,丁汉凤,诸葛玉平,等.山东省谷子产业化发展的制约因素及对策研究[J].中国农业信息,2016(12):31-33.

[4]郑庆伟.北方谷子种植技术方案集成[J].农药市场信息,2018(10):2.

[5]刘斐,刘猛,赵宇,等.河北省山区县域谷子产业发展分析——以武安和蔚县为例[J].安徽农业科学,2016,44(5):239-242.

[6]宋辉,刘欣,杨彦琦.河北省山区绿色名果和生态养殖及旱作杂粮特色产业发展研究[J].统计与管理,2016(3):58-60.

[7]赵军.打造"大同好粮"名品牌的战略路径与思考[J].中国农技推广,2020,36(5):16-17.

[8]武登云,任治坤,吕红华,等.冲积扇形态与沉积特征及其动力学控制因素:进展与展望[J].地球科学进展,2020,35(4):389-403.

[9]陈小良,樊杰,孙威,等.地域功能识别的研究现状与思考[J].地理与地理信息科学,2013,29(2):72-79.

野生黄芪生态原产地保育价值与高质量发展研究

2020 年一场突如其来的新冠肺炎疫情,让中医药在抗击新冠肺炎疫情中发挥出巨大的独一无二的优势与特色,恒山黄芪的关注度也骤然提升,让人们再一次把目光聚焦在恒山黄芪,使恒山黄芪成为名副其实的"中华之宝"。恒山黄芪是典型的"人种天养"型药材,对地形地貌、地理环境、山地土壤、气象等条件要求严苛,浑源、广灵、天镇地域识别、自然禀赋恰恰适宜,形成独特的天生资质[1]。

2014 年 7 月,受广灵县委、县政府特别邀请,由国家中医药管理局副局长、中药协会会长作为领队,包括国家中医药管理局、中国中医科学院、中国中药公司、天津大学药物科学与技术学院、中国中药协会等单位的领导和专家一行九人,对广灵县长江峪、白羊峪黄芪主产区及白羊峪野生黄芪资源保护区进行了为期三天的实地考察,并对原广灵县恒广北芪中药材有限责任公司白羊峪黄芪基地的"道地药材黄芪保护及生产(野生抚育)"进行了全面的科学评估,给予了充分肯定。

2015 年,中国科学院地理科学与资源研究所与大同市人民政府签订了"院地合作"战略协议,科研人员围绕资源型城市转型发展、生态文明建设、精准脱贫、特色产业进行了系统研究。通过对大同市"三黄"产业(黄芪、黄花、小米)栽培历史、资源现状、科研基础以及发展中所存在的问题进行综合研究分析,提出把大同作为"山西省野生黄芪生态原产地保育综合实验区"的科学构想,旨在通过创新驱动,快速促进产业发展,为山西省道地黄芪产业提供示范与经验。

一、野生黄芪的地理学视野

干旱半干旱区山地生态系统是我国北方地区重要的生物栖息地与生物多样性中心,具有水源涵养、防风固沙、土壤保持、科学研究等多种生态服务功能。但是,由于山地生态系统内生的易损性和不稳定性,在全球变化与人类活动的影响下,表现出明显的生态脆弱性特征。因此,如何提高干旱半干旱区山地生态系统的稳定性是保护干旱半干旱区生态资源环境的关键所在[2]。这就需要研究野生黄芪相应的技术方法体系为区域生态系统的有效管理提供指导意见。

野生黄芪属于道地药材,是指经过中医临床长期应用优选出来的,产在特定地域,受到特定生产加工方式影响,较其他地区所产同种药材品质佳、疗效好,具有较高的知名度的药材。一是具有特定的种质;二是产在特定地域;三是特定的生产技术和加工方法;四是品质佳、疗效好,具有较高的知名度。

(一)生态原产地辨析

原产地规则是生态原产地产生的现实基础,产地环境由自然环境和人文环境构成,自然环境如气候、水资源、土壤等物质基础,人文环境是自然环境和社会长期作用下形成的非生态环境,如政治、艺术、科学等。生态原产地评定将土壤、气候这生产需要的必须环境特征作为评价指标的重要内容,因为那些特有的自然环境会影响产品原产地和生态性。

1. 生态原产地概念的"生态",并非单纯意义上产品的自然原生态特质,而是产品存在整

注:本文创作于 2020 年。

个生命周期都具有生态性。

2. 产品全生命周期是指产品生长、原材料提取、生产、加工、制造、包装、储运、使用、废弃处理等过程。

3. 自然环境可能会生产出具有生态特质的初级产品,但成为生态原产地产品还必须通过一系列生态设计。

4. 生态原产地标志代表着货源标记或生态标签,它不仅有象征货源地的特征,也有生态标签的属性。

5. 生态原产地品牌培育既要有发展目标,更要有科学路径。以生态友好产品倡导生态、健康和安全的生产方式、消费模式、生活方式,通过消费者购买行为推动产业担负起保护人类生态环境、可持续发展的责任,已经成为世界潮流。

6. 生态原产地产品是指产品生命周期中符合绿色环保、低碳节能、资源节约要求并具有原产地特征和特性的良好生态型产品[3]。

7. 生态原产地特征是指产品出生、生长、生产、加工、制造以及产品来源地的自然、地理、人文、历史等属性,包括地形地貌、土壤状况、水文资料、气象条件、历史渊源、人文背景、生产工艺和工序、配方等。

8. 生态原产地特性是指产品固有的、与原产地内在关联的品质和特点。

(二)野生黄芪生态原产地定位

1. 生态原产地产品的出现绝非空穴来风,也不是凭空想象,更不是一种形式主义,它带着历史的使命,社会的责任和时代的担当。生态原产地既能推动地区生态经济的产业化进程和保护生态环境,还可以扩大其地区的声誉和体现它的商业价值,更有利于提升原产地品牌形象和市场竞争力。

2. 生态原产地是以产品作为载体。如果"原产地"没有"产品"作为载体,"原产地"就没有了标志性意义。同样,"生态原产地"如果没有产品相依附,其生态性也就失去了指向。

3. 原产地产品是依靠"形象"(称原产地形象)来升华产品,提升档次。原产地形象,是指某原产地产品在消费者心目中树立起的对该产品原产地的生产及营销优劣程度的整体形象的认知。这种形象的形成,既有时间的跨度,又有人为因素的推动,它也是形成"原产地效应"的有力推手。而生态原产地,将以"生态性"来展示产品魅力,以产地的生态性来保证产品的品质。

4. 原产地产品和生态原产地产品从理念来说是具有同宗、同源、同属的特性,但生态原产地产品更具有时代特征和属性[2]。

(三)野生黄芪生态原产地的提出

恒山黄芪生态原产地发展符合中央生态文明建设战略部署和山西省中医药产业培育、精准脱贫可持续发展和乡村振兴的需要[4]。

1. 生态原产地产品发展符合中央生态文明建设战略部署,符合绿色环保、低碳节能、资源节约要求并具有原产地特征和特性的良好生态型产品[5]。

2. 生态原产地产品发展是生态文明建设与精准扶贫协调发展的有效途径,是解决人与自然之间矛盾冲突问题的切入点,也是解决经济欠发达地区、贫困群众和产业发展之间的着力点。

3. 探索生态原产地品牌与生态产业、健康产业相结合精准脱贫新模式。结合大同扶贫工作,重点推动生态原产地发展与产业化、品牌化结合,推出生态原产地发展模式,并将其升级成"大同经验"。重点培育野生黄芪。

4. 实施"生态原产地品牌＋公司＋基地＋农户"或者"生态原产地品牌＋公司＋合作社＋农户"产业化模式。

(四)野生黄芪地域功能识别

为了研究恒山黄芪生态原产地问题,中国科学院专家组就大同市沟域经济发展,特别是广灵县长江峪、白羊峪、圣眷峪三条沟域黄芪种质资源和空间分布规律进行了调查研究。为恒山黄芪生态原产地的提出创造了条件[4]。

1. 独特的海拔

野生黄芪具有典型的海拔识别特征,主要集中分布于海拔 1200～2100 米的白羊峪、长江峪和圣眷峪的芪坡,该区域基本保持了道地产地的特定地域。经过专家组多次考察,广灵野生黄芪自上而下分成三个板块。

(1)野生黄芪共生区,海拔 1800～2100 米,该区面积 3300 亩,是纯粹的野生区域,目前此区域生态除风电的影响外,基本上保持原生态状态。

(2)野生黄芪抚育基地,海拔 1600～1800 米,野生抚育黄芪面积 7500 亩,该区域长期处于野生状态。整体生态状态良好,由于受芪坡坡度影响,容易产生水土流失。

(3)野生黄芪繁育区,海拔 1200～1600 米,该区面积 90000 亩,包括白羊峪、长江峪和圣眷峪三条沟域上缘,该区域长期处于半野生和仿野生状态,是野生黄芪重点繁育和发展区域。

2. 独特的种质

野生黄芪生长在山地生态系统(海拔 1200～2100 米),长期处于野生、半野生状态,经过千年来自然选择、自然进化,自然杂交、变异形成了独特的种群。终生与山地植物,主要包括草木希、白莲蒿、蓝花棘豆、委陵菜、牡蒿、黄毛辣豆、地八角、桂竹香等,杂草和灌木伴生,有竞争力、抗病、耐旱等抗逆能力特别强,非常适应当地的气候环境条件,适宜当地仿野生种植[4]。

3. 独特的土壤

广灵县独特的山区气候特点,非常适宜黄芪生长,是道地中药材恒山黄芪主要产地之一。土壤以沙质壤土为主,富含钾和微量元素硒,有机质含量高,通风透光好,无环境污染[6]。独特的自然环境条件,极利于根部入药的道地药材的生长。

(1)芪坡土层深厚、土质疏松、通透性好,熟土层深达一米之多,由花岗片麻岩分化形成的粗粒沙质壤土构成,其土壤富含磷、钾营养元素,有利于黄芪根向下生长,不打叉,形成鞭杆芪。

(2)渗水保湿能力比较强,降雨时雨水渗入地下,保存水分,不会造成水土流失,地表不会积水造成黄芪根部腐烂。

(3)芪坡的土壤长期处于冷凉状态,加之干旱少雨的气候,病虫害很轻,属于典型的原产地特征。

4. 独特的生产技术和加工方法

恒山黄芪的生产一直是野生、半野生模式。目前普遍采用的种植方法仍然是半野生或称作"仿野生种植""生态种植""野生抚育",人种天养,没有丝毫人工催生的成分。

(1)芪坡不翻耕,靠原有黄芪植株自然落籽或人工撒播种子,植株完全靠自然生长。

(2)坡上芪草灌共生,老少黄芪同长,每年将大黄芪刨出,小的继续生长。

(3)从播种到采刨生长期长达 10 年左右,期间不施任何肥料,不使用农药,更不会使用任何生长激素。

(4)恒山黄芪长期保持仿野生的生产模式。属于纯自然生长,基本保持了生物多样性的生态环境。

(5)黄芪生长区域山高坡陡,常靠枯草落叶化地为泥,其土壤肥沃、有机质含量较高,基本无须施肥[7]。

(6)长期保持传统独特的生产技术和加工方法,自然干燥,不水洗,不烘烤,不用硫黄烟熏,传承了传统"道地"的独特特征。

5. 独特的品质和疗效

(1)恒山黄芪主根粗长、均匀顺直、皮嫩无叉、色泽黄亮,有浓郁的豆腥气味和香甜味,外观光亮,精致美观,粉性足、韧性坚的特点[8]。

(2)恒山黄芪其有效成分特别是微量元素硒的含量,远高于其他产地的黄芪,特色突出。

(3)恒山黄芪传承了传统的加工技艺,没有人为地改变其生态环境,保持了优良品质。

二、野生黄芪生态原产地保育与高质量发展构想

生态原产地产品保护是原产地保护的一种模式,它和原产地标记产品保护一样,是原产地保护体系原产地规则的重要组成部分,其内涵是产品在生命周期中符合绿色环保、低碳节能、资源节约要求并具有原产地特征和特性。黄芪产品设计是否生态、产品原料的选用是否生态、废弃物循环利用和处理措施对环境影响大小。一是产品形成过程生态性;二是产品形成结果的生态性和健康性;三是产品形成与自然环境的和谐性。

1. 生态原产地保护将优势生态环境转化为制度竞争优势。

2. 生态原产地保护将生态建设品牌化运作,促进产品提档升级。

3. 生态原产地保护有利于打破绿色贸易壁垒。

4. 生态原产地品牌成为中国区域经济发展的新竞争优势。

5. 生态原产地发展成为绿色供应链合作网络和能力建设新动力。

6. 生态原产地发展作为撬动大同特色产业发展的新支点。

7. 生态原产地发展纳入国家中医药品牌发展战略。

8. 建立野生黄芪生态原产地产品标准体系[5]。

(1)标准化是生态原产地产品保护的必由之路。

(2)标准体系建设是生态原产地产品保护标准化的基本路径。

(3)协同治理机制是生态原产地产品保护标准化实现路径。

(一)野生黄芪生态原产地高水平保护措施

坚持以广灵县野生黄芪生态原产地为核心,统揽黄芪产业发展全局,以野生黄芪抚育繁育为依托,以市场为导向,以生态发展为目标,谋划野生黄芪品牌发展,开创"专家思想、政府推动、社会参与"的独具广灵特色的野生黄芪生态原产地保育与高质量发展综合实验区。

1. 构建"两山理论+原产地+生态产业+健康产业"发展新模式。

2. 构建"生态文明+沟域经济+黄芪产业+全域旅游"发展新模式。

3. 构建"地域功能+健康养生+黄芪产业+乡村振兴"发展新模式。

(二)野生黄芪高质量发展路径选择(综合实验区)

山西作为优质道地黄芪的传统产区,曾经占我国黄芪产业的"半壁江山",经历了资源格局的重大变化,目前只是传统芪商品的最大产地,面对多样性的市场需求,特别是对优质高端黄

芪的强劲需求,山西黄芪产业的战略地位将更加突出,对经济和社会发展的拉动作用将更加明显。黄芪产业涉及一二三产业诸多领域同步发展,在中药材产业发展中具有典型性和代表性,其产业化开发将在我国大健康产业发展中具有重要作用。

综合实验区发展战略是"野生黄芪"可持续发展的重要保障。在目前中医药空间竞争激烈形势下,大同市要依据自身所具有的地域识别功能和生态原产地的自然优势及相配套的黄芪文化,选择自己的发展道路。同时,作为担负重大历史使命和发展责任的综合实验区,也应充分考虑自身综合条件,站在国际、国内未来黄芪产业发展的制高点上,对野生黄芪保护与利用进行系统的部署和安排,以促进"国宝"价值的真正实现。

野生黄芪高质量发展路径选择就是建立综合实验区,把广灵县白羊峪、圣眷峪和长江峪作为原产地保育和高质量发展的示范平台,以此落实国家生态文明建设的需求,更是保护生态环境、改善生态环境,保护和发展生产力,让国之瑰宝恒山黄芪充分发挥经济社会效益的有效途径[7]。

(1)通过实验区建设,引导和促进恒山黄芪产业向质量效益型、生态集约型方向发展,促进黄芪生态产业与健康产业融合,培育原产地产业集群。

(2)建设实验区符合当前转换经济发展方式,加快产业结构调整和转型升级,提升恒山黄芪产业国际竞争力,实现优质生态安全产品从出口保障转向国民共享的客观实际。

(3)实验区构筑以生态产业保护为核心,生态产品加工为支撑,生态旅游为特色的循环经济样本,有效地将生态优势、特色优势、经济发展融为一体。

(4)通过实验区的"扩散效应"不断积累资源,提升区域产业核心竞争力,夯实生态产业基础,确立实验区生态产业增长极的地位,最终实现生态优势区在保护中发展、在发展中兴省富民。

1. 创建综合实验区的科学价值

综合实验区是"野生黄芪"生态原产地核心,其区域价值具有重要的现实意义。在充分考虑国家中医药战略导向的基础上,结合生态原产地自身区位条件、资源禀赋和发展前景,可以归纳以下几个方面:一是道地药材发展动力源泉;二是生态原产地综合实验区;三是生态与健康产业融合平台;四是中国道地药材对外窗口。

(1)道地药材发展动力源泉

山西是中医药文化大省,拥有1600多种药材,其中地道药材有30多种,在全国处于前列。山西要围绕到2030年建成中医药强省目标,把中医药真正继承好、发展好、利用好,进一步造福人民。

(2)生态原产地综合实验区

恒山黄芪已经形成以大同市为中心,包括浑源县、广灵县、天镇县、灵丘县等,也包括大同周边城市局部区域。从生态原产地空间区位上看,综合实验区主要分布在浑源县、广灵县和天镇县。

(3)生态与健康产业融合平台

黄芪是典型的"人种天养"型药材,对土壤、地形、气象等条件要求严苛。恒山山脉的地理条件、自然禀赋恰恰接近满分,给予野生黄芪成为国宝的天生资质。

三、野生黄芪生态原产地创建综合实验区现实意义

生态原产地综合实验区是原产地一种新型形式,是中国科学院地理科学与资源研究所张

义丰研究员及其团队对大同市"三黄"产业（黄芪、黄花、小米）进行深入研究之后，针对道地黄芪提出的新型区域发展理念，旨在将黄芪的"生态性"来展示黄芪产品魅力，以黄芪产地的生态性来保证产品品质，重在强调黄芪产品生长、生产、加工、制造以及产品来源地的自然、地理、人文、历史等属性，包括地形地貌、土壤状况、水文资料、气象条件、历史渊源、人文背景、生产工艺和工序、配方等。

建设省域野生黄芪生态原产地综合实验区，这是全国首次提出在"全省域"范围内对道地黄芪进行整体的保护与利用，是一项探索性、创新性工作，也是一项长期的、艰巨的、富有挑战的工作。率先建设省域野生黄芪生态原产地实验区。以大同道地黄芪生态原产地为着力点，大胆实践，先行先试，改革创新，进一步提升黄芪产业规模化、集约化、专业化发展水平，为全国道地药材创新发展探索路径、做出示范。

山西是中医药的重要发祥地之一，中药材的种类、储量、种植面积和产量均处于全国前列，是国内中成药生产企业的重要原料基地，中医药历史文化底蕴深厚，发展中药产业具有得天独厚的优势。这些都是"十四五"期间山西省大力发展医药工业的良好机遇。打造培育山西省乃至全国野生黄芪生态原产地综合实验范区，创造全国道地黄芪发展的"省级样板"乃至"全国典范"。

1. 野生黄芪生态原产地保育与高质量发展将成为山西中药材产业的突破口

中药材产业要发展、要振兴，基地建设是源头，是根本。道地黄芪是中药材中的精品，它的价值不仅在于品质佳、疗效好，更因为它是特定的自然条件和生态环境的产物，具有唯一性和稀缺性，因而它是发展中药材产业的首选对象。

2. 野生黄芪生态原产地综合实验区建设是振兴中医药产业重要抓手

以生态原产地野生黄芪为基原的产品开发与转化研究，推动了资源优势向经济优势的有效转化，促进山西省传统黄芪的产业发展。系列药膳、药茶、礼品芪的开发，与大同市全域旅游和健康养生相结合，提升了传统芪的国内影响力。通过加工能力的增强和加工水平的提档升级，为整个产业腾飞打造引擎，以改变长期以来只能卖原料很少卖成药，产业链条短，市场空间小，始终处在产业链、价值链低端的被动局面。

3. 大同市野生黄芪龙头企业不断扩大规模，行业拉动和引领作用将更加凸显

黄芪产业得到了山西省乃至国家的高度重视，才使得道地黄芪这一优质资源的基因库、种植及加工技术等得以保存，在国际市场的占有率也稳步提升，为"十四五"的大健康产业提供了物质基础，为山西省的产业结构调整提供了方向。随着科技部积极推进中药大健康产业发展，发改委推进中成药大宗原料基地建设，国内中药大企业陆续进入黄芪产业，目前已初步形成了大型企业引领示范中小企业逐渐规范化的良好发展势头。

4. 专家建议构建山西省野生黄芪生态原产地保育与高质量发展综合实验平台

着力建设野生黄芪生态原产地综合实验区，以大同市浑源县、广灵县和天镇县为基础，培育具有大同特色野生黄芪可持续发展体系，打造可持续发展综合实验平台，推出若干可操作的黄芪发展攻坚成果。

（一）综合实验区建设基本条件与可行性分析

中国是商品黄芪唯一的产地和出口国，黄芪既是中药也是保健品原料，含黄芪的中成药多达200余种，以黄芪为原料的上市保健品达160余种，民间也将黄芪作为重要的滋补食材。此外，中兽药、饲料添加剂、化妆品中黄芪的应用数量也在不断增长。据近年中药材天地网统计，黄芪出口、药用、食用和其他用途的年需求量在3.5万吨以上，位列40种大宗中药材品种的前

10 名。

1. 大同市道地黄芪发展基本现状

山西大同生产中药历史悠久,已经形成较为成熟的中药产业,尤其以黄芪生产驰名。广灵县野生黄芪与其自然地理环境有关,该县与浑源县、天镇县同属于山区,地域广阔,气温适中、光照充裕、昼夜温差变化明显,营养成分可以最大限度地得到保持;周边生态环境良好,空气质量较高,对于中草药的生产有利;土壤质量适合中药生长,土层深厚,富含微量元素硒,为中药提供了丰富的营养元素。

2. 大同市地理环境条件与道地黄芪面临的问题

(1)地理环境条件

在山西的黄芪生产区域,地域广阔,土层肥沃,为花岗、片麻岩母质风化成的粗骨性沙壤土,土质松软,具有良好的透气性,蓄水能力较强,土壤中含有丰富的矿物质元素,以钾、硒等元素为主,气温适中、光照充裕、昼夜温差变化明显,非常适宜黄芪的生长发育。所产黄芪条长、条顺,上下粗细均匀,质地坚实,粉性足,品质好,单株质量大。

(2)黄芪产业发展现状与存在问题

1)中药材有其固有严格生长环境,不能违背植物生长规律。

道地药材不能"移植",道地药材是我国传统优质中药材的代名词,民间素有"非道地药材不处方,非道地药材不经营"的说法。常言道:"好土生好苗"。每味道地药材根据其性味不同,都有道地产区。中药药性形成是气候、土壤、生物、地形等综合作用的结果。不同地方出产的药材,质量会有差异。建议以"有序、有效、安全"为方针,优化山西省中药材生产布局,鼓励在道地产区和主产区优先发展道地优质药材,限制中药材盲目引种。

2)种苗基原纯正、遗传性状是生产高品质药材根本保障。

加大对中药材新品种选育和推广的支持力度,制定中药材种子种苗行业标准,构建全国一体化的中药材种子种苗供应保障平台,确保优质种源持续稳定供应,将是未来中药材种业的重要任务。

3)广灵县长期以来形成的产业格局和资源禀赋,对野生黄芪原有的重视程度不够,扶持政策不突出,与周边区域相比政策支持明显偏弱;加之,企业融资成本不断提高、产品研发投入高、周期长,企业普遍存在生产经营成本偏高,资源要素供给偏紧等问题。

(二)实验区建设的目标及主要任务

1. 指导思想

以习近平新时代中国特色社会主义思想为指导,以加快转变经济发展方式为主线,以"地域识别、区域协同、品质发展"为主线,着力加强野生黄芪生态原产地实验区健康发展的基础建设、产业培育、能力建设、平台建设,推动道地黄芪产业技术升级,打造道地黄芪产业的名优品牌。依托野生黄芪生态原产地品质优势,提高道地黄芪产业经济效益,加快野生黄芪生态原产地为核心的中医药新业态发展。

2. 基本原则

(1)坚持野生黄芪产业发展与地域识别相结合

道地黄芪因其独特的生态原产地自然环境和行业内的品质认同,受到国际市场的青睐,以及科技界的支持,使得道地黄芪的优良种质资源得以保留并逐步扩大,成为传统黄芪商品的主要供应区。

（2）坚持野生黄芪产业开发与生态文明建设相结合

以生态原产地资源环境承载力为前提，以生态文明建设为统领，有序开发利用黄芪资源。推进黄芪种植与水土流失综合治理，推进黄芪种植与生态修复统筹进行，保护道地黄芪种质资源和野生资源。

（3）坚持野生黄芪产业发展与新旧功能转换相结合

把解放思想、转变观念、开拓创新作为推动黄芪生态原产地产业发展强大动力，破除制约道地黄芪发展的体制机制障碍，深化黄芪产业重点领域和关键环节的新旧功能转换，抓住道地黄芪在我国大健康产业中的重要战略机遇，激发市场活力，加快产业的发展步伐。

（4）坚持专家思想、政府推动、社会主体相结合

加强规划引导，强化政府推动功能，支持社会主体建设为基础，加大生态原产地实验区生态文明建设、基础设施建设、基地产业融合建设等支持力度，坚持高起点、高品质、高效率。重点打造一批科技含量高、经济影响力大的建设项目。

3. 发展定位

中药材作为山西特色农业的七大产业之一，不断加大政策扶持、财政支持、科技支撑、市场开拓的力度，全力将其打造成全省战略性新兴产业。努力把大同道地黄芪生态原产地实验区建成全国黄芪产业发展创新的探索区、中医药经济政策的先行区和建设区域协同与融合发展示范区。

（1）建设全国黄芪产业发展创新的探索区。加大黄芪产业保护与利用力度，构建和培育黄芪生态原产地统一有序的生产加工体系，探索具有示范意义和推广价值的栽培制度和统筹加工机制。

（2）建设中医药经济政策的先行区。积极争取国家中医药产业相关政策率先落地，逐步建立和完善激励黄芪产业生态原产地的发展创新和区域组织架构，重点推进黄芪产业重大项目的凝练与储备。

（3）建设生态协同与融合发展示范区。推动黄芪产业与相关产业融合发展。一是促进黄芪产业与山区生态文明建设的结合；二是促进黄芪产业与沟域经济的结合；三是促进黄芪产业与乡村振兴的结合；四是促进黄芪产业与文化旅游和健康养生的融合。

4. 建设目标

"野生黄芪生态原产地综合实验区"是山西省道地药材的核心之一，对深化黄芪产业发展，提升山西中药材的国际话语权具有重要的战略意义。加快生态原产地综合实验区建设，是山西省深入实施特色经济发展战略、促进区域协调发展的迫切需要，是进一步稳固精准脱贫与乡村振兴的迫切需要。综合实验区应以生态原产地为动力，加大恒山黄芪保护与利用力度，实施生态产业与健康产业融合的发展战略，以黄芪产业功能提升为支撑，全面增强辐射功能，努力将综合实验区打造成为山西省乃至国家的生态发展示范区，道地药材国际交流合作的重要平台。

2020年启动广灵县野生黄芪生态原产地保育与高质量发展规划，生态原产地保育和高质量发展总体框架基本形成。一是推出野生黄芪生态原产地保育与高质量发展综合实验区；二是提出野生黄芪生态原产地保育措施和重大项目集成；三是实现野生黄芪生态原产地保育与高质量发展与精准脱贫可持续发展相结合；四是实现综合实验区与南村镇、望狐乡乡村振兴的有机结合；五是实现生态原产地与白羊峪、长江峪、圣眷峪生态与养生旅游的结合。

2025年，野生黄芪生态原产地保育与高质量发展综合实验区初步健全。一是完成生态原

产地保育的空间布局:野生黄芪原生区、野生黄芪抚育区、野生黄芪繁育区;二是以白羊峪、长江峪、圣眷峪三条沟域的山水林田湖草为整体的系统治理,特别是重点提升原产地三板块的生态网格化功能;三是推进综合实验区生态化发展,探索"绿水就是金山银山"广灵模式。

2030年,野生黄芪生态原产地保育与高质量发展综合实验区全面振兴,形成山西有特色、功能有保障、国内有地位、国际有影响的生态发展高地。

5.空间组织

大同野生黄芪生态原产地实验区要在山西省委、省政府和大同市委、市政府的指导和支持下,采取系统设计、整体规划、协同推进、分步实施的建设模式。其空间组织为一心、三区、三峪、多组团。

一心:

创建山西省野生黄芪生态原产地保育与高质量发展综合实验区。

三区:

野生黄芪原生区、野生黄芪抚育区、野生黄芪繁育区。

三峪:

白羊峪、长江峪、圣眷峪。

多组团:

(1)生态原产地与生态文明建设;

(2)生态原产地与乡村振兴;

(3)生态原产地与精准脱贫可持续发展;

(4)生态原产地与生态旅游及养生。

6.主要任务

(1)野生黄芪生态原产地种源保护与利用工程。

(2)野生黄芪生态原产地生态修复与水土资源优化工程。

(3)野生黄芪生态原产地保护与沟域经济建设工程。

(4)野生黄芪生态原产地水土资源健康与环境监测工程。

(5)野生黄芪生态原产地与乡村振兴工程。

(6)野生黄芪生态原产地与精准脱贫可持续发展示范工程。

(7)野生黄芪生态原产地综合示范区建设工程。

(8)野生黄芪药茶一体化示范工程。

(9)道地产品"黄芪粥"开发工程。

(10)野生黄芪生态原产地健康养生旅游建设项目。

(11)野生黄芪博物馆建设项目。

(12)野生黄芪生态种植制度示范工程。

(13)野生黄芪标准化体系建设项目。

(14)野生黄芪品牌建设工程。

7.发展模式

坚持以广灵县野生黄芪生态原产地综合实验区为核心,统揽黄芪产业发展全局,以道地黄芪产业为依托,以市场为导向,以生态发展为目标,谋划道地黄芪品牌发展,开创"专家思想、政府推动、社会参与"的独具大同特色的野生黄芪生态原产地实验区。

(1)构建"两山理论＋原产地＋生态产业＋健康产业"发展新模式

大同市属于典型的资源型城市,野生黄芪生态原产地实验区产业发展与精准脱贫可持续发展示范区相结合势在必行,依托山地生态资源发展道地黄芪生态经济,培育道地黄芪品牌,推动绿色发展具有重要意义,"两山理论"与生态原产地实践互促共进,在区域发展层面具有典型性和代表性。

(2)构建"生态文明＋沟域经济＋黄芪产业＋全域旅游"发展新模式

根据大同市地质地貌特征和生态结合程度,将生态文明沟域建设作为道地黄芪生态原产地发展的有效途径。以黄芪产地"三生"空间优化为基础,以沟域为主线,上中下段联动,左右岸协同,结合道地黄芪进行整体优化和推生态原产地建设。

(3)构建"地域功能＋健康养生＋野生黄芪＋乡村振兴"发展新模式

山西省把中药材产业列入政府的产业振兴工程,已形成太行山中药材基地;太岳山中药材基地;恒山中药材基地;晋南丘陵中药材基地等四大基地,为山西中药材产业的振兴奠定了坚实的基础。恒山是道地黄芪的地域识别,是黄芪的生态原产地,构建"地域识别＋健康养生＋道地黄芪＋乡村振兴"发展新模式,对于推动道地黄芪产业发展具有重要影响。

参考文献

[1]姜辉,顾胜龙,张玉婷,等.黄芪化学成分和药理作用研究进展[J].安徽中医药大学学报,2020,39(5):93-96.

[2]熊一峰,万燕晴,李科,等.山西恒山地区蒙古传统黄芪和移栽黄芪的质量差异研究[J].中草药,2017,48(8):1635-1643.

[3]孔璎红,孔祥军.建立国家生态原产地产品保护制度的意义与对策研究[J].桂海论丛,2013,29(5):68-72.

[4]马小林.恒山黄芪规模化种植技术初探[J].农业技术与装备,2017(2):54-55.

[5]吴平.中国生态原产地产品标准体系构建的研究[J].中国标准化,2019(1):92-99.

[6]程春松,刘智祖,谭天琪,等.采用现代及历史的地理及气候信息研究黄芪道地产区变迁的胁迫因素[J].世界科学技术－中医药现代化,2016,18(1):11-17.

[7]孟繁武.恒山半野生黄芪栽培技术[J].农业技术与装备,2014(9):45-48.

[8]彭华胜,张贺廷,彭代银,等.黄芪道地药材辨状论质观的演变及其特点[J].中国中药杂志,2017,42(9):1646-1651.

平邑金银花生态原生区保护与高质量发展研究

金银花生态原生区这张名片,将是平邑宝贵的无形资产,是对金银花道地性自身价值的一次重大提升。它不仅可以增强平邑金银花的市场竞争指数,还可以增添平邑金银花的文化软实力,增加诸多金银花产品的附加值,为大健康产业提供新的发展机遇。

平邑金银花是平邑地标,山东品牌,中国亮点。

一、平邑金银花地域识别

山东省临沂市平邑县是我国金银花的主产区,种植面积大、野生品种居多,历史底蕴悠久,种植面积约有 3.3 万公顷,总产量占全国总产量的 50％以上,年交易额超过 4 亿元,居全国之首,是中国最大的金银花集散地[1]。

山东平邑由于栽培历史久、面积大、产量高,而且种质资源极为丰富,性状稳定的农家品种远远超过其他产区,建立了中国金银花种质资源圃,是中国金银花种质资源分布中心和金银花种质资源基因库,为优良种质的筛选和培育提供了宝贵的种质资源[2]。

平邑县位于鲁中南山区,属于暖温带季风大陆性气候,四季分明,雨量充沛,气候温和,土壤和气候资源优越,无论是降水量,还是生长温度均能满足金银花正常生长发育的需求。平邑县 85％是山地丘陵,65 万亩金银花,种植在山地丘陵、地边地堰上,接近于金银花的原始生态环境,通风透光好,病虫发生极轻,土壤昼夜温差大,养分积累多,这是平邑金银花种植的天然优势[3]。

1. 水分条件优势

金银花为喜湿作物,既耐旱又耐涝,适宜的水分供给是金银花生长和提高产量品质的可靠保障,年降水量 700～800 毫米,空气相对湿度 65％～75％是其生长发育最适宜的水分条件,空气相对湿度大于 80％或小于 60％均会对其造成不良影响。

平邑县年降水量在 784.8 毫米左右,全年以 7 月降水最多,占全年总降水量的 32.4％,6—9 月降水占全年总降水的 65％。平邑金银花花蕾圆润饱满,品质上乘,其中绿原酸的含量平均 5.8％,最高达 6.7％,居全国之首,挥发油含量 0.18％,异地同类产品仅为 0.02％～0.04％,独有的皂甙成分十分受中医界的青睐[4]。

2. 温度条件优势

金银花是喜温暖耐寒的植物,生态适应性较强,具有喜阳、耐阴、耐干旱、耐积水、耐瘠薄与耐寒冷的特点,在气温 11～25℃的条件下基本都能生长,其生长条件要求年平均气温 11～14℃,较适宜的生长温度为 15～25℃。平邑县的月平均气温为 14.7～20.1℃,其中 5 月的平均气温为 20.1℃,优越的热量条件,对金银花生长十分有利。

3. 光照条件优势

金银花喜光,花中绿原酸含量与光照条件呈正相关,适宜的年日照时数为 1800～1900 小时,日照时数在 7～8 小时为最佳。金银花的花蕾多生在枝蔓外围多光照的新生枝条上,枝叶茂盛、郁蔽影响结花。

注:本文创作于 2021 年。

4. 药用价值优势

金银花是"药用经济型与水保生态型"集一身的多年生藤本缠绕灌木,一直享有"国宝一枝花"的美誉,是属国家管理的 38 种名贵中药材之一,具有清热解毒、消炎消肿、防癌抗癌、凉血止痢、延年益寿等卓越的医疗和保健功能[5]。金银花作为我国传统中医药材,药物特点具有多种生物活性,为我国传统中药,于中成药、经典处方、食品、保健饮料中均广泛应用,为我国传统中药集大成药材,临床应用价值较高。

5. 适应能力优势

金银花本是山野自生,具有极强的适应性,在盐碱地、沙土薄地、肥田、丘陵、地边、路旁、地堰、堤岸、房前屋后、林间都可种植,并且生长旺盛,花繁叶茂,尤其是种在山坡荒岭、水旁路边、盐碱沙土地段,不仅可获得额外的巨大经济收入。金银花不与其他作物争土地、争水肥,耐涝耐旱、耐热耐寒,所以在全国各地均可种植,是一次种植受益百年的项目。金银花耐热耐寒,耐涝耐旱。50℃的高温不死,—46℃的严寒冻不死,水浸一个月不死,大旱半年不死。无论是盐碱沙地、肥沃良田,还是山岭薄地、土丘荒坡、路旁地堰、河边堤岸、房前屋后,果林间种都生长旺盛,枝繁叶茂[6]。

6. 生态保护优势

金银花主根粗壮,毛细根密如蛛网,在山区栽植除供药用外,还可用于保持水土,改良土壤,调节气候,在平原沙丘栽植可以防风固沙,防止土壤板结,具有防灾减灾能力。

山东平邑为中国金银花种质资源分布中心山东平邑金银花不仅栽培历史久、面积大、产量高,而且种质资源极为丰富,性状稳定的农家品种远远超过其他产区。因此山东平邑是中国金银花种质资源分布中心和金银花种质资源基因库,为优良种质的筛选和培育提供了宝贵的种质资源[7]。

7. 生态原生区优势

地域功能价值不仅决定了中药材产业集群的地理根植性,而且经过市场筛选而专业化种植和生产的中药产品,往往最具有市场竞争力,并符合当地的资源环境条件。自古以来中药材就非常讲究道地性,所以中药产业是受地理位置、地质地形、自然气候、土壤性质等影响最明显的一个产业。平邑县 90% 以上的村庄栽植金银花,层层梯田的堤埝坝堰,荒山丘陵边角隙地,村庄农户房前屋后,道路边坡,河流两岸,漫山遍野可见金银花。

8. 道地药材政策优势

农业农村部、国家药品监督管理局、国家中医药管理局共同印发的《全国道地药材生产基地建设规划(2018—2025 年)》确定金银花的优势道地药材品种为:华东道地药材产区东银花(山东金银花)、华中道地药材产区密银花(密县金银花)。山东省中药材产业提质增效转型升级实施方案中,也明确提出从中药资源保护、道地药材产业化、中药材质量提升、中药工业转型升级等方面责任到具体部门进行部署,争取到 2030 年实现由中医药大省到强省的战略性转变。

二、生态原生区价值与功能

生态原生区是指产于某一特定区域独具代表性的特定药材,是特定的自然环境与特定的药材品种经过环境和基因长时间互作下产生的道地药材产区。并具有特色的加工、炮制技术,利用当地的中药产业链形成了一种固有的模式,药材疗效为大家所公认。为此,笔者认为平邑金银花基本上具备了生态原生区基本条件。

生态原生区就是将区域内独特的农业资源(地理、气候、资源、产业基础)开发区域内特有的名优产品,转化为特色商品的现代农业。特色农业的"特色"在于其产品能够得到消费者的青睐,在本地市场上具有不可替代的地位,在外地市场上具有绝对优势,在国际市场上具有相对优势甚至绝对优势。

生态原生区最突出的特点是其生产区域性、产品名贵性、品牌的独特性和市场价格的优势性,其生产基础是充分发掘当地特色资源,尊重并且保护自然和生态环境,对资源做到合理开发,有序利用,从而转变粗放的农业生产经营方式,走集约化农业发展道路。

生态原生区依据金银花药性、自然环境、地域功能等因素来决定区域布局,而不是单纯根据中草药市场价格进行空间组织,在区域层面从种植品种、区域布局、生产基地、产业政策等方面做一个长期完整的发展目标,确定金银花发展定位和未来方向[6]。

1. 优化金银花品种,加快品种的更新换代升级,提高产品的附加值;

2. 聚焦区域布局,重点打造金银花产业园区,以产业集群的方式带动区域优势中草药的发展;

3. 制定金银花种植规范标准,包括品种的选育标准、种植标准、产品标准检验标准等一系列标准;

4. 打造金银花综合品牌,加快培育金银花品牌企业和示范化生产基地,创建一批以金银花为主体的国家级品牌认定;

5. 加快金银花生态原生区土地流转和中药材生产质量管理规范基地建设,提高土地使用效率和劳动生产率;

6. 加快建立金银花育种技术体系,推进金银花优良品种的产业化;

7. 以数字技术改造金银花生态原生区发展,通过遥感、全球定位系统、地理信息系统等技术建设精准金银花和智慧金银花,推进金银花的科学化、精准化和智能化发展;

8. 发展现代中药技术,鼓励中成药产品创新和工艺创新,加大生物酶仿生提取、超临界萃取等现代制药技术推广应用,将现代中药技术应用到中药保健品、药妆等康养产业中;

9. 利用大数据和互联网技术,实现"互联网+金银花",共享市场数据;

10. 引入新媒体加强金银花宣传和营销,通过淘宝、抖音、快手直播的方式,微信、微博等社交媒体沟通,种植农户、中草药企业以及销售企业可以及时获得所需信息[8]。

三、平邑金银花地域活性化

地域活性化是以生态原生区为基础,发挥金银的主体作用和创造力,培育特色产业,最终实现地域功能价值多样化,金银花是地域活性化核心目标[9],是对平邑地域优势资源进行价值挖掘,逐步培育出地域性鲜明、不可替代且竞争力强、经济效益高的金银花产业,重新激发特色产业活力。一是平邑面临金银花发展问题;二是生态原生区地域功能与金银花再生契机;三是"地域活性化"的提出。

金银花发展问题不再停留于农户和农业层面,而是转变为实现国民和国家共生的重要一环,其人流、物流、资金流、信息流的传递和交换日趋频繁,进一步加快了生态原生区多种功能开发。核心在于稳定金银花生产,维系道地性功能,创造新的地域附加价值,最终促进地域经济价值、社会生活文化价值、生态价值的全面提升。

1. 金银化地域活性化主要内容

(1)提升金银花附加价值是核心。

(2)活用平邑地域资源是其手段。

(3)发展路径创新是其重要保障。

（4）内外结合是高质量发展关键。

2. 金银花地域活性化特点

（1）针对性强。

（2）创意加持。

（3）文化赋能。

3. 金银花地域活性化整体架构

以金银花地域特色为载体，恢复金银花经济活力，维持金银花生产生活动力，创造新的地域附加价值。将生态原生区魅力对外传播，引发社会共情。注重发挥地域人文资源的内生优势，加强内外资源的相互联系，强调生产者与消费者在发展中的共同参与。统筹利用金银花地域资源增强特色和市场吸引力，最终完成地域价值"发现—形成—传播—认同"全过程。

四、金银花地域循环共生圈

1. 地域循环共生圈内涵

地域循环共生圈理念从环境、经济和社会的综合视角解决金银花发展问题，为道地药材振兴提供了新思路，以环境、经济和社会效益的综合提升为目标，有效整合地域资源，促进生态与经济良性循环发展，其核心是以地域资源可持续利用为主导的内源式发展。

（1）鼓励从节能低碳、资源循环和生物多样性保护等多角度挖掘地域资源潜力，并对其进行优化整合，强化协同效应；

（2）鼓励充分发挥金银花资源优势，推动三产融合发展，通过建立产销对接和利益联结机制，让农民分享更多加工流通环节增值收益。

2. 地域循环共生圈路径

通过金银花区域化联合、产学研合作、绿色投融资创新和六次产业化等方式促进金银花资源整合增值，致力于提升环境、经济和社会综合效益。建立多元合作机制，立足金银花资源禀赋，以低碳、循环和生态理念引导道地药材转型升级；通过完善产销对接和利益联结机制，将金银花资源整合增值所产生的效益更多留在地域，实现生态原生区、生产、生活、生态良性循环。

（1）以优化产业结构促进金银花经济良性循环。

（2）以金银花资源可持续利用提升环境、经济和社会综合效益。

（3）产学研合作有助于促进产销对接以及全产业链的构建。

（4）生态统领推动金银花绿色发展，环境、经济和社会效益同步提升。

（5）以区域、沟域协同发展推动金银花资源整合，实现生产、生活、生态融合发展。

（6）引导社会力量参与乡村振兴，不断增强金银花"造血"功能。

（7）完善金银花产销对接体系和利益联结机制，推进三产融合发展。

（8）建立跨部门协作、多主体参与机制，加强案例宣传，促进互学互鉴。

五、金银花内发式发展条件

平邑金银花生态原生区如何实现内发式发展，并注重强调本土特色，注重金银花地域经济的个性发现，一是地域内的资源结构；二是地域内的经济文化；三是地域内的经济结构。

1. 以地域内的文化、技术、产业为基础，以地域内的市场为主要研究对象进行开发。

2. 在环境保护的前提下，通过自然保全、创造舒适的生活空间、繁荣经济文化等的综合开发，来实现经济发展。

3. 开发具有地域特色的产业,并创造出高附加值的关联产业来。

4. 为了提高资本与土地等资源的利用效率,要建立地域经济自治。

六、金银花道地性思考

中药材道地性影响因素众多,传统道地性评价方法简单直观,实用性广;现代药效成分测定精确,药理活性评价精准,均能揭示不同产地药材之间的品质差异。但是中药材成分的复杂性、多样性和作用机制的模糊性决定了药材质量评价体系的多元化,单一的药材鉴定方法难以阐明药材形成道地性的本质。

中药材道地性评价研究应在单因素考察的基础上,进行多方位、多学科交流,首先需要找到道地药材与非道地药材的遗传学信息差异,同时,结合药材的药效成分、生态环境和生物效价等因素,运用数理统计方法进行相关性分析,从而建立完整的药材鉴别和质量评价体系,实现药材道地性评价的标准化。

中药材道地性质量形成有赖于特定的自然环境(土壤、湿度、气温、日照等),同时与其特定的种植、养殖、加工、养护或使用方式直接相关,不同的环境和加工处理方式造就不同品质的药材。道地药材的"优质品牌"是历经几千年的中医药实践经验总结并传承下来的[10]。一是道地性是优质药材质量形成的核心因素;二是确立地域功能规范生产是确保质量关键;三是完善标准体系是金银花高质量发展保障。

1. 生态环境道地性

中药材生态环境的道地性研究集中于生态因子与产地适宜性的相关性分析,如产地的气候、土壤、水质、经纬度和海拔等。生态环境对中药材道地性的影响是复杂而又高度统一的,历来的道地药材都以"某处"为佳,表面上看是简单的经验总结,实质是错综的各项生态因子综合形成的巨大调控网络。

2. 遗传特征道地性

传统的中药材道地性评价方法以形、色、味、质地为依据,而现代中药材道地性评价方法以形态学、组织学、化学等为基础,尤其是利用 DNA 分子标记技术进行道地药材评价。

3. 历史文化道地性

道地药材来源于中医的实践检验,在中医随着政治、经济文化发展的同时对治疗疾病起到良好效果的道地药材逐渐走上历史的舞台。药材道地性不仅与生态环境、遗传特征等密切相关,也承载了中国历史传统文化的信息。

4. 中药临床道地性

中药临床是中药材道地性判别最直观地反映,对中药临床道地性的研究归根结底要把中药材质量的安全性和有效性放在首位。

5. 产地加工道地性

产地加工也是药材道地性形成的重要因素之一,中药材产地加工过去多凭经验总结和主观判断,产地加工与炮制一体化,可降低药材药效成分的损失,并使工序简化以及降低成本,是一种值得推广的中药材生产加工模式。

七、生态原生区保护与高质量发展

加快生态原生区建设是平邑县深入实施特色经济发展战略、促进区域协调发展的迫切需要,是进一步稳固精准脱贫与乡村振兴的迫切需要。以生态原生区为动力,加大平邑金银花保护与利用力度,实施生态产业与健康产业融合发展战略,以金银花产业功能提升为支撑,全面增强辐射功能,努力将生态原生区打造成为山东省乃至国家的生态发展示范区,道地药材国际交流合作的重要平台。

（一）生态原生区保护

1. 政府对道地药材进行中药材种植基地布局设计,制定中药材主产区种植区域规划、制定道地药材目录。每一种中药材都有自己适宜的产区,应当提倡种植道地药材,保证药材质量。

2. 为了杜绝追求经济利益盲目引种的情况,需要政府在决策层面上,统筹安排,进行区域划分,规范每个药材规范种植的地域。

3. 加强道地产区药材与非道地药材标准研究,建立道地药材标准体系。

4. 对平邑金银花生态原生区道地性进行深入研究,形成质量评价标准,才能让道地药材占据主导地位。

（二）生态原生区高质量发展

平邑县如何在中药产业链上找到自己的核心价值点,并且形成竞争优势,是促进道地药材发展的关键所在。启动平邑金银花生态原生区高质量发展规划,分析金银花产业的现状,明晰金银花产业优势、劣势、机会、威胁及未来的发展路径,促进金银花产业转型升级具有重要意义。

1. 金银花道地性研究已经不仅是一个中医药学界关注的问题,生态学、地理学、生物学、农学、化学等多学科已开始成为中药资源研究的重要力量。如何使用现代多学科的方法、手段来阐明道地药材形成的自然规律,确保中药质量,中药资源道地性研究是关键环节,成为学科研究的前沿和重点,学科交叉、技术综合已成为中药道地性研究主要手段。

2. 完善金银花产业的数据体系,挖掘大数据价值。完整、准确、时效的数据是产业研究的基础,由于目前对金银花产业相关研究文献数据偏少,未来需要金银花数字产业研究。

3. 中药材道地性的研究需要在多学科交叉融合的基础上,通过系统集成不同学科对道地药材不同角度、不同层次研究成果,才能获得对中药道地性的全面和深刻的认识,平邑县应尽快启动金银花道地性研究。

4. 利用遥感影像、降雨、土壤、土地利用类型、地形地貌等数据为基础,运用文献研究、模型分析、数理统计、GIS空间分析等方法,分析评价药材资源与药材生产的地域分布规律,按照区内相似性和区间差异性原则将道地药材资源进行分区,对于科学指导药材区划和生产布局有重要参考价值。

5. 积极开展金银花地理标志与道地药材的人文因素和自然因素,收集与整理其传统知识,争取国家与省级非物质文化遗产、中国重要农业文化遗产、全球重要农业文化遗产。保护金银花生物遗传资源,建立药用植物园与保育研究区以及种质资源圃,培育优质植物新品种。

6. 构建金银花政产学研用"五位一体"的开放、互动、共享的研究平台。以"科学布局,优化资源,创新机制,提升能力"为总体思路,以提高科技持续创新能力和效率为核心,以整合资源和创新机制为手段,从知识创新、技术创新、成果创新和产品创制等方面,系统设计与创新农业科技创新体系。

7. 立足平邑生物医药金银花产业发展实际,重点围绕生态原生区特色药食同源植物资源,打造以药食同源植物资源为代表的临沂特色产业发展模式。树立绿色药食同源食品品牌,实现平邑金银花产业生态化发展,为山东省建设生物医药和大健康产业,打好世界一流"绿色食品牌"提供技术支撑[11]。

8. 成立山东省金银花产业联盟,构建金银花产业政、产、学、研、用结合的产业技术创新体系。一是解决山东省金银花种植、加工、销售全产业链中存在的关键技术问题;二是围绕金银花全产业链关键技术联合攻关,以平邑金银花生态原生区为示范带动其他地区高质量发展;三是推动平邑县接续减贫飞跃发展,为乡村振兴注入新动力。

9. 中医健康旅游就是把中医药的文化、理念、技术、产品等融入旅游产品中,依托提供中医药养生和保健服务康复机构、酒店、养生药膳馆等,以提供中医药养生保健服务。平邑县应尽快启动金银花＋文旅,争创国家中医药健康旅游示范区。

10. 中医农业是中国传统农耕文化的载体,是中华民族数千年来勤劳和智慧的结晶,是农耕文化和中医文化的融合传承和创新发展,是中国特色的生态农业,渗透着中国哲学的精髓,意味深远,博大精深。一是构建有中国特色的高效生态农业模式;二是生产食药同源、功能性农产品;三是恢复、提升道地中药材、中草药药性。平邑县应尽快启动国家中医农业示范基地认证。

11. 金银花在畜禽饲养过程中可以逐步替代抗生素用于防治畜禽疾病。一是利用中草药配伍原理生产农药兽药、饲料肥料以及天然调理剂;二是利用中医健康循环理论集成生态循环种养技术模式;三是利用中医相生相克机理,提升农业系统功能,平邑县应尽快推动金银花＋生态养殖业。

12. 气候条件是影响道地药材品质的重要因素之一,其中光照、温度、降水、湿度等要素尤为关键。挖掘生态农业气候资源、挖掘绿色生态农产品的气候资源,科学厘定农产品气候品质。平邑县应尽快启动金银花—中国气候好产品认证。

13. 蒙山药用植物有 1000 余种,是山东省中药材蕴藏量最丰富的地区之一,近几年随着人们对野生中药材的过度采挖,使一些稀珍品种濒于灭绝,如果任由无序发展下去,将会造成无法挽回的损失。因此建议启动蒙山野生金银花生态恢复区。

14. 进入小康和后扶贫时代,平邑贫困治理将呈现诸多新特征、新走势。把握这些新特征、新走势,把金银花产业作为接续减贫的重要支撑,平稳导入乡村振兴的主航道,应是平邑县面临的新任务。

参考文献

[1]曾倩,胡凤益,李荣琼.山东省平邑县金银花产业发展的启示与思考[J].农业科技通讯,2012(9):11-13.

[2]周凤琴,李佳,冉蓉,等.我国金银花主产区种质资源调查[J].现代中药研究与实践,2010,24(3):21-25.

[3]翟秀娟.鲁中南山区土壤侵蚀评价研究[D].济南:山东师范大学,2018.

[4]张重义,李萍,陈君,等.金银花道地与非道地产区土壤微量元素分析[J].中国中药杂志,2003(3):18-24.

[5]马丽.金银花的药理作用研究[J].光明中医,2020,35(20):3308-3310.

[6]胡普辉,杨雪红.中国金银花发展现状及对策探讨[J].陕西农业科学,2009,55(5):104-106.

[7]孙元鹏,程正,刘于思,等.中药材金银花的农业知识产权保护与科技创新研究[J].山东农业科学,2019,51(4):157-161.

[8]王峰.平邑金银花产品营销策略研究[D].烟台:烟台大学,2018.

[9]马蓓莉,翟光耀,张德安.临沂市金银花产业发展现状及对策[J].现代农业科技,2013(11):115-116.

[10]李金凤.基于产业价值链的山东中药产业发展战略研究[D].济南:山东中医药大学,2018.

[11]张爱军.农业供给侧改革背景下山东省中草药产业现状及发展对策[J].中国野生植物资源,2020,39(11):52-55,63.

山西省天镇县家政服务业科学界定与发展路径选择

改革开放以来,国民收入大幅提高,居民对家政服务的需求也随之上升。生活方式的多样化,使家政服务的范围持续扩大;家庭规模小型化、结构核心化,也需要家政服务的支撑;人口老龄化趋势提速,倒逼家政服务提质。家政服务业作为改善民生、提升百姓生活福祉的重要业态,是满足人民日益增长的美好生活需要的重要载体,也是扩大就业的重要渠道。一是家政服务业整体保持良好发展势头;二是家政服务业主要业态持续稳定发展;三是家政服务市场呈现品牌化发展趋势;四是家政服务业呈现出规范化、职业化、智能化、品牌化、跨界发展的总体趋势[1]。

一、新型社会服务业(家政服务业)要与"幸福中国"高度衔接

"幸福中国"要求按照幸福的本质对现有的发展模式进行改革,既是由量到质的一场巨变,也是一个历史过程。幸福发展模式转型将改变中国经济、社会、文化的面貌,使我国的经济、社会得以健康、持续地发展。包括发展目的幸福化、发展方式幸福化和发展途径幸福化[2]。

"幸福中国"要靠幸福经济支撑,幸福经济要靠"幸福产业"支撑,我国把旅游、文化、体育、健康、养老等服务消费产业通称为"幸福产业",这些产业与百姓生活质量、幸福感息息相关,新型社会服务业(家政服务业)属于健康养老范畴,理应纳入幸福产业范畴。已成为推动区域经济转型升级、提升区域竞争力、增进民生福祉重要力量[3]。

1. "幸福产业"是经济增长的驱动器。近年来,尽管经济下行压力持续加大,旅游、文化、体育、健康、养老、新型社会服务业等产业却逆势上扬,成为经济增长的重要驱动力。

2. "幸福产业"是转型升级的助推器。发展"幸福产业"可促进由传统的汗水型经济向智慧型经济转型、从外需依赖向内需主导转变。产业转型与幸福导向的结合,要求地方政府彻底告别过去低效高耗的发展模式,更务实地为老百姓提供幸福生活所需要的产品和服务。

3. "幸福产业"是社会和谐的稳定器。发展"幸福产业",顺应群众期盼,引导高品质消费需求,有助于实现社会和谐稳定。

二、天镇县新型社会服务业(家政服务业)发展路径选择

我国大力推进新型城镇化,人口老龄化、家庭小型化以及全面二胎政策的实施,更是让养老、育婴等家务劳动的溢出水平不断提升,创造了大量的家政服务潜在需求。在此背景下,中国科学院专家组提出以下发展路径。

(一)在全国率先推出新型社会服务业"天镇保姆"发展论坛,并作为永久会址

山西天镇县与北京山水相依,历史文化渊源深厚,经济活动联系紧密,已正式纳入经济技术协同发展规划,国家支持天镇县打造综合康养产业区。天镇县正以深度融合京津冀带动全市经济转型发展。"天镇保姆"推介会在北京举行,标志着品牌与市场的深度融合,开启了"天镇保姆"品牌全新的航程。中国科学院专家组认为,天镇县应推出新型社会服务业"天镇保姆"发展论坛,并作为永久会址。

注:本文创作于 2018 年。

1. 市场持续旺盛,"天镇保姆"品牌历经六年时间,已经成为华北地区驰名的劳务输出品牌,共输出天镇保姆7000余名,带动10000多名贫困人口稳定脱贫;

2. 新业态不断涌现,文化旅游、健康养生、医养结合、家政培训、远程教育等一批线上线下相结合的幸福产业新模式、新业态酝酿壮大,带动了新的消费热点;

3. 随着老龄化程度不断加深,老年护理、健康养生等领域将会出现更多的新型服务业态;

4. 精准定位、错位开发,打造天镇县幸福产业(新型社会服务业)系列品牌,围绕幸福产业领域进行差异化定位,并推动幸福产业向精细化和高品质转变。

(二)在全国率先推出建设"天镇县新型社会服务学院"

家政服务业是"朝阳产业",让"朝阳产业"真正"向阳"发展,当务之急是建立"天镇县新型社会服务学院",发动更多的科研院所和大学支持家政服务业。"天镇县新型社会服务学院"的提出标志着全国首家纯家政服务的学院成立。这将是天镇县在全国率先推进家政服务业专业化发展进程的又一重大举措[5]。

1. 家政服务企业创业孵化,为有志于家庭服务事业的创业者、经营者、服务者,提供全面、系统、完整的高品质培养、培训、创业指导服务。

2. 家政服务与管理人才培养培训,为市民、家政管理人员和从业人员提供培训。

3. 家政服务技术规范研发与推广,依托人力资源与社会保障部、北京市商务局及科研院所,整合行业力量,吸纳国内外研究人员开展行业标准、政策及培训考核体系的研究工作。

(三)在京津冀晋蒙协同发展区,率先推出天镇县新型社会服务业发展规划

更新理念、科学规划,强化幸福产业顶层设计。把新型社会服务业纳入"幸福产业"范畴,把家政服务业纳入"重点经济与民生工程",以政策引领,加大行业扶持力度,促进家政服务的规范化、标准化和品牌化建设[6]。

新型社会服务业(家政服务业)从性质来看,属于经营型或竞争型产业范畴;从内容来看,属于创新型或更新型产业范畴;从发展阶段来看,属于成长型或朝阳型产业范畴。新型社会服务业是拉动就业型新的经济增长点。中国科学院专家组认为,从顶层设计角度,尽快启动"天镇县新型社会服务业发展规划",以引领家政服务业健康持续有序发展[7]。

1. 充分发挥人力资源与社会保障部定点扶贫县的优势和与北京市商务局、山西省商务厅、山西省妇联及大同市相关部门的有效衔接,明确领导与总体协调部门,实施规划引领,为发展现代家政服务业提供坚强的政策后盾。

2. 加大政策支持力度,加强专项支持。政府部门要充分利用服务业发展专项资金和引导资金,将家政服务业列为重点支持行业。可以考虑设立家政服务业发展专项资金,支持家政服务业规范化、标准化和品牌化建设[8]。

3. 完善行业标准体系,推进行业标准化发展。一是设定标准制定、宣贯时间表和路线图。二是搭建家政行业标准化管理体系,明确组织机构和职责,实现标准的立项、标准的制定和标准的发布及标准的实施与监督等[9]。

4. 对市场需求侧进行引导,实现资源配置合理均衡。对于高端群体,可以以较高的、市场化价格提供高素质服务;对于普通家庭家政服务,应配合社区养老、居家养老等政策落实实施。

5. 未来家政服务业在整个服务业的比重将超过30%。围绕这一庞大的产业,通过政府引导与政策支持,吸引民间资本加大投资,推动家政服务业公司上市,实现产业升级。

参考文献

[1]我国家政服务业的现状、发展趋势和存在问题[J].家庭服务,2018(7):36-42.

[2]黄爱宝.牢固树立新时代中国特色社会主义生态幸福观[J].中共南京市委党校学报,2018(6):1-6.

[3]梅光景.杭州市全国首创幸福产业统计制度[J].杭州(周刊),2018(1):58.

[4]于海洋,胡裕坤.周永波:打造"天镇保姆"品牌,让家政行业更高端[J].家庭服务,2018(4):40-41.

[5]家政服务业发展的机遇[J].家庭服务,2018(10):54-56.

[6]专题:中国家政服务业发展[J].中国劳动,2018(8):14-22.

[7]程雁.家政服务业需要产业升级[J].家庭服务,2018(3):46-47.

[8]李爱萍.家政服务业品牌建设的特殊性及科学构建[J].吕梁学院学报,2017,7(1):71-74.

[9]李曦靖.浅析我国家政服务业的标准化建设[J].质量技术监督研究,2017(4):14-16.

农业气候评估需求与创新思考

1. 不得不说的几个问题

(1)天气在全世界五分之四的经济活动中扮演着决定性的角色,气象投入与产出的比为1∶98。

(2)全世界每一年都会因为气象因素导致自然灾害,并造成高达上千亿美元的损失。

(3)全球气候变暖造成全球每年高达3000亿美元的损失。

(4)我国每年因为气象灾害所造成的损失约为国家GDP的3%~5%。

2. 我心中的气象经济

(1)气象经济不仅是一项综合性、长远性的领域,也是一个事关新世纪气象部门融入社会经济发展的战略问题。

(2)气象经济包含与经济有关联的全部气象内容,强化合理有效地配置和利用气候资源。

(3)气象经济不仅包含自然属性,更是注重社会生产和再生产中的经济问题。

(4)社会生产中气象条件的经济利用与特色产品培育。

(5)气象经济具有综合性,交叉性、社会性和应用性。

(6)气象经济具有实证研究与规范研究相结合条件。

(7)气象经济具有微观,中观与宏观三观结合条件。

(8)气象经济具有典型区实证和经验研究。

(9)气象条件对区域发展与经济效益产生直接影响[1]。

一、从地理学谈起

地理学已进入系统研究时代,力图在解析地理要素的基础上,理解地理要素的相互作用和区域系统的演化规律。地理学是研究陆地表层自然、人文要素及区域系统的时空格局、变化过程和动力机制的学问。其中地理环境单要素可分为自然要素和人文要素两大类,自然要素主要包括陆地表层水、土壤、气候、生物要素;人文要素主要包括人口、经济、政治、文化、历史等具有明显空间特色的要素。

中国是受水土资源严重制约的国家,由于受到气候、地形等自然成土因素所决定的土壤形成过程的控制,加之利用历史、利用强度、管理水平等的差异,区域水土资源禀赋与安全水平差异明显。作为地表系统——水、土、气、生的核心构成,水的循环和土壤的形成演变过程必然会受到系统各要素之间相互作用的影响,从而影响水、土资源质量和安全。

1. 针对地理单要素的空间分布与空间结构的划分,如气候区划、植被区划、土壤区划等。

2. 力图理解地理区域与地理空间的稳定状态[2]。

3. 水土资源是人类生存和发展的基础,理解区域水土资源现状、演变机理是实现有效调控和可持续利用的前提。

二、从特色产业切入

特色产业不仅是推动农业快速发展的有效途径,也是促进农民增收和加快农村振兴的重

注:本文创作于2020年。

要举措。以新型工业和现代服务业带动传统农业的转型升级,将三产整合成一个综合性的新型产业。

中国特色产业发展成绩斐然,势头强劲,主要表现在以下五个方面:一是发展比较成熟的县域特色产业;二是各地特色稀有的优势产业;三是具有较高市场占有率,但开发尚不完善的产业;四是尚未形成规模化生产,但具有较大发展潜力的产业;五是特色品牌深入人心。

1. 特色产业发展模式的选择不能照搬照抄其他地区产业的发展模式,而是要更多地依托其产业特性,扬长避短,以产业的独特性吸引市场。

2. 特色产业的发展代表地区产品的竞争力,是拉动地区经济发展的主要动力,也是区域产业发展的最终导向[3]。

3. 特色产业是以特定的资源为前提,以区域特色生产技术和工艺水平为基础,是对区域内的特色资源或特色产品进行产业化开发而形成。

4. 特色产业的特点主要体现在"特"上,就是要以自己的"特色"取得产业和发展的优势。对此与中国气候好产品认证不谋而合。

三、从特色农产品优势区突围

特色农产品优势区为特色农业的发展提供了有效途径,有力地推动了区域特色产业的发展。特色产业发展不仅可以增强区域产业优势、提高竞争力和拉动区域经济,而且可以提高产业发展所带来的生态和社会效益,弥补传统产业的缺陷。

特色农产品优势区构建有利于推动农业规模化经营,提高农业生产效率,推动农业供给侧结构改革。一是农产品优势区建设为特色产业发展带来机遇;二是延长产业链,推动特色产业融合发展;三是鼓励发展特色种植、养殖加工业,获取综合效益。

1. 随着收入增长和城市化的发展,城乡居民食物消费结构将进一步发生显著变化,消费者对高价值食品的需求将显著增加,对食品质量和食品安全的要求也将显著提高。

2. 从国家与社会需求来看,农业的多功能需求也将逐渐增长,激励区域特色产业发展和推动三产融合模式就显得至关重要。优化农产品区域布局,建设产业带和发展特色产品是今后一个时期农业结构调整的战略突破口。

四、农业气候认证价值功能

农业高质量发展是我国经济社会发展到新阶段对农业经济发展提出的更高要求。全球科技创新呈现出新的发展态势和特征,新一轮科技革命和产业变革正在蓬勃兴起,成为包括我国在内各国发展最不确定而又必须把握的重大时代潮流。一是新一轮科技革命是以绿色、低碳、健康为主题;二是新一轮科技革命将引发农业,尤其是特色产业深刻变革;三是新一轮科技革命与中国气候好产品评估必将促进产业结构调整和区域经济格局的深刻变化。

农业高质量发展的实质是农业产业总体素质和效率达到较高水平的发展,是农村、农业、农民协调发展,生产、生态、生活融合发展,经济效益、社会效益、生态效益全面发展的综合体现,是发展动力强、增长快、效率高、效果好的发展状态。

1. "中国气候好产品"主要体现为高品质和高安全性[4]。

2. "中国气候好产品"突出区域农业特色化和差异化发展。

3. "中国气候好产品"注重挖掘农业的生态价值、休闲价值和文化价值。

4. "中国气候好产品"有助于打造高效完备的农业生产经营体系,主要是集约化、专业化、组织化和社会化。

5."中国气候好产品"需要良好的生态环境和洁净的资源来支撑。一是要做好"减法";二是做好"加法"。

五、农业气候评估品牌化建设

新业态、新模式、新理念、新技术引领的产业升级,使农业成为中国最大机遇。只有政府、专业科研机构、企业有效地结合在一起,才能走出一条具有中国特色的发展之路。中国气候好产品是引领农业产业升级,提升产业价值的必由之路,蕴含着地域农耕文化的精髓,用简约、大写意的方式表现农业审美思想,塑造出独特的文化情感。

农业品牌化已经驶入"高铁时代",可以说,"地不分南北、时不分四季"。至今已初步构建起农业品牌政策体系,建立中国农业品牌目录制度。累计创建认定绿色有机和地理标识农产品4.3万个,形成了一批特色地域名片。品牌化带动了农业生产标准化,农产品质量安全例行监测合格率连续5年保持在96%以上。

1.我国地域的多样性和农业生产的分散性决定了众多优质农业产品必须依靠地脉下的区域公共品牌来标识其品质。

2.支持特色农产品优势区因地制宜建设一批特色化品牌,让品牌成为优质农产品和区域特色产业的代表性符号。

3."中国气候好产品"评估是农业品牌化的生力军,倡导"区位＋地域功能＋农业气候创意性评价"是农业品牌发展不可或缺的力量[5]。

六、农业气候评估创新视野

农业气候评估不仅为农业的现代化发展和特色产业基地的建设提供基础,同时还能促进生态与环境协调发展。一是重视"中国气候好产品"与气象资源的可行性论证;二是重视"中国气候好产品"外延与拓展。三是农业气候评估是科技型、基础性的社会公益事业,对生产、生态和生活具有指导作用,特别是为特色产业提供了有力的保障和相应的技术支撑[6]。

1.我国地域复杂性和经济发展不均衡性,区域差异较大,气象服务供给要确保弱势群体享有公共物品的权利。

2.我国经济社会的快速发展,多样化的气象服务需求越来越旺盛,必须提供更加丰富的产品,以满足社会多元化需求。

3.农业气候服务产业作为一种"创新、绿色"的朝阳产业,科技含量高,开放性好,有利于推动产业间的融合[7]。

4.农业气候评估是特色产业发展的技术保障,是一方气候一方产品的重要支撑。

5.农业气候评估为特色农业和特色农业优势区发展提供了科学依据,为区域经济社会发展综合评估提供借鉴

6.农业气候评估在特色经济发展中具有不可替代的促进作用和不可分割性、不排他性及不可阻止性。

参考文献

[1]李洪斌.中国气象服务供给主体多元化发展研究[D].西安:西北大学,2019.

[2]张甘霖,朱永官,邵明安.地球关键带过程与水土资源可持续利用的机理[J].中国科学:地球科学,2019,49

(12):1945-1947.

[3]赵钰.特色农业三产融合经营研究[J].山西农经,2019(20):28-29.

[4]段一群,谢蕊西,赵银娇.气象服务市场的商业模式创新及转型路径研究[J].营销界,2019(48):284-285.

[5]孔令刚.建立农业高质量发展的智慧治理机制[J].新西部,2019(31):61-64.

[6]其米玉珍,赤桑单吉,洛桑旺姆.浅谈气象服务对农牧经济的促进作用[J].安徽农业科学,2014,42(16):5161,5165.

[7]俞书傲.气候变化对农作物生产的影响[D].杭州:浙江大学,2019.

第七编　生态文化资源保护

山西省天镇县玉石与恐龙研究院成立背景、开发价值与发展路径

一、玉石与恐龙开发与天镇县旅游城市建设

站在 21 世纪天镇县的门槛上看今天，"玉石之乡""恐龙之乡""名人文化之乡""温泉之乡"和"长城之乡"五张"名片"，辉映历史光彩，展现无穷魅力。

（一）埋藏于地下的历史，终将造福天镇人民

玉石与恐龙资源是天镇县文化引导型城市更新的载体，以天镇县现有的各种文化公共设施（博物馆、文化中心）为载体，开展各类文化艺术活动（艺术节、文化节等），从而重振经济欠发达的城市和县域，促进社会多元文化的协调发展。

1. 文化设施与城市旅游区建立

在文化引导型城市更新过程中，最常见的手段就是充分利用诸如博物馆等文化基础设施来改善城市形象，塑造城市文化，并吸引旅游和外来投资，带动当地的经济发展。

2. 传统城市文化的建立与发展

每个城市的文化基础设施条件各不相同。天镇县本身缺乏优秀文化设施，因而选择了新建玉石与恐龙博物馆、名人文化展览馆、温泉文化馆和长寿文化馆。但天镇县历史悠久，闻名遐迩的玉石和恐龙文化是天镇县城市更新的重要资源。

3. 天镇县"玉石与恐龙博物馆"与城市旅游区建设

玉石与恐龙化石是大自然留给人类的历史档案，是一种充满神秘主义色彩的文化资源。其神秘犹如磁石般吸引无数人的好奇心。它跨越国界、种族、年龄，几乎对所有人都有着无穷魅力，并且玉石与恐龙本身甚至被发展成一种大众文化。千姿百态的玉石和恐龙产品几乎深深植根于每个人的文化记忆。

（二）玉石与恐龙开发路径

1. 开发主题是"关键点"

通过玉石与恐龙文化的演绎创造出一个独特的环境空间，并以此主题故事线为核心整合、包装、组合景观和游乐设备，形成特定主题统领下的特色游憩方式和游乐方式。

2. 文化灵魂是"核心点"

玉石和恐龙独特的文化内涵是吸引游客的核心内涵，必须对天镇县玉石和恐龙化石资源及人文、历史进行深入研究分析，力求主题和其文化相吻合，不断地挖掘玉石和恐龙文化内涵，拓展其文化外延。

注：本文创作于 2018 年。

3. 产品开发是"支撑点"

产品开发是玉石和恐龙资源保护与利用重要组成部分,在开发过程中,要以产品开发为支撑点,依据主题和文化包装设计项目,项目内容全面,布局合理,舒缓得当。

4. 文化创意是"突破点"

文化创意是玉石和恐龙资源保护与利用的关键要素,以文化创意为突破点设计保护与开发文化旅游体验产品,以主题文化创意生产为核心,形成独特的玉石与恐龙主题公园与创意产品实现良性互动。

5. 科技创新是"兴奋点"

玉石与恐龙的保护与开发需要高科技设备制造的"兴奋点",推动"玉石文化＋科技、恐龙文化＋科技"等手段,通过高科技实现对玉石和恐龙文化的转化、应用,以高科技设备为载体,将玉石和恐龙文化转换成现实的高科技游乐产品[1]。

二、玉石文化的前世与今生

中华民族所创造的玉石文化,其核心理念、价值支撑、精髓要义,都为现代文明所传承和发扬光大[2]。"玉石文化"最早产生于北方地区,后在辽河流域、黄淮流域和长江流域发展,最后汇聚成华夏玉礼器传统,同后起的青铜器一起,衍生出文明史上以金声玉振为奇观的伟大体系。

(一)玉石文化的价值与功能

我国用玉的历史超过七千年,在玉器方面的研究也已有两千五百余年的历史,中国不仅享有"玉器之国"的美誉,还创造了历史悠久而内涵丰富的玉石文化。玉石文化是我国民族文化最为灿烂的核心之一,承载着中华民族物质文明与精神文明。

随着我国经济、文化的快速发展和伟大复兴,如何紧跟时代经济发展的步伐,作为传承几千年中华历史文明的玉石文化,必将在市场经济的大潮中再次焕发出勃勃生机。天镇县是"大同玉"原产地,具有重要的研究、保护与开发价值。

1. 玉石文化对提升珠宝品牌影响力的作用

中国博大精深的玉石文化为珠宝的设计、加工提供了无穷的素材和力量,使珠宝兼具传统文化与现代时尚的双重内涵。充分挖掘玉石文化内涵,合理利用玉石文化元素,能够有效提高珠宝产品的附加价值,提升珠宝品牌的影响力。

2. 玉石文化在经济发展中的作用

玉石文化的挖掘和利用,能够提升珠宝产品的文化含量,从而使珠宝品牌的形象更为丰满,更契合消费者的精神需求,从而提高其品牌影响力,使更多的消费者喜爱玉石并购买、佩戴玉石制品,从而促进经济的发展[3]。

(二)玉石文化发展前景分析

玉石文化是独具特色和代表性的文化。在中国文化发生和发展的历程中,玉石文化具有重要的历史地位,成为中国文化中融物质与精神甚至多种品格的特殊文化,不仅有上万年的悠久历史,重要的是在物质文明高度发达的当代,玉石文化之"象"和"脉"均在,中国人的"玉石情结"和中国文化的"玉石品格"仍在。

我国现有各类收藏协会、收藏品市场近万家,收藏者更达 7000 万人。玉石文化依然是中国文化的经典和国魂,玉石的收藏,不仅是一种文化的收藏,而且成为一种经济增值的手段。玉器收藏已不再仅为收藏者所独享,玉器收藏似乎进入了大众化收藏的时代。

1. 玉石的价格已超过黄金的涨幅,中国珠宝玉石首饰消费居世界第二;

2. 鉴赏收藏节目热播,鉴定认证资格走俏,大众化收藏火爆;

3. 玉石加工生产已具有了前所未有的集散规模,玉石生产的民营企业队伍不断地扩大;

4. 专门从事玉器的艺人与工匠其身份地位和群体规模不断出现新的变化,融合了传统宫廷艺术、文人趣味、民间工艺的综合体,它具有既经典又世俗化的艺术特点与文化内涵;

5. 研究玉石历史、工艺、文化以及艺术鉴赏等机构频频增加,相关的研究报告、学术论文、理论著作也不断面世;

6. 玉石文化的新景观、新现象,或者说"时尚现象"不胜枚举。它是传统玉石文化基础上生发的新景观,并与传统玉石文化共同形成文化传承的整体一脉;

7. 玉石文化传统正是在传统工艺的保护与发展之中传承,玉石工艺文化也列入非物质文化遗产保护项目;

8. 形形色色的比赛、展览(销)会、博览会逐年频繁,既有行业形式与规模的,又有地方性质的各类比赛;

9. 全国各地为了宣传特色玉石文化来带动产业经济,竞相定期或不定期举办一些展销会和文化节;

10. 行业协会、学会、研究所、研究中心、商会等机构也在近几年不断涌现出来;

11. 在国家层面,玉石艺术品依然作为象征民族文化的经典纳入收藏或赠送的范围;

12. 玉石消费群体由精英至中产再到民众,这个逐步扩大的群体呈现多样化和复杂性的结构特征[4]。

三、恐龙文化的现在与未来

距今二亿两千八百万年前,地球大陆上出现了一种大型爬行类动物——恐龙。从三叠纪末期起,它们就不断地发展、繁衍、演化并在侏罗纪和白垩纪时期成为地球上的统治者,大部分恐龙于白垩纪晚期灭绝,一小支进化成了鸟类,整个演化时间大约为一亿七千万年。

恐龙在地球上消失了近亿年,只有深深埋藏于地下的坚硬骨骼石块证明了它们曾经存在并主宰世界的历史。可深邃的时空里,如何能找到它们孕育、生存并悄然消失的痕迹? 留给今人成串的谜。

(一)世界恐龙大国的责任

中国已发现的恐龙属种超过了 240 个,位居世界第一。这些恐龙化石的发现不仅丰富了世界恐龙的种类,更为研究恐龙的演化、迁徙、生理、行为以及恐龙与鸟类的关系等诸多问题提供了宝贵的资料。中国已经成为目前世界恐龙第一大国。在短短的 100 多年间,中国在恐龙研究上取得了令人瞩目的成就[5]。

(二)恐龙文化的价值与功能

1. 科学研究价值

恐龙研究是集古脊椎动物学、脊椎动物比较解剖学、古生物与地层学、分类学、动物形态学、病理学、现代生物学、动物骨骼学、地理学、植物学、环境考古学、地球化学等多门学科为一体的综合性学科。

(1)作为陆相地层的对比标志,也为古地球的板块运动提供可寻踪迹。

(2)为探讨中生代地球的古生态、古环境及其演化规律提供科学材料。

(3)可证实恐龙在不同时代的演化关系。

(4)为鸟类的恐龙起源说提供了直接的证据。

(5)可探讨恐龙这种已经灭绝的动物的形态特征。

2. 社会经济价值

恐龙已绝灭 6500 万年,其化石是自然界中不可再生的珍贵遗产。除进行科学研究以外,恐龙化石具有多层次、多领域的社会经济价值。

(1)科普教育

科普教育的成功体现了国家的综合实力与素质,利用恐龙化石进行科学教育(包括专业教育和科普教育),建立自然博物馆、古生物博物馆、地质公园等,都是直接展示古地球的风貌,让参观者更加真实地感受到史前生命神奇。

(2)旅游开发利用

中国恐龙化石种类多,分布广,并具有独特的资源价值,所以国家及地方政府均十分重视恐龙化石资源价值。各地常常在发现恐龙化石的地点,因地制宜,建立博物馆和遗址陈列馆,以科普、科研、科考为主,开展特色地学旅游。既具有科学教育意义,又能推动地方政府文化旅游发展[6]。

(三)天镇县恐龙化石的独特性

自 20 世纪 80 年代在山西天镇县发现恐龙化石以来,已采获 2300 余件恐龙化石。其年代应为晚白垩纪[7],化石埋藏相当丰富,类型多样,保存完好,其化石为原地埋藏,出产恐龙化石的地层—灰泉堡组,以晚白垩纪蜥脚类巨龙科和鸟臀类甲龙科化石为代表的新恐龙动物群。

天镇县大型蜥脚类不寻常华北龙的发掘,是一项重要的发现,不仅在华北地区尚属首次,还填补了我国最晚期完整蜥脚类恐龙的空白,而且在世界上也是不可多得的宝贵材料,通过对其进一步深入研究,对蜥脚类恐龙的分布、分类、系统演化、迁徙和绝灭及古气候、古地理等方面均具有非常重要的科学意义。

(四)恐龙化石保护方式

我国地质遗迹依其形成原因、自然属性等可分为下列 6 种类型:一是标准地质剖面;二是著名古生物化石遗址;三是典型地质与地貌景观;四是地质构造形迹;五是特大型矿床;六是地质灾害遗迹。天镇县玉石与恐龙均属于地质遗迹保护范围。

恐龙化石作为一种重要的、不可再生的地质遗迹资源,越来越受到人们的重视和保护。恐龙化石的科学信息不仅在化石本身的生物学特征,其产出状态、岩层的地质特征、岩性等特点,以及埋藏环境等同样重要。因此,不仅要保护珍贵的化石标本,还要对其产地进行保护。主要方式有:原地自然状态下保护和原地建场馆等保护[8]。

1. 原地自然状态下保护。

2. 原地场馆式保护。

3. 恐龙化石标本保护。

4. 标本保护材料的研究。

四、天镇县玉石与恐龙研究院筹备方案

(一)研究院成立背景

如果说天镇县是一个"谜",毫无疑问,玉石和恐龙是这片土地上的"谜中之谜"。从大同玉到恐龙化石,再到温泉、长城和名人文化,所有这些都是天镇县不朽的谜面与追寻。在天镇县,每一寸土地都书写着神奇与神秘,因为这里遗存有无论数量、质量,还是从种类上的文化资源都令世界惊讶得长时间无语。

玉石和恐龙化石资源一向是我国含金量很高的知名品牌,是天镇县的响亮名片,深入挖掘玉石和恐龙化石资源,打造特色品牌,把资源优势变成产业优势,进而转为发展红利,对于区域发展具有现实意义和深远的战略意义。

1. 恐龙研究与开发意义

天镇县玉石和恐龙文化苑集科普、观赏、游乐为一体,揭示了生命与环境相互依存、和谐相处的深刻主题。依托玉石和恐龙化石资源着力建设的玉石与恐龙博物馆,实现玉石文化旅游发展与化石科研保护的同步推进,将促进文化旅游产业持续快速发展,也让天镇县的知名度和美誉度不断提升。

2. 玉石与恐龙研究院成立价值

如何引导玉石和恐龙发展步入良性轨道,急需一个标杆性的组织来引导、规范其发展。玉石与恐龙研究院旨在建立一个政府主导、专家思想、企业主体的一个发展平台,在传达玉石和恐龙本身所蕴含的科学信息的同时,强化天镇县在自然科学研究方面的历史积淀与实力,进而鼓励民众的兴趣与自豪感,建立起一种全新的玉石与恐龙形象、一种全新的全民爱好、一种全新的城市凝聚力、一种全新的城市文化。

(二)研究院业务职能

1. 以"创新科技、服务政府、服务企业,服务公众"为宗旨,以科研机构为运行主体,以产学研协同创新为纽带,融合玉石和恐龙研究新理念、新目标,积极构建一个立足国内、面向世界的特色鲜明、功能完善、管理规范、运行高效的科研创新平台;

2. 以政策与管理、项目与创新、人才培养与使用等方面,构建政府、学者、学会、企业和学校的合作平台,开展玉石与恐龙保护与利用研究、规划、咨询、学术交流、委托指导、评估、培训、技术推广服务等。

(三)研究院业务范围和工作任务

本着"自愿、平等、合作、共赢"的原则开展工作,根据玉石与恐龙发展研究的需要,研究院一是设立玉石与恐龙发展规划研究中心;二是设立大同玉研究中心;三是设立天镇恐龙研究中心。

1. 梳理国内外玉石与恐龙保护与利用研究成果,总结天镇县玉石与恐龙发展与演变规律、空间分布、保护内容和利用方向,为玉石与恐龙化石资源可持续利用提供理论和智力支持。

2. 开展天镇县玉石与恐龙化石资源的理论与应用基础研究

(1)以研究院专家为主体,启动"天镇县玉石与恐龙化石资源专项研究";

(2)启动"天镇县玉石与恐龙化石资源保护与利用评估报告";

(3)编制"天镇县玉石与恐龙发展总体规划";

(4)以天镇县玉石和恐龙化石资源为主,火山温泉资源、长城文化资源、汉墓群为辅,探讨创建国家地质公园的可行性研究。

五、天镇县玉石与恐龙研究院工作方案

(一)启动天镇县玉石与恐龙化石资源专项基础研究

天镇县玉石与恐龙资源丰富,这些宝贵的玉石与恐龙资源,既有着大同的历史风韵,也体

现着天镇县的人文风采,更属于中华民族的珍稀瑰宝而流传于世。对此,应启动天镇县玉石与恐龙化石资源专项基础研究,摸清家底,为玉石与恐龙保护与开发提供科学支撑[9]。

(二)启动"天镇县玉石与恐龙保护与利用总体规划"

玉石与恐龙的保护利用必须规划先行,这是搞好文化游资源开发工作的前提和基础。在充分掌握玉石和恐龙资源现状的基础上,搞好资源保护与利用评价和可行性研究,筛选确立保护与利用项目,确立其发展定位、发展重点、格局分布。

(三)天镇县县委、县政府应多渠道筹措保护与开发资金

玉石与恐龙文化资源保护与开发所需资金数额较大,应设立专职建设管理机构,项目启动前期应加强对资金和政策争取。积极引进社会资本,推进投资主体多元化,本着"先予后取、灵活务实"原则尽快把项目建起来,坚持社会参与、市场运作的方式[10]。

(四)天镇县县委、县政府应与大同商会密切合作

筑牢研究院发展的基础条件,一是确立研究院的地址选择方案;二是确立研究院的启动资金配套;三是确立研究院专家待遇;四是确立天镇县玉石与恐龙开发专职建设管理机构;五是确立玉石与恐龙保护开发的时间表及路线图。

参考文献

[1]牛涛.恐龙文化主题公园开发建设探析——以诸城恐龙文化主题公园为例[J].旅游纵览(下半月),2018(18):29.

[2]张桂玲.追寻中华玉石文化 反思当代玉石市场——评白描《秘境——中国玉器市场见闻录》[J].宁夏社会科学,2017(4):2,257.

[3]王超.玉石文化对提升珠宝品牌的影响力与经济发展中的作用[J].现代经济信息,2011(24):232,242.

[4]朱怡芳.中国玉石文化传统研究[D].北京:清华大学,2009.

[5]杨杨,赵闯.中国,正在崛起的"恐龙帝国"——访中国科学院古脊椎动物与古人类研究所徐星研究员[J].化石,2014(4):13-23.

[6]徐金蓉,李奎,刘建,等.中国恐龙化石资源及其评价[J].国土资源科技管理,2014,31(2):8-16.

[7]康铁笙,王兰芬,庞其清,等.山西天镇含恐龙化石地层的年代及地热史的裂变径迹研究[J].核技术,1996(10):625-628.

[8]江山,叶勇,彭光照,等.四川恐龙化石资源的保护研究[J].四川地质学报,2018,38(3):388-393.

[9]杨明星.晋善晋美大同玉[J].华北国土资源,2017(1):116-117.

[10]辛巧.恐龙文化产业对莱阳经济发展的推动作用探析[J].黑龙江科技信息,2014(24):288.

山西省天镇县恐龙玉石自然公园发展规划的初步构想

天镇恐龙玉石自然公园具有多层次的参与人群、经常性的参与频率,其独具特色的恐龙玉石资源具有较大的市场需求和发展机遇,本规划以赵家沟乡、贾家屯乡、马家皂乡为基础,运用自然公园的设计理念,坚持从保护出发,因地制宜布局各个功能区,深入挖掘地质文化与文化旅游内涵,因地制宜,合理规划空间功能及景区景点配套设施。同时将景点建设与大自然生态系统循环相结合,突出公园特有的整体形象和品质,力求形成一个既能满足人们娱乐康体、生态文化消费需要,又能发挥生态系统功能,并且过程稳定、可循环再生的自然生态公园。

自然公园应充满对当地地形与自然条件的敏感与留意,着重凸显当地地域的自然风貌,遵循自然表现设计理念,将恐龙玉石遗迹、乡村、田园、自然融于一体,并以公园的形式凸显出来[1]。

一、天镇恐龙玉石自然公园的缘起与背景

(一)天镇县地质构造基本特征

天镇县位于大同新生代断陷盆地北端,内蒙古地轴南缘"天镇台穹区"。南部沿着张家山、武家山一线与阳原接壤的一小部分处于"燕山沉降带"的西北边缘,呈一般接触关系。山脉走向北东 $40°\sim60°$,自长城纪以来长期遭受剥蚀,受中生代燕山运动影响较大,形成本区南北边山断层、中部下陷的大地堑。水磨口至榆林口一带岩层直立,为相对上升区,南部丘陵为相对下降区。喜马拉雅运动以来,新生代第三纪上新世中期,本区新构造运动非常活跃。在南部山区火山活动频繁,岩浆喷出面积较大,导致地层、构造等产生一系列变动。

这样的区域构造体系及其空间分布,使得天镇县南部赵家沟乡一带至少在白垩纪时期由于地壳相对沉降而形成湖泊等低洼沉积地区,并且接受周边丘陵山地的河流汇聚及其携带的碎屑颗粒物质,从而广泛沉积了一套白垩系含玉髓和玛瑙等宝石矿物的陆相碎屑沉积地层,该套地层是天镇县大同玉产出的主要地层。因此,地质构造体系决定了研究区白垩系沉积地层的分布区域,也决定了沉积成因的大同玉的分布区域。

1. 含恐龙化石地层区域分布

从恐龙化石发掘地点可以发现,含恐龙化石的白垩系地层海拔高度从赵家沟乡张家山的 1240 余米,到贾家屯乡南冯窑村的 1435 米,再到武家山的 1670 米,有逐渐升高的趋势,也即该套地层逐渐升高,表明地质构造运动导致研究区白垩系地层发生了明显倾斜。

恐龙化石发掘地点也可以作为天镇县的一种重要旅游资源,将来,在统一规划和科学指导下,如果对该套地层进行必要且科学的化石挖掘工作,期望至少能够在剖面发掘出恐龙化石的某一或某些骨骼化石,给予其原地保护性展示,同时,对白垩纪恐龙的生活习性、生活环境进行科学解读,设立必要的解说碑,让游客在对该化石剖面所在处的地形地貌了解的基础上,能够进一步了解白垩纪巨型爬行类恐龙类的生活环境,从而使其成为旅游景观的同时,又成为科普教育的基地。

2. 含玉石地层区域分布

根据早期的地质调查和研究的初步结果,天镇县大同玉主要出产于赵家沟乡范牛坊村、薛

注:本文创作于 2018 年。

牛坊村、王凤沟村、崔家山村一带。其中核心区面积 23 平方千米。

大同玉主产地层为白垩系（距今 0.8～1.4 亿年）上统助马组沙砾岩地层中，主体为沙砾石层夹杂少量紫红色黏土，产出层位较为稳定，出露点的海拔高程大致在 1100～1200 米，为一套滨湖相陆源碎屑沉积产物。经过本次规划工作过程中的野外调查和测量，砾石层厚度为 3～25 米，沙砾岩层中砾石直径一般为 1～5 厘米，次圆到次棱角状，表明这些沉积物经历的流水搬运距离比较短，具有近源沉积特点，砾石成分主要为安山岩、白云岩、砂岩、石英岩，其次为玉髓、燧石和玛瑙等。也就是说，这些白垩系碎屑沉积物基本是湖盆周边山地及丘陵地区的风化剥蚀产物，其中的玉髓和玛瑙等宝石矿物也是来自湖盆周边山地丘陵的近源产物，或者是同期火山活动过程中的同沉积矿物。

从其地层分布及赋存岩性可见，这些大同玉都是原生地层遭到破坏后的次生沉积富集矿物。既然大同玉发现于不同岩石成分构成的碎屑岩沉积地层中，则附近势必存在或者曾经存在形成这些玉石矿物的火山喷发岩或者岩浆侵入岩的原生岩浆岩分布。

（二）恐龙玉石文化与天镇县城市旅游发展

恐龙玉石资源是天镇县文化引导型城市更新的载体，以天镇县现有的各种文化公共设施（博物馆、文化中心）为载体，开展各类文化艺术活动（艺术节、文化节等），从而重振经济欠发达的城市和县域，促进社会多元文化的协调发展。站在 21 世纪天镇县的门槛上看今天，"玉石之乡""恐龙之乡""名人文化之乡""温泉之乡"和"长城之乡"五张"名片"，辉映历史光彩，展现无穷魅力。

1. 文化设施与城市旅游区建立

在文化引导型城市更新过程中，最常见的手段就是充分利用诸如博物馆等文化基础设施来改善城市形象，塑造城市文化，并吸引旅游和外来投资，带动当地的经济发展。

2. 传统城市文化的建立与发展

每个城市的文化基础设施条件各不相同。天镇县本身缺乏优秀文化设施，因而选择了新建恐龙与玉石博物馆、名人文化展览馆、温泉文化馆和长寿文化馆。但天镇县历史悠久，闻名遐迩的恐龙和玉石文化是天镇县城市更新的重要资源。

3. 天镇县"恐龙玉石博物馆"与城市旅游区建设

玉石与恐龙化石是大自然留给人类的历史档察，是一种充满神秘主义色彩的文化资源。其神秘犹如磁石般吸引无数人的好奇心。它跨越国界、种族、年龄，几乎对所有人都有着无穷魅力，并且玉石与恐龙本身甚至被发展成一种大众文化。千姿百态的恐龙和玉石产品几乎深深植根于每个人的文化记忆。

二、天镇恐龙玉石自然公园提出

自然公园的核心灵魂是独特的旅游文化，天镇恐龙玉石自然公园是为了满足旅游者多样化休闲娱乐需求和选择而建造的一种具有创意性活动方式的现代旅游场所。它以独特的主题创意为核心、结合文化保护、文化移植、文化展示以及科学技术等手段、以虚拟景观和娱乐器械为载体来满足游客的猎奇心、将主题情节贯穿整个园区的休闲娱乐旅游目的地[2]。一是突出鲜明的形象特色；二是强调游客的参与性；三是注重景观美感的营造；四是考虑公园发展的持续性。

1. 主题性强烈。主题是构成主题公园的核心要素，构筑了游客游览公园的线索和形象链，是形成主题公园感召力的核心支点。主题可以是一个形象、一个情节、一个故事，它贯穿于整个景区的建筑、小品、道路、景观当中,园内所有功能空间和设施服务都要以其为核心,营造深刻的景观氛围,体现一种整体的感染力。

2.参与性较强。自然公园应该面向不同年龄段的游客,针对少年儿童,应该充满活力、乐趣和教育意义;对于年轻人,应该注重休闲娱乐的同时带点惊险刺激的体验;对于中老年人,应该设置一些温和静态的主题景观以满足其观赏和参与的需要,得到内心的满足感;对于家长,就要考虑到亲子互动的具体措施,无论是哪类人群,都应该通过主题引导使其真正地参与到公园当中。

三、指导思想

天镇恐龙玉石自然公园建设应以生态文明思想为指导,以弘扬天镇龙和大同玉为主线,以恐龙玉石遗迹保护和景观开发为主体,以生态环境治理恢复为原则,充分利用公园区域自然条件和人文资源,科学合理的规划布局,独特的设计理念,适度的开发建设,融自然景观、人文景观、矿业遗迹景观于一体,采用地质遗迹保护、生态环境恢复和文化重现等手段,达到旅游和科普的有机统一。把其建设成为人们旅游观光、休闲度假、文化娱乐和科学教育的场所[3]。

四、规划原则

1.生态统领原则。遵循生态优先、以人为本的原则,重视生态环境保护和建设,注重生物多样性保护。避免对原生态系统的影响和破坏,尽可能在原有绿化体系基础上修复生态环境,打造文旅景观,满足人们游憩需要。

2.独特性原则。充分利用当地地形、地物,以绿色为基调色彩,深入挖掘地质遗迹和当地民风民俗。将自然景观资源和人文景观资源有机结合,使自然文化与人文文化达到高度统一,突出特色性与标志性,给人过目难忘的深刻感受。

3.保护性原则。公园建设要突出保护性原则,尤其是对恐龙玉石遗迹进行严格保护,做到在保护中开发和在开发中保护相结合。以地质遗迹保护和生态环境治理恢复为主体,体现地质遗迹保护内涵,突出地质遗迹保护价值。

4.可持续发展原则。公园总体规划建设应遵循可持续发展的原则,以生态文明理念为指导,以永续利用为前提,实现地质文化与文旅开发相结合、使资源开发利用与资源环境保护及环境质量提高相协调。

5.整体性原则。立足基础设施建设,着眼恐龙玉石遗迹的开发和保护,充分考虑生态环境可持续发展问题,实现近期、中期、远期三者相结合。始终要以恐龙玉石遗迹保护和生态环境恢复为主线,贯穿始终,在此基础上进行设施建设。

6.主题突出原则。恐龙和玉石主题是公园吸引力的来源,将恐龙和玉石文化贯穿于全园,使游客在游览过程中能切实感受到自然公园的独特魅力,围绕特色,强化特征。

7.科学性原则。公园主题展览场馆应多布置讲解式主题设施,通过宣传古生物资源文化,既增强主题性又强化科普教育功能,同时通过探险营地等户外活动增强体验性功能,使恐龙主题得到充分运用。

五、空间布局

利用现状地貌和周边自然环境,注重化石资源和生态环境保护,因地制宜地进行景观空间营造,结合恐龙玉石主题元素,形成多样的功能分区和景观空间,来满足不同游客的游览需要。

整体的设计从全园布局着手,通过园林造景手法,使整个空间相互融合,以便于整个园区景观有一个较大的提升。

六、功能分区

天镇恐龙玉石自然公园建设以突出恐龙玉石与自然景观、人文历史有机结合的设计思想,把遗迹保护工程纳入到优美的自然环境和光芒闪耀的恐龙玉石文化之中,勾绘出自然和谐的山水画卷。将公园划分为综合服务区、娱乐活动区、遗址旅游区、科普教育区、探险体验区和"恐龙玉石之路"六大功能区,形成"一心、一路、六区、多节点"的景观格局。

1."一心":天镇恐龙玉石自然公园

2."一路":玉石之路

3."六区":综合服务区(恐龙博物馆)、娱乐活动区、遗址旅游区、科普教育区、探险体验区、健康养生区

4."多节点":赵家沟乡、贾家屯乡、马家皂乡及重点乡村

七、市场定位

以国内知名的天镇恐龙和大同玉为发展目标,以打造山西省文旅融合旅游目的地为立足点,着眼于化石遗迹的保护开发和利用,深入挖掘文化内涵,注重景观空间的改造提升和游客的参与互动需求,突出科学教育、参与体验、休闲娱乐的功能,最终建设成为以恐龙和玉石元素为核心,集科教、观光、休闲、娱乐、康养等于一体的自然公园,形成形象鲜明、个性新奇、极具特色与活力的自然公园,进而打响天镇县"大同龙城玉府"的口号和品牌。

参考文献

[1]陈回华,侯碧清,邱建丽.自然公园的设计理念与方法探讨——以株洲市荷塘公园总体规划为例[J].林业科技开发,2009,23(3):132-134.

[2]王艺洁.山东诸城恐龙主题公园景观规划设计研究[D].咸阳:西北农林科技大学,2018.

[3]王艳芬.河南新密密玉省级矿山公园总体规划布局的理论与实践研究[D].咸阳:西北农林科技大学,2011.

山西省阳城县蚕桑文化与全域旅游融合发展新视野

旅游业最大的特点是跨越不同产业、市场和空间,资源无限、市场无边、产业无界、创意无穷,核心是能否找到切入点。

一、古丝路 新战略

1.“一带一路”建设是党的十八大以来影响世界最重要倡议[1],是新形势下中国对外开放的重要举措。在国家大力推进“一带一路”倡议的大背景下,桑蚕业的发展呈现多元融合生态化的趋势。随着旅游需求的多样化和个性化,阳城县作为丝绸之路的重要节点城市,桑蚕业和旅游业的融合发展成为可能。

2. 蚕桑产业是创新产业,是领先世界的原创性产品和产业,更是“一带一路”倡议实现的根基[2]。从蚕桑丝绸中,我们能够提炼出相应的文化内涵。阳城县自古就是我国重要的蚕桑丝织生产基地,有着“丝绸之府”的美誉,是世界丝绸文化发祥地之一。

蚕桑产业是中国的国家名片,积淀了悠久历史的丝绸文化是中国文化影响世界的重要组成部分,绚丽多姿、珠光宝气的中国丝绸受到各国人民的衷心喜爱。蚕桑产业是目前我国少数几个既能主导国际市场、又有自主知识产权、还极具中华民族特色的传统优势产业之一[3]。

(1)桑:坚忍不拔,具有很强的适应外部恶劣环境的能力,古人视之为“神木”,体现的精神实质包括坚韧、纯洁,是求新求真。

(2)蚕:生生不息,尽心尽力,克己克能,体现的精神实质包括勤勉、奉献、执着;是求变、求实。

(3)丝:组织的概念来源于丝绸,丝绸是“组织”之中的精品,轻盈柔润、一丝不苟、丝丝入扣,体现的是求善求美。

二、禀赋好 人文重

阳城县是山西省五个全域旅游示范区之一,地处太行、太岳、中条三山交汇处,地貌独特、生物丰富、历史悠久、交通便利。在转型跨越式发展背景下,阳城县发展全域旅游恰逢其时。

(一)山水林结合俱佳,生物多样性条件优越

阳城自然资源丰富多彩,既有“天然氧吧”,又有“动植物资源宝库”,还有著名的水利风景区,更有造型奇特的喀斯特地貌和亚高山草甸。山水林生态资源禀赋极佳,为阳城县发展全域旅游提供了先天条件。

(二)黄河文明发源之地,人文底蕴厚重且品质较高

阳城县历史文化悠久,既拥有“商汤”历史文化资源,又拥有太行、太岳“红色”文化资源和晋东南特色农耕与民俗文化资源等,更拥有被誉为“全国民居古堡第一县”称号。其中,皇城相府就是清文渊阁大学士陈廷敬的故居,拥有“中国北方第一文宅”的美誉,还有明代民居建筑群郭峪城及王国光故居、孙文龙纪念馆等。阳城县人文底蕴厚重且品质较高,为阳城县发展全域旅游奠定了坚实基础。

注:本文创作于 2017 年。

（三）现有旅游产品规模已经形成，蚕桑文化与生态旅游将要提上议程

阳城荣获"美丽中国"十佳旅游县、旅游标准化试点县等殊荣、全国美丽乡村建设示范县，打响了阳城旅游这张名片。阳城应继续注重自然风光开发与人文景观开发并举，蚕桑文化与生态旅游将要提上议程，进一步丰富旅游内涵，提升景点文化品位，打造全域旅游品牌。

三、新转型 新品质

（一）资源城市转型带来的困扰

探讨资源型城市转型发展全域旅游"绿色经济"新模式，促进阳城县旅游由景点旅游向全境旅游转变、由单一观光旅游向多元复合旅游拓展、由单一旅游产业向三次产业融合延伸，打造阳城特色旅游新形象。同时，全域旅游发展有利于推动一二三产业融合发展，调整经济发展方式，优化县域产业结构。推动城乡一体化具有现实和深远意义[4]。

1. 结构困扰

阳城县六大产业类型是煤炭、电力、煤化工、陶瓷、旅游和蚕桑，工业是阳城县的支柱产业，其中煤炭行业及其相关行业贡献了全县生产总值的一半，"一煤独大"是阳城经济发展特点。虽然阳城正在积极响应资源型城市转型跨越发展，不断调整产业结构，但是阳城县一直甩不掉"近期离不开，远期靠不住"的煤炭，经济增长过分依赖第二产业。阳城县经济总体形势良好，但深陷"一煤独大"、产业结构单一的困境，缺乏经济引擎支撑，经济增长乏力。2015 年三次产业比重为 5.8∶57.7∶36.5 为典型的"231"[5]。

2. 环境困扰

阳城县面临严重的环境问题挑战，煤炭产业及其相关的电力和化工产业都是高污染行业，严重污染空气、水及土壤资源，既不利于居民健康，又特别限制旅游业的可持续发展。必须加快转变"一煤独大"的经济结构，把重心放在转型发展上来，应对煤炭市场的低迷窘境，摆脱经济下滑的困局。

3. 转型路径

阳城县既是能源城市，又是旅游城市，这种两面性在山西省极具代表性，符合全域旅游的基本条件，通过全域旅游的推进，阳城县有可能成为由"黑色经济"转变"绿色经济"的样本，使其成为晋南旅游集散中心和山西省蚕桑文化旅游精品，为山西省乃至其他资源型城市经济转型发展提供科学借鉴。

（二）全域旅游机遇和挑战

1. 增容提质机遇

阳城县是一个旅游大县，旅游资源丰富，有麟河、云蒙山、析城山、九女仙湖等优美壮观的生态旅游资源，还有皇城相府、海会寺、孙文龙纪念馆、郭峪城等无与伦比的人文资源。现有旅游景区 5 处，其中 5A 景区一处，4A 景区 2 处，3A 景区 2 处。与阳城煤炭行业低迷不振相比，旅游业却在发展蓬勃，呈现出良好的发展势头。预测 2016—2018 年旅游人次可以达到 800 万～900 万，旅游总收入可以突破 60 亿～70 亿元。2015 年旅游业贡献率为 50%以上，增幅为 173%。旅游业的发展快于生产总值和第三产业整体增速，成为阳城第三产业发展的主要动力，旅游业已经逐步成为阳城县的主导产业。全域旅游必将成为阳城经济发展的新引擎，是阳城县转型发展的必然选择与重要方向。

2. 就业富民挑战

阳城县总体就业率不足,再加上近年来煤矿等相关产业的低迷,失业人数增多,旅游业发展直接涉及 10 多个产业,间接影响到 40 多个产业,关联度较高,发展潜力巨大,可以创造就业机会。旅游业每增加 1 个就业人员,间接带动的就业人员在 5 个人以上。以 2015 年为例,全县旅游直接及相关就业人员人数 6000 多人,以此推算间接带动就业人数 3 万多人,带动相关产业收入上百亿元。因此,发展全域旅游是阳城县转型跨越、稳定经济的必然选择。

四、新旅游　新路径

全域旅游是一种新旅游开发手段,更是一种新的经济社会发展模式,突出旅游业在经济社会发展中的先导作用和主线地位、以旅游业的综合性产业特征为出发点,突破旅游发展原有空间限制和行业限制为基本形式,以创新旅游资源观、拓展旅游发展空间、丰富旅游产品形式、延长旅游产业链条、注重乡村参与等为主要诉求,以实现城乡统筹和产业联动发展为主要目标。

全域旅游既是旅游发展成熟地区实现转型提升发展的重要载体,又是旅游发展后发地区实现高点起步的重要抓手,而对于县域来说,全域旅游是实现其旅游业跨越发展的重要契机和抓手。阳城县作为典型的资源转型城市,旅游业发展受传统因素制约明显,旅游业尽管取得了明显的进步,但全域旅游发展格局还尚未形成,发展思路和手段仍较为单一。这一问题也代表了当前县域发展面临的共性问题,也反映出把全域旅游理念转化为推进阳城县旅游业跨越发展载体和动力的现实需求。

(一)"政府引领＋顶层设计＋社会主体",是解决阳城县县域发展理念较新而缺乏特色问题

推进全域旅游发展,一是明确全域旅游发展的目标和主要路径,着力把全域旅游从一个新的概念转化为阳城县发展旅游业的特色;二是启动全域旅游发展规划,理清发展思路,找准突破点,明确实现路径;三是要突出蚕桑文化与其他区域的衔接和融合,不能孤立起来搞阳城县自己的全域旅游;四是积极推行全域旅游规划与其他规划的对接,形成全域旅游发展的规划体系[6]。

(二)对接"一路一带"深入挖掘蚕桑文化,是解决旅游资源面广而缺乏精准的问题

蚕桑文化是阳城县旅游的灵魂之一,是对接"一路一带"增容提质的前提条件。虽然阳城县旅游资源种类多、分布广,但现阶段旅游产品中的文化内涵挖掘和展示还停留在初级阶段,缺乏对地域文化的深入梳理,尤其是蚕桑文化。应通过蚕桑文化特色的挖掘和展示来整合已有旅游资源和提升现有旅游产品,实现旅游要素的融合[7]。

(三)蚕桑文化与旅游结合,是解决阳城县全域旅游融之有余而缺乏整合的有效途径

蚕桑文化与旅游结合是延长农业产业链、提高农业附加值、增加农民收入、促进城乡一体化发展的重要途径,也是阳城县发展全域旅游的主要方向[8]。一是要尽快培育具有阳城县地域特色的蚕桑田园综合体旅游品牌,科学确定乡村旅游特色定位,形成"一镇(乡)一特色"定位体系,为乡村旅游的结构优化与品质升级确立方向;二是加快构建乡村旅游和农业休闲产品体系,形成空间上的全域覆盖;三是要争取国家政策支持,积极吸引社会资本,完善基础设施和配套设施,加快推进传统村落保护与乡村旅游的增容提质。

（四）机制创新先行，是解决阳城县全域旅游整体可控但顺而不畅的问题

阳城县发展全域旅游在体制机制上要着力解决顺而不畅的问题。一是突出政府主导引领功能，把全域旅游与旅游景区点品质提升、招商引资、城市宣传营销等工作有机结合；二是构建全域旅游工作格局，充分认识发展旅游，特别是蚕桑产业化和乡村旅游对解决农村贫困人口温饱和致富问题的突出作用，树立抓旅游就是抓民生的工作理念；三是突出蚕桑田园综合体的示范引领作用，激发所在区域农民参与旅游开发的积极性和主动性，营造支持旅游发展、参与旅游创业的社会氛围[9]。

（五）蚕桑文化城建设，是解决阳城县全域旅游品牌清晰而缺乏个性彰显的问题

阳城县全域旅游应该通过先做强做大现有景区（皇城相府、蟒山旅游区等），同时启动蚕桑文化城和蚕桑田园综合体建设，在此基础上开发旅游环线，最后实现点线面结合的全域全时全景全业旅游发展。一是突出现有景区和待建景区的主体作用，树立县景一体化的创新思路，运用机制创新、市场运作等方式，突出旅游特色和服务质量，实现增容提质；二是加大阳城县自然和人文资源优势，特别是山区生态旅游优势资源的挖掘和项目包装工作，力争把山区打造为国家生态旅游示范区和国家深呼吸小镇。

五、新视野 新业态

（一）实施蚕桑文化城建设建议方案

阳城县作为对接"一路一带"重要货源地的城市，要顺应城市文化建设大潮，以蚕桑文化为着眼点，寻求文化展示交流平台建立的途径，打造新的阳城县城市形象，作为蚕桑之乡，阳城县有较深的蚕桑文化底蕴和丝绸之路情结。建立文化城，集蚕桑文化交易展示、蚕桑文化产业孵化、蚕桑主题公园、特色商业餐饮、蚕桑教育研究多种功能为一体的城市文化艺术新地标，综合性文化创意旅游城。

（二）创建国家生态旅游示范区建议方案

根据阳城县生态系统保存完好，生物多样性丰富、植物和地貌景观独特、自然与历史人文遗迹相互交配的生态特点，通过对生态旅游开发现状的分析，提出以生态保护为前提，正确处理好生态保护与旅游开发的关系，在生态负荷旅游体验经营管理、乡村利益之间取得平衡，统筹兼顾科学规划、加强环保生态建设、科学控制生态容量、精品打造重在特色、健全制度严格管理。

生态旅游示范区以生态文明和旅游经济协调发展为主线，以生态旅游项目建设为重点，坚持经济社会生态效益相统一的原则，创新发展理念，转变发展方式，视保护为重中之重，在"保护第一"的前提下，努力探索一条既发展旅游又保护环境的新路子。努力把阳城县生态旅游示范区打造成中国一流的生态旅游高地，充分发挥其在生态经济和旅游产业中的示范、带动作用，为阳城县省级旅游度假区和山西省旅游产业大省建设做出重要贡献[10]。

（三）创建国家生态文明示范县建议方案

阳城县生态文明建设基础较好。一是该县为重要的生态功能区和重点生态涵养区；二是该县为典型的社会系统与自然系统良性互动发展资源富集区域；三是该县为自然与人文旅游资源交相辉映的生态旅游产品供给地；四是该县为远古与现代人类文明融合发展的蚕桑文化之乡。

生态立县战略是阳城县的立县之本。阳城县委县政府正确把握"生态涵养"与"发展"的关系,积极探索生态涵养发展区建设生态文明有效途径,加快推进生态文明建设,促进经济社会发展与资源环境协调,取得了重要成就,基本具备国家生态文明示范县创建条件。

(四)创建"国家深呼吸小镇"建议方案

目前,由中国国土经济学会推选"2017百佳深呼吸小城"入围名单。国内这200个小城,得到了国家认可,虽然阳城县没有入选,但阳城县基本具备了入选条件,建议启动阳城县"国家深呼吸小镇"建设规划。

深呼吸小城是指空气负氧离子含量、森林覆盖率等各项生态指标较高的县域、县级市,这些区域的生态建设和景观体系兼优,具备吸引人群前往"避霾"的条件,因而在旅游市场蕴藏着极大的发展潜力。一是旅游把"深呼吸小镇"品牌转化为产业价值的核心驱动力(三避、三养);二是休闲度假时代催生"深呼吸小镇"市场需求;三是蚕桑文化与全域旅游融合开发模式为"深呼吸小镇"发展提供了基础;四是全域旅游引导下的特色小镇、美丽乡村建设为"深呼吸小镇"建设提供了条件。这四个层次的逐步推进,能有效整合养生、养老,实现品牌价值。

(五)建议建立阳城县新型智库

建立阳城智库是提高阳城科学决策水平、实现阳城持续发展的必然要求。当前,阳城正处于由规模增长向效率优化转变的关键时期,改革发展中的各类问题突出,发展任务艰巨,这对决策研究提出了更高要求。在这一背景下,政府决策的科学与否成为事关阳城安全稳定和可持续发展的重要环节,迫切需要建立健全具有中国特色、阳城特点的决策支撑体系,按照贴近阳城决策需求、坚持问题导向、反映人民呼声的要求建设适应阳城经济社会发展需求的智库,以科学咨询支撑科学决策,以科学决策引领科学发展。

阳城智库,必须立足县情,充分体现阳城特色、阳城风格、阳城气派。一是充分利用战略谋划和综合研判能力,围绕县委、县政府决策急需的重大课题,以及改革发展稳定重大任务和应对区域性环境问题,开展前瞻性、针对性、储备性政策研究。二是持续产生高质量的研究成果,适度超前科学选题,形成高标准、严密规范的成果质量保证体系。三是接轨山西省和国家发展政策,积极参与区域性的发展战略和交流合作,把握阳城理念和阳城主张有效传播。

参考文献

[1]张文木."一带一路"与世界治理的中国方案[J].世界经济与政治,2017(8):4-25,156.

[2]李龙,高源,赵卫国,等.加强国际蚕业合作共铸丝绸之路辉煌[J].中国蚕业,2016,37(2):1-7.

[3]周琴.蚕桑产业的生态价值初探[J].农技服务,2017,34(10):164-165.

[4]凌飞鸿.关于全域旅游助推县域经济发展的思考[J].经济研究导刊,2017(8):84-85.

[5]李刘军.资源型城市经济转型的经验对阳城的启示[J].现代工业经济和信息化,2014,4(15):5-7.

[6]茹秋霞.阳城县蚕桑产业现状及未来发展思路的探索[J].现代经济信息,2017(24):496.

[7]王良,李孝轩.加快蚕业供给侧结构性改革推进蚕桑产业融合发展[J].四川蚕业,2017,45(4):34-35.

[8]李建琴.蚕桑产业转型升级理论与路径[J].蚕业科学,2017,43(3):361-368.

[9]屈慧娟.蚕桑产业现状及发展对策的探讨[J].南方农机,2017,48(22):162.

[10]张蒙蒙,张瑞蒲,孙永亮,等.发展中国蚕业生态旅游的思考[J].中国蚕业,2017,38(4):27-32,36.

浙江省余姚市阳明文化与旅游创新发展

王阳明是中国古代著名哲学家、教育家、军事家。作为余姚最闪亮的一张名片。王阳明一生文治武功俱称于世,而对儒学的理论贡献尤其卓著。其学远承孟子,近继象山,而自成一家,影响超越明代而及于后世,风靡一时而传播中外[1]。

1. 王阳明确立以道德为核心的道德理想主义,对于救治当今社会道德滑坡、唯利是图、物欲横流的非人性化弊端无疑是一剂对症良药。

2. 王阳明提倡"亲民"、重视民生的思想主张,在当下尤其显得重要。儒学的传统历来强调以民为本,从民本走向民主是很自然的,也是必然的。

3. 王阳明和而不同精神,体现了一种多元和谐的文化取向,为全球化时代的多元文化交流、沟通提供了历史的借鉴。

4. 王阳明知行合一、力行实践的精神为我们坚持实事求是的思想路线和改革开放的既定国策,不断开创现代化建设的新局面提供了一种科学务实的思维方法和精神动力。

一、名人文化资源阐发

历史名人文化资源是人文类旅游资源的重要组成部分,它作为一种特殊的综合性资源构成是一个资源系统。开发阳明历史名人文化资源,应深入挖掘其深层次的文化内涵,遵循历史文化名人资源的开发原则,依托资源特色和现有文化遗存、遗迹等。充分利用新技术手段,着力构建阳明文化旅游的品牌系统,科学打造阳明文化旅游吸引物系统,实现阳明历史文化名人"三故"资源的科学开发、可持续开发。

阳明故居旅游资源是一项系统工程,也是一种重要的历史文化遗产,其中关键点是要树立系统思维的名人故居旅游开发理念,即结合阳明故居、阳明故里、阳明故事于一体,实现一体化开发。而名人故事又是名人故里、名人故居的理念拓展。名人的再现、名人的活化依托于故事,而故事的真实性又依赖于故居和故里真实存在。

二、名人文化保护与开发研究

(一)名人故居研究

名人文化旅游资源研究中,对名人故居研究数量最多。大多集中于以下几个方面:(1)开发名人故居旅游的意义或当地名人故居的开发价值;(2)当地名人故居的现状与特点;(3)目前保护与利用中存在的问题;(4)作者基于保护与利用的角度提出的开发建议;(5)名人故居旅游资源评价指标体系的构建;(6)当地名人故居旅游市场的感知分析。这与名人文化旅游资源的整体研究方向相吻合[2]。

(二)名人故居保护研究

"以开发促保护、边开发边保护"已成为当今旅游业开发的共识。名人文化旅游资源作为文化资源的一部分,其文物价值、史料价值不可估量。在探讨名人文化旅游资源应该如何开发问题的同时,有不少研究者已将目光投向了更具有人文关怀领域,主要包括自然破坏和人为破

注:本文创作于 2017 年。

坏。自然破坏非人力所能制止,但人为破坏的原因令人扼腕,如政治性破坏、无知性破坏、建设性破坏和游客造成的破坏等[3]。

（三）名人故居开发研究

对名人文化旅游资源进行产业化开发无疑是提升当地旅游知名度、增加旅游文化底蕴的良好途径研究者大多从定性角度论述了名人文化旅游资源产业化开发的价值和意义,而对产业化开发所带来的社会、经济、环境效益并没有做定量论证,这就使得其开发价值并不鲜明,结论缺乏说服力。一是不少地方因对开发价值认识不清,导致盲目开发、跟风开发,故意忽略历史真实性;二是对名人资源牵强附会、生拉硬扯,完全扭曲了名人文化资源的开发本质;三是一些景区单纯为了追求经济效益,争抢旅游者"眼球",开发负面名人资源,哗众取宠,丧失了名人文化旅游的教育性、思想性和进步性[4]。

（四）名人故居旅游开发研究

名人故居文化旅游资源研究的成果丰富,角度全面,结论成熟。普遍共识是以抢救性保护为核心。(1)整治名人故居的周边环境,完善基础设施;(2)加大宣传力度,提升景区知名度;(3)深度挖掘资源特色,顺应市场需求,结合周边资源,联合营销;(4)保护与开发并举。

三、阳明故居文化资源活化路径

名人故居承载着浓厚的历史和文化,它们镌刻着一个地方千百年的记忆,具有独特的历史文化底蕴,散发着特有的魅力,是一个地方引以为傲的文化资本,是一个民族的宝贵遗产和文化标志[5]。阳明文化源远流长、积淀丰富,余姚大地群英荟萃、名人辈出,保护名人故居文化资源,传承优秀文化传统,并结合当代技术手段、理念诉求使之活化、发展以适应和促进群众现实生活、丰富精神内涵,是时代赋予我们的责任与义务。

1. 保持故居原真性始终是国内外故居管理的底线原则,是一条红线。

2. 注重文化传承性,局限于物质保护和旅游开发,无疑是对故居开发的曲解。注重文化传承,代际相传,使名人文化的精髓得以发扬光大,乃是开发的真正价值。

3. 构建统觉缓冲带,通过城市的合理规划和布局调整使故居韵味与现代城市相融合、相适应。

4. 构建安全防护体系,名人故居因其独特的历史意义和收藏物品而分外珍贵,其安保防护措施极其重要,防火、防水、防盗、防虫蛀、防老化等均需加强和重视。

5. 部门联动共谋发展,故居保护与开发是一个系统工程,不仅需要文化、旅游、教育、园林、宣传、等部门的协调与配合,更需要政府整体布局、统一谋划,以及社会各界的参与、关注。

6. 整合余姚市以王阳明为主体的文化名人资源打造余姚文化旅游特区。

7. 以文化旅游特区(城)带动周边商贸服务业,并形成文化创意产业群。

8. 修缮扩建文化旅游特区,打造余姚文化展示基地。

9. 把中国阳明心学高峰论坛作为永久会址,落户余姚,构建文化交流平台。

10. 主办阳明文化节,树立王阳明道德亲民、和而不同和知行合一,传承中华文明。

四、阳明文化效应对余姚市旅游发展的影响

随着我国精神文明建设与信息化推进,名人效应影响范围越来越广、传播速度越来越快。名人效应所带来的经济效益与社会效益也日益突出,以人物记录类资源为主体的阳明旅游开

发,不仅对余姚市旅游业发展提供基础和条件,乃至对其经济社会发展都具有积极推动作用。

历史名人资源不仅是我国文化旅游的核心与灵魂,同时也是文化旅游发展的主要媒介和突破口。一是阳明效应具有空间的广泛性;二是阳明效应具有价值多样性;三是阳明效应具有环境依存性;四是阳明效应具有传承余姚民俗文化功能;五是阳明效应具有塑造城市旅游形象功能;六是阳明效应具有捕捉游客心理需求功能[6]。

五、阳明"文化＋旅游"

以阳明文化带动旅游、以旅游传播阳明文化,这已成为近年来我国旅游发展的一个新型业态。余姚市旅游开发和运行只有立足于本地的历史文化传统,充分重视和挖掘其特有的名人文化资源,努力打造阳明特色品牌[7],把名人文化资源转化为文化旅游产业,才能在旅游市场中具备竞争优势,从而立于不败之地。一是把阳明文化旅游特区作为余姚市的重大项目,带动余姚市的城市经营;二是把阳明文化旅游特区作为品牌推动余姚市文化再开发;三是把阳明文化旅游特区作为景点牵动城区建设的优化。四是利用"中国阳明心学"论坛推动产业升级。

1. 构建阳明名人文化旅游品牌系统,包括对阳明名人文化准确定位、提炼和打造阳明名人文化品牌、建立阳明名人文化品牌的保护系统。

2. 打造阳明名人文化品牌旅游吸引物系统,包括结合社会生活热点,彰显阳明名人文化的时代价值;关注大众趣味,把握文化传承脉搏;提炼阳明名人文化形象与符号[8]。

六、余姚发展畅想

近年来,余姚市委、市政府十分重视旅游业的发展,把建设文化旅游休闲胜地和长三角新兴旅游目的地作为未来余姚市社会经济发展的战略定位之一。余姚已被评为中国优秀旅游城市、全国休闲农业与乡村旅游示范县、中国十佳最具魅力生态旅游城市和亚洲金旅奖最美人文休闲旅游目的地。这些成果为阳明文化旅游开发打下了坚实的基础[9]。

1. 旅游产业经济日益增强,产业规模不断扩张,旅游业对国民经济增长的贡献率水平不断提高。

2. 旅游产业结构不断优化,城市旅游功能日趋完善,在重点发展文化旅游、休闲旅游、生态旅游、红色旅游四大旅游品牌的同时,精心培育了农家乐乡村旅游、节庆旅游、自驾车旅游等旅游新业态。

3. 旅游规划体系逐渐完善,重点项目建设扎实推进,完成了余姚名人馆、四明山地质公园等一批建设项目。

4. 旅游推介营销取得实效,乡村旅游健康发展,开辟了"河姆渡文化之旅"和"四明山生态之旅"等多条精品路线。开通沪、杭、甬等地至余姚的旅游专线。

5. 行业品质管理显著增强,旅游品牌创建成果突出,在全省率先开展了旅行社品质等级评定工作,成立了导游服务中心。强化旅游安全生产,加强旅游企业评星创优工作。

七、余姚发展愿景

余姚市提出要高水平全面建成小康社会,力争在全国同等城市中实现争先进位,努力建设现代化创新型生态城市。这种新型生态城市为阳明文化旅游开发起到重要支撑作用。

1. 经济更发达。现代产业体系基本形成,加快建设长三角南翼中高端智造基地、人文休闲旅游胜地和人才创业创新高地,力争率先进入省创新型城市行列。强化创新驱动努力在转型升级上取得新突破。

2. 城乡更协调。新型城镇化加速推进,城乡区域空间布局更趋合理。中心城区集聚辐射功能明显增强,现代新型城镇、美丽乡村和美丽家园建设取得新进展。坚持统筹协调努力在城乡品质上取得新突破。

3. 文化更繁荣。历史文化资源保护开发利用切实加强,文化产业加快发展,文化软实力显著提升,城市人文魅力更加彰显。创新名人故居、故里和故事,努力在名人文化旅游上取得新突破。

4. 生态更优美。生产方式和生活方式绿色、低碳水平明显上升,力争成为国家生态文明建设示范区。努力在生态文明建设和生态旅游示范上取得新突破。

5. 生活更美好。就业创业更有质量,居民收入持续增长,基本公共服务体系日益完善,让劳动者更有机会就业,让社会保障更公平普惠,让教育更加均衡优质,让全体市民更加健康,让城乡居民住有宜居。建设幸福老区,努力在区域统筹上取得新突破。

6. 治理更协同。治理体系和治理能力现代化水平明显提升,体制机制更具活力。创新社会治理,努力在共建共享上取得新突破。

参考文献

[1]吴光.王阳明的生平及其思想主旨[J].人文天下,2017(13):13-19.

[2]耿坤.名人故居认定、保护与利用的若干思考——以重庆市为例[J].中国文化遗产,2017(3):69-74.

[3]徐徐.名人故居类文化旅游资源保护探析[J].旅游纵览(下半月),2016(20):289.

[4]王怀梅,鲁超楠,巩吕.分析重庆市北碚区名人故居的开发利用[J].旅游纵览(下半月),2017(6):131-132.

[5]陈小亮.宁波文化名人故居保护与开发现状的调查[J].宁波职业技术学院学报,2015,19(2):51-54.

[6]孙诣芳,杨逸.论王阳明文化当代价值与现实意义[J].大众文艺,2017(24):245.

[7]王芳芳.用阳明文化的核心理念构筑文化品牌[J].理论与当代,2017(4):47-48.

[8]肖良武.阳明文化品牌构建与价值提升研究[J].贵阳学院学报(社会科学版),2016,11(6):43-47.

[9]温小兴.国内王阳明与地域社会研究:进展、问题与展望[J].赣南师范大学学报,2017,38(2):39-43.

江西省浮梁县瓷茶一体化的时代背景与发展方略

景德镇的瓷、浮梁县的茶产生了巨大的经济、文化、精神效应。景德镇的瓷不再是一幅画，浮梁县的茶不再是一种生活方式，它们早已成为一个文化符号，一种社会现象，一种精神向往。其魅力、张力，在公众与学界的影响深远。

1. 对世界而言，它们均具有名片性；

2. 对当代而言，它们均具有元典性；

3. 对景德镇、浮梁县而言，它们均具有标志性和强劲生命力；

4. 我国历史上能出现"富春山居图""清明上河图"，也一定能够出现"瓷茶盛世图"。

一、景德镇瓷茶关系述要

(一)景德镇瓷文化

瓷器是中国人民的伟大发明之一，"中国瓷都"可为中华民族文化崇尚的体现，中国人民会以"都"名加封瓷城更为雄壮崇高。景德镇展示了技艺顶峰的四大名瓷产品：青花、青花玲珑、高温颜色釉、粉彩以及众多的成名产品—薄胎、青花影青、新彩、窑彩、雕塑等[1]。

景德镇是千年瓷都，陶瓷对景德镇的发展做出了巨大贡献，尤其在600多年的御瓷生产历史中，形成了"千里挑一、一瓷万价"的精品意识。而在今天景德镇依然肩负着发展陶瓷品牌，弘扬陶瓷文化提升陶瓷产业的重要责任。

景德镇市是国家级瓷文化和江西省瓷文化产业重要基地，所生产的陶瓷门类齐全，涵盖艺术陶瓷、日用陶瓷、高新技术陶瓷、建筑陶瓷等各个种类，形成了一整套集展览、创新、科研、交流、生产功能于一体的完整艺术陶瓷创作生产链。

1. "法蓝瓷"品牌。

2. "景德烧"品牌。

3. "真如堂"品牌。

(二)景德镇茶文化

景德镇瓷业发展与茶业密切相关，茶业发展促进了对茶具的需求，而陶瓷茶具毫无疑问是最佳的茶具，事实上陶瓷茶具从唐代开始一直在我国各类材质茶具中占了主流地位，唐宋时期浮梁县作为重要茶区，与唐代开景德镇瓷业的发展有重要关联。茶叶重要产区往往是陶瓷著名产地，茶业发展推动瓷业发展[2]。

1. 唐代盛行蒸青团茶，茶色尚绿，为益茶色，青瓷茶具为佳。

2. 宋代盛行研膏团茶，茶色尚白，为显茶色，黑瓷茶具为佳。

3. 明初盛行散茶，团茶基本退出历史舞台。

(三)景德镇瓷茶关系

茶叶与瓷器的发展，相互促进，紧密相关。景德镇茶叶与瓷器历史悠久，为我国出口商品中的两颗明珠[3]。"瓷、茶"文化已成为浮梁县城市文化的基因与特质，深入挖掘"瓷、茶"文化

注：本文创作于2018年。

内涵,坚持走瓷茶一体化的发展道路是促进经济社会持续发展,提高浮梁县城市竞争力的有效途径。

1. 相得益彰的陶瓷文化

景德镇生产陶瓷始于汉,兴于唐,其主要原因是唐代饮茶风气兴起并且浮梁作为江南的茶叶集散中心极大促进了对陶瓷的需求。明清景德镇成为全国瓷业中心,两个朝代都将御窑厂设于此地[4]。

2. 丰富多彩的茶文化

历史上的浮梁因茶叶而闻名于世,南北朝时期浮梁茶叶就开始崭露头角,唐代已经成为全国的茶叶贸易中心;宋代是全国最大的产茶地区之一。

3. 历史深厚的瓷茶之乡

浮梁县千年的茶文化深深地扎根在了每一个古村落中,现有二十余古村落中发现大量茶文化遗迹,以严台、沧溪、瑶里、磻溪、勒功等乡村茶文化遗产最为丰富。遗留的茶号和茶商豪宅是其重要组成部分,代表着古村落的历史和文化价值,形成了独具特色"茶文化村落"。

(四)景德镇瓷茶形成的地理背景

浮梁县地处黄山、怀玉山余脉与鄱阳湖平原过渡地带,其城市的产生及发展过程与"瓷、茶"的开发和兴衰紧密相连,充分肯定了浮梁"瓷、茶"的历史地位。

1. 景德镇地处江西省东北部,毗邻皖南山区,与黄山一脉相承,西濒鄱阳湖,昌江之河贯城而过,山环水绕,山水结合条件俱佳。

2. 景德镇水土宜陶,境内高岭山储藏着丰富的优质黏土,已成为世界同类制瓷黏土的代名词——KaoLin(高岭土)。

3. 景德镇瓷器遍布大江南北,远销世界各地,至宋朝时期,瓷器的销售区域扩大,影响甚远。由丝绸之路扩展到西域欧亚,由航海贸易远播扩展到澳大利亚和美洲。

4. 景德镇两千多年的制瓷历史,置镇一千多年来的辉煌成就,使瓷业形成了一个门类齐全、品种多样、体系优化集陶瓷艺术品、日用品、礼品、工业品的陶瓷生产基地。

5. 景德镇具有全国领先的产学研体系,一是包括陶瓷学院、陶瓷职工大学、陶瓷工艺美术高等职业学院;二是包括陶瓷科研、标准检测、情报资料中心等[5]。

(五)瓷茶发展的生态环境约束

资源枯竭型城市的转型成功与否不仅关系到一个城市的经济是否可持续发展,甚至影响到国家的和谐与稳定。景德镇作为世界瓷都,长期的开采以致其瓷土资源日趋枯竭,已经严重影响到其经济社会的发展。

1. 生态环境约束

(1)瓷土矿资源经过千年开采,质量、数量日渐下降。对于这座拥有1700多年制瓷历史的城市,景德镇于20世纪80年代就已进入瓷矿资源枯竭期。

(2)城市产业和产品结构高度单一。资源型产业既是主导产业,又是支柱产业,城市对资源产业的依赖性很大,造成城市的发展受到限制,城市功能不全,第三产业以及可替代产业发展落后。

(3)环境代价沉重。资源开发是一把"双刃剑",在为陶瓷工业化进程提供原材料的同时也造成了一系列的环境问题,给生产和人民生活带来很大危害,特别是对城市发展来讲尤为突出。

（4）矿山修复问题突出。采矿引起的地形地貌景观破坏和水土流失、采场边坡崩滑灾害、废渣占用土地及其堆放不当引发崩滑灾害、地下采空引发的地面变形或塌陷、尾坝隐患引发的泥石流灾害、地下坑采引发的水均衡破坏等。

（5）景德镇土地利用类型以林地、耕地为主,建设用地集中分布在中部和西南部,中心城区土地开发强度大,西南部是该市资源枯竭型城市转型和城市扩展的重要载体。

2. 城市转型发展条件

景德镇市瓷土矿和优质高岭土矿已开采一千七百多年,因瓷土矿资源枯竭而被列入我国第二批资源枯竭型城市名单。实现资源枯竭型城市转型、推进生态经济城市建设已成为景德镇国民经济和社会发展"十三五"乃至"十四五"的重要战略目标,一是强化生态立市和生态文明建设;二是主动推进城市转型,实施瓷茶一体化发展。

（1）景德镇市属浅山丘陵地带,境内河川纵横交错,北部有昌江,自北向南直注鄱阳湖,南部有乐安河,是一座具有山水、生态、文化特色的城市,是江西省重要旅游、工业城市,是国务院首批公布的全国 24 个国家历史文化名城之一和国家甲类对外开放地区。

（2）景德镇地处江南丘陵地带,降雨丰富,水网密集,因此在森林覆盖率、空气质量、水源水质等方面具有得天独厚的优势。全市建成区绿化覆盖率达到 46.6%;人均公园绿地面积 8.5平方米;森林覆盖率达到 65%,饮用水源水质良好,城市空气质量较好,具有建设宜居城市的良好条件[6]。

（3）景德镇群峰环峙,四水汇聚,古木参天,鸟语花香,生态环境优良,浮梁拥有 252 个自然保护区、保护面积达 66 万亩,经过生态旅游三位一体的打造,不仅有着国家重点风景名胜区、国家 AAAA 级景区、国家森林公园、国家地质公园等众多国家级旅游品牌[7]。

（4）世界瓷都,中国茶乡是景德镇的两张名片,具有开创瓷都茶城特色的现代服务业体系条件。加快瓷茶一体化发展步伐,推动传统陶瓷产业向高新技术瓷、陶瓷文化创意产业转型升级。构筑"瓷茗盛世园"(清明上河图模式)。

(六)瓷茶发展的水土关系特征

景德镇既出高岭土,又产釉果,再加瑶河(瑶里的母亲河)贯穿全境,水运便利及徽饶古道又穿境而过,水陆运输齐备;使得瑶里具有发展制瓷手工业得天独厚的环境。

高岭山是我国古代著名的瓷原料产地,也是我国第一个世界通用的矿物的命名地。产自高岭山上的高岭土(又称观音土、白鳝泥、陶土、白泥)是一种含铝的硅酸盐矿物,外现呈白色软泥状,颗粒细腻,状似面粉。高岭土在历史上始称麻仓土,元代称"御土",明代称"官土",明万历以后称高岭土(kaolin)。高岭土遂闻名海外,经过 100 多年广泛采用,现已成为世界通用名称。

(七)瓷茶与长寿的特别思考

揭秘瓷茶文化与养生、长寿之间的关系,给人类保健提出可行性建议,有利于促进当地经济发展,并传承中国茶文化,使之发扬光大,造福社会。

1. 健康长寿条件

要想达到健康长寿的目的必须做到修身养性,即养生、养身、养性,专家研究发现,人类长寿有多种影响因素,其中有遗传基因、生态环境、心态,所占比例分别为 7%、10%、14%,心态所占比例最高。因此,即使有一个健康的躯体,但没有良好的心态,心情不舒畅是难以长寿的,而良好的心态来源于对生活的感受。

2. 茶的长寿功能

世界上有五大长寿之乡,它们各有独特之处,但有一点共性就是长寿人群长期嗜茶。巴马县长寿的奥秘就是"粗茶淡饭、饮茶不断"。

饮茶是一种物质与精神的双重享受,古今茶人在物质满足的同时,无不追求着一种精神上的愉悦和享受。在中国,茶道精神自古以来被称为"茶道四义",即"美律、健康、养性、明伦"。

(1)景德镇和浮梁县处处飘散着"茶"的香气、瓷的精气,他们运用智慧把茶与各艺术门类相结合,发展成了独具特色的瓷茶文化。其独特在于把茶与待客会友、塑廉育人、修身养性、诗词书画、经济贸易等相融合,将"茶"元素渗透到生活中方方面面,逐渐形成了"茶画、茶诗、茶文、茶舞、茶联、茶迷、茶谚"等凌云茶文化。

(2)德镇市以瓷茶文化闻名于世,被誉为"世界瓷都之源中国名茶之乡",以茶为业、以瓷为景,以诗、歌、舞、杂技等表演方式,渲染祥和气氛,尽显茶韵清雅,淋漓尽致地展现了景德镇、浮梁县的瓷之园、茶之乡独有的茶文化、瓷品质、瓷茶情结以及瓷茶意境[8]。

二、瓷茶一体化发展的理念推出

瓷茶关系是在景德镇城乡社会经济的相互作用下形成的,瓷茶发展与人为的调控和制度具有紧密的关系,瓷茶关系演变发展到最高阶段就是瓷茶一体化。

(一)瓷茶一体化发展内涵

瓷茶一体化是以景德镇市为中心,以浮梁县为纽带,以瓷茶为基础,瓷茶互相依托、互利互惠、相互促进、协调发展、共同繁荣的新型的瓷茶关系,充分体现瓷茶之间在经济、文化、社会等方面有机联系,从瓷茶综合协调发展的角度出发,建立瓷茶融合机制,实现瓷茶互动发展,为瓷茶的发展创造统一的环境。

(二)瓷茶一体化发展战略

1. 选择合适的品牌发展模式

推进和扶持瓷都茶乡品牌,走瓷茶一体化发展道路,实现"瓷茶＋文化＋旅游＋养生＋长寿"发展模式,打造世界瓷都茶城。

2. 准确合理的品牌定位

城市定位的基础在于独特的资源优势。景德镇以茶得势、以瓷闻名,社会对景德镇的基本印象是瓷都概念,对茶城的认识还不清晰。通过瓷茶一体化发展,把景德镇定位于世界瓷都茶城,打造为国际瓷茶旅游目的地城市。

3. 推进景德镇陶瓷与浮梁县茶叶品牌

在景德镇陶瓷和浮梁县茶叶品牌在市场呈现淡化之际,如何再次树立瓷茶一体的品牌形象就显得十分重要。如何利用国际陶瓷博览会的推广和招商活动,举办中国景德镇首届瓷茶一体发展峰会,既是瓷茶一体化发展的切入点,又是品牌再塑的突破口。

4. 积极融入"一带一路"建设与瓷茶一体复兴

江西省已经成为丝绸之路经济带和21世纪"海上丝绸之路"的连接点和内陆开放型经济高地。

(1)推出景德镇、浮梁县"世界瓷都茶城",支持文化对外交流合作。挖掘景德镇陶瓷文化和浮梁县茶文化资源,架起对外传播中国文化、讲好"景德镇故事"的桥梁。

(2)争取把景德镇、浮梁县陶瓷和茶叶作为"一带一路"沿线国家货源地。"一带一路"是连接世界文明的纽带,瓷与茶是传播中国文明的播种机,是维系我国对外贸易的生命线。景德镇、浮梁县要抓住这次机遇,打好瓷与茶两张牌[9]。

(三)瓷茶一体化发展路径选择

1. 瓷茶一体化发展总体思路

瓷茶文化博大精深、内涵丰富,是景德镇的物质与精神遗产。本着"瓷茶一体,富民强本"价值体系,以景德镇瓷茶文化保护为前提,充分挖掘景德镇与浮梁县的文化特质。立足全域谋划,树立全方位的资源观、文化观、价值观、保障观和发展观,通过生态系统修复、人文系统重构、价值系统重塑、产业系统创新,实现瓷茶一体发展的突破。

(1)全域统筹瓷茶文化创新的"理念观"

瓷茶文化具有遗产性、文化性、工程性、生态性等多重特征,应树立全要素保护的"资源观"、全内涵彰显的"文化观"、全需求兼顾的"价值观"、全产业创新的"发展观"和全管理支撑的"保障观",通过五大理念构建景德镇瓷茶文化保护与利用全域模式。

(2)确立瓷茶文化全要素保护的"资源观"

重塑瓷茶文化的生态系统。一是全面发掘、普查瓷茶文化遗产资源,对其进行重点保护;二是从全域整体生态格局的视角,对瓷茶产业进行体系性构建。

(3)确立瓷茶文化全内涵挖掘的"文化观"

重塑瓷茶文化的人文系统。一是立足"瓷茶和谐"的重塑和发扬,融入"五个"发展的时代内涵;二是采用静态展示、动态演绎和深度互动的方式彰显瓷茶文化遗产内涵。

(4)确立瓷茶文化全需求兼顾的"价值观"

拓展瓷茶文化的功能系,全面拓展瓷茶文化的生态功能、遗产功能和工程功能,在确保延续历史、传承文脉的同时,持续促进区域经济社会发展和生态文明建设。

(5)确立瓷茶全产业创新的"发展观"

创新瓷茶产业系统,提炼瓷茶文化符号,推进"瓷茶＋"战略,形成瓷茶＋旅游＋农业＋康养＋林业＋创意等产业聚变,为景德镇文化传承发展提供不竭动力。

2. 瓷茶一体化发展路径选择

实现瓷茶品牌与文化创意的完美结合,这是文化创意产业发展的一个重要的运行规律。瓷茶一体化必须树立强烈的品牌意识,提升品牌经营理念,创造性地进行品牌策划。

(1)会展品牌。瓷、茶会展是集历史展示、科学教育、学术交流、生活体验为一体,是瓷茶一体化发展重要方向。

(2)精深加工品牌。推进"瓷、茶"精品加工。瓷、茶文化创意,以陶瓷、茶叶为载体、以文化为基础、以创意为灵魂,满足人们精神需求和审美需求。

(3)养生与旅游品牌。瓷、茶一体与旅游养生相辅相成、互为影响,以此提高千年瓷都旅游知名度,塑造浮梁"瓷之源、茶之乡"的城市形象。

(4)节庆品牌。利用节、会、展、场等形式,建立形式多样的瓷茶一体化发展峰会和论坛,将景德镇、浮梁县打造成具有国际品牌的瓷茶旅游目的地城市[10]。

(5)城市品牌。城市品牌化让人们了解景德镇的瓷与茶,并将瓷茶的形象与景德镇城市产生自然联系,让这种联系与城市的生命共存。

(四)建议方案

1. 利用资源型枯竭城市转型的条件和鄱阳湖生态经济区生态经济核心城市的基础,启动

"景德镇市生态文明建设规划"。主要目的：一是把景德镇市打造为国家生态文明示范市；二是利用生态文明建设规划基础，争创"国家两山理论实践创新基地"。

2. 利用世界瓷都、中国茶乡的两张名片，重塑景德镇瓷茶地位，启动"瓷茶一体化发展规划"。一是重点打造"国际瓷都茶城旅游目的地城市"；二是实施市县瓷茶协同发展战略与乡村振兴有效结合。

3. 景德镇瓷与茶相伴共生，你中有我，我中有你。而茶又是长寿养生的必备条件，景德镇要充分利用瓷茶关系，茶与长寿关系启动"长寿经济发展规划"，打造国际瓷都茶城旅游目的地城市独具特色的健康养生旅游区。

4. 中国·景德镇（首届）瓷茶一体化发展峰会既是一个创新的开端，又是一个突围的延伸，建议景德镇市把该峰会作为永久会址连续举办下去，让其转化成一种吸引力，为景德镇市转型发展提供一种崭新的内涵。

参考文献

[1]张锡秋.论谈景德镇瓷业的前瞻[J].江苏陶瓷,2007(1):1-5.

[2]蔡定益,肖绚.景德镇瓷业崛起的茶文化因素[J].安徽农业科学,2011,39(17):10167-10169,10213.

[3]刘柳浪.浮梁茶叶历史初探[J].蚕桑茶叶通讯,2013(5):38-39.

[4]江毅,李琳燕,付火水.陶瓷文化旅游视角下的浮梁茶文化旅游研究[J].大众文艺,2014(24):103-104.

[5]汪天行,王升虎,朱新潮.举办中国瓷都景德镇千年华诞庆典和国际陶瓷节的构想[J].景德镇陶瓷,2002(4):1-2.

[6]凌昊平,王虎,郑倩.资源枯竭型城市转型发展的矿山地质环境问题研究——以江苏徐州市贾汪区为例[J].能源环境保护,2014,28(6):53-55.

[7]江毅,付火水.景德镇·浮梁茶文化旅游产业的开发对策研究[J].商业经济,2014(6):53-54.

[8]麦馨允,张通德,苏仕林.民族植物学视域下凌云县茶文化与长寿现象研究[J].百色学院学报,2016,29(6):102-113.

[9]龚文文.重塑"景德镇"金字招牌[D].景德镇:景德镇陶瓷学院,2015.

[10]沈慧芳,郭千,余继武.景德镇"瓷、茶"文化创意产业发展的思考[J].景德镇高专学报,2013,28(2):25-28.

第八编　长城经济带

长城地域共同体的价值、功能与实践创新

文化之兴，是长城历久弥坚的核心力量。如何以深邃的历史眼光、宏大的战略思考、广阔的地域视野坚持和坚定长城文化的自信，具有重大现实意义。本文提出"保护与发展"是长城振兴的重要基础，"合作与共赢"是长城发展的必要条件，"生态与环境"是长城发展的有力保障，"命运与共"是长城发展的未来愿景。实现这一目标：一是注重长城保护与长城发展的平衡；二是注重长城与国家、省级有关法律法规相衔接；三是注重长城整体保护与区域协同发展的关系；四是注重长城区域规划管控与协同共治的关系；五是注重长城保护与历史文脉延续；六是注重再现整合长城的空间发展秩序；七是注重文化与经济协同，增强长城活力；八是注重实现长城文化创建示范的新突破。

构建长城保护管理体系、搭建长城发展合作交流平台、发掘长城地域共同体资源、提升长城产品附加值，以期为长城的保护、传承、活化及区域发展提供思路借鉴。

长城保护与发展是国家生态安全的重要组成部分。建设长城生态安全屏障和推动长城经济带发展，对于推动文化保护传承利用，实现长城区域生态安全的长治久安，推进生态文明建设，均有重要的理论意义和实践价值。

一、长城与地域关系

人地关系是人类社会及其活动与自然地理环境之间的交互作用，是与人类发展演化相伴而生的一对基本关系。在人地关系中，人具有主观能动性，可以主动认识、利用并改造地理环境。地是人类赖以生存的物质基础和空间载体，地理环境制约着人类社会经济活动的深度、广度和速度。长城是中华民族智慧和汗水的结晶，是中国人民献给世界的一大奇迹。具有极高的科学、历史和文化价值。一是作为中华文明象征的长城，它的修建、运维和保护无不凝聚着我们民族对人地关系的认识和利用。长城区域是沿线各地重要的生态涵养区，具有水土涵养、气候调节、动物栖息、植物繁衍等自然生态功能，又有一方水土出一方产品的创造功能。二是作为一项杰出的历史文化遗产，长城是农耕文明与游牧文明融合发展的典型代表，在中华文明史和世界文明史中占有重要的地位。三是作为蕴含团结统一、众志成城的爱国精神，长城具有坚韧不屈、自强不息的民族品格，守望和平、开放包容的时代品格[1]。

二、长城地域共同体科学意涵

随着长城经济带的提出，作为人地关系特色带、文化资源富集带、生态屏障保护带、游憩空间生产带的长城，将成为沿线人民的小康线、幸福线。因此，在立足于尊重文化遗产价值，突出普遍价值及真实性、完整性的前提下，如何把长城遗产保护与长城地域生态环境和可持续发展结合起来，形成一个融合发展的生命共同体。对此，笔者提出构建长城地域共同体的初步设想。

注：本文创作于2021年。

1."长城地域共同体"是可持续发展理念的重要延伸,倡导共同保护长城生态文明,旨在促进长城地域的互联互通和各领域务实合作,以合作共赢作为携手发展长城事业的前提。一是必须反映人、地和长城的互动,具有较长的时间跨度和多维度持续交流;二是强调长时期、持续的、跨区域、不同文化群体之间的交流对话、相互影响和融合;三是强调长城地域共同体价值和内涵的多元性、多层次性。四是强化对长城地域共同体整体认识和整体保护;不仅强调遗产保护的文化意义,而且强调其经济、旅游及生态价值。

2.长城地域共同体是指在拥有特殊文化资源集合的带状或线形区域内的物质和非物质的文化遗产集群,通常是出于特定目的而形成的一条纽带,构成链状的带有强烈地域特征的文化遗存状态,勾勒出历史上人类活动的移动,物质和非物质文化的交流互动,并赋予作为重要文化遗产载体的人文意义和文化内涵[2]。

3.长城地域共同体是沿线国民生活、生产和生存的基础,也是各类社会经济活动的载体。优化国土空间格局,需要在可持续发展的基础上,全域谋划、合理配置各类功能空间,统筹推动要素高效流动,形成科学合理的保护和开发模式,全面推动和支撑长城文化建设。一是长城地域共同体能够有效推进长城区域国土空间统筹优化。二是长城地域共同体能够有效融合带动长城区域文化的显化。三是长城地域共同体能够有效促进长城文旅产业升级[3]。

4.长城地域共同体要坚持整体性发展,科学规划共同体的点、线、面资源,增强系统性思维,使长城文化遗产得以整体性传承利用和保护。要以长城为主线,以地域共同体为基干,整合各地文化资源,积极施行"夯实保护传承工程、衔接国家战略工程、创新文化业态工程、改善生态环境工程",使文化遗产"活起来""立起来""会说话""走出去""扎下根",探索出一条可复制、可推广的文化、生态、经济和社会整体性可持续发展的道路[4]。

5.长城地域共同体有着自然地理学和人文地理学的显著边界,有着广阔的地域文化空间,有绵延数千年的文化历史积淀,有着保存较完整的物质和非物质文化遗产集群,更有着历史上东西文化交流和融通的最重要时空,具有建设新时代长城新型文化空间的显著优势,更有独特价值和示范引领价值。一是具有全球化背景下长城文化保护价值;二是充分体现了长城优秀传统文化的标识价值;三是实现了长城新型文化守正创新的传承价值;四是具有长城文化形成的历史价值;五是体现长城文化发展的时代价值;六是体现了全球化背景下长城文化的认同价值;七是兼具长城文化与旅游目的地的产业价值;八是具有长城文化示范和带动的发展价值[5]。

6.长城地域共同体跨越了15个省(自治区、直辖市)、404个县域,总长度达2万多千米,其中,近三分之一的长城资源分布于内蒙古,其次是河北、山西、甘肃、辽宁、陕西、北京等地,占比分别为18.89%、9.74%、8.79%、6.86%、6.66%、5.38%。其研究涵盖历史、军事、地质、地理、生态、文化等多学科、交叉学科领域。对其研究要倡导多角度的研究方向和方法,瞄准长城学的研究热点和难点,进行联合攻关。

三、长城地域共同体创新路径

"长城地域共同体"涵盖长城安全、长城保护、长城发展等内容,明确长城沿线各地承担保护长城、促进发展的作用,维护人地和谐的重要责任,为我国长城安全提供理念指导,推动我国长城保护进程,便是其中的重要一环[6]。

1.实现长城地域共同体理论体系的突破

加快长城地域共同体理论体系构建的目的之一,就是要解决和突破长城区域经济可持续发展和生态环境安全威胁的困境。它是一项长期、复杂、艰巨的系统工程,其中会涉及长城生态安全评估,安全预警与决策机制,长城环境治理与长城生态修复机制等问题,每个问题的探索和解决方案都会影响到"长城地域共同体"构建的成效。

2. 实现长城地域共同体安全评估体系的突破

从长城区域生态变化与经济社会的相互影响角度入手,将长城生态安全评估进行定量化研究,一是构建长城生态安全影响因素分析框架。对其进行系统分析。二是推出长城生态安全评估指标体系。三是构建长城生态安全评估模型。为长城地域共同体构建提供理论和实践支撑,为我国长城学研究提供借鉴。

3. 实现长城地域共同体环境监测预警的突破

建立科学有效的环境监测体系,可及时有效对长城环境安全的现状与未来变化趋势进行识别,为长城环境安全的预警与决策提供数据,一是建立长城环境安全预警机制,提前预警可能出现的环境风险,预报环境安全警示;二是对环境安全预警提出解决方案。

4. 实现长城地域共同体保护与生态修复机制的突破

长城保护与生态修复问题的解决有赖于长城地域共同体的构建,一是研究长城保护、长城生态修复及长城生态安全相互关联及作用机理;二是进行长城保护与生态修复机制的要素分析,通过长城区域的资源、环境与产业安全分析,明确长城保护与生态修复的重要意义。

5. 实现长城地域共同体顶层设计与长效机制的突破

建立国家、省、市、县级长城保护发展协作平台,一是坚持以生态环境为导向,以长城保护为指导,全面推进长城经济带的顶层设计,制定出台长城保护和发展的指导意见、工作方案,在宏观层面给予指导。同时将"问责制""督办制"灵活运用于保护与发展的实践之中,形成自上而下的四级协同发展体系。

6. 实现长城地域共同体联动平台与协商共治机制的突破

长城保护与发展的主体不仅包括各级政府、各职能部门,还包括相关的长城区域企业、社会组织和社会公众,一是长城具有整体性和连续性,要突破行政区划限制,建立区际联动和跨域协同机制。二是以国家文物局和地方政府各级文物部门为主体,深化部门合作程度,建立专门的长城管理协作机制。三是完善政府、企业、社会组织,以及公众多方参与协同体系。

7. 实现长城地域共同体共同富裕与长城经济的突破

培育长城经济新模式、新业态、新产业,增加长城经济的有效供给,增加长城经济新旧动能转换的发力点。一是推进长城地域共同体的科技创新,提高绿色长城产品供给,实现长城区域绿色化发展转型。二是通过管理、技术、市场等多维度创新,促进要素自由流动,引导长城经济集聚发展。三是重视长城区域产业自主创新能力,提升长城产品层次和附加值,延伸长城产业链,增强长城产业综合竞争力。

8. 实现长城地域共同体立体传播形态的突破

利用传统媒体和新媒体、主流媒体和自媒体的特点和互补性,在人力、内容、宣传等方面加以整合,构建长城地域共同体资源通融、内容兼容、宣传互融、利益共融的利益共同体关系。基于利益相关者的多传播主体,既有助于消除长城传播过程中的主观行为,弥补长城传播形象和文化本体之间差距,通过协同创新传播真正适应当前长城区域的市场现状,最大程度实现跨界传播和受众群体的扩大化。

9. 实现长城地域共同体标志性视觉符号的突破

文运同国运相牵,文脉同国脉相连。长城文化的自觉和自信,归根结底源于长城区域地域活性化的传承与创新。长城文化现代性、创新性是将宏观视角的长城地域文化与信仰和微观视角的民众生活与日常相融合,在深入挖掘长城传统文化蕴含的思想观念、人文精神、道德规范基础上,充分考虑现代审美诉求,将传统文化的"情境""仪式""精神"等因素转化为受众喜闻乐见的视觉符号,实现长城文化的活态传承[7,8]。

10. 实现长城地域共同体时空凝结的突破

长城是以特定的地理空间为枢纽,产生的地域联系。其依托地形地貌而建,也可以通过人类活动而改造。长城线性的地缘联系,贯通了地域板块的联络,实现了长城区域广泛持久的文化扩散与流动。对共享长城地域共同体具有情感心理上的认同感和归属感,建立起许多具有长城代表性的文明和共同体。文缘凝聚情缘,情缘"反哺"强固文缘和地缘,"长城内外是故乡"已经成为我国各民族的普遍心理认知[9]。

11. 实现长城地域共同体发展模式的突破

地域活性化是长城地域共同体的核心要义。一是长城地域共同体具有重要的自然生态资源和人文景观资源;二是必须坚持保护第一和公益性为准则,要求保持长城资源的原真性和完整性;三是具备完善的法律法规和规范的管理机构;四是具有鲜明的经营机制,要管经分离、政企分开;五是社会参与长城地域共同体管理。

12. 实现长城地域共同体创新路径的突破

长城地域共同体跨越多个省区市,文化遗产类型丰富、数量庞大、分布分散、权属复杂、保存状况和利用条件不一,加之各地地理和社会经济发展条件的差异,因此需要加强顶层设计。通过规划,树立整体意识,规避同质化发展,形成差异化优势;明确各地不同的功能定位,发挥各自比较优势,形成发展合力;强化文化遗产保护传承利用的各自建设重点和管控要求,促进科学保护与合理利用。

13. 实现长城地域共同体创建示范的突破

长城地域共同体是一项跨省域、跨部门、复杂浩大的系统工程,为避免文化遗产的价值得不到完整、应有的体现,需要既着眼长远又立足当前,实行分类实施、分步推进,做好长城的创建与示范。笔者在多年长城经济带研究的基础上提出,中国长城之乡,中国长城好产品的创建和示范思路。一是建议中国长城学会尽快启动中国长城之乡的团体标准和申报创建规程;二是建议中国长城学会统筹协调,系统整合长城经济带的深度开发,推出中国长城好产品[10]。

参考文献

[1]王克岭.国家文化公园的理论探索与实践思考[J].企业经济,2021,40(4):5-12,2.

[2]张海芹,李树信,陈秋燕.国内外文化线路遗产保护与开发比较研究[J].合作经济与科技,2021(8):27-29.

[3]朱鹤,张圆刚,林明水,等.国土空间优化背景下文旅产业高质量发展:特征、认识与关键问题[J].经济地理,2021,41(3):1-15.

[4]师永伟.河南文化遗产整体性传承利用的路径思考[J].中共郑州市委党校学报,2021(2):96-99.

[5]把多勋.河西走廊:中国新型文化空间的构建[J].甘肃社会科学,2021(1):146-153.

[6]曹洪军,谢云飞.渤海海洋生态安全屏障构建问题研究[J].中国海洋大学学报(社会科学版),2021(1):21-31.

[7]李民.地域文化视角下的城市形象传播——以齐鲁文化资源的创造性转化为例[J].青年记者,2021(4):48-50.

[8]邓雲元,高雨晨,李荣耀,等.地域文化视角下特色小镇的品牌形象设计研究[J].古今文创,2021(2):62-63.

[9]高佳彬.地缘、文缘、情缘:国家文化公园的时空凝结[J].雕塑,2021(2):52-53.

[10]李树信.国家文化公园的功能、价值及实现途径[J].中国经贸导刊(中),2021(3):152-155.

长城人底气与长城学创新

长城承载了中华民族的历史记忆,凝聚了中华民族的文化认同,增强了中华民族的文化自信,是开展中华民族共有精神家园建设的宝贵资源[1]。目前长城学研究还缺乏系统积淀和新方法的应用,尤其是跨学科的综合研究明显不足。这种现状与长城文化的世界影响力还不匹配。学界应该认真反思,有所作为,强化多学科的交融与互动,引领长城学研究的走向,发出长城学者的声音[2]。本文通过分析和总结中国长城学会积极服务国家创新发展的已有成果和实践经验,探讨在国家创新发展布局中应该发挥的作用,旨在寻求长城学有效服务国家及地方政府创新发展的可行路径[3]。

一、实践创造是"第一要义"

理论的生命力在于创新,创新是引领发展的动力。长城学创新是长城发展的内在生命力,是长城文化本身内具的特质,也是社会发展中的一项创造性活动。要建构与提升国家的文化自信心和文化竞争力,就必须提高本土文化自我创新能力。只有创新,才会使长城文化具有强大的传播力和影响力,是长城研究产出"出奇制胜"的法宝[4]。

长城学必须与时俱进、不断前进,也就是我们古人说的"苟日新、日日新、又日新"!"理念是行动的先导,一定的发展实践都是由一定的发展理念来引领的。发展理念是否对头,从根本上决定着发展成效乃至成败"。发展理念强化战略性、纲领性和引领性,是发展思路、发展方向、发展着力点的集中体现。[5]"让雄伟的长城走向世界,把古老的长城留给子孙。"不断推动长城学术研究,光大长城伟大精神,弘扬优秀传统文化,开创中国长城学研究的新局面[6]。只有顺应历史潮流,积极应变,主动求变,长城学才能与时代同行。实践发展永无止境,理论创新就永无止境。在长城学研究过程中,创新可大可小,揭示一条规律是创新,提出一种理念是创新,阐明一个道理是创新,创造一种解决问题的办法更是创新。

1. 从长城文化传承层面,弘扬长城文化是打开中华文明宝库的路径选择之一。长城作为中华文化的有机组成和典型载体,荟萃了传统哲学思想与文化精华。其传播发展与长城研究的实践创新,必将成为中华文明复兴的典型探索。

2. 从长城区域发展层面,长城地域共同体建设有助于长城的保护,更有助于建立以经济社会实践为旨归的长城发展新体系。加强长城区域价值体系的转型研究,推动其与现代科技、产业的融合与对接。突出长城作为连接传统文化与现实生活的桥梁与纽带作用。

3. 从长城传播布局层面,强调长城可为世界文化发展提供中国方案的时代自觉。长城文化的世界传播是大势所趋,在未来的发展中大有可为[7]。

4. 从长城形象定位层面,展现新时代长城的中国形象。长城学传承、创新、发展是新时代的重要内容,是中华民族伟大复兴的大事。凝练具有时代感的强符号,把长城宝贵财富继承好、发展好、利用好,是长城人的特殊职责[8]。

5. 从长城学体系层面,结合实践创新,探讨长城经济带的资源保护与利用和长城文化软实力研究的新视角,提出长城学研究的创新框架。

注:本文创作于2022年。

6.从长城学学术层面,从综合研究视角构建长城学实践创新的模式,提倡自然、经济、社会、文化诸多研究领域的联合模式。

7.从长城学实践层面,扎根于长城地域共同体的实证研究,以问题为导向,以保护与利用为方向,培育实践创新案例,探索长城学多元创新主体的协同协作[9]。

二、中国长城与时代同频

中国长城学会不仅通过长城学研究,引领发展、促进多学科交叉融合,也通过推动与政府、学界、企业、公众等团体之间的合作,成为重要的支撑平台,不断推动长城经济带、长城地域共同体与经济、文化、社会深度融合,发挥着推动人才、成果等资源聚合、链接和交流的桥梁纽带作用,特别是在促进长城与经济、文化融合方面具有独特的人才智力和组织网络优势,肩负着长城保护与利用的时代使命和重要责任[10]。

1.中国长城学会是科学文化传播的播种机。催生知识、信息、资源的聚集和跨学科合作,实现文化自信与创新活力相结合。

2.中国长城学会是政府对长城发展科学决策的外脑。在政策制定、思想供给、智库咨询、资源吸纳等方面发挥重要作用。

3.中国长城学会是科研体系发展的平台。通过协同创新、开展长城研究攻关、制定社团技术标准、促进长城发展创新能力。

4.中国长城学会是长城学科研体系的协调者和公众参与的组织者。其柔性、横向联系的组织特性,可以激活长城学创新动力。

5.中国长城学会是政产学研的聚合体。长城研究有效提升了国家的创新能力,成为促进中国文化振兴的重要力量。

6.中国长城学会是以长城学研究为主要职能,以战略决策、咨询为主要功能的专业研究平台,具有突出的研究领域跨界化、地域体系化、空间网络化的发展趋势。

三、长城人底气与长城学振兴

文化作为一种力量成为国内外资源配置的重要内容,随着文化地位和作用的全球凸显,文化已经成为国家发展中最具决定意义的力量之一。长城文化是中华民族精神形成和价值信仰的基础,是文化创新的“底气”,必须让长城的文化基因与当代文化相适应、与现代社会相协调。一是突破现有的长城学研究范畴,进行探索。二是要“在实践创造”和“与时代同频”中实现研究内容和研究形式的创新[11]。三是文化自信有助于凝魂聚魄,重塑长城学主体新意识。四是文化自信有助于聚力同行,推动长城地域共同体新传承。五是文化自信有助于攻坚克难,共筑长城研究新典范[12]。

1.文化自信是人类智慧的结晶,是历史的沉淀,是社会长期发展经验的总结。蕴含着中华民族的精神,聚集着民族荣誉感、民族归属感、民族自信心以及民族向心力。中国长城学会成立35年来,取得了巨大成就。长城人不忘本来,涌现出一批埋头苦干的人,拼命实干的人,为长城请命的人……这就是长城的脊梁。这就是长城文化自觉、长城文化自信的重要体现[13]。

2.文化自信与发展本身就是一种开放的形态,具有与生俱来的向外扩散和向内吸收的内在张力。不忘长城历史才能开辟未来,善于继承长城文化才能善于创新。文化自信是对长城文化价值的充分肯定,是对长城文化生命力的坚定信念。

3. 文化自信只有交流,才能显示其强大的生命活力和全球话语权,才能增进民族文化的影响力、辐射力和竞争力,才能在国际交往中建构全球文化多极均衡、多元共生的和谐局面。通过长城文化输出,彰显中国自信和中国气派,为长城学的新发展、新趋势、新价值进行定位。

4. 文化自信是对长城自身文化的一种成熟认识。始终坚定长城文化底气,并对长城文化感到自信与荣光。在"中国文化走出去"战略和文化自信的指引下,我们要把长城文化发扬光大,开展长城内涵的全球阐述。以长城研究为载体,向世界传播中国文化,发出中国声音,让世界感知中国[14]。

四、长城学蕴涵与历史使命

我国正在进入一个前所未有的时代格局之中,长城也有了这个时代需要肩负的使命和担当。尽管长城学研究面临种种困难,长城人仍然凭借一种不屈不挠的传承精神去开拓进取,那就是文化自信与实践创新。对于长城学研究面临的各种难点,我们应该有一个比较清醒的理解和认识,是坐视困难改变我们,还是我们主动改变,这是一个非常考验长城人的意志问题[15]。不忘初心,如何让长城的发展能够适应新时代的特别需求,恰恰就是我们努力的方向。"装点此关山,今朝更好看。"胸怀自信的长城人正在汇聚磅礴力量,大踏步走向实现中华民族伟大复兴的新征程。

长城学要坚持面向经济社会发展主战场、面向人民群众新需求,让长城创新成果更多更快造福社会、造福人民,创造出更多更好的物质精神产品,不断满足人民日益增长的物质文化需要。只要长城学顺应时代潮流,勇于推进改革,准确识变、科学应变、主动求变,永不僵化、永不停滞,就一定能够创造出更多令人刮目相看的长城奇迹。

1. 长城学是一个综合性学科,是长城人长期积累和发展的结果。有着自身独特的研究范围、研究对象和研究方法。其领域涉及历史学、考古学、地理学、社会学、民族学、文化学、文学、经济学、环境科学以及遥感技术等诸多学科,需要进行学科交叉研究,特别需要开展大交叉、大综合、多侧面、多角度的综合研究。

2. 长城学研究是一个开放性系统,开放、包容、交流、共赢发展成为长城发展的必然性选择。长城学自信的勇气源自实实在在的丰硕成果。文化自信是长城理论自信的立足点。长城理论是对长城实践的概括与总结,是基于长城文化发展的基础上形成的观念体系,具备高度的文化自觉与文化自信。长城文化的繁荣与兴盛,是我国文化软实力提升的重要表现。

3. 长城学符合国家文化内涵的属性要求,与国家文化发展理念相协调,与国家文化发展规律相匹配。讲好中国长城内涵,感知中国长城文化魅力,是民族凝聚力和创造力的源泉,是国家的名片,其地位在国家文化建设中非同一般,是真正体现中华民族价值观、世界观、人生观的优秀文化形态[16]。

4. 长城学坚持长城经济带与长城地域共同体研究相结合。强化长城学的实践创新,加强长城在数字经济、人工智能、大数据、云计算、智慧城乡等领域的合作与建设,促进长城与科技、产业、金融之间的融合[17]。

五、长城学出路与希望

理论建设必须立足于实践,长城学的实践是中国特色理论体系的基础。应该是一个开放、包容的体系,需要融入不同学科的进展,结合不同地域的实践成果[18]。建设具有中国个性、中国风格、中国气派的长城学,更好认识源远流长、博大精深的中华文明,为弘扬中华优秀传统文化、增强文化自信提供坚强支撑。

1. 确立长城学发展创新的指导思想，明确长城学发展创新的目标任务，凝练长城学发展创新的实施方案。力求在长城发展重大问题选择上有所突破，力求在长城学研究方法和领域交叉融合方面有所突破。

2. 长城学既包含历史演进，又包含现实构建。长城"发展与创新"既是研究的出发点，又是最终的落脚点，既有历史与现实的传承，更蕴含未来的建构与探索。其一是基于时间维度对长城学的发展历程进行梳理，并从历史与现实发展中探索长城学构建的中国案例与中国经验；其二是在长城深度研究基础上，阐释论述长城学的基本构成与内在逻辑；其三是从未来体系构建与发展的角度，探索长城学创新发展的方法论基础和突破路径；其四是从国际视野出发，探索长城学的国际认同。

(1) 提升长城学创新发展战略的服务意识和服务能力。

(2) 对接长城保护与发展的学术前沿和技术集成。

(3) 以原创成果为导向，发挥长城学的引领功能和发散效应。

(4) 强化长城学研究的集群化、特色化、专业化和国际化品味。

(5) 结合长城学学术会议和学术活动积极促进政产学广泛合作。

(6) 以提升长城学的国际地位为目标，加强国际交流与全球合作。

(7) 推进长城经济带与长城地域共同体的深度融合，助力地方经济高质量发展。

(8) 以文化自信和长城学实践创新发展为契机，抢占云端新阵地。

(9) 加强长城前沿命题设置能力建设，提高长城学研究的预测性和前瞻性。

3. 加快构建长城学学科体系、学术体系、话语体系，是时代的呼唤，是党和国家的要求，更是长城人的学术使命。长城学应着眼于认识长城现象、把握长城规律和解决长城问题，立足本来、吸收外来、面向未来，特别注重组织凝聚力、学术引领力、社会公信力和国际影响力等四个方面的建设，以期在更高水平上发展长城学[19]。

(1) 在体系层面上，立足理论原创与方法创新，逐步推进长城研究的"强基提质"。

(2) 在学术层面上，坚定守正与拓新，在解决问题中寻求突破。

(3) 在话语层面上，坚持长城立场与国际视野，实现长城学的"共融共通"。

六、初步结论

1. 以长城学发展与创新为主题，梳理相关研究成果，总结现有的成绩和经验，是实践创新的前提和基础。以促进长城学术交流为目标，以提高研究水平和文化传播力度为抓手，立足长城地域共同体和长城经济带建设。根据时代发展要求，深化长城所承载的长城精神和中华民族精神的研究发掘。

2. 长城学不能就长城研究长城，而是要与长城所在区域自然结合，要与长城所在区域经济结合，要与长城所在区域社会结合，要与长城所在区域文化结合，需要在"文化自信"基础上加强与各领域的系统集成。

3. 长城学研究需要确立好研究视角，把握好研究路径，实现研究的多维推进，更需要明确研究的总体思路，要搞清楚研究过程中需要解决的关键性问题、重点问题和难点问题是什么？做到理论上有的放矢，实践上层层推进。

参考文献

[1] 黄志强. 长城学研究视角下《中国长城史》出版的价值研究[J]. 出版广角，2020(7)：94-96.

[2]田澍,马维仁.明长城资源的多学科整合与长城学的构建[J].西北师大学报(社会科学版),2019,56(6):78-86.

[3]王敏,韩丽,郝丽芳,等.科技期刊服务国家创新发展的路径研究[J].中国科技期刊研究,2020,31(2):127-134.

[4]张梅艳.新时代坚定文化自信的路径选择[J].唐都学刊,2022,38(1):53-60.

[5]魏进平,高欣颖,魏娜.新时代"创新发展理念"的核心要义[J].井冈山大学学报(社会科学版),2022,43(2):51-61.

[6]许嘉璐.立足中华大文化,尽快发展长城学的研究[J].清华大学学报(哲学社会科学版),2002(1):1-3.

[7]邢华平.文化自信视域下中医药现代价值与发展定位探析[J].南京中医药大学学报(社会科学版),2022,23(1):11-16.

[8]李燕.建构符号价值传播中国理念——北京冬奥会对外传播策略分析[J].国际传播,2021(5):1-8.

[9]孙蕊,王少洪.共建共治共享开放式社会创新的理论与实践[J].内蒙古社会科学,2022,43(1):180-187.

[10]刘朋阳,申金升,刘晓芳.全国学会服务科技经济融合能力现状分析[J].今日科苑,2022(2):1-14,39.

[11]刘维兰.新时代文化战略与文化强国实践策略[J].河海大学学报(哲学社会科学版),2021,23(6):14-21,109.

[12]刘静,王士有.新时代文化自信的价值及路径探析[J].红河学院学报,2022,20(2):64-66.

[13]黄振华,徐龙.从文化自信探求中国自信之源[J].人民论坛,2017(34):130-131.

[14]王伦,孙静艺.文化自信指引下中国陶瓷故事域外阐述[J].中国陶瓷工业,2021,28(6):42-45.

[15]秋白.金融开放的中国,自信面对世界与未来[J].商业观察,2021(12):6-8.

[16]马文杰,王艳艳,孙传晨.新时代中国武术的历史使命与发展思考[J].武术研究,2022,7(2):5-9.

[17]高地,梅国琴."一带一路"倡议彰显中国自信——基于历史追溯与现实评估[J].河南教育(高教),2019(7):14-16.

[18]陈胜前.建设新时代中国考古学理论体系[J].社会科学文摘,2021(12):49-51.

[19]马费成,张帅.中国当代情报学的发展路径与本土特色[J].情报理论与实践,2021,44(7):15-21.

"大同长城经济带"发展内涵、定位和实现路径

进入新时期以来,长城的抢救与保护问题日益突出,使得传统的、事后性的、单一性的长城安全逐渐不能适应时代需要。确保长城文化遗产的安全,就必须积极稳健推进长城保护与利用统筹发展战略,强化从消极保护向积极保护转型,实现长城保护的主动性与预防性相支撑、综合性与单一性相补充、传统性与非传统性相统一。

"长城经济带"到底怎么解读?具有什么样的发展合作机制?打造"长城经济带"到底给长城保护带来什么,给长城沿线区域带来什么?厘清上述问题,既需要对"长城经济带"的提出和现状深入认识,又需要对打造长城经济带的前景、机遇与机制深思熟虑。

"长城经济带"是在长城带状概念基础上形成的当代区域经济合作的升级版。其性质是集长城与自然,经济、社会和文化于一体的现代融合版;其内容是集长城地缘特征与老少边穷后发区域于一体的集成板;其形式是集长城历史演变形成的整合版。

一、"长城经济带"内涵

"长城经济带"是以长城为文化象征,以长城所在区域城(乡)为主要合作平台,以区域路网为链接纽带,以长城沿线城市和村镇为支点,以长城的保护与利用为动力,以长城沿线生态安全和环境友好建设为基础,以培育长城经济为保障,以实现长城沿线区域互利共赢和区域一体化发展为目标的线型经济合作区。

"长城经济带"[1]是顺应区域经济一体化潮流而提出的长城带状经济合作构想,对于加强长城沿线区域经济合作、促进区域经济发展、保障长城安全、推动老少边穷地区的后发优势、优化"三农"发展具有重大意义。

1. "有利于挖掘长城沿线广阔腹地蕴含的巨大内需潜力,促进老少边穷地区经济增长空间"。"长城经济带"发展的重要目标就是要提高长城保护与利用的发展水平,释放长城所在区域的发展活力。

2. 以长城为主线"优化沿线产业结构和城镇化水平,推动长城经济带的后发优势"。"长城经济带"发展就是要打破过去地方保护主义观念,破除行政壁垒,促进生产要素的畅通流动,避免各地无序竞争。

3. "有利于形成长城沿线优势互补、协作互动格局,缩小长城所在区域发展的差距"。"长城经济带"的发展要以长城为纽带,使得长城所在区域真正拧成一股绳,形成发展的合力。

4. "有利于形成长城后发优势区域建设对外开放新走廊,培育国际文化与经济合作新优势"。"长城经济带"的发展将为"一带一路"倡议提供重要战略基点。

5. "有利于保护长城生态环境,引领长城所在区域生态文明建设"。"长城经济带"的发展将以生态环境保护为基础,以长城保护为前提,在保护与利用两个方面做出重要突破[2]。

二、"长城经济带"地域识别

研究大同长城需要从大同长城自身特殊实践入手,既要解决长城保护与利用的迫切性又

注:本文创作于 2017 年。

要关注长城地域识别与相关理论研究的匮乏性,更需要面对立地条件下长城分布的广泛性与长城文物保护的特殊性,预先、系统、准确地揭示大同长城的保护与利用应秉承的思路、途径、要点、方式与方法[3]。

1. 大同长城缘起的时间:从公元前 4 世纪的中山长城开始,至少到公元 18 世纪结束,大同的长城建筑史延续了 2100 多年,与整个中国的长城建筑史相始终。继战国之后,秦、汉、北魏、北齐、隋、金、明、清 8 个时期先后在大同地区修筑或修缮长城,至少有 9 个时期 10 个政权的长城遗迹。

2. 大同长城的空间范围:"大同长城"既是一个现实的概念,更是一个历史形成的概念,因此大同长城既有一个主体遗存所在的空间范围,又有一个历史文献所反映的空间范围。形成于 9 个时期、10 个政权的大同长城,其范围无法局限于今日大同市的行政区划,而是涉及山西、内蒙古、河北、北京四地,形成一个范围宽广的"大同长城",包括北到呼和浩特,东起居庸关,西至偏关,南到雁门关[4]。

3. 大同长城的物质遗存:

(1)大同长城的基本骨架是城、堡、墙、壕、墩、台等所构成的城防体系。

(2)大同长城的展布规律,是与大同长城密切相关的内外交通和沿线聚落的利用。

(3)大同长城发育的地理环境是大同长城区域山水林的结合条件。

(4)草原文明与农耕文明交汇过程中,多民族冲突与融合是大同长城政治、军事功能的集中体现。

(5)大同长城的巨大作用是承载了物质贸易、情感交流和人员流通,同时超越长城成为重要物流枢纽,影响了整个中国北方,形成了晋商和晋商文化。

(6)大同长城既是古战场又是古商埠,滋养了大同独特的边塞人文风貌与民俗文化。

4. 大同长城整体性价值:目前大同长城的实物遗址,现存最多、保存最完整的是明长城。明长城是由长城、内外沿线的镇城、路城、卫城、所城、堡城、关堡、墩台等构成不同级别、不同用途、互相有机配合,具有一定纵深的严密、完整和连续的防御体系。明长城分九边十一镇分段设防,各段墩台林立,堡寨密布,即所谓"一里一小墩,五里一大墩,十里一寨,二十里一堡",明长城全线大小关堡共有 1000 多个。

三、大同"长城经济带"建设问题分析

大同长城不是一道单独的城墙,而是由城墙、敌楼、关城、堡寨、烽火台等多种防御工事组成的具有一定纵深的严密、完整的防御工程体系。大同长城主要面临的问题是:生态与环境极其脆弱、自然与人为胁迫严重、沿线村镇社会经济发展迟缓等[5]。

1. 明长城沿线生态与环境敏感性与脆弱性:明长城既是阴山山脉与黄土高原的交错与叠加区域和我国北方农耕与游牧分界线,又是半湿润区与半干旱区、季风区与非季风区的过渡地带,还是森林与草原、绿洲与荒漠的过渡地带,长城沿线的生态与环境极其脆弱。

2. 长城军事堡寨逐步边缘"孤岛化"问题突出:长城沿线堡寨之间具有千丝万缕的联系,在文化和地理上具有相互影响和互为关系的作用。由于缺乏相应的保护机制,军事堡寨大部分游离于保护名录之外,迄今可纳入保护规划的堡寨屈指可数。在地域空间的分布上,表现为一个个孤立的个体,未能和周边的长城及相关的附属设施(烽燧、墩台和驿站)及其他堡寨产生密切的空间关联,加之长城及这些堡寨为黄土所建,极易侵蚀流失,如不加以抢救保护,其痕迹将会丧失殆尽。

3. 长城文化遗产真实性、完整性和延续性遭受挑战。一是军事堡寨在演化过程中由于遭受政治、经济、社会、交通因素的影响和冲击，文化遗产的破坏现象严重。二是长城与军事堡寨大多处于边缘深山区域，是贫困人口相对集中的区域。为了生存和致富，导致过度耕作、砍伐、放牧和无序的矿山开发，对环境的破坏十分严重。三是长城沿线的军事堡寨总体格局保存较好，但堡内用地属性已发生改变，一些历史建筑地面已无遗存，并被公共建筑或现代民居占用，遗址被严重扰动或仅留存残破的城墙遗址。

4. 长城保护与利用割裂，长城经济带就难以建立。一是长城保护与利用关系不顺，会使大同长城及其相关文物遭受无可挽回的毁损；二是长城保护与利用关系不顺，会使大同的旅游等相关产业都难于健康发展。三是长城保护与利用关系不顺，会使大同难于实现城乡协调，进而影响整体发展。四是长城保护与利用关系不顺，会使大同沟域经济难以推动。

5. 长城保护与利用的关系是有效保护基础上合理利用。一是长城有效保护为前提，如果无法有效保护，相关的长城遗址、文物就不得利用，而不管其是否有客观原因、有多大主观需求；只有严厉制裁违法行为，才可能督促全社会先保护、后利用，保护好、再利用。二是合理利用是大同长城保护整体目标，不能合理利用也就难于有效保护，起码无法持续保护。三是长城有效保护与合理利用存在矛盾但可以相辅相成，并非不可调和。四是长城有效保护基础上合理利用，两者都需要以"长城经济带"的建设为前提。

四、大同长城经济带保护与利用模式构建的基本框架

（一）长城经济带保护与利用原则

我国实行的历史文化名镇（村）保护制度，始终关注的焦点是单个古村镇的点状保护，未能解决宏观、整体的保护问题，具有相当的思维局限。随着学科的发展，区域视野的综合研究是必然的趋势。"长城经济带"理念适合于长城沿线呈线性分布的军事堡寨的保护与利用，并将推动军事堡寨的生态保护及经济、社会、文化的整体协调发展。

1. 长城保护与沿线生态安全与环境友好建设相结合原则。长城沿线生态脆弱且又环境敏感，无论是保护还是利用，生态安全和环境友好建设是其主要命题。

2. 长城历史文化遗产保护要与村镇经济社会发展相结合原则。明长城及其沿线军事堡寨的文化遗产保护与村镇的经济、社会、文化的可持续发展紧密结合，将构成长城经济带研究的宗旨和目标。

（二）"长城经济带"保护与利用模式构建

将大同市明长城沿线呈线性分布的军事堡寨，以及沿线紧密相关的自然和历史文化资源串联起来，实现沿线区域遗产保护与生态安全与环境友好建设，打造"大同长城经济带"，以垂直于长城的沟域作为"T"字形开发战略，现行的长城和堡寨以抢救保护和生态维育为主，把沟域的空间作为主要利用的载体，在立地条件下进行产业培育，这种产业培育要与乡村重构和精准扶贫及文化旅游相结合，使其成为我国"长城经济带"建设的绿色样本和保护典范。

1. 长城保护内容

"长城经济带"是一种新的线型的文化区域保护与利用的思路。其主要构想以长城为载体，将长城沿线的风物遗迹、民居建筑、历史事件、风俗习尚等众多单体民俗资源串联成为一个具有重大价值的文化带，加以整体保护，由过去对传统文化遗产"点""面"的保护转向对"线性文化遗产"的全方位保护，是一种具体而又细化的方案，为多种类、跨时空、线性分布的民俗资

源提供了跨区域合作和整体保护的新思路,对拓展和创新保护方法具有极其重要的推动作用。

(1)以长城、堡寨、城墙、墩台、堡门、民居等为主要保护对象的建筑遗产,构成一个集军事、商业、民俗等多元文化融合的文化空间。

(2)以融合性、个性化为特征的非物质形式的民俗文化资源,各民族的民俗内容相互采借、修改,逐渐调试合一,创造出长城堡寨新的民俗内容。

(3)以山体、水源、森林等为主要对象的生态资源,除了保护丰富的文化资源之外,长城保护必须实施文化整体与生态整体共同保护原则。

(4)"风貌恢复"保护模式是针对堡寨的保护而提出的一种模式,具体操作表现为两个方面,一是还原古建筑的历史风貌;二是还原建筑资源缺失或遗漏的历史文化内涵。

2. 长城利用方向

拥有特殊文化资源集合的线性景观,通常带有明显的经济中心内涵。"长城经济带"是线性的文化、自然、经济和社会区域,不是单纯的文化遗产本身。因此,把文化要素提到首位,让历史文化元素成为保护核心,构筑长城经济的线性区域。"长城经济带"沿线分布着军事防御型古村镇,串联着不同族群内部的单体民俗文化,它们与长城整合成一个遗产体系。其保护的核心要素是长城文化,即以长城为纽带,由墙体、堡寨、卫所及其向外辐射形成的相关文化内容,共同构成一个性质相近、地域特征鲜明的系统。并强调以线串点、以点带面,形成一条跨越数个县(区)的大同长城经济带。

(1)长城专线和沟域多样性体验模式,挖掘长城专线生态与民俗旅游资源,打造沟域经济形成"T"字形的开发格局,凝练出体验主题,吸引旅游者,培育互动式、静态式和动态式体验模式。

(2)用地域识别资源,用文化识别特色。根据"新、优、特"三个标准来选择大同长城经济带各个县(区)的开发定位。

五、大同长城经济带价值与功能

1."大同长城经济带"价值:大同长城是无与伦比、不可再生的长城,既需要有效保护以不负历史,也需要永续利用以开创未来。大同城乡遍布长城遗址与相关文物,这些遗址、文物的全面保护和科学修缮,长城文化的研究,长城沿线民俗文化开发等,完全可以系统整合进而形成大同长城经济带。

2."大同长城经济带"功能:大同明长城是一个线性的遗产廊道,它与沿线区域的生态与经济系统相互联系、相互作用,其价值的发挥与沿线区域整体的生态功能及经济功能的发挥紧密关联。因此,把大同长城文化遗产和沿线生态系统以及沿线经济系统耦合协调发展作为长城经济带功能定位的目标和方向。

"长城经济带"功能定位,是在整个明长城沿线区域可持续发展格局中所承担的生态与经济功能,是建立在各区域生态和经济资源以及产业比较优势分析的基础上,明确一种或几种在促进区域可持续发展中起到主导作用的功能。

六、"大同长城经济带""T"字形开发战略

1. 长城和水的关系:长城和水有着密不可分的联系,各个朝代及各个地区的长城都体现了长城与水二者之间的相互作用。长城的修筑在选线、布局、建筑形式等方面都巧妙地利用了长城沿线的河流、湖泊、沼泽、海洋等水体,同时水对长城的建筑形式及构造作法也产生了深远

影响。一是长城与江河、沟域都是以线性分布,但二者的军防作用却又不尽相同;二是江河、沟域不仅是自然地理环境中至关重要的一个元素,而且江河、沟域的最大特点就是具有动态性;三是我们不仅可以从相关研究中发现长城与中国重要水系密切的地理关系。同时从很多历代诗词中也能看出长城与这些水系之间密不可分的文化关联。专项的解读、研究长城与江河、沟域的关系,让我们更加全面地了解长城在修筑以及使用中与周边自然环境的关系,认识到长城与水的重要联系,从而更加全面、真实地保护长城以及其周边的自然环境,特别是长城周边的水环境。

2. "长城经济带"与沟域经济关系:从大同市市域经济组成层面上看,在城区"盆地经济"、工业"园区经济"和山区"沟域经济"三大组成板块上,沟域发展直接影响山区的发展。大同市沟域发育良好,山、水、林资源丰富而多样,以永定河源头、太行山外山、冷凉为特色的健康养生资源为典型代表,力争通过沟域发展,强化与长城的联系,形成长城与沟域的"T"字形开发模式;在本次长城经济带专家组调研会诊的 5 个县区中就有 9 条沟域,这些沟域将成为长城经济带重要载体。

七、"大同长城经济带"建设路径选择

"大同长城经济带"发展战略是以长城的有效保护和合理利用相结合,逐步实现长城文物保护与文化开发的良性循环;把长城与山地生态景观、沟域特色景观、森林特殊风貌进行叠加,把长城与乡村重构、"三农"发展、精准扶贫相结合。把长城与国土空间优化、生态安全体系建设、生态环境友好体系建设、生态人居体系建设、生态文化体系建设相结合,并纳入大同的转型发展之中,而不是一味地就文物谈保护,就长城谋开发。

1. 长城文物、文化和文化产业密切关联,大同需要建设长城经济带,大同长城在中国长城的区位、个性优势,需要经济带来展现。

2. 大同长城时空特征明显,不仅量大,而且质优,加之丰富多样的文物,需要经济带来集聚。

3. 大同长城与阴山、太行山山脉、桑干河及其沟域、森林生态系统、湿地生态系统交映成辉。其生态文化需要经济带来培育、光大。

4. 大同长城方兴未艾,文化旅游、生态旅游、农业旅游和乡村旅游一体化发展前景广阔,需要长城经济带来串联、集群。

5. 大同市城市转型的基础、思路和条件初步具备,国际长寿养生旅游目的地城市初显,需要长城经济带来集成、表达。

6. 大同全域旅游、全域养生、全域文化结合俱佳,长城应为网络运转,长城经济带需要三位一体建设。

7. 大同长城保护与利用主线清晰,左云县、新荣区、大同县、天镇县和阳高县节点突出,各有特色,是"T"字形开发主要区域,需要长城经济带来培育、滋养。

参考文献

[1]董耀会.建设长城经济带,创新发展内生经济——兼论长城茶马互市交流模式的应用[J].河北地质大学学报,2017,40(2):131-134.

[2]张幸林.加速建设长城沿线经济带[J].理论导刊,1996(12):17-19.

[3]曹迎春,张玉坤,李严.明长城军事防御聚落体系大同镇烽传系统空间布局研究[J].新建筑,2017(2):

142-145.

[4]周小棣,沈旸,常军富.长城的建造技术特征与建造信息保护——以明长城大同镇段为例[J].建筑学报,2011(S2):57-61.

[5]刘媛.实施大同长城保护与利用战略的对策建议[J].文物世界,2013(1):61-67.

山西省黄河、长城、太行山文化资源旅游转化的思考

一、将丰富黄河文化资源转化成旅游优势的建议

黄河山西段既有自然景观，又富人文特色，特点鲜明、风光俱美。建议山西省着力打造黄河文化旅游品牌，从下面几方面入手。

1. 省级层面筹划建设黄河历史文化景观带，内容包括关隘、聚落、渡口、建筑等。其中，有4个重要节点价值很高，需要高度关注。其一，偏关是中原和游牧民族的交流关口，文化上走西口的发祥地，能集中展示黄河边塞文化风情。其二，碛口是黄河边上的商贸重镇，可作航运码头文化展示。其三，龙门，"鲤鱼跳龙门"的故事影响极大。其四，蒲州古渡口，是山西、陕西交通要道，"秦晋之好"的咽喉，唐代浮桥与大铁牛、鹳雀楼等文化景观及意境熠熠生辉。

2. 建设国家地质公园和自然历史博物馆。黄河两侧吕梁山脉一线的黄土高原地貌在世界上独一无二，其独特的塬、梁、峁、岭、沟、谷等地貌，以及大量的古生物化石极具开发价值。建议与对岸陕西联合开发，通过植物景观、生物化石，结合自然地貌进行地质旅游规划。

3. 建设古文化、古遗址的专业博物馆。如方国文明馆、戏曲博物馆等。尤其是打造以农业遗产为主的生态博物馆，充分利用一些古村落，与自然景观结合，将动植物、祭祀、宗教，以及农耕等元素融入，场景化、活态化展示农耕文明。

4. 在条件成熟的区域，如运城、临汾等地，可按旅游目的地高度去规划、整合。山西黄河文化旅游具有自然资源与文化亮点的双重比较优势，缺乏黄河文化旅游龙头项目。建议以黄河文化为魂，按5A级服务标准，打造黄河智慧旅游。同时结合全域旅游概念，以旅游＋休闲的理念层次开发、整合，形成文化的关联、品牌的一致和展示元素的差异化的效果。

5. 重视黄河支流文化资源的统一开发。在山西省汇入黄河的较大支流有18条，其中山西境内最大的河流——汾河被称作山西的"母亲河"，是黄河的第二大支流，流经太原盆地和临汾盆地，纵贯山西省中部，由万荣县庙前汇入黄河。汾河源头的宁武县管涔山景区、芦芽山景区、窦大夫祠、晋祠等等汾河流域的文化资源也要纳入黄河文化旅游品牌的开发中去。

文化大家钱穆先生说：文化是一个民族的"根""魂""种"。文化的最大乐趣在于感受、感知、感悟，并最终找到其"魂"。黄河在文明演进过程中，于大自然，体现出的是强悍和生生不息；于人，激发出的是坚韧和自强不息[1]。这是黄河作为中华民族"母亲河"的文化意义，也是统领黄河文化之"魂"。黄河文化旅游要围绕"黄河魂"来做元素的梳理、主题的提炼、层次的提升及要素整合，通过景观、展演、体验式，来烘托出黄河文化的宏大主题。

二、进一步开发利用好山西长城资源的建议

1. 深入发掘和整理山西长城历史文化资源。依托国家文化局的长城信息资源库和山西省长城保护研究会积累的图片资料，建立山西长城信息资源库。建议加快《山西省长城资源调查报告》等长城基础资料的整理出版，着手收集与长城相关的碑刻、文物等资料。依托山西完整的明长城防御体系，搭建虚拟数字博物馆和真实的长城实物博物馆，用虚拟现实手段复现长

注：本文创作于2017年。

城本体、各层次军事聚落、驿传烽传系统。出版长城文化丛书，印制长城宣传手册，开展长城教育进课堂等活动。适时出台《山西省长城保护条例》等地方性法规，增强全民长城保护意识，使长城保护与长城旅游互补，良性发展，在保护中合理利用，利用中得到不断保护[2]。

2. 引入经济文化带的概念，规划和打造长城经济文化带[3]。建议省级层面制定长城经济文化带发展规划，以此为统领，推动长城文化带的经济、社会、文化、旅游全方位发展。规划应经各方专家科学论证，在长城保护规划的基础上，按照生态第一、保护优先、适度开发、合理利用、可持续性发展要求，有重点、有步骤、有差异地开放利用，形成以长城为核心文化要素的经济文化带。

3. 实施大景区引领战略，带动山西长城旅游发展。依托雁门关、老牛湾、平型关、娘子关、杀虎口、得胜堡等优势资源，全力打造一批有影响力的长城旅游景区。要注重游客的体验感，依托一些历史事件、人物，充分展示历史文化信息。例如，山西省可以采取新旧影像资料对比的形式，加强人们对长城资源今昔状况的了解；可以以影视剧的方式，发掘昭君出塞、封贡互市、杨家将、麻家将、三娘子、聂壹、马芳、辛爱等历史史实，讲好长城故事；也可借鉴英国哈德良长城和德国日耳曼长城等国外长城开发利用的经验做法，注重古迹与周围自然与人文景观的融合，合理规划公众旅游线路和游览方式，使遗产利用与保护形成良性循环[4]。同时应大力开发、研制具有鲜明区域文化特色的绿色有机农副产品、地方特产、户外旅行消费品、特色旅游纪念品。立足长城文化，运用电商平台与实体销售渠道，打造地方特色农产品品牌、手工艺品品牌、文化创意产品品牌。

4. 加快打造长城体育旅游品牌，举办具有国际影响力的体育旅游活动。利用好国家精准扶贫产业脱贫政策，发掘长城沿线的古村落，创建一批"山西长城特色文旅小镇"。比如，可以依托大同长城沿线的山川、河流、村庄等特色体育旅游资源，策划系列化、国际化的徒步大会等，打造长城特色体育旅游品牌[5]。以长城沿线的古村落、古堡为基础，以农村为载体，为在长城沿线旅游的人群提供休闲度假、特色文化深度考察、养老养生等服务，加快形成网络化、规模化的长城古堡文化旅游产业[6]。

5. 主动对接周边区域长城旅游资源，共同做好长城旅游这篇大文章。目前京、津、冀三省市签订了《京津冀三地长城保护工作框架协议》，山西省可以申请加入京、津、冀协同长城保护联盟，最大限度地争取政策支持，借力借势，在长城旅游规划、营销推介等方面强化与京、津、冀、蒙、陕等周边省区的协同联动。

三、如何进一步更好地向旅游资源转化转换的建议

山西是太行山的绝对主体，其拥有的太行山属地约占全山面积的80%，充分挖掘太行的山水、生态、红色圣地等文化元素，凝练大美太行、天下脊梁主题，对于打造雄奇太行、秀丽太行、红色太行、古韵太行的精品风景旅游带具有重要意义[7]。

1. 更新观念，深刻认识太行山在山西旅游发展中的独特价值和地位

要对山西太行山区的整体范围、自然和文化资源进行全面摸底，要做到心中有数；要用全域旅游战略指导编制"山西太行山旅游发展总体规划"；要对外强力打造"中华故里 山西太行"整体品牌形象和价值，打造奇峻太行、寻根太行、晋商太行、佛学太行、红色太行等品牌游线；要做大做强五台山、大寨、太行山大峡谷、皇城相府、八路军总部等传统品牌；同时弘扬独特的关隘文化，把娘子关、虹梯关、壶关、天井关等建成著名关口胜地；打造一批富有山西太行特色的文旅小镇和山地田园综合体；要有步骤地在山西太行山腹地创新开发一批太行文脉和地方风

情主题的新型度假目的地;要创造山西太行山内部旅游资源、品牌、市场、利益的高度共享机制;同时,与山西汾河谷地、吕梁山地联手打造山西全境精品旅游品牌游线,甚至在条件成熟的时候,可以考虑和河北、河南、北京联手进行大太行山旅游的整体联动发展;要构建空、铁、陆一体化的大旅游交通网络,引导外部客源多渠道便捷进入山西太行。总之,要力争让"山西太行山"品牌成为未来中国旅游业长期高度关注的旅游度假目的地。

2. 开发新的旅游项目

(1)工业遗产的保护开发利用。工业遗产保护开展利用是目前旅游开发的一个亮点,如北京的798工厂已成为798艺术园区,上海国棉十七厂成为国际时尚中心,景德镇的旧瓷厂成了陶瓷文化创意园等等。太行地区的工业遗产也很多,其中三线企业就有8处,迫切需要加以保护和开发。如,襄垣的永明无线电厂,沁源的卫华仪器厂、开源线材厂、东升机器厂、沁河机械厂等[8]。

(2)乡村旅游资源的开发利用。太行山地区乡村旅游资源丰富,可是,随着城镇化进程的加快,一些古老民居、偏远乡村即将废弃,应当加以保护和开发利用,成为新旅游增长点。要大力发展乡村休闲旅游产业,坚持突出特色、注重内涵、一村一策、错位发展,打造一批国内一流的文化旅游村镇,带动当地群众脱贫致富奔小康。

3. 瞄准高端打造特色旅游品牌

除了一般性的旅游项目外,还应当瞄准高端市场,打造高端的特色旅游品牌。利用太行四季不同的风光,打造高端特色旅游品牌,满足户外运动者、美术工作者和摄影爱好者的需求。从地理位置上说,太行景区可以大量吸引京津冀豫及南方游客。这方面已有例子,和顺县徐村已经成为美术工作者写生的地方。这方面确实需要充分论证和科学开发,进一步提升山西省旅游的品位和知名度。

4. 充分利用地方文献资源,对旅游项目进行科学论证

山西是方志大省,历代旧志700多种,留存下来的约500余种,在旅游开发时要注重地方志资源的利用。同时,要对国家确定的名村、名镇进行文化包装,编写名村志、名镇志,提升山西文化村镇的知名度。围绕山西太行的历史文献(图志典籍、诗文歌赋)和考古材料介绍,确定最佳的旅游资源并能打造成的旅游产品,讲好山西太行故事。

5. 加强红色旅游资源与其周边旅游资源整合开发

红色文化从抗战一直延续到现在,也就是说从抗战时期、解放战争时期的互助组、合作社,到解放初期的初级社、高级社,再到人民公社,一路走来,太行山区独领风骚,模范村庄、模范个人频频出现,红色文化是太行山旅游的第一大品牌。能与红色旅游优化搭配的有黑色、绿色、黄色和古色旅游,根据其红色旅游资源与周边旅游资源的组合特点,将红色旅游资源与煤炭地质资源、绿色山水生态资源、黄土风情资源以及文物古建资源等整合开发,把红色旅游的主题置身于山西悠久的历史文化环境中,融入山西"和而不同"的地域文化中,形成红绿搭配、古今相映、雅俗共赏的太行红色旅游开发新模式。

6. 发展康养产业

康养产业是21世纪的新兴产业,是现代服务业的重要组成部分,关系国民的生存质量,影响经济社会发展。康养产业涵盖诸多业态,关联城市建设、生态环境、民风民俗、科技信息、文化教育、社会安全等众多领域,康养产业在中国尚处于起步阶段,市场前景较好,同时政策的导向作用至关重要。依托山西省太行山独特的地形、气候、饮食、医药和康养文化,着力打造"夏养山西"康养品牌,开发全生命周期康养产品,加快建设一批康养旅游城市、康养小镇、康养产

业园、康养度假区,引进培育一批旗舰龙头企业,打造融旅游、居住、养生、医疗、护理为一体的康养产业集群,努力构建全省域、大康养格局。

7. 打造沟域旅游

借鉴北京经验,在太行山区推出沟域旅游,打造干旱和半干旱地区的沟域旅游。太行山区域分布着大量的山沟、河峪,以这些自然沟域为单元,以其范围内的产业资源、自然景观、人文遗迹为基础,通过对山水林田路村和产业发展的规划打造,实现产业发展与生态环境相和谐、一二三产业相融合、带动区域发展。"沟域经济"是集生态治理、乡村振兴、绿色种养、民俗旅游、观光休闲发展于一体的山区经济发展新模式,对于转变山区发展方式、改善生态环境、提高农民收入、打赢脱贫攻坚战,具有重要的现实意义[9]。

参考文献

[1] 陈忠海.中国的"两河文明"[J].中国发展观察,2017(11):63-64.

[2] 尚珩.山西明长城文献综述[J].沧桑,2009(6):138-140.

[3] 任凤珍,钱越.长城历史文化传承创新的当代价值——基于长城经济文化带的思考[J].河北地质大学学报,2017,40(2):135-140.

[4] 廖高会,严绍进.产业融合视域下山西体育旅游产业发展路径探析[J].山西经济管理干部学院学报,2016,24(4):39-43.

[5] 张萍,陈华.明长城沿线军事寨堡文化遗产保护刍议——以永泰龟城为例[J].西部人居环境学刊,2016,31(2):46-51.

[6] 李永乐.线性文化遗产系列博物馆群:理论构建与实证分析[J].东南文化,2017(2):21-27.

[7] 张帆.试析山西生态旅游发展的优势及劣势[J].山西广播电视大学学报,2016,21(2):110-112.

[8] 徐拥军,王露露.工业遗产保护开发研究:述评与趋势[J].学术论坛,2017,40(4):142-149.

[9] 穆松林,张义丰,李涛,等.北京房山山区沟域经济产业空间布局研究[J].自然资源学报,2012,27(4):588-600.

"美丽中国、健康中国、幸福中国"与健康长寿经济

第九编 "美丽中国、健康中国、幸福中国"实践创新

浙江省仙居县绿色发展研究

"绿色化"思想是对党的十八大提出的"新型工业化、城镇化、信息化、农业现代化"这一"新四化"概念的补充、提升。探寻"绿色化"思想对当前我国人民日常生活影响和对我国现代化建设在理论和实践层面上均有深刻应用价值,对于提高我国生态环境问题治理水平,科学发展观"绿色"发展道路,凝集全国之力发展中国特色社会主义,实现"两个一百年"华美蓝图意义重大。

一、"美丽中国"建设的提出与思考

"美丽中国"是在对新世情、新国情和新域情的新变化和新形势进行深刻分析和科学判断的基础上提出来的,具有十分丰富的科学内涵。包含了自然之美、发展之美和百姓之美,把生态文明建设与其他各项建设相融合,并将人的幸福生活作为最终的归宿[1]。

1. "美丽中国"是对人类社会最新文明形态的正确反映:就是以生态文明建设为突出特征,努力实现中国人民对美丽生活环境以及美好物质生活、精神生活、政治生活、社会生活等的追求和向往。

2. "美丽中国"是中国面临第三次战略选择做出的科学判断:是对第三次战略选择做出的科学判断,是总揽国内外大局、贯彻落实科学发展观的一个新的战略部署。

3. "美丽中国"彰显了中国文化的思想精髓和中华民族对美好生活的追求向往:与中国传统文化精髓相契合,与中华民族对美好生活的向往相适应。

4. 中国已经具备了建设"美丽中国"的基础和条件:

(1)作为"美丽中国"最显著特征的生态文明已经被列为中国发展的总体布局之中。

(2)经济总量的持续增长及其增长方式转型为"美丽中国"建设奠定了坚实的物质基础。

(3)社会主义民主法制建设迈出新步伐,中国特色社会主义法律体系已经形成,为"美丽中国"建设提供了制度和法制保障。

(4)社会主义文化建设取得新成就,人民精神文化生活更加丰富多彩,为"美丽中国"建设提供了精神动力、智力支持和思想保证。

(5)社会主义和谐社会建设取得了新进步,为"美丽中国"建设提供了良好的社会条件和社会环境[2]。

二、"健康中国"是"美丽中国"内涵的延伸

"健康中国"是中国人民在全面建成小康社会、实现中华民族伟大复兴"中国梦"新征程中

注:本文创作于 2017 年。

向世界展示全新形象的奋斗目标。

1."健康中国"是一个奋斗目标,是全面小康社会下的全民健康蓝图。

2."健康中国"是一个创新型发展理念,核心是健康优先。

3."健康中国"是一面旗帜,凝聚着政府、社会和全体国民的共同理想。

4."健康中国"是一次提质,应紧紧围绕"四个全面"战略布局,与五大发展理念相融合[3]。

三、"幸福中国"是"健康中国"的发展目标

幸福是人类的永恒追求和终极价值目标,党的十八大以来,"幸福中国"建设正式揭开帷幕,党的十八届三中全会提出深化改革,促进社会公平正义,增进人民福祉。从"国富论"到"幸福论"的思想转变,标志着"让人民更幸福"的思想将成为未来政府工作的重点内容。幸福中国建设必将是一项长期的工程,它的实现依赖于全民主观幸福感的培育以及客观社会物质条件的支撑和保障。

幸福中国既依赖于公民主观幸福价值观的构建,也依赖于国家和社会的客观社会物质保障。幸福中国建设是实现"中国梦"的前提和基础,它将与全面建设小康社会以及构建社会主义和谐社会的奋斗目标协同共进、同步发展,为"中国梦"的实现夯实基础。

1. 如何获得与培育主观幸福感?

(1)主观幸福感需要以信仰为支撑;

(2)主观幸福感需要以道德为前提;

(3)主观幸福感需要以幸福教育为引导;

(4)主观幸福感需要幸福文化的熏陶。

2. 如何营造与催生国民幸福感?

(1)贯彻落实全面建设小康社会的宏伟目标;

(2)进一步保障和改善民生;

(3)促进国民经济的进一步发展;

(4)加强生态文明建设,改善居民生存环境。

四、绿色发展的价值与功能

随着国际社会对全球气候变化的关注,绿色发展逐步成为新的发展共识。从内涵来讲,绿色发展更具包容性,既包括传统可持续发展中所关注的人口和经济增长与粮食和资源供给之间的矛盾,同时也强调气候变化对人类社会的整体性危机[4]。

1. 绿色发展强调经济系统、社会系统与自然系统的共生性和发展目标的多元化。

2. 绿色发展的基础是绿色经济增长模式。

3. 绿色发展强调全球(域)治理。

绿色发展的理论价值和意义在于指导实践。"绿色化"思想为我国现代化事业和生态文明建设事业的推进,为坚持中国特色绿色化道路和践行社会主义核心价值观提供了行动指南。

(1)为国民提供了一种新的生活方式。

(2)丰富了"美丽中国""健康中国""幸福中国"建设的理论成果。

(3)为推动国家治理体系现代化提供了思想保证。

(4)为践行社会主义核心价值观提供了行动指南。

五、仙居绿色发展与"美丽中国、健康中国、幸福中国"建设关系

1. 绿色发展从理论上回答了中国生态文明建设的美好蓝图,同时为中国生态文明建设指明了实践路径。

2. 绿色发展是在全球气候变暖和国内生态环境破坏的双重压力下出现的新型经济发展方式,是平衡人、自然和社会三者的可持续发展,将绿色增长作为积累绿色财富的手段,而从实现绿色福利的增加。

3. 绿色发展是提高可持续发展能力的有效手段,也是建设生态文明的巨大引擎。

4. 从"美丽中国"与"绿色发展"之间的关系看。"美丽中国"是绿色发展的目标,绿色发展是实现"美丽中国"的途径。而生态文明建设是"美丽中国"和绿色发展的共同主旨,两者均是对可持续发展观、科学发展观的再理解。

六、仙居绿色发展的模式探讨

仙居作为浙江首个县域绿色化发展改革试点县,力争通过3~5年努力,为全省县域级探索出一条生态景观化、生产循环化、生活低碳化、环境友好化、风貌自然化的新路子,形成具有浙江特色、仙居特点的绿色化发展的样本。

1. 以"四大体系"支撑县域绿色发展

(1)建立超前的理论支撑体系。

(2)建立顶层设计的规划与建设体系。

(3)建立可量化、可评估、可操作的标准体系。

(4)建立政策保障与机制协调体系。

2. 以"四大业态"推进经济绿色转型

(1)发展生态农业,着力打造现代养生农业。

(2)发展绿色工业,着力打造健康养生食品工业。

(3)发展生态旅游业,着力打造长寿养生旅游业。

(4)发展生态人居业,着力打造养生度假与智能养老院。

3. 以"四大工程"共建共享社会绿色

(1)实施绿色理念普及工程,凝聚"绿色共识、健康同步、幸福共享"。

(2)实施绿色城乡建设工程,美化"绿色家园",培育绿色生活。

(3)实施绿色生态整治工程,保障"绿色屏障",推进环境友好。

(4)实施绿色实验、示范创建工程,打造"绿色品牌",突出长寿乡功能。

七、中国长寿之乡是仙居从"美丽中国"向"健康中国"与"幸福中国"转换的样本

仙居县悠久的历史,优美的环境,造就了仙居特有的神仙文化和长寿文化,截至2014年年底,百岁寿星多达55人,对照中国长寿之乡评审标准各项指标达标情况一是必达指标三项全部达标。二是12项考核指标有11项达标。

仙居老人长寿现象的形成,由自然生态环境、经济生活条件、卫生医疗水平、历史文化背景、社会发展程度和老龄工作状况等多种因素所决定,是长期以来坚持绿色发展、科学发展、和谐发展、跨越发展的结果。

1. 得天独厚的自然条件,提供了优美宜居的生存环境

(1)火山田园,特色引领。

(2)气候适宜,四季分明。

(3)河道纵横,生态优越。

(4)森林密布,空气清新。

(5)"五净同步","三生协调"。

2. 优质丰富的食物种类,提供了结构均衡的营养元素

(1)仙居杨梅。

(2)仙居高山蔬菜。

(3)仙居有机茶。

(4)仙居黄花菜。

(5)仙居板栗。

(6)仙居"山里珍"。

(7)仙居番薯干。

(8)仙居猕猴桃。

3. 积淀深厚的历史文化内涵,提供了广博开阔的人文支撑

(1)源远流长的当地慈孝文化的支撑。

(2)道家"返璞归真""道法自然"等养生思想的支撑。

(3)当地武风盛行成为养生保健的有效手段的支撑。

(4)发育完备的集镇文化带来大众文艺发展的支撑。

(5)快意人生的快乐民歌成为调节情绪"养生药"的支撑。

4. 县委政府重视,长寿人口增加的后力强劲

(1)社会经济全面发展。

(2)城乡面貌不断改善。

(3)社会事业不断进步。

(4)老龄事业蓬勃发展。

参考文献

[1]史慕华. 新时代美丽中国的科学意涵及实现路径[J]. 长白学刊,2019(5):122-127.

[2]高卿,骆华松,王振波,等. 美丽中国的研究进展及展望[J]. 地理科学进展,2019,38(7):1021-1033.

[3]黄娟,杜燕然,万崇良. 试论健康中国与美丽中国的关系[J]. 创新,2019,13(6):55-62.

[4]赵亚东. 绿色中国战略的内涵解读[J]. 湖北经济学院学报(人文社会科学版),2021,18(1):13-17.

"美丽中国、健康中国、幸福中国"建设与桂林市实践创新

一、"美丽中国、健康中国、幸福中国"内涵

"美丽中国、健康中国、幸福中国"是中国特色社会主义生态文明建设的重要内容。其战略定位、基本内容和重大意义在生态文明建设和实现中国梦的框架中得以彰显。其中,生产发展是美丽中国建设的物质基础,生态良好是美丽中国建设的基本要求,人民幸福是美丽中国建设的本质目标。

1. "美丽中国、健康中国、幸福中国"缘起于党中央首次提出的"建设美丽中国,实现中华民族永续发展",是对"全面、协调、可持续"的科学发展观的继承和升华[1]。

2. "美丽中国、健康中国、幸福中国"可以理解为努力建设生态文明基础上的中国特色社会主义,既强调人与自然和谐相处的生态文明建设,又重视将生态文明建设全面融入经济建设、政治建设、文化建设、社会建设的各方面和全过程。

3. "美丽中国、健康中国、幸福中国"战略内部具有结合紧密的辩证统一关系;从美学层面,它全方位地体现了"和谐之美";从伦理层面,它体现的是道德创化之美;从价值维度层面,它体现了对生态文明认识的价值跃迁。

4. "美丽中国、健康中国、幸福中国"的实质就是注重生态文明建设与政治、经济、文化和社会建设的相互联系与融合,重建人与自然的和谐,实现人与自然的共同发展。

5. "美丽中国、健康中国、幸福中国"战略焦点是生态文明建设,并放在突出位置,充满人道主义关怀、生态平衡有序、文化繁荣昌盛、经济高度发展、政治清正廉明,社会和谐稳定的"河清海晏,时和岁丰"。

6. "美丽中国、健康中国、幸福中国"是对人类社会最新文明形态的正确反映:就是以生态文明建设为突出特征,努力实现中国人民对美丽生活环境以及美好物质生活、精神生活、政治生活、社会生活等的追求和向往。

7. "美丽中国、健康中国、幸福中国"是中国面临第三次战略选择做出的科学判断:是对第三次战略选择做出的科学判断,是总揽国内外大局、贯彻落实科学发展观的一个新的战略部署。

8. "美丽中国、健康中国、幸福中国"彰显了中国文化的思想精髓和中华民族对美好生活的追求向往:与中国传统文化精髓相契合,与中华民族对美好生活的向往相适应。

9. 我国已经具备了建设"美丽中国、健康中国、幸福中国"的基础和条件。

二、广西与"美丽中国、健康中国、幸福中国"建设

2017 年习近平总书记在广西考察工作时强调,广西生态优势金不换,要坚持把节约优先、保护优先、自然恢复作为基本方针,把人与自然和谐相处作为基本目标,使八桂大地青山常在、清水长流、空气常新,让良好生态环境成为人民生活质量的增长点、成为展现美丽形象的发力点[2]。

注:本文创作于 2019 年。

广西是"美丽中国、健康中国、幸福中国"建设的落地版。建设"美丽广西""健康广西"和"幸福广西",其中"美丽广西"是发展基础,"健康广西"是创新方向,"幸福广西"是实现目标。"三个广西"建设正是"两山理论"实践创新的核心点。

建议方案:广西作为我国重要的省份,处于珠江、长江流域的中上游,同时在陆地和海路方面,与越南交界。广西独特的地理位置使得广西在生态文明中的地位日益凸显。笔者建议广西壮族自治区应把广西作为"美丽中国、健康中国、幸福中国"建设示范区,并启动示范区规划。

三、广西与大健康产业发展

(一)中国已经进入长寿时代

中国改革开放 40 年,发生了翻天覆地的变化,从经济濒临崩溃到经济总量跃升世界第二位,成为国际舞台举足轻重的经济大国,创作了中国奇迹。在人民生活水平发生历史性变化的同时,中国人口也进入了长寿时代具有六个显著标志。

标志之一:人口老龄化、平均预期生命和百岁老人都快速增长。

1. 中国的人口结构在 2000 年完成了从成年型社会向老年型社会的转变,老年人口占总人口的比例达到 10%,2018 年年底老龄人口总数突破 2.49 亿,老龄化水平突破 17.9%,成为中度老龄化国家;

2. 人口平均预期寿命从 1981 年的 67.9 岁,上升到 2015 年的 76.3 岁,增长 9 岁,超过世界平均水平(71.7 岁)约 5 岁;

3. 百岁老人大量涌现,2015 年中国百岁老人 5.1 万人,占总人口的比例是 3.65/10 万。上海百岁老人 2015 年增长到 1751 人,占总人口比例是 12.1/10 万,2017 年 9 月 30 日百岁老人已达 2035 人,占总人口比例是 13.5/10 万,已经上升到全国第二位(第一位是海南省)。

标志之二:全民重视健康长寿。

1. 中国人经过 40 年的快速发展,财富增长,生活富裕,但健康和寿命却遇到了严重挑战,环境和资源遭破坏,水污染、空气污染、土地污染,以及农药、激素和抗生素的过度使用等,还有人生追求和社会心态的扭曲,让相当多的人失去内心安宁和幸福,陷入各种焦虑。

2. 痛定思痛,现在中国社会开始回归,越来越多的人认识到,财富不是唯一,健康最重要,"没有健康,一切归零","健康中国"深入人心,《健康中国 2030 规划》正在有力提升着国民的健康素质。

标志之三:确立了"五大发展理念"为核心新的国家发展观。

1. 人口健康长寿,不仅仅是个人养生,涉及环境、经济、社会、文化、制度、法律、政策、人才,以及社会心态等多方面的国家发展问题,是全局性的系统工程。

2. 坚持"创新、协调、绿色、开放、共享"五大发展理念,开启了从整体发展方式上促进健康长寿的时代新进程。

标志之四:确立了新时代美好生活的新标准。

1. 党的十九大召开后不久,《人民日报》发表了《物质幸福时代已经结束》的重要文章,对新时代美好生活提出新标准。

2. 在一个"万物具备、什么都不缺"的年代,占有物质很难让人们获得长久的满足。在新的时代,比起金钱和物质,更重要的是精神层面的充实感,精神生活的优劣将在更大程度上决定着人们生活质量。

标志之五:健康发展是人口长寿的基础。

没有健康发展就没有长寿,富裕国家或地区更有条件改善,能够投入大量资金来改善环境、医疗、福利、提高居民健康素养等。反之,越是贫困落后的国家和地区,医疗条件也越简陋,往往不大的病会因抢救不及时而死亡,人均寿命也就越低。因此,没有健康发展就没有长寿。

1. 现在人口预期寿命高的,都是发达城市。根据 2015 年统计,香港人均预期寿命 83.74 岁,上海是 82.75 岁,北京是 81.35 岁,而广西巴马县的人口预期寿命是 76.5 岁,西藏只有 68 岁。

2. 城镇人均预期寿命明显高于农村,2000 年,城镇人口预期寿命是 75.2 岁,农村却是 69.6 岁,城乡相差 5.6 岁。

3. 百岁老人将越来越多地涌现在发达的大城市。香港 2017 年百岁及以上老人已达 1510 人,占总人口比例高达 21.1/10 万,上海已经达到 13/10 万。

标志之六:长寿的根本原因是三个好。

1. 生态环境好——绿水青山。

2. 发展方式好——绿色发展。

3. 生活方式好——绿色生活。

建议方案:自 2007 年中国老年学学会开展"中国长寿之乡"评选工作以来,截至 2017 年已有巴马县、澄迈县、钟祥市、凤山县、丽水市等 76 个地区获得"中国长寿之乡"称号,其中广西的"中国长寿之乡"数量达到 25 个,占全国长寿之乡总数三分之一。

广西发展长寿经济具有得天独厚的优势,但是没有真正纳入自治区域发展的重点。因此,笔者建议广西壮族自治区应创造性提出把广西作为"中国长寿经济示范区",并启动"广西壮族自治区长寿经济发展规划"。

四、桂林与中国山水城市建设

桂林是不折不扣的国际山水城市和国际旅游胜地,随着"加快建设桂林新城,着力提升桂林老城步伐,产业融合发展,城乡协调推进,生态文化相融,富裕和谐桂林"的总要求,桂林市已正式进入全面发展的黄金时期[3]。

1. 生态环境还需进一步改善。一是漓江的水质还有待提升;二是漓江沿岸的生态景观及防护体系还需加强;三是生态林建设的体制机制还需创新;四是城乡环境综合治理还需加强。

2. 绿色产业还需进一步培育。一是高新技术产业未形成合力;二是生物医药产业还需增容提质;三是健康养老养生产业尚未兴起;四是文化旅游产业的深入挖掘程度不高;五是生态农业和长寿农业还在起步阶段。

3. 绿色交通还需建构。一是公共交通体系还需进一步优化;二是新能源汽车还未推广;三是对公共自行车的全面管理能力还有待提升;四是城市的绿道建设、步道建设、公共自行车道的建设还有待加强;五是摩托车的基数仍旧较大[4]。

建议方案一:

桂林得天独厚的生态环境,是桂林山水文化的强大基因。要保持良好生态和加强生态环境建设,笔者建议尽快启动桂林"中国山水城市建设规划"。

1. 强化国土空间规划整体管控,划出底线优化空间;

2. 加强土地生态环境建设性保护,促进素质并重的绿色发展;

3. 科学进行城市远景规划,促进老城与新区协调发展;

4.坚持生态立市,全力打造大桂林山水城市生态圈。

建议方案二:

桂林是国际著名的风景游览城市,区位优越、交通便捷、生态优良、环境优美、文化底蕴深厚、中医药和壮瑶医药等资源丰富,发展健康长寿养生产业,对满足游客多层次、个性化的健康服务需求,拉动经济增长,转变发展模式,稳定和扩大就业,提升桂林国际知名度和提高竞争力具有重要意义[2]。

桂林是名副其实的"中国长寿之乡"。具有健康长寿的自然环境、养生长寿的历史传统、丰富多样的医药资源、宜于养生的文化资源、水平较高的养老机构。桂林作为世界著名的旅游目的地,要实行桂林旅游的发展升级,提升桂林旅游的国际竞争力,开创广西壮族自治区长寿经济发展示范区。

1.启动"桂林市长寿经济发展规划",吸引更多的旅游者到桂林进行健康长寿旅游。

2.争创"中国老年学和老年医学学会长寿发展研究基地"。

3.推出"桂林生态环境与健康长寿发展论坛"。

五、关于桂林市工业振兴的基本思考

"十三五"时期,桂林市将全面落实"旅游立市,工业强市"战略,推进信息化与工业化深度融合。坚定工业信心不动摇,要以"功成不必在我,谋划百年实业"的定力打好工业攻坚仗。

桂林虽然是旅游名城,但单靠旅游业难以支撑起500多万人的富民强市梦想。站在建成国际旅游胜地的时代背景下,为了全面建成小康社会,只有强工业"筋骨",才能加快桂林城市发展步伐。以工业园为载体、以高新技术为基础、以开发经济系统生态链接技术为关键[4]。

1.推动工业生态化改造,一是加快推进信息化与工业化深度融合,二是推动工业经济向中高端迈进;

2.加快培育节能环保、新能源、新能源汽车、生物医药、新材料等新型生态工业优势转化为发展优势;

3.积极引导企业改进生产模式,加强自主创新能力建设,引进清洁生产、降低能耗;

4.推动企业向园区集聚,着力打造千亿元桂林国家高新区和临苏经济开发区,加快高新区转型升级;

5.积极培育生物医药产业和健康长寿食品工业,推动桂林市新业态的快速成长。

参考文献

[1]张义丰."两山"实践创新基地何处求新?——建设美丽、幸福、健康中国的蒙阴落地版[J].中国生态文明,2019(3):82-87.

[2]魏恒,董文锋,陈贻泽,等.和风拂八桂海阔志无疆习近平总书记广西考察回访侧记[J].中国民族,2017(5):11-14.

[3]鄢志国.论桂林山水间的城市文化[J].山西建筑,2009,35(27):44-45.

[4]本报评论员.振兴工业桂林经济高质量发展的强大引擎[N].桂林日报,2019-01-17(001).

第十编　长寿之乡与健康长寿经济

山东平邑让生态成为信仰,让康养告诉未来

一、长寿时代呼唤健康养生

随着长寿时代的来临,过去我们更多关注的是养老产业,未来可能更多看到的是康养产业。在养老产业向康养产业提升的背景下,人们未来居住的空间、需要的服务都会产生极大的不同。

1. 康养作为新常态下的一种新经济发展形式。旨在将健康、养生、养老、休闲、旅游等多元化功能融为一体的宜居、宜养、宜游、宜业的特色区域[1]。

2. 从需求角度看,康养兴起缘于老年化进程的加速,品质化服务需求大。健康、养生、养老需求将成为人们未来的主流需求。

3. 从政策层面看,"健康中国"上升为国家重要战略,中央及地方政府积极支持、推动及引导康养产业发展。

4.《健康中国"2030"规划纲要》强调积极促进健康与养老、旅游、互联网、健身休闲、食品融合,催生健康新产业、新业态、新模式。

5.《乡村振兴 战略规划(2018—2022 年)》指出,"要结合各地资源禀赋,深入发掘农业农村的生态涵养、休闲观光、文化体验、健康养老等多种功能和多重价值"。

6. 康养产业以社会所有群体为对象、涵盖行业广阔,具有拉动内需增长和保障改善民生的重要功能。康养属于新兴产业,但发展迅速,具有巨大发展潜力,已成为我国经济转型的新引擎。

7. 从人口老龄化的现状来看,发展康养结合的健康服务已成为重要民生课题。我国已经进入老龄化社会,养老已经成为全国性的严重问题。

8. 从产业发展来看,康养产业将成为服务业发展水平的新着力点。康养产业属于综合性产业,为其提供信息、数据、知识、服务、文化、人财物等支持的行业和机构都包括在内。

9. 康养产业是新兴的朝阳产业,发展潜力巨大。又属于典型的绿色产业,是国际公认的唯一不"缩水"的行业,整体处于方兴未艾的勃发阶段。

10. 发展康养产业符合国家发展战略和产业政策导向。康养产业一头连接民生福祉,一头连接经济社会发展,是经济新常态下民生改善和经济发展的重要契合点。

11. 山东省平邑县是我国道地药材金银花的主产区之一,具有明显的山区优势和地理条件。发展康养产业符合平邑的发展定位和金银花产业特点。有利于促进金银花产业与康养产业的融合,提升平邑竞争力。

12. 发展康养产业能够促进平邑新旧动能转换,形成新的经济增长点。康养产业具有很强的产业融合能力。"康养+"能够有效带动医疗健康、旅游文化、园林地产等相关产业的融合

注:本文创作于 2021 年。

和发展,为产业发展增添新活力,进而形成新的经济增长点和产业发展的新引擎。

二、山东省平邑县康养发展的新视野

平邑要强盛、要复兴,就一定要大力发展康养产业,努力成为重要的康养胜地。

（一）新形势

1."十四五"期间,平邑的康养进入空前密集活跃的时期,新一轮的金银花产业变革正在重构平邑的创新版图和经济结构。

2.科学技术从来没有像今天这样深刻影响着平邑县前途命运,从来没有像今天这样深刻影响着人民生活福祉。

3.平邑县比历史上任何时期都更接近于县域振兴目标,比历史上任何时期都更需要产业融合。

4.平邑县党、政领导必须清醒认识到,有的历史交汇期可能产生同频共振,有的历史交汇期也可能擦肩而过,贵在科学把握。

（二）新问题

1.平邑县金银花产业技术集成短板依然突出,企业对基础研究重视不够,重大原创性成果缺乏,底层基础技术、基础工艺能力、基础软硬件、开发平台不足等瓶颈仍然突出。

2.平邑县产业融合优势突出,如何让生态成为信仰,如何让康养告诉未来,亟待达成共识。

3.平邑人才发展体制机制还不完善,激发人才创新创造活力的激励机制还不健全,顶尖人才和团队比较缺乏。

（三）新方向

1.创新永远是第一动力,全力提供高质量科技供给,着力支撑现代化经济体系建设

（1）平邑县要以提高发展质量和效益为中心,以支撑供给侧结构性改革为主线,把提高供给体系质量作为主攻方向,推动经济发展质量变革、效率变革和动力变革。

（2）平邑县要通过补短板、挖潜力、增优势,促进金银花资源要素高效流动和资源优化配置。

（3）平邑县要把握数字化、网络化、智能化融合发展的契机,突出先导性和支柱性,优先培育和大力发展康养产业集群。

（4）平邑县要推进互联网、大数据、人工智能同实体经济深度融合,以智能制造为主攻方向推动产业技术变革和优化升级。

2.矢志不移走康养创新之路,着力增强金银花产业创新,平邑要有这种自信和决心

（1）以影响平邑康养发展的关键性问题、前沿引领技术、现代技术集成为突破口,敢于走前人没走过的路。

（2）强化科技创新战略导向和目标引领,加快构筑支撑康养引领的后发优势,始终把满足人民对美好生活的向往作为县域发展的落脚点,始终不忘把惠民、利民、富民、改善民生作为康养创新的重要方向。

（3）前瞻性瞄准康养前沿,抓住大趋势,下好先手棋,打好基础、储备长远,逐步加大产业融合研究力度。

3.全面深化平邑县康养体系建设,着力激发新活力

（1）敢于"啃硬骨头",敢于涉险滩、闯难关,破除一切制约康养发展障碍和制度藩篱。

（2）坚持康养创新和制度创新"双轮驱动"，优化科技创新的顶层设计。

（3）转变康养管理职能，推动企业成为技术创新决策、研发投入、科研组织和成果转化的主体。

（4）发挥市场对康养发展方向、路线选择、要素价格、各类创新要素配置的导向作用。

（5）完善政策支持、要素投入、激励保障、服务监管等长效机制。

（6）加快创新成果转化应用，高标准建设康养胜地和创新高地。

（7）建立康养咨询支撑行政决策的科学机制，构建金银花产业和康养产业融合发展体系。

三、康养产业与乡村振兴

康养产业具有连续性高、兼容性强的特点，是一种具有公益属性的服务业，既可以打破当前乡村振兴过程中"千村一面"的产业发展瓶颈，又可以扩大"一村一品"的品牌边界，从单一的农产品拓展到养老服务产品及其相关衍生品。康养产业还可以结合"田园综合体"的模式，打造"生态—田园—康养"的综合体[2]。

1. 康养产业是乡村产业转型发展的方向之一。引入康养产业旨在促进城乡资源的双向流动，增强乡村活力，解决当前乡村老龄化和空心化等问题。康养产业引导的乡村振兴是应对人口老龄化和促进城乡资源双向流动的发展模式。生态引导的康养村发展模式有望实现健康老龄化，解决产业发展和生态保护之间的矛盾，在修复生态系统的同时促进乡村康养产业发展。

2. 康养产业一头连着民生福祉，一头连着特色经济，是平邑县高质量发展的重中之重。平邑依托独特的山区优势、雄厚的特色资源、扎实的产业实力、稳固的平台支持、频繁的峰会论坛，把康养作为县域发展的重要引擎，让"康养平邑"成为新时代一张亮丽名片，声名远扬。

3. "康养"是个新词汇，多用于新兴的康养产业及其相关领域，包括康复、养生和疗养等一系列有益于人类修养身心、调节机能以促进、维持健康的活动。康养产业包括健康养生和幸福养老两方面内容。其中，健康养生包括康乐休闲、康居生活和康复理疗行为，幸福养老包括保健抗衰、长寿调养和临终关怀活动。

四、康养产业融合理论

（一）康养产业发展模式

康养产业最初运用于旅游业。康养旅游是旅游业发展过程中新的产物。我国康养产业目前有三大发展模式[3]。

1. 天然资源引领的康养产业。依托当地自然、生态、区位特色、人文、历史和文化等优势，打造以优势资源为主题的健康养生项目。

2. 科技驱动的康养产业。利用当地特色产业优势为基础，打造以科技价值含量为特色的康养。

3. 医疗服务导入的康养产业。依托当地特定的自然环境与便捷的交通网络，构建优质的综合性医疗健康服务体系。

（二）康养产业融合理论

康养产业融合表现为产业之间互相渗透，衍生出更高端的附加值产品，开发出更广阔的消费市场，以满足不同年龄群体的消费需求。

1. 康养＋资源产业融合。

2. 促进城乡深度融合。

3. 高度强化技术融合。

4. 推动全产业链融合。

五、平邑县康养产业发展路径

平邑县深入挖掘独特的金银花产业优势和山区优势,聚焦康养新热点,探索康养新模式,以信息化手段对接康养,以社会化为支撑强化康养,以市场化为依托发展康养,以政策化为保障推进康养,做大做强金银花产业与康养产业的深度结合[4]。

1. 康养发展总体思路

构建特色鲜明的平邑康养产业,有利于带动供给侧和需求侧改革,打通堵点、补齐短板,有利于贯通生产、分配、流通、消费各环节,形成需求牵引供给、供给创造需求的更高层次动态平衡,提升平邑县域经济的运行效能。

树立全县一盘棋的发展理念。以金银花产业为基础加速推进产业融合优化,根据区域的资源特色,梯度化、差异化、多元化特点,打造沂蒙山区康养高地[5]。

(1)依托金银花优势资源,推进康养与新兴业态相融合。

(2)推动城乡协调发展,促进县域康养资源的充分利用。

(3)强化复合型人才培养和技术支撑体系建设。

(4)注重技术集成、品牌打造,促进金银花与康养融合发展。

(5)找准县域发展定位,打造平邑康养品牌。

(6)优化平邑营商环境,培育壮大康养体系建设。

(7)以生态旅游支持康养产业。

(8)以健康长寿推动康养产业。

(9)以康养发展促进公民教育。

(10)以康养项目带动返乡就业。

2. 强化"五个到位"

(1)高位统领,组织领导到位。

(2)坚守红线,科学规划到位。

(3)精准施策,政策引领到位。

(4)加大投入,资金保障到位。

(5)动态管理,优惠落实到位。

3. 构建"四种模式"

(1)乡村"互助式"。

(2)民宿"体验式"。

(3)旅居"候鸟式"。

(4)公寓"康养式"。

4. 培育"三个创新"

(1)打造康养服务新格局。

(2)拓展康养服务新内容。

(3)探索康养服务新特色。

5. 增强三个动力

(1)产业兴县,构建持续竞争力

(2)康养融合,增强内生型动力

(3)党政引导,激发强大新活力

六、结论

1. 立足于高起点、高水准,着力打造高端精品,构建科学的发展框架图

启动平邑县金银花康养产业发展规划及其专项规划。建立有效的指导机制与执行机制,推出指导性政策意见以及实施方案,明确康养产业和相关行业定位,调整完善产业规划,制定相关产业准入、财税金融、土地利用、医养融合等政策,以吸引更多的投资,引导行业健康发展[6]。

2. 建立适应康养产业发展需求的领导体系

根据要素齐全、公共服务完善、广泛覆盖等要求,确定具体的组织体系。可以由县委书记担任工作组组长,县长担任副组长,根据建设的方向和需求,组织相关部门构建领导责任小组,通过政府官员和部门领导的带动,全面推进康养产业的建设发展。

3. 为了促进康养产业的发展,县委、县政府应该出台康养经济发展规划,制定相关的顶层文件

不仅要制定产业建设规划的总计划,还应该制定专项计划,构建完善的产业发展模式,确保运动健康、文化康养、农产品康养、中医医疗等多个类型产业的发展。

4. 搞好产业融合,形成养老、疗养、休闲、旅游一条龙的康养产业链

形成集康养教育、营养文化餐饮体验、保健产品生产、养生养性运动、城镇特色生态旅游、休闲娱乐度假、城市建设、生态环境保护、民风民俗等于一体的康养胜地。

5. 实行绿色开发,尽可能保持原生态面貌,爱护生态,反哺生态

发展康养产业也必须处理与生态保护的关系:一是要立足于在开发中保护、在保护中开发;二要优化康养环境,以优美的环境反哺山区的涵养;三要形成良性的生态修复机制,实现康养产业发展与原生区保护的共生共荣[7]。

参考文献

[1]李红,雷经祥,章梦玮.霍山县建设康养小镇践行"两山理论"的案例研究[J].现代商业,2020(35):144-146.

[2]陈冰,孔祥荣.康养产业引导的乡村振兴规划研究[J].中国名城,2021,35(3):37-45.

[3]王俊,王新月,周志超,等.健康与养老:新时代可持续康养[J].南方论刊,2021(1):52-54.

[4]吴诗成."五种模式"做大康养产业[J].人口与健康,2019(1):86.

[5]扬鑫.大力发展康养产业[N].江西日报,2021-2-24.

[6]王劭铭.乡村康养产业发展探析[J].广东蚕业,2021,55(3):138-139.

[7]王征.着力打造发展康养产业的高地——以济南南部山区为例[J].山东干部函授大学学报(理论学习),2020(9):43-44.

浙江省建设"全域美丽健康长寿之乡"的可行性研究

2020 年,中国经济总量成功跨上 100 万亿元大台阶,这是个了不起的成就。令人惊喜的是,浙江省也迈上了属于自己的新台阶,经济总量已超过 6 万亿元。浙江是经济强省,经济发展水平位居全国前列,生态文明建设一直是全国样板。始终坚持不懈地推进高水平生态保护与高质量经济发展,这既得益于得天独厚的自然禀赋和良好的经济发展基础,又高度依赖于省委、省政府以"创新、协调、绿色、开放、共享"为基本发展理念,坚定不移走产品安全、资源节约、环境友好具有浙江鲜明特色发展道路,让国家放心,让社会尊重,让大众认可。

一、缘起背景

随着老龄化长寿、大健康时代来临,浙江应该走在前列。中国进入人口老龄化时代 20 年,同时也进入了长寿时代,2019 全国人均寿命 73 岁,经济发达地区高于这个水平,长寿时代已经到来,标志着一场全面深刻持久的新经济革命,将带来新的经济目标、新的经济结构和新的经济发展方式,蕴含着巨大的新经济潜能[1]。

健康长寿发展是潜力巨大的朝阳产业,因为它能够带动美丽健康及相关产业发展,特别是推动美丽健康长寿产业融合,其核心是既能传承美丽文化,又能提升健康长寿产业发展水平,还能实现美丽健康长寿三者的良性互动发展。提供美丽健康长寿的生态、生产和生活解决方案,是"十四五"发展的最大契机,推动全域美丽健康长寿之乡建设,更能形成最具浙江特色的省域发展模式[2]。

二、长寿乡创建

中国长寿之乡是绿水青山的标志和代表,代表着核心指标体系,主要表现在一是百岁老人多;二是 80 岁以上老人比例高;三是人均预期寿命长。中国长寿之乡是含金量极高的社会品牌,是自然、经济、社会、文化全面向好的综合反映,也是"两山理论"转化的实践者和受益者,得到国家和社会的重视和关注,其重要的支撑是绿色生态水平大大高于全国平均水平,所以中国长寿之乡是绿水青山的典型标志,是"两山理论"发展集中体现。中国老年学会 2007 年开始,严格按照标准,在全国认定了 84 个长寿之乡,其中浙江丽水市、永嘉县、桐庐县、文成县、仙居县 5 个,且丽水市是全国唯一以地级市获评的城市。长寿之乡不仅有助于深入挖掘、系统整合浙江全域美丽健康长寿文化,形成独具特色的浙江文化品牌,更重要的是有利于把资源优势变成产业优势,同时对接续减贫和乡村振兴具有推动作用。

根据对浙江陆海生态系统中最重要、自然与人文景观最独特、自然遗产与特色产业最精华、人地关系最和谐、生物多样性最富集的美丽健康长寿资源的深入研究,笔者提出了浙江全域美丽健康长寿之乡发展理念。建设美丽浙江是健康浙江的基础、建设健康浙江是长寿浙江的保障、全域推进是美丽、健康、长寿浙江的共同任务。

三、科学蕴含

美丽健康长寿是未来浙江最大财富,最大优势,最大品牌,是"两山经济"与生态文明水平

注:本文创作于 2021 年。

提高相辅相成、相得益彰之路。打造全域之乡，承载着建设国家"生态文明示范区"，为实现美丽浙江健康长寿崛起的历史使命，为国家生态文明建设提供一个可以复制的"浙江方案"。真正体现"只有绿水青山才有金山银山"的美丽画卷，实现"两山理论"向"两山经济"的跨越。

推出浙江全域美丽健康长寿之乡有助于完善国家生态文明建设的理论体系，探究国家生态文明建设的作用及价值，有助于总结建设美丽中国"浙江样板"的浙江话语，更好地发挥国家生态文明试验区的示范作用，为其他地区的生态文明建设提供借鉴[3]。

四、路径创新

全域美丽健康长寿之乡是浙江"金"字招牌的"金"字招牌，更是浙江新长寿时代独特话语权与个性突出表达。重点抓好美丽健康长寿经济与"十四五"规划衔接，加快全域美丽健康长寿经济体系构建，提高在未来市场中的整体竞争力，重点发展长寿健康农业、长寿健康工业、长寿健康服务业为特征的健康长寿产业。

1. 推动全域之乡建设，延伸产业融合链条，让浙江特色业态新起来；
2. 推动深化改革、创新机制，让"两山经济"在浙江活起来；
3. 培育农民、强化服务，让发展主体强起来；
4. 倡导生态优先、绿色发展，让城乡美丽美起来。

五、任务与目标

打造全域美丽健康长寿之乡是推动浙江"两山理论"实践创新与"两山经济"振兴的宏伟大业。科学布局生产空间、生活空间、生态空间，给自然留下更多的修复空间，实施有保护的优化开发、分领域的重点开发、分层次的限制开发、有约束的禁止开发。科学有序地统筹好美丽健康长寿的城乡一体格局、多行业互动格局、生态保护优先格局、人与自然和谐格局。树立美丽健康长寿发展理念、形成特色发展氛围、推行全域行动，切实把美丽健康长寿将发展观念植入到现代化建设全领域、全过程。

发展全域美丽健康长寿之乡，不仅成为浙江应对老龄化社会一项重要的民生任务，也是浙江推进两山经济创新一项重要战略举措。

1. 建设国内有地位、国际有影响力知名全域美丽健康长寿之乡。
2. 建设多功能、多元化的全域之乡产业体系。
3. 以美丽健康长寿资源为取向，提升全域发展内涵。
4. 以健康长寿产业为取向，增强美丽的差异性。
5. 以模式打造为取向，培育健康长寿精品项目。
6. 实施现代化浙江全域美丽健康长寿之乡空间治理。
7. 强化生态安全格局，优化生态绿色一体化空间格局。
8. 发展绿色低碳循环的美丽健康长寿全产业现代经济。
9. 高起点发展美丽健康长寿数字经济。
10. 高水平提升健康长寿农业、高质量打造健康长寿工业与服务业。
11. 打造宜居宜业宜游宜养的全系列美丽健康长寿城乡[3]。

六、未来前瞻

中国老年学和老年医学学会 2019 年 4 月和广西建立全面战略合作关系，以促进广西健康长寿产业为基础,推进大健康产业。两年来,在 25 个中国长寿之乡基础上,又增加认证了 7 个,达到 32 个,占全国三分之一以上。我们在比较浙江经济社会发展,生态绿色资源基础上认为,浙江更有条件打造全域健康长寿之乡,并且是富裕长寿之乡,更具有代表性,更具有长寿发展现代化特征,代表性更强。

形势决定任务,时代召唤使命。新发展阶段的浙江要继续干在实处、走在前列、勇立潮头。全力打造全域美丽健康长寿之乡,展示中国特色社会主义制度优越性的重要窗口的新目标新定位与展示之窗和实践范例。浙江省应对老龄化,发展全域健康长寿之乡是大势所趋,符合浙江发展实际,完全有资源禀赋,完全有产业优势,一定能走出独具特色的发展道路。

七、初步结论

1. 鼓励全域争创中国长寿之乡。浙江应该涌现出更多长寿之乡,支持地市申报长寿之乡,扩大规模和数量。同时强化长寿产业基地,长寿产业集群和长寿文化品牌建设。

2. 做好全域美丽健康长寿之乡规划。全域美丽健康长寿之乡是全景化、全覆盖,是资源优化、空间有序、产品丰富、产业发达的科学的系统经济。启动浙江全域美丽健康长寿之乡发展规划编制工作,为“两山理论”向“两山经济”发展提供科学依据。

3. 大力发展健康长寿产业。浙江重在挖掘美丽资源的附加值上下功夫,以现有和潜在的长寿区域为载体,以大健康产业为引擎,以长寿经济为主线,精准出台引导与支持政策,构建健康长寿农业、工业、服务业及长寿文化等,使之成为浙江经济发展的一个新突破口。

4. 强化美丽健康长寿产业深度融合,全力打造长寿示范区,长寿产业集聚。深入挖掘长寿浙江文化内涵,利用其得天独厚的优势调动投资者的积极性和创造性,建设一批融产、学、研于一体的美丽健康长寿产业示范基地和现代服务业集聚区。

5. 叫响长寿之乡文化品牌。深入探索浙江省美丽健康长寿历史特点、发展规律、主要经验和科学方法,形成系列成果,为健康长寿产业发展提供科学支撑[4]。

参考文献

[1]谢蓉蓉.大健康背景下健康政策对于健康产业的影响分析[J].智库时代,2020(9):17-18.

[2]郭清.大健康理念引领的浙江实践对实施健康中国战略的先导作用[J].健康研究,2019,39(1):1-6.

[3]赵灿,王建勋,滕忆希,等.浙江省杭州市健康城市建设评估[J].中国卫生政策研究,2020,13(10):1-6.

[4]厉小菠,李晓强,方纪元,等.杭州市健康产业发展的 SWOT 分析及建议[J].卫生软科学,2019,33(9):7-11.

安徽省黄淮长寿经济示范区科学价值与发展前景

　　随着长寿时代的来临,长寿经济很快将在我国落地生根。笔者及其研究团队多年在区域发展和对淮河流域研究基础上,发现安徽省黄淮区域(宿州、淮北、阜阳、亳州)是我国重要的长寿资源富集地区,尤其是宿州和淮北已经达到并超过中国长寿之乡(表1)和全域长寿城市的标准,发展潜力巨大。由此提出了安徽省黄淮长寿经济示范区的科学理念,旨在推动中国长寿之乡、全域长寿城市、长寿产业集群,形成我国独具特色的长寿发展高地,推动长寿资源向长寿产业的转换,打造独具安徽特色的新的经济增长点。

表 1　长寿乡认定准则和指标体系(2019 年)

指标类别	具体指标	权重	指标含义及说明
核心指标 (60 分)	1. 人口平均预期寿命/岁	20	区域内人口平均预期寿命超过全国平均水平 2 岁及以上。该指标体现长寿的整体性。
	2. 百岁老年人口占总人口的比例/(1/10 万)	20	区域内户籍人口中存活实足百岁及以上老年人口占总人口的比例不低于 11/10 万。该指标体现长寿的可持续性。
	3. 高龄人口比例/%	20	80 岁及以上高龄老年人口占 60 岁及以上人口的比例不低于 15%。该指标体现长寿的可持续性。
支撑指标 (40 分)	4. 生态环境建设	5	制定相关专项规划、政策和措施。
	5. 森林覆盖率/%	5	区域内森林覆盖率高于全国平均水平 5% 及以上。
	6. 环境空气质量	5	区域内空气质量优良天数达标率 90% 及以上。
	7. 地表水环境质量	5	区域内主要河流断面水质监测达到或优于国家 3 类水质标准。
	8. 经济收入及收入公平性	5	(1)区域内人均收入水平达到或超过全国平均收入水平; (2)城镇居民人均可支配收入与农村居民人均纯收入的差距小于全国平均水平。
	9. 老年人优待和补贴制度	5	(1)认真落实国家老年人照顾服务项目等老年人优待政策; (2)结合实际建立本区域老年人优待政策体系和不断完善的机制;(3)对高龄老人、百岁老人的补贴达到较高水平。
	10. 老年人健康支持与养老服务	5	(1)当地人民政府建立本区域健康养老服务保障制度;(2)当地人民政府制定厂推动医养结合的相关政策和措施;(3)护理型养老床位占比达到国家要求;(4)65 岁以上老年人健康管理率达到国家要求;(5)智慧医养形成体系。
	11. 养老、孝老、敬老社会环境	5	(1)当地人民政府已颁布有关推动养老、敬老、孝老的文件;(2)政府举办养老、孝老、敬老表彰活动达 3 年以上;(3)老年人参加老年教育比例占老年人口 20% 以上。
各指标对定分项权重总分		100	

　　备注:2007 年,中国老年学和老年医学学会创造性地制定了一套认定长寿之乡的团体标准,2019 年 1 月 29 日,中国老年学和老年医学学会完成制定新一版《长寿之乡认定准则和方法》,2007—2019 年,已有 82 个县市被评为国内"长寿之乡"。

　　注:本文创作于 2022 年。

　　当前我国正处于百年未有之大变局,又是近代以来最好的发展时期。安徽省经济发展既面临动能转换、结构调整带来的挑战,又面临深度改革、开拓新局的历史机遇;既要承担积极探索形成新发展格局路径的战略使命,又肩负着建设强劲活跃增长极的责任和担当。因此,安徽省除了深度融入长三角一体化发展,更要立足地缘优势,积极谋划、率先作为,对标"健康中国,长寿时代"新要求,开创长寿经济,聚焦协同创新,在加快建设现代化美好安徽进程中取得新的更大进展。

　　根据第七次全国人口普查数据,我国 60 岁及以上人口超过 2.64 亿,占总人口的 18.7%。其中 65 岁及以上人口达到 1.9 亿,占比 13.5%。2000 年中国 60 岁以上老年人口占比为 10.46%,进入轻度老龄化社会;2020 年中国 60 岁以上老年人口占比提升至 18.7%,中国 65 岁以上人口占比达到 13.5%,老龄化进一步加深。针对这一现象,学术界提出了"长寿时代"这一概念,认为当进入深度老龄化之后,社会政治和经济结构会受到颠覆性的影响,相应的社会特征和状态可用长寿时代进行概括。长寿时代不仅是社会面临的重大挑战,同样也是长寿经济模式创新的机遇。

　　安徽省是人口大省,老龄人口基数大且增速快,据第七次全国人口普查数据显示,全省 65 岁及以上人口占人口总数的比例为 15.01%。与第六次人口普查相比,上升 4.78 个百分点。人口老龄化的加速、生活水平的提高以及疾病谱的改变,使得人们健康观念逐渐发生变化,由之前单纯寻求医疗服务向预防、治疗、康复方向转变,健康意识提高,健康需求呈现多元化、高端化、个性化的特征。中医药作为我国独特的卫生资源,是中华民族的宝贵财富,其在养生保健及慢性病防治方面的独特优势,使得中医药与养老产业的结合备受关注,中医整体观、"治未病"及"辨证施治"的思想迎合了人们当前的健康理念,中医药健康产业的优势得以凸显,市场需求旺盛[1]。安徽省黄淮区域高龄老人多(表2),具有发展长寿经济的地理优势和资源优势。

表 2　黄淮区域(宿州、淮北、阜阳、亳州)百岁老人统计表

市	区(县)	百岁老人数(人)	户籍人口(万人)	每 10 万户籍人口中百岁老人数(人)	年份(年)	数据来源
宿州市	砀山县	221	100.42	22.01	2020	宿州市统计局《宿州市百岁老人调研报告》(2021 年 4 月)
	萧县	284	139.64	20.34	2020	
	埇桥区	240	192.80	12.45	2020	
	泗县	109	96.09	11.34	2020	
	灵璧县	112	129.33	8.66	2020	
	其他园区	10	0.00	0.00	2020	
	合计	976	658.28	14.83	2020	
淮北市	濉溪县	160	113.84	14.05	2020	各区县政府官网(民政局数据、百岁津贴等)
	烈山区	38	32.20	11.80	2020	
	杜集区	35	29.72	11.78	2020	
	相山区	37	42.97	8.61	2020	
	合计	270	218.73	12.34	2020	
阜阳市	太和县	205	178.32	11.50	2020	第七次人口普查数据
	颍泉区	80	74.60	10.72	2020	
	颍上县	182	179.53	10.14	2020	

市	区(县)	百岁老人数(人)	户籍人口(万人)	每10万户籍人口中百岁老人数(人)	年份(年)	数据来源
阜阳市	界首市	80	83.4	9.59	2020	第七次人口普查数据
	颍东区	64	67.3	9.51	2020	
	临泉县	213	230.66	9.23	2020	
	颍州区	71	90.60	7.84	2020	
	阜南县	94	173.64	5.41	2020	
	合计	989	1078.05	9.17	2020	
亳州市	亳州市	511	650.80	7.85	2017	亳州市政府官网
	谯城区	117	171.50	6.82	2021	谯城区政府官网

数据来源:宿州、淮北、阜阳、亳州四市的政府官网、2020年国民经济和社会发展统计公报、政府工作报告。

一、长寿时代已经来临

人类社会正在进入长寿时代,这将是关系人类未来发展的重大问题。一是"长寿时代"更具前瞻性,强调人口结构转变后的新均衡及其带来的影响,启迪个人和社会立足全生命周期,积极主动地应对这一变化。二是"长寿时代"涵盖的领域更广,包括长寿与健康、财富等主题的内在关联,蕴涵了人口现象背后一系列的挑战和机遇。长寿正在定义未来,给经济和社会带来新的供给和需求,为社会提供创业、就业和经济增长的新机会。

1. 长寿时代,庞大的健康需求将促进大健康产业的极大发展。为人们提供健康生活解决方案,是大健康产业最大的商机,也将推动社会进入健康时代。健康时代里最核心的产业是医药工业、健康服务和健康保险。

2. 长寿时代社会经济发展的机遇。一是技术进步对劳动力的替代率提升;二是"长寿经济"创造新的供给与需求[2]。长寿经济蕴含着巨大的商业机会,其经济收益不可估量,将吸引越来越多的企业、机构和投资者参与其中。这些商业机会超越我们现有的规范界限。

3. 长寿时代将重塑人类生产与生活方式,重新定义其在社会经济发展中的角色和作用。新的增长动能、新的发展引擎以及新的经济模式的构建刻不容缓。大力发展健康产业将成为应对长寿时代的主要举措。

二、长寿经济正在兴起

长寿经济是笔者提出的理论,其主旨是以长寿资源为基础,以长寿特色产品为核心,以长寿产业为依托,在经济结构、组织、体制和运行上均具有强烈的时代特色,能使资源、科技和市场要素相互联系、相互吸引,使优势要素得到放大和扩大,并进而体现长寿特色的经济。

1. 以长寿产品为前提,以产品的"名、特、优、新"为基础,根据市场的变化而不断优化,实现长寿产品的系列化,以满足特殊需要和多样化的市场需求,这样的长寿产品具有不可替代性。因此,长寿经济的体现是靠长寿产品来体现的,检验长寿经济的综合效益,也要看长寿产品的市场竞争能力。

2. 以长寿产业聚集开发为核心。长寿产品要形成巨大的经济优势,必须以产业集聚为基础,以实现产业化为前提,依托适度规模产业开发,以大健康产业市场为导向,实行区域化布局、专业化生产、一体化经营和社会化服务,形成独具优势的长寿经济区域化产业集群。

3. 以特有长寿资源转化为基础。没有独特的长寿资源,长寿经济发展便是无源之水、无本之木。发展长寿经济,必须立足长寿乡实际,抓住特有资源,大做特色文章。依托特色资源发展特色经济,可以避免产业结构和产品结构雷同性以及由此引发的过度竞争,并减少内耗。

4. 以长寿技术集成为支撑。当代经济的一个显著特征,是以先进科学技术为基础的比较优势居于主导地位。先进的长寿技术集成成为决定长寿区域特色的主要因素。长寿技术及其创新能力决定了长寿之乡的优势产业,也决定了长寿经济的生命周期。

5. 以长寿区域为载体,构建一种关联性较强的区域经济,其内部是自然、经济、社会、文化等系统的有机组合;其外部则是在与其他区域的差异化基础之上,通过科学的选择,形成具有特色的长寿经济区域。

6. 长寿经济在某些特定领域表现尤为显著,主要包括金融服务和保险、医疗健康和科技,这些特定行业正被推向创新和拓展的新方向。

7. 在互联网、人工智能、机器人等技术不断进步的基础上,长寿经济作为一种新的经济模式,在全球老龄人口占比上升的大趋势中,将成为全球经济的驱动力,并造福于各年龄层和各代人。

8. 长寿经济是老龄人口推动的所有经济活动及其连锁反应的总和。并通过需求推动大量新产品和服务并为其提供资金,特别是那些采用技术创新的产品和服务,以直接、间接或者引导的方式形成和改变市场,缔造全新的长寿经济。

9. 长寿经济与科技创新将可能产生前所未有的生产方式。自动化与人工智能技术进一步对初级劳动力进行替代,信息化和互联网化强化智力要素供给,全新的经济形态、生产方式会出现,劳动生产率或将大幅提升[3]。

三、黄淮长寿经济示范区提出

安徽省黄淮地区,健康长寿资源和人文优势突出。旅游资源和中医药资源丰富,发展长寿经济优势明显。一是具有得天独厚的自然生态与环境;二是普遍崇尚健康长寿文化;三是普遍具有多元化养老模式,积极推广医养结合。黄淮长寿经济示范区包括宿州、淮北、亳州、阜阳四市,总面积达 31172.17 平方千米。常住人口为 2079.13 万人,户籍人口为 2625.00 万人,2020 年地区生产总值达 5969.29 亿元,第一产业、第二产业、第三产业增加值分别为 1039.12 亿元、2858.01 亿元、3878.14 亿元(表 3),是我国黄淮海平原独特的长寿资源富集地区,具有其他区域无法比拟的先天条件。

表 3　黄淮区域(宿州、淮北、阜阳、亳州)国土面积、人口、生产总值统计表

市	面积（平方公里）	人口（2020 年末）		2020 年全市生产总值（GDP）			
		常住人口（人）	户籍人口（人）	地区生产总值（亿元）	第一产业增加值（亿元）	第二产业增加值（亿元）	第三产业增加值（亿元）
宿州市	9939.00	532.45	658.0	2044.99	310.42	719.61	1014.94
淮北市	2741.00	227.00	218.8	1119.10	80.40	467.00	571.70
阜阳市	10118.17	820.00	1080.0	2805.20	392.00	1039.90	1373.30
亳州市	8374.00	499.68	668.2	1806.00	256.30	631.50	918.20
合计	31172.17	2079.13	2625.00	5969.29	1039.12	2858.01	3878.14

数据来源:宿州、淮北、阜阳、亳州四市的政府官网、2020 年国民经济和社会发展统计公报、政府工作报告。

如何科学合理地开发长寿资源,把黄淮四市健康长寿资源潜在的优势挖掘出来,使资源优势的开发潜力得到最大化激活,进而推动健康长寿资源优势转换为长寿产业优势和经济效益,打造成为安徽新的经济增长点,对此笔者提出了"黄淮长寿经济示范区"的发展理念。一是强调健康长寿空间整体布局,在健康产业基础上,推进长寿发展空间格局;二是在空间格局上强化健康产业与长寿产业融合,引导单一的健康产业向长寿产业转化,建立多元化健康长寿产品谱系。建设"长寿经济示范区"是一个长期性、系统性的工程,不可能一蹴而就,需分阶段、分步骤推进。

四、黄淮长寿经济示范区主要任务

根据对黄淮地区生态系统中最重要、自然与人文景观最独特、自然遗产与特色产业最精华、人地关系最和谐、生物多样性最富集的美丽健康长寿资源的深入研究,笔者提出了安徽省黄淮长寿经济示范区发展理念。建设美丽安徽是健康安徽的基础、建设健康安徽是长寿安徽的保障、全域推进是美丽、健康、长寿安徽的共同任务。打造健康长寿经济示范区,为国家生态文明建设提供一个可以复制的"安徽方案"。黄淮长寿经济示范区是安徽省"金"字招牌,更是安徽新长寿时代独特话语权与个性的突出表达。

1. 做强长寿农业,把健康资源转化成养生产品。一是抓实"三品一标"推动优质化;二是培育龙头企业推动规模化;三是打造地理标志产品推动品牌化;四是融合"线上线下"加快市场化。

2. 壮大中医药绿色工业,把地域识别转变为发展机遇。一是提高准入门槛,立足世界药都定位;二是推动健康产业与长寿产业的深度融合;三是打造苏鲁豫皖交汇区健康长寿经济新高地。

3. 发展健康长寿旅游,把资源优势转化为发展优势。一是争创与擦亮中国长寿之乡旅游金字招牌;二是打造黄淮经济示范区品牌;三是实施"两山理论"向"两山经济"的转换;四是做大做强健康长寿产业。

4. 做好健康长寿资源转化的两篇文章。一是做好大健康产业文章,抓好优质健康资源的开发;二是做好中国长寿之乡的文章,实施长寿产业与健康产业协同发展;三是促进黄淮区域生产、生活、生态"三生共融";四是推进健康长寿农业、健康长寿工业、健康长寿服务业和健康长寿文化的深度融合[4]。

五、黄淮长寿经济示范区发展愿景

一是推动黄淮长寿经济示范区建设,让安徽独特业态新起来;二是推动黄淮四市长寿资源向长寿经济的转换,让美丽平原活起来;三是推动宿州、淮北全域长寿城市建设,推动亳州市健康长寿聚集区、阜阳长寿产业拓展区发展,让黄淮发展主体强起来;四是推动黄淮长寿之乡创建与生态文明建设融合发展,让城乡美起来;五是以前瞻见未见,要有持之以恒的历史耐心;六是以地缘辨全局,实现健康、长寿二者结合;七是以创新求担当,构建国家长寿经济示范区安徽新样本。

六、黄淮长寿经济示范区建议方案

我们在深入研究长寿发展和地域识别的基础上认为,黄淮四市更有条件打造长寿经济示范区,更具有长寿发展的现代特征,代表性更强。形势决定任务,时代召唤使命。新发展阶段的安徽要继续干在实处、走在前列、勇立潮头。全力打造长寿经济示范区,展示中国特色社会主义制度优越性的重要窗口的新目标、新定位与展示之窗和实践范例。安徽省发展长寿经济是大势所趋,符合安徽发展实际,完全有资源禀赋,完全有产业优势,一定能走出独具特色的发展道路。

1.制定全省激励措施,引导鼓励更多的市县争创中国长寿之乡和全域长寿城市,尤其是宿州、淮北两市,基本上具备了全域长寿城市的发展条件,同时,宿州的砀山县、萧县、埇桥区、泗县、灵璧县,淮北的濉溪县、烈山区、杜集区、相山区,阜阳的太和县、颍泉区、颍上县已具备和超过长寿之乡标准。建议启动创建工作。

2.黄淮经济示范区是全景化、全覆盖,是资源优化、空间有序、产品丰富、产业发达的科学的系统经济,也是我国首个由学术界提出的示范区,具有重要的开创意义和发展前景,建议启动黄淮长寿经济示范区发展规划。

3.加快黄淮长寿经济体系构建,有利于提高长寿产业在未来市场中的整体竞争力,重点发展长寿农业、长寿工业、长寿旅游业。以黄淮四市为载体,以大健康产业为引擎,以长寿经济为主线,构建长寿农业、工业、服务业及长寿文化框架等,启动安徽省黄淮长寿产业发展规划。

4.全力打造黄淮长寿经济示范区和长寿产业聚集区。深入挖掘长寿黄淮文化内涵,利用其得天独厚的优势调动投资者的积极性和创造性,建设一批融产、学、研于一体的长寿产业示范基地和现代服务业聚集区。建议启动专家综合会诊和学术研讨。

5.安徽省黄淮长寿经济示范区,应以规划性文件颁布的形式予以指导,推动健康长寿经济的常态运作,既能使健康长寿产业发展过程中少走弯路,又能基于顶层政策设计实现健康长寿产业规范化发展。

七、创新发展的安徽魅力

安徽在长三角一体化战略中具有独特的区位优势,地处以上海为核心的长三角城市群的西端末梢,又是以武汉为中心的长江中游城市群的东端前沿,实属既东又西的左右逢源之地,同时又是长三角一体化、长江经济带、中部崛起、"一带一路"、淮河生态经济带五大国家战略的聚合区,具有得天独厚的战略叠加优势[5],开创长寿经济示范区可谓是正当其时。安徽省应当以无中生有和有中求新的眼光把握"十四五"发展大势,认真理解长寿时代的新发展阶段、长寿经济的新发展格局,找准长寿发展定位,抓牢关键环节和空间布局落子,从而在新一轮的省域经济发展中展现安徽魅力。

参考文献

[1]刘柳,丰志培,张然.安徽省中医药健康产业发展现状及对策研究[J].辽宁工业大学学报(社会科学版),2021,23(1):56-58.

[2]李君,袁文杰,夏业鲍.关于金寨县域生态文明建设的思考[J].安徽农业科学,2021,49(18):243-246.

[3]陈东升.长寿时代对社会经济的影响[J].中国社会工作,2020(11):40-45.

[4]陈东升.长寿时代的理论与对策[J].管理世界,2020,36(4):66-86,129.

[5]程晓君.长三角区域生态一体化的安徽路径研究[J].安徽行政学院学报,2021(1):51-57.

广西壮族自治区建立"全域健康长寿之乡"的发展思路

笔者有幸在"2020中国（广西）大健康产业峰会"聆听了广西壮族自治区区委书记鹿心社和区主席蓝天立的精彩演讲，备受鼓舞。广西山清水秀、环境优美，具有丰富优质的康养资源、中医药资源，是著名的长寿之乡，是开放合作的"热土"、投资兴业的"福地"，拥有防城港国际医学开放试验区等众多合作平台，正在打造国内一流、国际知名的宜居康养胜地和世界健康旅游目的地。

广西壮族自治区围绕助力健康中国建设、增进人民健康福祉，更好凝聚各方共识，为大健康产业高质量发展注入新动能。对此笔者作为中国科学院区域发展研究学者和中国老年学和老年医学学会长寿发展专家，对广西充满信心。

一、全域健康长寿是广西"金"字招牌

山清水秀生态美是广西的金字招牌，作为长寿、养生、健康等生态资源丰富的民族地区，健康长寿产业的资源和人文优势突出。旅游资源和特色民族医药资源丰富，药用动植物资源约占全国的1/3，"中国长寿之乡"位列全国第一，养生长寿品牌声名在外，发展民族医药产业优势明显。一是具有得天独厚的自然生态与环境；二是普遍崇尚健康长寿文化；三是普遍具有多元化养老模式，积极推广医养结合；四是做大做强健康长寿经济，培育健康长寿产业。

二、新长寿时代广西独特话语

健康长寿，是新时代人们对美好生活的核心追求。健康是人民全面发展、生活幸福的基石，也是国家繁荣昌盛、社会文明进步的重要标志[1]。加快长寿地区长寿产业发展，是把资源优势转化为产业优势，把长寿产业培育成为长寿地区新的经济增长点的迫切需要[2]。

笔者及其团队根据多年对广西的研究认为，广西健康长寿资源丰富，得天独厚，具有其他区域无法比拟的先天条件。如何通过发挥市场在资源配置中的基础性作用，科学合理开发健康长寿资源，把资源潜在的优势挖掘出来，使资源优势的开发潜力得到最大化激活，进而推动资源优势转换为产业优势和经济效益，打造成为广西新的经济增长点，对此笔者提出了"广西全域健康长寿之乡"的发展理念。

"全域健康长寿之乡"的提出来自深厚的市场基础、现实基础和实践基础。将一个省域作为完整的健康与长寿区域来建设，是一种带动和促进经济社会协调发展的新理念。一是强调健康长寿空间整体布局，在健康产业基础上，推进长寿发展空间格局；二是在空间格局上强化健康产业与长寿产业融合，引导单一的健康产业向长寿产业转化，建立多元化健康长寿产品谱系；三是强化政府主导作用，改变行政管理部门从"单打独斗"到多部门协同推进。

三、广西全域健康长寿之乡建设整体思路

建设"全域健康长寿之乡"是一个长期性、系统性的工作，不可能一蹴而就，需分阶段、分步骤推进。总体上要以长寿经济建设为指导，打好长寿产业基础、补齐长寿产业短板、强化长寿

注：本文创作于2020年。

产业弱项,重点抓好长寿经济与"十四五"规划衔接,并将其纳入全区"十四五"规划。

广西应加快全域健康长寿经济体系构建,这有利于提高长寿产业在未来市场中的整体竞争力,重点发展长寿农业、长寿工业、长寿旅游业为特征的长寿产业[3]。一是推动全域健康长寿之乡,要延伸产业融合链条,让广西独特业态新起来;二是推动全域健康长寿之乡,要深化改革、创新机制,让绿水青山活起来;三是推动全域健康长寿之乡,要培育农民、强化服务,让发展主体强起来;四是推动全域健康长寿之乡,要倡导生态优先、绿色发展,让城乡美起来。

1. 以健康长寿为取向,提升广西健康长寿发展内涵。

2. 以长寿产业为取向,增强广西健康长寿地域特色性。

3. 以联合多行业促进健康长寿融合发展。

4. 从"健康+"到"+长寿",推动全域健康长寿。

5. 连点成线、串线成面,以线性开发带动全域发展。

6. 规划重大健康长寿项目,促进城乡长寿联动发展。

7. 重点发展长寿农业,优先发展长寿工业(食品加工),协同发展长寿旅游业(服务业)。

四、广西全域健康长寿之乡空间组织思考

充分考虑广西在全国健康长寿发展中的地位和作用,自治区党委、政府立足"两个一百年"目标和"十四五"的重大变局,主动向国家承担"美丽中国、健康中国、幸福中国"的任务,争取把广西壮族自治区作为国家健康长寿优先发展示范,打造"七个一工程",主要包括:一区(国家健康长寿优先发展示范区)、一地(广西14个地级市,每个地级市设一个示范基地)、一园(广西31个长寿之乡,每个长寿之乡设一个健康长寿产业园)、一乡(贺州是广西唯一一个全域长寿市,把此设为全域健康长寿体验中心)、一点(广西还有75个县区是非长寿之乡,可作为健康长寿联系点,进行论证评估,成熟一个发展一个)、一心(把广西培育成国际健康长寿文化交流中心)、一址(把广西打造成一个健康长寿永久性会址)。

1. 以长寿经济发展规划为统领,全面谋划长寿农业、长寿工业和长寿服务业,着手研究分析"全域健康长寿之乡"建设的优、劣势,适时开展规划编制,明确阶段目标和重点任务,全面提升全区长寿经济发展。

2. 积极学习浙江全域美丽长寿之乡经验,以提升生态环境为抓手,打造健康长寿广西。按照"两山理论"实践创新要求培育美丽广西,全力推进绿色发展。

3. 以长寿经济为支撑,促进长寿产业高质量发展。依托中国老年学和老年医学学会强有力的支撑,建立区(省)、市、县长寿产业发展基地,在立地条件下培育其地域价值。

4. 以全域健康长寿为导向,全力提升全民卫生健康水平。进一步提高基本养老保险、基本医疗保险、农村新型合作医疗的覆盖面,实现老有所养、老能就医。加快卫生医疗、体育运动设施建设,推进健康公共服务设施向农村基层延伸。

5. 以创新养生养老机制为动力,开辟养生养老新途径。积极构建"企业家+养老机构+康养老人"组织形式,建立财政资金引导、经营性养老产品企业参与的养老基金,对公益性养老事业和养老机构进行反哺,为老人养身养老提供资金保障。

6. 以建设全域健康长寿之乡为基础,提升长寿经济影响力。强化地域特色,讲长寿之乡故事,推长寿产业发展经验,通过各种推介会、博览会、旅游节、长寿论坛等活动,介绍"广西经验"。

五、展望与建议

广西生态优势金不换,要坚持把节约优先、保护优先、自然恢复作为基本方针,把人与自然和谐相处作为基本目标,使八桂大地青山常在、清水长流、空气常新,让良好生态环境成为人民生活质量的增长点、成为展现美丽形象的发力点[4]。广西是"健康中国"建设的落地版,是长寿经济实践的创业板。

"十四五"大幕即将开启,广西应当以全域健康长寿眼光把握广西"十四五"发展大势,认真理解全域健康长寿的新发展阶段、新发展格局、新发展理念的辩证统一,找准广西全域健康长寿发展定位,关键环节和布局落子,从而在新一轮的省域经济发展中展现广西魅力。一是以前瞻见所未见,要有持之以恒的历史耐心;二是以地缘辨全局,实现全域、健康、长寿三者结合;三是以创新求担当,构建国家全域健康长寿之乡新版本。

参考文献

[1]洪银兴,刘伟,高培勇,等."习近平新时代中国特色社会主义经济思想"笔谈[J].中国社会科学,2018(9):4-73,204-205.

[2]陈东升.长寿时代的理论与对策[J].管理世界,2020,36(4):66-86,129.

[3]张玉琴.长寿产业发展路径研究——以广西为例[J].市场论坛,2017(11):11-15.

[4]李萍."建设壮美广西共圆复兴梦想"的重大意义——习近平题词与新时代广西发展研究之二[J].沿海企业与科技,2019(3):68-72.

广西健康长寿发展与全域健康长寿之乡的创新实践

感谢于大自然的恩赐,赐予广西阳光雨露、赐予广西青山绿水、赐予广西美味佳肴、赐予广西世世不息的生命源泉和力量。

一、健康长寿发展缘起与背景

健康长寿产业发展论坛在南宁召开,可谓及时之雨。当前,我国正在加快建立"两山理论"实践创新,推动形成寿乡人与自然和谐发展的新格局,助力健康中国建设。坚持寿乡生态立县,抓牢生态经济,培育生态产业,蓄势待发发展长寿经济是一种顺应时代,实现经济转型升级的重要途径。

二、健康长寿发展测度分析

长寿,是每一个人的期望。"八十八""九十八""一百〇八",随着我国人口老龄化社会的到来,随着我国经济和社会的发展,随着我国医疗水平的提高,老龄人口越来越多,老年人也越来越长寿[1]。

1. 近年来经济发展稳定,人均年收入不断增加;
2. 居民收入差距适中,基尼系数在 0.4 以下;
3. 长寿乡大气质量达到或超过国家二级标准;
4. 长寿乡生活饮用水达到 GB/T5750—2005 国家标准;
5. 长寿乡贫困老人都能获得政府社会救助;
6. 长寿乡基本养老保险覆盖面超过全国平均水平;
7. 长寿乡每千名老人拥有福利类收养单位床位数超全国平均水平;
8. 长寿乡人们基本医疗保险覆盖面超过全国平均水平;
9. 长寿乡农村新型合作医疗覆盖面超过全国平均水平;
10. 长寿乡每千人拥有卫生床位数超过全国平均水平;
11. 长寿乡每千人卫生技术人员数超过全国平均水平;
12. 长寿乡森林覆盖率或城镇人均公共绿地面积超过全国平均水平。

三、健康长寿发展的重大意义

（一）健康长寿时代价值

健康长寿,是新时代人们对美好生活的核心追求。健康是人民全面发展、生活幸福的基石,也是国家繁荣昌盛、社会文明进步的重要标志。加快长寿地区长寿产业发展,是把资源优势转化为产业优势,把长寿产业培育成为长寿地区新的经济增长点的迫切需要。

1. 以长寿经济和长寿产业规划为统领,全面谋划全域长寿之乡建设工作。全面提升养老事业、长寿文化、长寿产业发展。
2. 以"两山理论"实践创新为抓手,打造健康长寿之乡。严守生态安全,严格产业准入,大

注:本文创作于 2019 年。

力推进绿色发展,抓好蓝天、碧水、净土、清废四大行动,统筹推进山水林田湖草生态保护与修复,使公民生态文明素养再提升、生活环境更宜居。

3. 以"美丽中国"为基础、以"健康中国"和"幸福中国"为支撑,强化地域识别与特色产品功能,促进长寿经济高质量发展。

4. 以基本公共服务均等化为导向,全力提升全民卫生健康水平。

5. 以创新养生养老机制为动力,开辟养生养老新途径。

6. 以宣传教育为基础,扩大"美丽长寿之乡"影响力[2]。

(二)"两山理论"实践创新,指导健康长寿发展

以全方位的视角,围绕中国长寿之乡品牌优势,多元化挖掘长寿文化内涵,在经济社会发展中不断注入长寿元素,致力培育"长寿"特色,放大长寿乡品牌效应,强力推动长寿经济规划在长寿乡落地[3]。

1. 借助长寿之乡资源优势,以健康长寿生活为特色、长寿养生文化为特质、长寿绿色食品为特产,倾情打造健康生活体验、长寿食品制造、健康认证服务、民俗风情展示、文化旅游休闲等为一体的长寿经济发展格局。

2. 坚持"举生态旗、打生态牌、创生态业"的绿色发展理念,谋发展、惠民生、搞规划、做决策,坚持把生态文明摆在优先考虑的位置,全力擦亮绿色 GDP 的成色,将习总书记提出"绿水青山就是金山银山"的重要论断作为推动地方经济发展的新航标,义不容辞地担当起保护生态文明、推动绿色发展的历史重任。

3. 多元化挖掘丰富的长寿文化内涵,打造全域长寿经济高地。实施全域长寿发展战略,推动形成以长寿元素为主体的经济发展新模式,有助于为区域科学发展提供不竭动力。长寿乡是一个无形资产,它作为一个地方经济发展的新引擎,蕴藏着不可估量的内生动力。

四、长寿经济内涵解读

长寿经济是指长寿乡经济发展中,利用长寿资源优势,通过市场竞争而形成的具有鲜明产业特色及企业、产品特色的经济结构。是以长寿资源为基础,以长寿特色产品为核心,以长寿产业为依托,在经济结构、组织、体制和运行上均具有强烈的时代特色,能使资源、科技和市场要素相互联系、相互吸引,使优势要素得到放大和扩大,并进而体现长寿特色的经济。

(一)长寿经济体系构建

长寿经济是一个新型经济体系,在这个体系里面,长寿产业的各个组成部分相互联系、相互促进,缺一不可。长寿体系一旦形成,就能带动区域经济向着高质、优化的方向发展。

1. 以长寿产品为前提,以产品的"名、特、优、新"为基础,根据市场的变化而不断优化,实现长寿产品的系列化,以满足特殊需要和多样化的市场需求,这样的长寿产品具有不可替代性。因此,长寿经济的体现是靠长寿产品来体现的,检验长寿经济的综合效益,也要看长寿产品的市场竞争能力。

2. 以长寿产业聚集开发为核心。长寿产品要形成巨大的经济优势,必须以产业集聚为基础,以实现产业化为前提,依托适度规模产业开发,以大健康产业市场为导向,实行区域化布局、专业化生产、一体化经营和社会化服务,形成独具优势的长寿经济区域化产业聚集。

3. 以特有长寿资源转化为基础。没有独特的长寿资源,长寿经济发展便是无源之水、无本之木。发展长寿经济,必须立足长寿乡实际,抓住特有资源,大做特色文章。依托特色资源发展特色经济,可以避免产业结构和产品结构雷同性以及由此引发的过度竞争,并减少内耗。

4. 以长寿技术集成为支撑。当代经济的一个显著特征,是以先进科学技术为基础的比较优势居于主导地位。先进的长寿技术集成为决定长寿区域特色的主要因素。长寿技术及其创新能力决定了长寿之乡的优势产业,也决定了长寿经济的生命周期。

5. 以长寿之乡区域为载体。长寿经济是一种关联性较强的区域经济,其内部是自然、经济、社会、文化等系统的有机组合;其外部则是在与其他区域的差异化基础之上,通过科学的选择,形成具有特色的长寿经济区域。因此长寿经济的发展需要营造长寿乡良好的经济、社会和生态环境,实现区域可持续发展。

(二)长寿经济发展路径

1. 发展长寿产业,要延伸链条、三产融合,让业态新起来

打破长寿乡产业界限,顺应"互联网＋"趋势,推动长寿产业集群集聚,积极融入长寿文化元素,发展长寿农业、长寿旅游业,拓展内涵、体现特色;延伸产业链条,发展长寿制造业,拓展价值链、提高附加值。发挥业态创新的叠加效应,实现长寿产业增效溢出效应。

2. 发展长寿产业,要深化改革、创新机制,让资源活起来

让长寿乡资产活起来,深化农村集体产权制度改革,加快资源性资产确权、经营性资产折股量化,集体经济发展长寿产业;让金融活起来,围绕长寿产业,落实好金融扶持新型主体发展各项政策,加快要素向长寿乡集聚,让农民获得更多红利。

3. 发展长寿产业,要培育农民、强化服务,让主体强起来

发展长寿产业核心在人,需要建设一批知识型、技能型、创新型劳动者大军。鼓励扶持他们发展长寿产业,加快小农户和现代长寿产业发展有机衔接。运用现代信息技术手段,为广大农民提供政策、技术、市场等各项信息服务。

4. 发展长寿产业,要倡导绿色、生态优先,让城乡美起来

发展长寿产业既要产业兴旺,更要生态宜居,不能以牺牲生态为代价。要牢固树立绿色理念,匹配资源环境承载力发展长寿产业,大力推行绿色生产方式,加强长寿资源保护,普及节本降耗、循环利用等技术模式,让长寿产业既能"养胃""养生",也能"养眼""养肺"。

五、长寿产业内涵解读

长寿产业是以长寿资源(包括自然资源、社会资源)长寿产品为基础,以长寿农业、长寿工业和长寿服务业(旅游)为依托,以市场经济运行方式为手段,围绕长寿产品、特色资源进行综合开发形成的区别于其他传统产业,具有鲜明的地域性、不可替代性、可持续发展性和竞争性,经济效益较高,发展前景广阔,能生产开发满足公众需要的特色产品,能够为延长人类寿命并对疾病防患于未然,促进人身心健康提供产品和服务的产业总称为产业体系。

长寿产业特征:长寿产业是一种经济现象、经济活动,它支撑和影响着长寿乡经济发展,同时又是一种文化现象。围绕着长寿产业的培育、壮大、拓展,需要内生相应的科技开发,试验、示范、教育培训、广告宣传等。于是,在特有的长寿产业培育中,也会造就出一批与之相应的劳动者、经济人、文化人,甚至熔炼出特有的性格特征和精神风貌,塑造出特有的长寿乡形象。

长寿产业涉及农业、工业和服务业等产业类型,包括长寿农业、长寿工业、长寿旅游业、长寿文化产业的集合。其中,长寿产业作为一种特殊的产业,是基于"长寿资源"而发展起来的,其特征与其他产业存在一定的差异。

六、广西健康长寿发展之路

广西长寿资源丰富,得天独厚,具有其他区域无法比拟的先天条件。如何通过发挥市场在资源配置中的基础性作用,科学合理开发长寿资源,可以把长寿资源潜在的优势挖掘出来,使资源优势的开发潜力得到最大化激活,进而推动资源优势转换为产业优势和经济效益,打造成为广西新的经济增长点,是当前的迫切需求。

(一)优势条件

广西拥有丰富的长寿资源,发展长寿经济具有得天独厚的优势,为了将长寿资源优势转化成产业优势和经济优势,对于推动广西长寿产业持续健康发展具有重要的现实意义。

1. 长寿资源丰富多样,具有森林覆盖率高、空气中负氧离子含量高、土壤富硒、水质优良、气候适宜典型特点,适宜养生居住旅游。

2. 长寿文化与人文资源丰富多彩。广西25个长寿之乡的文化多姿多彩、文化内涵丰富。

3. 长寿之乡分布比较集中。截至2019年中国长寿之乡共有77个,其中广西就有26个,占了全国三分之一的比例,是我国"中国长寿之乡"最多的省(区),有利于长寿产业集聚发展,实现规模效益和集聚效应。

4. 广西"中国长寿之乡"空间分布相对集中,25个长寿之乡,涵盖了广西10个地级市,其中分布于河池(6个)、崇左(4个)、桂林(3个)和贺州(3个)就达16个。

5. 广西"中国长寿之乡"地域识别清晰,呈现出三个集中长寿带,一是以巴马为中心的桂西北长寿带;二是以阳朔为中心的桂东北长寿带;三是以大新为中心的桂西南长寿带分布,这为未来广西全域长寿乡形成创造了良好的先天优势。

6. 广西"中国长寿之乡"长寿经济与产业先发优势明显。以巴马为代表的广西长寿产业在发展时间上和实践上要先于外省地区,广西这种先发优势为未来长寿产业的发展赢得了先机。

7. 广西"中国长寿之乡"特色产品品牌知名度较高。广西的25个"中国长寿之乡"中,就有21个县有各自的地理标志保护产品或地理标志证明商标。这些富有长寿乡特色的长寿产品为长寿经济和产业发展创造了条件。

(二)难点与困境

1. 长寿发展规划滞后

目前,广西长寿发展规划的滞后或缺失严重制约着长寿经济和产业的落地,导致发展缓慢、无序、分散化的局面出现[4]。

(1)广西长寿发展缺乏统一规划和整体布局。

(2)规划的出台往往滞后于产业发展。

(3)规划落实不到位现象明显。

2. 长寿乡发展基础薄弱

广西25个"中国长寿之乡"中12个为国家级贫困县,还有4个为自治区贫困县。

(1)交通不便。长寿乡多位于偏远地带,距离中心城市较远。路网不发达,主要以公路为主,并且道路等级低、高速公路少、"断头路"多,县与县之间有的甚至未通二级公路。

(2)公共服务配套落后。服务设施简陋,旅游服务设施不完善。

(3)环境友好建设,尤其是垃圾和污水处理设施不健全。

（4）医疗服务及配套设施相对落后。

（5）通讯信号弱且覆盖范围小。

（6）人才和技术支撑力弱。

3. 产品同质化严重，区域间存在竞争关系

（1）广西长寿乡均站在各自角度提出发展长寿产业，相互之间缺乏合作，导致产业同构化竞争。

（2）广西长寿乡在长寿发展中，没有形成整体竞争优势，长寿乡之间未能打破行政区划限制，更难形成抱团式发展。

4. 广西长寿乡数量在递增，但长寿经济及长寿品牌整体影响力并未同步提升。

5. 长寿产品开发粗放化，行业标准缺失。

6. 政府引导作用不明显，体制机制障碍存在。

（三）发展机遇

伴随人口老龄化的快速发展，健康长寿养生产业将会受到热捧，开拓"银发市场"，大力发展"银发经济"，为长寿产业的发展提供了重要历史机遇。

1. 长寿经济作为一种新兴产业正在悄然崛起，广西长寿乡发展面临着千载难逢的发展机遇。

2. 国家和广西壮族自治区出台的一系列鼓励政策意见，尤其和中国老年学和老年医学学会的战略合作，为长寿经济的发展提供了重要的政策保障。

（四）发展制约

1. 广西长寿乡多处于交通不便的偏远地带，且有一半以上是国家级或自治区级贫困县，经济发展落后，基础设施配套不完善。

2. 长寿乡发展带来了经济效益，但环境恶化问题也开始凸显。尤其是环境友好建设能力不足，将冲击着长寿乡的生态环境承载能力。

3. 外来文化对长寿乡本土文化的冲击明显，严重胁迫原有的文化特色。

七、广西率先打造国家首个全域健康长寿之乡

中国城市化水平不断提高，快节奏的生活方式、繁重工作的压力，老龄化社会日趋明显。人们在迫切地寻找一个惬意安详、环境优美、空气清新、食材生态、静心养生的地方。同时也应当下和谐社会、生态文明的建设要求，社会也亟须找到一条节约资源、保护生态环境、解决城乡收入差距的新途径。

（一）全域概念解析

全域是指产业的全区域布局、全领域覆盖、全方位联动、全产业配套、全社会共享。全域就是把局部的思想经验、技术或产业在全域推广或繁衍，从而带动全域的发展。同时全域将区域各个资源重新整合，均衡发展，构建起一个全域健康长寿发展新格局。长寿资源不再以点或线出现，而是形成一个长寿时空，促进长寿经济的全域化。

基于全域的健康长寿与长寿经济建设目前在省市乃至国家层面尚未全面开展，笔者认为，广西要以"健康中国"建设为依托，以长寿经济为核心，以长寿产业为指引，打造国家首个全域健康长寿之乡。

(二)全域健康长寿之乡

广西积极推动中国长寿之乡创建工作,力图摆脱传统发展的拘囿,将广西整体作为功能完整的健康长寿目的地来建设,推动长寿经济的发展,但客观上仍存在着诸多制约其长寿全域化发展的因素,而如何破解这些难题成为广西推进全域健康长寿之乡创建目标实现的关键[5]。

(三)全域健康长寿之乡概念解析

广西全域健康长寿之乡全域规划意味着广西的全部规划覆盖,一是全空间覆盖,即规划范围的全覆盖;二是全要素覆盖,即规划领域的全覆盖,以全域的尺度统筹安排健康长寿的生产、生活和生态要素,做好涉及基础设施、产业规划、环境保护及公共服务等的全要素的统筹和整合[6]。

(四)全域健康长寿之乡规划实践方向

1. 广西全域健康长寿之乡规划范围要实现全空间覆盖,规划统筹,合理构建广西全域健康长寿发展体系。

2. 广西全域健康长寿之乡规划领域要实现全要素覆盖,规划整合,积极完善全域长寿经济内容体系。

3. 广西全域健康长寿之乡规划层次要实现全对象覆盖,规划协调,分类指导全域长寿经济和长寿产业布局体系。

八、广西长寿经济体系构建思路

广西应加快长寿经济体系构建,这有利于提高长寿产业在未来市场中的整体竞争力,重点发展长寿农业、长寿工业、长寿旅游业为特征的长寿产业。

1. 以长寿资源和长寿文化为取向,提升广西健康长寿发展内涵。

2. 以长寿产业为取向,增强广西长寿经济地域差异性。

3. 联合多行业促进健康长寿融合发展。

4. 从"健康＋"到"＋长寿",双向互融推动全域健康长寿化。

5. 连点成线、串线成面,以线性开发带动全域发展。

6. 大手笔策划重大健康长寿项目,促进城乡长寿联动发展。

7. 重点发展长寿农业。

8. 优先发展长寿工业(食品加工)。

9. 协同发展长寿旅游业(服务业)。

10. 强化发展长寿文化产业。

九、结论

广西的"中国长寿之乡"数量达到 25 个,广西发展长寿产业具有得天独厚的优势。从当前学者对健康长寿研究来看,研究内容主要集中在长寿乡的长寿原因解析、长寿旅游资源、长寿养生等方面的研究,而且主要集中在若干典型长寿乡,从整个广西范围内全面分析研究健康长寿的研究较少,且对长寿经济和长寿产业的相关概念、特征缺乏深入研究,也没有形成系统完善的健康长寿发展理论,更缺乏长寿经济及长寿产业发展规划[7]。

1. 长寿资源是长寿经济发展的重要前提。广西长寿经济发展具有显著的资源优势。长寿经济与长寿资源禀赋息息相关,包括优质的空气、独特的水质、丰富的资源、舒适的气候、多姿的人文等。

2. 长寿经济强调健康养生的产品和服务。长寿经济作为一种特殊的经济类型，能够凭借自身的地域特殊性与新技术集成功能，可以开发出长寿农业、长寿工业、长寿服务业，形成独有地域特色的长寿产业，能够满足延寿或对疾病防患于未然、促进人身心健康功效需求。

3. 长寿经济符合国家倡导的绿色发展理念。长寿经济发展方式符合国家健康、环保要求，对生态经济体系的构建起到积极的推动作用，可以有效放大"长寿效应"，对宣传长寿文化，倡导健康科学的生活方式，促进社会和谐发展具有示范借鉴作用。

十、广西健康长寿发展建议方案

1. 启动"广西全域健康长寿之乡发展"总体规划。
2. 启动"广西全域健康长寿之乡长寿农业发展"规划。
3. 启动"广西全域健康长寿之乡长寿工业发展"规划。
4. 启动"广西全域健康长寿之乡长寿旅游业发展"规划。
5. 启动"广西全域健康长寿之乡长寿文化"专题研究。

两山创新天远大，健康长寿月清明。

满目胜景阅八桂，银山堆里话青山。

参考文献

[1]宫春子,秦悦.数说长寿之乡那些事[J].中国统计,2018(10):56-58.

[2]钟晓军,辛帝,高轶.对浙江打造"全域美丽长寿之乡"的初步研究[J].中国工程咨询,2019(7):86-89.

[3]许展,历枝,侯宇振,等.中国长寿之乡品牌效应的研究——基于山东省单县的调查[J].科学与管理,2018,38(4):72-78.

[4]周志超.广西长寿产业发展的SWOT分析及对策建议[J].中共南宁市委党校学报,2016,18(5):18-23.

[5]戴五宏.上饶市旅游全域化发展研究[J].合作经济与科技,2019(13):34-36.

[6]熊耀平,李林,卢冠宇.全域规划视角下的消防专项规划编制策略与实践——以广西北部湾经济区消防规划为例[J].规划师,2016,32(S1):57-61.

[7]张玉琴.长寿产业发展路径研究以广西为例[J].市场论坛,2017(11):11-15.

广东省湛江市建立"全域健康长寿之乡"的地域识别

近年来,湛江的发展可谓日新月异,湛江的成绩可谓引人侧目。有着最开放、最自信的精神面貌,最内敛最坚韧的内心,可谓是粤西大地上的惊鸿一瞥,备受关注。湛江两面环海,雷州半岛自然地理格局又给带来了什么?雷琼火山群背后有着怎样的科学逻辑?湛江的个性要如何发掘?湛江最具潜力的领域又在哪里?2009年中国科学院地理科学与资源研究所与湛江市人民政府签订了合作协议,启动了湛江市生态城市建设规划,徐闻县、遂溪县发展战略规划,提出了湛江海湾城市定位和雷州半岛环岛线建设工程,徐闻国际海峡城市定位和中国长寿之乡创建以及遂溪县国际健康养生基地创建,取得了系列成果,得到了国家有关部委与湛江市高度认可。在此基础上笔者及专家组又从健康长寿的角度,深度分析了湛江发展潜力,特别推出了湛江市全域健康长寿之乡的科学构想。

一、火山地貌与健康长寿的优良基因

人与自然的关系,首先体现在人类健康与自然环境关系之上。人类生存于自然环境之中,人类的疾病、健康与寿命都与自然环境息息相关。中国传统文化十分注重天、地、人之间关系的探究,很早就认识到了健康长寿与自然环境的关系,并对人类寿命的地域分异规律有了较深刻的认识和探索。一是气候是自然环境中最活跃的要素,只有掌握了气候的变化规律,才有可能求得健康和长寿;二是水土关系影响着人类健康与寿命,因为人赖水土以养生,水为万化之源,土为万物之母[1]。

1. 湛江自古积淀形成的独特生态与环境、优越地理区位和热带(亚热带)资源优势,为健康长寿发展提供了得天独厚的条件,被大自然赋予了富有火山文化的优良基因,加之相对优越的生态优势和比较健康的生活方式,使得湛江市人均寿命较高,"百岁老人"比重较高,更涌现出徐闻中国长寿之乡和遂溪国际健康养生基地[2]。

2. 湛江地处粤港澳大湾区[3]、深圳先行示范区、海南自由贸易港[4]和北部湾城市群四大国家发展战略交汇地带的核心位置,在海南世界旅游岛和世界长寿岛建设与内地联动发展中具有特殊重要的地位,具有不可替代的功能。把湛江建成雷琼火山地质公园全域健康长寿之乡联动发展区,为深化湛江区域协调发展提供了新的理念、新的机制、新的模式,搭建了新的平台,注入了新的活力,创造了新的机遇。

3. 湛江重大机遇前所未有,战略地位前所未有,使命责任前所未有。湛江要积极应对新机遇新挑战,以解放思想为引领,以改革创新为动力,高起点谋篇布局,勇于担当作为,以把湛江建成全域健康长寿之乡为目标,打造深度融入粤港澳大湾区和海南世界长寿岛、旅游岛的前沿地带,将湛江打造成为内陆与海南内外联动的重要纽带,形成海南、广东发展的经济腹地。

(1)区位优势与机遇:全域健康长寿之乡连接海南世界长寿岛的咽喉通道,内外联动重要纽带,发展空间巨大。

(2)资源优势与机遇:湛江与海南同属雷琼火山群,具有一体化联动发展的资源条件,地位独特作用重要。

注:本文创作于2021年。

（3）产业优势与机遇：世界级长寿发展极，健康长寿产业、健康养生基地、陆海统筹联动前景广阔。

二、全域健康长寿之乡天时已到、地利已达、人和已成

湛江资源禀赋好、陆海优势明显、战略地位重要，目前正站在发展新起点，发展前景广阔，发展潜力巨大，发展后劲十足，在全域健康长寿之乡建设与海南世界长寿岛联动发展中，湛江可以充分发挥"超级链接"的作用，让海南与内地各方在更广阔的区域中配置资源、优势互补。为我国广阔的大西南内陆地区和海南世界旅游岛对接粤港澳大湾区，必须要有湛江来提供支撑，发挥纽带桥梁作用。

1. 以建设全域健康长寿之乡与海南世界长寿岛联动发展区作为重要目标，努力推动开放平台建设，争取更多的先行先试政策在湛江落地，打造"买全球、卖全球"湛江全域长寿乡、健康养生新格局。

2. 加强民生对接，共谋民生福祉，合作共建海南世界长寿岛与湛江全域健康长寿之乡联动发展的滨海优质生活圈和医养结合的休闲康养地。同时加强与粤港澳大湾区旅游合作，协同建设海上丝绸之路文化旅游带，对接海南建设国际旅游消费中心，与海南携手打造面向国际的热带旅游目的地。

3. 强化区域合作交流，推动湛江与海南在健康医疗[5]、养老养生等开展深度融合，共同打造医养结合的休闲康养地，推进建设健康产业合作，密切与港澳台地区在健康领域的合作。联合打造"中国南方养老养生之都"，促进中国康养旅居事业和产业的高质量发展[6]。

三、新长寿时代激活了湛江的长寿基因

健康长寿发展是潜力巨大的朝阳产业，因为它能够带动健康及相关产业发展，特别是推动健康长寿产业融合，其核心是既能传承生态文化，又能提升健康长寿产业发展水平，还能实现健康长寿良性互动发展。提供健康长寿的生态、生产和生活解决方案，是"十四五"发展的最大契机，推动全域健康长寿之乡建设，更能形成最具湛江特色的粤西发展模式。

（一）中国长寿之乡的缘起与背景

中国长寿之乡是绿水青山的标志和代表，代表着核心指标体系，主要表现在一是百岁老人多；二是 80 岁以上老人比例高；三是人均预期寿命长。中国长寿之乡是含金量极高的社会品牌，是自然、经济、社会、文化全面向好的综合反映，也是"两山理论"转化的实践者和受益者，得到国家和社会的重视和关注，其重要的支撑是绿色生态水平大大高于全国平均水平，所以中国长寿之乡是绿水青山的典型标志，是"两山理论"发展集中体现。中国老年学会 2007 年开始，严格按照标准，截至 2020 年在全国认定了 84 个长寿之乡，其中广东省共有 8 个中国长寿之乡（佛山市三水区、梅州市蕉岭县、梅州市大埔县、梅州市丰顺县、梅州市梅县区、连州市、信宜市、湛江市徐闻县）和一个国际健康养生基地（湛江市遂溪县），长寿之乡不仅有助于深入挖掘、系统整合湛江全域健康长寿文化，形成独具特色的湛江文化品牌，更重要的是有利于把资源优势变成产业优势，同时对接续减贫和乡村振兴具有推动作用。

（二）全域健康长寿之乡科学蕴含

全域健康长寿之乡是湛江"金"字招牌的"金"字招牌，更是湛江新长寿时代独特话语权与个性突出表达。重点抓好健康长寿经济与"十四五"规划衔接，加快全域健康长寿经济体系构

建,提高在未来市场中的整体竞争力,重点发展长寿健康农业、长寿健康工业、长寿健康服务业为特征的健康长寿产业。

健康长寿是未来湛江最大财富,最大优势,最大品牌,是"两山经济"与生态文明水平提高相辅相成、相得益彰之路。打造全域长寿乡,为我国新长寿时代提供一个可以复制的"湛江方案"。一是推动全域长寿乡建设,延伸产业融合链条,让湛江特色业态新起来;二是推动深化改革、创新机制,让两山经济在湛江活起来;三是培育农民、强化服务,让发展主体强起来;四是倡导生态优先、绿色发展,让城乡美丽美起来[7]。

四、全域健康长寿之乡主要任务与目标

打造全域健康长寿之乡是推动湛江"两山理论"实践创新与"两山经济"振兴的宏伟大业。科学布局生产空间、生活空间、生态空间,给自然留下更多的修复空间,实施有保护的优化开发、分领域的重点开发、分层次的限制开发、有约束的禁止开发。科学有序的统筹好健康长寿的城乡一体格局、多行业互动格局、生态保护优先格局、人与自然和谐格局。树立健康长寿发展理念、形成特色发展氛围、推行全域行动,切实把健康长寿将发展观念植入到现代化建设全领域、全过程。

发展全域健康长寿之乡,不仅成为湛江应对老龄化社会一项重要的民生任务,也是湛江推进"两山经济"创新一项重要战略举措。

1. 建设国内有地位、国际有影响力知名全域健康长寿之乡。
2. 建设多功能、多元化的全域之乡产业体系。
3. 以健康长寿资源为取向,提升全域发展内涵。
4. 以健康长寿产业为取向,增强美丽的差异性。
5. 以模式打造为取向,培育健康长寿精品项目。
6. 实施现代化湛江全域健康长寿之乡空间治理。
7. 强化生态安全格局,优化生态绿色一体化空间格局。
8. 发展绿色低碳循环的健康长寿全产业现代经济。
9. 高起点发展健康长寿数字经济。
10. 培育健康长寿农业、高质量打造健康长寿工业与服务业。
11. 打造宜居、宜业、宜游、宜养的全系列健康长寿城乡。

五、全域健康长寿之乡未来展望

湛江全力发展全域健康长寿之乡天时已到、地利已达、人和已成。健康长寿经济将直接拉动陆海经济增长与直接推动全域长寿乡转型升级。湛江市有能力建设一个生态与环境高水平保护的典型区;有能力建设一个健康长寿高质量发展的样板区;有能力实现雷琼世界地质公园的一体化联动发展新格局。健康长寿是湛江的压舱石,全域长寿乡是一扇被时代信风吹开的"展示之窗",是正在向着现代化急蹄奋进的新湛江递给世界的一张"名片"。

六、全域健康长寿之乡初步结论

1. 鼓励全域争创中国长寿之乡。湛江应该涌现出更多长寿之乡,支持地市申报长寿之乡,扩大规模和数量。同时强化长寿产业基地,长寿产业集群和长寿文化品牌建设。
2. 做好全域健康长寿之乡规划。全域健康长寿之乡是全景化、全覆盖,是资源优化、空间

有序、产品丰富、产业发达的科学的系统经济。启动湛江全域健康长寿之乡发展规划编制工作,为两山理论向两山经济发展提供科学依据。

3. 以大健康产业为引擎,以长寿经济为主线,精准出台引导与支持政策,构建健康长寿农业、工业、服务业及长寿文化等,使之成为湛江经济发展的一个新突破口[8]。

4. 强化健康长寿产业深度融合,全力打造长寿示范区,长寿产业集聚。深入挖掘长寿湛江文化内涵,利用其得天独厚的优势调动投资者的积极性和创造性,建设一批融产、学、研于一体的健康长寿产业示范基地和现代服务业集聚区。

5. 叫响长寿之乡文化品牌。深入探索湛江健康长寿历史特点、发展规律、主要经验和科学方法,形成系列成果,为健康长寿产业发展提供科学支撑。

6. 全力推进全域健康长寿之乡的同时,启动湛江长寿农业"中国气候好产品""中国康养地""中国避寒地""中国天然氧吧"等重大项目储备和研究[9]。

参考文献

[1]龚胜生.中国古代长寿点区的地理分布及其环境背景的初步研究[J].中国历史地理论丛,1997(3):227-251.

[2]廖雪杨,袁宝玲,罗琳鋆,等.湛江市旅居养老产业发展新模式[J].商业经济,2019(7):22-23,29.

[3]倪民军,陈舒.湛江融入粤港澳大湾区经济一体化建设思考[J].合作经济与科技,2020(22):30-31.

[4]刘国君.把湛江建成海南自由贸易港联动发展区的对策研究[J].广东经济,2020(10):52-57.

[5]杨天英,曾瑶.海南健康服务业发展机遇挑战及发展路径研究[J].现代商业,2016(24):41-42.

[6]倪民军,陈舒.湛江与海南加速建立对接合作促进湛江经济发展探讨[J].现代商贸工业,2021,42(5):17-18.

[7]袁廿一,张东献,刘学军.新时代"健康文化"的概念建构及路径启示——以海南省"健康文化"建设为例[J].江汉大学学报(社会科学版),2019,36(4):28-35,126.

[8]黄浩博.用心培育"四大产业",加快打造现代化沿海经济带重要发展极[N].21世纪经济报道,2020-11-09(004).

[9]邓粒子,保继刚.中国避暑型与避寒型宜人气候的分布特征及差异[J].地理研究,2020,39(1):41-52.

学术研究

第十一编　地学旅游、长寿文化、诗歌地理、山水城市研究

黔东南州地学旅游价值与保护和开发路径探讨

古生物化石代表了地球发展历史的一部分，是地球发展历程中的一个阶段，开展对古生物化石的保护与利用研究，对于我们了解过去发生过的历史具有重要的意义。其开发与利用不仅仅是单纯的保护，需要从科学的角度研究地球发展历史和生命的演变过程，提供最为直接的科学依据。

一、国家地质遗迹保护与利用

我国地质历史悠久，化石资源十分丰富，被誉为世界级的"古生物化石大国"，也是从事古生物化石研究的"圣地"之一。

（一）国家重点保护化石产地

1. 有国家重点保护化石产出，化石资源丰富，化石组合和赋存特征清楚，化石具有重要保护价值；或具有研究程度较高的典型剖面。

2. 产地做过资源调查和科学研究工作。

3. 具有国内外影响较大的研究成果。

4. 化石保护管理工作突出。

（二）国家地质公园

国家地质公园既具有地质科学研究意义，又具有较高的美学观赏价值，它以地质遗迹景观为主体，融合其他自然景观与人文景观，既为人们提供了具有较高科学品位的观光旅游、度假休闲、保健疗养、文化娱乐的场所，又是地质遗迹景观和生态环境的重点保护区、地质科学研究与普及的基地。

（三）古生物博物馆

我国化石收藏单位的整体分布具有广泛性，各省、自治区、直辖市均有收藏单位，其中公立博物馆就有 400 余家。但是专业性化石收藏单位数量较少，集中在古生物科研院校、地质公园和保护区。收藏单位各地的数量分布不均，服务范围也具有很大差别。

（四）国土资源科普教育基地

国土资源科普基地是进行国土资源科普教育的重要平台和载体，是能独立开展土地资源、矿产资源、海洋资源、基础地质、地质环境、地质灾害、测绘科技等国土资源领域国情教育和科学普及活动的科技场馆、科研实验基地、资源保护区；基地的建立为化石保护发挥了重要作用。

注：本文创作于 2017 年。

二、我国古生物化石保护与利用问题分析

我国在古生物化石保护方面的法律法规制定和推行较晚,在法规条例实施上尚不够完善。针对我国国情,在法律法规的实施和具体的保护收藏工作上还面临着许多问题,有待今后在工作中逐步进行完善。

1. 古生物化石收藏权问题。

2. 完善古生物化石的登记制度问题。

3. 古生物化石进出境问题。

4. 古生物化石保护条例的执行与贯彻问题。

5. 人才培养与科普教育问题。

6. 全民化石保护意识保护提升问题。

7. 资源开发与保护的协调问题[1]。

三、国外古生物化石保护与利用借鉴

古生物化石及其产地的保护已有上百年的历史。从国际上看,许多国家甚至是许多私人机构,对重要的古生物化石及其产地采取了各种各样的保护措施。对古生物化石的有效管理和保护已成为国际科学界、社会民众的共识。

1. 建立国家文化财产清单和名录。将国家所有文化财产由专门的组织编制国家级文化财产清单和名录,此清单是国家控制文化财产进出境的主要依据。

2. 成立专门的组织打击走私。

3. 限制文化财产物品的交易。国家、省、市、县所属文物机构对文化财产物品有优先购买权。个人或实体进行文化财产的交易要获得许可,否则视为违法交易。

4. 建立专门的警察队伍打击走私、偷盗和销售。

5. 发掘必须获得国家许可证,许可证规定了发掘活动所应遵守的条款。

6. 对发掘地点进行保护。发掘地点由政府部门管制并进行监测发掘工作要在专业部门的指导下进行,有些必须国家专业部门进行发掘,或由得到授权的著名机构进行发掘。

7. 建立详细的考古地点名单,地点由专家进行鉴定,以防止考古发掘点不被非法发掘。

8. 对具有历史或学术重大意义的历史遗址,在必要时连同其周边地区都被指定为保护区域。在建设项目动工之前,应对地表进行勘察,看看有无埋藏的文化财产,并向文化财产管理局提交勘察报告。

9. 国外普遍规定出口古生物化石需要政府通行证,而是否给予通行证往往需要有资历的专家进行鉴定。

四、贵州省地质遗迹资源评价

贵州省地域辽阔,复杂的地质活动和多样性的气候条件,形成了典型地质构造、标准地层剖面、古生物化石点、自然灾害遗迹、火山熔岩景观、洞穴景观等数量丰富、种类繁多的地质遗迹,具有重要的科学研究、科普教育及旅游价值,因此进行地质遗迹的保护和利用具有重要和深远意义[2]。

贵州由于地处特殊构造部位并经历了地质历史时期发生的多种地质事件,形成了特殊的地貌环境,造就了丰富的地质遗迹资源,需要对其进行严格保护和合理开发利用,将资源优势

转化为经济优势,这是促进地方经济发展和保护生态环境的重要举措。如何能在开发利用的同时保护好地质遗迹,是当前需要解决的问题。

1. 地质遗迹丰厚,类型复杂多样。贵州地质历史复杂、构造错综,形成了丰富多彩的地质遗迹,且地质遗迹分布广泛。

2. 地貌类型丰富,地域差异明显。贵州地貌类型复杂多样,有山地、丘陵、盆地和河流阶地等不同类型的地貌,且地貌的地域差异明显。

3. 岩溶地貌广布,发育整体良好。贵州是中国岩溶地貌发育最典型的地区之一,是全球罕见的"岩溶博物馆"。

4. 沉积地层发育,典型剖面突出。贵州沉积地层极为发育,且厚度巨大,有"沉积岩宝库"之称。

5. 生物化石突出,门类齐全代表。贵州"古生物王国",具有非常重要的科研与文化价值。

6. 地质遗迹独特,美学价值极高。贵州地质遗迹具有很高的美学和文化价值[3]。

五、黔东南州地质遗迹资源特征

地层发育齐全,自元古界到第四系均有分布,且富含化石,层序大多连续。复杂的地质构造,独特的地貌,特殊的沉积环境,造就了丰富的地质遗迹资源。其中地层剖面、古生物化石、岩土体地貌和水体地貌地质遗迹共同组成了资源品位高,具有重要的科研价值、观赏价值和美学价值,既分布广泛又相对集中,且与其他旅游资源密切伴生等特征[4]。

1. 地质、构造剖面遗迹。地层剖面丰富多样,具有重要价值的地层剖面就有 22 条,这些都是具有重要科研价值的构造剖面。

2. 古生物化石富集区域。黔东南州凯里、台江寒武纪生物群,是地球上寒武纪生命大辐射的典型代表,具有极高科学研究价值。

3. 岩土体地貌遗迹。黔东南州岩土体地貌类型是以碳酸盐岩为主的喀斯特地貌及以浅变质岩为主的剥蚀侵蚀地貌。

4. 水体地貌形态景观。舞阳河风景区具有 8 个著名峡谷,两岸为形态各异的白云岩峰柱或峰丛,形成了风景独特的河流峡谷地貌。

六、黔东南州古生物化石保护与利用的建议方案

开展全域旅游,必须建立在科学的基础上,必须有地学的成果做支撑。保护地质遗迹及环境,促进科普教育,合理开发地质遗迹资源,促进地质公园所在地区的社会经济可持续发展,利用地学的理论和方法,吸收其他学科的精华,为旅游资源调查、评价、规划、开发、管理及保护工作服务,能反映这个公园地质遗迹特色和价值的地学旅游,保证安全性、可达性、科学性、特色性、系统性和可持续性,进而促进黔东南州旅游事业的发展[5]。

(一)争创国家地学旅游中心的建议方案

地学旅游则是"地学+"的概念,是一种科学旅游,是地学通过不断拓展服务领域,最终融入旅游这个大家庭。地学旅游主体和其他旅游的区别是旅行者的结构不同。其客体构成主要包括典型矿产、环境地质、水体景观、地质地貌、地质剖面、地质构造、古生物化石等地质旅游资源。一是建设地学旅游示范景区,有效保护地质遗迹资源;二是建设地学旅游研修基地,推动地学科普和科研工作;三是策划主题地学旅游产品,带动地方经济发展;四是成立地学旅游联盟,促进国内外合作交流。

黔东南州国家地学旅游中心,主要是以黔东南州地质遗迹为核心,依托地层剖面、古生物

化石、岩土体地貌和水体地貌，围绕贵州省建设"全国重要的自然和文化遗产中心"的战略定位，以期将黔东南州打造成为具有国际水准的集世界遗产观光、生态养生度假、文化休闲体验于一体的世界知名的生态文化旅游目的地城市[6]。

1. 地质遗迹生态文化旅游资源禀赋凸显。地学旅游资源优势明显，个性鲜明，均形成了以自然资源为主，人文资源兼容并重的旅游资源格局。

2. 凯里生物群生态文化窗口，国际知名度逐年提升。凯里生物群是一个含有10大门类120多属动物化石的布尔吉斯页岩型的生物群，是全球寒武纪第三世生物多样化、生态复杂化的窗口，在海外享有较高知名度。

3. 历史积淀和文化底蕴深厚。黔东南有镇远国家级历史文化名城一座，有黄平旧州镇、黎平德凤镇和雷山西江镇等三座省级历史文化名镇，有黄平、麻江铜鼓和剑河温泉等三个国家文化部命名的农民画之乡，还有九个省级艺术之乡。

4. 旅游业面临转型发展的机遇。

(1)旅游产品从单一的纯观光产品向以观光旅游为主，休闲度假、文化体验、康体养生等为辅的多元、复合型的参与体验性旅游产品体系发展。为黔东南州国家地学旅游中心目的地城市建设注入新活力。

(2)旅游产品从景区景点向全域旅游的扩展延伸。充分利用目的地全部的吸引物要素，为游客提供全过程、全时空的体验产品，注重提升旅游者的体验品质。

(3)旅游模式从传统观光游乐型向生态旅游方式的演进。强调社会、自然、资源、环境、生态等各个要素统一发展，以营造和谐的人类社会与自然的关系为目标的一种新型环境友好型的旅游方式。

(二)创建国家全域旅游示范州，建设国际生态文化旅游名城

发展全域旅游、创建国家全域旅游示范州，是黔东南州经济社会发展到一定阶段的必然要求，是贯彻落实国家五大发展理念的现实需要，是黔东南州实施旅游"二次创业"、建设国际生态文化旅游名城的必由之路，也是全州上下共同的目标与愿望。

1. 突出黔东南州地学旅游特色，发挥地质遗迹资源优势，瞄准全域旅游要抓什么。要做"美"山水资源，把黔东南州打造为资源品质独到的山水特色旅游目的地。

2. 要做"厚"地质文化内涵，打造以地层剖面、古生物化石、岩土体地貌和水体地貌为特色的四张地域名片。

3. 做"长"产业链条，加快形成多元化的旅游产业体系。

(三)启动"黔东南州生态文化旅游目的地"品牌建议方案

1. 以创新、协调、绿色、开放、共享发展理念为引领，以建设"国家地学旅游中心旅游目的地城市"为核心，以地层剖面、古生物化石、岩土体地貌和水体地貌资源整合、生态文化与全域旅游融合为路径，以州、县(市、区)为责任主体，推进生态文化旅游目的地的品牌建设。

2. 突出生态文化的引领作用，整合地质遗迹资源，凝练生态文化特色，展示民族区域魅力，增强生态文化旅游目的地品牌的文化内涵和独有特质。形成品牌的核心吸引力突出，古生物化石资源集中，生态文化产品知名度高，对目的地品牌具有支撑作用，对周边具有较强的辐射和带动作用。

3. 坚持全域旅游发展理念，整合全州代表性的生态文化资源，将"生态文化旅游目的地"品牌建设成为国内有地位，国际有影响的地学旅游新高地。

参考文献

[1]盛夏.中国古生物化石保护初步研究[D].沈阳:沈阳师范大学 2016.

[2]王敏,孙文燕.地质遗迹保护利用模式初探[J].地质论评,2017,63(S):375-377.

[3]李丙霞,沈诚.贵州省地质遗迹资源特征及保护[J].地质学刊,2011,35(2):210-214.

[4]李丙霞,胡屿.黔东南地质遗迹资源评价[J].城市地质,2015,10(2):48-51.

[5]孙萌."一带一路"地学旅游示范带的构想[C].2015,河南永城:中国地质学会旅游地学与地质公园研究分会第 30 届年会暨芒砀山地质公园建设与地质旅游发展研讨会.

[6]潘辉,徐恒,王燕玲.关于大武夷旅游圈发展生态旅游的对策建议[J].福建林业,2017(1):19-21.

贵州省赤水市长寿文化初步探讨

一、寿文化形成与演变

寿文化是中国传统文化的重要组成部分，是中国文化之根。古往今来，无数中华儿女敬畏生命，追求长寿。寿文化也同其他文化一样，经历了萌芽、发展、鼎盛、传承的各个阶段，呈现出历史悠久、内涵丰富、形态多样、影响深远的整体特征。

（一）"寿"文化构成

1. "寿"文化是中华民族传统文化的重要组成部分，它既可以一种可感知的符号化、物质化存在，又以一种精神性、智力化的形式存在[1]。

2. "寿"文化是人类实践的产物，是人的意识形态，生活方式及精神的物化产品的总和。而寿文化是指能延缓生命衰老的人的实践的总和，寿文化作为文化大系的一脉，一直与我们的传统文化相生相伴，共存共荣，并渗透在人类社会的各个领域。

（二）"寿"文化的精神内涵

"寿"是人类跨越阶级、地域皆所追求向往，长寿文化是历史发展与积淀下的必然结果，它涵盖了祈寿、养生的行为方式和长寿符号元素下诞生的产物。

1. 在中国传统天命观与人本位作用下产生的一种精神追求，这种精神追求直接影响了人的心态和行为方式。在心态上，追求"仁者，寿"，间接诱发了行为方式，即为生命的延续做努力的方法，形成中国人特有的养生之道。

2. "寿"是在封建家族宗法性社会"孝悌""敬老"思想环境下诞生的具有仪式感的民俗。

3. "寿"是与寿息息相关的艺术体现与美化的产物，这些产物自古作为寿礼而存在。

（三）"寿"文化发展阶段

学界对于寿文化的研究已有较为丰硕的成果，但并没有按照历史主线，从整体上把握寿文化的基本内涵，没有将各个朝代的寿庆习俗进行串联对比，分析出各个朝代的鲜明特点。

1. 寿文化萌芽阶段

文字是历史的活化石，"寿"字最早出现在商周之前的古陶器上，正式使用是从商代开始，到周代大量出现在青铜礼器上。这些文字的出现，表明早在殷商时期乃至在此之前，中国人就已经出现了长寿的观念。商周时期，中国人就已明确形成了以长寿为五福之首的认识。"五福寿为先"的思想在先秦时代已经潜移默化成为一种普遍的心态。

2. 寿文化初步形成阶段

春秋战国时期，百家争鸣，百花齐放。这种局面为寿文化的形成奠定了基础，是中国寿文化一次伟大转型。人们追求长寿由依赖虚无缥缈的天地神灵，转移到人自己身上，最大限度地体现了"以人为木"的理念。其中最典型的是以孔子为代表的儒家学派和以庄子为代表的道家学说，这个时期我国上层统治集团出现了以"上酒献寿"为原始形态的祝寿活动，把中国的寿文化从神秘主义泥潭带进了科学的轨道。

注：本文创作于2018年。

3. 寿文化发展阶段

随着寿文化的逐渐形成与推广,它所承载的统治思想和人本思想被越来越多的人所认可,"仁寿"作为儒家思想的重要组成部分也受到统治者的重视。

(1)社会风俗方面:尊老敬老传统习俗形成

当知识经验在生活和生产中的作用越来越重要时,尊老和敬老被越来越多人们所认同。秦汉时期,各级官府于中秋时节举行敬老活动,向治内的老人赐杖、赐饼等。这种敬老传统,对中国文化产生了极为广泛的影响。高寿者受到国君和各级官员的如此厚待,因此,人人祈寿祝寿的心态蔚然成风。

(2)政策法令方面:规定民间必须养老敬老

汉成帝时期颁布的《王杖诏书令》是我国现存最早的敬老法令,法令规定:凡年满70岁的老人,朝廷授予"王杖",持有王杖的老人可以享受种种特殊的权利,连同自己的家人也可以享受特权。一是在全社会形成了敬老养老的醇厚风气;二是促进了这一时期寿文化的良好发展。

(3)医学养生方面:养生学快速发展

秦汉时期的寿文化是对人本寿文化的深化、丰富和发展。《黄帝内经》《神农本草经》等中医药书籍的出现标志着人们对健康养生的重视,更是融入到了百姓生活的点点滴滴。祈寿祝寿已经成为一种社会心态,大大地促进了寿文化的发展,同时寿文化的发展也丰富了中国传统文化的内容,更是对治己、治家、治天下起到了重要的作用。

4. 寿文化充分发展阶段

唐朝是中国封建社会发展的高峰。伴随着对外交往的活跃及政治经济的快速发展,寿文化在唐朝得到了充分的发展。

(1)皇帝寿辰庆贺的礼仪受到重视

从唐代开始,皇帝对待寿诞的态度发生了根本的变化,由哀悼变为欢庆,这与唐代实行高度的对外开放密不可分。唐代开始的帝王生日彻底从哀悼变为欢庆,对内举国同庆,对外不纳朝贡。

(2)寿文化逐渐蕴于文学作品之中

唐代社会高度的对外开放,使得文学作品的发展更具有创新性。唐诗的繁荣、祈寿、祝寿之风的盛行及敬老养老的良好道德风尚,逐渐产生了中国社会独有的一种文学形式——寿联和寿诗,大大加快了寿诗的创作高潮。

(3)极力提倡尊老敬老,禁止父子分居

累代共爨这一典型的家庭结构在我国已存在很久,但是到了唐朝时期越来越受到统治者的重视,逐渐形成了我国特有的父子兄弟同财共居、几世同堂的大家族模式。累代共爨成为多数人追求的一种人生理想,敬老养老的社会风气也愈见浓厚。

5. 寿文化鼎盛阶段

从唐末到宋,经历了五代十国的长期动乱,旧的社会制度被打破,建立了新的高度中央集权制度。这一时期,由于五代十国期间遗留下的少数民族带来的异域文明与汉族儒家敬老尊老的思想相融合,使得寿庆习俗蓬勃发展。

(1)庆寿习俗的普遍化与大众化

帝王欢庆寿辰唐时初兴,到了宋朝臻于完善,过寿的人群范围由天子扩大至宰相,突破了君臣天壤之别。一是庆寿方式内容异于前朝,物质方面的寿礼逐渐被众人接受,越来越多的人不拘泥于寿诗这样的精神层次的礼物,越来越多的人开始赠送金银珠宝、酒果书画等;二是妇女也成为祝寿的对象,到了北宋中后期为妇女过寿的习俗已发展至民间。

(2)出现了以老人为中心的福利机构和组织,全社会尊老爱老

宋朝为加强对老年人的关照和优待以及对孤寡老人的救助,建立了福田院、居养院等福利救助机构和专门的老年人社会组织,组织老年人聚集游玩,健身逗乐。福利机构与社会组织的出现很大程度上给老年人带去了关照与帮助,从公益性质方面迈出了实质性的一步。

6. 寿文化传承创新阶段

明清时期,寿文化的内涵在帝王寿庆、庆寿习俗以及寿诗寿联等方面都得到了更加充分的发展,其中最为显著的创新是养生文化的发展和传播,宗教寿文化大行其道。一是中国的养生文化得到飞速发展和传播,理论著作水平进一步提高;二是明、清时期是我国瓷器发展史上的极盛时期。彩瓷得到巨大的发展,彩釉品种丰富多彩,器物造型繁多奇巧,图案纹饰精美流畅,寿文化装饰成为主流。

从寿文化的起源到形成过程,历朝历代都带有自己的时代印记。千百年来,人们把对"寿"的朴素期望与崇拜敬仰注入社会生活的每一个角落,"寿"成了生命力的象征。在不断寻求和发展寿文化的同时,也大大加快了文学、养生、医学、宗教文化的发展,推动了历史的进程,对中华文化具有重要意义[2]。

二、长寿文化价值与功能

我国的长寿文化经过了五千年风雨的洗礼,不仅没有在历史的长河中消散,反倒随着时代的变迁和后人的完善,正日益壮大起来。长寿文化以对生命的尊重为基础,以养生文化为依托,融合中国古典哲学、中华养生医学及中华民族传统伦理道德,集宗教、哲学、医学、饮食等多种文化元素为一体的自然科学和社会科学交叉的产物[3]。

（一）长寿文化内涵

长寿文化是以中国古代的天、地、生、文、史、哲为深厚底蕴,以中医药文化和养生文化理论为坚实基础,集各地各族人民养生智慧为一体,融会道、儒、释及历代养生家、医学家的养生体验和研究成果,形成的有关健康长寿研究的理论和实践体系。

1. 长寿文化的对象是人的健康与长寿。它汇集了我国历代劳动人民防病健身的众多方法,融合了儒、道、佛及诸子百家的思想精华,并将人体的保养和健康纳入社会、经济、政治、哲学乃至艺术等多层面进行综合考察。长寿文化既有自然科学的属性,也有社会科学的属性,是自然科学和社会科学共同的产物。

2. 长寿文化的自然科学属性主要体现在以人为研究中心,着重研究人体的运动、变化和发展的规律及预防疾病、防治衰老的具体方法。

3. 长寿文化以保障人的健康和长寿为目标,期望通过让人保持健康的生活方式来达到使其修身、养性的双重目标。

(1)对科学的养生方式进行探索和经验总结。

(2)对亚健康人群的生活方式进行矫正和规范。

(3)预先处理可能导致人发病的隐患,祛除潜伏于其体内外的危险因素。

4. 长寿文化与养生文化一样,也是一个开放、包容和与时俱进的文化体系。在当今全球化迅速发展的时代,人们的生活水平迅速提高,但生活中存在的紧张感和压力感越来越大,对长寿文化的需求也越来越迫切。

5. 长寿文化之所以受到人们的青睐,除了其能够顺应时代的变迁和我国居民生活水平迅

速提高的客观形势之外,另一个重要的因素就在于其能够满足新时代条件下人们对养生和健康生活的诉求,坚持与时俱进,进而能够将古代养生文化的精髓与现代养生文化有机结合起来。

(二)长寿文化特征

2016年5月17日习近平在哲学社会科学工作座谈会上强调:"要围绕我国和世界发展面临的重大问题,着力提出能够体现中国立场、中国智慧、中国价值的理念、主张、方案。我们不仅要让世界知道'舌尖上的中国',还要让世界知道'长寿'中的中国、'美丽中国''健康中国'和'幸福中国'"。

1. 长寿文化既是一个内涵丰富的整体,又呈现出多样性,是一种独立的文化体系。人类只是生物圈中的一部分,自然环境中还存在着其他的生物物种,根据民族不同、地域不同、环境发展的不同,长寿文化体系也在风格上也会呈现出多样性。

2. 长寿文化是一种和谐性与可持续性相统一的文化。它强调了人与自然的关系,人类应该与大自然友好相处、协调发展,其主旨是从长远角度去看待人与自然的关系,使人类真正实现长寿发展[4]。

3. 长寿文化是一个"建立符合生态学与健康、幸福原理的价值观念、思维模式、经济法则、生活方式和管理体系"的"人化"过程,同时又是一个引导人们"改变以往那些不良观念,以长寿的思维和方式来认识世界、观察世界"的"化人"的过程。

4. 长寿文化不能仅成为传统文化观念的摹本,要体现中华民族文化的"根""基因"和"种子"。自觉地理解、解读、发掘中华民族传统长寿文化,维护长寿文化基本元素,挖掘和阐发长寿文化的思想价值和现代意义。

5. 合理把握长寿文化的共性和个性的辩证关系,使长寿文化既富有中国特色又永葆生机。长寿文化的发展,必须面向世界,面向时代,面向未来。一是必须遵守长寿的秩序与准则;二是必须继承长寿文化传统,体现传统文化个性。

6. 长寿文化既要坚持地方特色,又能"通天下之志""观乎人文以化成天下",即有能力和魅力通达并影响人类的共同价值追求,为健康、幸福做出应有的贡献。要深度揭示长寿文化的魅力、优势及其普遍性意义[5]。

(三)长寿成因分析

长寿成因研究目前仍处于起步阶段,其研究点也较为分散,涉及多学科,地理学、地质学、土壤学、生命科学、医学、人文科学的相关学者都从各自视角开展过研究工作,研究内容包括长寿人口学、长寿特征调查、长寿文化与产业研究、长寿自然环境研究、长寿基因研究等方面。一是遗传因子与长寿基因研究;二是自然环境与长寿的关系研究;三是性格习惯及文化对长寿的影响研究;四是自然与人文因素与长寿的关系研究[6]。

随着国内长寿经济的兴起,赤水已经成为国内乃至国际上颇具影响力的长寿养生旅游目的地。为破解长寿之谜,科学界、医学界的众多专家分别从遗传因素、自然环境、社会环境、生活方式与生活习惯等方面去加以研究,得到的结论也不尽相同,没有形成统一共识。世界卫生组织研究报告显示,影响人类健康长寿的主要有五大因素:包括遗传因素、自然环境、社会状况、医疗条件、生活方式。我们认为,赤水之所以成为中国长寿之乡,除了得益于赤水得天独厚的生态条件和地理环境之外,还与赤水人世代相传的社会文化生态和生活方式密切相关。

1. 孝亲敬老是长寿的文化基因

从长寿机理来看,人一旦步入老年之后,随着劳动能力的逐渐丧失,由一个物质财富的创造者逐步变成了纯粹的消费者,其社会地位和家庭地位都在不断下降,其身心状态与青壮年时期相比会出现巨大的反差。只有子孙孝顺,对老人给予体贴入微的照顾,才能使老人保持舒畅的心情,延年益寿。赤水人把孝亲敬老作为善美家风的首要内容来抓,经过一代又一代的言传身教,形成了一种良好的社会风气。

(1)按当地习俗给老人庆生祝寿,每个家庭成员内心既是庄重严肃的又是开心快乐的,对于整个家族都具有仪式感、神圣感和使命感。

(2)孝亲敬老的家风教育具有广泛性与全员性,甚至到场来参加祝寿仪式的所有人都是受教育的对象。

(3)孝亲敬老既有正面的引导功能,又有反面的警示作用。

(4)孝亲敬老家庭成员在一种相互平等的氛围中接受精神洗礼。

2. 敬畏自然、环境友好是长寿的自然生态

良好的自然生态和环境友好是养育长寿生命的沃土,赤水人的长寿与他们长期以来形成的敬畏自然的生态伦理密切相关

(1)从生态伦理学的视角上看,生命是自然的最高表现形式,对生命予以尊重是人类伦理的基本准则。赤水人的长寿内涵充分体现了敬畏自然、珍惜生命的生态伦理。

(2)环境质量的提高和改善是赤水人长寿的一个重要因素,赤水所倡导的人与自然和谐相处的理念,是对中国传统文化所倡导的天人合一、道法自然地诠释。

3. 家庭和睦、邻里和谐是长寿的社会生态

(1)人要健康长寿,情志调畅是一个重要条件,和睦的家庭氛围、和谐的人际关系有利于人们保持愉悦的心情及平和的心态。互帮互助抱团取暖这是赤水人长期以来形成的社会习俗。

(2)国内外有关专家提出人际关系是健康长寿的首要因素,认为好的人际关系能保证人格健康,同时影响情绪和全身器官,并决定生理健康。赤水长寿文化所体现的是人与人之间、家庭与家庭之间的和谐融洽的社会氛围。

4. 勤俭朴素、乐观开朗是长寿的精神生态

(1)长寿是精神养生,强调的是通过净化人的精神世界、节制贪欲、调节情绪,使人的心态平和、乐观、开朗、豁达,从而达到心身健康、延年益寿的目的。

(2)赤水人健康长寿理念认为精神境界的自我提升是关键,它已经成为一种生活方式,更是一种生活态度,可以体现在日常生活中的诸多方面。物质生活要有节制,要多做善事,终身勤勉,躬耕劳作,日常起居要干净素雅等。

5. 坚持身体锻炼是长寿的持续动力

依靠人体自身的能力,通过姿势的调整,呼吸的锻炼,意念的运用,来调节和增强人体各部分机能,起到防病、治病、益智、延年的作用。

世界卫生组织提出了 21 世纪的健康标准,健康包括躯体健康、心理健康、社会适应良好和道德健康。赤水人坚持锻炼、勇于挑战、乐观开朗的性格,是赤水长寿的持续动力[7]。

6. 坚持长寿老年人优待政策是长寿的社会动力

老龄事业全面发展,老年人生活无忧。一是提供政策补助优待;二是提供医疗保健优待;三是提供生活服务优待;四是提供文体休闲优待。

7. 特色资源和合理的饮食结构是长寿的优化动力

赤水山川秀丽、景色宜人,而且物产丰富。得天独厚的自然资源,孕育了大量优质天然的长寿食品。特别是绿色有机食品与科学合理的饮食结构促进了民众的健康长寿,这是赤水长寿文化形成的主要原因。

8. 人与自然和谐,环境友好是长寿的基本动力

赤水人重视森林资源的保护,生态与环境保持良好。一是空气质量常年优于国家二级标准;二是地表水质量优于国家三级标准,饮用水源水质达标率100%;三是森林覆盖率82.85%居于全国领先水平,先后获得国家生态示范区、国家生态市、中国十佳绿色城市称号。

9. 社会和谐、人民幸福是长寿的重要动力

赤水社会和谐,民风淳朴,民间文化活动丰富多彩,这些日常娱乐活动,既愉悦了身心,又丰富了生活,还强健了体魄。县委、县政府高度重视群众的身心健康和丰富群众精神文化生活,深入推进全民健身活动,高度重视广场等公共设施建设,为老年人锻炼身体、丰富精神生活创造了条件,促进了长寿文化的形成。

10. 家族遗传基因和个人因素是长寿的基本条件

长寿是人类与生俱来的追求,"长生不老"的梦想,几乎与人类文明历史一样久远。赤水的长寿文化有其自己的特点,这就是古朴、凝重,既注重理念的作用,又注重实践的功效,源远流长,多姿多彩。赤水的长寿老人所在家族大都有着良好的长寿遗传基因,直系亲属中,父辈、祖父辈大多高寿,同辈的兄弟姐妹也多是高寿。家里子孙孝顺,对老人的生活关怀备至。老人心态平和,仁慈宽厚,与世无争,受到家庭、邻里的广泛尊敬和爱戴[8]。

(四)长寿文化价值

长寿文化追求的核心价值理念是人的健康与长寿。但是,健康和长寿问题在人类社会中从来就不单单是人体本身的问题,而是与人们所处的社会生活及自然环境有着千丝万缕的联系。从理论上说,构成长寿文化的核心价值体系:长寿文化关注的是人体"形"与"神"的调养,强调人的修身养性要与无为而治、治国安邦的政治诉求和安定的社会环境相结合。

1. 形神兼顾,重在养神。

2. 虚静养神,开发潜能。

3. 顺应自然,无为而治。

4. 修身养性,治国安邦。

5. 因地制宜,性命双修。

(五)长寿文化功能

随着经济和社会的发展、医疗技术的持续改善以及人们健康意识的不断提高,预期寿命的延长成为全世界的一个普遍现象。在享受长寿带来的好处的同时,个人和社会也需要认真思考长寿所引发的经济资源如何合理调整和配置,这种资源的调整与配置会产生一系列的宏观经济效应。

1. 生命周期延长使人们面临更长的老年期,养老资源可能存在不足的风险。

2. 寿命延长也意味着个人接受教育的年限可以延长,从而享受未来人力资本投资的高收益,将会改变家庭和个人的教育投资行为,从而影响人力资本积累。

3. 长寿风险的冲击影响我国养老保障体系的收支平衡,将给政府带来沉重的财政负担。

4. 如何通过合理的制度设计,既解决政府的偿付困境,又促进经济增长,也是一个需要深入思考的问题。

5. 预期寿命、长寿风险与储蓄。预期寿命延长会使得个人面临老年期无法维持消费水平的风险,为应对这一风险,如何增加自己的储蓄。

6. 寿命延长、社会保障制度与储蓄。在社会保障制度不完善的情况下,长寿风险可以通过影响理性行为人的生命周期决策来影响储蓄与物质资本积累。

7. 寿命延长、代际联系与储蓄。在应对预期寿命延长带来的风险时,不应该只关注长寿风险对个人储蓄行为的影响,还应该考虑代际交易行为。

8. 寿命延长、人口年龄结构转变与储蓄。伴随着预期寿命的延长,经济体中人口的年龄结构也在发生变化,这也会对储蓄产生影响[9]。

(六)长寿文化现代价值

赤水市长寿文化有着深厚的长寿文化积淀,一是立地条件下的居住文化;二是健康养生的绿色饮食文化;三是和谐融洽的乡村社会文化;四是环境友好的绿色生态文化。挖掘赤水当代长寿文化的经济价值、政治价值、社会价值和生态价值具有重要意义。

1. 现代经济价值

(1)弘扬赤水长寿文化构筑长寿经济,促进长寿农业和长寿工业融合发展,有利于"新六"(新能源、新装备、新材料、新农业、新旅游、新电商)产业逐步形成。

(2)弘扬赤水长寿文化可以提升长寿旅游经济发展水平。通过挖掘长寿旅游景区(点)和康养综合体,形成长寿旅游精品线路,促进新型旅游经济发展。

(3)弘扬赤水长寿文化可以推进城镇化和乡村振兴建设,促进经济聚集发展。对于推动赤水生态宜居城市建设,形成人口、资源、财富的聚集效应,有序地推进长寿镇村建设。

2. 现代政治价值

(1)利用长寿文化对意识形态的促进作用,对内培养政治认同感,这就要求赤水城乡两级政府与民众形成共同的长寿发展愿景,凝聚各方力量,共同完成这一使命。

(2)利用长寿文化的传播,对外树立良好政治形象,以达到政治营销的目的。营造一个风清气正、社会和谐、人民健康长寿的政治生态环境,增强县域文化软实力。

3. 现代社会价值

(1)弘扬赤水长寿文化与社会主义核心价值观有很多契合之处,针对社会主流价值观有所弱化的现实,是践行社会主义核心价值观的有效抓手,可以正本清源,使社会主流价值观回归正途。

(2)利用长寿文化的传播,培育人们对长寿的愿望和精神追求,可以有效地促进社会和谐,从而达到安居乐业、稳定社会和繁荣经济的目的。

(3)弘扬长寿文化可以促进赤水社会各领域平衡,不仅是平衡各种矛盾的需要,而且可以影响社会生活质量,带来社会的动态平衡。

(4)长寿文化可以帮助赤水人建立起强大的自信,以更自信的心态投入到长寿经济、富民强县与全面建设小康社会中去。

4. 现代生态价值

(1)弘扬长寿文化有利于贯彻落实"两山理论"实践创新的价值理念。这种价值理念,与创新、协调、绿色、开放、共享五大发展理念是相契合的,这为建设"美丽赤水、健康赤水、幸福赤水"提供了动力。

（2）弘扬长寿文化有利于平衡环境与发展之间的关系,赤水在人与自然之间的实践中表现出一种非凡的平衡感:一是从生态环境中获取生活资料,满足了人的消费需要;二是全力维护人地关系和谐,保护与利用的协调。

（3）弘扬长寿文化有利于从整体上把握生态发展。赤水人始终对自然界怀着一种敬畏的心理,形成了生态、生产和生活"三生"空间的优化,维护了整个生态系统的健康运营。

（七）长寿文化实践创新

21世纪,人们越来越热衷于追求健康长寿、修身养性的生活方式,这是养生文化得以不断繁荣发展的内在推动力量。长寿文化是中华民族传统文化宝库中的宝石。历经几千年的传承和发展,它们已经形成了较完整的文化体系,在保证人的生命和健康方面发挥着重要的作用[10]。

1. 明确长寿发展新方向

中国人口老龄化,或者说老龄中国的到来,是中国发展历史上从未遇到过的一个新课题,由于中国的中老年人口增长已经达到了空前的规模,在这种形势下,时代赋予了长寿发展新的历史使命,从本质上讲,长寿发展是关于人的生命规律的文化研究,更多的是一种文化追求,是一种生活态度,是一种生活模式和健康方式。

2. 树立长寿发展新目标

要有新目标,应有新思路、新作为,要深刻领会习总书记提出的卫生事业要从以治病为中心,向全民健康为中心转移的要求。从逻辑学的角度讲,长寿发展是关于健康的最大的总概念,包括医疗学和营养学、养生学、保健学、运动学等,都属于长寿发展的范畴。

3. 推进长寿发展新研究

长寿发展是中华民族的传统美德,是正能量,是大家的共同愿望。老龄事业越发达,中国的人口结构质量负担就越重,国家的综合竞争力将受到影响,年轻人的压力就越来越大。这是长寿发展中老龄事业最新的研究课题,这就决定了长寿发展必须走创新之路。

（1）长寿发展必须促进智能产业的发展,用科技进步和高新技术提高智能化产品在国内外的竞争力。

（2）长寿发展要促进社会文明和生态文明的发展,提高文明发展的质量和水平,用高文明高智能高效益来弥补高老龄。

（3）长寿发展必须探讨与社会发展实现多赢共赢的路子,而不是单赢和相互对立以及增加社会发展压力。

4. 促进长寿发展新融合

长寿发展要着力促进医养融合,运养融合,养教融合,文养融合,养产融合和军民养老融合。着力进行社会资源的整合,形成新的社会发展长寿事业的内生活力和内生动力[11]。

5. 构建长寿发展新体系

（1）构建长寿医疗和养老新体系,寓养于医和医养结合;

（2）构建现代养生运动学体系,推广精准健康养生保健运动;

（3）构建长寿发展义务教育和高等教育体系;

（4）构建智能养生养老产业体系,实现养老产业新旧动能转换;

（5）构建军队和地方养老资源的整合融合;

（6）构建研究和推介新的健康养生文化产品。

三、全面振兴赤水市长寿文化

2017 年，中共中央办公厅、国务院办公厅印发了《关于实施中华优秀传统文化传承发展工程的意见》(以下简称《意见》)。实施中华优秀传统文化传承发展工程，是建设社会主义文化强国的重大战略任务，对于传承中华文脉、全面提升人民群众文化素养、维护国家文化安全、增强国家文化软实力、推进国家治理体系和治理能力现代化，具有重要意义。

（一）文化内涵解读

文化，自古以来就是一个国家一个民族一个时代的脊梁，而优秀的传统文化则是这个脊梁的精华。这对于任何一个有活力有理想有追求有创新有担当的民族、国家、时代来说，永远是其生命的依托、精神的支撑、创新的源泉、存续的经络、赓延的血脉、发展的动力。

文化不仅会作用于人的思想意识、精神信仰、道德情操，乃至完善人格、塑造灵魂，并以其厚重的积淀性和坚韧的连续性，顽强地储存于民族传统和时代精神之中，并塑造一个时代的形象，规定一个时代的范式，铸冶一个时代的风华，标志一个时代的文明程度和发展方向[12]。

（二）长寿文化诠释

我国当前社会正大步迈向全面小康，实现中华民族伟大复兴的中国梦，就要满足人民群众日益增长的美好生活需求，对健康长寿的追求更是渗透于中华民族的血脉之中，令中华儿女数千年来追寻不懈。通过养生而却病延寿、尽享天年，达到"百岁而动作不衰"，并在此过程中发展出了博大精深的养生体系。而健康长寿乃至全民健康，就是人民美好生活一大需求和指标。

对健康长寿的追求发展出内容丰富、体系健全的养生体系。实际上，中国从夏商至秦汉，历唐宋元明清，"人命至重，有贵千金"之重生思想深植人心；"君王众庶，尽欲全形"之长寿追求渗透血脉；"养怡之福，可得永年"之摄生行为贯穿始终。养生为中华民族的繁衍昌盛和中国人的健康长寿做出了不朽贡献。

（三）赤水市长寿文化振兴总体思路

长寿文化是赤水的血脉，是赤水人的精神家园。其理念、智慧、气度、神韵，增添了赤水人的自信和自豪。这是赤水长寿文化自信最基本、最深层、最持久的力量。坚持以人民为中心的工作导向；坚持创造性转化和创新性发展；坚持交流互鉴、开放包容；坚持统筹协调、形成合力。

长寿文化重要意义和总体要求：

1. 重要意义

赤水长寿文化源远流长、灿烂辉煌，积淀着赤水最深沉的精神追求，代表着赤水独特的精神标识，是其生生不息、发展壮大的丰厚滋养，是赤水重要文化沃土，是现代赤水发展的突出优势，对推进国际健康养生旅游目的地城市，促进健康幸福发展发挥着重要作用。

2. 指导思想

深入贯彻习近平总书记系列重要讲话精神和治国理政新理念新思想新战略，紧紧围绕实现中华民族伟大复兴的中国梦，深入贯彻新发展理念，坚持以人民为中心的工作导向，坚持以社会主义核心价值观为引领，坚持长寿文化创造性转化、创新性发展，坚守赤水长寿文化立场、传承赤水长寿文化基因，不忘本来、吸收外来和面向未来。

3. 基本原则

（1）坚持把握传统文化复兴作为前进方向。坚持赤水特色长寿文化发展道路，立足长寿文化意识形态领域的指导地位，弘扬社会主义核心价值观，解决长寿发展现实问题、助推区域社会发展。

(2)坚持以人民对美好生活向往为中心的工作导向。注重长寿文化熏陶和实践养成,把长寿思想理念、长寿价值标准及长寿审美风范转化为人们的精神追求,增强长寿文化参与感、获得感和认同感。

(3)坚持长寿文化创造性转化和创新性发展。秉持客观、科学、礼敬的态度,取其精华,扬弃继承、转化创新,赋予新时代长寿内涵和现代表达形式,使长寿文化与当代文化相适应、与现代社会相协调。

(4)坚持长寿文化交流互鉴和开放包容。以我为主、为我所用,取长补短、择善而从,既不简单拿来,也不盲目排外,吸收借鉴国内外长寿文化成果,参与世界长寿文化交流,不断丰富和发展赤水文化。

(5)坚持长寿文化统筹协调和形成合力。充分发挥政府主导作用和市场积极作用,鼓励和引导社会力量广泛参与长寿文化的保护与利用,推动形成有利于传承发展长寿文化的体制机制和社会环境。

4. 发展战略

(1)坚定不移推动赤水市长寿文化全地域统筹的"发展观"

长寿文化具有遗产性、文化性和生态性等多重特征,应树立全要素保护的"资源观"、全内涵彰显的"文化观"、全需求兼顾的"价值观"、全产业创新的"发展观"和全管理支撑的"保障观",通过五大战略构建赤水市长寿文化保护与利用全域模式。

(2)坚定不移确立赤水市长寿文化全要素保护的"资源观"

重塑长寿文化的生态系统。一是全面发掘、普查赤水市长寿文化遗产资源,对其进行重点保护;二是从全市域整体地域格局的视角,对长寿文化资源进行体系性保护与开发。

(3)坚定不移确立赤水市长寿文化全内涵挖掘的"文化观"

重塑赤水市长寿文化的人文系统。一是立足"人地和谐",追求长寿精神的重塑和发扬,融入"五个"发展的时代内涵;二是采用静态展示、动态演绎和深度互动的方式彰显长寿文化资源内涵。

(4)坚定不移确立赤水市长寿文化全需求兼顾的"价值观"

拓展长寿文化的功能系统,全面拓展长寿文化的生态功能、遗产功能和建设功能,在确保延续历史、传承文脉的同时,持续促进区域经济社会发展和长寿发展建设。

(5)坚定不移确立赤水市长寿文化全产业创新的"发展观"

创新长寿文化的产业系统。提炼长寿文化的文化符号,推进"长寿文化＋"战略,形成长寿文化＋旅游、＋农业、＋康养、＋工业、＋创意等产业聚变,为赤水市长寿文化传承发展提供不竭动力。

(6)坚定不移确立赤水市长寿文化全管理运行的"保障观"

构建长寿文化的管理系统。长寿文化的保护利用需要专管部门、专项基金和专业人才支撑。创新协同管理机制、创新经费保障机制、设立赤水市长寿发展办公室和长寿文化专项发展基金和创新人才培养机制。

5. 总体目标

到2025年,赤水市长寿文化传承发展体系基本形成,研究阐发、教育普及、保护传承、创新发展、传播交流等方面协同推进并取得重要成果,具有赤水特色、赤水风格、赤水气派的长寿文化产品更加丰富,文化自觉和文化自信显著增强,文化软实力的根基更为坚实,长寿文化的国际影响力明显提升。

（四）长寿文化建设主要内容

1. 长寿文化核心思想理念

绿水青山使赤水人每天都能得到最清纯的滋养,体现了"道法自然"的生存原则;多动的生活状态,增强了赤水人的体魄,也证明着"流水不腐"的规律;家睦人和的生活态度,恰恰是"致中和"思想的鲜活体现。这些是赤水人长寿的文化原因,也是赤水市成为"中国长寿文化之乡"的根本所在[13]。

以革故鼎新、与时俱进的思想;以脚踏实地、实事求是的思想;以惠民利民、安民富民的思想;以道法自然、天人合一的生态思想等,推进赤水长寿经济发展,弘扬讲仁爱、重民本、守诚信、崇正义、尚和合、求大同等核心思想理念。

2. 长寿与中华传统美德

长寿文化与中华优秀传统文化一样蕴含着丰富的道德理念和规范,包括担当意识,爱国情怀,崇德向善、见贤思齐的社会风尚,孝悌忠信、礼义廉耻的荣辱观念,体现着评判是非曲直的价值标准,潜移默化地影响人的行为方式。传承发展长寿传统文化,弘扬自强不息、敬业乐群、扶危济困、见义勇为、孝老爱亲等中华传统美德。

3. 长寿与中华人文精神

长寿文化与中华优秀传统文化一样积淀着多样、珍贵的精神财富,包括求同存异、和而不同、文以载道、形神兼备、情景交融的美学追求,俭约自守、中和泰和的生活理念等,是长寿思想观念、风俗习惯、生活方式、情感样式的集中表达,至今依然具有深刻影响。传承赤水长寿文化,有利于促进社会和谐。

（五）长寿文化振兴的重要任务

1949 年之前,我国人均预期寿命只有 35 岁,2010 年达到 74.83 岁,而到了 2015 年,人均预期寿命已达到 76.34 岁。对于未来,我国还提出了"健康中国"战略,国务院发布的《"健康中国 2030"规划纲要》指出:"实现国民健康长寿,是国家富强、民族振兴的重要标志,也是全国各族人民的共同愿望。"这是对中国梦与健康梦关系的最佳注脚。

1. 把长寿文化贯穿国民教育始终

把长寿文化全方位融入思想道德教育、文化知识教育、艺术体育教育、社会实践教育各环节。构建长寿文化课程和教材体系,编写赤水长寿文化幼儿读物,开展"少年传承长寿文化传统美德"系列教育活动,加强长寿文化相关学科建设,重视保护和发展具有重要文化价值和传承意义的中医药文化、养生文化。

2. 精准阐发长寿文化精髓

强化长寿文化研究阐释工作,深入研究阐释赤水长寿文化的历史渊源、发展脉络、基本走向,阐明长寿文化是发展当代文化的丰厚滋养,是传承发展中华优秀传统文化的实践之需,是阐明丰富多彩的赤水文化的基本构成,是阐明长寿文化与中医药文化、养生文化不断交流互鉴中发展的,着力构建赤水底蕴、赤水特色、长寿文化思想体系和话语体系。巩固长寿文化探源成果,实施长寿文化资源普查工程,构建准确权威、开放共享的赤水长寿文化资源公共数据平台。

3. 保护传承长寿文化遗产

坚持保护为主、抢救第一、合理利用、加强管理的方针,做好长寿文化保护工作,加强新型城镇化和新农村建设中的文物保护。加强历史文化与长寿文化名镇名村、长寿村和村镇特色风貌管理,实施赤水传统长寿村落保护工程,推动长寿文化的整理研究和保护传承。

4. 推动长寿文化中外交流

加强赤水长寿文化对外文化交流合作,创新人文交流方式,丰富文化交流内容,不断提高文化交流水平。支持中医药、健康养生、长寿美食、长寿节庆等代表性项目走出去。加强对外长寿文化交流合作,鼓励发展对外长寿文化贸易,让更多体现赤水长寿文化特色、具有较强竞争力的长寿文化产品走向国际市场。

5. 支持长寿文艺创作

从赤水长寿文化资源宝库中提炼题材、获取灵感、汲取养分,把其有益思想、艺术价值与时代特点和要求相结合,运用丰富多样的艺术形式进行当代表达,推出系列底蕴深厚、滋养人心的优秀文艺作品。

6. 把长寿融入生产生活

注重实践与养成、需求与供给、形式与内容相结合,把赤水长寿文化内涵融入生产生活。深入挖掘城乡历史与长寿文化价值,凝练精选若干凸显长寿文化特色的经典性元素和标志性符号,纳入城乡建设。

(1)实施长寿村镇文化建设,发掘和保护一批处处有历史、步步有文化的小镇和村庄。用中华优秀传统文化的精髓涵养企业精神,培育现代企业文化。

(2)实施中华老字号保护发展工程,支持一批文化特色浓、品牌信誉高、有市场竞争力的中华老字号做精做强。

(3)实施长寿文化节日振兴工程,加强对传统历法、节气、生肖和饮食、医药等的研究阐释、活态利用,使其有益的文化价值深度嵌入百姓生活。

(4)利用历史文化资源优势,规划设计推出系列长寿专题研学旅游线路,引导游客在长寿文化旅游中感知长寿文化。推动休闲生活与长寿文化融合发展。

7. 加大长寿文化宣传教育力度

综合运用报纸、书刊、电台、电视台、互联网站等各类载体,融通多媒体资源,统筹宣传、文化、文物等各方力量,创新表达方式,大力彰显长寿文化魅力。

(1)实施长寿文化新媒体传播工程。充分发挥图书馆、文化馆、博物馆、群艺馆、美术馆等公共文化机构在传承发展中华优秀传统文化中的作用。

(2)加强国民礼仪教育。加大对国家重要礼仪的普及教育与宣传力度,在长寿节庆活动中体现仪式感、庄重感、荣誉感,彰显长寿文化的时代价值,树立文明之城、礼仪之邦的良好形象。

(3)研究提出承接传统习俗、符合现代文明要求的社会礼仪、服装服饰、文明用语规范,建立健全各类公共场所和网络公共空间的礼仪、礼节、礼貌规范,推动形成良好言行举止和礼让宽容的社会风尚。

(4)挖掘和整理家训、家书文化,用优良的家风家教培育青少年。挖掘和保护乡土长寿文化资源,建设新乡贤文化,培育和扶持乡村文化骨干,提升乡土文化内涵。

(六)打造赤水"养生福地、长寿天堂"

"长寿天堂"是指最适宜老人颐养天年、青少年健康成长、成年人休养生息和工作的好地方。赤水作为国际长寿旅游目的地城市,具有深厚的长寿文化底蕴,发展养生养老产业具有得天独厚的有利条件,应大力发展长寿经济,将赤水打造成中国最具特色的"长寿天堂"。

1. 推出"养生福地、长寿天堂"

(1)深入挖掘赤水孝道文化

深入挖掘和研究孝道文化,能进一步扩大赤水市的影响,也有利于做大、做强赤水市的养生养老产业。

(2)突出发展养生养老产业

赤水市毗邻贵州习水县,四川合江县、叙永县、重庆江津区等市县,生态与环境条件优良,医药与卫生产业基础较好,特别是借助于重庆这座特大型城市,吸引重庆和周边城市的老年人来这里养生养老。

(3)与赤水河和习水河流域联手打造"长寿天堂、养生福地"

赤水市可以和习水县、四川合江县、叙永县首先联动起来,共同推动赤水河流域和习水河流域养生养老产业的"养生福地"品牌和"长寿天堂"的文化旅游品牌。

(4)重视长寿养生食品,推出长寿养生美食城

赤水市在发展养生养老产业时,应该重视长寿养生食品、国酒品鉴和药膳的开发,特别是要把长寿养生美食城作为长寿发展的重大项目重点支持。使之成为赤水市长寿发展的一大亮点[14]。

2. 健全组织保障,成立赤水市长寿发展办公室

为了更好地打造赤水"养生福地、长寿天堂"品牌,建议市委、市政府尽快成立长寿发展办公室,其主要职能为:宣传贯彻党和国家老龄工作的方针政策,根据老龄事业发展要求,开展长寿调查研究工作。

(1)编辑出版专业刊物和宣传资料;

(2)参与政府制定有关长寿产业发展的政策,推动长寿产业向规范化、科学化、以人为本方向发展;

(3)组织开展"长寿镇村"评审和管理工作;

(4)参与中国老年学学会组织的有关长寿理论研讨和长寿产业开展活动等;

(5)开展长寿经济、长寿产业和长寿文化开发工作及与长寿发展的交流与沟通[15]。

3. 实施重点突破,推出"中国·赤水国际长寿文化节"

赤水的长寿文化发展取得了可喜的成果,但仍需要进一步提升,特别是应该发挥"中国长寿之乡"的优势,将其与旅游融合发展,增强其知名度与影响力。实施重点突围,推出"中国·赤水国际长寿文化节"。以赤水独特的长寿风俗文化庆祝长寿,歌颂、尊敬生命。让社会大众感受赤水长寿文化的内涵[16]。

(七)长寿文化建设的组织实施与保障条件

1. 加强长寿文化的组织领导

从坚定文化自信、坚持和发展赤水长寿文化复兴的高度,把长寿文化传承发展工作摆上党政重要日程,并把其纳入经济社会发展总体规划,纳入考核评价体系。实施党政群协同推进、有关部门各负其责、全社会共同参与的赤水长寿文化传承发展工作新格局。按照责任分工,制定实施方案,完善工作机制,把长寿文化各项任务落到实处。

2. 加强长寿文化政策保障

注重长寿文化政策措施的系统性、协同性和可操作性,统筹整合现有相关发展政策,支持长寿文化传承发展重点项目。

(1)建立长寿文化传承发展相关领域和部门合作共建机制,完善相关奖励、补贴政策,落实

税收优惠政策,引导和鼓励企业、社会组织或共建相关长寿文化项目。

(2)完善长寿文化传承发展的激励表彰制度,对为赤水长寿文化传承发展和传播交流做出贡献、享有盛誉的专家和企业家按规定授予荣誉或进行表彰奖励。

(3)倡导和鼓励自强不息、敬业乐群、扶正扬善、扶危济困、见义勇为、孝老爱亲等传统美德。

3. 充分调动全社会长寿发展的积极性和创造性

传承发展赤水长寿文化是赤水人的共同责任,坚持全党动手、全社会参与,把长寿文化传承发展的各项任务落实到农村、企业、社区、机关、学校等城乡基层。

(1)各类文化单位机构、各级文化阵地平台,都要担负起守护、传播和弘扬长寿文化的职责。

(2)各类企业和社会组织要积极参与长寿文化资源的开发、保护与利用,生产丰富多样、社会价值和市场价值相统一、人民喜闻乐见的优质文化产品,扩大中高端文化产品和服务的供给。

(3)充分尊重工人、农民、知识分子的主体地位,发挥长寿文化志愿者、文化辅导员、文艺骨干、文化经营者的重要作用,形成人人传承发展长寿文化的生动局面。

参考文献

[1]唐婉莹.南岳寿文化产业化路径研究[D].南京:南京艺术学院,2017.

[2]候盼红.中国古代寿文化起源与演变探析[J].才智,2016(10):206-207,209.

[3]招殷.金秀长寿文化传播研究[D].南宁:广西大学,2016.

[4]黄子萱.浅析生态文化的渊薮及发展[J].汉字文化,2018(21):152-153.

[5]赖章盛,黄彩霞.文化自信与中国特色生态文化的构建[J].江西理工大学学报,2018,39(4):16.

[6]黄翌."长寿之乡"成因研究述评与展望[J].中国老年学杂志,2015,35(7):1977-1981.

[7]罗传清.《巴马瑶族长寿歌》的长寿养生文化内涵分析[J].河池学院学报,2017,37(1):70-76.

[8]潘顺安,张伟强.永福长寿文化基因初步分析[J].广西教育学院学报,2014(6):13-17.

[9]汪伟,刘玉飞,王文鹏.长寿的宏观经济效应研究进展[J].经济学动态,2018(9):128-143.

[10]杨梅.中医药文化与养生文化的关系浅论[J].当代医药论丛,2018,16(10):203-205.

[11]高洪波.全民养生事业要确立和推进五大战略[J].山东经济战略研究,2018(8):33-34.

[12]崔正森.五台山是长寿山、清凉山、智慧山、文化山[J].五台山研究,2018(3):3-6.

[13]祁嘉华.长寿现象的文化底蕴[N].安康日报,2018-11-02.

[14]汪碧涛,杜汉华.孝感市打造"养生天堂"的思考[J].湖北职业技术学院学报,2015,18(4):58,66.

[15]唐泽江.印江县长寿文化发展探析[J].理论与当代,2017(8):45-47.

[16]杨胜雄.挖掘长寿文化资源 促进旅游产业发展——以印江土家族苗族自治县为例[J].知行铜仁,2017(5):3.

生态文学与诗歌地理的现代价值与精神功能

新世纪以来,出现了大量有关生态文化方面的生态文学与诗歌,这些作品往往都是以地理景观为依托背景,表现现代人对历史、文化、个人命运、环境生态等诸多问题的思考与态度。作家与诗人面对"地理景观"如何调整写作与传统的关系,这是当下创作亟待解决的问题之一。生态文学与诗歌地理在传统与现代之间寻求某种通性和平衡点,为当代生态文化探寻新的可能。重新激活自然、生态、价值、尊严、情感等文化基本元素的内在活力。

如何给予新世纪生态文化一个视角、一个介入的口径,在多元化理论背景下,重新建构生态文学与诗歌地理,这是本文的意义所在。

一、生态文化

当前,我国生态文明建设正处于关键期、攻坚期、窗口期,迫切需要生态文化的提升。正如习近平总书记所说:"对于一个社会来说,任何目标的实现,任何规则的遵守,既需要外在的约束,也需要内在的自觉,我们还缺乏深厚的生态文化"。生态文化正处于从初步培育到固基的发展阶段,需要我们要有清醒的认识,尽管社会大众对生态保护认同度较高,生态文明理念日益深入人心,但还缺乏深厚的生态文化基础,具体表现为生态规律认知欠缺、生态伦理道德欠缺、生态法治规范欠缺、生态践行自觉欠缺等[1]。

生态文化是生态文明体系的内核,是生态文明建设的灵魂。现在需要一个全社会共同信守、简约实用的生态保护行为规范,在全社会树立"保护生态、人人有责,绿色发展、人人参与,美丽中国、人人享有"的生态文化理念。创新新时代生态文化,重在立足于世界观和方法论,辨析文明兴衰规律,强化维护国家生态安全,注重增进民生福祉,突出共建共治共享。只有形成深厚的全民生态文化自觉,才能构建科学生态文化体系,才能确保绿水青山常在、中华民族永续发展。

(一)生态文化价值与功能

生态文化具有区域性、发展阶段性,是一个区域群体在与自然生态系统交往过程中,不断地对与自然生态系统的关系、自身生存方式进行反思和调适,从而形成了一套生态适应性体系,包括生态观念体系、生态文明制度、生态行为文化、生态物质文化[2]。

1. 生态文化是一个民族对自然环境和社会环境的适应性体系,其文化的创造与发展过程,也是人类对自然的改造过程,通过人的认知、情感和人际互动路径,文化也改造了人类自身。

2. 广义的生态文化是人类新的人与自然和谐相处的生存方式,是物质和精神财富的总和;狭义的生态文化是生态价值观为指导的社会意识形态、人类精神和社会制度,主要是精神层面。

3. 生态文化是在自然环境影响下的特色文化,即自然环境影响下人对世界和人类自身的非自然化过程,包括生态物质文化、生态制度文化和生态观念精神文化的总和。

4. 生态文化是人类的生活方式,也是人类的发展动力,生态文化的创造与发展是人类适

注:本文创作于 2019 年。

应自然和社会环境过程中的产物,所创造有关绿色和环保方面的一切成果。

5. 生态文化是人类对于自然生态关系和生存方式反思的结果,也是人类主动调试与自然生态系统关系过程中形成的适应性体系。促使人们对现有的发展方式和生态观念、生态制度等方面进行反思。因此,生态文化具有批判功能。

6. 生态文化可以整合不同地域、不同发展阶段人们的利益关系;可以整合不同专业化分工部门的生产方式和利益分配;可以整合现代文化所带来人类对环境的适应性鸿沟。

7. 生态文化具有传承功能,能够维护社会意识的相对稳定性。一是反映在人类与自然生态的关系和相对应形成观念体系也具有稳态性,会代代相传;二是人类生活方式具有传承性,反映在人与自然的关系上形成的各具特色的生态生活方式。

8. 生态文化通过社会的力量得到传承、发扬和推广,是人类与自然生态系统交往过程中的具体行为,是在生态文明制度指导下的行为体现。包括具体生产方式、生活方式。因此生态文化具有社会功能。

9. 生态文化为人类描绘了一种全新图景,即人、社会、自然三要素之间相互联系、相互影响的整体论思维模式,以保证人类发展必须建立在人、社会、自然这三者共同发展的基础之上。

10. 生态文化提供了一种全新的生活方式。这种生活方式是以适度、公平、健康为基准,既满足了人们对于生活质量的追求,也保证了自然资源得到最大限度的保护,不受到破坏。

(二)生态文化建设创新路径

日益严重的生态问题以及由此导致的生存困境,是生态文化产生最为直接的原因。生态文化是人类文化发展的新形式。人类文化的繁荣离不开生态文化的推动,生态文化全方位融入人类社会活动的各个方面。倡导生态文化是生态文明建设的时代需求,也是实现生产生活方式转变、树立合理生态价值观的实践要求,生态文化建设要结合我国现实国情,构建有中国特色的生态文化理论和实践路径[3]。

1. 培育全民生态意识是生态文化建设核心

我国在生态文明建设的过程中提供了重要的政策环境,但是,政府的宏观政策体系的建构,并不意味着全社会生态文化的成功普及,尤其是人们的生态思维意识与经济发展之间并未呈现出同步发展的态势。既要做到普遍化又要实现层次深的公民生态意识的培育是进行生态文化体系建设的重要前提。

2. 实现全民生态文化自觉是生态文化建设首要任务

和谐社会构建是提高全民生态意识的根基和土壤,而实现全民生态文化自觉,还需要国家在协调利益、化解冲突的深层社会机制和体制上下功夫,这是唤醒全民生态意识的社会前提。

3. 构建生态与环境教育体系是生态文化建设重要支撑

目前我国的生态与环境教育依旧是采用传统的知识灌输教育方式,难以实现公民生态意识的有效提升。因此建议建立系统性和整体性强的生态文化教育体系,培育全民深层次的生态意识。同时建立生态教育媒介体系,对社会的长效生态教育实现全覆盖。

4. 推进生态文化建设与生态制度建设协同发展

通过生态制度和生态文化的协同推进,实现生态文化理念与制度的融合,将会对现代社会的价值观念进行重塑,合理有效地引导人们改变自己的消费习惯、生活方式以及生产方式,形成对自然的热爱和敬畏,进而树立起公民的生态意识。

二、生态文学

生态文学是 20 世纪以来中国当代文学的新型题材,它凸显了鲜明的环保理念和生命伦理精神,具有强烈的忧患意识和现实批判精神。其产生的背景是环境科学和生态学在全球的兴盛与发展,关注人类的自然生态环境,已经成为科技、社会、文学活动的共识。当代作家以强烈的忧患意识和社会责任感呼唤环境保护意识,探究人与自然的生态关系,开创了新的文学艺术领域。

(一)生态文学与生态文明建设关系

生态文明建设是在生态发展观思想指导下进行的人类社会活动,它是以尊重自然、发展自然、维护自然为前提,以人与人、人与社会、人与自然和谐共处为目的,从而解决现在的环境污染、生态破坏、能源危机等问题,促进人与社会可持续发展[4]。

生态文学是一种反映人类社会发展与生态环境之间关系的文学。在意识形态领域里,文艺作品具有教化、引导的作用,从而让社会大众自觉参与到生态文明的建设工作中来。

1. 生态文学是生态文明建设的精神保障

生态文学描写的是人与自然之间的关系,具体落脚点在社会、经济、思想文化和生活方式上,是感性与理性、主观和客观的有机统一。作家根据自己生活中的经验及思想情感和社会理想进行创作。

2. 生态文学对生态文明建设的启迪作用

生态文学首先是关注生态环境的破坏,体现出来的生态意识;其次是对自然生命怀有的特殊同情;再次是对现代不文明批判。

(二)生态文学定位

生态文学从生态系统的整体观出发,从人类文化的角度思考,反思人与自然、环境与文化的关系,描述生命构成系统,寻找人的位置及人类的精神存在价值。确立了重视人对自然的责任与义务,急切地呼吁、保护自然万物和维护生态平衡,热情地赞美为生态整体利益做出自我牺牲的基本伦理取向。

(三)生态文学发展历程

生态文学及批评发端于 20 世纪 70 年代的西方,90 年代成为文学批评与研究的显学。它的繁荣源于现实生态危机,是人类为防止生态灾难发出的强烈呼声在文学领域的彰显。

1. 1977—1989 年生态文学的初步萌生阶段

生态文学以纪实文学的形式来反映生态环境问题。这一时期出现了大量的生态报告文学,在知青小说、反思小说中出现了生态反思意识,但作家还停留在社会批判立场,缺乏完整的生态理念。

20 世纪 80 年代中后期,作家运用散文随笔、纪实文学的形式,报道生态环境惨遭破坏问题,这是中国文学对环境危机的急切呼声。大量作品揭示中国的生态危机,彰显了环境保护意识。

2. 1990 年以来生态文学逐步成熟阶段

(1)20 世纪 90 年代生态文学开始繁荣,出现了关注生态文明、力倡生态道德的作家,他们秉持新的人与自然观,从最初的纪实类体裁到小说、诗歌及戏剧影视、散文等多种形式的出现,发表了诸多引人注目的作品。

（2）出现了一批以关注社会为主，同时也将目光转向动物世界的生态小说作家。他们的动物文学包含了社会学的成分，借动物以折射人类。

（3）儿童文学作家的创作追求与审美取向开始转向生态领域，推动并扩大了中国现代动物文学的范畴。

（4）中国作家的生态文学写作逐步扩大了国内外影响。除了报告文学、小说外，散文、诗歌、戏剧等领域也都出现了反响巨大的生态反思作品。

（5）伴随生态文学创作的繁荣，生态文艺学、生态美学也日益兴盛。全国性生态文学作品研讨会、专门的生态文化、生态美学研究中心、研究基地逐年增加。随着研究的深入，开始对文学与自然、人与自然、人与社会的生态关系进行深入、全方位的反思。

（四）生态文学内涵指向

生态文学是对当代生态危机所做的全面、深刻、痛苦的反思。而文学批评则是对这一现象的理论层面的观照和评价。它虽不能催生新的文学样式，却可以为人类这种反思推波助澜，帮助文学创作寻求舆论和道义上的支持，并通过更理性的自觉，规范生态文学发展的方向[5]。

1. 生态文学作品不能偏重从个体与自然关系视角解析生态问题，而忽视现代化发展与社会化进程的巨大影响，导致其文学创作呈现单一化、复制化的表征，陷入诸多瓶颈之中。社会化的深刻反思是生态文学创作的永久主题，通过生态文学作品重新检讨人类自身发展的现实，探索社会运行机制、社会发展模式及人类思想文化、生活方式是如何影响自然的变化，如何导致生态环境的危机[6]。

2. 生态文学通过作者的书写、叙事来引发人们深刻理解自然、生态与生命，并呼唤"亲和"、植生爱意、慰藉心灵、拓宽视野，无疑会促进有机生命的身心融合及跃动，使人们的精神祈望得到提升，更有着"实在"的落地根基。

3. 生态文学在不断鉴析人与自然生态交往及互动关系的和谐程度，也在反思、质疑甚至批判人类活动中存在的种种不和谐因素。坚守绿色与永续发展，通过重塑人的精神信仰，致力于面向未来。文学承载着人的信心，融情蓄意，书写、探求、祈望一切更美好的事物[7]。

4. 生态文学是以自觉的生态意识反映人与自然关系的文学，强调人对自然的尊重，强调人的责任和担当，尊重每个生命存在的价值和意义。它能呈现美处的美，也能发现缺陷处的美。在生态文学的视野里，美无处不在，无时不在[7]。

5. 生态文学特别强调人对自然的责任与义务，呼吁人们要重视环境保护，并从自身、从日常生活点滴做起，维护整个地球生态平衡，促进人与自然和谐友好发展。

（五）生态文学弱环透视

当下，生态文学风生水起，人才辈出、影响深远，作家群体济济一堂，文学体裁众美齐备，艺术质量持续攀升，无论是学术界还是社会大众对生态文学的认知度持续增长，形成了一个众目睽睽的生态文学新景象，取得了重要成果展示，但其毕竟是一个系统体系，需要对生态文明进行综合性的知识积累。总体而言，前景广阔，弱环突出[8]。

1. 生态文学作家尚未建立起真正的生态整体观，缺乏全球化的生态视野，从而未能呈现出生态文学应有的恢宏气度、诗意气质。

2. 生态文学作家对生态危机的复杂性缺乏足够的了解，作品出现对现代文明尤其是现代都市文明简单化的归罪模式，和对现代文明理想化的美化想象。

3. 生态文学作家缺乏足够的生态学知识，缺乏足够的科学精神，而且对生态危机的拷问往往不关注政治体制因素，也很少关注环境正义。

4. 生态文学作家对生态意识无法达成个体化理解，作品常常表现于生态叙事和过于模式化、概念化，艺术魅力不足，人性探索不够深入。

（六）生态文学价值构建

生态文学已经进入主流文学视野，成为一种新的文学现象。现在生态文学又发起了新的呼唤，开始对人们内心进行探讨、对灵魂进行塑造和挖掘。生态文学是自觉的、有意识的，把自然作为主角来观照，创作者以自觉的生态意识，通过文学的手段，反映人与自然的关系，强调人与自然必须和谐相处，强调人的责任和担当[9]。

生态文学要求作家对伴随人类社会发展出现的生态问题进行理性、全面的剖析与反思，并努力为人类走出生态困境寻求可能的出路。

1. 通过设立生态文学专门研究机构、开展同世界生态文学的交流，反思文学对思想的引领。

2. 生态文学跨学科研究拓宽了领域，相关学者开始从单纯的文学研究进入对生态现实的思考。

3. 学者们在研究生态文学作品的同时，逐渐关注意识形态，又形成了专门的生态研究团队。

4. 生态文学创作日趋繁荣，生态报告文学、生态小说、生态散文、生态诗歌等优秀文学作品不断涌现。生态批评理论建构越发深入和全面。

5. 生态文学研究力量日益壮大并形成地域性研究重镇，研究向度呈现出地域性特色。

6. 生态文学的跨学科研究独具特色，诗歌地理学、美学与传播学最具代表性。

（七）生态文学发展走势

生态文学旨在考察和表现人与自然关系的文学，主要研究自然对人的物质和经济影响，人类在自然界中的地位，人对自然产生的污染和破坏，人类对生态环境的恢复和建设，人类对自然的赞美，人与自然重归和谐发展等。一是多元性与民族性；二是信仰性与实践性；三是普适性与根本性[10]。

1. 整体性、跨文化共融发展

生态发展是全球性问题，本质而言，没有国界与民族和意识形态之分。生态文学就是要培养和提升全人类的文化素养，构建整体性、跨文化的世界文学，实现文明向和而不同转型，培育新型人文精神，促进人与自然和谐发展，实现跨文化共融发展。

2. 推动生态文明建设的精神助力

生态文学主要是根据实际发展需求提出的理论，对现实生态环境进行反思的基础上，利用文学提升人们对生态环境的认识，唤醒人们对生态危机的忧患意识，引导人们转变以牺牲环境发展经济的错误思想，并为人类的行动提供改进的方向，为生态文明建设提供精神支持。

3. 净化心灵，提升人类文明修养

生态文学主要功能是在人与自然关系描写的基础上，号召人类对生态环境进行关怀，营造人与自然和谐相处的局面。生态文学对人们产生教育、感化的作用，呼唤和塑造人的良知，有助于净化人们的心灵，为营造人类的精神家园发挥重要作用。

4. 展示生态灾难，突出环保观念与生态意识

生态文学始终在关注人的生态责任和义务，展示生态灾难，反思人类文明进程中的反文化

和反文明现象,具有现实警示性,不仅是当代文学题材的开拓和深化,而且是中国文学在精神上与全球现代意识的同步。

5. 关注人地关系,人与自然和谐

人类在认识人与自然的关系上长期存在错误的观念,忽略了自然界其他生物存在的价值,而生态文学强调人只是自然的组成部分之一,人类应该带着爱来对待自然,人应当学会诗意地栖居在大地上的信念[11]。

6. 尊重生物多样性和其他物种的生存权利

人类必须敬畏生命,抛弃对人类以外的一切其他生命的疏远伤害,与周围的生命休戚与共,人类才是道德的。一切生命都有生命意志,与人一样,动物也有不可剥夺的权利,维护生物多样性至关重要。

7. 强化协调自然与社会环境,寻找人类精神归宿

物质文明的急剧膨胀,精神的沙漠化,都是生命弱化的体现。在这一生态观的影响下,更多的人希望矫正人的灵魂,呼吁人类更为合理地保持与自然之间的协调、共适、均衡发展。

三、诗歌地理

新世纪以来,出现了大量有关地理方面的生态文学与诗歌,这些作品往往都是以地理景观为依托背景,表现现代人对历史、文化、个人命运、环境生态等诸多问题的思考与态度。作家与诗人面对"地理景观"如何调整写作与传统的关系,这是当下诗歌写作亟待解决的问题之一。生态文学与诗歌地理在传统与现代之间寻求某种通性和平衡点,为当代文学创作探寻新的可能。重新激活自然、生态、价值、尊严、情感等文化基本元素的内在活力。

如何给予新世纪生态文学与诗歌地理一个视角、一个介入的门径,在多元化的理论背景下,重新建构文化地理,为文学创作提供一种借鉴和启示,这就是生态文学与诗歌地理意义所在。

一方水土,一方文化,任何一个地域都有自己独特的地理标志和地域风情,这也是最令人神往和回味之处。如果将其与诗人的审美视域结合,可想而知,创作的作品就会别具一格。一方文化,一方作品便增添了丰富多彩的人文意蕴和审美价值,因而也具有了超越时空的长久魅力。

(一)诗歌地理定位

诗歌地理是对地域的艺术再现,是以地域识别为切入点和突破口,使它更有弹性或者说开放性、兼容性,既有对现实的关注,面向民生的关怀,也有对历史的沉思与反思,还有对内心的自省。对诗人而言,地域是永远挥之不去的乡愁,是出发点和归宿地,是他们生命的根和最后的标签[3]。诗歌本身就是一种最具人文情怀的艺术,尤其是抒写"地理"之作,人杰方显地灵。一是对山、水、林、田、湖、草的倾情抒写;二是对一方水土、一方产品的审美观照;三是对一方水土、一方文化的逼真呈现;四是对一方水土、一方人的艺术再现[12]。以一个省域、市域、县域、镇域和村域为单元对诗歌进行扫描。

(二)地域环境与诗歌地理关系

诗歌是时代风气的晴雨表,是人地关系系统演化的"显示器",尤其是地理环境的变迁和诗人对人地关系认识的差异性,某种程度上决定或制约诗歌的发展进程。诗歌创作随着社会的发展而变化。一是向读者提供了思辨性的空间图示,诗人善于抓住特定地域的独特景观来加

以生动描摹,尽可能展现地域的美丽来彰显动人诗意表达。二是注重挖掘多维地理的各种诗性潜质,阐述其地域的独特个性,通过地域个性展现地理空间的诗情。三是建构了一个引人入胜的艺术画廊,诗人对地理空间绝不是简单的描述,而是将主体意识融入客观之中,体现为主观与客观的融合,内在与外在的合一[13]。

1. 地域环境支配了诗人思想感情

地域环境支配了社会生活,左右人的思想感情,决定了文学艺术的发展。地域对作家的创作影响较大,地理环境的差异,造就了诗人的气质、禀赋、作品风格差异化,这种差异化赋予了文学与诗歌鲜明的地域特征,诗歌创作是由于外在自然环境感动激发了人的心灵,才产生了创作的欲望与冲动,孕育出诗人们个性彰显的艺术风格。

2. 地域环境决定了诗人的艺术风格

一个地域的自然、经济、社会、文化都可以内化为诗人体内基因,成为诗人的文学气质。一个地域就是一种文学主题,更是一种文学气质和文学风格,尤其是一种时代精神,并能对时代的变革做出敏感的反应。

3. 地域环境促成了诗人作品的意象密码

诗人是否成功,主要看他的意象世界。诗人是否占有独特地域意象,决定了诗人作品的层次,只有挖掘地域意象的原始生命力,才有作品鲜活的人与物。正因于此,诗人地域意象密码的形成,要具有自然与人文的双重属性,并与诗歌话语紧密关联。

4. 地域环境形成了诗人整体性的审美格局

诗人对地域整体性自然审美更加重要。要从一种生态整体观来看待自然环境,认同一切生物都是自然环境的一部分。诗人从最本真的自我出发,将人与自然同化,把人看作大自然中的一员,与万物等同,强调人与自然和谐与平等,这就是诗人的审美格局。

5. 地域环境决定了诗人诗歌"陌生化"的表达

诗人利用诗歌"陌生化"的表达摆脱当代诗歌体制的言说理路和想象陈规,找到独具特色的诗歌主题与言说方式。通过与"地气"的连接,诗人的诗歌语言就有了生命的质感和地域的魅力。采用"陌生化"的句式交错,营造一种刚健、雄浑和不协调的意外效果[14]。

6. 地域环境决定了诗人诗歌受时空文化的制约

诗人必定受到特定时空文化的制约,会自觉或不自觉地选择地域。地域能够参与诗歌风格的形成,还包括自然环境千百年熏陶下的人文环境,它对诗人和诗歌的影响是综合的,包括诗人的思想观念、性格气质、审美取向,更包括诗作的内容、风格、表现手法等[15]。

参考文献

[1]罗永妃.论生态文学在生态文明建设中的作用[J].文学教育(下),2017(1):56-57.

[2]凌阿妮,曹佛宝.生态文化的内涵、维度与功能[J].中外企业家,2019(26):203-204.

[3]毕京京.厚植新时代生态文化的路径选择[J].人民论坛,2019(22):130-131.

[4]王雨辰.论习近平的生态文化观及其当代价值[J].南海学刊,2019,5(2):2-10.

[5]张德明.阿毛的诗歌地理与空间美学[J].长江文艺评论,2018(6):113-117.

[6]李清.试论自然地理环境对昌耀诗歌创作的影响[J].青藏高原论坛,2017,5(1):73-77.

[7]卢有泉,李新爽.《广西诗歌地理》中的八桂地标与地域风情[J].西南石油大学学报,2017,19(6):83-88.

[8]陈敢.远近高低 各尽其妙——《江南时报》的"中国诗歌地理"扫描[J].南京理工大学学报,2013,26(3):54-59.

[9]李大西.生态批评对生态文学创作的意义[J].美与时代(下),2019(5):80-82.

[10]高春民.社会化反思:生态文学创作的潜在主题[J].江汉论坛,2019(3):101-105.

[11]盖光.生态文学:人类和谐生存的精神祈望[J].鄱阳湖学刊,2019(1):101-110,127.

[12]李青松.生态文学提醒我们什么?[J].环境教育,2018(1):69-71.

[13]张甜.生态文学发展方向研究[J].长沙航空职业技术学院学报,2018,18(1):104-106.

[14]李兆虹.中国生态文学的发展及其形态特征[J].西安文理学院学报(社会科学版),2018,21(3):11-14.

[15]汪树东.当代中国生态文学的四个局限及可能出路[J].长江文艺评论,2016(4):20-27.

中国山水城市提出的科学价值与地理学视野

一、中国"山水城市"研究现状与展望

（一）中国"山水城市"研究现状

1. 目前"山水城市"理念层面的研究较多，至今仍未形成完整的"山水城市"建设理论，其中关于"山水城市"建设标准和评价体系方面的研究较少，亟待提升。

2. 有关"山水城市"建设的理论体系研究较多，但建设原则还没有形成统一的共识，尤其是"山水城市"建设的技术集成方面研究明显不足。

3. "山水城市"作为一种城市理想模型，其理论与实践的结合的典型个案还不清晰，大多强调中国城市山水文化传承，具有较好的基础，但缺乏形成完整的城市建设落地方案。

4. "山水城市"建设是一种有条件的城市建设，这是我国基本国情所决定的，既要学习国际"山水城市"建设的先进理念，又要凸显以我为主的发展原则。

（二）"山水城市"是国民对现代城市建设新呼唤

城市是人类藉以生存和发展的栖居环境，遵循山水城市的理想目标。不是山水复合城市，而是城市复合于山水，在"国必依山水"历史的基础上传承和创新地将山水文化融入城市建设[1]。

（三）生态发展为"山水城市"建设指明了新方向

生态是城市建设和发展的基石之一，"山水城市"作为新的城市生态发展模式。城市本身就是地域生态系统的一部分，自然生态系统为城市的建设提供了最基本的构成要素土地以及各种物质来源等，城市离不开自然，城市发展又同时影响与改变着自然。

（四）我国"山水城市"建设面临的困境与难点

1. 城市建设缺少对城市地脉和文脉整体空间的宏观把控

城市规划缺少长远眼光，导致城市原始的自然与文化脉络遭到破坏，出现自然环境与人工环境的失调，环境与文化之美失去了原有的韵味，使得城市的区域布局与功能不相清晰，配置率和利用率较低。

2. 城市特色和风貌趋同现象严重

城市建设趋同现象突出，缺乏城市自己风格和特色，常常给人厌倦、单调和毫无新鲜之感。城市个性难以发挥，一味地追求高大上，追求潮流，而忽略了城市自身的地缘与历史文化特点，而是去盲目求同，造成城市特色和风貌趋同。

3. 城市自然与人文环境失衡成为发展的弱环

城市建设过程对自然与人文环境保护认识不足，只是出现了问题之后才考虑事后处理，进行补救和出台保护措施。特别是对城市自身特有的古文物、古建筑、古文化等忽略其珍贵价值，造成人为的破坏，人以无限的感叹与痛心。

4. 城市个性传承缺失与追求城市新特色而模仿制造

城市建设忽略了个性传承，而急于形成新的特色，不能正确地结合当地的山水环境和城市

注：本文创作于2019年。

文化便进行新城制造。看见其他城市特色突出,就全盘照抄,模仿制造,完全把自己城市的个性传承丢在身外。

(五)中国"山水城市"提出的科学价值

从世界城市发展的潮流与趋势来看,结合我国城市所依附的山水地貌特征发展的历史轨迹以及国家对城市发展的战略决策,提出"中国山水城市"发展理念,并将其始终贯穿到未来"山水城市"发展的具体实践,是十分必要和现实可行。

1."山水城市"能诗意展示城市独特魅力

与"和谐""魅力""美丽""生态""绿色""精彩""灵秀"等词语相比"山水"是一个极具传统文化特色的词语。作为一座城市,若冠以山水,自然能给人以诗画的联想,而增加其魅力。透过"山水城市",人们看到的不仅仅是城市的山水,更能产生这里自然生态宜人、人地关系和谐、文化底蕴深厚的丰富联想。

2."山水城市"能科学引领城市发展

一个城市定位决定着这座城市发展方向。以山水定位城市,山水就是关键词,山水意识自然会深入人心,并主动贯彻到城市发展的各个环节,"山水城市"是保护与利用的协调,保护是前提和统领,会成为这座城市党政与全体市民的自觉行动。山水在城市的发展中才能被提升到突出的位置,城市的山水风貌才能得到更好地发展与提升。

3."山水城市"最能体现人地和谐

总体说来,并不是每一座城市都有山有水,并不是每一座有山有水的城市都被称作"山水城市"。"山水城市"的典型特征是山、水、城相依相伴、相亲相近,又具有"山水城市"风貌的和谐。一是明确"山水城市"定位,将"山水城市"作为城市宣传语;二是将"山水城市"建设与美丽城市、健康城市、幸福城市相结合;三是将"山水城市"理念融入城市建设与发展规划之中;四是坚持"山水城市"建设与文化、旅游和康养融合发展[2]。

(六)中国"山水城市"的地理学视野

城市地理学与传统的城市自然地理学同为区域性学科,但研究对象和侧重点不同。城市地理学主要偏重人文和经济现象,而城市自然地理学则同时兼顾自然和人为要素,注重于人为因素扰动下的城市自然地理过程的机制及调控研究。

1."山水城市"的地域识别

地域识别代表着一个城市的个性风格与独特内容,地域识别代表城市区域特色,对山水城市发展有着重要的意义。每个城市的自然与人文环境都不同,人的性格、生活方式、思想观念、人文历史也不尽相同[3]。

(1)地域识别的自然环境

地域自然环境中主要包括地质构造、山川河流、地形地貌、自然资源等。任何一个城市地形地貌都存在一定差异性,这种差异性使得地域自然景观呈现多元化的特征,并形成属于自身特色的自然风貌。

(2)地域识别的人文历史

人文历史是一个城市的灵魂,见证了历朝历代的兴衰成败,承载着历史的记忆,彰显着不同时代的脉络,是城市艺术与技术的有机结合,代表着一个城市的内在文化价值与经济价值。

(3)地域识别的民风民俗

民风民俗是一个城市在娱乐方面、交通方面、生产方面、饮食方面、婚丧方面以及信仰方面所表现出来不同的喜好、禁忌、风尚以及传统习惯等。包括城市特有的节日或庆典,便是反映城市民风民俗最好的见证。

2."山水城市"的地理研究

城市地理学是以城市为研究区域,研究在人类驱动力机制下系统各自然要素时空变化特点、规律及演变过程、各要素之间相互耦合作用与驱动力机理,进而做出评价、模拟、预测和调控的学科。

(1)关注基础理论研究,深化学科理论体系;

(2)发展多学科的交叉视角,深化城市地表系统多要素变化研究;

(3)聚焦城市自然—人文复杂系统,揭示自然和人文多要素间耦合机理及驱动机制;

(4)拓宽城市服务应用领域的研究,提供城市可持续发展的多目标决策。

3.城市自然地理学与城市生态学的关系

城市自然地理学与新兴的城市生态学均是以城市为研究区域的交叉、应用学科,均强调人类活动的影响,但城市生态学主要以城市生态系统为研究对象,聚焦城市生物群落与人类社会,缺少对城市自然地理学中重要的自然地理要素变化研究,缺乏对城市自然—人文系统耦合过程及机理的探讨。

(七)中国"山水城市"建设的创新思考

城市是一个典型的自然—人文—社会—经济相互耦合的地域综合体,各自然地理要素具有变异性、界面多样性、过程复杂性等特征。由于人口、资源、环境、能源等问题都集中反映在城市,使得城市对区域环境变化的响应极为敏感,对地理环境演变所构成的压力、效应也更为突出,成为人地关系表现最为集中的区域。今后城市自然地理学将着眼于城市复杂系统对自然变异和人类活动的响应过程和反馈机理以及全球变化对城市可持续发展的影响和对策[4]。

1.注重基础理论体系的发展与突破

以城市化进程中的自然地理问题为研究重点,不断完善和深化城市自然地理学的研究内容、方法和体系,以适应并促进未来城市自然地理学的发展。

2.发展多学科交叉视角的多要素界面过程研究

深入探讨动态开放的城市复杂巨系统中多要素、多介质、多界面环境物质在城市剧烈变化背景下的关键过程及其响应机制,为山水城市建设提供实证数据和理论依据。

3.聚焦城市自然—人文系统的耦合机理研究

根据当今城市面临的重大问题,重点研究各要素的相互作用及其耦合与联动,发展面向预测的多要素耦合的城市系统模式,实现系统综合与耦合,服务山水城市发展。

4.拓宽城市服务应用领域的研究

开展以城市可持续发展为目标的多风险预警和多目标决策,以调控和提升并不断拓宽学科应用在城市可持续发展中的功能。

(1)完善不同时期城市复杂系统中多物质归趋行为的动态模拟预测,推演多物质时空变化对城市土地利用覆被变化的响应机制,空间表达城市污染物污染风险与人群暴露格局,促进城市生态系统的良性循环;

(2)综合城市环境和灾害问题研究,构建全方位的城市灾害监控和模拟、灾害风险评估、灾害应急管理与灾害防御体系,提出城市应对突发公共事件的空间对策、实施路径、综合应急响应机制建议,探寻城市可持续发展和公共安全的保障途径;

(3)研究城市地表信息的发生、传播、表达机理,反演各种地表时空过程的参数和机制,建立描述和解释地表时空过程的空间信息分析理论,系统模型与虚拟现实技术的结合实现虚拟和操作,促进"数字城市"和"智慧城市"建设。

二、"山水城市"关系述要

我国城市建设处于高速发展的阶段,而以往快速的城市建设暴露出了很多问题,主要表现在千城一面的文化危机和灾害频发的生态危机两大方面。一是在宏观层面上针对城市范畴,从城市规划开始,控制城市的发展整体格局;二是在中观层面上针对用地范畴,在城市用地布局解决生态问题并能体现城市自身的山水环境特色;三是在微观层面上针对景观范畴,注重对城市文化的表达。

"山水城市"理论的主要研究要素是山、水、城的关系,"山得水而活""水得山而壮""城得水而灵"来阐述"山水城市"的发展模式。

(一)山地是"山水城市"的根基

在城市中,山体、河流是构建均衡稳定的城市生态系统的重要载体,在净化城市环境、丰富城市景观、美化城市生活等方面起到了不可替代的作用。

1. 山地是地球生命支撑系统的有机组成部分,是实现现代化的强大后劲之所在,它又重要又脆弱,既蕴藏着巨大的潜力与财富,又充满着各种矛盾与问题,需要谨慎地开发与保护。

2. 山地城市往往分布在山水相连、水际交通便利之地。由于山、水的交互作用,既给城市规划与建设带来了许多困难复杂的因素,也给城市带来许多优越有利的条件。

3. 山地城市地形、地貌条件复杂多样,城市用地往往受困于山体、江河、湖泊所分割,高差起伏较大,具有立体型特征。城市空间布局很大程度上受到自然条件的限制,而是必须结合自然条件、因地制宜采取有机松散、分片集中的布局手法。

根据山地城市自然地形、地貌特点与环境条件,这种有机松散、分片集中的城市布局结构,归纳起来有以下五种方式:一是组团式布局;二是带状式布局;三是串联式布局;四是星座式布局;五是团块状布局。

4. 随着快速的城市化进程,城市与山地的空间关系从最早的"城依山而建",到"城跨山发展",到目前形成"山城交融",实践着近山、依山、抱山、融山的过程。一是位于城市外围空间、起着生态屏障作用的山体;二是位于城市内部、作为城市空间格局重要组成要素的山体。

5. 山地城市空间拓展和功能组织上应采用"绿屏"组团式布局模式,以自然山体形成绿色屏障,通过划定生态保护红线,严控开发建设的无序蔓延,同时创新开发模式缓解建设用地资源紧张问题,实现山地城市"生产、生活、生态"空间相存融洽、各得其所的发展目标。

6. 山地城市要构建"山城相融"的城市"容貌",控制山体区域开发建设的"容量",控制山体周边建设的高度与"容积",打通山体视线廊道,显山露翠,构建优美山地城市。

7. 山地的开发建设要遵循"依山就势,因地制宜"的基本原则,要根据项目"业态"、城市"文态"与原有地形地貌关系,合理进行场地布局与"形态"塑造[5]。

(二)水是"山水城市"的灵魂

水是"山水城市"建设的灵魂,城市景观、生态、休憩和文化四大功能都蕴含着水。一是城市景观的功能是将城市与山水、绿地、自然系统融为一体,营造出"天人合一"的自然景象;二是城市生态功能是利用自然山水的组团作用,营造城市的生态之美;三是城市休憩功能是打造滨水空间满足人对于自然山水的审美需求;四是城市文化传承功能是发挥水文化遗产文化功能,满足人们对精神文化需求。

1. 水景观功能

水文化具有自然性和人文性，其自然属性使其具有可视性，其人文元素使其具有愉悦身心的功用，山水城市建设将山脉和水体作为分界线，把山水之间的联系作为廊道，把人工城市作为基质，将三者看作一个相互联系的整体，将城市与山水、绿地、自然系统融为一体，营造出"天人合一"的景象。

2. 水生态功能

城市水系统既是生态敏感区域，又是生态脆弱区，如果处理不好，极易造成城市地质灾害。增加水体多样性，恢复自然型河流，保护水生生物多样性。恢复河流与洼地、湖沼的沟通，保护湿地，恢复不同水深和流速的深潭、浅滩、沙洲等，增加水流的多样性。着重河道、滨水地带、水上娱乐等水体空间，以达到"不出城郭而获山水之怡，身居闹市而有灵泉之致"的效果。

3. 水休憩功能

"山水城市"根本目标是以人为本，满足人对于自然山水的需求。城市水空间包括滨水公园、广场、亲水建筑、设施等，自然要素密集，自然过程丰富，是文化遗存丰富、文化内涵较高区域。又是集亲水、观景、娱乐、购物、交往多种功能于一体。将水文化和历史遗存、人文景观实现有效整合，提升水文化内涵，有效推动新兴业态的发展。

4. 水传承功能

水文化能够突出地域特色和城市文化。"山水城市"建设要协调历史文化保护和城市建设的关系，构建以文保单位、历史地段、整体"山水城市"环境为基础的多重保护体系，继承和展示传统历史文化和"山水城市"特色，抢救文化遗产，传承历史文明。城市自然、历史人文资源丰富，山、水、林、城结合俱佳，具有较高的审美和历史文化价值[6]。

(三)现代城市山、水、城市关系透视

现代"山水城市"建设不仅是打造一个特有的空间形象，更是一个综合体的呈现，是城市生活与自然环境相互作用的产物，将城市、自然、人有机地结合在一起。城市布局追求山水保护与生态修复，景观打造追求显山露水，节点设计追求功能与文化完美结合[7]。

营造显山露水的城市意象，秉承"显山露水"，延续现状山势绵延、地势起伏的地形格局，生态修复山体，明确山体保护边界，延续"远山为屏、近山为园"的山体格局，总体营造"青山入城"城市意象。尊重现状水生环境，构建水网体系，并依托水系组织城市空间和功能用地布局。延续整体山环水抱的生态格局，蜿蜒曲折的自然肌理。

1. 山体管控策略

(1)明确城市山地保护边界，维护生态安全。严禁在山地保护范围内进行城市开发建设活动，保护城市山体生态本底不被破坏。加强山地原生生物多样性的保护和维育力度，保障区域生态安全。

(2)保持城市山地的地形走势与自然景观，城市建筑不应遮挡山地自然景观，应确保 2/3 山体可见。

2. 水体管控策略

(1)构建水网格局，理水通脉。延续城市水系、水形、水势，依据地形高差变化构建江、河(溪)、塘，构建梯级水网体系。梳理水系串联生态价值与景观价值。

(2)保障水环境安全，蓝线控制。划定城市蓝线，以城市自然的江河、湿地、洼地保护为载体，基于排水安全，实现城市水体自然循环，保障城市雨洪安全。不得减少规划确定的水域面

积,不得占用水域改作绿地以外的功能用途。

（3）塑造滨水空间,形态控制。保持城市建筑与水岸具有足够亲密的联系。确保城市河段和水域具有开阔的景观视野,建筑高度与距河道中轴距离的比值不超过1.0,同时确保周围建筑不产生对河段和水域的视线遮挡,不形成连续封闭的界面[8]。

三、中国"山水城市"构建的理论与实践基础

中国古代的传统文化中,"山水"是自然的最高代表,"天人合一"是中国传统哲学的高度概括,"法天象地"是中国传统风水理论的深刻总结,诗情画意是中国传统艺术美学的深层境界。据此,钱学森先生提出的"山水城市"立足居民百姓,面向理想人居环境,是21世纪社会主义中国理想城市模型,得到了广泛的重视和认可。学界对其基本观念、思想内涵和建设意义等开展了深入的理论研究,并结合城市历史、发展脉络和国内外学术观点,顺应中国特色发展潮流的城市建设观念,"山水城市"提上议事日程。

（一）"山水城市"理论的提出与形成

"山水城市"理论的提出和形成经过了三个发展阶段:一是理论提出阶段、二是理论成型阶段、三是理论深化阶段。

1. 理论提出阶段。钱学森针对当时中国城市化飞速发展,城市面临无序扩张、生态环境恶化、缺乏特色、文化迷失等危机的现状,提出"山水城市"的概念,引起广泛关注和响应。

2. 理论成型阶段。钱学森先生对"山水城市"营建理论体系进行梳理,包括"山水城市"的概念、发展过程,阐述了中国传统宇宙观及山水诗画对人居环境营建的影响。从城市选址、空间格局营造、审美意境的表达三个方面总结"山水城市"人居营建策略,为"山水城市"的发展奠定了理论基础。

3. 理论深化阶段(1993年至今)。学术界从不同的领域角度出发举办了多次"山水城市"学术会议,推动了"山水城市"理论的发展,推出了一批研究成果,提供了重要的历史价值和理论与实践参考价值。

（二）"山水城市"建设的实践基础

1."山水城市"骨架

城市骨架以一定的组织规则将城市形态和各个子系统连接,并整合为一个城市系统。城市骨架作为支撑和指导城市有序发展的发展模式,随着城市发展而不断生长变化。

2."山水城市"特征

城市山水骨架是基于城市自然资源和地形地貌而建立的城市三维空间结构。一是对城市的山水要素进行不同空间尺度的分析;二是保护山水资源、顺应自然为原则,把其融入城市结构,以此确定城市的开发强度、布局适宜性及开发容量等控制原则,用以指导城市规划;三是保证城市功能结构的合理性和自然山水资源的连续性,突出城市本土化的独特面貌。

城市山水骨架具有支撑性、和谐性、独特性、可持续发展性4个方面的内涵特征。

（三）山水城市建设的"山水无界"

"山水无界"将"山水城市"理念融入城市发展,以适应城市迅猛发展和生态人居的环境需求,"山水无界"的城市发展理念无疑为山水城市建设注入新的活力。

1. 山水思想对自然环境给予了充分的尊重,蕴含着山水美学、哲学等文化精髓,山水不仅是城市的基底,更是城市构图的重要元素。城市建设将人工创造的环境融入自然环境,显山、

露水、营绿为其表征,实现人工环境与自然环境的"共生、共存、共荣"是其内涵,创造良好的人类聚居环境。

2. 山水思想对现代城市建设具有重要的作用,其体现的是对自然环境的尊重、对美的提炼、对精神文化的追求,城市在形态布局上应与山水要素、景观格局相互渗透与配合,在建筑、道路设计上应保护传统的自然山水城市格局,在景观上应以自然山水为背景和依托形成良好的呼应,铸造人与自然高度和谐的城市环境[9]。

3. 以城市与自然的关系为切入点,从"与古为新""重新进入自然"以及"城市中的自然与诗意"。在高密度城市中引入自然模式,以城市山水构建未来的城市体系,是学术界探索方向和趋势。将城市地理密与功能和山水意境结合起来,构建以人的精神和文化价值观为核心的未来城市[10]。

4."山水城市"基于城市地理与传统山水自然观和天人合一的哲学观,将现代城市建设的科学技术与中国文化相融合。借鉴古代"山水城市"的营造法则,从生态与环境格局构成要素、城市格局尺度设计、风景建筑、立体空间视觉系统的角度出发,探索中国"山水城市"建设的方法,寻求与城市规划的结合,用以指导"山水城市"的建设。

5. 古代"山水城市"格局所要表达的不仅是一种物质空间概念,更是一种"情""意""气"的文化内涵和城市气质。一是突出"天人合一"的生态哲学;二是强调中国古典园林艺术;三是保持自然与人文特性并存;四是重点对"山水城市"环境格局构成要素考量;五是强化对城市格局尺度的考量;六是特别强调设施建设要完善山水格局;七是整体把控城市立体空间的视觉效果[11]。

6. 山水资源是人类在生活实践中与山水形成的各种关系,城市需求凝聚在山水之间,山水资源便成了人们特有的创造,它是人与自然环境相互作用的产物,让城市有限的山水资源赋予无限的文化力量。

7. 山水资源中蕴含着的文化影响着中国历时已久,"山水"以一种显性的状态直接影响着城市中政治、经济、文化等结构。山水文化已经成为现代城市建设的基因密码,潜意识地存在人们的心态之中。

8. 山水是天人合一的主要载体,源远流长。将自然山水引入城市。这完全符合"国必依山水"的古训。我国不仅自然山水资源无比丰富,而且在"天人合一"的哲理下体现了"人杰地灵"和"景物因人成胜概"。山水是中华民族的特色和文化艺术的结晶,宜传承和创新发展。

(四)山水城市建设的典型与启示

"山水城市"在于城市在长期发展过程中所形成的独特的自然风光、历史人文积淀、产业等与其他地域差异化特征,从而在公众形成对城市相关特征的高度认同感和形象认可度,从而达到增强城市相关产业链的辐射效应。"山水城市"品牌建设需要做好四方面工作:一是品牌建设基础条件;二是品牌建设文化脉络分析;三是品牌建设资源解析;四是品牌建设的环境支持。至今在我国"山水城市"成功的城市品牌模式有三种。

1. 青岛。青岛立足于产品品牌,通过城市产品品牌的示范性效应带动其他品牌的发展,或者招商引资,逐步形成城市系列产业品牌,从而打造青岛城市品牌。

2. 大连。大连市政府从扶植基础设施、软硬件环境、打造城市形象等方面入手,发展各种以物流、人流、信息流、资金流为中心的地域知名品牌,以政府为主导通过城市形象打造城市品牌,带动产业品牌和产品品牌的发展。

3. 温州。温州为代表的东南沿海一带以产业集群的发展形成了产业品牌,进而打造知名城市品牌和产业品牌。城市品牌的打造都不能离开政府主导和扶持,并通过市场机制创建过硬的产品品牌,打造成为城市知名品牌[12]。

(五)"山水城市"建设实践基础

根据城市自身山水资源的条件,结合数字化平台的多种新技术手段,提出独特的本土化山水骨架,使山水蕴涵清秀灵气,创造出天人合一的城市景观,推出独具个性的城市特质。

1. 从城市地理和山水格局形态出发,提炼山水骨架,通过城市山水资源的研究,在保护自然山水资源的基础上对其加以因地制宜地利用,同时协调城市文化与山水文化的关系,构建较完整的城市山水骨架,并结合当前山水城市、山水格局等相关理论,总结城市山水骨架建构的理论与方法。

2. 充分尊重自然山水的本底,在保护山水的基础上加以利用,运用城市地理学和生态学原理,保护生态廊道、生态斑块、山水自然生态肌理和山水环境,优化山水格局,彰显山水特色。

3. 确立"山水城市"整体框架,打造景观视线通廊,建设既有水系渗透形成的景观水带,也有山脉延伸形成的城市绿脉,实现山水资源的有序性、连续性及完整性,为城市建设新的景观特色提供物质载体[13]。

(六)"山水城市"构建的目标指向

20世纪90年代,中国进入城市化高速发展的时期,生存环境恶化、城市特色危机、传统文化失落等一系列城市建设问题的出现引发了人们的思考。"山水城市"是作为对当今时代城市建设目的的思考应运而生。以区域生态安全为基础、以城市环境保护为基点、以城市文化复兴为内涵、以营造山水城为抓手的发展思路。突出"自然生态的有效保护、城市特色的精心塑造、山水文化的继承发扬、人地关系和谐"为构建目标,实现山、水、城、人的和谐共赢。

(七)区域自然生态的有效保护

城市建设与自然山水共存,这既与我国山水纵横的自然环境相关,也与古代人类生存发展的需求相关。近年来出现的劈山填河、围湖造田等建设性的破坏,导致城市环境恶化,空气污染,破坏了整体山水格局,给城市发展带来危机。为了改变这一现状,"山水城市"建设必须划定生态红线与城市增长边界,进行大山、大水的生态本底保护和小山、小水的生态网络构建,合理划分功能分区,强化"多中心、组团式"的城市格局,严守生态本底,从而构筑山、水、城共融的空间体系。

(八)"山水城市"个性的精心培育

一个城市的个性最能反映人类与自然的相互作用,城市的自然山水环境决定了城市的空间结构特色。个性是城市文化的灵魂,决定了城市的历史人文内涵。"山水城市"建设就是把最具城市个性的山水格局与传统的山水文化相结合,培育城市特色空间结构,塑造城市独特个性的文化景观风貌。

(九)城市山水文化的传承视角

"山水城市"是继承和发扬山水文化的有效途径,敬畏山水、临摹山水、寄情山水是最好的解读,只是人类扰动和胁迫性的加大,城市在逐步扩大,而山水却在逐步恶化乃至山水文化消逝。"山水城市"振兴是继承"天人合一"的哲学思想、诗情画意的美学思想最好说明。

(十)"山水城市"建设原则

山、水、城、人的和谐共生是"山水城市"建设必须遵循的准则,是"山水城市"坚守的底线。

而建设原则是"山水城市"发展的重要依据。

1. 坚持区域生态安全和城市环境友好相结合原则；

2. 坚持山、水、城、人和谐共生的生命共同体原则；

3. 坚持城市自然景观的"护山治水"、路网建设的"环山绕水"、城市空间布局的"显山露水"、城市景观的"借山用水"相结合原则；

4. 坚持城市生态系统与城市文化融合的原则。

（十一）"山水城市"建设定位

"山水城市"核心理念是城市生态系统和城市历史文化传统完美结合，人与自然、城市与自然、城市历史与现代技术协调发展。把城市视为生态价值系统的一部分，赋予自然与人类平等的地位和机会，强调城市建设与自然系统要建立共生关系。构建一种开放、多样、和谐的和可持续发展的生态城市发展形态，有效协调生态主体、生态信息、和生态环境之间的相互渗透影响的动态平衡关系，发挥生态因子在城市发展中的活力。

（十二）"山水城市"建设路径选择

从"山水城市"提出的时间进程和理念的发展上看，我国已经进入了"山水城市"的理论发展和推动实施阶段，"山水城市"的关注程度逐年增长，城市建设实践已经逐步展开。

从"山水城市"建设的发展路径上看，规划先行是必须遵循的前提，以多规合一的方式，推出"山水城市"建设总体规划，该规划既包括城市总体规划的基本内容，更重要的是强调区域国土空间格局优化、"三生"空间优化、城市绿色经济体系、城市人居体系、城市文化体系和城市制度体系。

1. 在"山水城市"创建初期启动"山水城市建设规划"

"山水城市"是人工环境和自然环境的相互协调，传统文化与现代科技完美结合的整体体现。"山水城市"建设规划必须要考虑城市地脉与人脉的完整，生态与环境整体协同、城市国土空间组织、城市生态、生产、生活的优化、城市经济与文化融合、健康养生与城市旅游协调，做到城市与自然水乳相融、和谐共生。

2. "山水城市"建设以我为主，传承个性、培育特色

"山水城市"是一个具有开放性，整体性、多样性和可持续发展的生态系统，其城市定位和发展目标是构建一种山、水、林、城、人共融的生命共同体，是一个典型的生态城市发展形态，是一种立地条件下的城市建设模式。不同的城市要找准自己与其他城市不同的特点和自身优势，这是"山水城市"建设的基础条件。

3. 着力做好城市历史建筑与文化遗迹保护，把根留住

"山水城市"建设尽量保存古典建筑，维持其原来的格调，是城市特色化的重要体现，它是城市发展的历史痕迹，是城市内涵的个性体现。要因势利导，发扬优势，强化特色，一切人工建设必须和自然环境协调融合。在继承传统的基础上运用现代新技术发展，要把城市发展同园林艺术结合起来，使传统文化与现代科技的得以完美结合[14]。

参考文献

[1] 孟兆祯.把建设中国特色城市落实到山水城市[J].中国园林,2016,32(12):42-43.

[2] 胡武生.咸宁建设山水城市的可行性及其策略研究[J].湖北省社会主义学院学报,2016(2):89-91.

[3] 邓水清.从地域文化的视角探析城市形象设计[J].美与时代(城市版),2019(2):112-113.

［4］刘敏,许世远,侯立军,等.城市自然地理学的理论、实践和发展[J].地理科学进展,2018,37(1):102-108.

［5］邱增锋.山地城市建设与发展的策略研究——以龙岩主城为例[J].福建建材,2017(4):48-51.

［6］程得中.水文化对于建设重庆"山水城市"的功用[J].赤峰学院学报(汉文哲学社会科学版),2015,36(10):66-67.

［7］王建菊.我国山水城市的山-水-城关系研究[C]//2017北京园林绿化建设与发展,2018:55-60.

［8］何涛,孙威,陈晖.山水型城市的城市设计编制方法研究——以赣州市蓉江新城城市设计为例[J].建筑设计管理,2018,35(12):75-77.

［9］黄亚林.山水思想在现代城市设计中的应用[J].智能城市,2018,4(17):63-64.

［10］王明贤.城市山水,新的探索方向[J].中国艺术时空,2013(5):106-111.

［11］沈湘璐,王娟,陈天.中国传统特色山水城市理论[J].城市住宅,2016,23(11):56-59.

［12］闵清.依托山水文化构建十堰"山水城市"品牌战略[J].湖北工业职业技术学院学报,2018,31(3):26-29.

［13］谭瑛,王琳琳.古蚌含珠——蚌埠城市山水骨架建构探索[J].城市建筑,2017(36):30-34.

［14］董续忠.基于生态观视角下的"山水城市"的构建[J].美与时代(城市版),2016(1):36-37.